Ressources informatiques

AutoCAD LT 2017

Des fondamentaux à la présentation détaillée autour de projets professionnels

ISBN : 978-2-409-00485-8
Imprimé en France

Editions ENI
ZAC du Moulin Neuf
Rue Benjamin Franklin
44800 St HERBLAIN
Tél. 02.51.80.15.15
Fax 02.51.80.15.16

e-mail : editions@ediENI.com
http://www.editions-eni.com

Auteurs : Jean-Yves GOUEZ - Olivier LE FRAPPER
Collection **Ressources Informatiques** dirigée par Joëlle MUSSET

Table des matières

Les éléments à télécharger sont disponibles à l'adresse suivante :
http://www.editions-eni.fr
Saisissez la référence ENI de l'ouvrage **RI17AUTLT** dans la zone de recherche et validez. Cliquez sur le titre du livre puis sur le bouton de téléchargement.

Introduction

Chapitre 1
Les documents

Chapitre 2
Aides au dessin

Chapitre 3
Le dessin

Exercice 1
Dessiner un meuble de bureau

Chapitre 4
L'habillage

Chapitre 5
Les lignes de repère

Exercice 2
Habiller le plan

Chapitre 6
Les tableaux

Chapitre 7
Les champs

Exercice 3
Habiller le plateau

Exercice 4
Créer un tableau de surfaces

Chapitre 8
La construction

Exercice 5
Créer une distribution

Chapitre 9
La modification d'objets

Chapitre 10
L'utilisation du dessin paramétrique

Chapitre 11
La gestion de l'affichage

Chapitre 12
La gestion des calques

Exercice 6
Organiser le projet avec les calques

Chapitre 13
Les éléments de bibliothèque

Exercice 7
Éléments de bibliothèque

Chapitre 14
Les références externes

Exercice 8
Références externes

Chapitre 15
Emplacement géographique

Chapitre 16
Les systèmes de coordonnées

Chapitre 17
Les projections et les vues

Chapitre 18
La 3D

Chapitre 19
La présentation

Exercice 9
Mettre en page le plan

Exercice 10
Mettre en page le plateau

Chapitre 20
Objets annotatifs et échelle d'annotation

Chapitre 21
Les fichiers d'échange

Chapitre 22
A360 DRIVE

Chapitre 23
La personnalisation

Introduction

1. Avant-propos

Cet ouvrage est destiné à un large public de dessinateurs techniques, techniciens, projeteurs, ingénieurs et architectes qui se forment à AutoCAD LT.

Il présente les **fonctionnalités essentielles** pour maîtriser cette application de CAO/DAO et acquérir les **bonnes pratiques** pour une utilisation optimale. L'intégration de plusieurs projets professionnels permet au lecteur de mettre en pratique au fil des chapitres les connaissances acquises avec méthodes.

L'introduction aborde les domaines d'activités concernés, une description générale ainsi que les configurations système requises.

Les premiers chapitres s'intéressent plus particulièrement à la description de l'interface, à l'environnement de travail, aux outils de dessin et de construction de dessins de tout type. Ils abordent également **le dessin paramétrique** et la gestion des objets ainsi créés. Les chapitres suivants s'attardent sur tous les éléments qui peuvent compléter ou **automatiser la conception et le dessin jusqu'à la présentation détaillée** (saisies et recherches dynamiques, poignées dynamiques, gestion avancée des calques, des blocs, blocs dynamiques et éléments de bibliothèque, gestion des tableaux, des champs, des références externes, calques sous-jacents, intégration d'images, gestion des objets annotatifs...). Enfin, vous sont présentées toutes les fonctionnalités permettant de **gérer et présenter vos projets**, de configurer l'impression, d'imprimer, d'exporter ou d'importer d'autres formats (dont DXF, DWG, DWF et PDF), de **publier sur le Web** et de personnaliser les **options proposées** par AutoCAD LT.

Les **nombreux exercices** permettent au lecteur d'utiliser les fonctionnalités de **dessin et de construction et d'organiser les données de projets professionnels** pertinents. Le lecteur peut ainsi créer un **tableau de surfaces** ou créer et utiliser concrètement des éléments de bibliothèque. Il **exploite les références externes** et **habille le projet avec les annotations, cotations, repères et hachures** adéquats. Enfin, il **prépare l'impression** et **présente le projet**. Les éléments nécessaires à la réalisation des exercices sont en téléchargement sur le site www.editions-eni.fr.

2. Présentation d'AutoCAD LT 2017

Le logiciel AutoCAD LT est une application universelle de conception/dessin assistée par ordinateur (CAO/DAO).

Convivial et complet, AutoCAD LT est utilisé dans de nombreux domaines d'activités :

- Dessins d'architecture ou architecture intérieure.
- Dessins pour applications d'électronique, de chimie, d'ingénierie civile, de mécanique et d'aérospatiale ainsi que pour la technique automobile.
- Conception navale.
- Organigrammes et graphiques de toutes sortes.
- Illustrations techniques et plans de montage.
- Logos d'entreprise...

3. Caractéristiques matérielles

Pour environnement Windows

- Système d'exploitation : Microsoft Windows 10, 8.1, 7 SP1
- Processeur Intel Pentium 4 ou AMD Athlon Dual Core, 3.0 GHz ou supérieur avec technologie SSE2
- Mémoire : 4 Go (8 Go recommandé).
- Résolution d'affichage : 1024 x 768 (1600 x 1050 ou supérieur recommandé) avec couleurs vraies.
- Espace disque (pour l'installation) : 6 Go.
- Carte vidéo couleurs vraies 1280 x 1024 de 128 Mo ou plus, Pixel Shader 3.0 ou ultérieur, carte graphique de classe station de travail Direct3D.

Pour environnement Mac

À l'heure de la réalisation de l'ouvrage, la version AutoCAD LT for Mac est la 2016.

- Apple Mac OS X v10.6.4 ou version ultérieure avec processeur Intel 64 bits.
- Apple Mac Pro 4,1 ou version ultérieure ; MacBook Pro 5,1 ou version ultérieure (MacBook Pro 6,1 ou version ultérieure recommandée) ; iMac 8,1 ou version ultérieure (iMac 11,1 ou version ultérieure recommandée) ; Mac mini 3,1 ou version ultérieure (Mac mini 4,1 ou version ultérieure recommandée) ; MacBook Air 2,1 ou version ultérieure ; MacBook 5,1 ou version ultérieure (MacBook 7,1 ou version ultérieure recommandée).
- 3 Go de mémoire vive (4 Go de mémoire vive recommandé).
- 2,5 Go d'espace disque disponible pour le téléchargement et l'installation (3 Go recommandé).
- Toutes les cartes graphiques du matériel pris en charge.
- Affichage 1024 x 800 avec True Color (1600 x 1200 avec True Color recommandé).
- Toutes les langues des systèmes d'exploitation pris en charge par Mac OS X.
- Apple Mouse, Apple Magic Mouse, Magic Trackpad, MacBook Pro trackpad ou souris compatible Microsoft.
- Imprimante compatible Mac OS X.

4. Compatibilité

Avec AutoCAD LT 2017, vous pouvez charger des fichiers DWG, DXF ou DWT provenant de versions antérieures d'AutoCAD ou d'AutoCAD LT.

Vous pouvez aussi modifier les dessins provenant de ces différentes versions et procéder à l'enregistrement.

AutoCAD LT 2017 permet l'enregistrement aux formats AutoCAD 2013/LT 2013 (DWG), AutoCAD 2010/LT 2010 (DWG), AutoCAD 2007/LT 2007 (DWG), AutoCAD 2004/LT 2004 (DWG), et AutoCAD 2000/LT 2000 (DWG), AutoCAD14/LT98/LT97 (DWG).

Remarque

Le format DWG AutoCAD 2013 est propre aux versions 2016, 2015, 2014 et 2013 d'AutoCAD et AutoCAD LT. Le format DWG 2010 est commun aux versions 2012, 2011 et 2010. Les formats DWG 2009, DWG 2008 et DWG 2007 sont identiques et compatibles (Format DWG 2007). De la même façon, les formats DWG 2006, DWG 2005 et DWG 2004 sont identiques et compatibles (format DWG 2004) ; de même, les formats DWG 2002, DWG 2000i et DWG 2000 sont identiques (format DWG 2000).

Attention, AutoCAD LT 2017 ne permet pas un enregistrement au format DWG AutoCAD 12 ou antérieur. L'enregistrement aux formats DXF AutoCAD 2013, DXF AutoCAD 2010, DXF AutoCAD 2007, AutoCAD 2004, 2000/LT 2000, 12/LT2 est cependant toujours possible.

5. L'environnement de travail

AutoCAD LT bénéficie d'une interface graphique compatible Windows. Ainsi, vous accédez aux menus, ruban d'onglets de groupes de fonctions, barres d'outils, palettes d'outils, info-bulles, commentaires et aides contextuelles.

5.1 La fenêtre Texte

Vous trouvez en arrière-plan une fenêtre texte contenant toutes les informations relatives aux opérations effectuées dans le dessin courant. Vous accédez à cette fenêtre à l'aide de la touche [F2]. Une nouvelle pression sur la même touche revient à l'écran graphique.

5.2 La fenêtre d'aide

Vous bénéficiez d'une aide intuitive et visuelle () bien documentée, pouvant renseigner tous les utilisateurs ainsi que les développeurs. Vous y accédez également avec la touche [F1] pour une aide automatiquement adaptée à la commande en cours.

Les rubriques suivantes sont affichées dans la fenêtre d'aide :

- Recherches par mot-clé.
- Rubrique **Vidéos de présentation des nouvelles fonctions et de l'interface utilisateur** donnant accès aux vidéos de mise en route et nouveautés.
- Rubrique **Apprentissage** donnant accès aux fondamentaux, au résumé des fonctionnalités et aux centres de formation.
- Rubrique **Aide-mémoires** donnant accès à la liste des commandes, variables système ainsi qu'aux raccourcis et touches de remplacement.
- Rubrique **Ressources** donnant accès à un manuel sur les fondamentaux d'AutoCAD, à des instructions dédiées à la gestion CAO, au référencement et aux aides des commandes et variables système, au glossaire des termes AutoCAD et aux FAQ.
- Rubrique **Téléchargements** donnant accès à l'aide d'AutoCAD LT hors connexion Internet et aux fichiers d'exemple.

- Rubrique **Connexion** donnant accès à la communauté Autodesk, aux groupes de discussion Autodesk, aux blogs Autodesk et aux groupes d'utilisateurs (AUGI - *Autodesk Users Group International*).

Depuis la barre de titre, le bouton-liste **Aide** permet l'accès aux aides citées précédemment, à une fenêtre de Bienvenue, au téléchargement de l'aide hors ligne, à l'envoi de commentaires à l'éditeur, au programme de participation du client.

5.3 L'écran de démarrage

Au lancement d'AutoCAD LT, l'écran de démarrage ci-dessous est affiché.

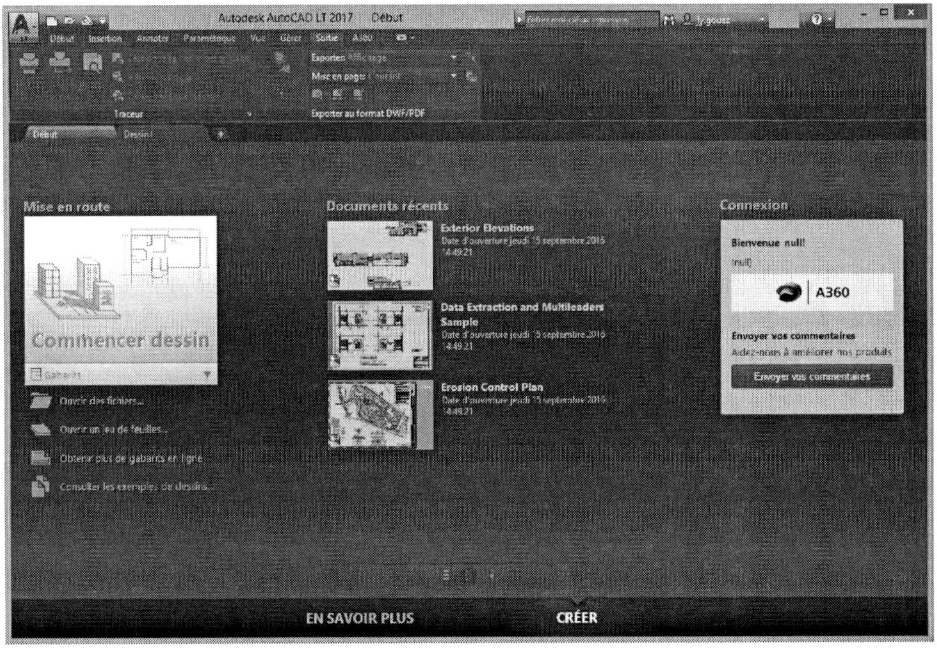

La fenêtre de démarrage affiche deux pages : la page **CRÉER** (par défaut) et la page **EN SAVOIR PLUS**.

La page **CRÉER** présente les trois rubriques suivantes :

- **Mise en route** : accès à la création de nouveaux dessins à partir de la liste de gabarits. Accès aux fichiers, aux jeux de feuilles, à des gabarits en ligne, à des exemples de dessins.

- **Documents récents** : accès aux dessins ouverts récemment. Trois icônes situées dans la partie inférieure de la fenêtre de démarrage permettent de modifier le type d'affichage (grandes icônes, moyennes icônes, liste).
- **Connexion** : accès à Autodesk A360 (Cloud) et aux services en ligne (groupes de discussion, support, améliorations...).

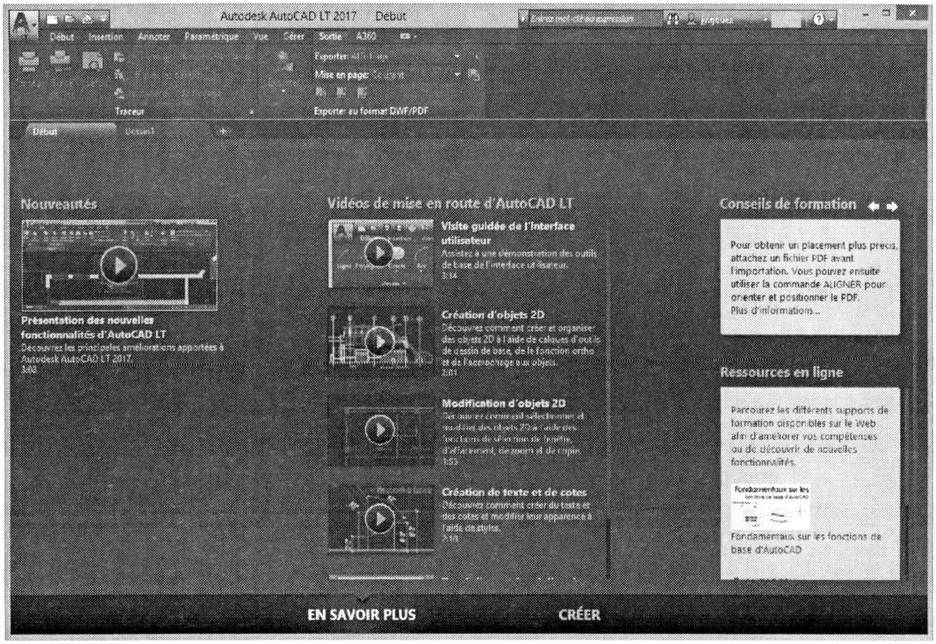

La page ci-dessus **EN SAVOIR PLUS** présente les quatre rubriques suivantes :

- **Nouveautés** : accès à une vidéo de présentation des nouveautés 2015.
- **Vidéos de mise en route d'AutoCAD LT** : accès à des vidéos de mise en route (interface, création et modification d'objets).
- **Conseil de formation** : accès à des informations et astuces destinées à l'apprentissage.
- **Ressources en ligne** : accès aux ressources de support, formation et autres services web d'assistance.

5.4 L'interface

Après avoir lancé AutoCAD LT, l'écran suivant (ici, sous plate-forme Windows 7 Professionnel) apparaît :

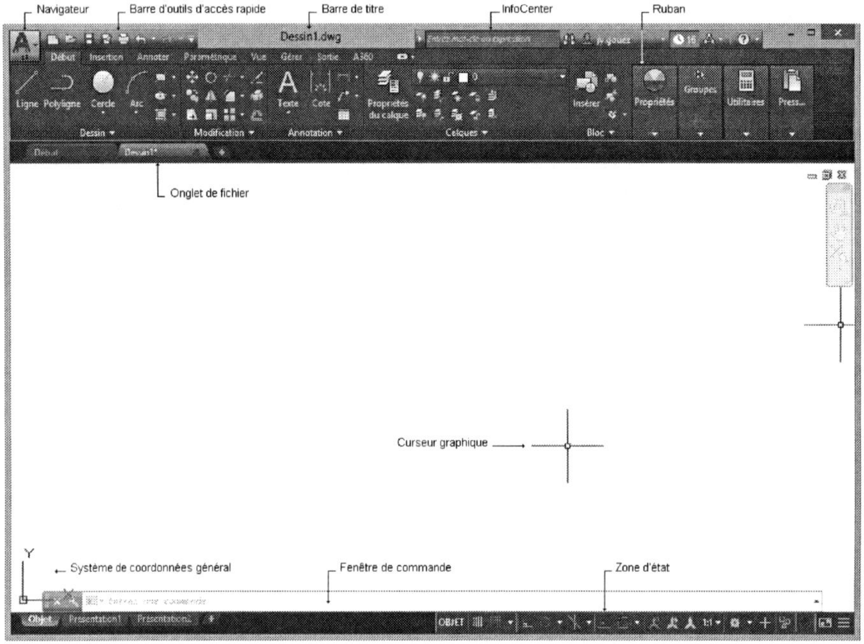

Remarque

L'affichage peut être légèrement différent sur votre écran. L'aspect de la fenêtre graphique dépend de la taille et de la résolution de l'écran.

L'affichage précédent correspond à l'espace de travail **Dessin et annotation**.

Voici la description de chacune des zones de la fenêtre graphique :

La barre de titre

Elle indique le nom de l'application et du fichier en cours.

Mais elle inclut également le **navigateur de menus**, la **barre d'outils d'accès rapide** et le **centre d'information** :

Le navigateur de menus

Il centralise les commandes suivantes :

- Créer un nouveau dessin, ou nouveau jeu de feuilles.
- Ouvrir un dessin, ouvrir un dessin à partir du Cloud et accéder aux dessins récemment ouverts ainsi qu'aux dessins actuellement ouverts, importer un fichier DGN, accéder aux fichiers d'exemple.
- Enregistrer des dessins, enregistrer le dessin vers le Cloud, des gabarits, normes de dessin, enregistrer au format DXF.
- Exporter la présentation vers un autre dessin, convertir un lot de fichiers DWG.
- Exporter aux formats DWF, DWFx, DWF3D, PDF, DGN, et autres formats.
- Envoyer un module de dessins avec ses dépendances (E-Transmit), envoyer le fichier courant en tant que pièce jointe par courrier électronique, archiver un peu de feuilles.
- Imprimer, imprimer en différé, obtenir un aperçu du tracé, afficher le rapport de tracé et publication, accéder au gestionnaire de mise en page, accéder au gestionnaire des styles d'impression, accéder à la gestion des traceurs.
- Accéder aux utilitaires de dessin pour modifier les propriétés, les unités de dessin, purger ou récupérer un dessin.
- Fermer le ou les dessins ouverts.
- Rechercher des commandes à partir de chaînes de texte.
- Accéder aux options AutoCAD LT.
- Quitter AutoCAD LT.

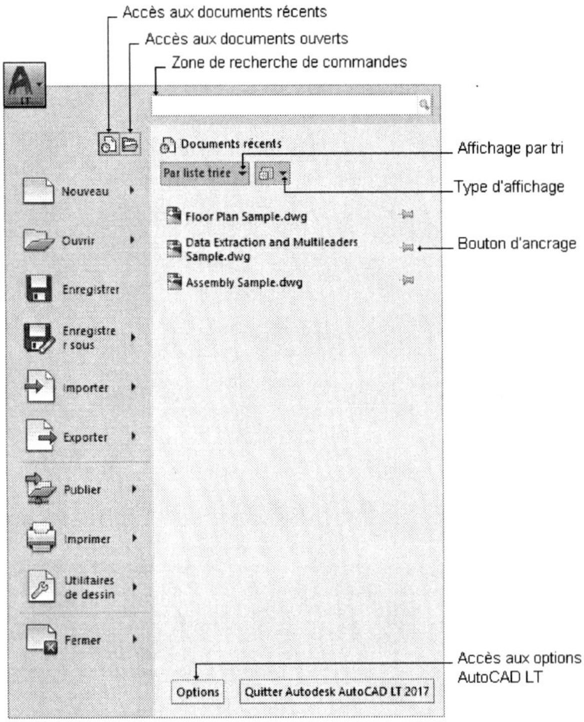

La figure ci-après affiche les documents récents. Le bouton **Type d'affichage** 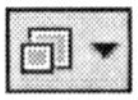 permet de modifier l'affichage des dessins dans le navigateur sous forme d'icône, de petites, moyennes ou grandes images. Le bouton **Affichage par tri** 

permet de modifier l'affichage des dessins par date, aide, liste ou type. Le **bouton d'ancrage** (ou punaise) permet par exemple de rendre toujours disponible un document (dans la fenêtre documents récents), quels que soient les dessins enregistrés par la suite.

Dans la figure ci-dessous, le bouton d'ancrage en regard du dessin "Exterior Elevations.dwg" est activé.

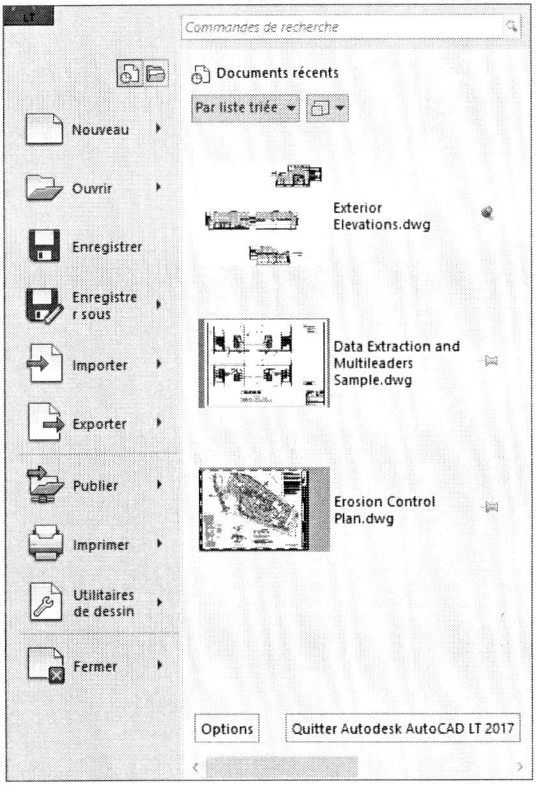

▶ Pour obtenir un aperçu et un résumé d'un dessin (cf. figure suivante), conservez le pointeur de la souris sur son nom.

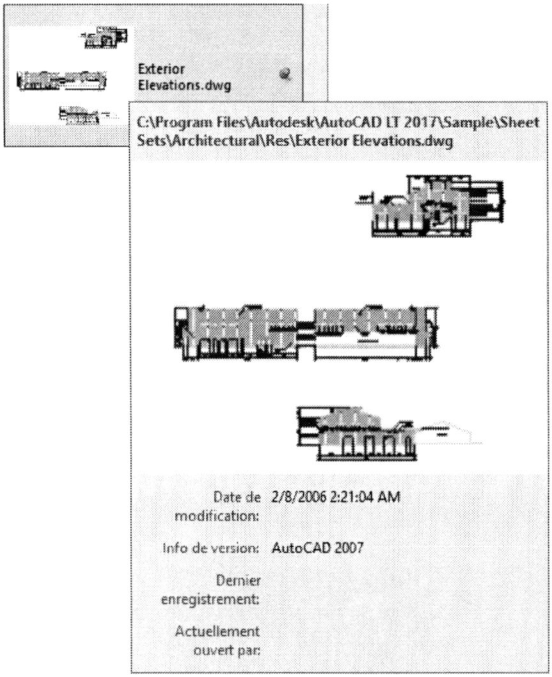

La barre d'outils d'accès rapide

Située à droite du navigateur, elle recense quelques commandes usuelles telles que les boutons **Nouveau**, **Ouvrir**, **Enregistrer**, **Enregistrer sous**, **Tracer**, **Annuler**, **Rétablir**, ainsi que l'accès à la personnalisation de la barre d'outils d'accès rapide.

▶ Conservez un instant le pointeur de la souris sur l'icône souhaitée, et découvrez l'info-bulle associée. Il s'agit d'une aide contextuelle affichant le nom de la commande, le raccourci-clavier associé, la définition de la commande, la commande à saisir au clavier, etc.

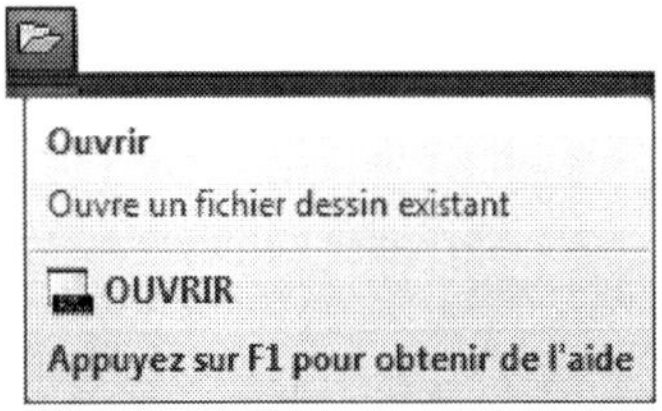

Remarque

*La **barre d'outils d'accès rapide** est personnalisable et vous pouvez y ajouter de nouveaux outils.*

Le centre d'information

Le **centre d'information**, qui apparaît dans la partie droite de la barre de titre, vous permet de rechercher et d'obtenir des informations à partir de mots-clés (ou expressions), d'afficher la fenêtre Autodesk Exchange pour consulter les annonces qui s'y trouvent et obtenir des mises à jour ou d'accéder à Autodesk Online pour les services associés à votre logiciel.

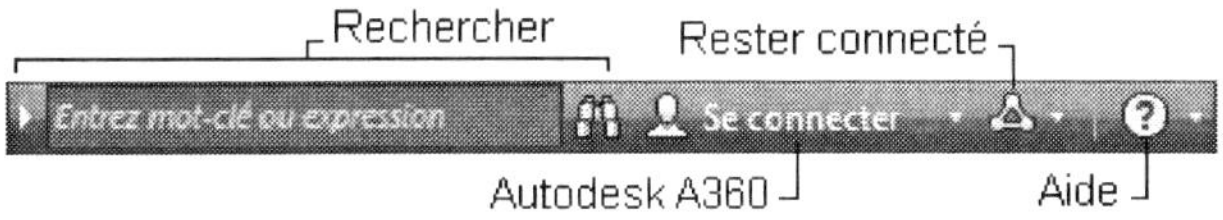

Rechercher

Pour rechercher des informations, parcourir plusieurs sources simultanément (par exemple : l'aide, l'atelier des nouvelles fonctionnalités, des emplacements Web, des informations concernant des mots-clés, des concepts, des outils...), saisissez le mot-clé dans la zone de saisie et cliquez sur le bouton **Rechercher** .

Autodesk A360

Pour se connecter à Autodesk A360 et aux paramètres de stockage dans le Cloud.

Rester connecté

Permet d'accéder aux mises à jour de produits et de se connecter avec la communauté AutoCAD en ligne via les réseaux sociaux Facebook et Twitter.

Aide

Le bouton-liste **Aide** affiche le menu suivant :

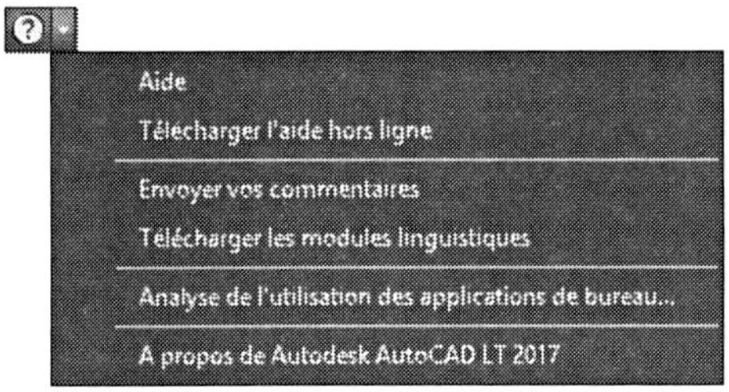

Utilisez la fonction **Aide** pour accéder à la fenêtre **Aide**.

Télécharger l'aide hors ligne permet d'installer localement le fichier d'aide pour une utilisation hors connexion.

Envoyer vos commentaires permet d'adresser vos « Feedback » à Autodesk.

Télécharger les modules linguistiques permet d'accéder à l'installation de modules linguistiques et de leurs options.

Analyse de l'utilisation des applications de bureau permet de participer à la collecte et à l'analyse des informations suivantes : produit utilisé, durée de la session, pays, type de document, taille du document, etc.

A propos de Autodesk AutoCAD LT 2017 permet d'accéder aux termes d'utilisation de la licence, ainsi qu'aux informations d'accord de licence.

Le ruban

Le ruban réduit l'espace occupé par les outils en les regroupant dans un encombrement compact.

Le ruban est constitué d'**onglets** (figure suivante) portant les noms **Début**, **Insertion**, **Annoter**, **Paramétrique**, **Vue**, **Gérer**, **Sortie**, **A360** ainsi que des onglets contextuels. Chaque onglet affiche divers groupes de fonctions classés par catégorie. Ainsi, l'onglet **Début** affiche les groupes de fonctions **Dessin**, **Modification**, **Annotation**, **Calques**, etc. Ces groupes de fonctions incluent la plupart des commandes usuelles que vous retrouvez dans les menus, boîtes de dialogue et barres d'outils. Ces commandes sont affichées sous la forme de bouton à icône simple ou bouton à icône déroulante.

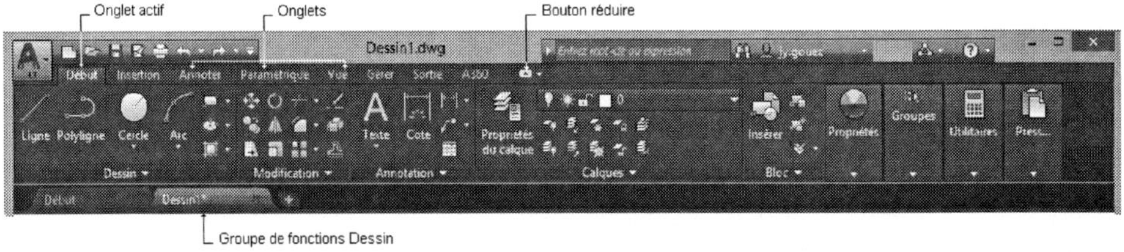

Les onglets contextuels sont affichés ponctuellement dans la situation particulière d'une commande ou opération, comme dans l'exemple ci-dessous (commande Texte multiligne) :

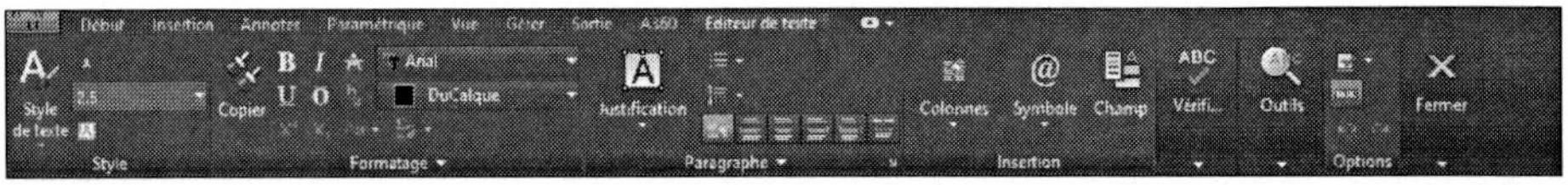

▶ Sélectionnez l'onglet voulu, puis sélectionnez la commande (ou l'outil) dans le groupe correspondant.

Une flèche dans le coin inférieur droit d'un groupe de fonctions indique la possibilité d'afficher des outils complémentaires.

▶ Dans l'exemple ci-dessous, déroulez le groupe **Modification** (onglet **Début**) pour développer l'affichage de l'ensemble des fonctions du groupe :

Réduire l'affichage du ruban

Vous affichez le ruban complet (par défaut), ou modifiez l'affichage du ruban en le réduisant aux seuls titres des onglets ou encore aux titres des onglets et des groupes de fonctions.

Affichage des seuls titres des onglets.

Affichage des titres des onglets et groupes de fonctions.

▶ Pour passer d'un affichage à un autre du ruban, cliquez sur le bouton **Réduire**  situé à droite des onglets du ruban.

Remarque

*Vous pouvez également accéder directement à l'affichage désiré, en déroulant le bouton **Réduire** puis en sélectionnant l'option désirée dans le menu suivant :*

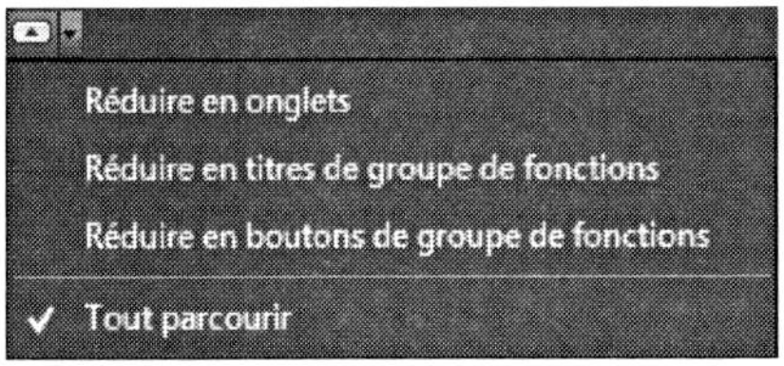

Ancrer le ruban ou le rendre flottant

Le ruban est présenté **ancré horizontalement** par défaut. Toutefois, il est possible de l'afficher **ancré verticalement** ou encore **flottant** pour un positionnement libre à l'écran.

Rendre le ruban flottant

- Pour rendre le ruban **flottant**, effectuez un clic droit sur le **Bouton Réduire** du ruban et sélectionnez **Désactiver l'ancrage**. Vous obtenez l'affichage suivant et positionnez le ruban librement.

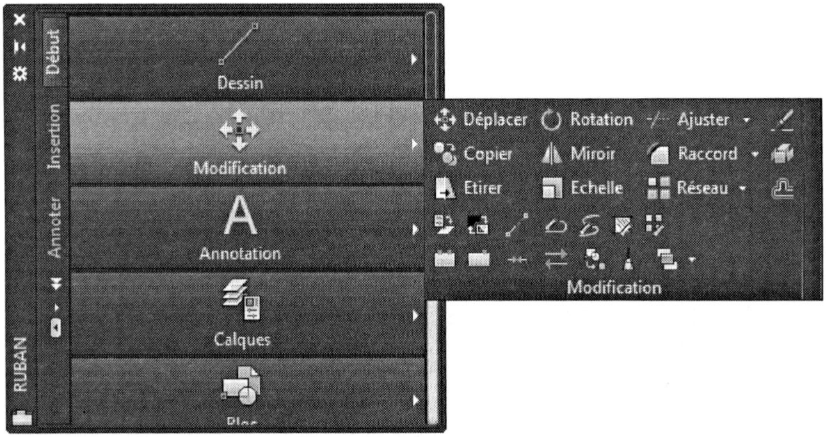

Le ruban flottant est organisé un peu différemment. Les onglets sont remplacés par des icônes et les groupes de fonctions sont agencées les unes sous les autres. Une flèche permet de développer les outils complémentaires de chaque groupe de fonctions. Vous pouvez aussi afficher les noms de groupe de fonctions en effectuant un clic droit sur l'un des groupes puis en sélectionnant **Afficher les titres de groupes de fonctions**.

Ancrer le ruban verticalement

- Pour ancrer le ruban verticalement, effectuez un cliqué-glissé à partir de la barre de titre Ruban vers le bord droit ou gauche de l'écran AutoCAD. Le résultat est similaire à l'affichage ci-dessous :

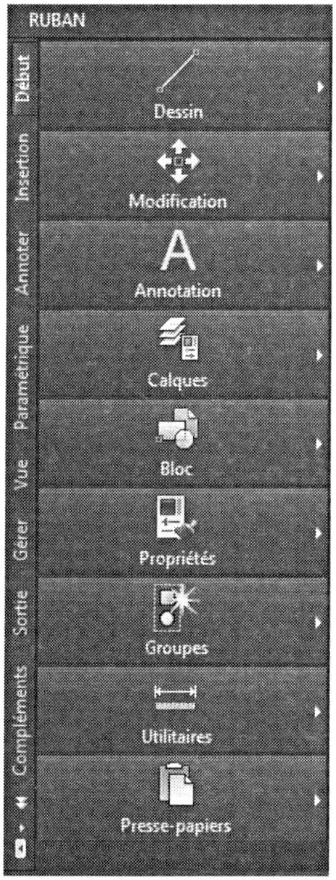

L'utilisation des onglets (remplacés par des icônes) et des groupes de fonctions est la même qu'avec le ruban flottant.

La zone graphique

C'est l'espace dans lequel est représenté le dessin. Remarquez aussi la présence du Système de Coordonnées Général, il indique l'orientation des axes X et Y.

Commandes de la fenêtre

AutoCAD LT intègre dans la partie supérieure droite les boutons Windows classiques de réduction, d'agrandissement et de fermeture  du dessin courant.

La barre de navigation

Située par défaut dans la partie droite de la zone graphique, elle permet un accès direct aux principaux outils de navigation : **Disques de navigation 2D**, **Panoramique**, **Zoom**.

La fenêtre de commande

Elle permet de saisir une commande au clavier et affiche les messages ou instructions à suivre lors des différentes réalisations. Elle permet également la sélection directe d'une option de commande à l'aide du pointeur.

Une zone d'état est située dans la partie inférieure et permet d'activer/de désactiver certains outils d'aide au dessin, mais aussi d'accéder à leur paramétrage grâce au clic droit de la souris.

La fenêtre de commande affiche un historique temporaire des invites au-dessus d'une fenêtre de commande flottante.

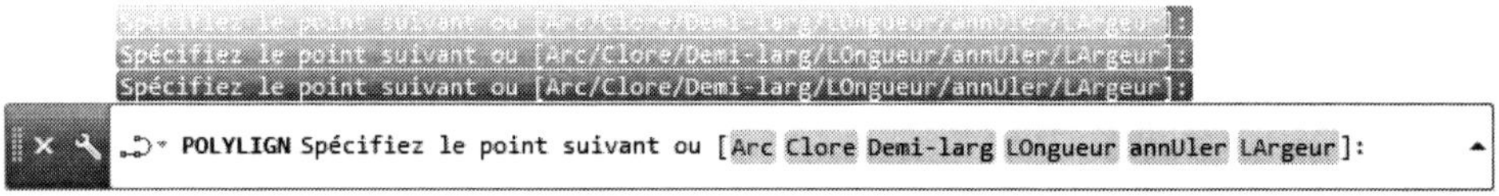

La fenêtre de commande peut être ancrée à la fenêtre AutoCAD. Dans ce cas, elle prend toute la largeur.

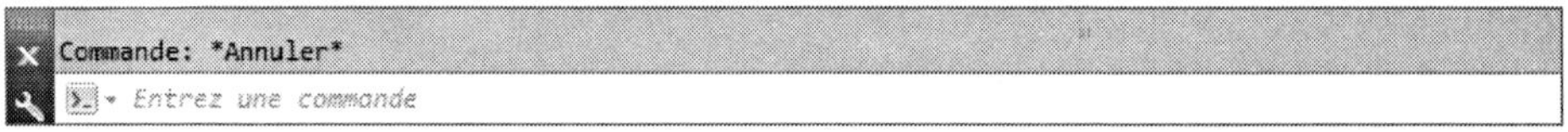

Vous pouvez agir sur la hauteur de cette fenêtre (3 lignes de commande par défaut). Pour cela, effectuez un cliqué-glissé à partir du bord supérieur de la fenêtre. Les options d'AutoCAD permettent de fixer le nombre de lignes par défaut de la fenêtre de commande.

La fenêtre de commande peut être flottante. Elle pourra alors être positionnée n'importe où à l'écran. Elle pourra aussi être redimensionnée.

Pour obtenir une fenêtre de commande flottante, effectuez un cliqué-glissé () à partir d'un bord de la fenêtre ou de la zone d'état. Disposez la nouvelle fenêtre où bon vous semble. Pour obtenir à nouveau une fenêtre ancrée, effectuez un même cliqué-glissé vers le bas de la fenêtre AutoCAD. Relâchez le dispositif de pointage seulement quand l'aspect de la fenêtre change. La fenêtre s'arrime d'elle-même correctement.

Vous pouvez alternativement masquer ou afficher la fenêtre de commande grâce à la combinaison des touches [Ctrl] **9** (**ç** sur pavé alphanumérique).

AutoCAD LT affiche la fenêtre ci-dessous pour confirmer le masquage de la fenêtre de commande :

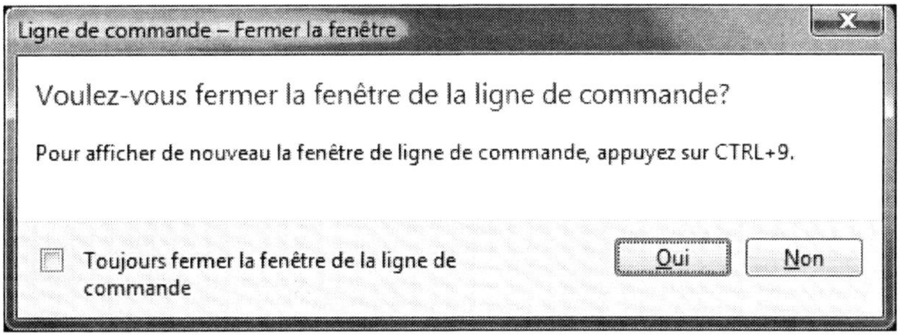

Remarque

Lorsque la fenêtre de commande est masquée, toutes les informations de saisie sont affichées dynamiquement au niveau du curseur.

Pour accéder aux options de personnalisation de la fenêtre de commande, cliquez sur le bouton **Personnaliser**  situé dans la fenêtre de commande.

Le menu suivant est affiché :

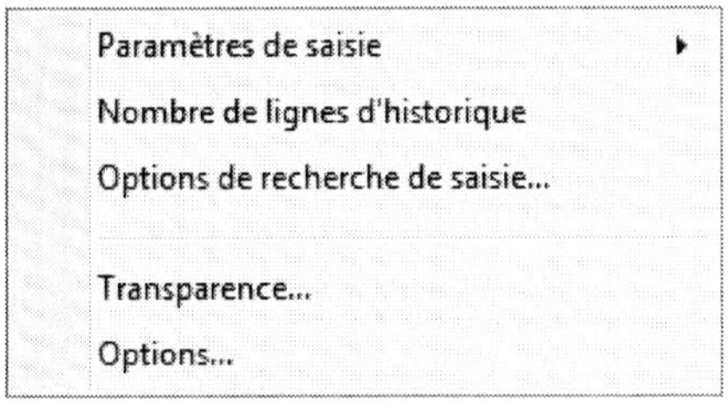

Paramètres de saisie permet de définir les suggestions d'affichage lors de la saisie d'une commande telle qu'une liste de commandes et variables suggérées à partir d'une liste partielle de caractères, l'affichage des icônes de commande, la correction automatique...

Nombre de lignes d'historique permet de modifier le nombre de lignes par défaut de la fenêtre de commande.

Options de recherche de saisie gère les paramètres de suggestions associées aux commandes, variables système et contenus nommés tels que les blocs et les calques par exemple.

Transparence permet de modifier le niveau de transparence général et de survol de la fenêtre de commande.

Options permet d'accéder aux options générales d'AutoCAD LT.

Présentation automatique des commandes et variables système

Par défaut, AutoCAD LT complète automatiquement le nom d'une commande ou d'une variable système affichée lors d'une saisie au clavier. Il affiche en outre une liste des choix possibles dans laquelle vous pouvez choisir la commande à exécuter.

▶ Saisissez la ou les premières lettres, et AutoCAD LT affiche une liste de suggestions.

Dans l'exemple ci-dessous, la lettre « R » est saisie. AutoCAD LT propose l'affichage suivant :

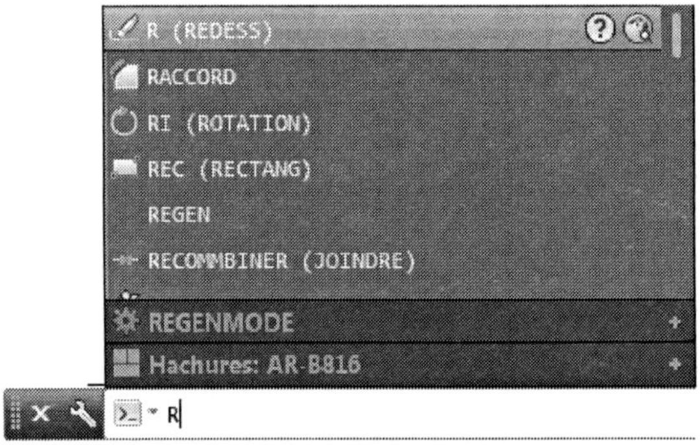

La liste des suggestions peut afficher pour chaque commande l'icône, l'alias (raccourci de commande), et la commande elle-même. Ainsi, le premier exemple de la liste ci-dessus affiche l'icône , l'alias R et la commande entre parenthèses REDESS.

▶ Faites glisser la barre de défilement ou utilisez la touche [Tab] pour accéder aux suggestions suivantes si nécessaire.

- Puis sélectionnez la commande (ou variable) désirée grâce à un simple clic pour exécuter celle-ci.

Contrôle des fonctions automatiques

Vous pouvez contrôler les fonctionnalités qui sont activées lors de la saisie.

- Effectuez un clic droit dans la fenêtre de commande, choisissez **Paramètres de saisie** pour afficher le menu ci-dessous :

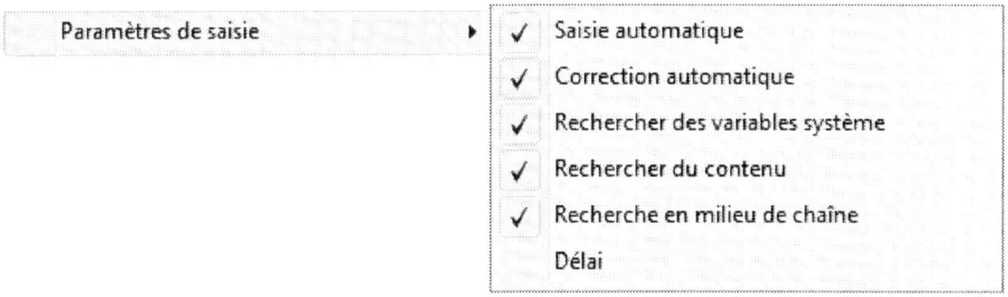

Saisie automatique : les commandes et les variables système sont automatiquement complétées lors de la saisie lorsque cette option est activée.

Correction automatique : les commandes mal orthographiées sont automatiquement corrigées. Le fichier AutoCorrectUserDB.pgp qui contient les corrections fréquentes peut être modifié manuellement.

Rechercher des variables système : active ou désactive la recherche des variables système ou des commandes uniquement.

Rechercher du contenu : active ou désactive la recherche du contenu ou des objets nommés tels que des blocs, des calques, des hachures ou des styles.

Recherche en milieu de chaîne : active ou désactive la recherche des caractères spécifiés, qu'ils soient placés au début de la commande ou qu'ils soient contenus dans la commande.

Délai : permet de fixer le délai (en secondes) avant l'affichage des suggestions.

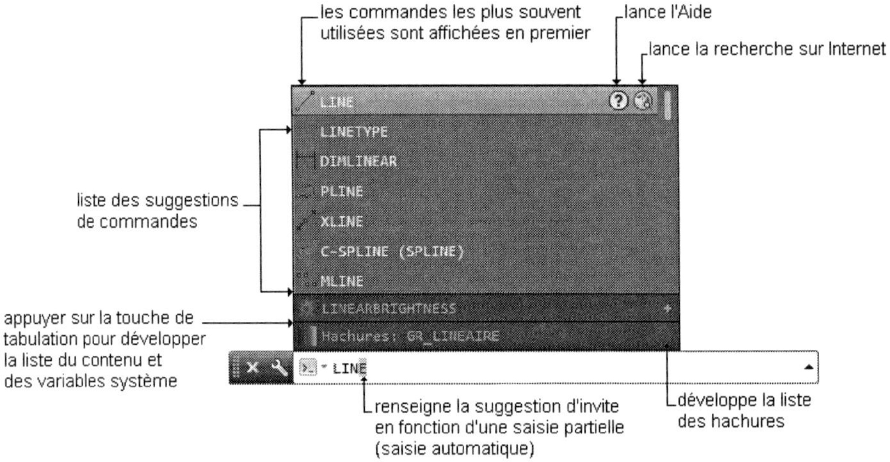

Remarque

La commande COMPLETERAUTO permet de contrôler ces fonctions automatiques.

Le curseur graphique et le périphérique de saisie

Le curseur graphique se déplace interactivement avec le périphérique de saisie.

Représenté par un trait horizontal et un trait vertical ainsi que par un réticule à l'intersection de ces deux traits, le curseur change d'aspect selon la situation dans laquelle vous vous trouvez. Par exemple, lorsque vous devez sélectionner des entités, le curseur ne présente que le réticule seul. En dehors de la zone graphique, le curseur est différent. Sur un groupe de fonctions par exemple, il se transforme en flèche Windows standard.

Le périphérique de saisie peut être une souris, un digitaliseur de 4 à 16 boutons, ou encore un stylet. Considérons que, pour la suite de cet ouvrage, nous choisissons la souris.

Les menus contextuels

Le bouton droit de la souris permet d'accéder aux menus contextuels qui varient selon la position du curseur ou/et la situation en cours :

Cas 1

Un clic droit sur le nom d'un groupe de fonctions accède à la liste des onglets et groupes de fonctions disponibles. Activez ou désactivez les onglets et groupes de fonctions à l'aide d'un simple clic.

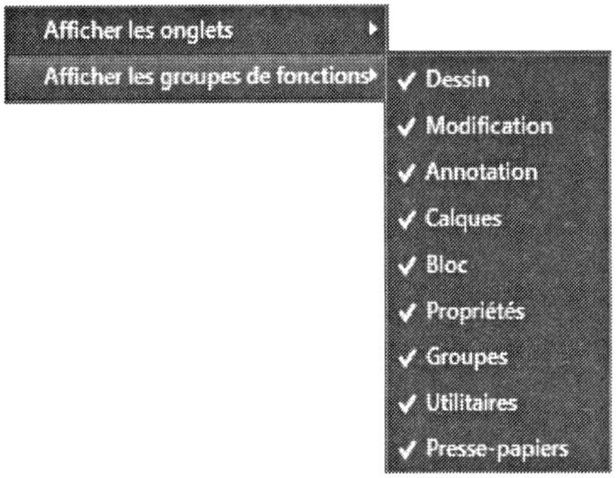

Cas 2

Un clic droit dans la zone graphique (sans opération en cours) affiche un menu proposant :

- L'exécution de la dernière commande.
- L'accès aux saisies précédentes.
- Les fonctions Windows du Presse-papiers (notez la possibilité de copier avec un point de base).
- L'isolement ou le masquage des objets.
- L'annulation de la commande en cours ou la récupération de l'annulation précédente.
- Les zoom, panoramique temps réel et disque de navigation.
- La sélection rapide des objets du dessin (voir chapitre Aides au dessin - La sélection des objets).
- L'accès à la calculatrice.
- La recherche et/ou le remplacement de texte, texte de cote, valeurs d'attributs, hyperliens ou descriptions d'hyperliens dans le dessin courant.
- Les options d'AutoCAD LT.

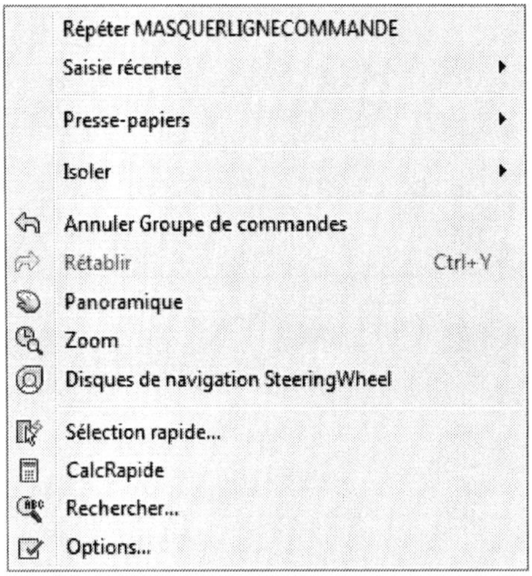

Cas 3

Un clic droit dans la zone graphique, alors que des objets ont été sélectionnés, affiche un menu proposant :

- L'exécution de la dernière commande.
- L'accès aux saisies précédentes.
- les fonctions Windows du Presse-papiers (notez la possibilité de copier avec un point de base).
- L'isolement ou le masquage des objets.
- Les commandes AutoCAD LT courantes : **Effacer**, **Déplacer**, **Copier**, **Echelle**, **Rotation**, **Ordre de tracé**.
- De grouper ou dissocier des objets.
- De sélectionner tous les objets similaires aux objets sélectionnés (paramètres définis par la commande SELECTSIMILAR - Paramètres).
- La "désélection" des objets.
- La sélection rapide des objets du dessin (voir chapitre Aides au dessin - La sélection des objets).
- L'accès à la calculatrice.
- L'accès à la recherche de texte.
- L'accès aux propriétés des objets sélectionnés.
- L'activation/désactivation de la palette **Propriétés rapides**.

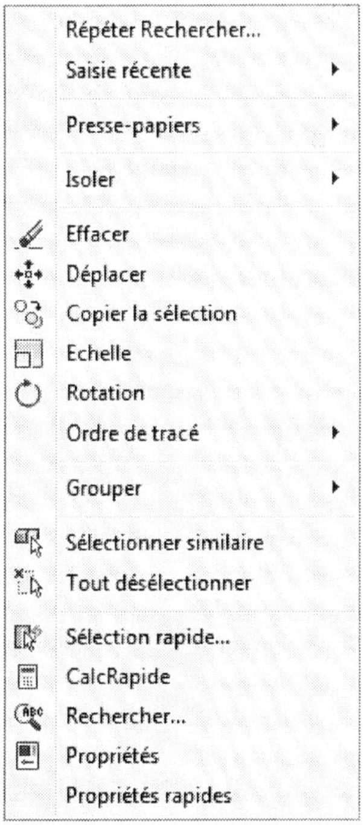

Remarque

*En fonction du type d'objet sélectionné, la commande d'édition correspondante est proposée. Par exemple, si une polyligne est sélectionnée, la commande **Editer polyligne** est disponible ; si un motif de hachurage est sélectionné, la commande **Editer les hachures** est disponible (entre autres).*

Cas 4

Un clic droit dans la fenêtre de commande propose un petit menu contextuel :

- Les précédentes commandes utilisées sont disponibles.
- Les options de saisie automatique.
- La définition du nombre de lignes de l'historique.
- Les fonctions Windows du Presse-papiers ainsi que la copie de l'historique de la fenêtre texte d'AutoCAD LT.
- Les options de définition de transparence.
- Les options d'AutoCAD LT.

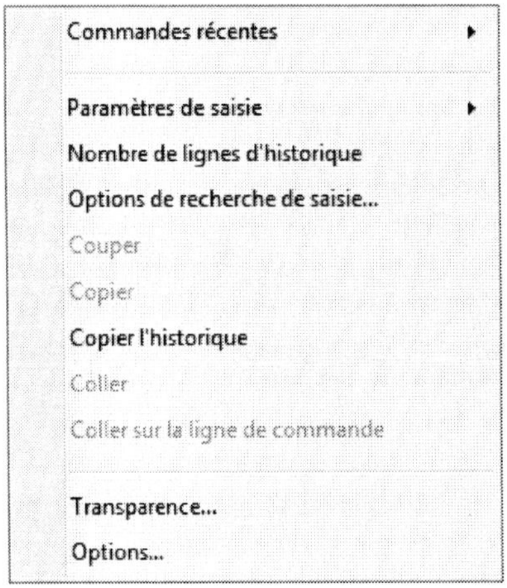

Autre cas

Un clic droit dans la zone graphique alors qu'une commande est en cours affiche un menu proposant :

- La validation (**Entrer**).
- L'annulation de la commande en cours.
- L'accès aux saisies récentes.
- L'accès aux coordonnées relatives ou depuis le SCG.
- Les options disponibles dans la commande en cours (nombreuses variantes selon la commande).
- Le remplacement de l'accrochage aux objets en cours.
- Les zoom, panoramique temps réel et disque de navigation.
- L'accès à la calculatrice.

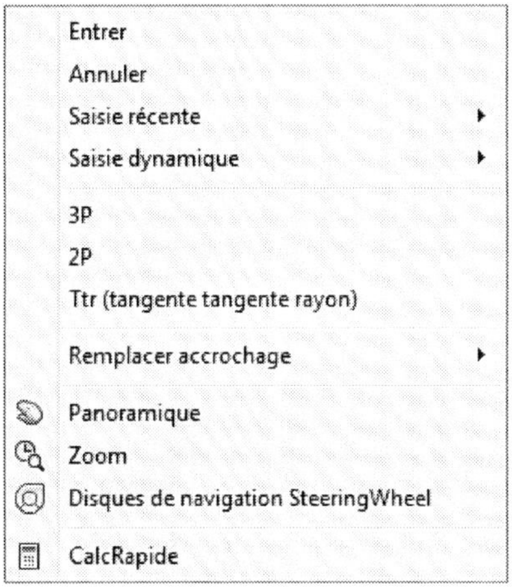

Exemple 1

- Exécutez la commande **Cercle** puis effectuez un clic droit. Le menu contextuel vous propose notamment les options 3Points, 2Points, Tangente tangente rayon.

Exemple 2

- Dans le cas de la mise en place de hachures, précisez un point interne à un contour à hachurer. Une fois le contour défini, un clic droit permet notamment un aperçu du hachurage, la sélection d'objets ou de nouveaux contours, mais donne aussi accès aux options avancées de détection des îlots.

La barre de menus déroulants

Elle contient les noms des menus déroulants.

Parmi les diverses méthodes disponibles pour exécuter une commande, les menus déroulants restent les plus complets.

Les menus déroulants sont similaires à ceux que vous retrouvez dans le Navigateur de menus.

Bien que la barre de menus déroulants ne soit pas affichée par défaut, vous pouvez l'activer en choisissant **Afficher la barre de menus** depuis la liste déroulante de la barre d'outils d'accès rapide.

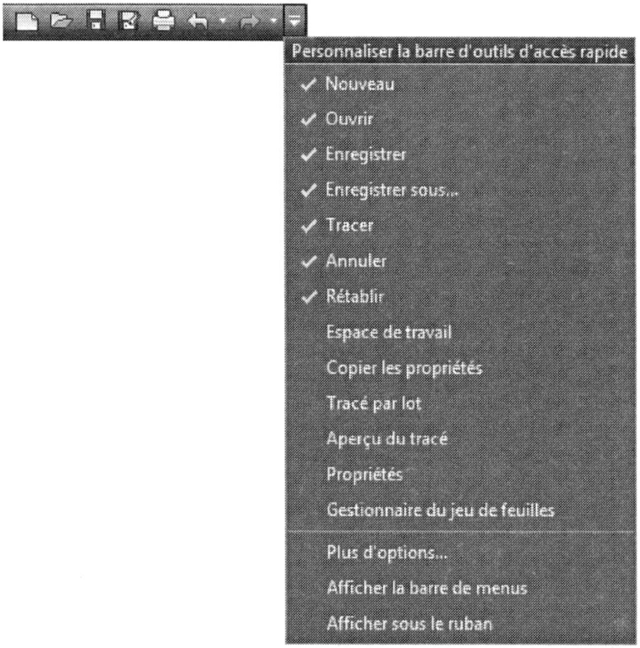

La **barre de menus déroulants** apparaît sous la **barre d'outils d'accès rapide** comme ci-dessous :

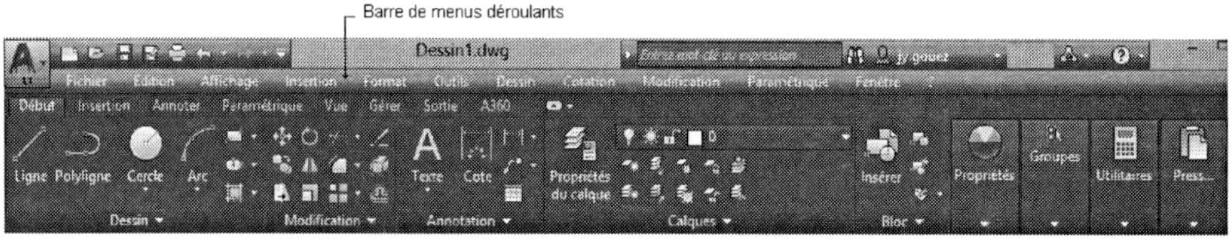

Les fonctions des différents menus déroulants seront précisées au fur et à mesure dans cet ouvrage.

Lorsque vous choisissez une commande suivie de points de suspension (...), par exemple **Nouveau** dans le menu **Fichier**, une boîte de dialogue s'affiche.

Quand vous choisissez une commande avec une flèche ▶ à droite du nom, par exemple **Zoom** du menu **Affichage**, un menu en cascade apparaît et propose d'autres choix.

Les info-bulles

Il suffit de laisser une seconde le pointeur de la souris sur un outil afin de découvrir l'info-bulle associée.

Dans l'exemple ci-dessous, le pointeur est placé sur la commande **Polyligne** du groupe de fonctions **Dessin** (onglet **Début**) :

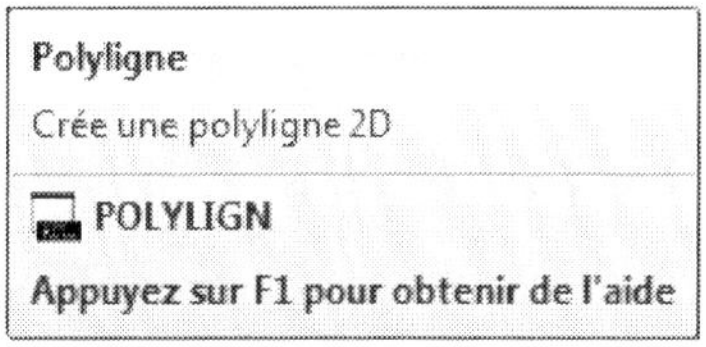

Cette aide précise :

- Le nom de l'option (ou des options) de la commande.
- La définition de la commande.
- Le nom de la commande (telle qu'elle peut être saisie au clavier ou utilisée en macro).

Si vous laissez le pointeur une seconde supplémentaire, l'aide précédente est complétée par un texte explicatif détaillant la commande et ses options ; ainsi qu'un graphique explicite, voire une vidéo (limité à certaines commandes) comme ci-dessous :

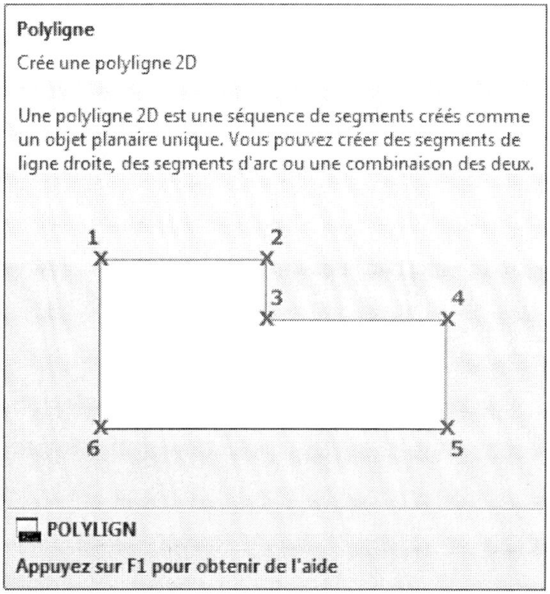

Vous pouvez activer ou désactiver ces info-bulles dans la boîte de dialogue **Options** (onglet **Affichage**), via le navigateur.

Les info-bulles de survol

Les info-bulles de survol affichent les valeurs des propriétés, lorsque le pointeur de la souris est positionné sur l'objet.

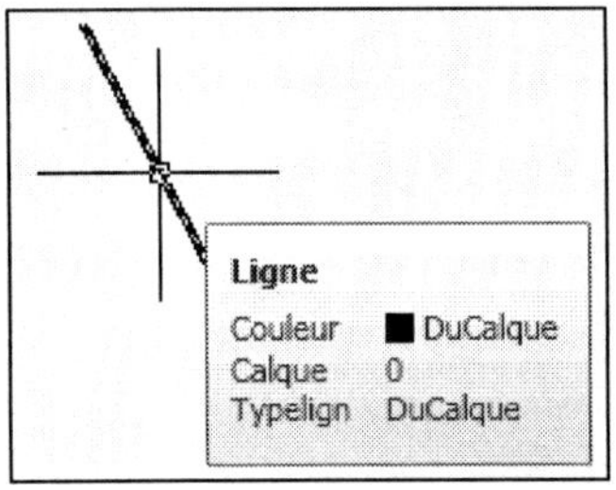

Par défaut, les propriétés de Couleur, de Calque et de Type de ligne peuvent être affichées comme dans l'exemple ci-dessus.

Mais ces propriétés et ces valeurs affichées peuvent être modifiées selon le type d'objet. Lorsque vous personnalisez l'affichage des propriétés pour une info-bulle de survol, vous pouvez afficher de nombreuses propriétés plus pertinentes selon vos propres préférences.

Voyez le chapitre La personnalisation - Personnaliser les info-bulles de survol.

Les palettes d'outils

Elles permettent d'organiser les blocs et les hachures dans des zones à onglets. Vous classez dans ces zones à onglets un ensemble d'éléments personnalisés (blocs, hachures...) que vous visualisez en un seul coup d'œil et que vous pouvez insérer très rapidement dans le dessin.

- Dans le groupe de fonctions **Palettes** (onglet **Vue**), choisissez l'icône **Palettes d'outils**.

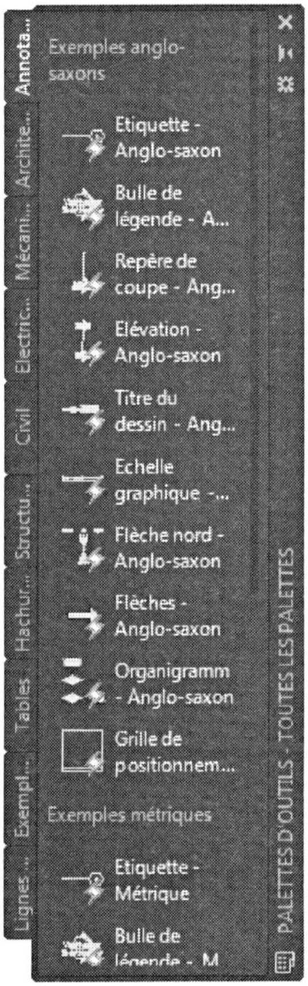

- Choisissez l'onglet désiré et cliquez sur le bloc ou le motif de hachure pour l'insérer dans le dessin. Suivez la procédure dans la ligne de commande pour indiquer les points d'insertion, l'échelle et l'orientation des blocs ou la zone à remplir pour les hachures.

Vous pouvez à tout moment redimensionner cette fenêtre en effectuant un cliqué-glissé sur un des bords ou des coins de la fenêtre. Celle-ci peut être déplacée sur la zone graphique par un cliqué-glissé sur la barre de titre verticale. Elle peut être également arrimée sur les bords gauche ou droit de la fenêtre AutoCAD grâce à un cliqué-glissé sur la barre de titre verticale : lâchez le dispositif de pointage lorsque le nouvel aperçu de la fenêtre apparaît.

Une barre de défilement vertical permet d'accéder aux contenus supérieur et inférieur de l'onglet courant.

L'affichage des palettes d'outils peut être réduit à la largeur de la barre de titre, ce qui permet de libérer l'espace de travail :

- Dans la fenêtre **Palettes d'outils**, cliquez sur le bouton **Masquer automatiquement** .

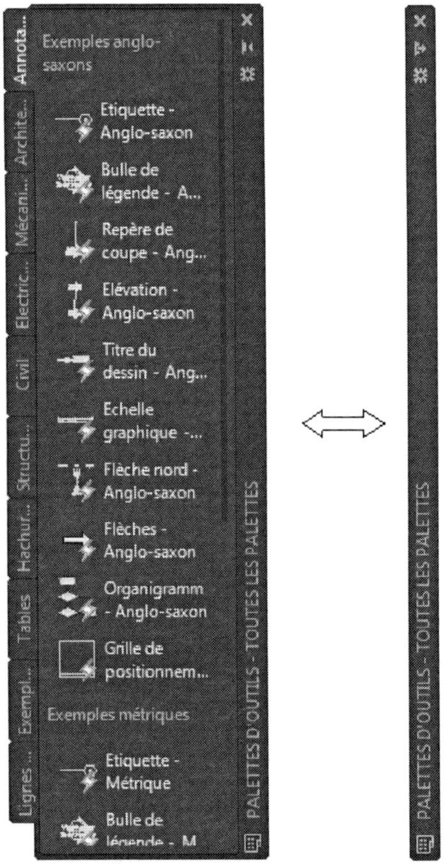

- Positionnez le pointeur de la souris sur la barre de titre pour voir apparaître automatiquement le contenu de la palette d'outils. Inversement, positionnez le pointeur à l'extérieur pour la masquer à nouveau.
- Cliquez une nouvelle fois sur le bouton **Masquer automatiquement** pour désactiver le masquage automatique.

Vous pouvez aussi gérer les palettes d'outils par l'intermédiaire des propriétés :

▶ Dans la fenêtre **Palettes d'outils**, cliquez sur le bouton **Propriétés** .

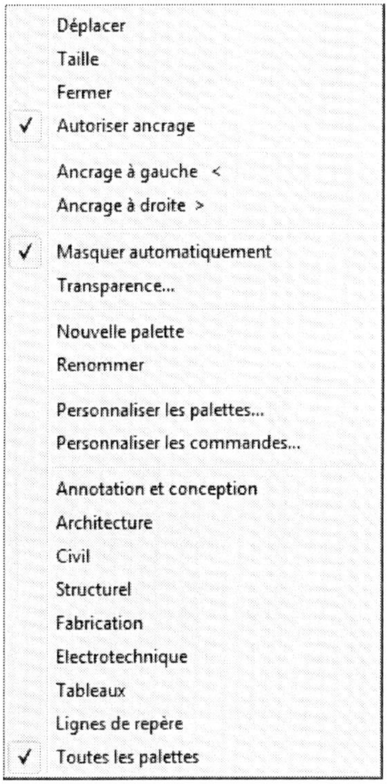

Cette fenêtre permet le déplacement, le redimensionnement et la fermeture de la palette d'outils. Les options **Déplacer**, **Taille** et **Fermer** sont l'équivalent des manipulations effectuées par le pointeur directement sur la fenêtre.

L'option **Autoriser ancrage** permet l'arrimage aux bords gauche et droit de la fenêtre AutoCAD. Si cette option est désactivée, l'arrimage devient impossible. Les options **Ancrage à gauche** et **Ancrage à droite** permettent d'ancrer automatiquement la fenêtre à gauche ou à droite de la zone graphique.

L'option **Masquer automatiquement** est identique au bouton **Masquer automatiquement** présenté précédemment.

L'option **Transparence...** permet un affichage transparent des palettes d'outils. Ceci vous permet de visualiser le dessin tout en accédant aux symboles et blocs des palettes d'outils.

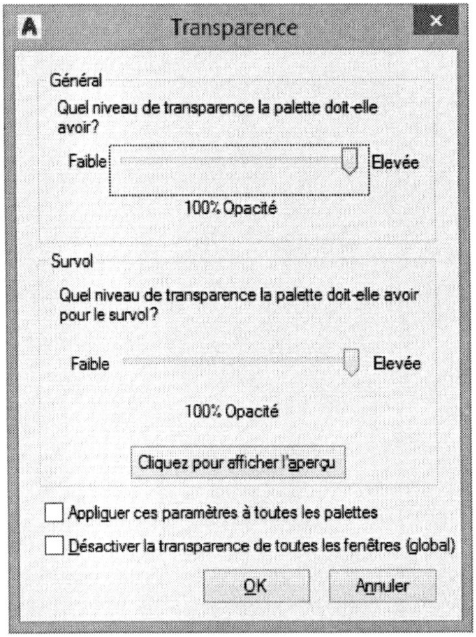

- Agissez sur la règle pour augmenter ou diminuer le niveau de transparence.
- Pour annuler la transparence, cochez la case **Désactiver la transparence de toutes les fenêtres (global)**.
- Confirmez par **OK**.

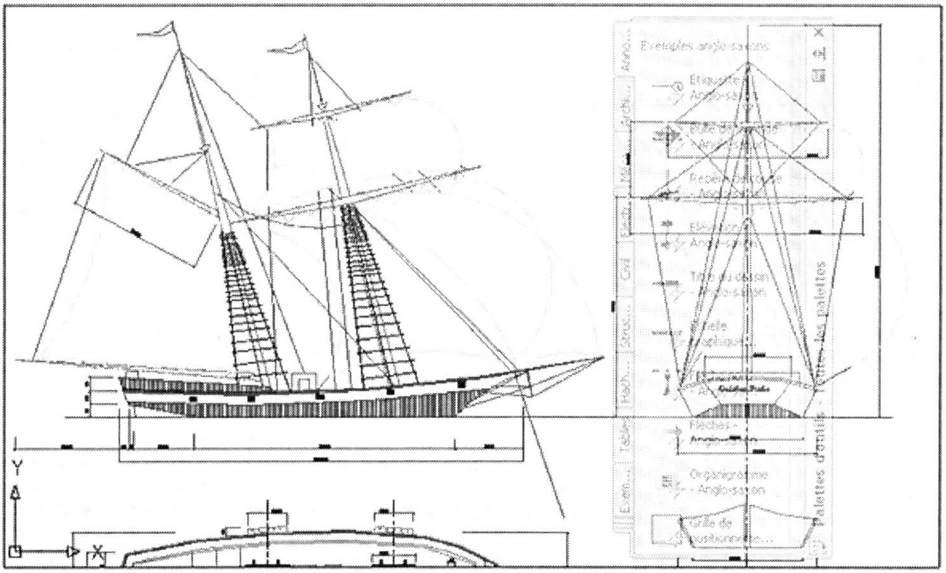

Les options **Nouvelle palette**, **Renommer**, **Personnaliser les palettes** et **Personnaliser les commandes** sont traitées dans le chapitre La personnalisation.

L'option **Toutes les palettes** permet l'affichage simultané de toutes les palettes d'outils dans la fenêtre **Palettes d'outils**.

L'option **Tableaux** restreint l'affichage de la palette **Tableaux** dans la fenêtre **Palettes d'outils** ; idem pour les options **Annotation et conception** ainsi que **Lignes de repère**. Par défaut, les palettes suivantes sont présentes : **Architecture**, **Civil**, **Structurel**, **Fabrication**, **Electrotechnique**, **Tableaux**, **Lignes de repère**.

Les onglets des palettes d'outils peuvent être ordonnés différemment.

▶ Effectuez un clic droit sur un onglet, le menu contextuel apparaît :

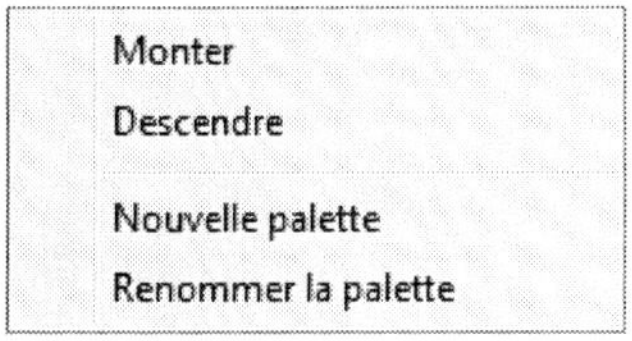

Les options **Nouvelle palette** et **Renommer la palette** sont détaillées dans le chapitre La personnalisation.

Les options **Monter** et **Descendre** agissent sur l'onglet en cours.

L'option **Monter** n'est pas disponible si le clic droit est effectué sur l'onglet supérieur.

Si vous effectuez le clic droit sur l'onglet courant (en gras), le menu suivant est affiché :

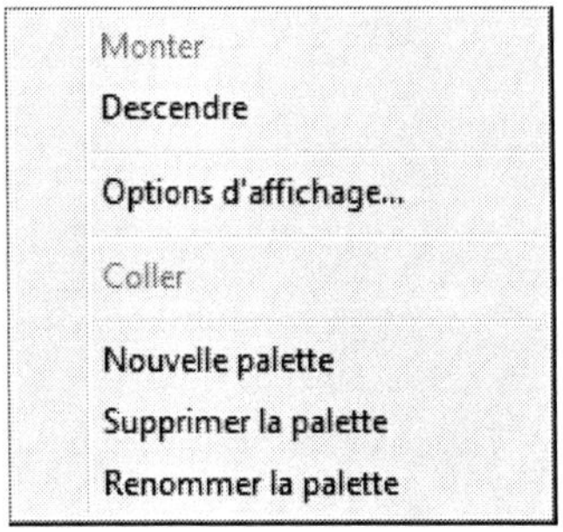

L'option supplémentaire **Options d'affichage** est disponible et ouvre la fenêtre ci-après :

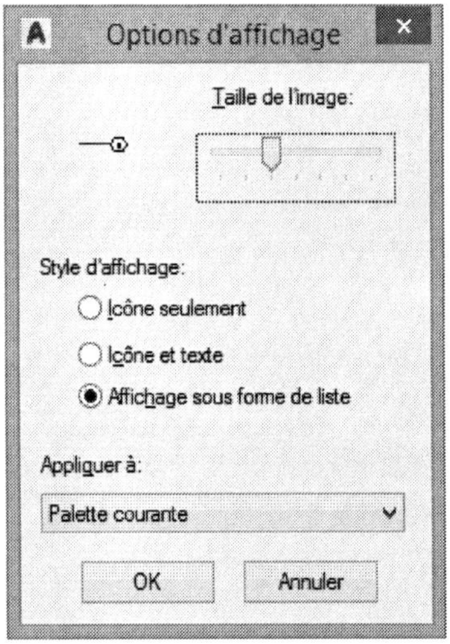

La règle **Taille de l'image** agit sur la taille des icônes de blocs et hachures affichées.

Les styles d'affichage **Icône seulement**, **Icône et texte**, **Affichage sous forme de liste** permettent de choisir la représentation des icônes, seules, accompagnées de texte, ou affichées sous forme de liste.

La liste **Appliquer à** permet d'affecter les options d'affichage décrites ci-dessus, soit à la palette d'outils courante, soit à toutes les palettes.

Ces diverses options spécifiques aux palettes d'outils sont accessibles également à l'aide d'un clic droit dans la palette d'outils.

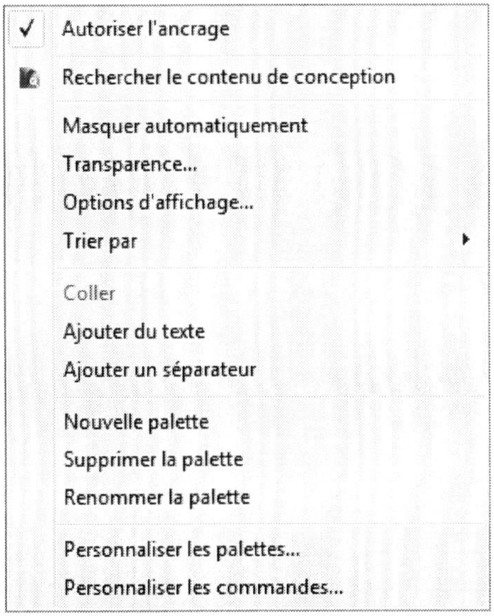

Verrouillage des palettes d'outils

AutoCAD LT vous permet de verrouiller la position des palettes d'outils. Ainsi, vous pouvez figer une interface, en empêchant le déplacement des palettes.

Vous pouvez verrouiller indépendamment les palettes arrimées, les palettes flottantes, ou encore verrouiller l'ensemble.

Pour verrouiller les palettes d'outils arrimées

- Dans le menu déroulant **Fenêtres**, choisissez **Emplacement de verrouillage**, puis **Fenêtres ancrées**.

Dans ce cas, seules les palettes d'outils arrimées ne peuvent être déplacées.

Pour déverrouiller les palettes d'outils arrimées

- Dans le menu déroulant **Fenêtres**, choisissez **Emplacement de verrouillage**, puis **Fenêtres ancrées**.

Dans ce cas, les palettes d'outils arrimées peuvent être déplacées.

Pour verrouiller les palettes d'outils flottantes

- Dans le menu déroulant **Fenêtres**, choisissez **Emplacement de verrouillage**, puis **Fenêtres flottantes**.

Dans ce cas, seules les palettes d'outils flottantes ne peuvent être déplacées.

Pour déverrouiller les palettes d'outils flottantes

- Dans le menu déroulant **Fenêtres**, choisissez **Emplacement de verrouillage**, puis **Fenêtres flottantes**.

Dans ce cas, les palettes d'outils flottantes peuvent être déplacées.

Pour verrouiller les palettes et barres d'outils

- Dans le menu déroulant **Fenêtres**, choisissez **Emplacement de verrouillage**, puis **Tout**, et **Verrouillé**.

Dans ce cas, ni les palettes ni les barres d'outils ne peuvent être déplacées, qu'elles soient flottantes ou arrimées.

Pour déverrouiller les palettes et barres d'outils

- Dans le menu déroulant **Fenêtres**, choisissez **Emplacement de verrouillage**, puis **Tout**, et **Déverrouillé**.

Dans ce cas, toutes les palettes et les barres peuvent être déplacées, qu'elles soient flottantes ou arrimées.

La barre d'état

Les icônes de la barre d'état permettent un accès rapide à de nombreuses fonctions telles que l'affichage des coordonnées, de la grille, des épaisseurs de ligne, l'activation de la saisie dynamique, du mode orthogonal ou du repérage polaire, des outils d'accrochage, l'accès aux échelles, aux unités de dessin, au cycle de sélection, à la gestion de la transparence, des espaces de travail, etc.

Paramètres de la barre d'état

- Dans la barre d'état, cliquez sur le bouton **Personnalisation** .

Le menu suivant est affiché :

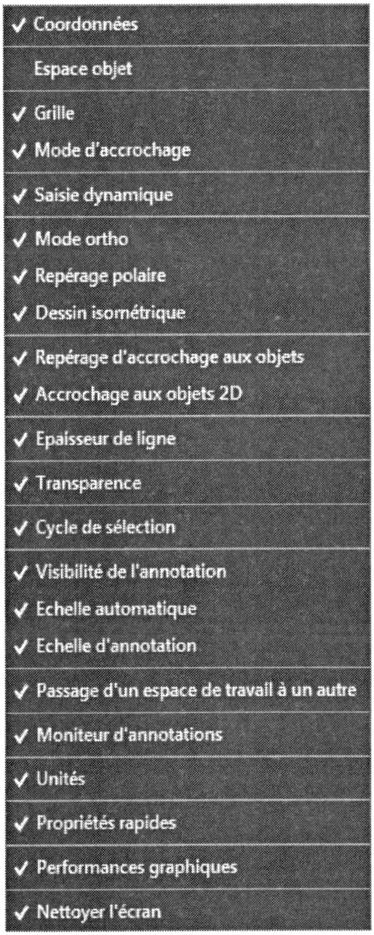

Chaque option cochée active l'affichage des boutons correspondants de la barre d'état.

5.5 Les espaces de travail

AutoCAD LT vous permet d'enregistrer des configurations d'interface personnalisées. Ces configurations sont constituées des barres d'outils, palettes d'outils et menus que vous utilisez le plus souvent ou lors d'opérations spécifiques.

À chaque configuration d'interface correspond un espace de travail personnalisé et vous basculez d'un espace à l'autre selon les tâches à réaliser.

AutoCAD LT propose par défaut l'espace de travail **Dessin et annotation**, accessible à partir de la liste **Espace de travail** située dans la barre d'outils d'accès rapide, ou depuis l'icône déroulante **Passer d'un espace de travail à un autre**  dans la barre d'état.

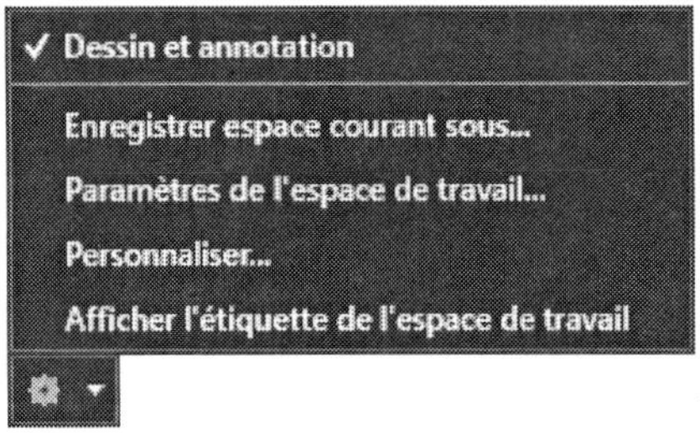

L'espace de travail **Dessin et annotation** offre un environnement épuré, composé d'un ruban constitué de groupes de fonctions 2D facilement accessibles et classées par catégorie.

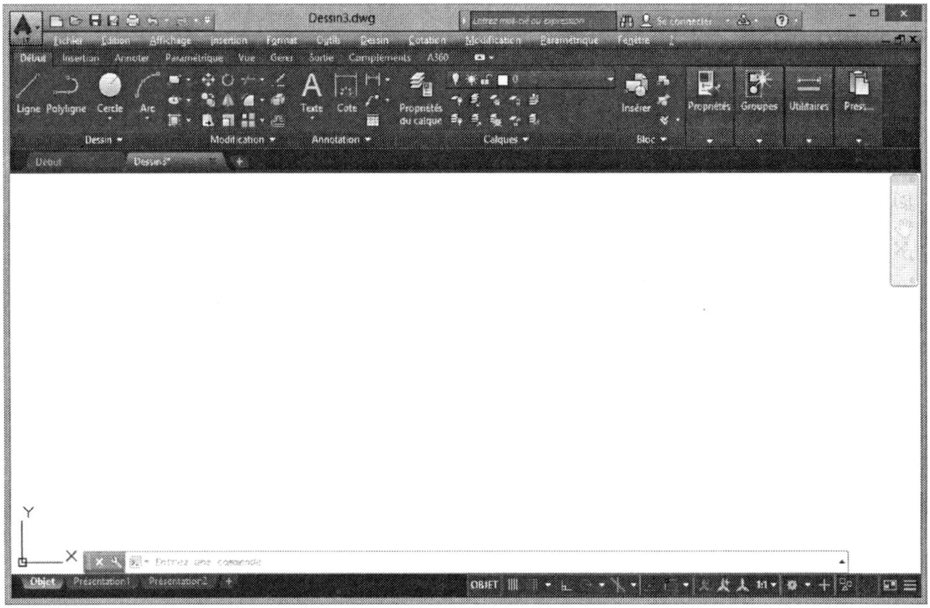

■ Remarque

Voir aussi Les espaces de travail (cf. chapitre La personnalisation).

Chapitre 1
Les documents

1. Création d'un nouveau dessin

▶ Dans la **barre d'outils d'accès rapide**, cliquez sur l'outil **Nouveau** 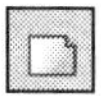.

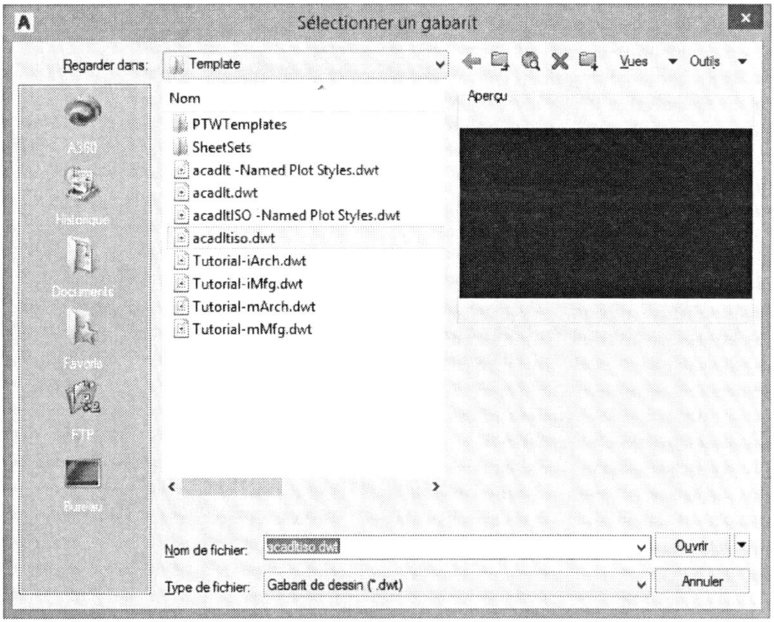

AutoCAD LT vous invite à sélectionner un gabarit.

Un gabarit sert de base ou de modèle à chaque nouveau dessin. Il peut être enrichi à volonté. Les fichiers gabarits portent l'extension DWT. Ouvrez-les normalement dans AutoCAD LT, apportez les modifications et procédez à l'enregistrement. Cette option est détaillée plus loin dans ce chapitre (section Les fichiers gabarits). Les gabarits constituent un point capital pour une bonne utilisation du logiciel.

AutoCAD LT pointe directement sur le dossier **Template** contenant les principaux gabarits existants par défaut. Bien sûr, cette base doit être enrichie et améliorée par vos propres gabarits.

Le gabarit **acadlt.dwt** constitue un gabarit anglo-saxon, alors que le gabarit **acadltiso.dwt** constitue le gabarit métrique.

- Sélectionnez le gabarit voulu et confirmez par **Ouvrir** pour créer un nouveau dessin utilisant le gabarit sélectionné.

Remarque

*Pour créer un nouveau dessin sans utiliser de gabarit, dans la liste déroulante **Ouvrir**, sélectionnez l'option de votre choix : **Ouvrir sans gabarit - Système anglo-saxon** ou **Ouvrir sans gabarit - Système métrique**.*

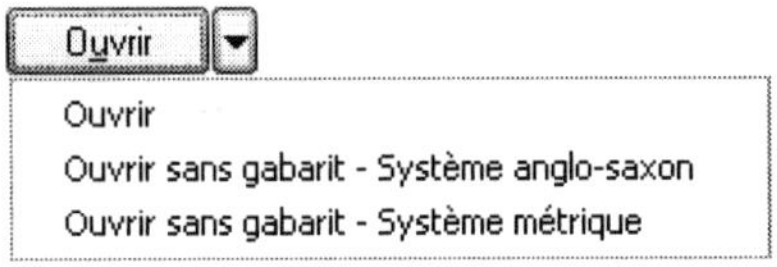

2. Affichage d'un dessin existant

- Dans la **barre d'outils d'accès rapide**, cliquez sur l'outil **Ouvrir** .

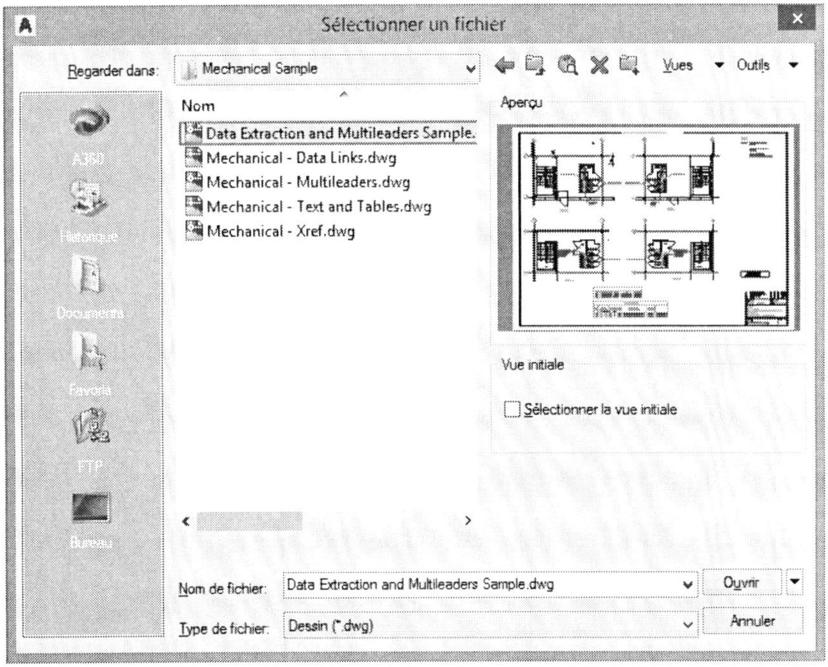

- Choisissez l'unité, puis le dossier voulu. Sélectionnez le fichier dans la liste puis cliquez sur **Ouvrir**.

Remarque

La touche [Ctrl] permet la sélection multiple de fichiers.

Aperçu

La zone **Aperçu** affiche une image du dessin.

L'aperçu est disponible si l'option **Enregistrer un aperçu miniature de l'image** est activée dans l'onglet **Ouvrir et Enregistrer** de la boîte de dialogue **Options**.

Vues

La liste **Vues** affiche ou masque l'**Aperçu** du fichier sélectionné.

Elle définit le type d'affichage des fichiers (Liste, Détails ou Images miniatures).

Outils

La liste **Outils** permet d'accéder aux options suivantes :

Rechercher permet une recherche minutieuse de fichiers.

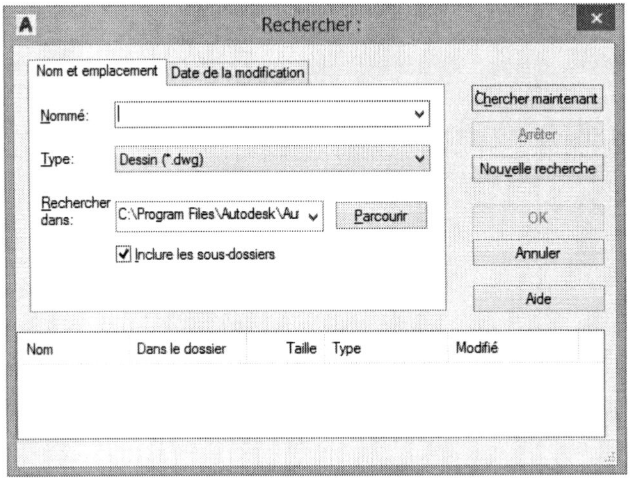

Vous fixez les critères de recherche suivants : emplacement, type de fichiers, nom de fichier, date, périodes...

Chercher maintenant permet de situer rapidement un fichier présent dans une liste de chemins de recherche. Saisissez le nom dans la zone **Nom de fichier** puis choisissez **Chercher maintenant**. Si le fichier est placé dans un des chemins de support, vous obtenez l'aperçu et pouvez procéder à l'ouverture.

Ajouter/Modifier adresses FTP permet d'ajouter à la liste ou de modifier des adresses de sites Internet FTP.

Ajouter le dossier courant aux lecteurs réseau permet d'ajouter le dossier courant aux chemins de support et de recherche.

Ajouter aux Favoris permet de créer un raccourci vers les dossiers préférés accessibles par le bouton **Favoris**.

Emplacements/Raccourcis

Dans la liste des emplacements située à gauche de la fenêtre **Sélectionner un fichier** :

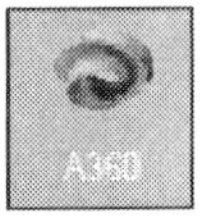

Le bouton **A360** permet d'accéder aux documents et dossiers de votre espace Autodesk Cloud.

Le bouton **Historique** permet l'accès aux derniers dessins ouverts (raccourcis).

Le bouton **Mes documents** permet d'accéder directement aux documents personnels placés dans le dossier Windows **Mes documents**.

Le bouton **Favoris** permet l'accès aux dossiers favoris.

Le bouton **FTP** permet l'accès aux adresses FTP.

Remarque

Notez que les raccourcis prennent place dans le dossier ***Windows/Favoris****.*

Le bouton **Bureau** permet d'accéder au bureau Windows.

Ouvrir en lecture seule

Sélectionnez un fichier puis déroulez la liste **Ouvrir** pour accéder à l'option **Ouvrir en lecture seule**. Cette technique permet l'ouverture et la modification d'un fichier mais impose de le renommer.

Sélectionner la vue initiale

Cette case à cocher ouvre le dessin et permet de choisir une vue enregistrée du dessin. Ceci permet une localisation rapide de la zone intéressée.

Rechercher sur le Web

L'icône  affiche la boîte de dialogue **Rechercher sur le Web**. Vous accédez à un site Internet et pouvez par exemple télécharger des fichiers.

Créer un nouveau dossier

L'icône  crée directement un dossier sans quitter la boîte de dialogue courante (emplacement courant).

3. Utiliser les onglets de fichiers

- AutoCAD LT met à disposition des onglets de fichiers qui permettent d'accéder facilement aux dessins ouverts, de passer de l'un à l'autre, de fermer un dessin ou encore d'en créer un nouveau (bouton  situé à droite des onglets).

3.1 Activer les onglets de fichiers

- Dans le groupe de fonctions **Interface** (onglet **Vue**), cliquez sur l'icône **Onglets Fichier** pour activer les onglets de fichiers.

Les onglets de fichiers sont affichés dans la partie supérieure de la zone de dessin comme dans l'exemple ci-dessous.

3.2 Rendre un dessin courant

- Dans les onglets de fichiers, cliquez sur l'onglet du fichier à rendre courant.

Les onglets de fichiers permettent de passer d'un dessin à un autre, et permettent l'accès direct aux diverses présentations de dessin.

3.3 Afficher une présentation

- Déplacez le pointeur sur l'onglet de fichier pour prévisualiser l'ensemble des présentations du dessin.
- Déplacez le pointeur sur une présentation pour afficher immédiatement son contenu.

3.4 Activer une présentation

- Dans les onglets de fichiers, déplacez le pointeur sur l'onglet de fichier correspondant.
- Cliquez sur la présentation pour basculer dans cette présentation.

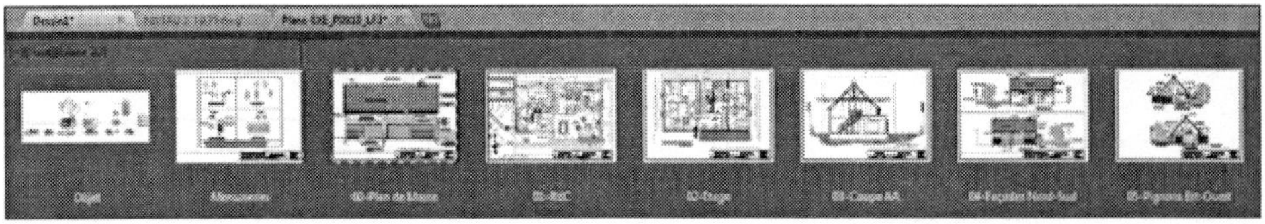

3.5 Imprimer une présentation

- Dans les onglets de fichiers, déplacez le pointeur sur l'onglet de fichier correspondant.
- Déplacez le pointeur sur la présentation à tracer et cliquez sur le bouton **Tracer** .

3.6 Publier une présentation

- Dans les onglets de fichiers, déplacez le pointeur sur l'onglet de fichier correspondant.
- Déplacez le pointeur sur la présentation à publier et cliquez sur le bouton **Publier** .

3.7 Fermer un dessin

- Dans les onglets de fichiers, cliquez sur le bouton de fermeture de l'onglet du fichier à fermer.

3.8 Créer un nouveau dessin

- Dans les onglets de fichiers, cliquez sur le bouton .

4. Enregistrement du dessin en cours

- Dans la barre d'outils **d'accès rapide**, cliquez sur l'icône **Enregistrer** .

Après avoir choisi le répertoire adéquat, tapez le nom du dessin dans la zone **Nom de fichier** puis cliquez sur **Enregistrer**. Le nom du dessin apparaît ensuite dans la barre de titre.

Par la suite, si vous désirez enregistrer de nouvelles modifications sur ce dessin, cliquez sur ce même bouton.

Remarque

Pensez à enregistrer régulièrement votre dessin. Vous éviterez de perdre des données en cas de panne ou de coupure électrique.

5. Enregistrement sous un autre nom

▶ Dans la barre d'outils **d'accès rapide**, cliquez sur l'icône **Enregistrer sous** .

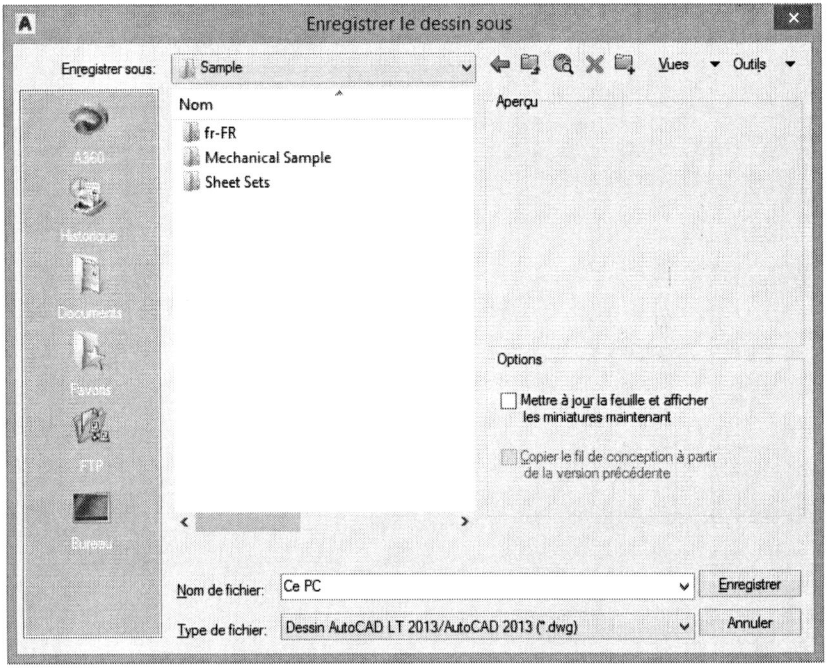

▶ Tapez le nouveau nom que vous voulez affecter au dessin en cours et confirmez par **Enregistrer**.

La liste **Type de fichier** permet l'enregistrement aux formats :

- AutoCAD 2013/LT 2013 (même format que 2014, 2015, 2016 et 2017).
- AutoCAD 2010/LT 2010 (même format que 2011 et 2012).
- AutoCAD 2007/LT 2007 (même format que 2008 et 2009).
- AutoCAD 2004/LT 2004 (même format que 2005 et 2006).
- AutoCAD 2000/LT 2000 (même format que 2000i et 2002).
- AutoCAD R14/LT98/LT97.
- Gabarit de dessin (.DWT).
- DXF 2013, DFX 2010, DXF 2007, DXF 2004, DXF 2000, DXF 12 (cf. chapitre Les fichiers d'échange).

L'enregistrement dans ces différents formats permet la lecture directe depuis des versions antérieures d'AutoCAD ou AutoCAD LT, et aussi un échange facile de données dans les deux sens. Le format est très utile pour communiquer avec divers autres logiciels.

6. Signature numérique

Le principe de la signature numérique attachée à un dessin garantit à toute personne visualisant le dessin la provenance et l'état des modifications du dessin. Toute modification rend caduque la signature.

Pour pouvoir affecter une signature numérique, l'ordinateur que vous utilisez doit posséder un identificateur numérique. Cet identificateur numérique identifie la personne ou l'entreprise qui a signé un fichier. Pour plus d'informations, effectuez une recherche sur Internet : "certificat numérique".

Pour procéder à l'affectation de la signature numérique au dessin courant, procédez de la façon suivante :

- Dans le Navigateur de menus, choisissez **Enregistrer sous**.
- Dans la boîte de dialogue **Enregistrer le dessin sous**, choisissez le menu-liste **Outils**, puis **Signatures numériques**.

  La fenêtre ci-dessous est affichée :

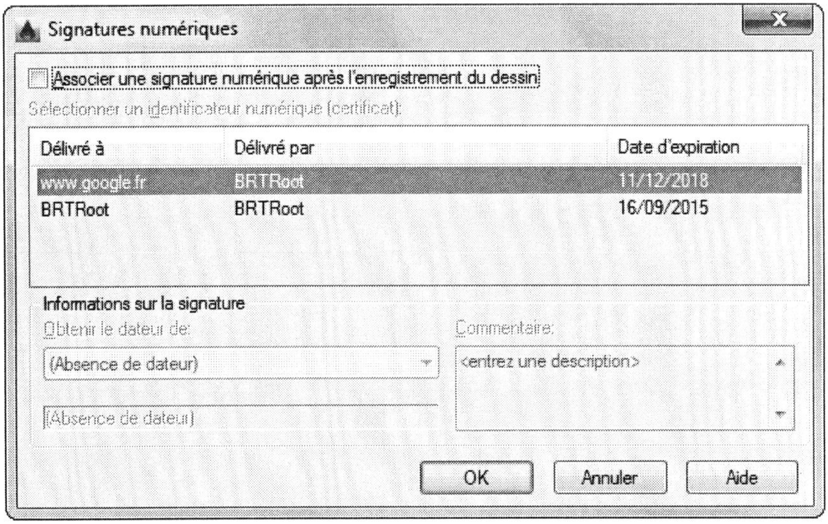

▶ Cliquez sur votre identificateur dans la liste **Sélectionner un identificateur numérique**, cochez la case **Associer une signature numérique après l'enregistrement du dessin**, et confirmez par **OK**.

▶ Enfin, dans la boîte de dialogue **Enregistrer le dessin sous**, cliquez sur le bouton **Enregistrer** pour confirmer l'enregistrement avec signature numérique.

Remarque

Attention : si vous modifiez ou/et réenregistrez un dessin, vous pouvez perdre la signature.

7. Environnement multidocument

AutoCAD LT permet l'ouverture de plusieurs dessins dans la même session. Ces dessins peuvent être affichés en cascade ou en mosaïque. Outre la visualisation simultanée de différents projets, AutoCAD LT permet de glisser tous types d'objets d'un dessin à un autre et d'en copier les propriétés.

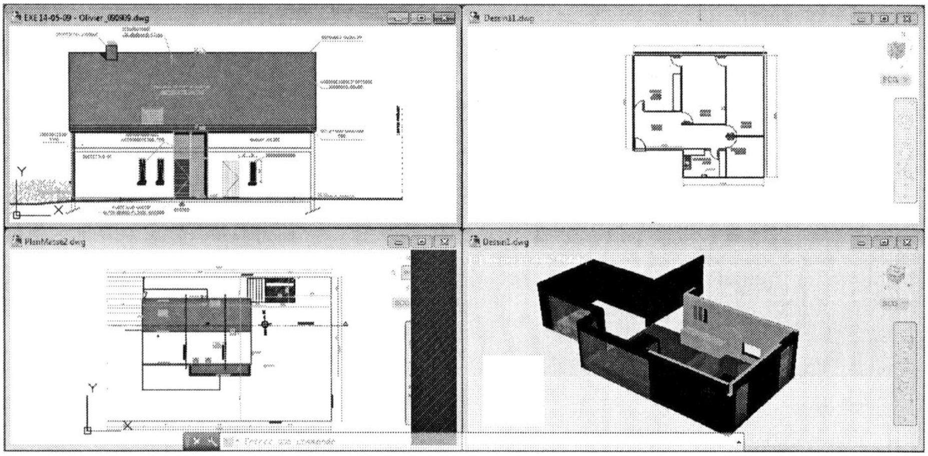

Astuces

Copie rapide par glissement

▶ Dans le premier dessin, sélectionnez des objets. Disposez le curseur sur la géométrie sélectionnée (pas sur une poignée !), puis à l'aide d'un cliqué-glissé, venez déposer les objets dans un autre dessin.

Copie avec définition du point de base

- Dans le premier dessin, sélectionnez des objets. Effectuez un clic droit dans la zone graphique pour accéder au menu contextuel. Choisissez **Presse-papiers** puis **Copier avec point de base**. Indiquez le point de base pour l'insertion.
- Dans un autre dessin, effectuez un clic droit dans la zone graphique et choisissez **Presse-papiers** puis **Coller**.

AutoCAD vous demande (comme pour l'insertion d'un bloc) un point d'insertion. Les objets insérés sont des objets natifs d'AutoCAD et non des blocs.

8. Fermeture d'un dessin

- Dans le coin supérieur droit de la zone graphique, cliquez sur le bouton **Fermer** .

AutoCAD LT vous invite à enregistrer les modifications avant de fermer le document. Vous pouvez confirmer ou non l'enregistrement de ces modifications, ou encore annuler l'opération de fermeture.

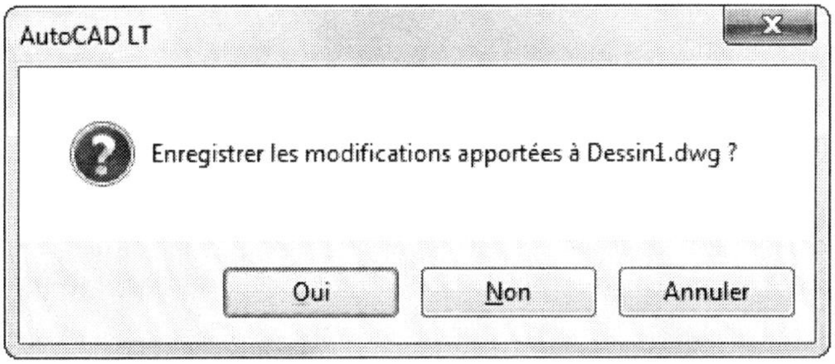

9. Purger un dessin

Cette opération s'utilise lorsque le dessin est complètement terminé. Elle permet de supprimer certains éléments inutilisés de la base de données du dessin. Le dessin est donc allégé. N'oubliez pas de procéder à l'enregistrement du dessin après la purge.

Les éléments concernés sont les suivants :

Les calques, les définitions de blocs, les styles de texte, les styles de cote, les types de ligne, les styles de multiligne, les styles de tracé (composants d'AutoCAD LT) et les formes.

Vous pouvez utiliser cette commande à tout moment.

- Dans le Navigateur de menus, choisissez **Utilitaires de dessin** puis **Purger**.

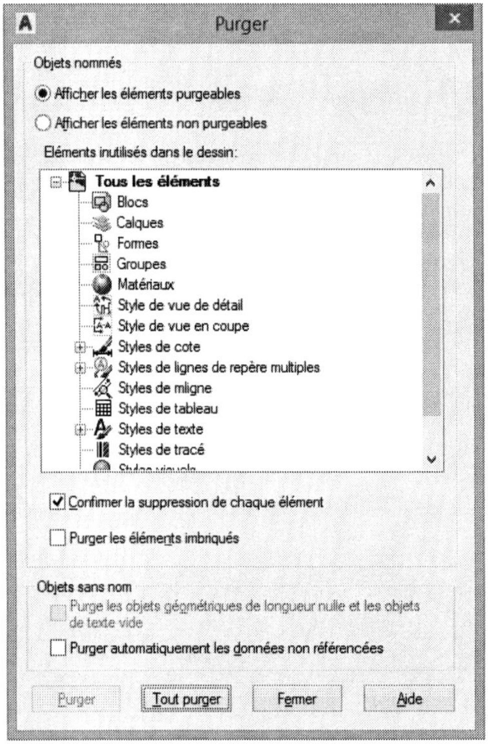

Activez l'option d'affichage qui convient :

- **Afficher les éléments purgeables** : dans l'arborescence, le signe + indique que des éléments sont présents et peuvent être affichés. Un simple clic sur ce signe affiche la liste. Sélectionnez les éléments à purger et choisissez **Purger** pour les supprimer.
- **Afficher les éléments non purgeables** : tous les éléments ne pouvant être purgés sont affichés. Cet affichage permet un contrôle des données du dessin. Ces éléments constituent des valeurs par défaut (calque 0, style de texte Standard...) ou ces éléments sont utilisés ou courants.

La case à cocher **Confirmer la suppression de chaque élément** assure une confirmation avant suppression définitive. Le bouton **Tout purger** demande une confirmation même si cette option est inactive.

L'option **Purger les éléments imbriqués** supprime tous les composants de l'affichage sélectionné. Une confirmation vous est demandée par élément supprimé.

L'option **Purger les objets géométriques de longueur nulle et les objets texte vides** supprime les géométries de longueur nulle (ex : lignes, arcs, polylignes, etc.) dans les objets non-blocs. Supprime également les objets texte (sur une ligne ou multiligne) qui ne contiennent que des espaces (aucun texte) dans les objets non-blocs.

L'option **Purger automatiquement les données non référencées** analyse le dessin et supprime les données de style de ligne DGN obsolètes à l'ouverture de la boîte de dialogue **Purger**.

10. Sortie d'une session

- Dans le Navigateur de menus, choisissez **Fichier**, puis **Quitter** ou cliquez sur le bouton de fermeture de l'application.

Si vous n'avez pas sauvé les modifications, AutoCAD LT vous propose pour chaque dessin plusieurs possibilités : enregistrer, abandonner les modifications ou bien annuler la commande.

11. Les fichiers gabarits

Certaines valeurs sont associées à un dessin et sauvées avec celui-ci, comme des échelles, les limites, des calques, des styles d'annotations, de cotation, des présentations... et autres paramètres. Toutes ces valeurs peuvent être placées dans un "dessin modèle" ou gabarit, qui vous servira lors de la création d'un nouveau dessin. AutoCAD LT fournit des gabarits standard, mais vous pouvez créer vos propres gabarits personnalisés, chaque gabarit constituant une base de travail.

Un gabarit peut contenir un cartouche, des noms de calques personnalisés, des styles de texte et de cotation personnalisés, des présentations du dessin à échelles données ou autres informations que vous utilisez généralement dans un type de dessin particulier. À chaque nouveau dessin, vous pouvez indiquer à AutoCAD LT lequel de vos gabarits vous désirez utiliser (le nouveau dessin est une copie conforme du gabarit).

11.1 Création de fichiers gabarits

Il existe deux façons de créer un gabarit :

- La première méthode consiste, à partir d'un dessin vierge, à intégrer les uns après les autres tous les réglages.
- La deuxième méthode consiste à ouvrir un projet existant et à conserver tous les paramètres et réglages, sauf la géométrie.

Pour un gain de temps, retenez si possible la deuxième méthode.

Ouvrez le dessin AutoCAD (dwg). Vérifiez tous les paramètres à conserver comme les calques, couleurs et types de ligne, l'échelle du type de ligne, la précision des unités et des angles, les styles de texte, de cotation, les présentations, les configurations de tracé.

Ensuite, effacez la géométrie spécifique au projet ouvert. Procédez à l'enregistrement du gabarit de la façon suivante :

- Dans le Navigateur de menus, choisissez **Enregistrer sous**, puis **Gabarit de dessin**. Dans la liste **Type de fichier**, vérifiez le type de fichier **Gabarit de dessin AutoCAD LT (*.dwt)**. Notez le positionnement automatique dans le dossier **Template**. Dans la zone de texte **Nom de fichier**, précisez le nom du fichier gabarit et confirmez par **Enregistrer**.

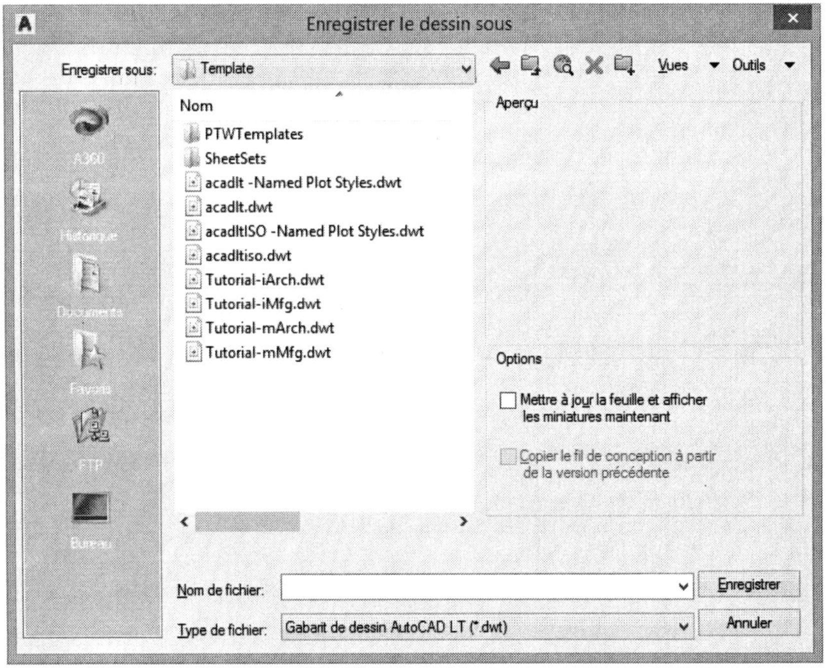

Remarque

Si vous précisez le caractère souligné (_) en début de nom de fichier, vous imposez un affichage en tête de liste.

Remarque

Vous pouvez stocker votre gabarit dans votre compte Cloud.

AutoCAD vous invite à commenter les spécificités du gabarit.

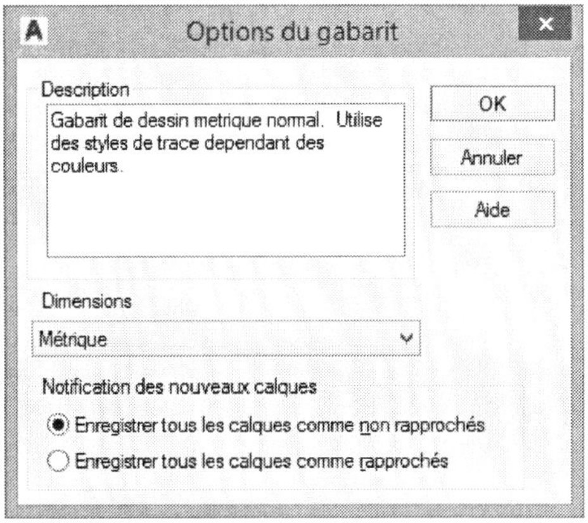

Lors de l'utilisation ultérieure du gabarit, le commentaire associé sera affiché et pourra vous aider dans votre choix.

11.2 Utilisation de fichiers gabarits

- Dans la barre d'outils d'accès rapide, cliquez sur le bouton **Nouveau** .
- Dans la boîte de dialogue **Sélectionner un gabarit**, tous les gabarits du dossier **AutoCAD LT 2017\Template** sont listés.
- Double cliquez sur le gabarit de votre choix.

Le nouveau dessin présent à l'écran est une copie conforme du gabarit sélectionné. En effet, tous les réglages et paramètres sont présents. L'utilisateur a donc à disposition tous les outils pour travailler.

11.3 Modification d'un fichier gabarit

Un fichier gabarit peut, comme n'importe quel fichier, être ouvert et réenregistré. Ceci vous permet d'enrichir au fur et à mesure votre base de travail.

- Dans la barre d'outils d'accès rapide, choisissez **Ouvrir**. Dans la liste **Type de fichier**, sélectionnez **Gabarit de dessin (*.dwt)**. Seuls les fichiers gabarits sont alors affichés. Sélectionnez le gabarit à modifier puis confirmez par **Ouvrir**.
- Procédez aux modifications puis enregistrez normalement.

À la prochaine utilisation du gabarit, vous retrouverez les modifications apportées.

Chapitre 2
Aides au dessin

1. Les limites

▶Dans le menu déroulant **Format**, choisissez **Limites du dessin**.

AutoCAD LT vous propose dans la fenêtre de commande :

```
LIMITES Spécifiez le coin inférieur gauche ou [ACtif INactif] <0.0000,0.0000>:
```

Les limites de dessin sont exprimées sous forme d'une paire de points 2D (le coin bas gauche et le coin haut droit) dans le système de coordonnées général. Il n'y a pas de limites dans la direction Z.

Si vous voulez modifier les limites actuelles, validez le coin bas gauche par défaut (0,0), et indiquez un coin haut droit différent (ex. 210,297). En effet, vous interviendrez en général sur le coin haut droit et laisserez le coin bas gauche à 0,0.

Les limites désignent une zone de travail invisible, représentant les limites du dessin. Celles-ci vous servent de référence dans votre dessin. Vous pouvez à n'importe quel moment modifier ces limites.

Les limites englobent votre dessin (ex. pour un dessin de 100x80, les limites peuvent être de 150x100). Notez que l'unité n'est pas précisée ; ici l'unité peut être le millimètre, le mètre, le centimètre, le pouce... On utilise une unité réelle pour faciliter le travail et utiliser les vraies longueurs (ou vraies grandeurs).

Les limites du dessin contrôlent la portion du dessin couverte par la grille, ce qui est pratique pour repérer le positionnement de son dessin sur ses limites.

Elles constituent un des facteurs déterminant la zone affichée par un zoom Total.

Les autres options :

ACtif Active le mode Contrôle des limites, retenant les valeurs courantes des limites elles-mêmes. Si le contrôle des limites est actif, AutoCAD rejette tous les points définis en dehors de ces limites de dessin (bien qu'un élément tel qu'un cercle puisse commencer à l'intérieur des limites et les dépasser). Le contrôle des limites vous aide à ne pas dessiner en dehors de l'aire du dessin.

INactif Active le mode Libre de limites mais se souvient des valeurs des limites lorsque vous réactivez le mode contrôle.

2. La grille

La grille est représentée par un quadrillage de droites horizontales et verticales (par défaut). Elle est affichée uniquement sur les limites du dessin. Associée à la résolution (magnétisme du curseur sur la grille), la grille vous permet de dessiner ou de modifier des objets selon des distances en rapport avec la grille.

Vous pouvez activer ou désactiver son affichage en cliquant sur le bouton **Afficher la grille du dessin** dans la zone d'état.

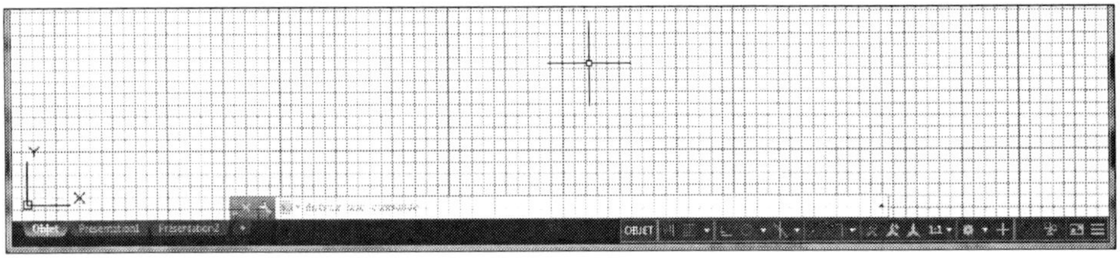

- Vous pouvez agir sur les espacements de la grille (ils peuvent être différents en X et Y), ainsi que sur la résolution (magnétisme) grâce aux aides au dessin. Pour cela, effectuez un clic droit sur l'icône déroulante **Mode d'accrochage** et choisissez l'option **Paramètres d'accrochage**.

◘ Choisissez l'onglet **Accrochage/Grille** pour accéder à la boîte de dialogue suivante :

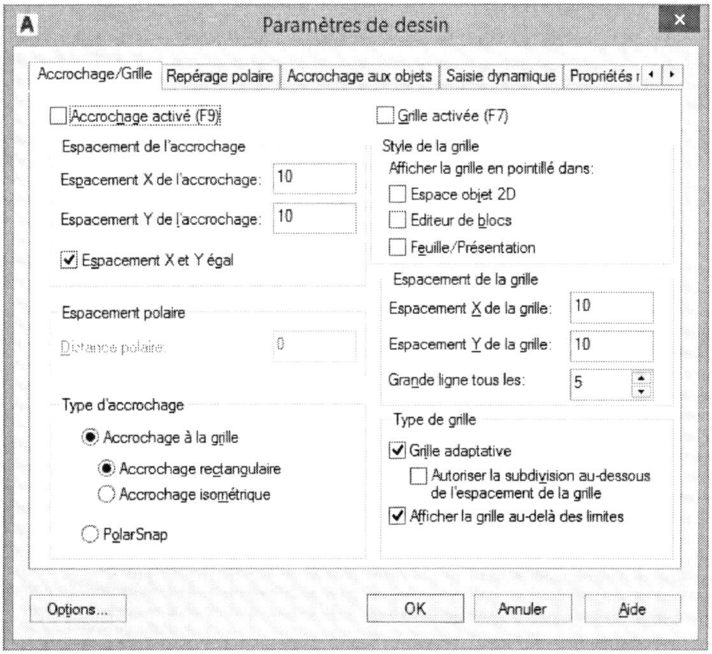

La case à cocher **Accrochage activé (F9)** active ou désactive le mode d'accrochage (ou magnétisme) à la grille.

La rubrique **Espacement de l'accrochage** définit une grille rectangulaire virtuelle d'accrochage selon les espacements X et Y (**Espacement X de l'accrochage** et **Espacement Y de l'accrochage**) qui restreignent le mouvement du curseur selon les intervalles X et Y.

La case à cocher **Espacement X et Y égal** force des valeurs X et Y identiques.

La rubrique **Espacement polaire** permet via le champ **Distance polaire** de fixer la distance d'incrémentation des accrochages, quand l'option **PolarSnap** est sélectionnée dans la zone **Type d'accrochage**.

La rubrique **Type d'accrochage** permet de choisir entre un **Accrochage à la grille** et un accrochage polaire (**PolarSnap**). L'accrochage de la grille permet l'accrochage aux points de la grille, soit selon une grille **rectangulaire** standard, soit selon une grille **isométrique**. Le bouton radio **PolarSnap** permet l'accrochage polaire pratiqué avec le repérage polaire utilisant les angles d'alignement définis dans l'onglet **Repérage polaire**.

La case à cocher **Grille activée (F7)** active ou désactive la grille.

La rubrique **Style de la grille** définit le style de grille en pointillés en activant ou en désactivant la grille dans l'**Espace objet 2D**, dans l'**Editeur de blocs** ainsi que dans la **Feuille/Présentation**.

La rubrique **Espacement de la grille** définit les valeurs des **espacement X** et **espacement Y** des points de la grille, et permet la mise en évidence des grandes lignes intermédiaires selon l'espacement de votre choix.

La rubrique **Type de grille** règle la **Grille adaptative** qui permet de limiter la densité de la grille lors d'un zoom arrière, et d'**Autoriser la subdivision au-dessous de l'espacement de la grille**. La case à cocher **Afficher la grille au-delà des limites** permet de ne pas limiter l'affichage de la grille aux limites du dessin.

3. Le contrôle des unités

Bien souvent, les distances, angles et coordonnées sont donnés en notation décimale ordinaire. Cependant, dans certains domaines, d'autres formes de notation sont préférées. La précision des valeurs affichées peut également être l'objet d'un choix personnel. Afin de satisfaire certaines exigences, AutoCAD LT permet de contrôler l'affichage des unités.

Il est important de préciser lorsque vous commencez un nouveau dessin, le format d'affichage et la précision qui sont dans le dessin prototype utilisé. Vous pouvez modifier ces valeurs autant de fois que nécessaire pendant que vous dessinez.

▶ Dans le Navigateur, choisissez **Utilitaires de dessin**, puis **Unités**.

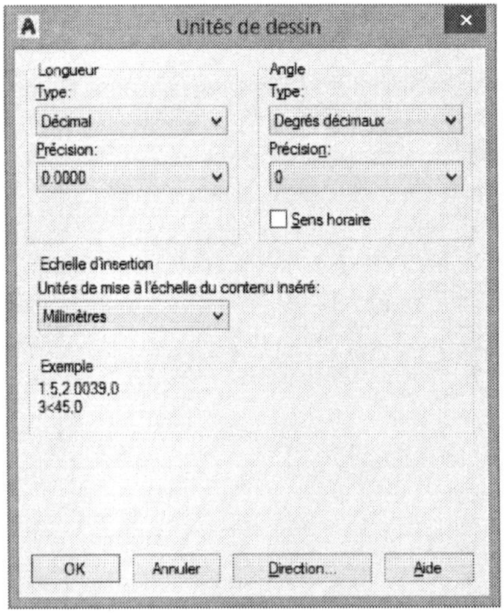

Longueur

La liste **Type** permet de changer l'unité ou le type de mesure.

Choisissez le format qui vous convient.

La liste **Précision** affiche le format sélectionné. Cette liste affiche également la précision par défaut correspondant au format choisi. Pour changer cette valeur, sélectionnez la précision dans la liste.

Les formats **Ingénierie** et **Architecture** génèrent des affichages en pouces et en pieds ; avec ces formats, chaque unité de dessin représente un pouce.

Angle

La zone **Angle** permet de définir la mesure des angles des dessins.

Choisissez le type qui vous convient. Le type choisi apparaît dans la liste **Précision**. Cette liste contient également la précision par défaut correspondant au format d'angle sélectionné. Pour modifier la précision, sélectionnez-en une autre dans la liste.

AutoCAD LT a pris pour convention d'ajouter la lettre “r” pour indiquer les angles en radians et “g” pour les grades. Les angles en degrés, minutes et secondes sont un compromis de la forme suivante :

```
123d45'56.7"
```

où

```
d = degrés
' = minutes
" = secondes
```

Les unités géodésiques méritent une explication supplémentaire : si vous choisissez ce format, les angles seront affichés comme des angles géographiques.

Exemple

```
<N/S><angle><E/O>
```

<N/S> est ou N ou S et <E/O> est ou E ou O. L'angle est édité exactement comme dans le mode degrés/minutes/secondes ; il indique de combien l'angle dévie de la direction nord/sud vers l'est ou l'ouest. L'angle est toujours inférieur à 90.

Si l'angle correspond exactement à un des points cardinaux, seule l'abréviation de ce point est affichée.

Exemple

```
0=E
45=N45d0'0 "E
90=N
135=N45d0'0 "O
180=O
225=S45d0'0 "O
```

```
270=S
315=S45d0'0 "E
207.5=S67d30'0 "O
```

Si l'on utilise des unités géodésiques, les angles relatifs entre les objets sont affichés dans le format degrés/minutes/secondes (cela est également valable pour la cotation angulaire).

La case à cocher **Sens horaire** permet d'inverser la direction des angles positifs (à manipuler avec précaution).

Direction

- Pour contrôler la direction des angles, cliquez sur le bouton **Direction** de la boîte de dialogue **Unités de dessin**.

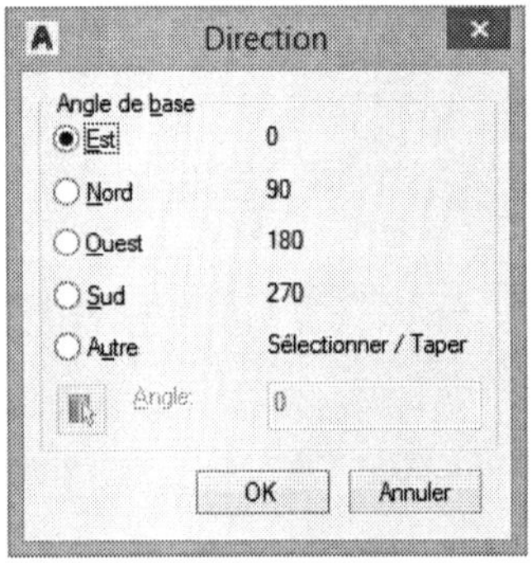

Vous pouvez ici définir la direction de la mesure des angles en cours, AutoCAD LT suppose que 0 degré se trouve à droite sur l'horizontale Est (ou 3 heures) et que les angles croisent dans le sens trigonométrique.

La mesure des angles en cours apparaît dans les étiquettes situées en regard des options **Est**, **Nord**, **Ouest** et **Sud**. Pour définir une autre direction, cliquez sur l'option **Autre**. Le bouton **Sélectionner un angle** ainsi que la zone de texte s'activent et vous permettent de définir l'angle, soit en sélectionnant deux points dans la zone graphique, soit en entrant la mesure dans la zone correspondante.

Échelle d'insertion

La liste déroulante affichée dans cette zone gère les unités utilisées lors de l'insertion par glissement d'un bloc ou d'une référence externe dans le dessin courant. Cette insertion par simple glissement s'effectue depuis le "DesignCenter" (sorte d'explorateur intelligent de contenus - cf. chapitre Les éléments de bibliothèque - AutoCAD DesignCenter) ou depuis une palette d'outils.

■ Remarque

Vous utilisez habituellement l'unité du millimètre. Si par exemple, vous choisissez dans la liste l'unité du mètre, lors de l'insertion d'un bloc depuis le DesignCenter dans le dessin courant, AutoCAD LT convertit automatiquement la géométrie. C'est-à-dire que le bloc inséré (d'une largeur de 4 mètres par ex.) sera bien représenté dans le dessin courant en millimètres (soit 4000 mm).

4. Les notations cartésiennes et polaires

Un système de coordonnées cartésien ou rectangulaire sert à localiser des éléments avec précision sur le dessin. Il y a un axe horizontal, ou axe des X, et un axe vertical, ou axe des Y. L'intersection des axes des X et des Y est l'origine du système, et ses coordonnées valent 0,0. Les deux axes sont orthogonaux ou perpendiculaires dans le cas d'une projection orthogonale. Chaque point du dessin est référencé par rapport au système de coordonnées à l'aide d'un couple de nombres, donnant les distances en X et en Y. Les valeurs sur l'axe des X vont en croissant vers la droite et celles sur l'axe des Y vont en croissant vers le haut.

À titre d'exemple, considérons deux points, A et B. Les coordonnées du point A sont 2,1 car il est situé à une distance de 2 sur l'axe des X et de 1 sur l'axe des Y par rapport à l'origine. Les coordonnées du point B sont 6,4 car il est situé à une distance de 6 sur l'axe des X et de 4 sur l'axe des Y par rapport à l'origine.

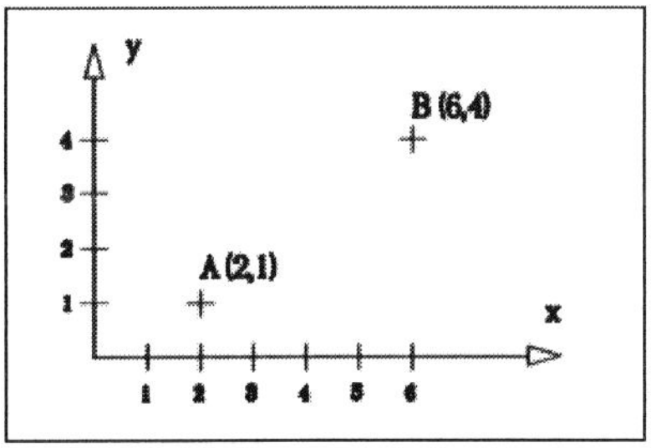

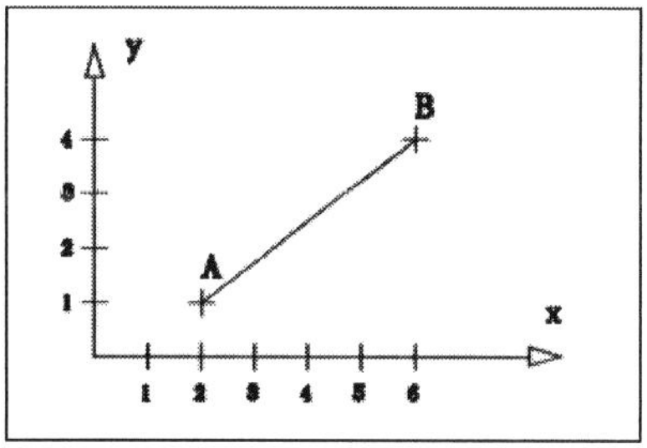

On définit une droite par les coordonnées de ses deux extrémités. Par exemple, nous pourrions tracer une ligne du point A de coordonnées 2,1 jusqu'au point B de coordonnées 6,4. On parle alors de référence cartésienne absolue car les deux extrémités sont référencées de façon absolue dans le système de coordonnées.

La saisie au clavier serait 2,1. Les coordonnées absolues du second point sont 6,4. Il faut noter que lors d'un tracé, le premier point est indiqué en coordonnées absolues, sans devoir spécifier le signe #. Pour imposer les coordonnées absolues en cas de tracé la saisie serait #6,4.

Cependant, il est souvent plus pratique de donner les coordonnées du second point (ou point suivant) par rapport au premier point (coordonnées relatives), plutôt que par rapport à l'origine (coordonnées absolues). Lors d'un tracé, lorsque le premier point a été spécifié, le tracé en coordonnées relatives est automatique. Ainsi, dans notre exemple, les coordonnées relatives du second point sont 4 en X (soit 6-2) et 3 en Y (soit 4-1).

Pour saisir les coordonnées relatives :

▶ Saisissez **4**. L'affichage suivant apparaît :

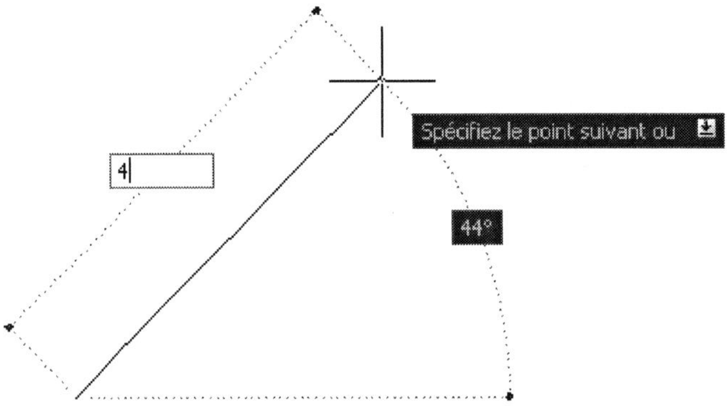

▶ Utilisez la touche virgule. Ceci verrouille la coordonnée en X. Vous obtenez l'affichage suivant :

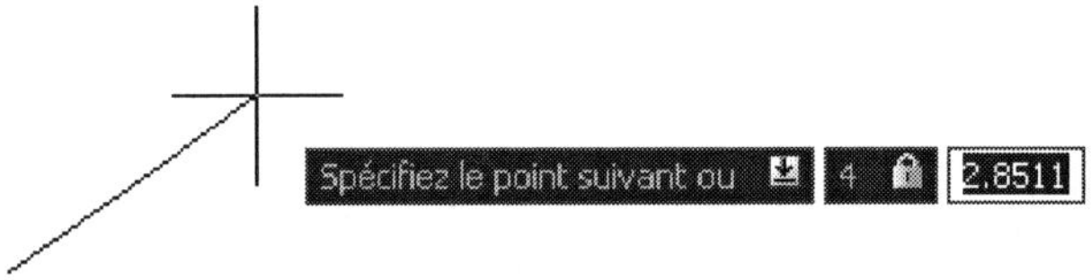

▶ Saisissez la coordonnée en Y de **3** et validez.

La notation polaire est une variante du système référence relative. Avec cette méthode, vous indiquez une distance relative radiale et un angle par rapport à l'horizontale. Dans l'exemple suivant, la longueur de la ligne est 5 avec un angle de 37 degrés.

Pour saisir ces coordonnées polaires :

- Saisissez **5**. L'affichage suivant apparaît :

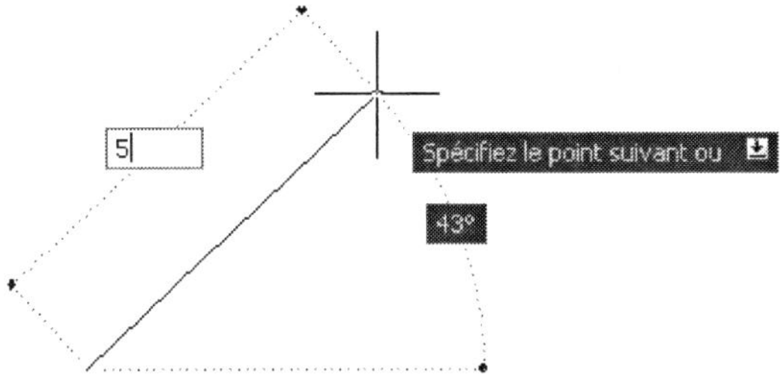

- Appuyez sur la touche [Tab]. Ceci verrouille la distance radiale. Vous obtenez l'affichage suivant :

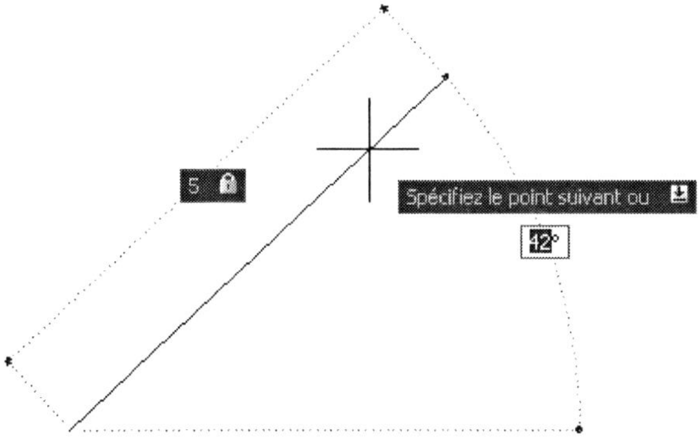

- Saisissez ensuite la valeur angulaire de **37** et validez.

La saisie dynamique au niveau du curseur

Les saisies au clavier utilisées dans les versions précédentes d'AutoCAD sont toujours autorisées. Soit X,Y pour les notations cartésiennes absolues, @X,Y pour les notations relatives, et @L<A pour les notations relatives polaires. Mais AutoCAD LT 2011 permet désormais la saisie dynamique au niveau du curseur apportant un sensible gain de productivité.

Ainsi, la touche de clavier **,** permet de passer de la saisie X à Y (et de Y à Z en 3D) dans la saisie des coordonnées relatives.

Précéder la valeur X du signe # impose la saisie de coordonnées absolues.

La touche de clavier [Tab] permet de passer alternativement de la valeur radiale à la valeur angulaire dans la saisie des coordonnées relatives polaires.

La touche [Entrée] utilisée après la saisie d'une première valeur permet la création directe d'un segment dans la direction du curseur. Cette méthode est particulièrement intéressante lorsqu'elle est combinée avec le mode orthogonal, le repérage polaire ou encore l'accrochage aux objets.

Les **flèches de déplacement vers le bas et vers le haut** permettent d'accéder aux options de la commande en cours.

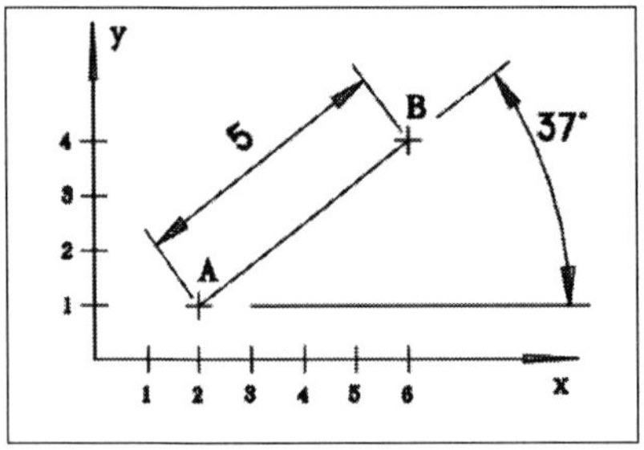

Paramétrer la saisie dynamique

- Dans la barre d'état, effectuez un clic droit sur le bouton **Saisie dynamique** et choisissez **Paramètres de saisie dynamique**.

La fenêtre suivante est affichée :

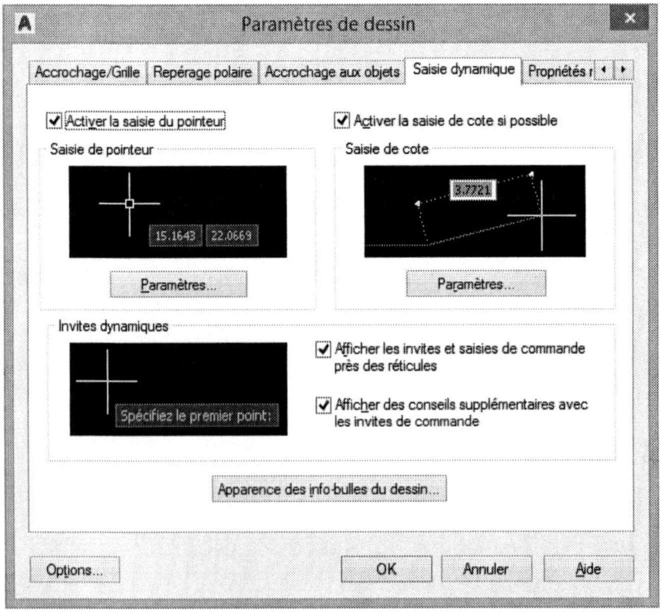

Activer la saisie du pointeur

Permet d'activer la saisie du pointeur. Lorsque la saisie du pointeur et la saisie de cote sont activées, cette dernière a priorité sur la saisie du pointeur lorsqu'elle est disponible.

Le bouton **Paramètres** permet de modifier le format et la visibilité du second point.

Activer la saisie de cote si possible

Permet d'activer la saisie de cote. Notez que pour certaines commandes, la saisie de cote n'est pas disponible, notamment lorsque celles-ci vous demandent un second point.

Le bouton **Paramètres** permet d'agir sur la visibilité de la poignée d'étirement.

Invites dynamiques

Permet d'afficher les invites (ou commentaires) dans une info-bulle au niveau du curseur lorsque cela est nécessaire pour évoluer dans la commande en cours. Vous pouvez saisir directement des valeurs dans l'info-bulle plutôt que sur la ligne de commande.

Le bouton **Apparence des info-bulles du dessin** accède à la boîte de dialogue suivante :

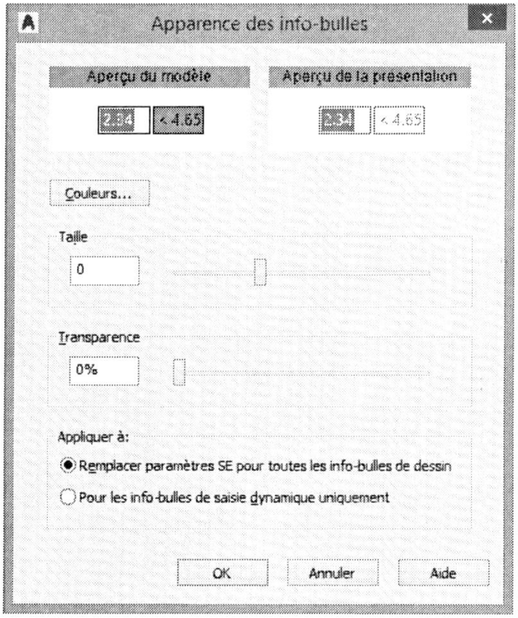

Le bouton **Couleurs** permet de régler notamment la couleur des réticules, vecteur Autotrack, info-bulles, arrière-plan des info-bulles...

La rubrique **Taille** permet d'agir sur la taille des info-bulles à partir de la glissière en saisissant une valeur dans la zone de texte appropriée.

La rubrique **Transparence** gère la transparence des info-bulles : plus la valeur (pourcentage) est importante, plus la transparence sera prononcée.

La rubrique **Appliquer à** permet l'application des paramètres d'info-bulles :

– À l'ensemble des info-bulles du dessin, via l'option **Remplacer paramètres SE pour toutes les info-bulles de dessin**.
– Aux info-bulles utilisées par la saisie dynamique, via l'option **Utiliser paramètres pour info-bulles de saisie dynamique slmnt**.

Remarque

*Dans la zone d'état, le bouton **Saisie dynamique*** 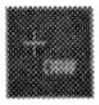 *active et désactive la saisie dynamique.*

Voir aussi la saisie directe d'un écart dans la création de lignes (cf. chapitre Le dessin - Création de lignes).

5. Système de points et de coordonnées

AutoCAD LT utilise un système de coordonnées cartésien fixe pour définir les points de votre dessin. Le point d'origine est à l'endroit où les valeurs de X et de Y sont égales à zéro. Si votre travail comprend le dessin ou la modélisation 3D, vous pouvez ajouter un axe Z pour fixer les points 3D en utilisant les coordonnées (x,y,z).

L'origine dans un système de coordonnées 3D est à l'endroit où les valeurs de X,Y et Z sont égales à zéro.

Un point 2D est exprimé comme paire de coordonnées (x,y) (c'est-à-dire une valeur en X et une valeur en Y, séparées par une virgule). Pour localiser un point 2D particulier, vous pouvez imaginer deux perpendiculaires dont l'une croise l'axe X à la valeur X du point et l'autre l'axe Y à la valeur Y du point. Le point se trouve à l'intersection des deux lignes.

Vous pouvez aussi imaginer une trame rectangulaire débutant à l'origine du système de coordonnées. Pour placer un point avec les coordonnées de trame (5,4), vous pouvez compter 5 lignes vers la droite (X positif) et quatre lignes vers le haut (Y positif) comme dans l'illustration ci-après.

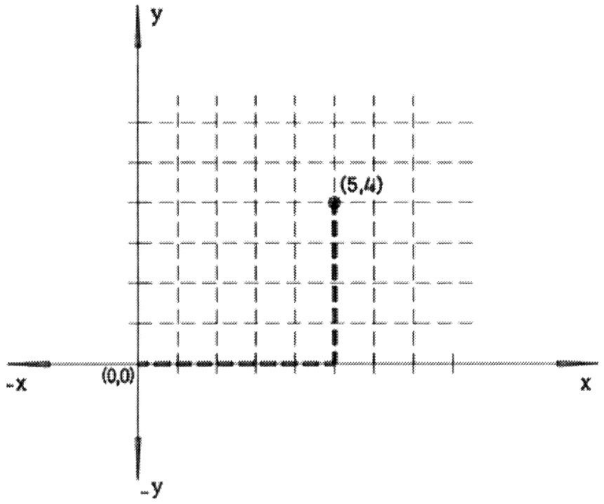

■ Remarque

Voir aussi la saisie directe d'un écart dans la création de lignes (cf. chapitre Le dessin - Création de lignes).

6. L'accrochage aux objets

AutoCAD LT reconnaît à chaque type d'objet un ou plusieurs points caractéristiques. Ces points de référence vous sont très utiles pour la construction. Ils peuvent être l'extrémité d'une ligne, l'intersection d'une ligne et d'un cercle... AutoCAD LT met à disposition de l'utilisateur des outils d'accrochage aux objets permettant de repérer efficacement les points de référence voulus.

Un accrochage aux objets est un outil à utiliser lorsqu'AutoCAD LT demande à préciser un point. Vous pouvez par exemple à partir de lignes de construction repérer des intersections ou extrémités pour dessiner ou positionner des objets. Plutôt que de calculer des coordonnées en X et en Y, vous choisissez simplement l'outil d'accrochage **Extrémité** par exemple. Une marque apparaît et permet de repérer l'extrémité d'une ligne (exemple ci-après) :

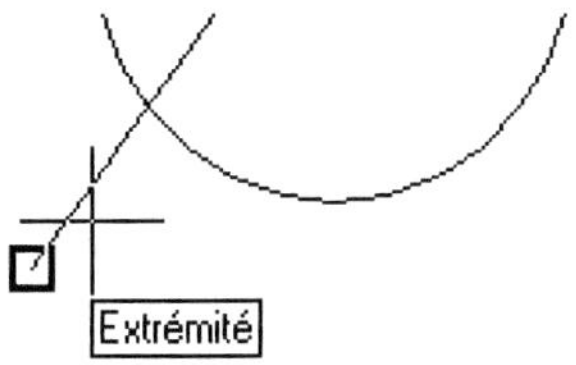

Voici les différents outils d'accrochage :

Extrémité

L'extrémité la plus proche d'un segment droit ou courbe.

Milieu

Le milieu d'un segment droit ou courbe.

Intersection

Le point d'intersection de deux objets (soit l'intersection se trouve dans la cible, soit vous précisez deux objets).

Intersection projetée

L'intersection réelle ou fictive de deux objets dans l'espace 2D ou 3D (projection de l'intersection).

Extension

Fixe un point en plaçant le curseur sur une extrémité (une petite marque apparaît). Le déplacement du curseur permet une extension virtuelle de l'objet. Entrez une distance au clavier ou fixez un autre point pour obtenir une intersection des deux segments par exemple.

Centre

Le centre d'un cercle, d'un arc ou d'une ellipse.

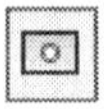

Centre géométrique

Le centre de gravité d'une polyligne 2D fermée ou d'une spline 2D fermée.

Quadrant

Les points situés sur les directions Nord, Ouest, Sud et Est sur un cercle, un arc, ou une ellipse.

Tangente

Le point par lequel une ligne, un arc passe de façon tangente ; valable pour les cercles, arcs, ellipses, splines...

Perpendiculaire

Le point par lequel passe une ligne de façon perpendiculaire ; fonctionne pour les lignes, arcs, cercles, ellipses, splines.

Parallèle

Permet de s'aligner à un segment droit. Déplacez le curseur sur l'objet de référence, et il respectera une parallèle à ce segment droit.

Nodal

La position de l'objet Point.

Point d'insertion

Le point d'insertion d'un texte, d'un attribut ou d'un bloc.

Proche

Le point le plus proche sur une ligne, un arc, un cercle...

AutoCAD LT vous permet aussi d'accéder à un menu curseur proposant tous ces outils d'accrochage. Pour l'utiliser, maintenez la touche [Shift] enfoncée et effectuez un clic droit.

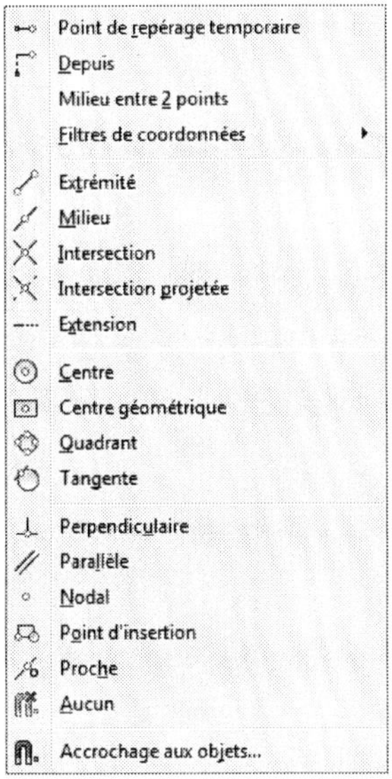

Remarque

Le menu curseur propose le modificateur d'accrochage aux objets ***Milieu entre 2 points*** *permettant de localiser le milieu d'un segment matérialisé par les deux points de votre choix.*

Vous accédez également aux outils d'accrochage en déroulant le bouton-liste **Curseur d'accrochage aux points de référence 2D**  de la barre d'état. Le menu suivant est affiché et vous choisissez l'outil d'accrochage désiré :

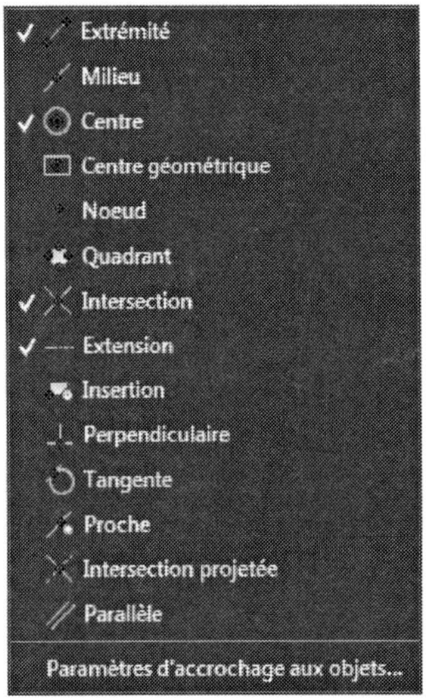

6.1 L'accrochage permanent aux objets

Vous pouvez ponctuellement, à chaque fois que vous en avez besoin, choisir un outil d'accrochage. Mais vous avez souvent besoin de plusieurs outils d'accrochage et il devient alors moins pratique de répéter l'opération. AutoCAD LT permet un accrochage permanent pour remédier à cet inconvénient.

▶ Déroulez le bouton-liste **Curseur d'accrochage aux points de référence 2D** 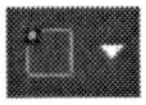 de la barre d'état et choisissez **Paramètres d'accrochage aux objets**.

La fenêtre suivante est affichée :

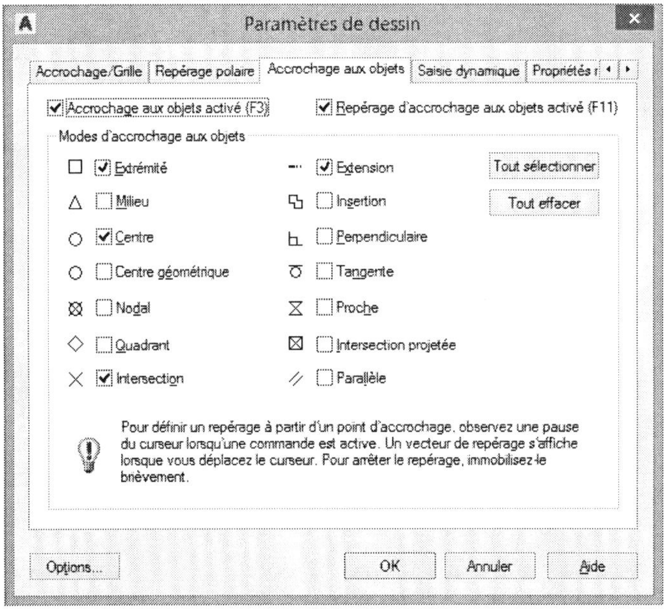

■ Cochez les options **Intersection**, **Extrémité** et **Milieu** puis confirmez par **OK**.

À chaque fois qu'AutoCAD LT vous demande un point, une marque apparaît automatiquement pouvant repérer n'importe quel milieu, extrémité, intersection ou intersection étendue.

En fonction de la position du curseur, AutoCAD LT choisira le point le plus adapté (le plus proche, extrémité ou milieu, ou l'intersection). Dans les zones délicates, où par exemple de nombreuses extrémités sont proches l'une de l'autre, vous pouvez rencontrer quelques difficultés pour accrocher le bon point. La touche [Tab] permet, à l'aide de plusieurs pressions successives, de passer en revue tous les accrochages locaux. Chaque objet concerné sera sélectionné, et ses accrochages spécifiques seront affichés.

Le bouton **Options** renvoie à l'onglet **Dessin** des options d'AutoCAD LT. Ici, vous pouvez afficher/masquer les marqueurs (un marqueur par type d'accrochage, un carré pour l'extrémité par exemple). Vous activez/désactivez le magnétisme du curseur, affichez/masquez les infos-bulles, affichez/masquez la cible d'accrochage. Vous fixez la couleur et la taille des marqueurs.

Avec AutoCAD LT, l'accrochage permanent peut rester activé. En effet, dans le cas d'une saisie de coordonnées au clavier, celles-ci sont prioritaires.

Remarque

Dans la zone d'état, le bouton ***Accrochage aux objets*** *active ou désactive l'accrochage aux objets. Un clic droit sur ce bouton donne accès aux paramètres.*

Les outils spécifiques Extension et Parallèle

L'exemple ci-dessous permet de se familiariser avec l'accrochage avancé d'AutoCAD LT, et plus particulièrement avec les outils **Extension** et **Parallèle**.

Exemple

Vous avez à l'écran la figure de gauche, et vous souhaitez obtenir la figure de droite. Le point A est le centre de l'arc. Le point B est l'intersection des prolongements de la ligne et de l'arc. Le segment BC est horizontal, et le segment CD est parallèle à l'oblique de la première figure.

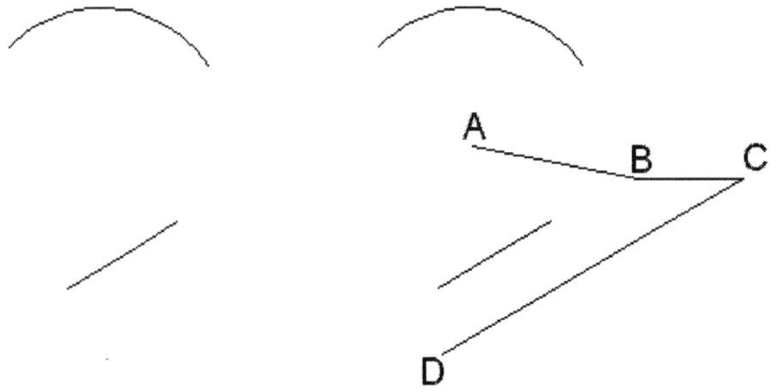

- Dans la barre d'état, déroulez le bouton-liste **Curseur d'accrochage aux points de référence 2D** et choisissez **Paramètres d'accrochage aux objets**. Activez les cases à cocher suivantes : **Accrochage aux objets activé**, **Centre**, **Intersection**, **Extension** et **Parallèle**. Confirmez par **OK**.
- Dans la zone d'état, désactivez si nécessaire les boutons **Limiter le curseur à des angles spécifiques** et **Limiter le curseur dans le sens horizontal**.
- Dans le groupe de fonctions **Dessin**, choisissez **Ligne**. Déplacez le curseur sur l'arc. Le marqueur rond (Centre) apparaît. Cliquez pour préciser le point A.
- Pour spécifier le point B, déplacez le curseur sur l'extrémité haute de la ligne pour fixer la marque d'extension, puis de la même façon, déplacez le curseur sur l'extrême droite de l'arc pour la marque d'extension. Si vous déplacez délicatement le curseur vers l'intersection des deux segments, vous constatez que deux lignes de construction s'affichent et se rejoignent à l'intersection B. Cliquez pour imposer le premier point B.

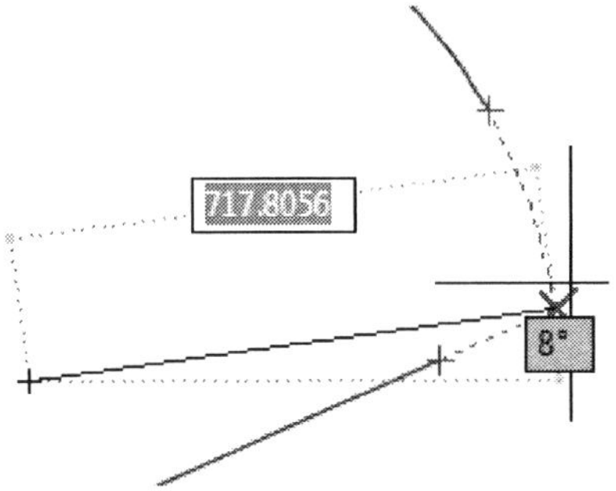

▶ Activez le mode orthogonal en cliquant sur le bouton **Limiter le curseur dans le sens horizontal**  de la zone d'état. Déplacez le curseur vers la droite. Saisissez une longueur au clavier (ex. 50) puis validez avec la touche [Entrée]. Vous précisez ainsi le point C.

▶ Désactivez le Mode orthogonal (**Limiter le curseur dans le sens horizontal**) pour déplacer le curseur sur la ligne oblique jusqu'à obtention du signe Parallèle, puis sans cliquer, bougez le curseur vers le bas pour constater la mise en place automatique d'une ligne de construction parallèle, telle que représentée dans la figure ci-dessous. Cliquez pour fixer le point D ou tapez une longueur au clavier (ex. 200). Pour quitter la commande, effectuez un clic droit et choisissez **Entrer**.

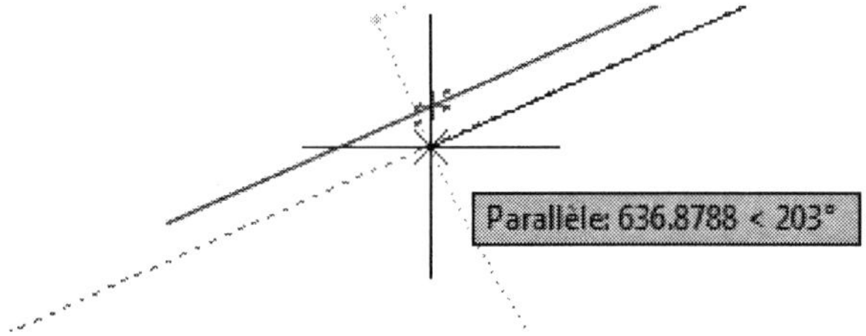

6.2 Le repérage d'accrochage aux objets

▶ Déroulez le bouton-liste **Curseur d'accrochage aux points de référence 2D**  et choisissez **Paramètres d'accrochage aux objets**.

Dans la boîte de dialogue **Paramètres de dessin**, activez l'onglet **Accrochage aux objets** et activez la case à cocher **Repérage d'accrochage aux objets**.

Grâce aux outils d'accrochage activés, le curseur va se référer à différents points intermédiaires (extrémité, milieu, intersection...) pour positionner le point voulu.

Dans la zone d'état, le bouton **Afficher les lignes de référence d'accrochage** active ou désactive le repérage d'accrochage aux objets.

Dans les exemples ci-après, grâce au repérage d'accrochage aux objets, les deux extrémités ou milieux repérés permettent de positionner l'intersection de l'horizontale et de la verticale passant par ces extrémités.

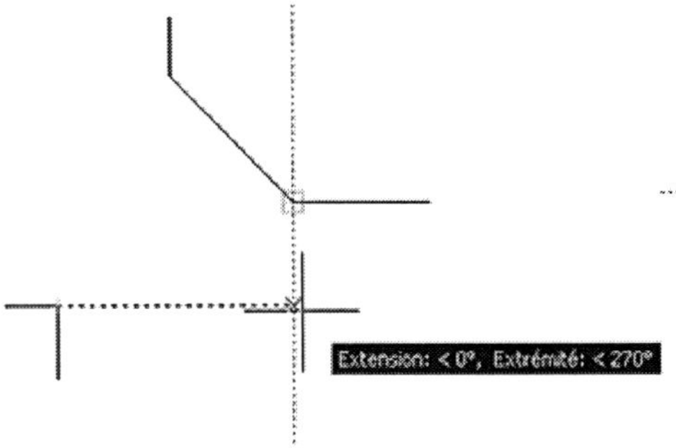

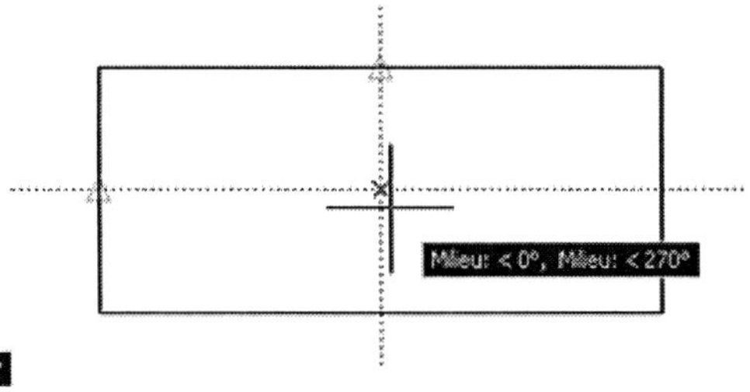

6.3 Le repérage polaire

Le mode orthogonal permet d'imposer les directions horizontale et verticale. Le repérage polaire permet d'imposer tout type d'orientation. L'utilisateur fixe un ou plusieurs angles de référence à respecter. Ceux-ci sont des angles absolus ou relatifs au précédent segment.

▶ Dans la zone d'état, déroulez le bouton-liste **Limiter le curseur à des angles spécifiques** et faites un clic droit pour choisir **Paramètres de repérage**.

Une boîte de dialogue semblable à la suivante apparaît :

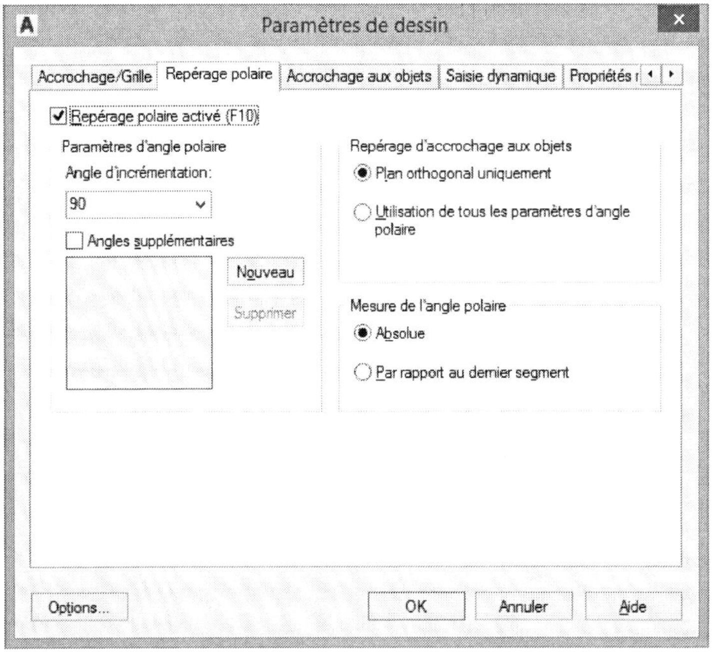

La case à cocher **Repérage polaire activé** active ou désactive le repérage polaire.

Paramètres d'angle polaire

Placez le curseur dans la zone de texte pour fixer l'angle incrémental à respecter. Si vous précisez une valeur de 45, le curseur imposera une direction à 45, puis 90, 135, 180, 225...

La liste déroulante accède aux valeurs précédemment utilisées.

Cliquez sur **Nouveau** pour fixer un angle supplémentaire (non incrémental). Si vous rentrez un angle supplémentaire de 67, le curseur imposera, en plus des angles 45, 90, 135, l'angle absolu de 67.

Repérage d'accrochage aux objets

L'option **Plan orthogonal uniquement** permet l'affichage de repères orthogonaux lors de l'utilisation du repérage d'accrochage aux objets.

L'option **Utilisation de tous les paramètres d'angle polaire** tient compte des angles proposés par le repérage polaire lors de l'utilisation du repérage d'accrochage aux objets.

Mesure de l'angle polaire

L'option **Absolue** force l'utilisation de l'angle incrémental par rapport au zéro degré.

L'option **Par rapport au dernier segment** tient compte, contrairement à l'option **Absolue**, de la direction du segment précédent.

7. La sélection des objets

À chaque fois que le message "Choix de l'objet" ou "Choix des objets" apparaît, AutoCAD LT requiert une sélection.

À ce moment précis, le curseur graphique est remplacé par un réticule (petit carré). Si vous positionnez ce réticule sur un objet, un clic sélectionnera l'objet. Cette méthode est suffisante pour un petit nombre d'entités à sélectionner mais n'est pas judicieuse pour des sélections plus délicates, particulières ou nombreuses.

AutoCAD LT propose un jeu de sélection adapté à tous types de sélection. En voici les principaux outils :

Options	Type de sélection
Dernier	Dernier objet créé.
Précédent	La dernière sélection utilisée dans une commande d'édition.
annUler	Annule la dernière sélection sans quitter la commande.
Fenêtre	Les objets entièrement inclus dans la fenêtre rectangulaire.
Capture	Les objets entièrement inclus ainsi que ceux croisant un des bords dans la fenêtre rectangulaire (trait pointillé).
SPolygone	Les objets entièrement inclus dans la fenêtre polygonale.
CPolygone	Les objets entièrement inclus ainsi que ceux croisant un des bords dans la fenêtre polygonale (trait pointillé).
Oter	Modifie le message "Choix des objets" en "Retirer les objets" pour permettre une désélection.
Ajouter	À partir du message "Retirer les objets", revient au message "Choix des objets".
Trajet	Les objets croisant le(s) segment(s).
TOUT	Tous les objets du dessin ne se trouvant pas sur un calque gelé (voir chapitre La gestion des calques - Le contrôle des calques).

Options	Type de sélection
Groupe	Demande le nom d'un groupe d'objets préalablement créé et sélectionne ces objets (voir dans ce chapitre Groupement d'objets).
Filtres de Sélection ('FILTER)	Crée des listes de sélection d'objets selon des critères pré-établis.
Boîte	Permet de préciser un premier point dans une zone dégagée ; le deuxième point suivant sa position fixe une sélection de type Fenêtre ou Capture. Si le deuxième point est placé sur la droite, une fenêtre de sélection est proposée ; s'il est placé à gauche, une capture est proposée.

Remarque

*Au message **Choix des objets** tapez la ou les lettres apparaissant en majuscules dans la liste des options ci-dessus.*

Voici quelques exemples de sélection :

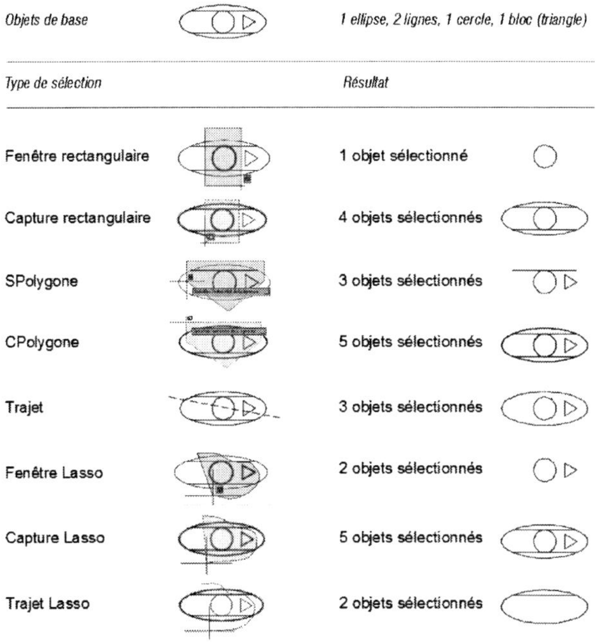

Cas particulier de la sélection par le lasso

Le lasso permet une sélection rapide à main levée en décrivant un contour de sélection de forme quelconque.

Une fois le contour décrit, trois types de sélection sont possibles :

– **Fenêtre Lasso** : sélection de tous les éléments entièrement inclus dans le lasso.
– **Capture Lasso** : sélection de tous les éléments entièrement inclus, ainsi que ceux qui croisent un bord du lasso.
– **Trajet Lasso** : sélection de tous les éléments qui croisent un bord du lasso.

Utiliser la sélection par le lasso

▶ Restez appuyé sur le bouton gauche de la souris, et décrivez le contour de type lasso.

▶ Appuyez sur la barre d'espace pour passer alternativement du mode **Fenêtre Lasso** au mode **Capture Lasso** et au mode **Trajet Lasso**.

Les objets sélectionnés apparaissent en surbrillance.

▶ Relachez le bouton de la souris pour valider la sélection.

L'affichage des bords varie selon le type de lasso :

Contour continu pour la **Fenêtre Lasso** :

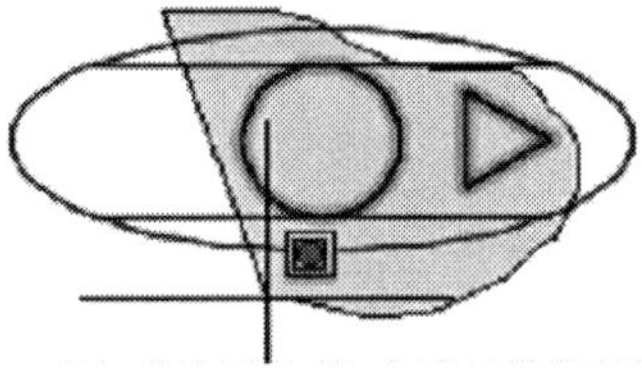

Contour en pointillés pour la **Capture Lasso** :

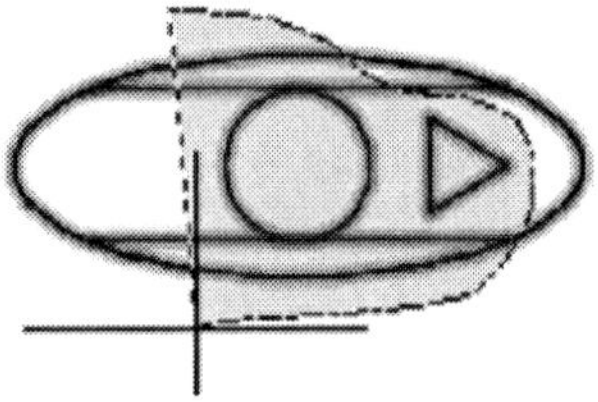

Trajectoire en pointillés pour le **Trajet Lasso** :

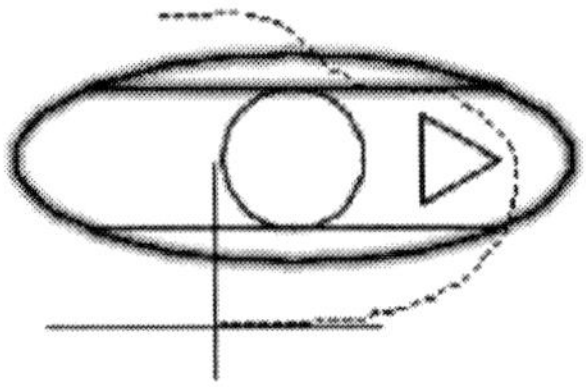

7.1 Sélection cyclique

Lorsque plusieurs objets sont superposés, il peut être parfois délicat ou difficile de sélectionner l'objet désiré. AutoCAD LT offre désormais une solution simple, qui permet de « passer en revue » les différents éléments superposés, pour obtenir la sélection voulue.

Lorsqu'AutoCAD LT vous propose de sélectionner des objets, procédez comme suit :

- Dans la zone d'état, cliquez sur le bouton **Personnalisation**  pour afficher le menu suivant :

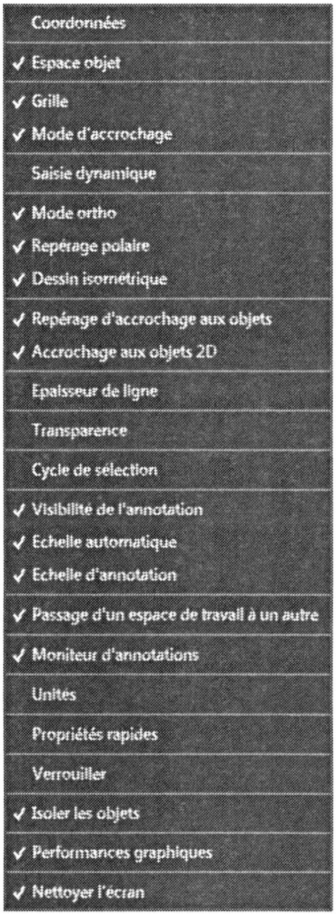

- Cliquez sur **Cycle de sélection** pour afficher l'outil **Cycle de sélection** dans la zone d'état.

Dans la zone d'état, vérifiez l'activation du bouton **Cycle de sélection** .

Déplacez avec précision le pointeur sur un des objets superposés (ou sur la zone concernée). Le curseur est accompagné de la double icône ci-dessous indiquant la détection d'objets superposés.

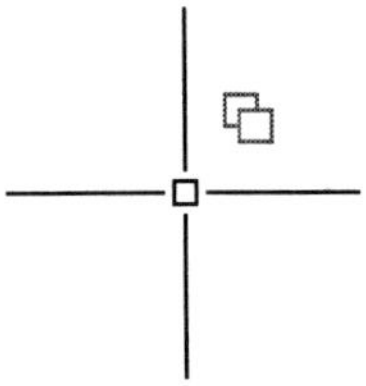

Effectuez un clic pour afficher la fenêtre de sélection comme ci-dessous :

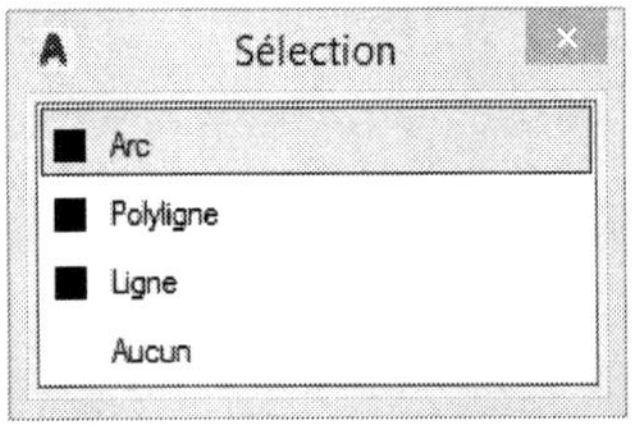

La fenêtre de sélection (ou zone de liste de sélection) affiche les objets superposés détectés, en listant le type d'objet et la couleur. Dans cette fenêtre, déplacez le pointeur sur chaque type d'objet détecté pour visualiser l'objet en surbrillance dans la zone graphique.

Effectuez un clic sur le type d'objet dans la fenêtre de sélection pour valider la sélection. L'objet voulu est alors sélectionné, et vous pouvez procéder à une autre sélection ou valider pour traiter la commande en cours.

Dans l'exemple ci-dessous, les objets suivants sont superposés : Ligne de repère, Texte et Texte multiligne.

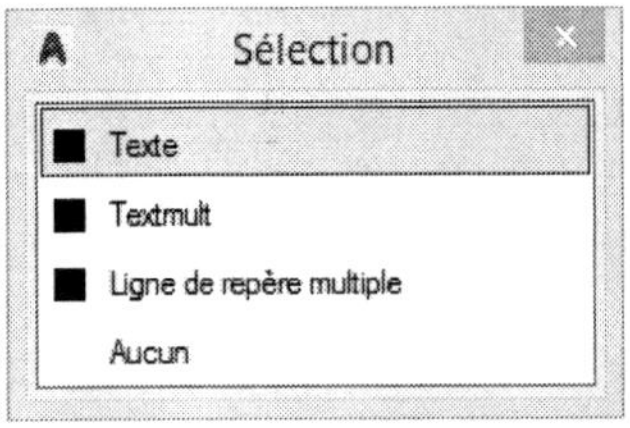

Autre technique

Utilisez la combinaison de la touche [Shift] et de la barre d'espace comme suit. Maintenez la touche [Shift] enfoncée, et appuyez à plusieurs reprises sur la barre d'espace pour voir apparaître en surbrillance les différents objets superposés l'un après l'autre. Cliquez pour confirmer la sélection qui convient.

7.2 Sélection rapide

La sélection rapide des objets agit sur l'ensemble du dessin ou sur un ensemble d'objets à sélectionner. Cette méthode est rapide car elle permet de choisir le type d'objets voulu, voire les propriétés de ceux-ci.

◘ Dans le groupe de fonctions **Utilitaires** (onglet **Début**), choisissez le bouton **Sélection rapide** .

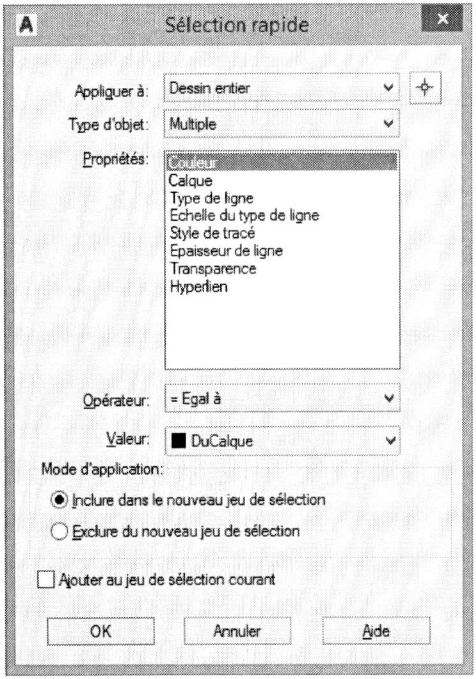

Par défaut, la sélection rapide s'effectue sur tout le dessin.

▶ Cliquez sur le bouton **Choix des objets**  pour restreindre la sélection à une partie du dessin. La liste **Appliquer à** affiche **Sélection courante**. La liste **Type d'objet** permet de choisir le type des objets à sélectionner (ligne, arc, cercle, polyligne, texte...).

▶ Par exemple, si vous souhaitez sélectionner tous les textes du dessin, choisissez **Dessin entier** dans la liste **Appliquer à** puis **Texte** dans la liste **Type d'objet**.

▶ Confirmez par **OK**. Tous les textes sont sélectionnés.

Notez que les textes sur une ligne appartiennent au type d'objet **Texte**, alors que les textes multilignes appartiennent au type **Textmult**.

Les **Propriétés** permettent une sélection encore plus précise en fixant une propriété spécifique aux objets à sélectionner. Vous pouvez, par exemple, demander une sélection de tous les textes du dessin qui appartiennent à un calque précis.

Dans ce cas, comme dans l'exemple ci-dessus, appliquez la sélection au dessin entier. Le type d'objet est le texte. Choisissez **Calque** dans la liste des propriétés. La liste déroulante **Valeur** propose tous les calques existants du dessin. Choisissez celui qui vous convient puis confirmez par **OK**.

La liste **Opérateur** affiche **Egal à**, **Différent de**, **Supérieur à**, **Inférieur à**. Ces opérateurs peuvent servir par exemple à la sélection de texte dont la hauteur est à 5. Dans ce cas, la propriété **Hauteur** sera choisie, l'opérateur sera **Egal à** et vous saisirez 5 dans la liste **Valeur** avant de confirmer par **OK**.

Deux modes d'application sont proposés :

Inclure dans le nouveau jeu de sélection permet la sélection des objets de la sélection rapide.

Exclure du nouveau jeu de sélection permet une sélection de tous les objets sauf ceux de la sélection rapide.

La case à cocher **Ajouter au jeu de sélection courant** permet d'affecter la sélection rapide à la sélection courante.

8. Groupement d'objets

Bien souvent, vous devez effectuer des sélections délicates et répétitives. Le groupement d'objets permet de créer un jeu de sélection nommé. Il suffit ensuite soit de donner le nom du groupe, soit de sélectionner l'un des membres pour sélectionner la totalité du groupe.

▶ Déroulez le groupe de fonctions **Groupes** (onglet **Début**) et choisissez l'icône **Gestionnaire de groupes** 

.

La fenêtre suivante apparaît :

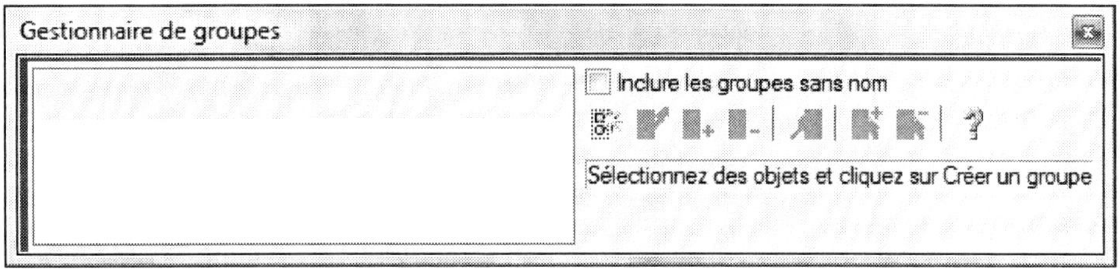

8.1 Création d'un groupe

▶ Sélectionnez directement les objets à grouper (sans même choisir une commande).

▶ Choisissez le bouton **Créer un groupe**  dans le gestionnaire de groupes.

Tapez le nom du groupe (jusqu'à 31 caractères) et confirmez par [Entrée]. Le nom du groupe apparaît dans la liste. Effectuez un clic sous le bouton **Description** pour associer un commentaire au groupe. Notez que le gestionnaire de groupes indique le nombre d'objets constituant le groupe.

Sélectionnable

Un symbole (ampoule) précise que le groupe est **sélectionnable**, ce qui signifie que la sélection d'un objet entraîne la sélection de tous les objets du groupe. Si le groupe n'est pas sélectionnable (ampoule éteinte), vous sélectionnez les objets normalement. Un groupe est sélectionnable ou désélectionnable à tout moment. Effectuez un simple clic sur le symbole correspondant.

8.2 Utilisation d'un groupe

AutoCAD LT vous demande de sélectionner des objets.

▶ Cliquez sur un des membres du groupe ; vous pouvez aussi taper **g** et donner le nom du groupe. Tous les membres du groupe sont sélectionnés. Lorsque le groupe n'est pas sélectionnable, sélectionnez les objets individuellement.

Remarque

Même si un élément du groupe est déplacé, il fait toujours partie du groupe et sera pris en compte dans la sélection.

Dissocier un groupe

- Dans le gestionnaire de groupes, choisissez **Dissocier**.

Cette opération désolidarise le groupe. Celui-ci n'existe plus dans la liste et les éléments le composant sont à nouveau indépendants.

Ajouter au groupe

- Dans le gestionnaire de groupes, sélectionnez le nom du groupe auquel vous voulez ajouter des éléments.
- Sélectionnez directement le ou les objets à rajouter, puis choisissez **Ajouter au groupe** dans le gestionnaire de groupes.

Retirer du groupe

- Dans le gestionnaire de groupes, sélectionnez le nom du groupe auquel vous voulez retirer des éléments.
- "Éteignez" l'ampoule pour rendre le groupe désélectionnable.
- Sélectionnez directement le ou les objets à désélectionner, puis choisissez **Retirer du groupe** dans le gestionnaire de groupes.

Obtenir des informations sur un groupe

- Dans le gestionnaire de groupes, sélectionnez le nom du groupe sur lequel vous voulez des informations et choisissez **Informations**.

Le nom du groupe apparaît, le nombre d'objets composant le groupe, ainsi que la description associée.

Sélectionner un groupe

- Dans le gestionnaire de groupes, choisissez **Sélectionner un groupe**.

Tous les éléments constituant le groupe sont sélectionnés.

Désélectionner un groupe

- Pour désélectionner le groupe, choisissez **Désélectionner un groupe** dans le gestionnaire de groupes.

La case à cocher **Inclure les groupes sans nom** permet de lister également les groupes créés par AutoCAD LT, lors de la création rapide de groupe sans nom par exemple.

9. Les renseignements

Les renseignements permettent d'extraire avec précision les informations propres à un ou plusieurs objets. Ainsi vous localisez un point, vous vérifiez une distance, un angle, une surface, un centre de gravité, un volume (solides 3D).

9.1 Identification d'un point

▶ Déroulez le groupe de fonctions **Utilitaires** (onglet **Début**), et cliquez sur l'icône **Localiser un point** 

.

Vous utilisez les accrochages aux objets pour préciser une intersection, un centre... AutoCAD LT affiche les coordonnées de ce point suivant les axes X, Y et Z. Vous vous servez de cette position pour insérer un bloc, pour y copier des objets...

9.2 Caractéristiques des objets

▶ Déroulez le groupe de fonctions **Propriétés**, et cliquez sur l'icône **Liste** 

.

Vous pouvez sélectionner un ou plusieurs objets. Après validation, AutoCAD LT donne la liste des caractéristiques de chacun des objets. Vous connaissez alors le type d'objet (ligne, cotation, bloc...), le calque sur lequel il se trouve, l'espace dans lequel il a été créé, et différentes précisions en fonction du type d'entité.

Dans le cas d'une ligne, vous pouvez obtenir des renseignements de ce type :

```
LIGNE  Calque: 0
Espace: Espace objet
Maintien = 56
du point, X= 97.6750 Y= 107.2029 Z= 0.0000
au point, X= 196.1557 Y= 124.5677 Z= 0.0000
Longueur = 100.0000, Angle dans le planXY=10.0
Delta X = 98.4808, Delta Y = 17.3648, Delta Z = 0.0000
```

Le maintien est une adresse en base de données (transparent pour l'utilisateur). L'angle est toujours donné par rapport à la direction Est. Les Delta précisent les différences en X, Y et Z entre les deux extrémités de la ligne. Notez que la précision des unités et des angles est celle du dessin courant.

9.3 Distance entre deux points

▶Dans le groupe de fonctions **Utilitaires**, choisissez l'icône déroulante **Distance** 

.

▶Vous utilisez les accrochages aux objets pour préciser deux points.

AutoCAD donne les renseignements concernant cette ligne fictive : une longueur, un angle ou deux (en 3D), les différences en X, Y et Z entre les deux points.

9.4 Calcul de rayon et de diamètre

▶Dans le groupe de fonctions **Utilitaires**, choisissez l'icône déroulante **Rayon** 

.

AutoCAD LT vous propose de sélectionner le cercle ou l'arc, et affiche les rayon et diamètre correspondants.

9.5 Calcul d'angle

AutoCAD permet de calculer l'angle entre deux lignes (réelles ou fictives) des différences façons :

– Angle entre deux lignes réelles.
– Angle à partir de lignes fictives, à partir des points ou sommets.
– Angle décrit par un arc.

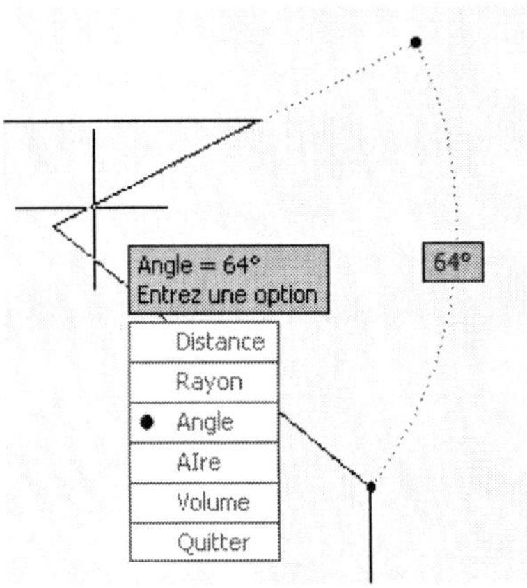

▶ Dans le groupe de fonctions **Utilitaires**, choisissez l'icône déroulante **Angle** 

.

AutoCAD LT affiche le message suivant :

```
MESURERGEOM Sélectionnez l'arc, le cercle, la ligne ou <indiquez un Sommet>:
```

Ligne	Permet de sélectionner deux lignes existantes.
Indiquez un Sommet	Permet de matérialiser 2 lignes fictives par 3 points (d'abord le sommet de l'angle, ou l'origine, puis les deux extrémités correspondant aux côtés).
Arc	Permet de sélectionner un arc, et d'obtenir l'angle dont le sommet est au centre de l'arc et les côtés passent par les extrémités de l'arc.
Cercle	Permet de sélectionner un cercle et d'obtenir l'angle dont le sommet est au centre du cercle, et de matérialiser les côtés passant par deux points. La sélection du cercle détermine l'angle de référence (utiliser l'accrochage aux objets).

9.6 Calcul de surfaces

Régulièrement, vous devez vérifier ou calculer une surface. AutoCAD LT permet d'effectuer des calculs de surfaces complexes, ainsi que des additions et soustractions d'aires.

▶ Dans le groupe de fonctions **Utilitaires**, choisissez l'icône déroulante **Aire** 

.

Le message suivant apparaît :

```
MESURERGEOM Spécifiez le premier coin ou [Objet Ajouter une aire Soustraire une aire Quitter] <Objet>:
```

Coin par coin

▶ Précisez les différents coins de la figure (utilisez les outils d'accrochage). AutoCAD LT affiche provisoirement la surface calculée d'une couleur verte. Une fois le dernier coin précisé, validez. Le résultat s'affiche :

```
Aire = 5386.2700, Périmètre = 279.4881
```

Remarque

Cette méthode n'est valable que si tous les côtés de la figure réelle ou fictive sont droits.

Objet

Cette option attend la sélection d'un objet possédant une aire comme un cercle, une polyligne, une région ou une spline. Les polylignes ou splines ouvertes sont prises en compte, à la nuance près que le résultat affiche, en plus de l'aire, une longueur à la place d'un périmètre.

Dans le cas d'une zone complexe (bords droits et courbes entrecoupées), la solution consiste à recréer un seul objet correspondant au contour de la surface recherchée. Dans ce cas, créez un contour à partir d'un point interne (cf. chapitre Le dessin - Création de contours) puis demandez l'aire de l'objet résultant.

Ajouter une aire

- Choisissez l'option **Ajouter une aire** puis **Objet** pour la sélection des entités.

Le message suivant est affiché :

```
MESURERGEOM (mode ADDITION) Choix des objets:
```

Le premier objet sélectionné, AutoCAD LT affiche la surface totale provisoire trouvée.

```
(mode ADDITION) Choix des objets:
Aire = 258480.4633, Périmètre = 2083.8419
Aire totale = 258480.4633
MESURERGEOM (mode ADDITION) Choix des objets:
```

La surface calculée est colorée en vert.

- Sélectionnez ensuite les objets dont les aires seront additionnées.

À chaque nouvelle surface, AutoCAD affiche la nouvelle aire totale :

```
(mode ADDITION) Choix des objets:
Aire = 41930.0602, Périmètre = 823.4098
Aire totale = 300410.5235
MESURERGEOM (mode ADDITION) Choix des objets:
```

Il n'y a pas de limites au nombre de surfaces calculées.

- Dès que les contours adéquats sont sélectionnés, validez par deux fois pour sortir de la commande.

Soustraire une aire

Choisissez l'option **Ajouter une aire**, puis **Objet** pour la sélection du contour principal. La première surface est calculée :

```
(mode ADDITION) Choix des objets:
Aire = 97589.7426, Périmètre = 1251.8254
Aire totale = 97589.7426
MESURERGEOM (mode ADDITION) Choix des objets:
```

La surface calculée est colorée en vert.

- Validez pour ne pas additionner d'autres surfaces. Le message suivant s'affiche :

```
MESURERGEOM Spécifiez le premier coin ou [Objet Soustraire une aire Quitter]:
```

- Choisissez l'option **Soustraire une aire**.

```
MESURERGEOM Spécifiez le premier coin ou [Objet Ajouter une aire Quitter]:
```

- Choisissez l'option **Objet**.
- Sélectionnez les objets dont la surface sera retirée de la surface totale ci-dessus. Les surfaces retirées sont colorées en rouge.

À chaque surface trouvée, AutoCAD LT recalcule l'aire totale.

- Lorsqu'il n'y a plus de surfaces à retirer, validez par deux fois pour quitter la commande.

9.7 Propriétés mécaniques

Cette commande permet de calculer les propriétés mécaniques des objets régions.

Pour les régions (cf. chapitre Le dessin - Utilisation des régions), seront précisés l'aire, le périmètre, l'encombrement minimum (boîte de contour), le centre de gravité, les moments d'inertie, les produits d'inertie...

- Dans le menu **Outils**, choisissez **Renseignements**, puis **Propriétés de masse/de la région**.
- Sélectionnez la ou les régions.

Les résultats et le message suivant sont affichés :

```
Commande:
Commande: _massprop
Choix des objets: 1 trouvé(s)
Choix des objets:
----------------   REGIONS   ----------------
Aire:                    258480.4633
Périmètre:               2083.8419
Zone de contour:         X: 2168.0363  --  2802.6601
                      Y: 1260.1296  --  1667.4268
Centre de gravité:          X: 2485.3482
                      Y: 1463.7782
Moments d'inertie:   X: 5.5741E+11
                      Y: 1.6053E+12
Produits d'inertie:  XY: -9.4035E+11
Rayon de giration:    X: 1468.4928
                      Y: 2492.0911
Moments principaux et directions X-Y autour du centre de gravité:
                      I: 3573298329.9807 le long de [1.0000 0.0000]
                      J: 8675192599.3472 le long de [0.0000 1.0000]
PROPMECA Ecrire analyse dans un fichier ? [Oui Non] <N>:
```

Vous pouvez écrire toutes ces données dans un fichier texte portant l'extension .mpr.

- Si vous choisissez l'option **Oui** à la question "Ecrire analyse dans un fichier ?", AutoCAD affiche une boîte de dialogue demandant le chemin et le nom du fichier à enregistrer.

Un éditeur de texte tel que le bloc-notes pourra être utilisé pour lire ou modifier ce fichier.

9.8 Calcul de volumes

AutoCAD LT permet le calcul de volumes sur la base de solides existants ou sur la base d'un contour 2D et d'une hauteur.

Comme pour le calcul d'aires, AutoCAD LT permet d'additionner et de soustraire des volumes.

- Dans le groupe de fonctions **Utilitaires**, choisissez l'icône déroulante **Volume** 

.

Le message suivant est affiché :

```
MESURERGEOM Spécifiez le premier coin ou [Objet Ajouter un volume Soustraire un volume Quitter] <Objet>:
```

Voici la description des options :

Objet Permet de sélectionner un ou plusieurs solides 3D, ou de sélectionner un (ou des) contour(s) 2D en spécifiant, ensuite, une hauteur associée à ce contour pour le calcul du volume.

Coin par coin Permet de matérialiser les différents coins d'un contour 2D. Vous préciserez ensuite la hauteur à associer à ce contour pour le calcul du volume.

Ajouter un volume Permet d'additionner des volumes.

- Choisissez l'option **Ajouter un volume**, puis **Objet** pour sélectionner les solides.

Une fois le premier solide sélectionné, AutoCAD LT affiche le volume total provisoire calculé.

```
Volume = 21174274.2654
Volume total = 21174274.2654
MESURERGEOM (mode ADDITION) Choix des objets:
```

- Sélectionnez ensuite les solides pour lesquels les volumes seront ajoutés.

À chaque nouvelle sélection de solide, AutoCAD LT affiche la nouvelle aire totale :

```
Volume = 35423697.9860
Volume total = 56597972.2514
MESURERGEOM (mode ADDITION) Choix des objets:
```

- Procédez ainsi pour le calcul de solides supplémentaires. Appuyez sur la touche [Entrée] pour ne plus ajouter de volumes, et choisissez l'option **Quitter** pour quitter la commande.

Soustraire un volume Permet de soustraire des volumes. Cette option impose au préalable l'utilisation de l'option **Ajouter un volume**.

- Choisissez l'option **Ajouter un volume**, puis **Objet** pour sélectionner le ou les solides auxquels vous souhaitez soustraire un volume.

Lorsque le premier solide est sélectionné, AutoCAD LT affiche le volume total provisoire calculé.

```
Volume = 60788968.2595
Volume total = 60788968.2595
MESURERGEOM (mode ADDITION) Choix des objets:
```

- Sélectionnez ensuite les solides pour lesquels les volumes seront ajoutés ou appuyer sur [Entrée] pour valider le volume auquel vous souhaitez soustraire un autre volume.
- Choisissez l'option **Soustraire un volume**, puis **Objet** pour sélectionner le ou les solides à soustraire.

AutoCAD LT affiche ci-dessus le volume du volume soustrait, ainsi que le résultat de la soustraction.

- À ce stade, le mode Soustraction étant toujours actif, continuez à soustraire de nouveaux volumes ou choisissez l'option **Quitter** pour sortir du mode Soustraction.
- Choisissez l'option **Quitter** pour quitter la commande.

9.9 La calculatrice

AutoCAD LT vous permet d'effectuer nombre de calculs mathématiques et trigonométriques. La calculatrice utilise les expressions mathématiques et graphiques standard et permet également le calcul d'intersections, de distances et d'angles. Elle permet aussi de créer et utiliser des variables, et de convertir des unités de mesure.

- Dans le groupe de fonctions **Utilitaires**, cliquez sur l'icône **Calculatrice rapide** .

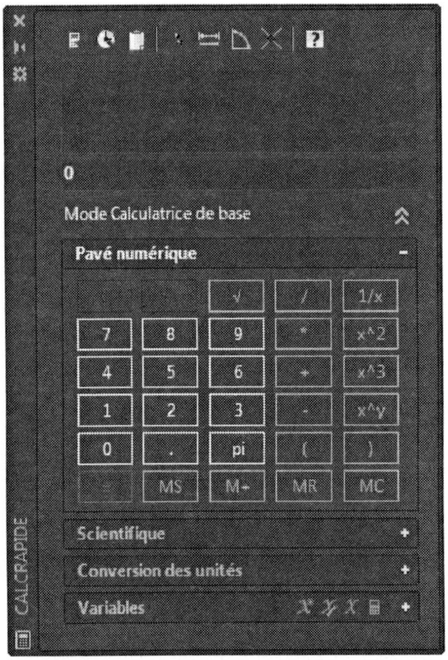

La zone Historique

Elle constitue la plus grande zone de texte de la fenêtre **Calculatrice**. Elle affiche la liste des expressions utilisées et calculées précédemment. Un menu contextuel fournit plusieurs options, y compris la copie d'une expression sélectionnée vers le Presse-papiers Windows.

La zone de saisie

Elle constitue la plus petite zone de texte de la fenêtre **Calculatrice**. Elle vous permet d'entrer et d'extraire des expressions. Appuyez sur [Entrée] (ou sur la touche =) pour obtenir les résultats.

La barre d'outils

La barre d'outils vous permet d'effectuer des calculs rapides de fonctions courantes.

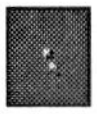

Obtenir les coordonnées
Permet d'obtenir les coordonnées d'un point (X,Y,Z) qu'AutoCAD LT vous invite à désigner dans la zone graphique.

Distance entre deux points
Permet d'obtenir la distance entre 2 points à matérialiser dans la zone graphique.

Angle de ligne définie par deux points
Permet de calculer l'angle défini par 2 points matérialisant l'angle qu'AutoCAD LT vous propose de cliquer dans la zone graphique.

Intersection de deux lignes définies par quatre points
Permet de calculer les coordonnées de l'intersection (réelle ou fictive) de deux lignes qu'AutoCAD LT vous invite à définir par 4 points dans la zone graphique.

Effacer
Supprime le résultat du calcul courant dans la zone de saisie.

Effacer l'historique
Supprime la liste des précédents calculs effectués (historique) affichés.

Coller la valeur sur la ligne de commande
Permet d'insérer le résultat du dernier calcul dans la ligne de commande.

Utilisez le bouton **Plus** ou **Moins** pour dérouler ou réduire l'affichage des fonctions de la calculatrice.

Le pavé numérique

Il présente un clavier de calculatrice standard qui vous permet de saisir des chiffres et des symboles utilisés dans les expressions arithmétiques. Appuyez sur [Entrée] (ou sur la touche =) pour obtenir les résultats.

Nous ne détaillerons pas ici les fonctions classiques de toutes les calculatrices. Cependant, voici la définition de fonctions de mémoire :

MS (Stocker en mémoire)
Stocke la valeur courante en mémoire.

M+ (Ajouter à la valeur stockée en mémoire)
Ajoute la valeur courante à la valeur stockée en mémoire.

MR (Restaurer la valeur de mémoire)
Restaure la valeur actuellement stockée en mémoire dans la zone de saisie.

MC (Effacer la mémoire)
Supprime la valeur actuellement stockée en mémoire.

Scientifique

La rubrique scientifique calcule les expressions trigonométriques, logarithmiques, exponentielles et toutes celles généralement liées à des applications scientifiques et d'ingénierie :

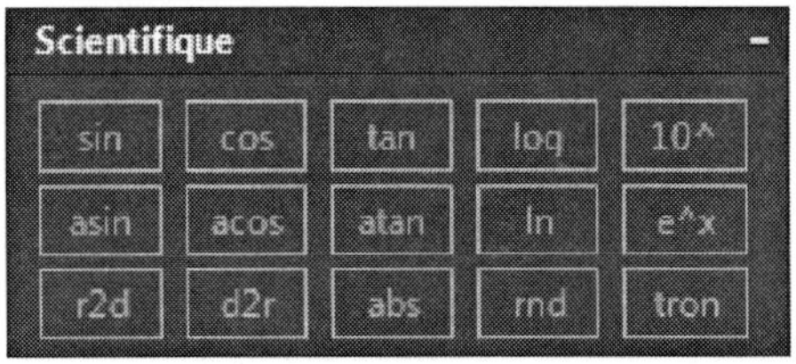

sin (Sinus)
Spécifie le sinus de l'angle dans la zone de saisie.

cos (Cosinus)
Spécifie le cosinus de l'angle dans la zone de saisie.

tan (Tangente)
Spécifie la tangente de l'angle dans la zone de saisie.

log (Logarithme base 10)
Spécifie le logarithme de la valeur dans la zone de saisie.

10^ (Exposant base 10)
Spécifie l'exposant base 10 de la valeur dans la zone de saisie.

asin (Arc sinus)
Spécifie l'arc sinus du nombre dans la zone de saisie. Ce nombre doit être compris entre -1 et 1.

acos (Arc cosinus)
Spécifie l'arc cosinus du nombre dans la zone de saisie. Ce nombre doit être compris entre -1 et 1.

atan (Arc tangente)
Spécifie l'arc tangente du nombre dans la zone de saisie.

ln (Logarithme népérien)
Spécifie le logarithme népérien du nombre dans la zone de saisie.

e^x (Exposant naturel)
Spécifie l'exposant naturel du nombre actuellement entré dans la zone de saisie.

r2d (Convertir les radians en degrés)
Convertit des angles de radians en degrés ; par exemple, r2d (pi) convertit la valeur de pi en 180 degrés.

d2r (Convertir les degrés en radians)
Convertit des angles de degrés en radians ; par exemple, d2r (180) convertit 180 degrés en radians et renvoie la valeur de pi.

abs (Valeur absolue)
Renvoie la valeur absolue du nombre dans la zone de saisie.

rnd (Arrondi)
Arrondit le nombre dans la zone de saisie au nombre entier le plus proche.

tron (Tronquer)
Renvoie la partie du nombre entier dans la zone de saisie.

Conversion des unités

Convertit les unités de mesure d'un type d'unité à un autre. La zone de conversion des unités accepte uniquement des valeurs décimales sans unités.

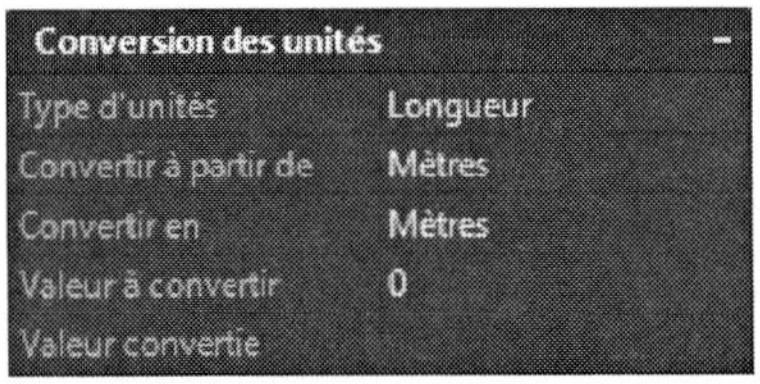

Type d'unités Permet de sélectionner le type d'unités à convertir parmi les suivantes : Longueur, Aire, Volume, Angulaire.

Convertir à partir de Permet de sélectionner les unités de mesure à partir desquelles la conversion sera effectuée.

Convertir en Permet de sélectionner les unités de mesure vers lesquelles la conversion sera effectuée.

Valeur à convertir Permet de saisir la valeur à convertir.

Valeur convertie Affiche le résultat de la conversion. L'icône de la calculatrice renvoie la valeur convertie dans la zone de saisie.

Variables

Permet d'accéder aux fonctions et aux constantes prédéfinies. Vous pouvez utiliser la zone **Variables** pour définir et enregistrer des fonctions et des constantes supplémentaires.

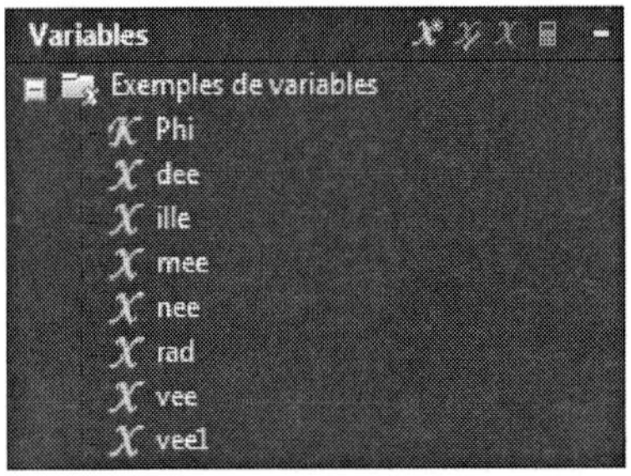

Arborescence Exemples de variables

Enregistre les fonctions de raccourci prédéfinies et les variables définies par l'utilisateur.

Les fonctions de raccourci sont des expressions communes qui combinent une fonction à un accrochage aux objets. Le tableau suivant décrit les fonctions de raccourci prédéfinies de la liste.

Fonction de raccourci	Raccourci	Description
dee	dist(ext,ext)	Distance entre deux extrémités.
ille	ill(ext,ext,ext,ext)	Intersection de deux lignes définies par quatre extrémités.
mee	(ext+ext)/2	Milieu entre deux extrémités.
nee	nor(ext,ext)	Vecteur d'une unité dans le plan *XY* et normale de deux extrémités.
rad	rad	Rayon d'un cercle, d'un arc ou d'un arc de polyligne sélectionné.
vee	vec(ext,ext)	Vecteur à partir de deux extrémités.
vee1	vec1(ext,ext)	Vecteur d'une unité à partir de deux extrémités.

Bouton Nouvelle variable 

Permet la création d'une nouvelle variable via la boîte de dialogue **Définition de la variable**.

Bouton Modifier la variable 

Permet la modification de variables depuis la boîte de dialogue **Définition de la variable**.

Bouton Supprimer 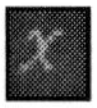

Supprime la variable sélectionnée.

Bouton Calculatrice 

Renvoie la variable sélectionnée dans la zone de saisie.

Chapitre 3
Le dessin

1. Création de lignes

L'entité de dessin principale dans les logiciels de CAO/DAO est la ligne.

▶Dans le groupe de fonctions **Dessin**, cliquez sur l'outil **Ligne** 

.

Vous devez définir les deux extrémités de la ligne. Vous pouvez les indiquer moyennant, soit des coordonnées 2D (x,y), soit des coordonnées 3D (x,y,z), ou combiner les deux types de coordonnées. Si vous entrez des coordonnées 2D, AutoCAD utilise l'élévation courante comme composant en Z du point.

Dans l'exemple ci-dessous, vous dessinez une ligne démarrant du point de coordonnées x=1, y=1 et z=0 et se terminant au point de coordonnées x=5, y=2 et z=1.

Le message suivant est affiché :

```
LIGNE Spécifiez le premier point:
```

▶Saisissez **1,1,0** et appuyez sur la touche [Entrée] pour valider.

Le message suivant est affiché :

```
LIGNE Spécifiez le point suivant ou [annUler]:
```

▶Saisissez **5,2,1** et appuyez sur la touche [Entrée] pour valider.

Le message suivant est affiché :

```
LIGNE Spécifiez le point suivant ou [annUler]:
```

▶ Appuyez sur la touche [Entrée] pour valider.

Le format à respecter est donc (x,y,z). Les trois valeurs sont séparées par une virgule. Vous pouvez vous contenter de donner les valeurs x et y ; dans ce cas, vous dessinez une ligne 2D. Dans l'exemple ci-dessous, vous dessinez une ligne partant du point de coordonnées x=1 et y=1 jusqu'au point de coordonnées x=10 et y=5. Ces deux points ont une composante z identique (égale à zéro).

Le message suivant est affiché :

```
LIGNE Spécifiez le premier point:
```

▶ Saisissez **1,1** et appuyez sur la touche [Entrée] pour valider.

Le message suivant est affiché :

```
LIGNE Spécifiez le point suivant ou [annUler]:
```

▶ Saisissez **10,5** et appuyez sur la touche [Entrée] pour valider.

Le message suivant est affiché :

```
LIGNE Spécifiez le point suivant ou [annUler]:
```

▶ Appuyez sur la touche [Entrée] pour valider.

À chaque message "Spécifiez le point suivant", un curseur élastique est attaché au réticule. Ceci vous permet de voir où s'arrêtera la ligne. Vous pouvez mettre en place une suite de lignes raccordées entre elles. AutoCAD vous demande un autre point après chaque point spécifié. Pour terminer la commande **Ligne**, donnez une réponse nulle (touche [Entrée] ou clic droit puis **Entrer**).

1.1 Supprimer la dernière ligne introduite

Lorsque vous placez plusieurs lignes dans la même commande **Ligne**, vous êtes appelé à revenir en arrière, c'est-à-dire à annuler la ou les lignes précédemment dessinées.

En cours de commande **Ligne**, un clic droit affiche le menu contextuel suivant :

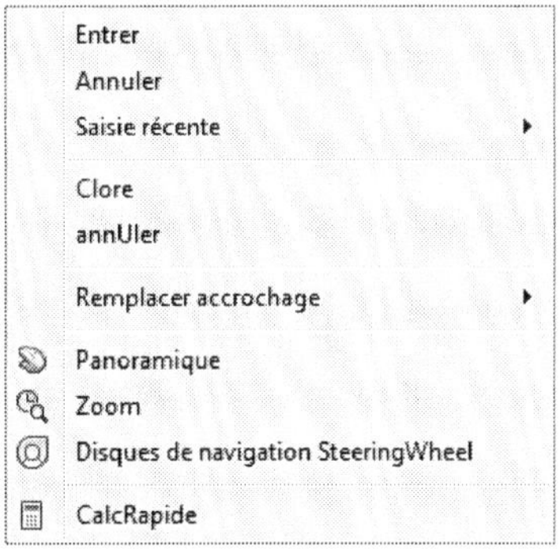

Choisissez alors **annUler**. Le curseur élastique est repositionné au point précédent, où vous pouvez continuer à positionner vos différentes lignes.

Remarque

Vous pouvez utiliser cette option à plusieurs reprises pour annuler plusieurs lignes dessinées. Ne la confondez pas avec l'option ***Annuler*** *qui annule l'opération et sort de la commande en cours.*

1.2 Fermer les polygones

Lorsque vous dessinez des lignes successives (au minimum deux), vous avez régulièrement besoin de fermer la figure ou le polygone.

En cours de commande **Ligne**, effectuez un clic droit pour afficher le menu contextuel puis choisissez **Clore**. AutoCAD LT ferme le polygone et quitte la commande **Ligne**.

1.3 Repartir du dernier point précisé

Après le choix de la commande **Ligne**, si au message "Spécifier le premier point" vous répondez en appuyant sur la barre d'espacement ou sur [Entrée], le dernier point précisé deviendra le point de départ de la ligne à dessiner.

Si un arc a été mis en place précédemment, son extrémité déterminera le point de départ et la direction de la ligne (tangente). AutoCAD vous demande alors la longueur de la ligne.

1.4 Saisie directe d'un écart

La saisie directe de l'écart permet la mise en place rapide d'un point par rapport au point précédent. Indiquez la direction à respecter en déplaçant le curseur, puis saisissez une valeur numérique. Cette valeur définit la longueur du déplacement.

La direction peut être définie de différentes façons :

- Le mode **Ortho**  représente une méthode intéressante ; il permet d'imposer les directions X ou Y du système de coordonnées courant. Ceci est intéressant notamment pour une première esquisse, mais se limite à deux directions.
- L'**accrochage aux objets** 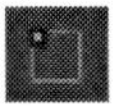 peut être pris en compte pour fixer une direction. L'accrochage aux objets activé repère une intersection par exemple ; sans cliquer, saisissez une distance au clavier. La direction passant par l'intersection est effectivement prise en compte. Notez la particularité de l'outil d'accrochage **Extension** qui permet de s'appuyer sur le prolongement d'une ligne ou d'un arc.
- Le **repérage polaire**  permet de respecter des orientations prédéfinies par l'utilisateur (voir détails dans le repérage polaire).

Remarque

Notez que la complémentarité du repérage d'accrochage aux objets et du repérage polaire permet le positionnement rapide d'un segment. Voir aussi la saisie dynamique au niveau du curseur (chapitre Aides au dessin - Les notations cartésiennes et polaires).

2. Annulations et rétablissements

AutoCAD LT permet à tout moment d'annuler la ou les précédentes opérations effectuées dans le dessin courant.

Vous venez de mettre en place plusieurs lignes de construction, ou vous venez de déplacer des objets, ou encore d'insérer un élément de bibliothèque... Vous pouvez facilement annuler ces différentes commandes, et les rétablir le cas échéant.

2.1 Annulation

▶ Dans la barre d'outils d'accès rapide, cliquez sur le bouton **Annuler** .

Remarque

*Ce bouton est disponible si au moins une opération a été effectuée auparavant. Vous pouvez répéter l'opération pour l'annulation de plusieurs opérations précédentes. Vous pouvez également utiliser le bouton-liste **Annuler** ci-après pour visualiser et annuler les dernières opérations à annuler.*

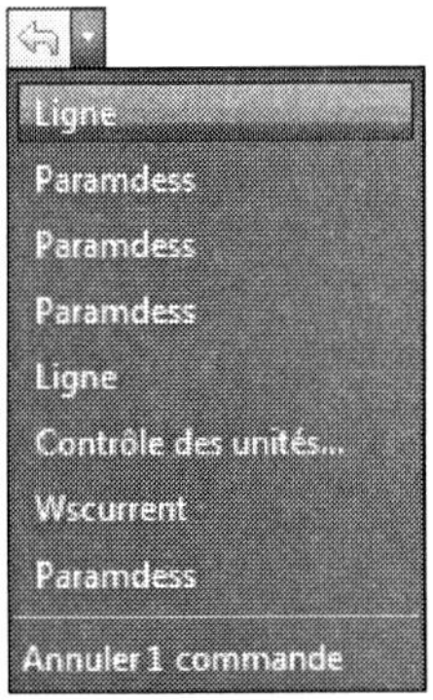

2.2 Rétablissement

▶ Dans la barre d'outils d'accès rapide, cliquez sur le bouton **Rétablir** .

Remarque

*Ce bouton est disponible s'il y a eu au moins une annulation auparavant. Vous pouvez répéter l'opération pour le rétablissement de plusieurs opérations précédentes. Vous pouvez également utiliser le bouton-liste **Rétablir** ci-dessous pour visualiser et rétablir plusieurs opérations précédemment annulées.*

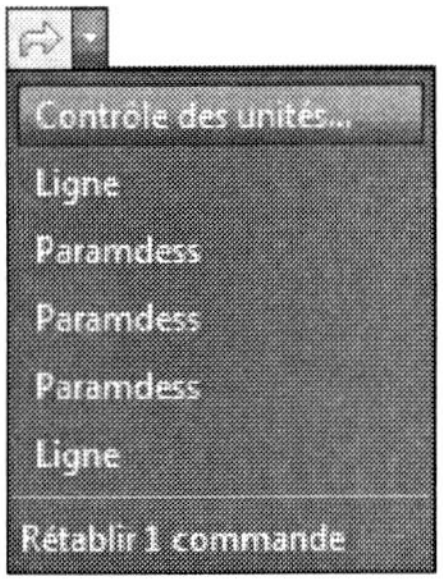

3. Création d'arcs

▶ Dans le groupe de fonctions **Dessin**, cliquez sur l'icône déroulante **Arc** 

et choisissez l'une des options voulues.

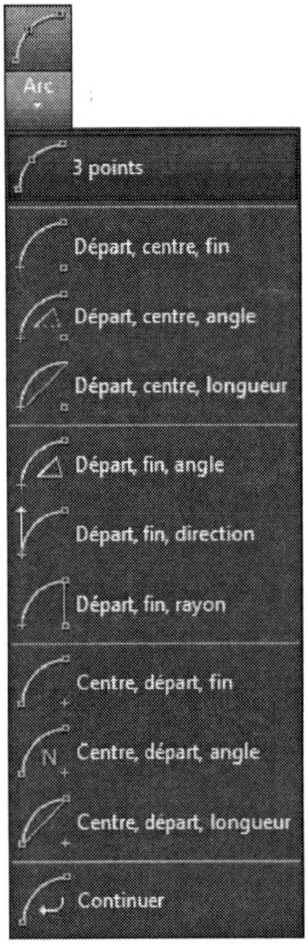

Les arcs sont des portions de cercles. Il y a onze façons de dessiner un arc :

- Par 3 points.
- Un point de départ, un centre, un point final.
- Un point de départ, un centre, un angle décrit.
- Un point de départ, un centre, une longueur de corde.
- Un point de départ, un point final, un angle décrit.
- Un point de départ, un point final, une direction.
- Un point de départ, un point final, un rayon.
- Un centre, un point de départ, un point final.
- Un centre, un point de départ, un angle décrit.

– Un centre, un point de départ, une longueur de corde.

– La continuité d'une ligne ou d'un arc déjà en place.

Voici quelques exemples utilisant différentes méthodes pour dessiner un arc.

Arc défini par trois points 

La méthode de mise en place est semblable à celle utilisée pour les cercles. Le premier et le troisième point sont les extrémités de l'arc. Notez qu'avec cette méthode, un arc peut être défini dans les deux sens (horaire et trigonométrique).

`Spécifiez le point de départ de l'arc ou [Centre]:` **P1**

`Spécifiez le second point de l'arc ou [Centre pt Final]:` **P2**

`Spécifiez l'extrémité de l'arc:` **P3**

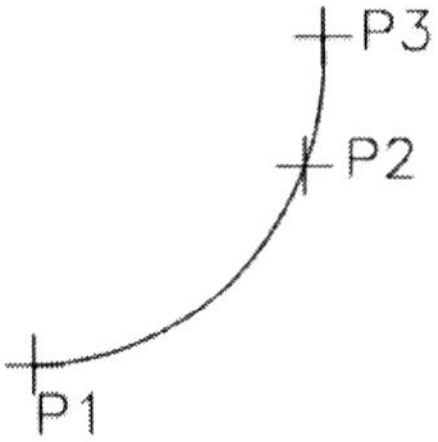

Les points p1, p2 et p3 peuvent être des points fixés à l'aide de la souris, des points d'accrochage ou des coordonnées précises.

Point de départ, Centre, Angle décrit 

Normalement, l'arc est dessiné dans le sens trigonométrique à partir du point de départ. Ici cependant, si vous avez spécifié un angle négatif, l'arc sera dessiné dans le sens inverse.

`Spécifiez le point de départ de l'arc ou [Centre]:` **P1**

`Spécifiez le centre de l'arc:` **Clic droit, option Centre : 12,15**

`Spécifiez l'angle décrit (maintenez la touche Ctrl enfoncée pour changer de direction):`

90 ou -90 ou -270

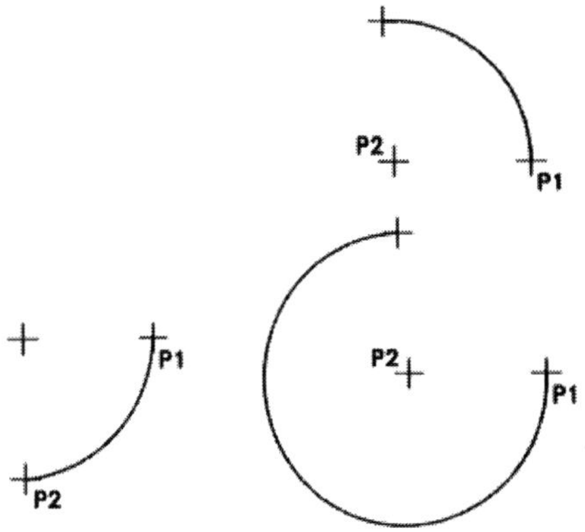

Remarque

La touche [Ctrl] permet d'inverser le sens de l'arc.

4. Création de cercles

▶ Dans le groupe de fonctions **Dessin**, cliquez sur l'icône déroulante **Cercle**, et choisissez l'option voulue.

Un cercle peut être défini de six manières différentes dans AutoCAD LT :

– Par un point de centre et un rayon.

– Par un point de centre et un diamètre.

- Par deux points.
- Par trois points.
- Par deux points de tangence et un rayon.
- Par trois points de tangence.

Pour les deux premières méthodes, vous pouvez également utiliser l'accrochage des objets pour spécifier un point sur la circonférence du cercle que vous créez ; ainsi différentes constructions géométriques seront possibles.

Voici quelques exemples utilisant différentes méthodes.

Cercle défini par un centre et un rayon 

`Spécifiez le centre du cercle ou [3P 2P Ttr (tangente tangente rayon)]:` 4,4

`Spécifiez le rayon du cercle ou [Diamètre]:` 30

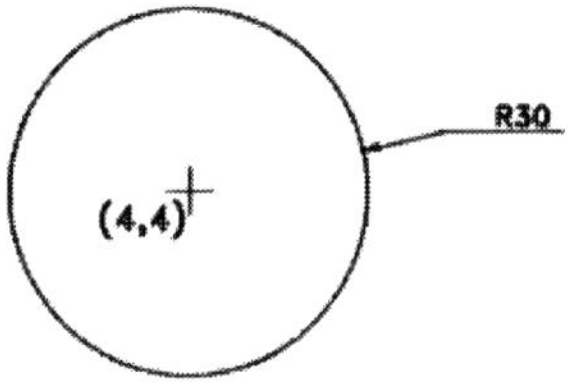

Cercle défini par deux zones de tangence et un rayon 

`Spécifiez un point de l'objet pour la première tangente du cercle:` Objet 1

`Spécifiez un point de l'objet pour la deuxième tangente du cercle:` Objet 2

`Spécifiez le rayon du cercle:` 30

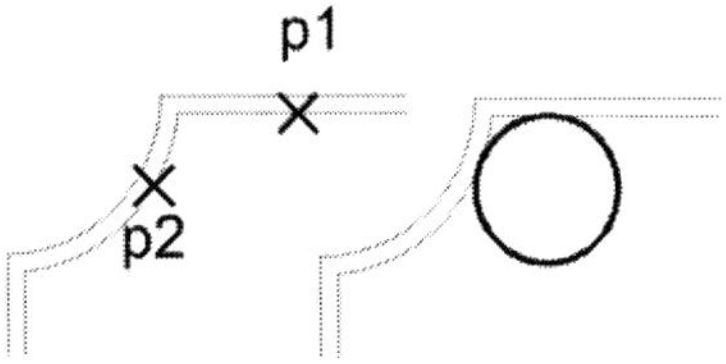

Cercle défini par trois points de tangence 

Dans les exemples ci-après, le cercle sera tangent à trois éléments (lignes ou/et cercles) et au plus près des trois points de saisie.

```
Spécifiez un premier point sur le cercle: _tan à     Objet 1
```

```
Spécifiez un deuxième point sur le cercle: _tan à    Objet 2
```

```
Spécifiez un troisième point sur le cercle: _tan à   Objet 2
```

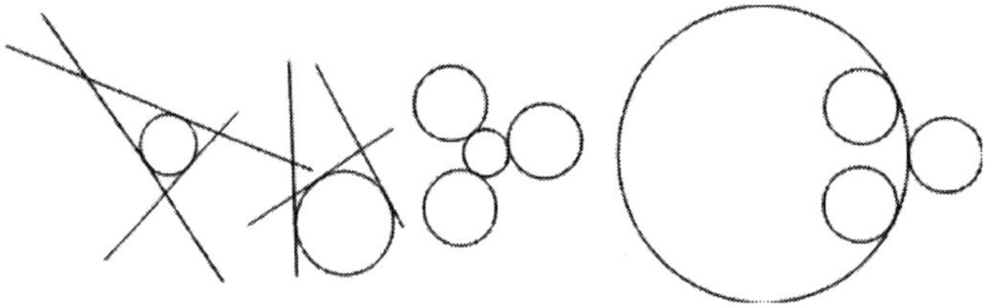

5. Création d'anneaux

▶ Déroulez le groupe de fonctions **Dessin**, et choisissez l'icône **Anneau** .

Pour dessiner des anneaux, vous devez définir un diamètre interne et un diamètre externe. Les anneaux ressemblent à des disques remplis. Le remplissage des anneaux est également soumis au remplissage de solide. Les anneaux sont en réalité des polylignes fermées, composées de segments d'arcs de cercle épais. Par conséquent, vous pouvez éditer les anneaux comme les polylignes.

▶ Pour activer/désactiver le remplissage des anneaux, accédez à la boîte de dialogue **Options d'AutoCAD LT** (clic droit dans la zone graphique - **Options**). Activez l'onglet **Affichage** et cochez/décochez la case **Appliquer remplissage de solide**.

▶ Si nécessaire, régénérez l'affichage pour visualiser les changements de l'affichage : dans le menu **Affichage**, choisissez **Régénérer** (ou Regen au clavier).

AutoCAD LT vous donne la possibilité de préciser plusieurs anneaux à suivre. Un clic droit désactive la commande ANNEAU.

Exemples

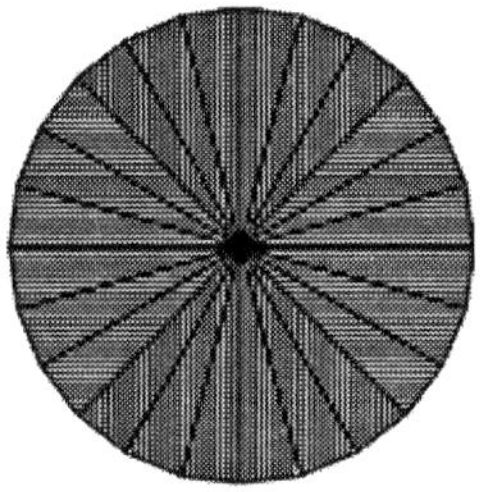

Anneau de diamètre intérieur de 0

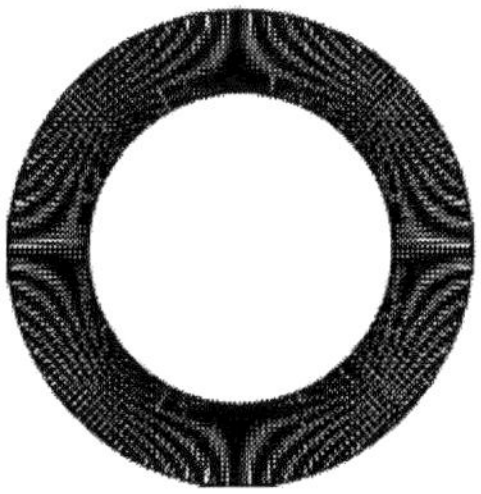

Anneau de diamètre intérieur différent de 0

6. Création de points

▶ Déroulez le groupe de fonctions **Dessin**, choisissez l'icône **Plusieurs points** .

Pour placer un point dans votre dessin, AutoCAD vous demande de placer le ou les point(s).

```
Spécifiez un point:
```

Saisissez **5,6** puis appuyez sur la touche [Entrée].

▶ Précisez de nouveaux points ou appuyez sur la touche [Echap] pour quitter la commande.

L'introduction précédente place au point de coordonnées (5,6) un point. Les points peuvent être utilisés pour y accrocher un objet du dessin (outil NODal). Vous pouvez spécifier un point tridimensionnel. Si vous omettez la coordonnée en Z, AutoCAD utilise l'élévation courante.

Vous pouvez modifier l'apparence et la taille des entités “Point”.

▶ Dans le groupe de fonctions **Utilitaires**, cliquez sur l'icône **Style de points** 
.

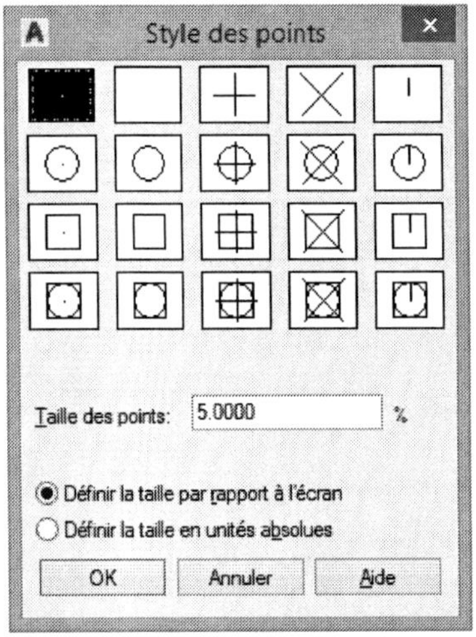

Après avoir cliqué sur le type de point désiré et confirmé par **OK**, il faut attendre la prochaine régénération graphique (menu **Affichage - Regénérer**) pour voir les points existants sous leur nouvelle apparence.

AutoCAD LT vous donne deux possibilités de disposer des points sur un objet :

- L'objet peut être divisé en un certain nombre de segments, et les points seront uniformément répartis sur l'objet.
- Une longueur de segment sera mise en place à partir d'un point donné sur l'objet. Les points seront équidistants les uns des autres.

▶ Déroulez le groupe de fonctions **Dessin**, et choisissez l'icône **Diviser** .

AutoCAD LT vous demande de choisir l'objet à diviser, puis le nombre de segments. Le nombre de points mis en place sur l'objet est égal au nombre de segments moins un.

▶ Déroulez le groupe de fonctions **Dessin**, et choisissez l'icône **Mesurer** .

AutoCAD LT vous demande de choisir l'objet, puis la longueur du segment à mesurer. Les points seront mis en place sur l'objet en respectant la longueur fixée. Le premier point sera mis en place du côté de la sélection de l'objet.

7. Création de polygones

Dans le groupe de fonctions **Dessin**, cliquez sur l'icône déroulante **Polygone**.

Cette commande vous permet de dessiner des polygones réguliers de 3 à 1024 côtés. La grandeur du polygone peut être définie par le rayon d'un cercle qu'il circonscrit, ou par la longueur d'un côté. En fait, le polygone est une polyligne fermée.

`POLYGONE _polygon Entrez le nombre de côtés <4>:` **(Entier entre 3 et 1024)**

`POLYGONE Spécifiez le centre du polygone ou [Côté]:`

Si vous entrez un point, il servira de centre à partir duquel le polygone sera dessiné. Ensuite, AutoCAD LT demande :

`POLYGONE Entrez une option [Inscrit dans un cercle Circonscrit autour d'un cercle] <I>:`

`Clic droit, option Inscrit dans le cercle`

Ici, le polygone est inscrit dans un cercle.

L'option **Circonscrit autour d'un cercle** permet d'obtenir le polygone à l'extérieur du cercle.

`Spécifiez le rayon du cercle:`

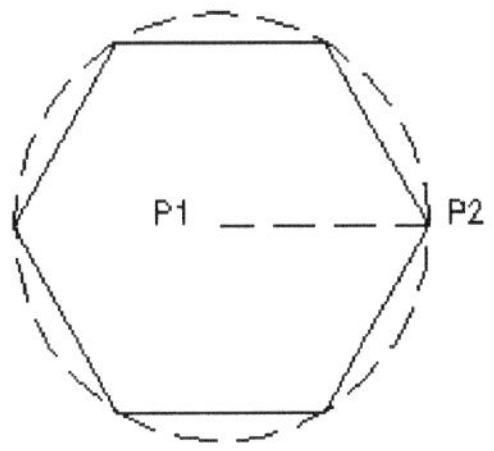

Le point central est **P1** et le rayon a été qualifié par **P2**. Vous pouvez qualifier le rayon dynamiquement.

Définir un polylogne en matérialisant un de ses côtés par deux points

Dans le groupe de fonctions **Dessin**, cliquez sur l'icône déroulante **Polygone**.

`POLYGONE _polygon Entrez le nombre de côtés <4>:`

Spécifiez le nombre de côtés du polygone.

`POLYGONE Spécifiez le centre du polygone ou [Côté]:`

▶ Cliquez sur l'option **Côté** pour matérialiser un des côtés du polygone.

```
POLYGONE Spécifiez la première extrémité du côté:
```

▶ Spécifiez le point **P1**.

```
POLYGONE Spécifiez la première extrémité du côté: Spécifiez la deuxième extrémité du côté:
```

▶ Spécifiez le point **P2**.

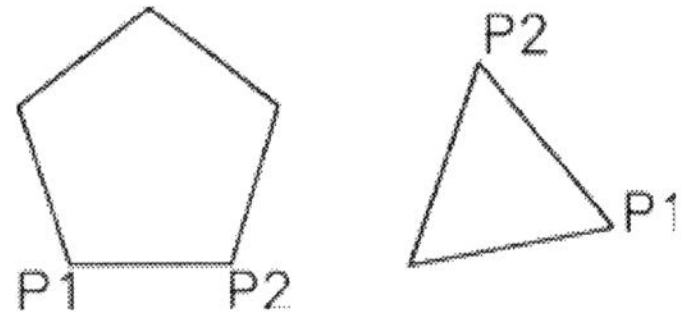

Le polygone sera dessiné dans le sens trigonométrique, les points qualifiés définissant son premier côté. La deuxième extrémité peut être qualifiée dynamiquement. Les deux polygones ci-dessus sont définis de cette manière ; **P1** est la première extrémité et **P2** la deuxième.

8. Création de rectangles

▶ Dans le groupe de fonctions **Dessin**, cliquez sur l'icône déroulante **Rectangle** .

Le message suivant est affiché :

```
RECTANG Spécifiez le premier coin ou [Chanfrein Elévation Raccord Hauteur Largeur]:
```

Pour dessiner un rectangle, AutoCAD LT a besoin de deux points, c'est-à-dire une diagonale du rectangle.

Vous devez indiquer le premier point en précisant ses coordonnées au clavier, en cliquant ou en utilisant l'accrochage aux objets.

Si vous bougez la souris, vous constatez l'apparition d'un rectangle dynamique. Il manque donc le deuxième point. Pour finir, précisez le deuxième point du rectangle soit :

- en cliquant dans la zone graphique.
- en utilisant un outil d'accrochage aux objets ou le repérage polaire.

– en définissant la longueur et la hauteur du rectangle de l'une des façons suivantes :

```
@@X,Y (X est la longueur et Y la hauteur).
@L<A (L est la longueur de la diagonale et A l'angle
de cette diagonale par rapport à l'horizontale direction EST).
```

L'option Côtés

```
RECTANG Spécifiez un autre coin ou [Aire Cotes rOtation]:
```

Lorsque le premier coin du rectangle est précisé, choisissez l'option **Côtés**.

Cette option permet de fixer simplement la longueur et la largeur du rectangle.

Les messages suivants apparaissent :

```
RECTANG Spécifiez la longueur des rectangles <10.0000>:
```

```
RECTANG Spécifiez la largeur des rectangles <10.0000>:
```

Précisez la longueur puis la largeur. Déplacez ensuite le pointeur de la souris pour définir l'orientation du rectangle. Un clic confirmera cette orientation.

L'option Aire

```
RECTANG Spécifiez un autre coin ou [Aire Cotes rOtation]:
```

Lorsque le premier coin du rectangle est précisé, choisissez l'option **Aire**.

Cette option permet de préciser la surface du rectangle à dessiner.

Le message suivant apparaît :

```
RECTANG Entrez l'aire du rectangle en unités courantes <100.0000>:
```

Saisissez la valeur de la surface du rectangle.

Le message ci-dessous est affiché :

```
RECTANG Calculez les cotes du rectangle en fonction de la [Longueur lArgeur] <Longueur>:
```

Validez le choix de la longueur du rectangle à dessiner (l'option **lArgeur** permet de spécifier une largeur).

Le message suivant est affiché :

```
RECTANG Entrez la longueur du rectangle <10.0000>:
```

L'option rOtation

```
RECTANG Spécifiez un autre coin ou [Aire Cotes rOtation]:
```

▶ Lorsque le premier coin du rectangle est précisé, choisissez l'option **rOtation**.

Cette option permet de fixer l'orientation du rectangle à dessiner.

Le message suivant apparaît :

```
RECTANG Spécifiez l'angle de rotation ou [Choisir points] <0>:
```

▶ Spécifiez l'angle de rotation du rectangle.

Le message suivant est affiché :

```
RECTANG Spécifiez un autre coin ou [Aire Cotes rOtation]:
```

▶ Spécifiez le second coin du rectangle, en respectant l'orientation du rectangle.

Le rectangle constitue un seul objet. Il s'agit d'une polyligne. Il faut donc noter que la largeur courante est donc prise en compte pour le rectangle.

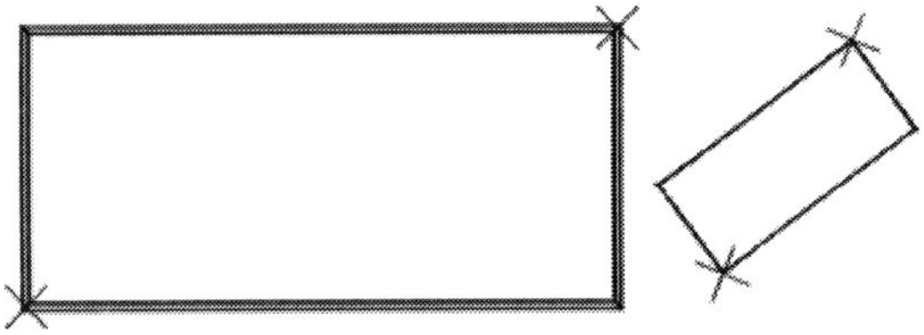

Notons qu'avant de fixer le premier point, plusieurs options sont disponibles. Elles permettent d'imposer une largeur, de chanfreiner ou raccorder les sommets, ou encore d'agir sur l'élévation ou la hauteur d'objet du rectangle (cf. chapitre La 3D - La 3D filaire).

▶ Pour raccorder chaque sommet d'un rectangle, choisissez **Rectangle** dans le groupe de fonctions **Dessin**.

AutoCAD affiche :

```
RECTANG Spécifiez le premier coin ou [Chanfrein Elévation Raccord Hauteur Largeur]:
```

▶ Choisissez l'option **Raccord**.

Le message devient :

```
RECTANG Spécifiez le rayon du raccord des rectangles <0.0000>:
```

▶ Indiquez la valeur désirée. Vous précisez ensuite les deux coins du rectangle.
Le rectangle est dessiné avec le même arrondi à chaque sommet.

Remarque

*L'option **Chanfrein** respecte le même principe.*

9. Création d'ellipses

▶ Dans le groupe de fonctions **Dessin**, cliquez sur l'icône déroulante **Ellipse**  et choisissez l'option voulue.

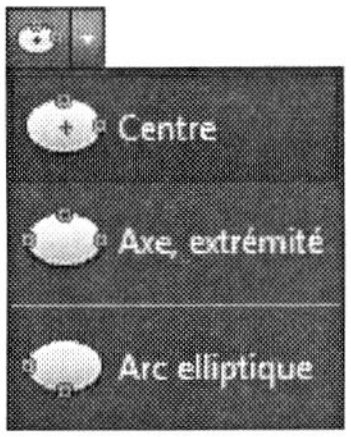

AutoCAD LT définit une ellipse par :

- une longueur sur un axe et la demi-longueur sur l'autre axe (exemple 1).
- un centre et deux demi-longueurs (exemple 2).
- une longueur sur un axe et une rotation du plan contenant le cercle (exemple 3).
- une demi-longueur et une rotation du plan contenant le cercle.

Voici quelques exemples d'ellipses utilisant différentes options :

Exemple 1

Option **Axe, extrémité** 
.

```
ELLIPSE Spécifiez l'extrémité de l'axe de l'ellipse ou [Arc Centre]:   P1
```

```
ELLIPSE Spécifiez la deuxième extrémité de l'axe:   P2
```

```
ELLIPSE Spécifiez la distance avec l'autre axe ou [rOtation]:   P3
```

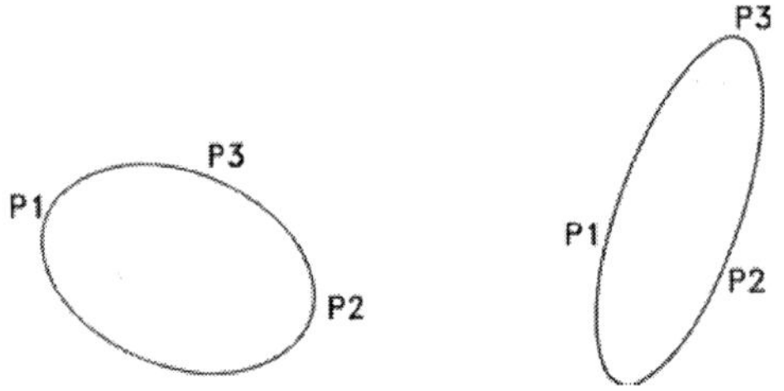

Exemple 2

Option **Centre** 

.

```
ELLIPSE Spécifiez le centre de l'ellipse:
```
P1

```
ELLIPSE Spécifiez l'extrémité de l'axe:
```
P2

```
ELLIPSE Spécifiez la distance avec l'autre axe ou [rOtation]:
```
P3

Exemple 3 : Cas particuliers

Vous pouvez créer des ellipses définies par une longueur et une rotation (option **Rotation**) du plan contenant le cercle :

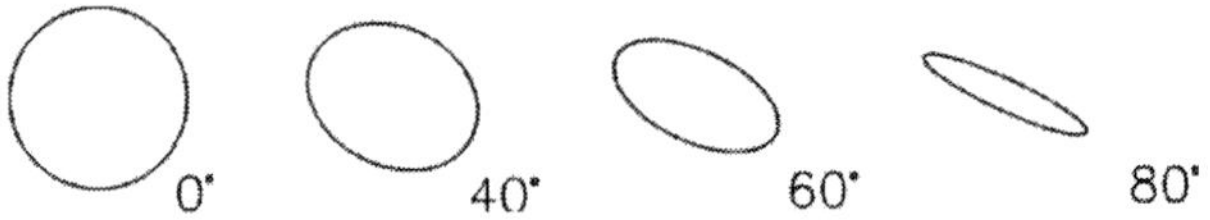

10. Création d'arcs elliptiques

AutoCAD LT permet, en plus de ces différentes méthodes, de dessiner une portion d'ellipse. Vous devez préciser un angle de départ et de fin :

▶ Dans le groupe de fonctions **Dessin**, cliquez sur l'icône déroulante **Arc elliptique**

.

11. Création de polylignes

Une polyligne est une succession continue de segments droits ou/et courbes. La polyligne reste malgré cela une seule entité, quel que soit le nombre de segments la composant. Une polyligne 2D n'a pas de variantes en Z. Toutes les polylignes 2D ont les propriétés suivantes :

- On peut définir l'épaisseur des lignes des polylignes, avec une épaisseur constante ou une épaisseur dégressive.
- Une polyligne 2D d'épaisseur importante peut remplir complètement ou partiellement un cercle.
- Les polylignes peuvent être fermées ou ouvertes.
- Elles peuvent être dessinées avec des types de ligne définis, des raccords et chanfreins peuvent être ajoutés aux polylignes.
- Le lissage des polylignes est possible.
- On peut connaître le périmètre, la surface d'une polyligne.
- On peut éditer ou modifier une ou plusieurs polylignes.

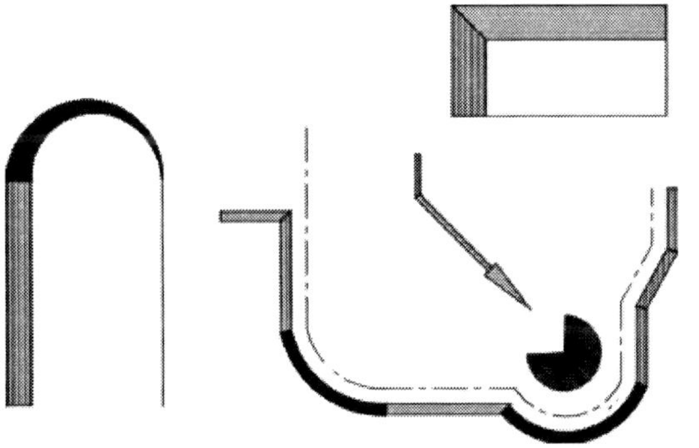

Remarque

Bien qu'AutoCAD LT permette l'affectation d'une épaisseur aux polylignes 2D, il convient d'utiliser des polylignes d'épaisseur 0 dans la majorité des cas.

L'utilisation de la polyligne est très fréquente, car elle permet de nombreux avantages, comme le calcul de surfaces et périmètres, les raccords, chanfreins et décalages automatiques...

Une polyligne 3D est uniquement une succession de segments, dont l'épaisseur est égale à zéro. Le contour d'une polyligne 3D peut également être fermé.

▶ Dans le groupe de fonctions **Dessin**, cliquez sur l'outil **Polyligne** 

.

Le message suivant est affiché :

```
POLYLIGN Spécifiez le point de départ:
```

▶ Précisez le point de départ de la polyligne.

Les options suivantes sont alors disponibles :

```
POLYLIGN Spécifiez le point suivant ou [Arc Demi-larg LOngueur annUler LArgeur]:
```

Chaque option est détaillée ci-après :

Arc

Permet de dessiner des segments courbes (Arcs) et entraîne l'affichage d'une nouvelle ligne d'options expliquées un peu plus loin.

Clore

Ferme le contour d'une polyligne.

Demi-larg

Permet de définir la demi-épaisseur du point de départ au point final du segment suivant.

LOngueur

Permet de dessiner un segment de ligne possédant le même angle que le segment précédent et dont la longueur est fixée par l'utilisateur. Si le segment intervient après un arc de cercle, le segment sera tangent à l'extrémité de l'arc.

annUler

Permet d'annuler le dernier segment, l'avant-dernier segment devenant alors le dernier segment, il peut à son tour être annulé.

LArgeur

Permet de définir l'épaisseur des droites ou des arcs de cercle suivants. Pour utiliser cette option, il faut avoir précisé au moins un point de la polyligne. Vous obtenez le remplissage des polylignes si le mode REMPLIR est actif.

Les sous-options de l'option **Arc** sont :

Angle

Permet de préciser l'angle inscrit de l'arc de cercle.

CEntre

Permet de dessiner un arc de cercle défini par son centre. Cet arc de cercle n'est pas obligatoirement tangent au dernier objet créé.

CLore

Cette option est identique à celle des lignes, mais elle ferme le contour avec un arc de cercle.

Direction

Normalement, AutoCAD LT dessine l'arc de cercle tangent au dernier segment créé. À l'aide de cette option, vous pouvez modifier l'angle de raccordement entre le dernier segment créé et l'arc de cercle.

LIgne

Permet de revenir au menu segment de droite.

Rayon

Permet de définir l'arc de cercle par son rayon, celui-ci n'étant pas obligatoirement tangent au dernier objet créé.

Second pt

Permet de définir le deuxième point pour le dessin d'un arc défini par trois points.

12. Création de contours

Cette fonction vous permet de créer une polyligne fermée, ou une région à partir d'un contour fermé. Dans le cas d'une polyligne, vous obtenez rapidement un périmètre, une surface. Dans le cas d'une région, vous obtenez en plus, des propriétés mécaniques telles que l'encombrement, le centre de gravité, les moments d'inertie, le rayon de giration...

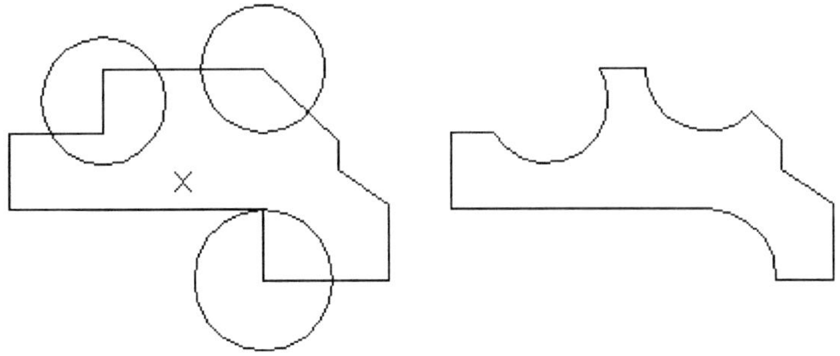

▶ Déroulez le groupe de fonctions **Dessin**, et choisissez l'icône déroulante **Contour** .

▶ Pour choisir le type d'élément que vous souhaitez créer, accédez à la liste déroulante **Type d'objet**. Choisissez **Polyligne** ou **Région**.

La zone **Jeu de contours** vous permet de gagner du temps pour la recherche de contour. Par défaut, AutoCAD LT analyse les objets affichés à l'écran, ce qui peut parfois demander du temps. Le bouton **Nouveau** vous invite à choisir les objets à partir desquels AutoCAD LT devra effectuer la recherche. Les objets non sélectionnés ne seront pas pris en compte pour la recherche. Il vous restera à choisir un point interne à ce jeu de contours. Il est vivement conseillé d'utiliser cette option.

Le bouton **Choisir des points** vous permet de préciser un point interne à une zone fermée. AutoCAD LT effectue le calcul et affiche le contour en pointillés. Si vous le désirez, précisez d'autres points pour calculer d'autres contours.

La case à cocher **Détection d'îlots** active ou désactive la détection des contours internes fermés (appelés îlots).

13. Création de doubles lignes

▶ Dans le menu **Dessin**, choisissez **Double-ligne**.

Le message ci-dessous apparaît :

```
DLIGNE Spécifiez un point de départ ou [Coupure TErminaison Tracé Accrochage Epaisseur]:
```

Les doubles lignes peuvent être composées de segments droits ou courbes (lignes et arcs).

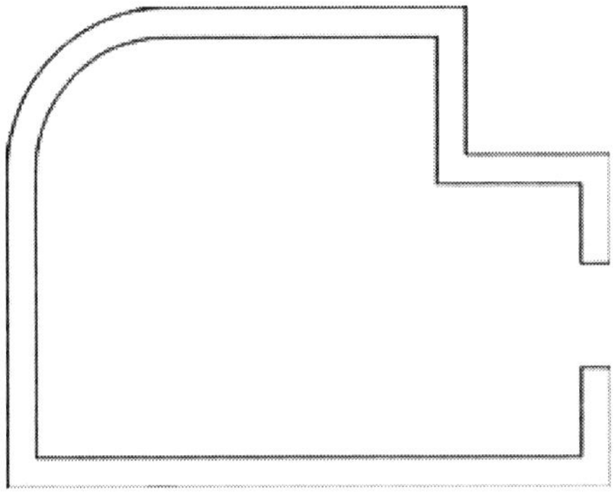

AutoCAD LT vous demande le point de départ de la double ligne puis chaque extrémité des segments successifs que vous pouvez dessiner. Vous pouvez maîtriser la largeur, la fermeture, le positionnement... de la double ligne.

Voici la description des options :

Coupure Génère ou pas une coupure à l'intersection de deux doubles lignes.

TErminaison Spécifie le placement des extrémités d'une double ligne.

Tracé Positionne la double ligne à gauche, au centre ou à droite des points précisés.

Accrochage Détermine (quand l'option **Coupure** est active) la zone de recherche pour démarrer ou clore la double ligne en s'accrochant à un objet existant. On peut l'activer ou la désactiver, et agir sur sa taille.

Epaisseur Détermine la largeur de la double ligne.

14. Création de droites et demi-droites

Les droites sont des lignes de construction d'une longueur infinie. Vous positionnez ces droites, puis vous vous y appuyez pour dessiner ou insérer des objets. Si vous raccordez ou ajustez deux droites, elles deviennent des demi-droites. Si vous raccordez ou ajustez des demi-droites, elles deviennent des lignes. Il faut donc comprendre que les droites, au départ réservées par exemple à la construction, peuvent faire partie intégrante du dessin en se transformant en lignes.

Création de droites

AutoCAD LT propose différentes techniques pour orienter les droites.

▶ Déroulez le groupe de fonctions **Dessin**, cliquez sur l'outil **Droite** .

Le message suivant apparaît :

```
DROITE Spécifiez un point ou [Hor Ver Ang Bissect Décalage]:
```

Voici la description des options :

Hor	Place des droites horizontales passant par des points demandés.
Ver	Place des droites verticales passant par des points demandés.
Ang	Place des droites orientées de l'angle demandé. Avec l'option Référence, vous placez des droites orientées par rapport à d'autres droites (ou lignes).
Bissect	Place la bissectrice de deux directions à préciser.
Décalage	Place une droite décalée de la valeur fournie.
Spécifiez un point	Attend deux points par lesquels passera la droite.

Création de demi-droites

Contrairement aux droites, les demi-droites démarrent à un point donné et évoluent dans un seul sens à l'infini. AutoCAD LT attend un point de départ puis un deuxième point par lequel passera la demi-droite.

▶ Déroulez le groupe de fonctions **Dessin**, choisissez **Demi-droite** .

▶ Spécifiez le point de départ de la demi-droite puis le point de passage de chaque demi-droite.

▶ Appuyez sur la touche [Echap] pour quitter la commande.

15. Création de courbes splines

Les splines sont des courbes passant par une série de points. AutoCAD LT utilise les splines NURBS (*Non Uniform Rational B-Splines*). Celles-ci sont définies par des points de lissage ou avec des sommets de contrôle. Les points de lissage sont situés sur la spline (la spline passe par les points), alors que les sommets de contrôle définissent un "cadre de tolérance". Il est possible de supprimer ou d'ajouter des points de contrôle à la spline. Ainsi, vous pouvez apporter localement une modification sur la courbe tout en conservant une grande précision, ainsi qu'une allure naturelle de la courbe.

Il est possible de créer une spline à partir de polylignes, même si ceci présente peu d'avantages (moins précis).

Les splines sont utilisées pour représenter toute courbe de forme irrégulière dans divers domaines tels que les représentations cartographiques, la chaudronnerie, la carrosserie, ainsi que le design...

15.1 Définir une spline passant par des points de lissage

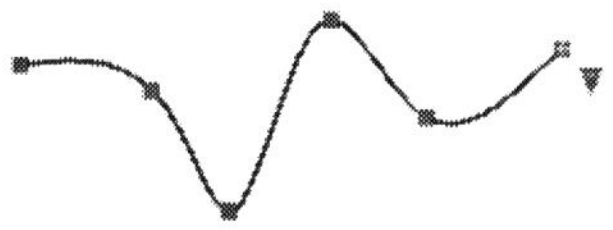

▶Déroulez le groupe de fonctions **Dessin**, cliquez sur l'icône **Spline par PL** .

Le message suivant apparaît :

```
SPLINE Spécifiez le premier point ou [Méthode Noeuds Objet]:
```

▶Spécifiez le premier point.

AutoCAD affiche le message suivant :

```
SPLINE Indiquez le point suivant ou [Tangence de départ toLérance]:
```

L'option **Tangence de départ** permet d'agir sur l'orientation de départ de la spline en spécifiant une direction dont la spline respectera la tangence.

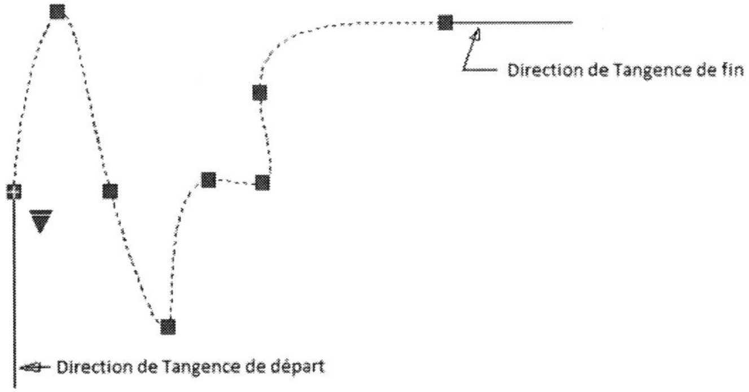

L'option **toLérance** autorise une distance dont peut s'écarter la spline des points de lissage spécifiés. Excepté pour les premier et dernier points de la spline, une valeur positive écarte la spline des points de lissage, alors que la valeur 0 impose à la spline de passer par les points.

Spécifiez le point suivant.

Le message suivant est affiché :

```
SPLINE Indiquez le point suivant ou [Tangence fin toLérance annUler]:
```

L'option **annUler** permet d'annuler le point précédent.

Spécifiez le point suivant.

Le message suivant est affiché :

```
SPLINE Indiquez le point suivant ou [fin Tangente toLérance annUler Clore]:
```

Spécifiez les points suivants pour matérialiser tous les points de lissage.

L'option **Clore** permet si nécessaire de fermer la spline.

15.2 Définir une spline passant par des sommets de contrôle

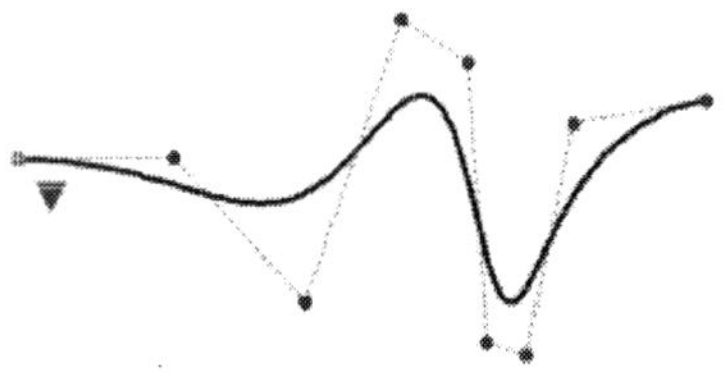

Déroulez le groupe de fonctions **Dessin**, et choisissez l'icône **Spline par SC**.

Le message suivant apparaît :

```
Spécifiez le premier point ou [Méthode Degré Objet]:
```

Spécifiez le premier point puis le message suivant est affiché :

```
Indiquez le point suivant:
```

Spécifiez le point suivant.

```
Indiquez le point suivant ou [annUler]:
```

Spécifiez le point suivant. L'option **annUler** permet d'annuler le point précédent.

```
Indiquez le point suivant ou [Clore annUler]:
```

Spécifiez les points suivants pour matérialiser tous les points de lissage.

L'option **Clore** permet si nécessaire de fermer la spline.

Remarque

Le polygone de contrôle passant par les sommets de contrôle est matérialisé en pointillés lors de la mise en place de la Spline (voir figure ci-après).

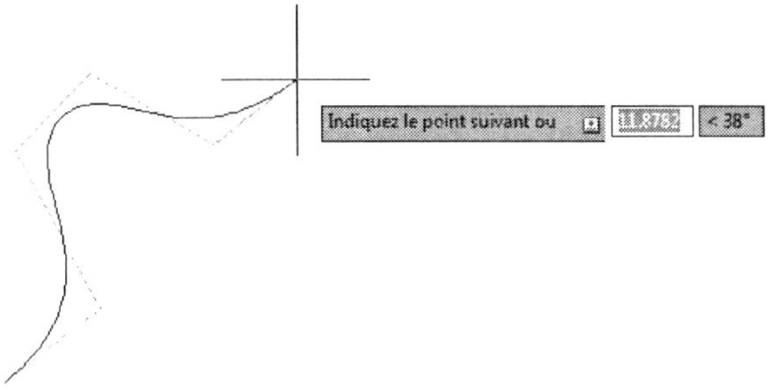

Les options ci-après sont proposées à chaque création de splines.

Méthode : détermine si la spline est créée avec des points de lissage ou avec des sommets de contrôle.

- Option **Ajustement** permet de définir la spline en précisant chaque point de lissage.
- Option **SC** permet de préciser les sommets de contrôle.

Degré : définit le degré polynomial de la spline (degré 1 = linéaire, degré 2 = quadratique, degré 3 = cubique).

Nœuds : intervient sur le paramétrage de noeud, et influe sur la forme de la courbe qui passe par les points de lissage.

- Option **Corde** : numérote les points de modification avec des valeurs décimales représentant leur emplacement sur la courbe.
- Option **Racine carrée** : numérote les points de modification d'après la racine carrée de la longueur de corde comprise entre des noeuds consécutifs.
- Option **Uniforme** : numérote les points de modification avec des nombres entiers consécutifs.

Les courbes ci-dessous sont réalisées avec les trois options **Corde**, **Racine carrée** et **Uniforme** à partir des mêmes points de lissage.

Par défaut, AutoCAD LT vous demande un premier point, puis les autres points par lesquels passera la spline. Une fois ces points précisées, AutoCAD LT vous demande une tangente de début et de fin. Ces tangentes correspondent à des directions influant sur la courbure de début et de fin. Si vous validez par [Entrée], AutoCAD LT calcule les tangentes par défaut en respectant l'allure globale de la courbe.

À chaque fois qu'AutoCAD LT attend un point, vous pouvez modifier la valeur de tolérance qui détermine l'écart autorisé de la spline aux points de contrôle.

Objet : convertit une polyligne 2D ou 3D (lissée avec la fonction **Modifier polyligne** ) en "vraie" spline NURBS.

Sélectionnez la spline, et accédez à la poignée ci-dessous pour afficher les points de lissage de la spline ou les sommets de contrôle.

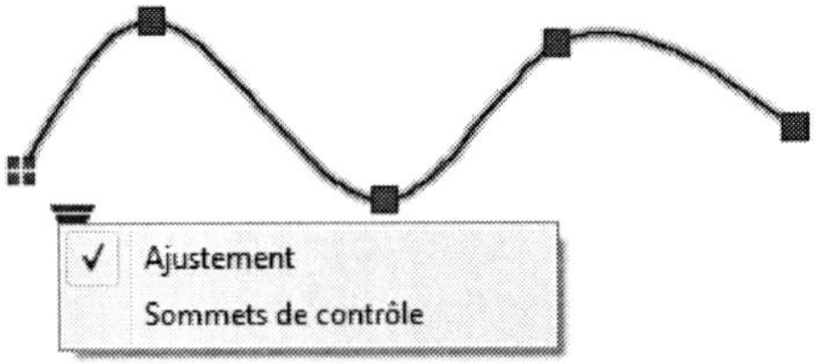

La figure ci-dessous affiche la spline avec ses sommets de contrôle :

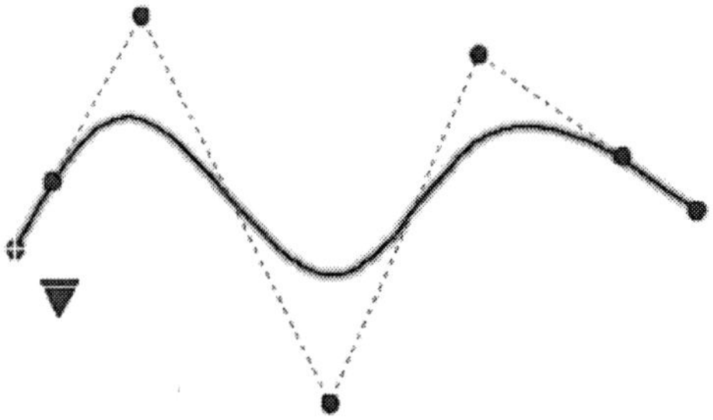

Voici quelques exemples utilisant les splines :

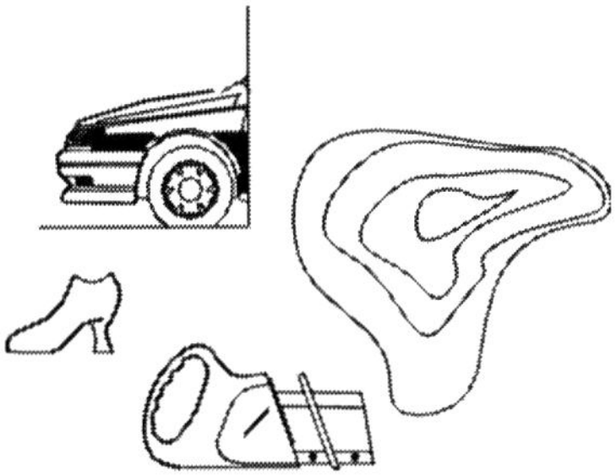

Remarque

Les splines sont modifiables par la commande ***Modifier Spline***  *et à l'aide des poignées comme décrit ci-dessous.*

AutoCAD LT permet l'utilisation avancée des poignées de modification multifonctionnelles.

- Pour éditer une spline, sélectionnez celle-ci et déplacez le pointeur sur un point de lissage ou un point de sommet pour afficher les options disponibles dans le menu contextuel.

Les figures ci-dessous affichent un menu d'édition de spline depuis un point de lissage (figure 1) ou depuis un sommet de contrôle (figure 2).

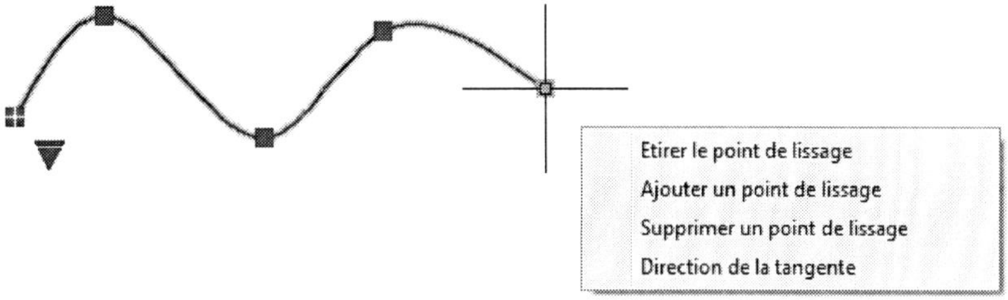

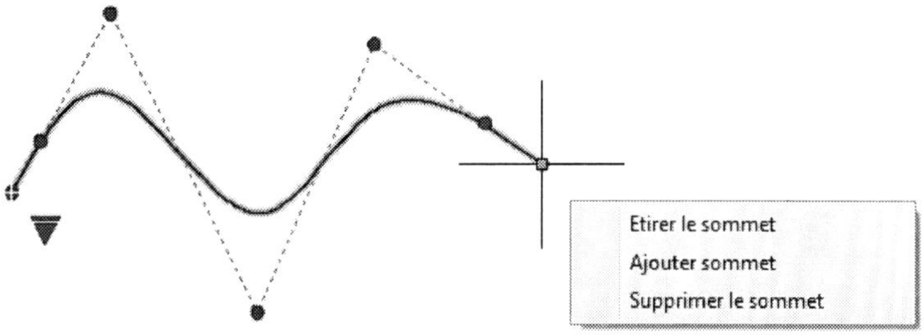

16. Utilisation des régions

La région est une entité bi-dimensionnelle fermée d'aspect comparable à la polyligne fermée.

Elle permet d'extraire une aire, un périmètre, mais aussi des propriétés mécaniques telles que le centre de gravité, les moments d'inertie, les produits d'inertie... (cf. chapitre Aides au dessin - Les renseignements).

Elle permet la confection de contours complexes grâce aux opérations booléennes.

Vous pouvez rajouter de la matière, en enlever..., et à partir de plusieurs régions, obtenir rapidement une forme complexe.

16.1 Création de régions

- Déroulez le groupe de fonctions **Dessin** et cliquez sur l'outil **Région** .
- Sélectionnez les objets à transformer en régions et validez par [Entrée]. Les objets sont des lignes, arcs, cercles, des polylignes 2D fermées, des ellipses ou des splines 2D fermées et sont remplacées par des régions indépendantes. Dans l'exemple ci-après, vous obtenez quatre régions A, B, C et D.

Remarque

Les contours permettent également la création de régions à partir d'un point interne (voir création de contours).

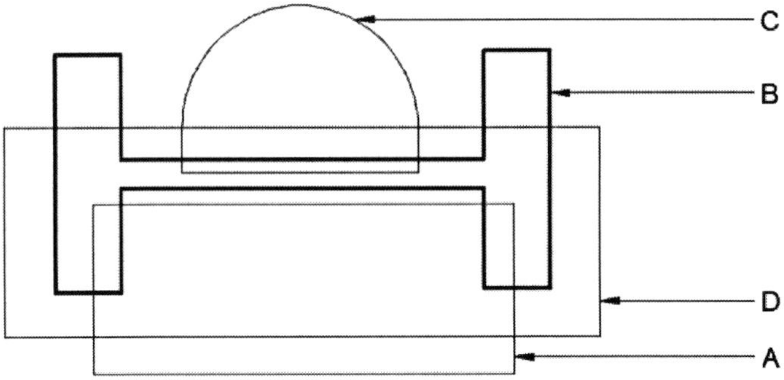

16.2 Soustraction de régions

▶ Dans le menu **Modification**, choisissez **Région** puis **Soustraction**.

Le message ci-dessous est affiché :

```
Sélectionnez les régions à soustraire de..
SOUSTRACTION Choix des objets:
```

▶ Sélectionnez la ou les régions auxquelles vous souhaitez ôter d'autres régions. Dans l'exemple, sélectionnez la région B puis validez par [Entrée].

Le message suivant apparaît :

```
Choix des objets:  Sélectionnez les régions à soustraire..
SOUSTRACTION Choix des objets:
```

▶ Sélectionnez la ou les régions à ôter. Dans l'exemple, sélectionnez la région A. Vous obtenez :

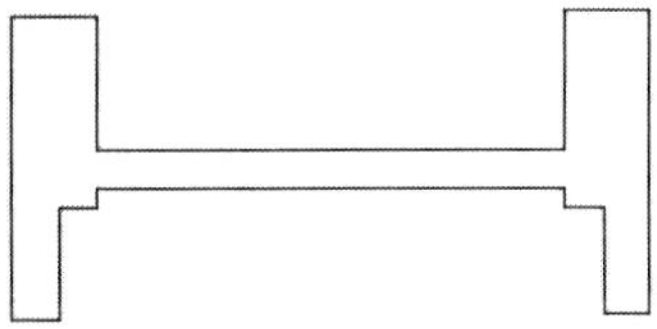

16.3 Union de régions

▶ Dans le menu **Modification**, choisissez **Région** puis **Union**.

▶ Sélectionnez toutes les régions à unir ou fusionner. Dans l'exemple, sélectionnez la région précédente ainsi que la région C.
Vous obtenez :

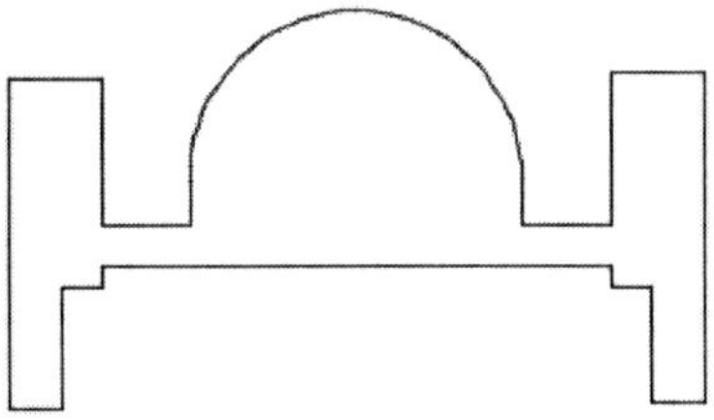

16.4 Intersection de régions

- Dans le menu **Modification**, choisissez **Région** puis **Intersection**.
- Sélectionnez les régions dont les parties communes formeront la nouvelle région. Dans l'exemple, sélectionnez la région D.

  Vous obtenez :

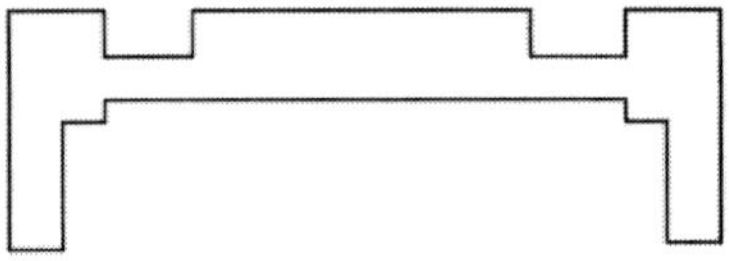

17. Les nuages de révision

Les nuages de révision peuvent servir à mettre en évidence une zone ayant subi des modifications.

- Déroulez le groupe de fonctions **Dessin** et choisissez l'icône déroulante **Nuage de révision à main levée** 

.

Le message suivant apparaît :

```
NUAGEREV Spécifiez le premier point ou [longueur arC Objet Rectangulaire Polygone a main Levée Style Modifier] <Objet>:
```

- Effectuez un premier clic pour fixer le point de départ. Déplacez le pointeur de souris dans le sens trigonométrique, pour venir en phase finale vous rapprocher du point de départ.

AutoCAD LT ferme automatiquement le nuage.

Le message suivant apparaît :

```
Nuage de révision est terminé
```

L'option **longueur arC** fixe la longueur de chacun des arcs constituant le nuage final. Spécifiez celle-ci au clavier ou à l'aide de la souris.

L'option **Objet** permet la conversion automatique des figures fermées (cercle, polyligne, spline) en nuage de révision.

L'option **Style** permet d'attribuer un style “calligraphie”.

L’option **Rectangulaire** permet la création d’un nuage de révision rectangulaire.

L’option **Polygone** permet la création d’un nuage de révision polygonal.

Exercice 1
Dessiner un meuble de bureau

Dans cet exercice, nous allons utiliser les outils de dessin **Ligne**, **Arc** et **Cercle** pour concevoir le dessin d'un meuble de bureau qui pourrait par exemple être utilisé dans le plan d'un local professionnel. Le résultat attendu sera celui-ci :

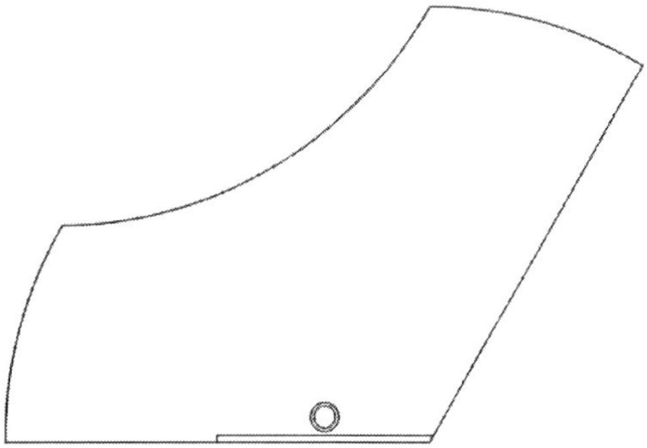

1. Étape 1 : Paramétrer les aides au dessin

- Déroulez le bouton **Personnalisation** de la zone d'état pour afficher le menu ci-après.

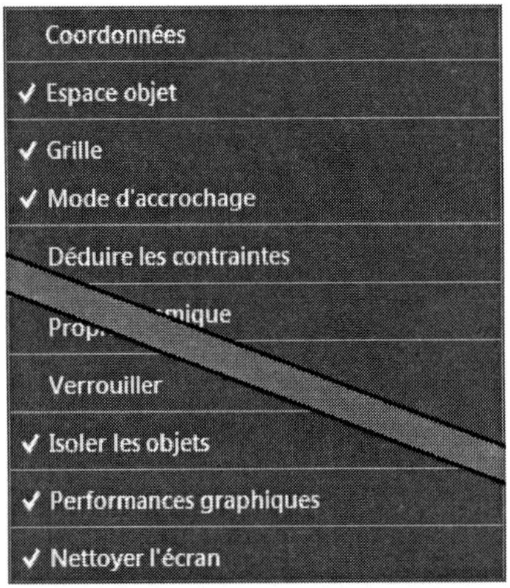

En exemple, la coche située au regard de l'outil **Grille** ci-dessus indique l'affichage de l'outil **Grille** dans la barre d'état.

- Dans le menu ci-dessus, vérifiez l'activation des outils d'aide au dessin **Grille**, **Saisie dynamique**, **Repérage polaire**, **Repérage d'accrochage aux objets** et **Accrochage aux objets** pour leur affichage dans la zone d'état.
- Dans la zone d'état, cliquez sur les outils suivants pour les activer : **Saisie dynamique**, **Repérage polaire**, **Repérage d'accrochage aux objets** et **Accrochage aux objets**.
- Cliquez sur l'icône **Afficher la grille de dessin** pour désactiver la grille.

  L'affichage de la zone d'état ressemble à celui-ci :

- Dans la zone d'état, effectuez un clic droit sur l'icône **Repérage polaire** 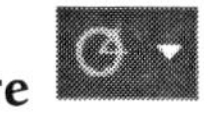 pour afficher le menu contextuel suivant :

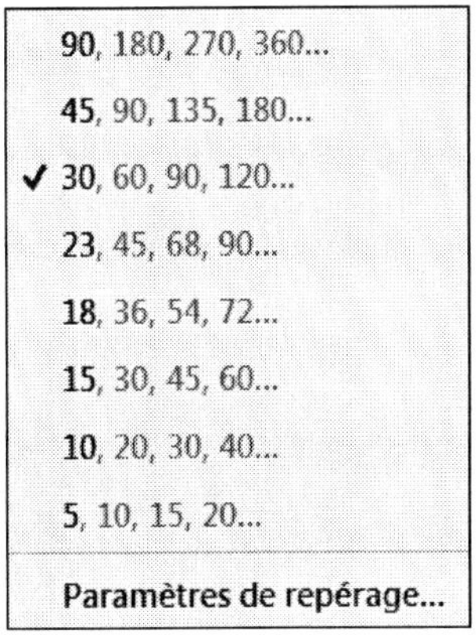

- Pour choisir l'angle incrémentiel 30°, cliquez sur la ligne **30, 60, 90, 120...**.
- Dans la zone d'état, effectuez un clic droit sur l'icône **Accrochage aux objets** 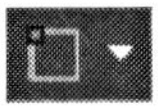 pour afficher le menu contextuel ci-après et vérifiez l'activation des outils **Extrémité**, **Milieu**, **Centre**, **Quadrant**, **Intersection**, **Extension**, **Insertion** et **Perpendiculaire**.

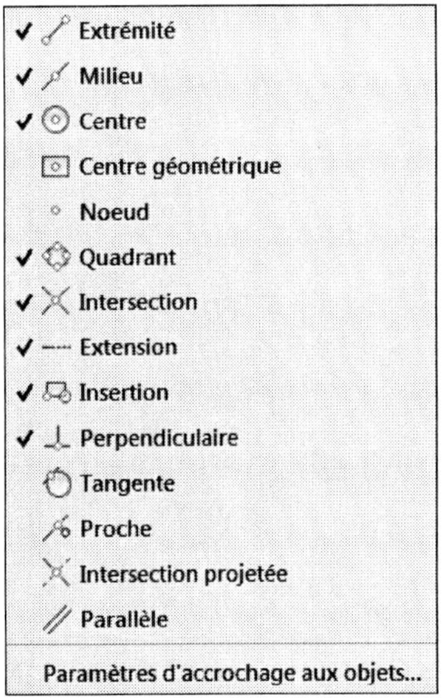

2. Étape 2 : Dessiner le contour avec l'outil Ligne

Nous allons tout d'abord tracer les contours rectilignes du meuble de bureau.

▶ Dans le groupe de fonctions **Dessin** (onglet **Début**), cliquez sur l'icône **Ligne** 

.

La ligne de commande affiche :

```
LIGNE Spécifiez le premier point:
```

▶ Cliquez dans la zone graphique pour définir le premier point.

La ligne de commande affiche :

```
LIGNE Spécifiez le point suivant ou [annUler]:
```

Remarque

Le déplacement du pointeur affiche un segment virtuel (ou élastique) comme dans la figure ci-dessous.

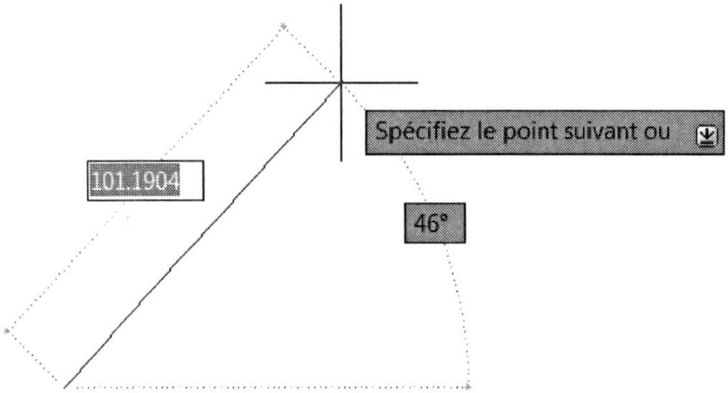

▶ Déplacez le pointeur vers la gauche sur l'axe horizontal comme sur la figure ci-dessous, saisissez la valeur « 120 » et appuyez sur [Entrée] pour valider.

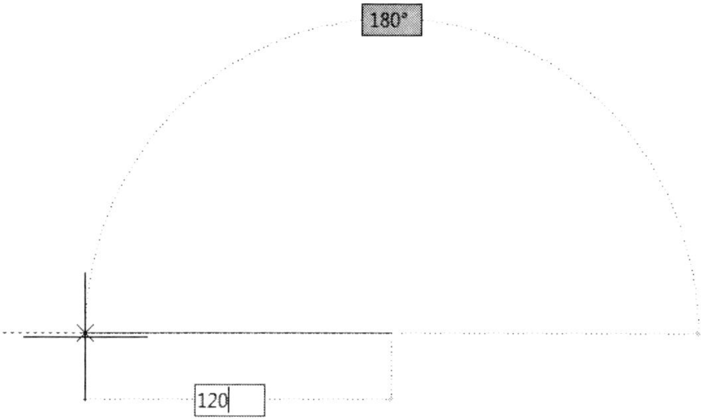

Remarque

Dans la figure ci-dessus, des pointillés verts sont affichés selon la direction de l'axe X (horizontal).

▶ Appuyez sur [Entrée] pour quitter la commande **Ligne**.

▶ Effectuez un clic droit dans la zone graphique, et choisissez **Répéter LIGNE** dans le menu contextuel pour rappeler la commande précédente.

La ligne de commande affiche :

```
LIGNE Spécifiez le premier point:
```

▶ Placez le pointeur près de l'extrémité droite de la ligne, et cliquez pour spécifier l'extrémité droite de la ligne, comme présenté sur la figure ci-dessous.

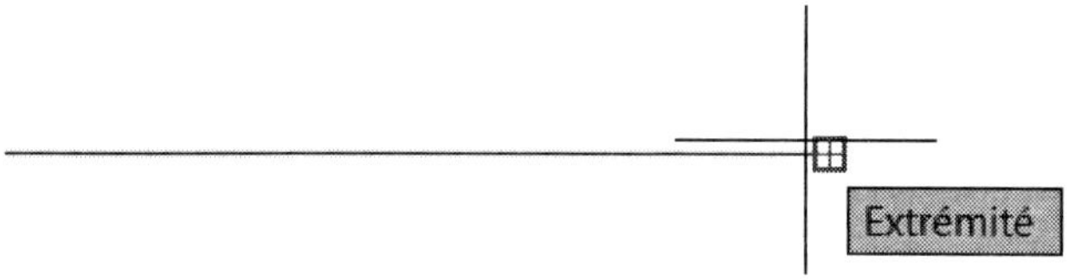

La ligne de commande affiche :

```
LIGNE Spécifiez le point suivant ou [annUler]:
```

▶ Déplacez le pointeur selon l'angle de 60° grâce au repérage polaire, comme le représente la figure ci-dessous.

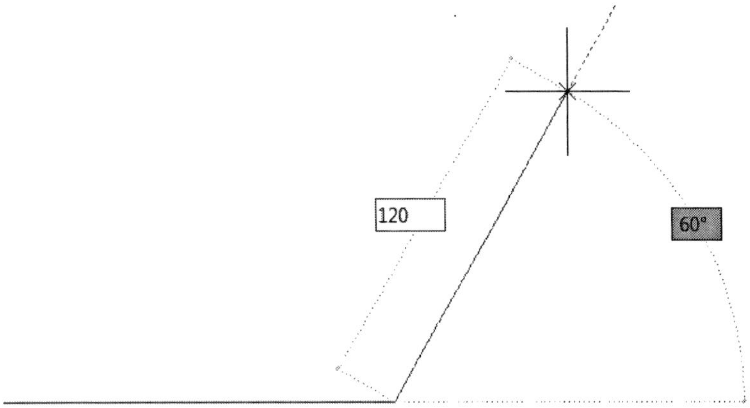

▶ Saisissez la valeur « 120 » et appuyez sur [Entrée] pour valider.

3. Étape 3 : Dessiner le contour avec l'outil Arc

Nous allons maintenant dessiner les contours courbes du meuble de bureau. Il s'agit en fait de trois arcs de cercle.

▶ Dans le groupe de fonctions **Dessin** (onglet **Début**), déroulez l'icône **Arc** 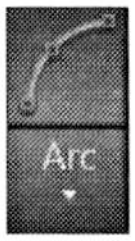

et sélectionnez l'outil **Départ, centre, fin** 

.
La ligne de commande affiche :

```
ARC Spécifiez le point de départ de l'arc ou [Centre]:
```

▶ Dans la zone graphique, cliquez sur l'extrémité haute de la ligne inclinée comme indiqué sur la figure ci-dessous, pour spécifier le point de départ de l'arc.

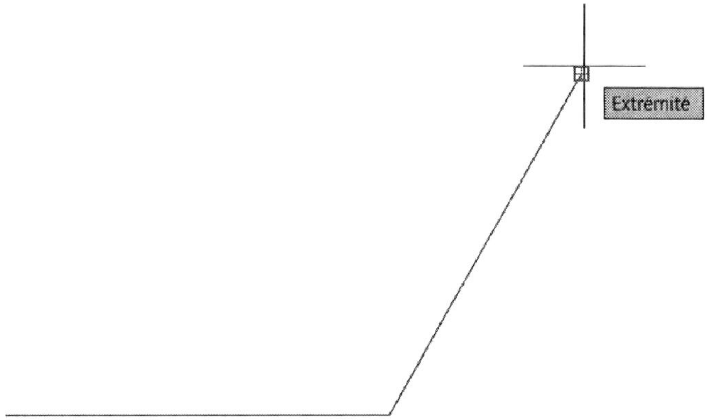

La ligne de commande affiche :

```
ARC Spécifiez le centre de l'arc:
```

▶ Dans la zone graphique, cliquez sur l'intersection des deux lignes pour spécifier la position du centre de l'arc, comme affiché ci-dessous.

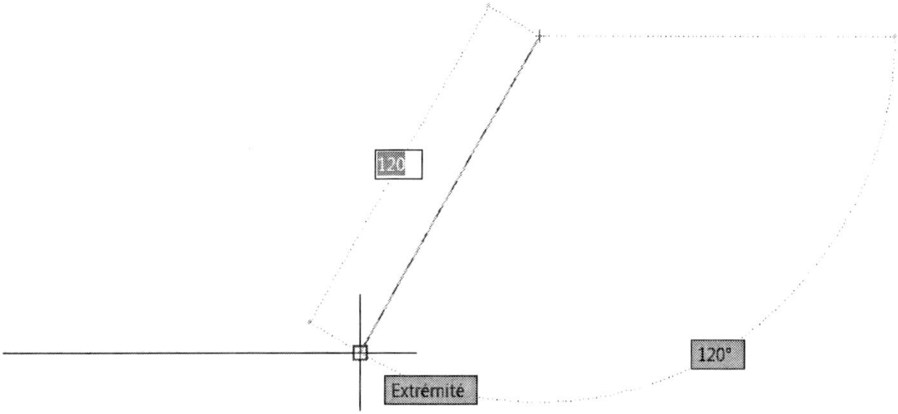

La ligne de commande affiche :

```
ARC
Spécifiez l'extrémité de l'arc (maintenez la touche Ctrl enfoncée pour changer de direction) ou
[Angle Longueur de corde]:
```

- Déplacez le pointeur le long d'un repère vertical et cliquez pour spécifier l'angle de l'arc.

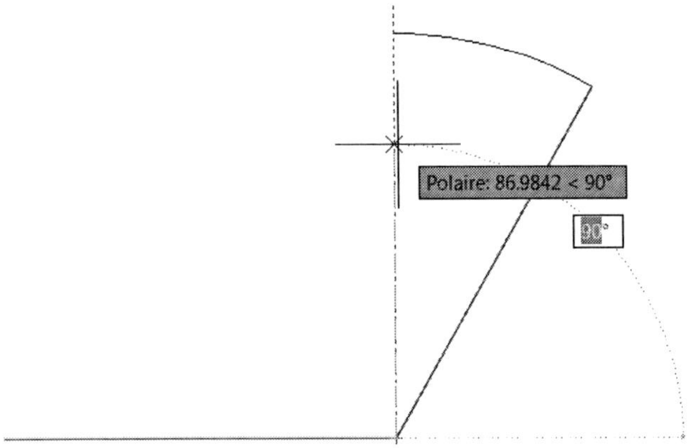

- Dans le groupe de fonctions **Dessin** (onglet **Début**), cliquez sur l'icône **Arc** .
  Ceci permet d'exécuter la commande précédemment utilisée.
  La ligne de commande affiche :

```
ARC Spécifiez le point de départ de l'arc ou [Centre]:
```

- Dans la zone graphique, cliquez sur l'extrémité gauche de la ligne horizontale pour spécifier le point de départ de l'arc, comme le présente la figure ci-dessous.

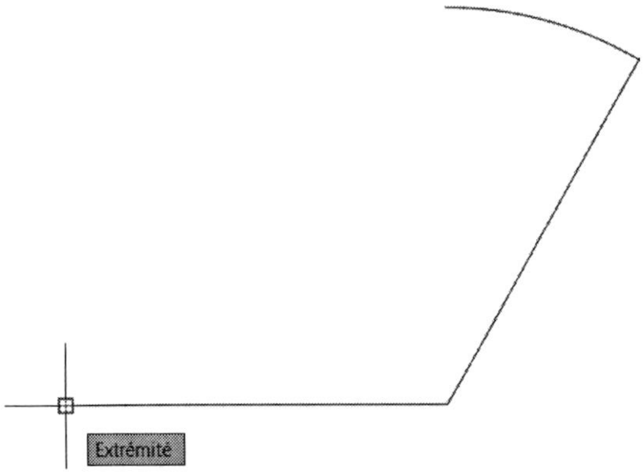

La ligne de commande affiche :

```
ARC Spécifiez le centre de l'arc:
```

▶ Cliquez sur l'intersection des deux lignes pour spécifier la position du centre de l'arc, comme le présente la figure ci-dessous.

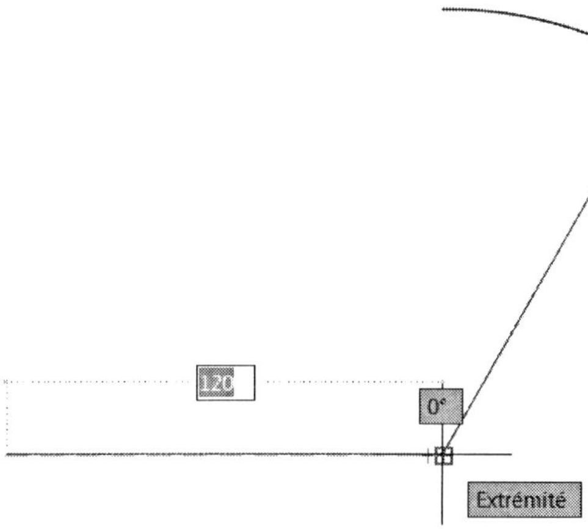

La ligne de commande affiche :

```
ARC
Spécifiez l'extrémité de l'arc (maintenez la touche Ctrl enfoncée pour changer de direction) ou
[Angle Longueur de corde]:
```

▶ À l'aide du repérage polaire, déplacez le pointeur le long d'un repère incliné à 150° pour spécifier l'angle de l'arc, maintenez enfoncée la touche [Ctrl] pour inverser le sens de l'arc, et cliquez pour spécifier la position du point final.

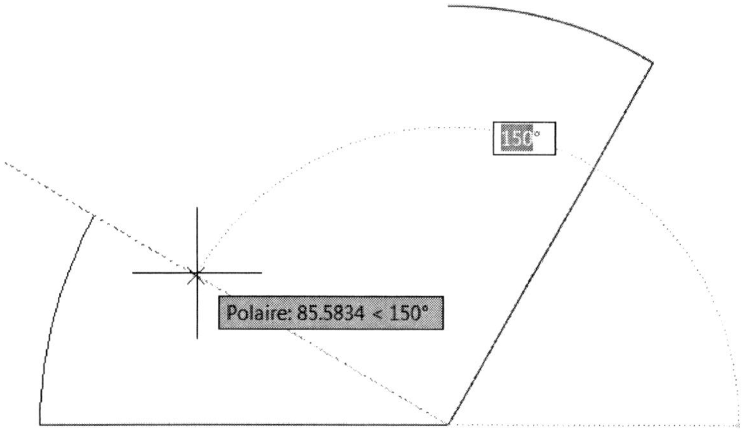

- Dans le groupe de fonctions **Dessin** (onglet **Début**), déroulez l'icône **Arc** 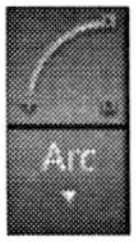

et choisissez l'outil **Départ, fin, rayon** 
.
La ligne de commande affiche :

```
ARC Spécifiez le point de départ de l'arc ou [Centre]:
```

- Dans la zone graphique, cliquez sur l'extrémité supérieure de l'arc précédemment créé pour spécifier le point de départ de l'arc, comme le présente la figure ci-dessous.

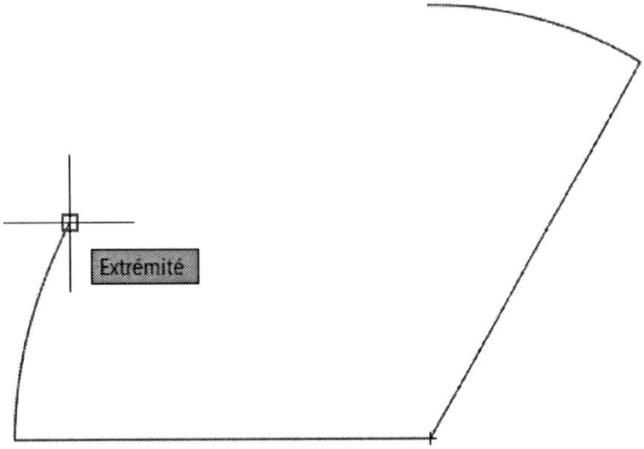

La ligne de commande affiche :

```
ARC Spécifiez l'extrémité de l'arc:
```

- Cliquez sur l'extrémité gauche de l'arc opposé pour spécifier la position du point final de l'arc, comme le présente la figure ci-après.

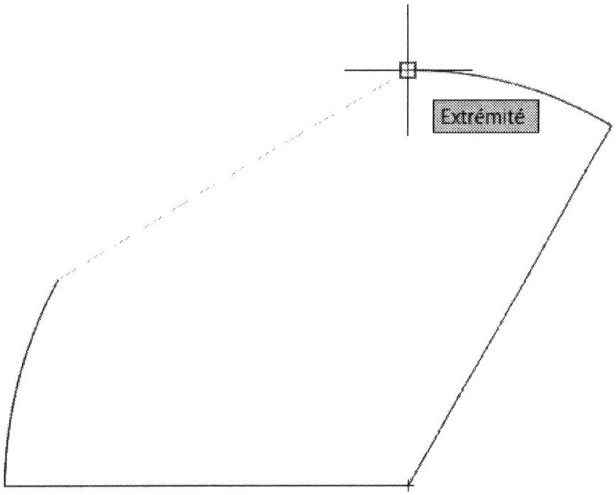

La ligne de commande affiche :

```
ARC
Spécifiez le rayon de l'arc (maintenez la touche Ctrl enfoncée pour changer de direction):
```

▶ Saisissez « 120 » puis validez par [Entrée] pour renseigner la valeur du rayon de l'arc, comme indiqué dans la figure ci-dessous.

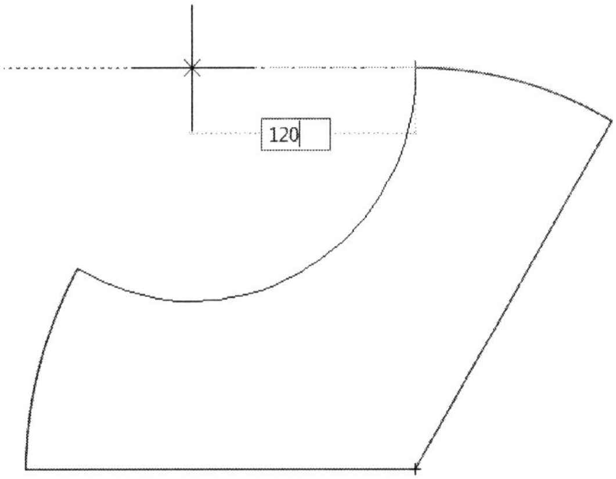

Le résultat est le suivant :

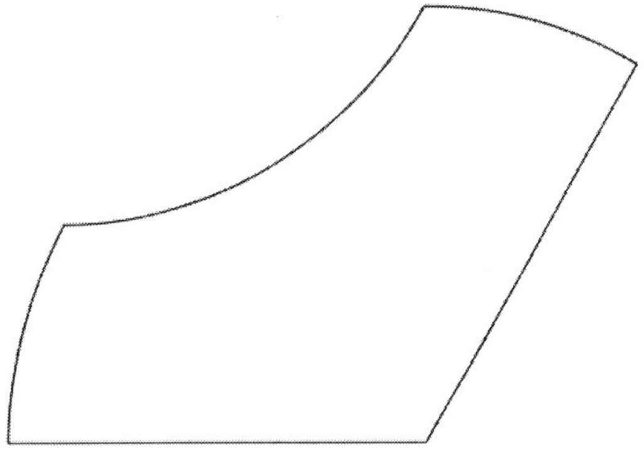

4. Étape 4 : Dessiner les détails du bureau avec l'outil Ligne

À présent, nous allons dessiner un pare-vue (planche verticale) au niveau du bord rectiligne horizontal du bureau.

▶ Dans le groupe de fonctions **Dessin** (onglet **Début**), cliquez sur l'icône **Ligne**

.

La ligne de commande affiche :

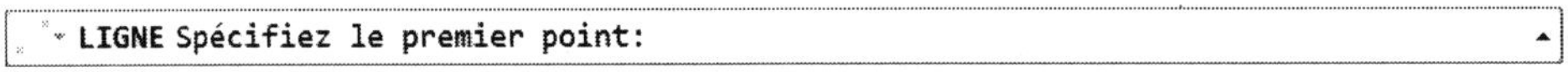

▶ Dans la zone graphique, placez le pointeur sur le milieu de la ligne horizontale, et cliquez pour spécifier le point de départ de la ligne.

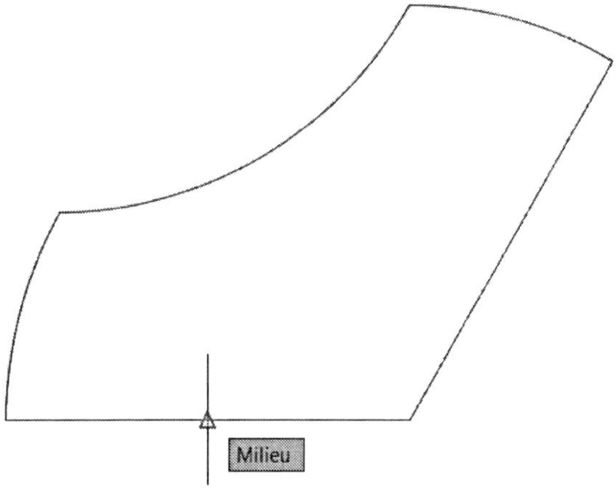

- Déplacez le pointeur le long d'un repère vertical pour déterminer la direction de la ligne.
- Saisissez « 2 » et appuyez sur [Entrée] pour renseigner la longueur de la ligne, comme le présente la figure ci-dessous.

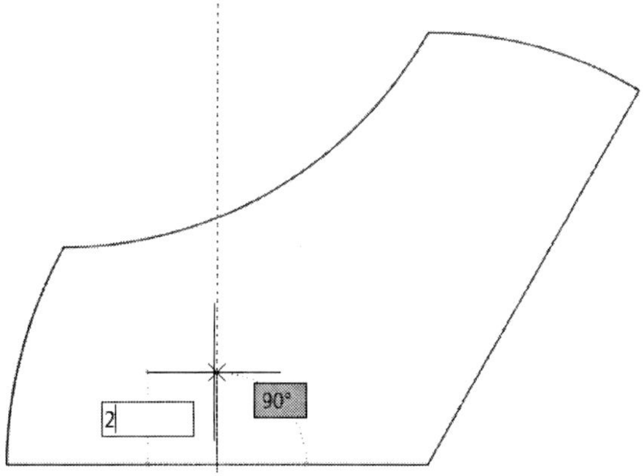

La ligne de commande affiche :

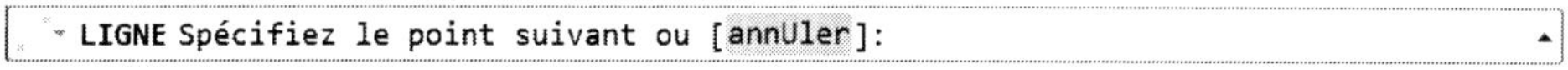

▶ Déplacez le pointeur le long d'un repère horizontal vers la droite, comme indiqué dans la figure ci-dessous.

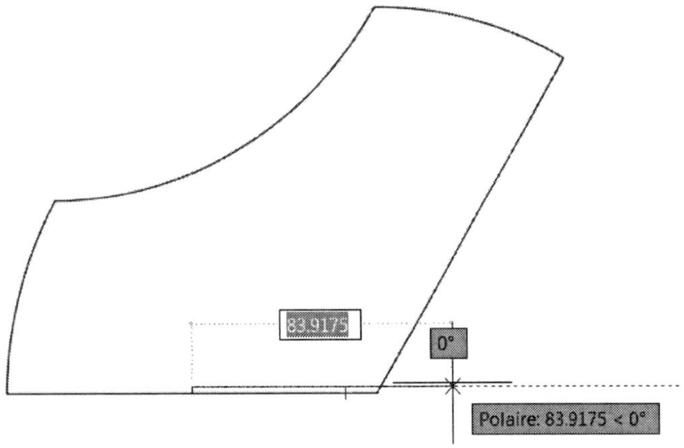

▶ Placez le pointeur sur la ligne inclinée pour afficher le symbole d'accrochage aux objets **Intersection**, comme le présente la figure ci-dessous, et cliquez pour spécifier la position du point final.

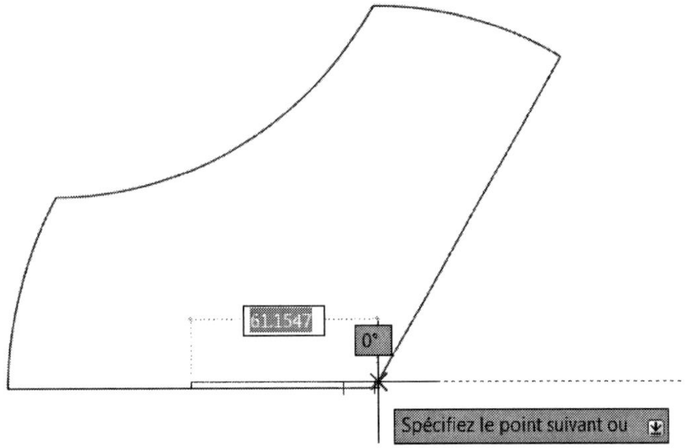

La ligne de commande affiche :

```
LIGNE Spécifiez le point suivant ou [Clore annUler]:
```

▶ Appuyez sur la touche [Echap] pour quitter la commande **Ligne**.

5. Étape 5 : Dessiner les détails du bureau avec l'outil Cercle

Enfin, nous allons dessiner devant le pare-vue une ouverture composée de deux cercles et destinée au passage des câbles électriques.

▶ Dans le groupe de fonctions **Dessin** (onglet **Début**), cliquez sur l'icône **Cercle** .

La ligne de commande affiche :

```
CERCLE Spécifiez le centre du cercle ou [3P 2P Ttr (tangente tangente rayon)]:
```

▶ Dans la zone graphique, placez le pointeur sur le point du milieu de la ligne horizontale précédemment créée, comme indiqué sur l'image ci-dessous.

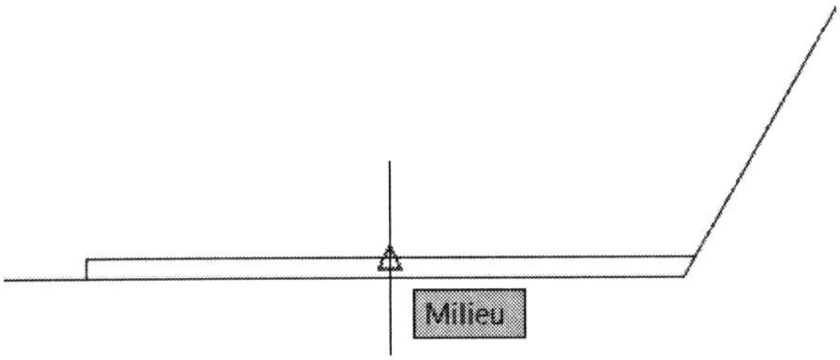

▶ Déplacez le pointeur le long d'un repère vertical vers le haut.

▶ Saisissez « 5 » et validez par [Entrée] pour spécifier la position du centre du cercle comme le présente la figure ci-dessous.

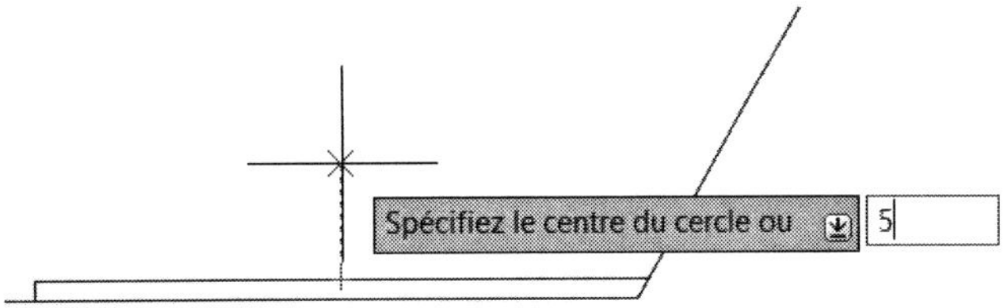

La ligne de commande affiche :

```
CERCLE Spécifiez le rayon du cercle ou [Diamètre] <3.0000>:
```

▶ Saisissez « 4 » et validez par [Entrée] pour spécifier le rayon du cercle.

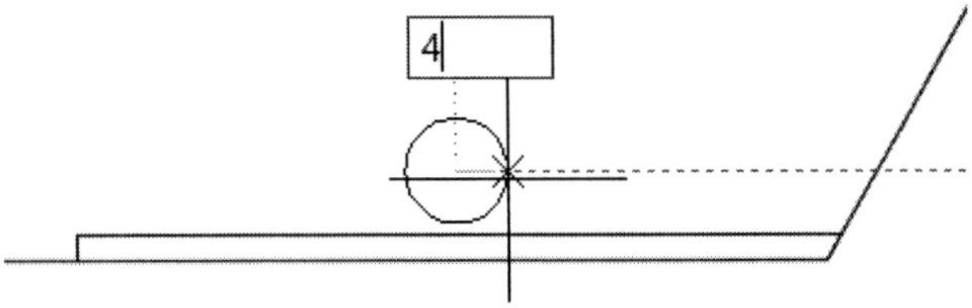

▶ Dans le groupe de fonctions **Dessin** (onglet **Début**), cliquez sur l'icône **Cercle** .

La ligne de commande affiche :

```
CERCLE Spécifiez le centre du cercle ou [3P 2P Ttr (tangente tangente rayon)]:
```

▶ Placez le pointeur sur le centre du cercle et cliquez pour positionner le centre du nouveau cercle comme le présente la figure ci-dessous.

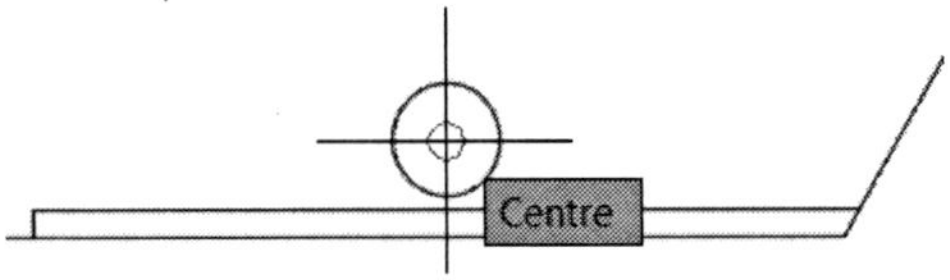

La ligne de commande affiche :

```
CERCLE Spécifiez le rayon du cercle ou [Diamètre] <3.0000>:
```

▶ Saisissez « 3 » et validez par [Entrée] pour spécifier le rayon du cercle.

La figure ci-dessous affiche le résultat obtenu.

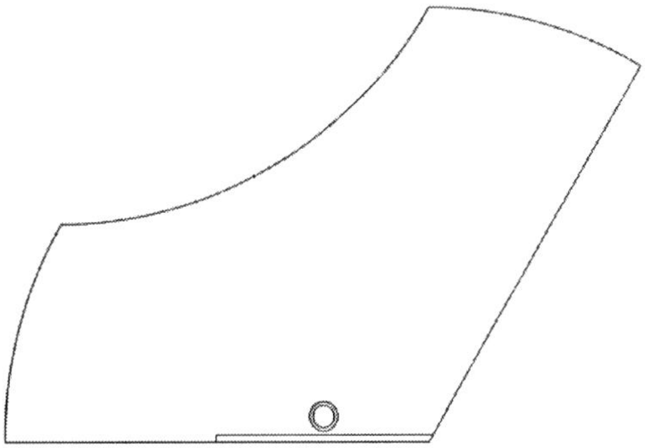

6. Étape 6 : Redéfinir le point de base du dessin

Cette technique permet de placer l'origine 0,0 du dessin. Dans le cas présent, le point de base servira de référence pour les insertions futures du dessin en tant que bloc.

▶ Déroulez le groupe de fonctions **Définition de bloc** (onglet **Insertion**) et choisissez l'icône **Définir un point de base** .
La ligne de commande affiche :

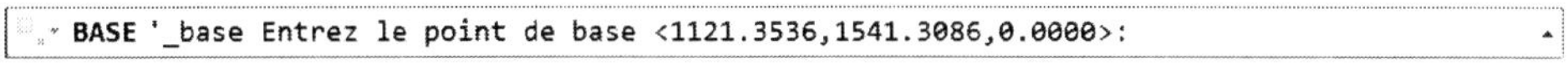

```
BASE '_base Entrez le point de base <1121.3536,1541.3086,0.0000>:
```

▶ Spécifiez l'intersection des deux plus grandes lignes comme nouveau point de base comme affiché dans la figure ci-dessous.

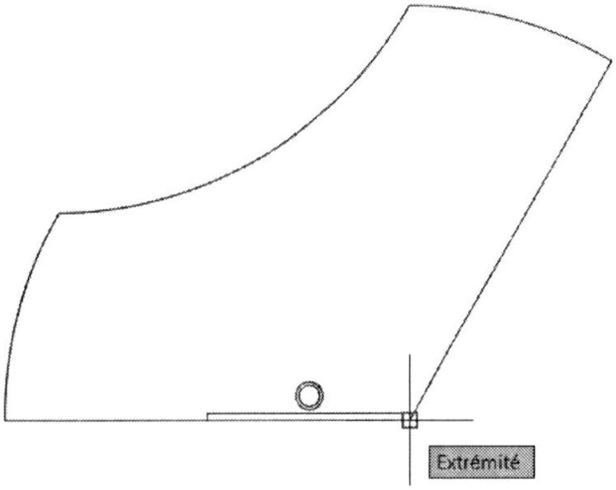

Chapitre 4
L'habillage

1. Création de texte

Vous pouvez insérer du texte dans un dessin avec un grand choix de jeux de caractères. Ces textes peuvent être compressés, élargis, inclinés, reflétés, tournés... AutoCAD LT propose deux types de texte : le texte sur une ou plusieurs lignes indépendantes, et le paragraphe de texte (ou texte multiligne).

1.1 Le texte sur lignes indépendantes

▶ Dans le groupe de fonctions **Texte** (onglet **Annoter**), cliquez sur l'icône déroulante **Une seule ligne** 

.

Remarque

*Cette commande est également accessible depuis le groupe de fonctions **Annotation** (onglet **Début**).*

AutoCAD LT affiche le message suivant :

```
Spécifiez le point de départ du texte ou [Justifier Style]:
```

Soit vous positionnez le point de départ du texte (option par défaut), soit vous choisissez les options **Justifier** ou **Style**.

Spécifiez le point de départ du texte

C'est l'option la plus utilisée : elle justifie votre texte le long de sa ligne de base. Il suffit simplement d'indiquer le point de départ désiré.

Justifier

Utilisez cette option pour justifier (ou aligner) votre texte d'après les options d'alignement (voir les options d'alignement).

Style

Choisissez cette option pour utiliser un nouveau style de texte (voir Définition de styles de texte).

Si vous validez par [Entrée], l'option **point de départ**, le texte que vous préciserez prendra place sous le texte précédent.

Remarque

*Le texte sur une ligne permet un affichage instantané dans la zone graphique, mais aussi l'alignement de plusieurs lignes de texte, ainsi que différents points de départ dans la même opération si vous attribuez la valeur 1 à la variable **DTEXTED** (à saisir au clavier).*

1.2 Les options d'alignement

Vous pouvez aligner le texte en utilisant une combinaison des modes d'alignement haut/bas/milieu/ligne de base et gauche/centre/droite. La ligne de base représente la ligne le long de laquelle se trouve la base des majuscules. Si vous imaginez un cadre entourant le texte, les lettres longues (telles que p, g et y) dépassent la ligne de base vers le bas du cadre et les majuscules atteignent le haut du cadre. La position du milieu se trouve à mi-chemin entre la ligne de base et le haut du cadre. La figure suivante affiche les différentes positions d'alignement du texte.

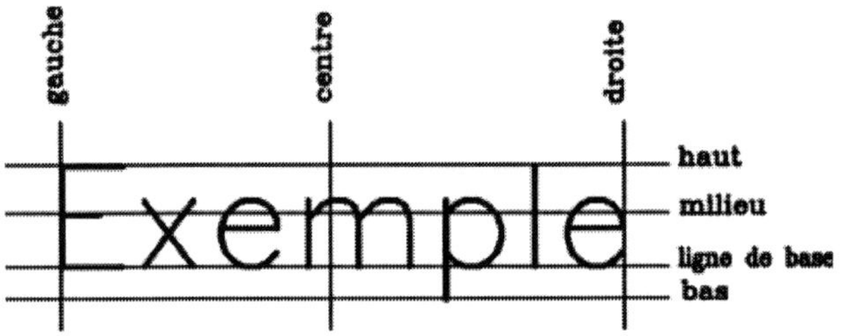

L’option **Justifier** vous permet de choisir parmi une liste d’options qui contrôlent l’alignement basique de votre texte.

```
Entrez une option [Gauche Centre Droite Aligner Milieu Fixé HG HC HD MG MC MD BG BC BD]:
```

L’alignement à gauche, le plus utilisé, est proposé par défaut.

Aligner

Vous pouvez définir l’orientation et la hauteur du texte en définissant les extrémités de la ligne de base. AutoCAD LT demande les deux extrémités et calcule une hauteur de texte de façon à ce que le texte soit placé entre ces deux points. Plus le texte est long, plus sa hauteur diminue. La taille des caractères est ajustée proportionnellement à la hauteur.

CECI EST UN DEMONSTRATION

CECI EST UNE DEMONSTRATION

CECI EST UNE DEMONSTRATION

Remarque

*Avec l’option **Aligner**, AutoCAD LT ne vous demande pas de hauteur de texte lors de la mise en place du texte.*

Fixé

L’option **Fixé** est semblable à l’option **Aligner**. Par contre, AutoCAD LT demande un premier point de la ligne de texte, un second point et la hauteur du texte. AutoCAD LT utilisera donc cette hauteur, ajustant seulement la largeur du texte en l’étendant ou en le comprimant afin de le placer entre les deux points indiqués.

Remarque

*Pour les options **point de départ**, **Centre**, **Milieu** et **Droite**, un angle de rotation du texte (ne pas le confondre avec l’angle d’inclinaison des caractères) vous sera demandé. De plus, toutes les options demandent la hauteur des caractères si celle-ci n’a pas été établie (valeur par défaut) lors du chargement de la police de caractères.*

1.3 Les codes de contrôle

Le texte sur une ligne ne permet pas d'obtenir directement certains caractères particuliers. En fonction de la police utilisée, des symboles de tolérance (en mécanique), le symbole de diamètre, des surlignages et soulignements. Il ne sont pas accessibles directement. Dans ce cas, il faut utiliser les codes suivants :

Résultat	Code	Définition
$\overline{250}$	%%o	Active/désactive le surlignage.
$\underline{250}$	%%u	Active/désactive le soulignage.
60°	%%d	Insère le symbole des degrés (°).
43±0.15	%%p	Insère le symbole de tolérance positive et négative.
Ø12	%%c	Insère le symbole de diamètre.
100%	%%%	Insère le symbole de pourcentage.

Il faut noter que, dans le cas d'un soulignement par exemple, il faudra utiliser deux fois le code de contrôle %%u. L'un va activer le soulignement et l'autre va le désactiver. Pour l'exemple présenté, il faut écrire %%u250%%u.

1.4 Les codes ASCII

Certaines polices peuvent reconnaître les codes ASCII. La syntaxe devient la suivante :

```
%%codeASCII
```

1.5 Le texte sous forme de paragraphe

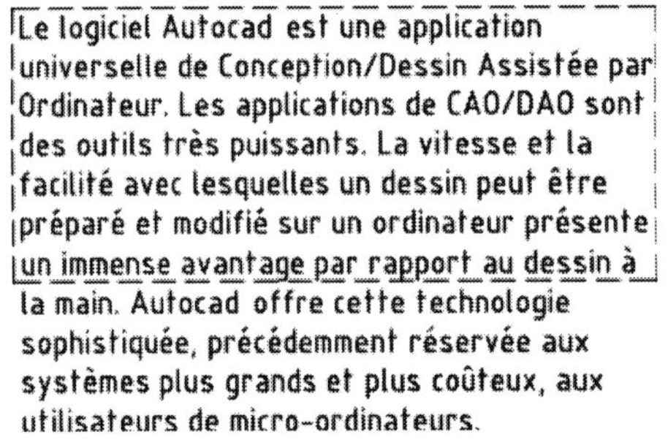

▶ Dans le groupe de fonctions **Texte** (onglet **Annoter**), cliquez sur l'icône déroulante **Texte multiligne** 

.

Le texte sous forme de paragraphe est positionné dans un cadre non imprimable. Le paragraphe s'adapte automatiquement à la largeur de ce cadre. AutoCAD LT vous demande de définir le point haut gauche du cadre, puis le coin opposé. Le texte évolue de la gauche vers la droite dans ce cadre et le premier mot prend place en haut à gauche. Le deuxième point matérialisant le cadre précise la largeur du cadre.

L'éditeur de texte s'affiche tel ci-dessous :

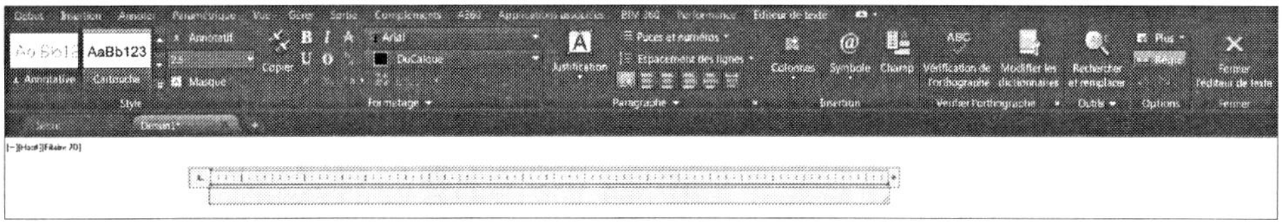

Vous pouvez saisir directement le paragraphe de texte. Il apparaît dans la zone blanche représentant le cadre sous la règle des retraits et tabulations. Il n'est pas nécessaire de taper [Entrée] pour passer à la ligne. Le texte tient naturellement compte de la largeur du cadre. L'icône déroulante **Fermer l'éditeur de texte** (groupe **Fermer**) validera la création du texte.

Remarque

Chaque pression sur la touche [Entrée] génère un nouveau paragraphe (pour lequel on peut avoir des tabulations et retraits différents).

Formatage du texte

▶ Sélectionnez la partie du texte à modifier et accédez aux options des groupes suivants :

Groupe Formatage

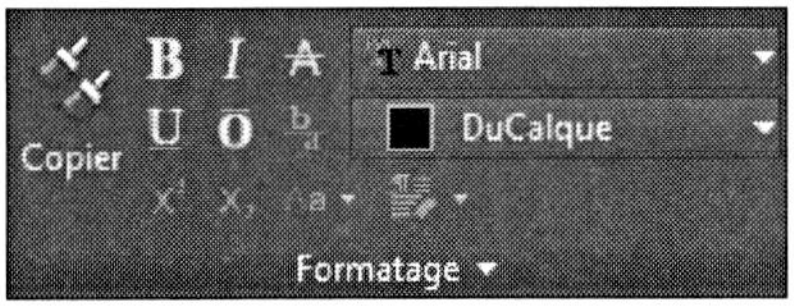

▶ Pour un changement de police, agissez sur le bouton-liste **Police** : 

.

- Pour un changement de couleur, agissez sur le bouton-liste **Couleur** : DuCalque.
- Pour obtenir un soulignement, choisissez le bouton **Souligné** U.
- Pour obtenir un surlignement, choisissez le bouton **Ligne de séparation supérieure** O.
- Pour un changement de mise en forme en **Gras** et **Italique**, choisissez les boutons **Gras** B et **Italique** I.
- Pour barrer un texte, choisssez le bouton **Barré**.
- Pour basculer le texte sélectionné en majuscules, déroulez l'icône déroulante **Changer la casse** Aa puis choisissez l'icône **MAJUSCULES** MAJUSCULES ; pour basculer le texte en minuscules, déroulez l'icône **minuscules** minuscules.
- L'icône déroulante **Effacer** Effacer permet de supprimer le formatage de caractères et/ou de paragraphes, par l'intermédiaire des options suivantes :

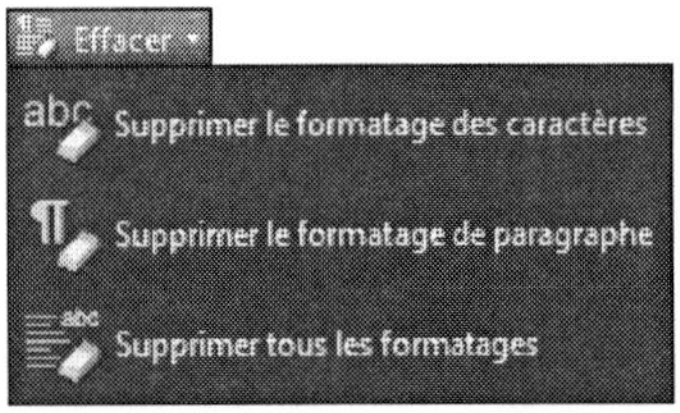

- Dans la partie déroulée du groupe de fonctions **Formatage**, accédez aux zones suivantes :

Angle oblique 0

Vous agissez sur l'inclinaison du texte sélectionné. Une valeur positive incline le texte vers la droite et une valeur négative l'incline vers la gauche. Les valeurs sont comprises entre -85 et 85.

Repérage 1

Vous augmentez ou diminuez l'espace situé entre les caractères du texte sélectionné. Une valeur inférieure à 1 diminue l'espace et une valeur supérieure à 1 l'augmente.

Facteur de largeur 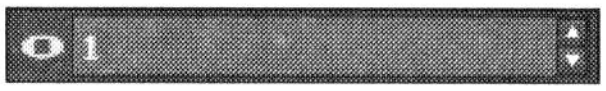

Vous augmentez ou diminuez la largeur des caractères du texte sélectionné. Une valeur de 1 constitue la largeur normale. Une valeur inférieure à 1 diminue la largeur et une valeur supérieure à 1 l'augmente.

Empiler 

Vous empilez les textes des formats de fraction ou tolérance. Vous utilisez la barre de fraction (/) pour un empilement vertical, le caractère dièse (#) pour un empilement diagonal, et l'accent circonflexe pour empiler les tolérances.

Groupe Style

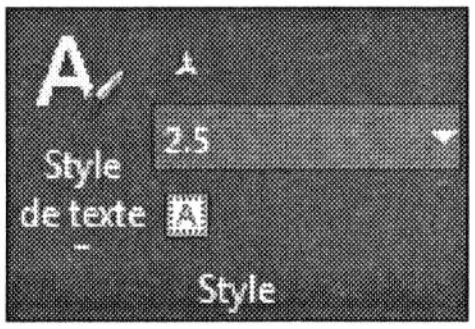

La liste des styles permet l'édition sur place, affiche le style de texte courant et permet d'attribuer au texte les paramètres de mise en forme enregistrés dans ce style (voir aussi Définition de styles de texte).

La liste **Hauteur du texte**  permet de modifier la hauteur du texte sélectionné.

▶ Pour attribuer un arrière-plan au texte multiligne, choisissez l'icône **Arrière-plan** .

Le bouton **Annotatif**  active ou désactive la propriété annotative du texte multiligne courant.

Groupe Paragraphe

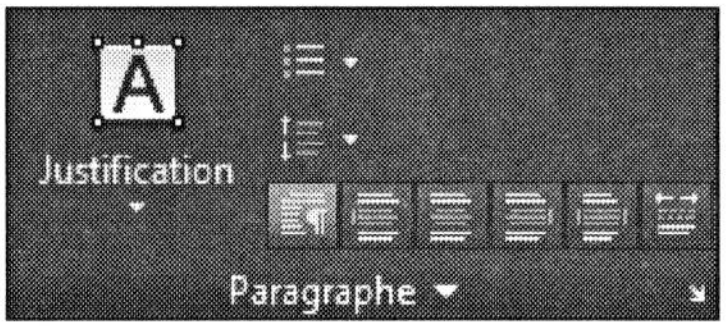

Les icônes **Gauche** , **Centre** , **Droite**  alignent les limites du paragraphe de texte à gauche, au centre ou à droite.

L'icône **Justifier** aligne les bords gauche et droit du paragraphe de texte, tandis que l'icône **Distribuer** étend les espaces entre caractères jusqu'à l'alignement des limites gauche et droit du paragraphe.

L'icône **Par défaut** permet de restaurer la mise en forme initiale.

L'icône déroulante **Espacement des lignes** définit l'espace entre les lignes du paragraphe courant ou sélectionné. La liste déroulante propose quelques choix usuels, la suppression de l'espacement entre les lignes ainsi que l'option **Suite** qui affiche la boîte de dialogue **Paragraphe** dans laquelle d'autres options sont disponibles telles que les tabulations et retraits :

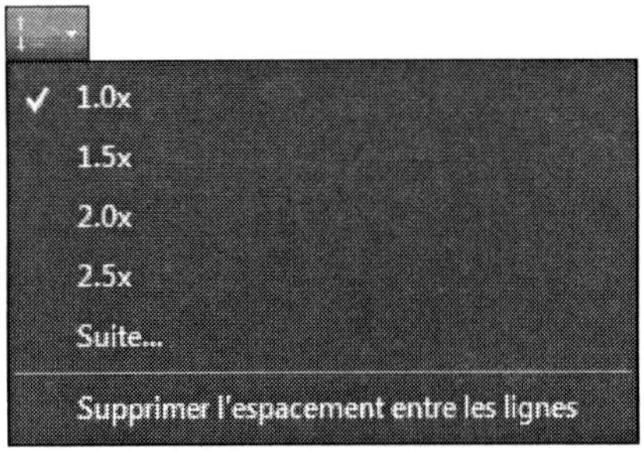

L'icône déroulante **Puces et numéro** attribue des numéros (lettres ou puces) aux paragraphes de texte sélectionnés. La liste déroulante permet la mise en place de lettres et puces. Vous accédez au menu suivant :

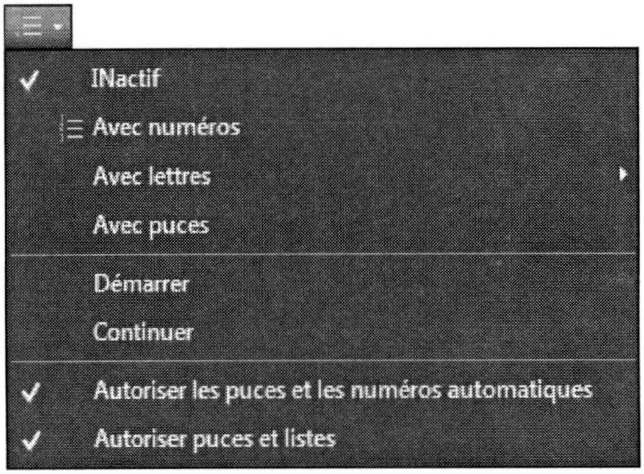

L'icône déroulante **Justification** 

définit la justification du paragraphe de texte avec les neuf possibilités de la figure ci-après. La justification par défaut est en haut à gauche. Ceci détermine le point d'insertion du texte multiligne.

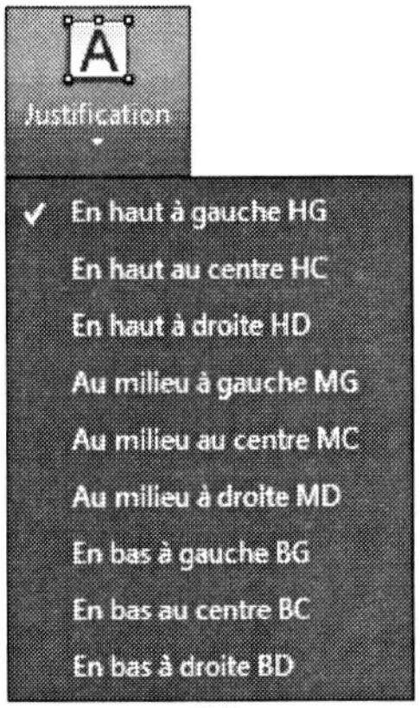

La flèche  située à l'extrême droite du groupe **Paragraphe** permet d'accéder à la boîte de dialogue **Paragraphe** qui définit les retraits de paragraphe et les retraits de première ligne, les alignements, les tabulations, l'espacement entre les lignes et les espacements entre les paragraphes.

Remarque

Les notions de retraits et tabulations sont détaillées dans ce chapitre (voir plus loin Les retraits et Les tabulations).

Groupe Insertion

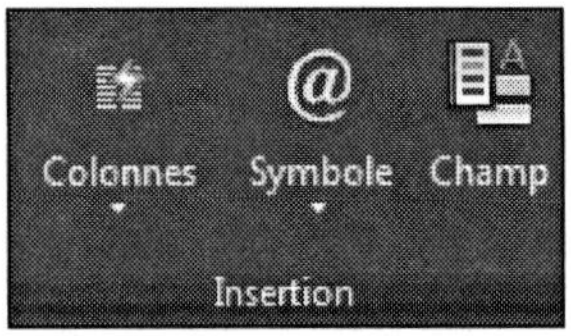

L'icône **Champ** permet d'insérer un champ automatique.

L'icône déroulante **Colonnes** permet de définir le texte multiligne sous forme de colonnes dynamiques ou statiques.

Le menu suivant est affiché :

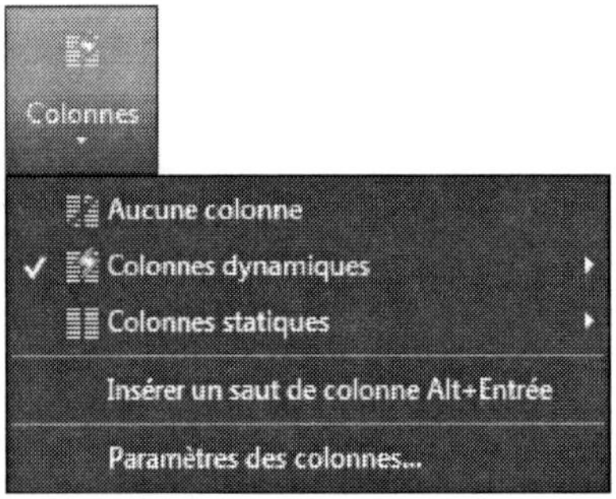

Remarque

*L'option **Paramètres des colonnes** permet de régler le type, le nombre, la hauteur et la largeur de colonnes.*

L'icône déroulante **Symbole** permet d'accéder à la liste de symboles suivante :

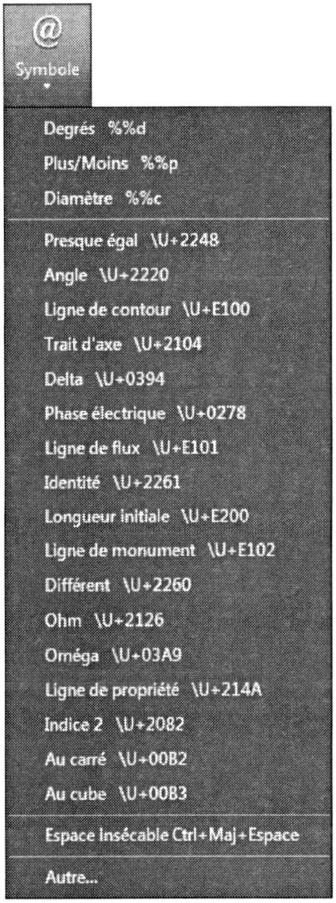

Groupe Outils

L'icône **Rechercher et remplacer** permet la recherche et le remplacement de mots ou chaînes de caractères de la manière suivante :

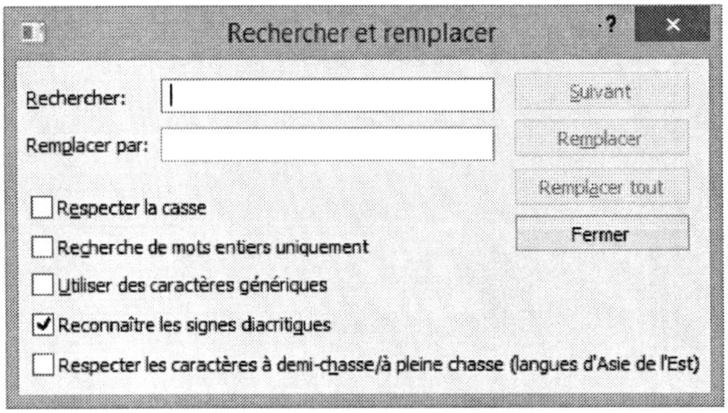

- Pour effectuer une recherche, saisissez le mot ou l'expression dans la zone **Rechercher**, puis cliquez sur **Suivant**.
- Pour effectuer un remplacement, saisissez le mot ou l'expression de remplacement dans la zone **Remplacer par**, puis choisissez **Remplacer** pour un remplacement unique ou **Remplacer tout** pour un remplacement global dans le texte multiligne.

La case à cocher **Respecter la casse** impose le respect des majuscules et minuscules dans la recherche.

La case à cocher **Recherche de mots entiers uniquement** impose la recherche du mot entier isolé.

La case à cocher **Utiliser des caractères génériques** permet l'utilisation de caractères de substitution dans la recherche tels que l'astérisque (*) pour une chaîne de caractères ou le point d'interrogation (?) pour un caractère.

La case à cocher **Reconnaître les signes diacritiques** permet la reconnaissance des caractères diacritiques issus des langues basées sur le latin.

La case à cocher **Respecter les caractères à demi-chasse/à pleine chasse** permet la reconnaissance des caractères à demi-chasse, à pleine chasse issus des langues d'Asie de l'Est.

- Déroulez le groupe pour accéder aux options suivantes :

  Importer le texte permet d'insérer un fichier texte externe (TXT ou RTF).

  MAJ Auto verrouille ou déverrouille les majuscules.

Groupe Vérifier l'orthographe

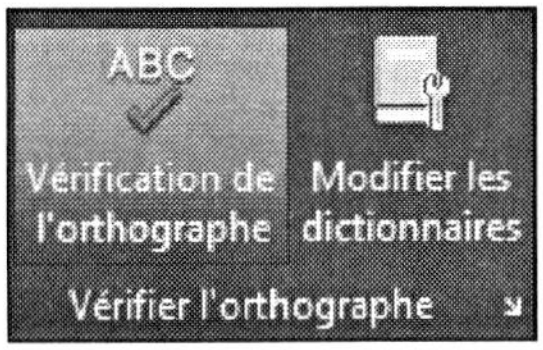

L'icône **Vérification de l'orthographe** permet une vérification d'orthographe de chaque mot du (ou des) paragraphe(s) de texte. La vérification s'appuie sur un dictionnaire (différentes langues possibles) que vous pouvez enrichir.

- La vérification de l'orthographe est activée par défaut. Lorsqu'un mot est inconnu, celui-ci est souligné d'un trait pointillé qui signifie la non-reconnaissance du mot. Effectuez un clic droit pour afficher un menu contextuel similaire à :

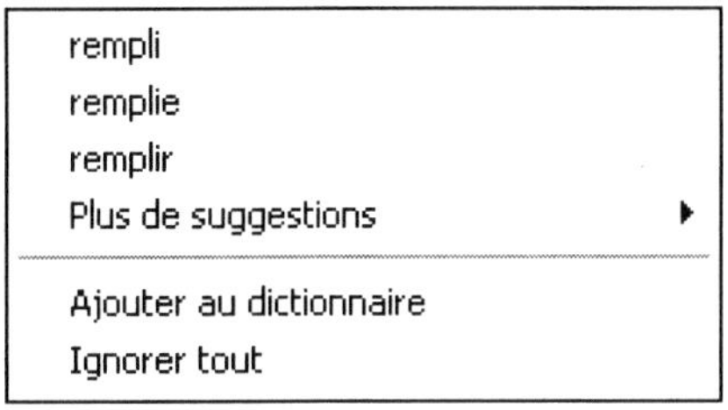

Le menu propose des suggestions dans la partie supérieure. L'option **Plus de suggestions** permet l'accès à des suggestions supplémentaires.

Ajouter au dictionnaire permet d'ajouter le mot non reconnu à la liste des mots du dictionnaire courant.

Ignorer tout permet de ne pas effectuer de modification sur ce mot non reconnu même si celui-ci est rencontré à nouveau.

L'icône **Modifier les dictionnaires** permet de changer de dictionnaire (autre langue par exemple), ou de modifier un dictionnaire existant. Vous pouvez ajouter de nouveaux mots ou en retirer dans un dictionnaire personnalisé (.cus).

- Pour accéder aux paramètres de vérification orthographique, cliquez sur la flèche  située à l'extrême droite du groupe **Vérifier l'orthographe** :

Groupe Options

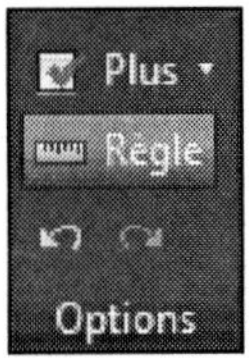

L'icône **Annuler**  permet d'annuler la dernière saisie de texte ou la dernière modification effectuée sur le texte.

L'icône **Rétablir**  permet de rétablir la dernière annulation.

L'icône déroulante **Plus**  donne accès au menu suivant :

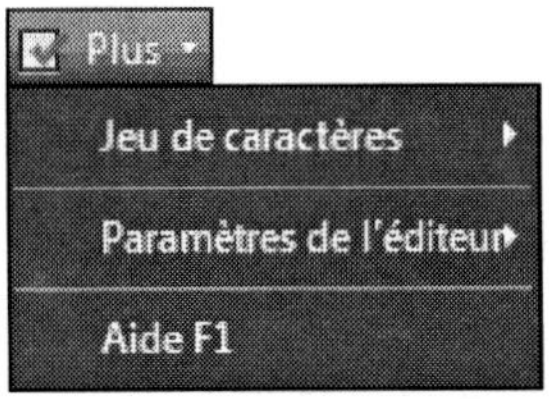

Jeu de caractères : affiche un menu de pages de codes à appliquer au texte.

Paramètres de l'éditeur : permet d'accéder aux réglages de l'éditeur de texte, tels que l'affichage de la barre d'outils **Format de texte**, la couleur de surbrillance du texte, l'affichage opaque de l'arrière-plan.

Aide F1 : donne accès aux aides et nouveautés relatives au texte multiligne.

La règle

L'icône **Règle** 

affiche ou masque la règle de l'éditeur de texte.

Voici quelques principes d'affichage de la règle ainsi que quelques explications relatives aux retraits et aux tabulations.

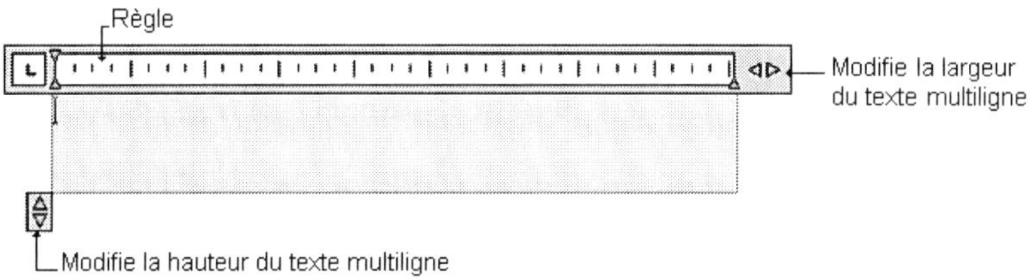

Les retraits

Les retraits définissent la valeur du décalage de gauche affecté à la première ligne (retrait de première ligne) et à l'ensemble du texte multiligne (retraits gauche et droit).

▶ Effectuez directement un cliqué-glissé depuis les indicateurs de retrait dans la règle.

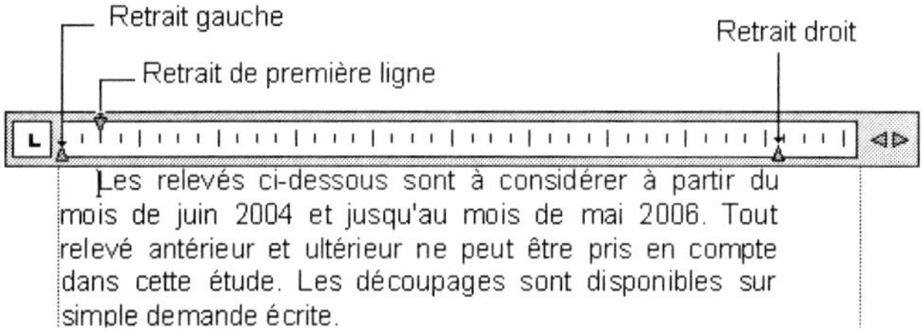

Les tabulations

Les tabulations permettent de définir des prépositionnements réguliers qui seront respectés à chaque pression sur la touche [Tab] pour le paragraphe courant.

▶ Positionnez le (ou les) taquet(s) de tabulation utilisateur en cliquant directement dans la règle.

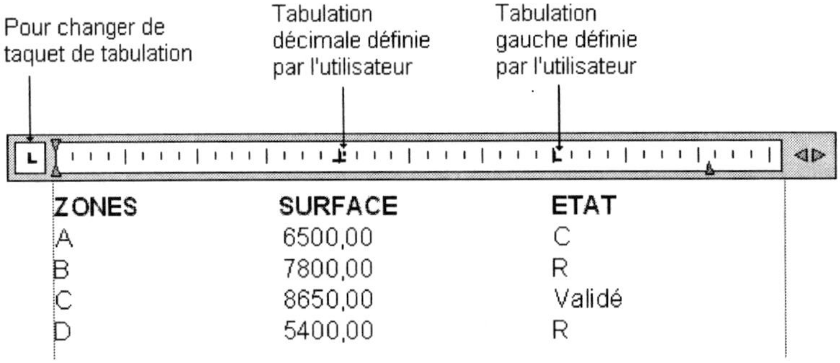

Groupe Fermer

Le bouton **Fermer l'éditeur de texte** permet de quitter l'éditeur de texte en validant les modifications de formatage de texte.

2. Définition de styles de texte

Les styles déterminent le format du texte par défaut. Différents paramètres définissent le style : l'apparence des caractères (police de caractères), la hauteur, l'angle de rotation, la justification et différents effets de compression, d'inclinaison, de renversement.... Le style par défaut est le style **Standard**, mais vous pouvez créer les styles de texte de votre convenance.

▶ Déroulez le groupe de fonctions **Annotation** (onglet **Début**), et choisissez **Style de texte** .

▶ Cliquez sur le bouton **Nouveau**. AutoCAD LT vous demande le nom du nouveau style.

Répétez l'opération si vous souhaitez créer plusieurs styles. Chaque nouveau style créé apparaît dans la liste des styles. Vous pouvez renommer ou supprimer un style de la liste.

Sélectionnez le style avant de lui affecter une police de caractères. La police définit l'aspect des caractères. Vous accédez aux polices True Type (*.ttf*), et aux polices AutoCAD (*.shx*). Notez l'accès direct aux polices Windows de type Helvetica, Times Roman, Architectural...

En fonction de la police choisie, certains aspects Gras ou Italique sont disponibles. La case à cocher **Utiliser une grande police** est disponible avec certaines polices seulement. La zone **Hauteur** peut fixer la hauteur de caractère du style de texte.

Il est souvent pratique de compresser ou élargir des textes, de les incliner ou même de les renverser. Tout cela est possible, en utilisant la rubrique **Effets**.

AutoCAD LT vous propose différents effets tels que les symétries horizontales ou verticales, ou encore la compression/extension. L'affichage est instantané dans l'aperçu.

Notez que certaines polices TrueType (*.ttf*) affichent les textes remplis.

▶ Déroulez le groupe **Annotation** pour accéder à la liste des styles existant dans le dessin courant.

La figure ci-dessous permet de visualiser les styles existants et de choisir le nouveau style courant :

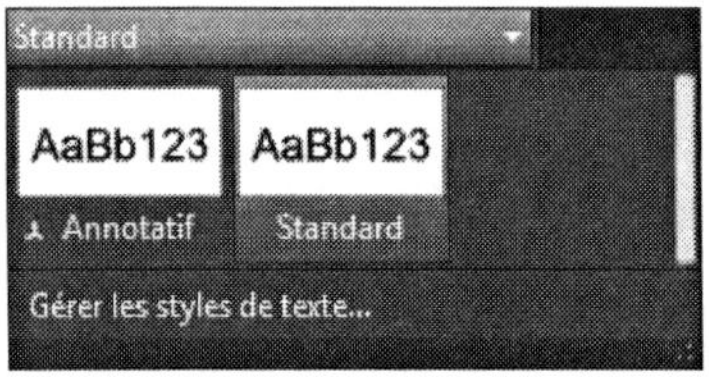

3. Le vérificateur d'orthographe

Le vérificateur d'orthographe permet de vérifier chaque mot du texte mis en place dans votre dessin. Il vérifie le texte en s'appuyant sur un dictionnaire (différentes langues possibles) que vous pouvez enrichir.

Sont pris en compte les textes sur une ligne et sous forme de paragraphes, les annotations associées aux repères de cotation, ainsi que les attributs.

▶ Déroulez le groupe de fonctions **Texte** (onglet **Annoter**) et cliquez sur l'icône **Vérifier l'orthographe** .

AutoCAD LT vous demande de choisir le texte à vérifier. La liste déroulante **Où vérifier** propose par défaut le dessin entier, mais aussi la possibilité de limiter la vérification à l'espace ou la présentation courant, ou encore de choisir **Objets sélectionnés**.

Cette dernière option est pratique car elle vous permet de limiter la vérification à une ou plusieurs parties du dessin.

▶ Cliquez sur le bouton **Démarrer** pour lancer la vérification d'orthographe.

■ Remarque

*Si au message **Choix des objets**, vous saisissez **TOUT**, l'ensemble des textes et attributs du dessin (de toutes les présentations) est pris en compte.*

L'expression vérifiée est affichée à l'écran et le mot incorrect apparaît dans la rubrique **Absent du dictionnaire**.

Une liste de suggestions (plus ou moins importante) apparaît, et le vérificateur vous propose une solution se rapprochant du mot incorrect. Si celle-ci ne vous convient pas, sélectionnez-en une autre dans la liste ou saisissez-la dans la zone de texte **Suggestions**.

Ignorer

Permet de continuer la vérification, sans faire de modifications dans l'expression affichée. Si le même mot existe ailleurs, le vérificateur fait à nouveau la même suggestion.

Ignorer tout

Permet de continuer la vérification, sans faire de modifications, ni dans l'expression affichée, ni dans une autre expression contenant le même mot. Si le même mot existe ailleurs, le vérificateur n'en tient pas compte.

Changer

Permet de remplacer le mot incorrect par la suggestion, dans l'expression affichée seulement.

Changer tout

Permet de remplacer le mot incorrect pour tous les textes sélectionnés dans le dessin. Le vérificateur ne s'arrêtera plus sur ce mot.

Ajouter

Permet d'enrichir le dictionnaire d'un terme, spécifique à votre société par exemple. Ce bouton est disponible lorsque le mot n'existe pas dans le dictionnaire courant.

Dictionnaires

Permet de changer de dictionnaire (autre langue par exemple), ou de modifier un dictionnaire existant. Vous pouvez ajouter de nouveaux mots ou en retirer dans un dictionnaire personnalisé (.cus).

Paramètres

Permet d'exclure ou d'inclure les textes de cote, attributs de blocs et références externes dans la vérification d'orthographe, ainsi que de régler quelques options telles qu'**Ignorer les majuscules**, etc.

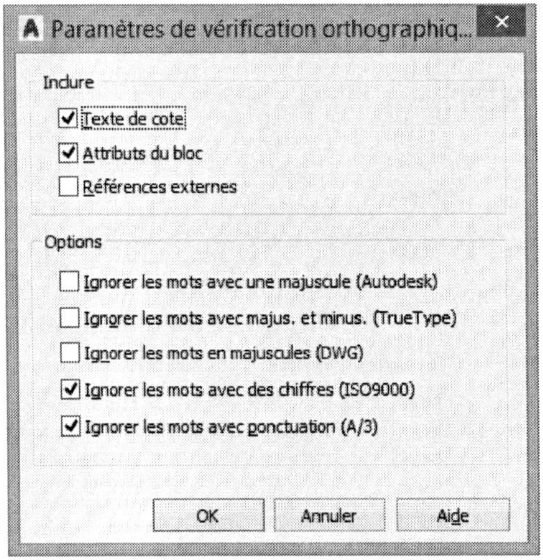

4. Recherche et remplacement

Cette technique permet une recherche et/ou un remplacement d'une chaîne de caractères dans tout le dessin, ou sur une sélection d'objets. Les objets concernés sont les textes sur une ligne, textes multilignes, valeurs d'attribut, textes de cote, hyperliens et descriptions d'hyperliens.

- Dans le groupe de fonctions **Texte** (onglet **Annoter**), saisissez la chaîne de caractères à rechercher dans la zone **Rechercher du texte** puis cliquez sur le bouton de recherche correspondant .

La fenêtre suivante est affichée :

- Saisissez si nécessaire une nouvelle chaîne de caractères à rechercher, ou accédez aux dernières recherches dans la liste déroulante **Rechercher**. Dès cet instant, les boutons **Rechercher**, **Remplacer**, **Tout remplacer** deviennent accessibles.
- Par défaut, la recherche s'effectue sur tout le dessin. Pour restreindre la recherche à une partie du dessin, cliquez sur le bouton **Choix des objets**  et saisissez les objets concernés. La sélection effectuée, la liste déroulante **Emplacement de recherche** affiche **Objets sélectionnés**.
- Cliquez sur **Rechercher**. AutoCAD LT affiche le résultat dans son contexte dans la zone **Résultats de la recherche**, et présente à l'écran la localisation des caractères recherchés dans le contexte concerné.
- La case à cocher **Répertorier les résultats** permet d'afficher les résultats de la recherche dans un tableau qui précise l'emplacement (espace objet ou présentations), le type d'objet et l'expression dans laquelle se situe le texte recherché. Le tableau résultant peut être trié par colonne. Après avoir sélectionné l'expression dans le tableau, cliquez sur le bouton **Zoom sur le résultat en surbrillance**  pour afficher à l'écran le texte sélectionné dans la liste des résultats.

  Utilisez le bouton **Créer un jeu de sélection (éléments en surbrillance)** 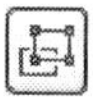 pour sélectionner le (ou les) texte(s) sélectionné(s) dans la liste des résultats (dans l'espace objet ou la même présentation). Utilisez le bouton **Créer un jeu de sélection (tous les éléments)**  pour sélectionner tous les textes contenus dans la liste des résultats (dans l'espace objet ou la même présentation).
- Si vous souhaitez un remplacement, saisissez les caractères dans la zone **Remplacer par**.
- Le bouton **Remplacer** remplace la chaîne de caractères dans le contexte affiché. Utilisez le bouton **Rechercher** pour une nouvelle recherche.

Le bouton **Tout remplacer** remplace la chaîne de caractères dans tout le dessin ou dans la sélection courante. Le bouton **Plus d'options** affiche la boîte de dialogue ci-dessous :

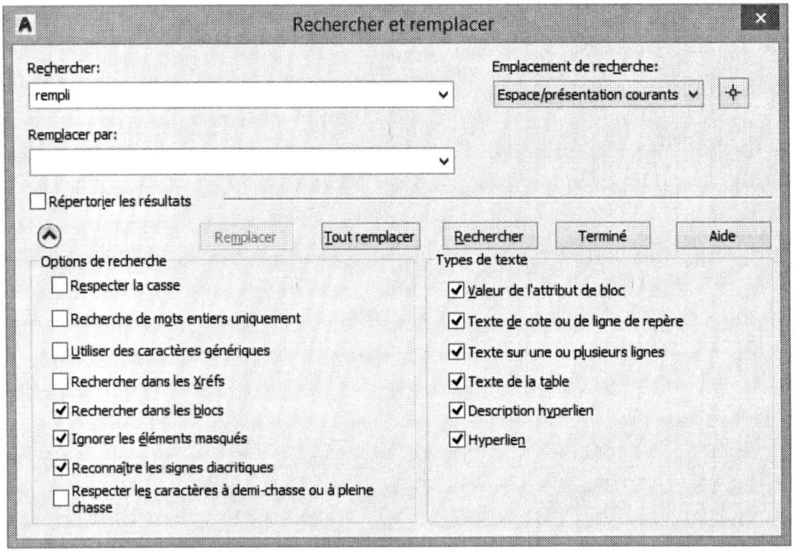

▶ Dans la rubrique **Options de recherche**, activez ou désactivez les options :

Respecter la casse

Permet de respecter les majuscules et minuscules du texte recherché.

Recherche de mots entiers uniquement

Impose la recherche de mots entiers isolés.

Utiliser des caractères génériques

Permet l'utilisation de caractères de substitution dans la recherche tels que l'astérisque (*) pour une chaîne de caractères ou le point d'interrogation (?) pour un caractère.

Rechercher dans les Xréfs

Autorise la recherche de textes appartenant aux dessins en références externes.

Rechercher dans les blocs

Autorise la recherche de textes appartenant aux blocs.

Ignorer les éléments masqués

Permet la recherche du texte situé sur les calques gelés ou désactivés, le texte situé dans les attributs de bloc créés en mode invisible, ainsi que le texte en état de visibilité situé dans les blocs dynamiques.

Reconnaître les signes diacritiques

Permet la reconnaissance des caractères diacritiques issus des langues basées sur le latin.

Respecter les caractères à demi-chasse ou à pleine chasse

Permet la reconnaissance des caractères à demi-chasse, à pleine chasse issus des langues d'Asie de l'Est.

- Dans la rubrique **Types de texte**, activez ou désactivez les types d'objets texte à considérer dans la recherche.

Valeur de l'attribut de bloc

Permet la recherche sur les valeurs d'attributs de bloc.

Texte de cote ou de ligne de repère

Permet la recherche des textes appartenant aux cotations et lignes de repère.

Texte sur une ou plusieurs lignes

Permet la recherche des objets texte sur une ligne et texte multiligne.

Texte de la table

Permet la recherche des objets texte présents dans les cellules de tableau AutoCAD LT.

Description hyperlien

Permet la recherche des objets texte présents dans les descriptions hyperlien.

Hyperlien

Permet la recherche des objets texte présents dans les URL des hyperliens.

5. Le hachurage et le remplissage de contour

AutoCAD LT dispose d'un hachurage facile d'utilisation. De plus, il bénéficie d'une prévisualisation en temps réel qui permet d'effectuer tout type de réglage avant d'affecter un hachurage définitif.

- Dans le groupe de fonctions **Dessin** (onglet **Début**), cliquez sur l'icône déroulante **Hachures** .

Le message suivant est affiché :

```
Choisissez un point interne ou [Sélectionner objets annUler paramèTres]:
```

L'option **Choisissez un point interne** permet, par défaut, de déplacer le pointeur à l'intérieur de la zone à hachurer (idéalement, cette zone doit être visible à l'écran). Vous obtenez un aperçu immédiat du motif de hachures appliqué comme sur la figure ci-dessous :

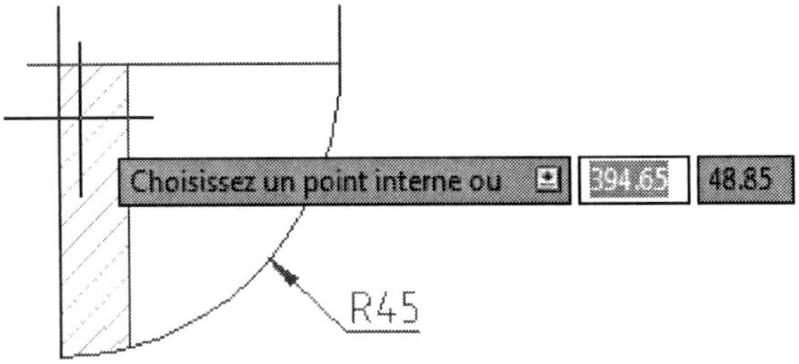

À cet instant, l'onglet contextuel **Création de hachures** affiche les groupes de fonctions **Contours**, **Motif**, **Propriétés**, **Origine** et **Options** :

Ces groupes de fonctions permettent d'accéder aux options de hachures et permettent un affichage, en temps réel, des modifications apportées au hachurage en cours. Ces options sont regroupées dans la boîte de dialogue **Hachures et gradient** détaillée ci-après (option **paramèTres**).

L'option **Sélectionner objets** permet de procéder à la sélection classique d'objets à hachurer. L'invite devient la suivante et vous pouvez utiliser le jeu de sélection habituel.

```
HACHURES Sélectionnez les objets ou [cHoisir un point interne annUler paramèTres]:
```

L'option **paramèTres** ouvre la boîte de dialogue **Hachures et gradient**, ci-dessous, qui permet l'accès à la majorité des options de hachures.

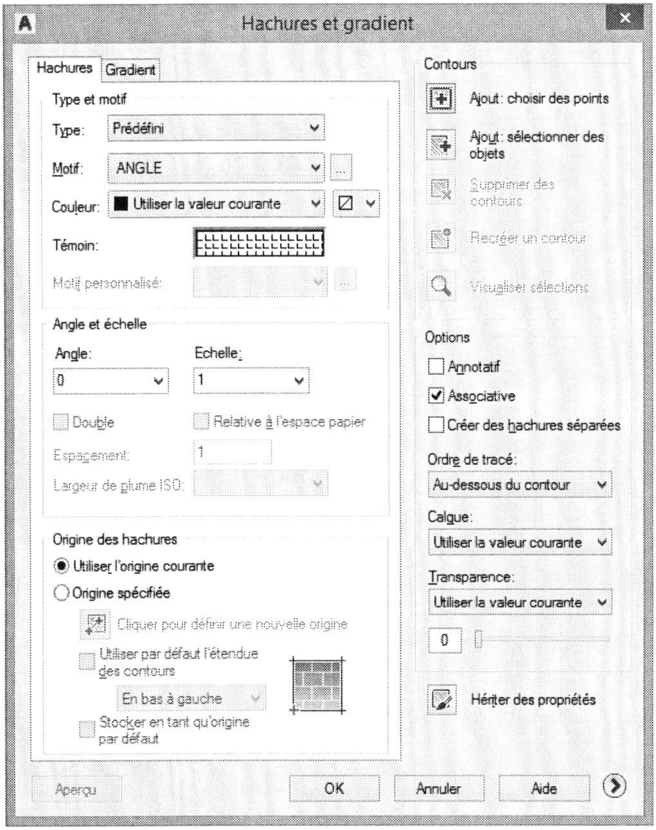

Onglet Hachures

Type : la liste déroulante propose l'accès aux motifs prédéfinis par défaut, mais aussi aux motifs définis par l'utilisateur ou personnalisés. Les motifs **prédéfinis** sont disponibles dans la palette de motifs fournie avec AutoCAD LT (cf. ci-après). Les motifs **définis par l'utilisateur** permettent la mise en place de motifs (basés sur des lignes parallèles) auxquels vous affectez un angle de rotation ainsi qu'un espacement spécifiques. La case à cocher **Double** permet le hachurage "croisé" (les lignes de hachure sont perpendiculaires). Les motifs **personnalisés** sont créés par l'utilisateur grâce à la personnalisation d'un fichier *.PAT*.

Motif : cette liste propose différents noms de motifs de hachures. L'affichage dépend de la palette choisie.

Couleur : cette liste propose d'attribuer une couleur au motif de hachures. Notez la couleur DUCALQUE associée communément au calque courant.

Témoin : affiche un aperçu du motif choisi. Cliquez sur l'aperçu ; la boîte de dialogue suivante apparaît :

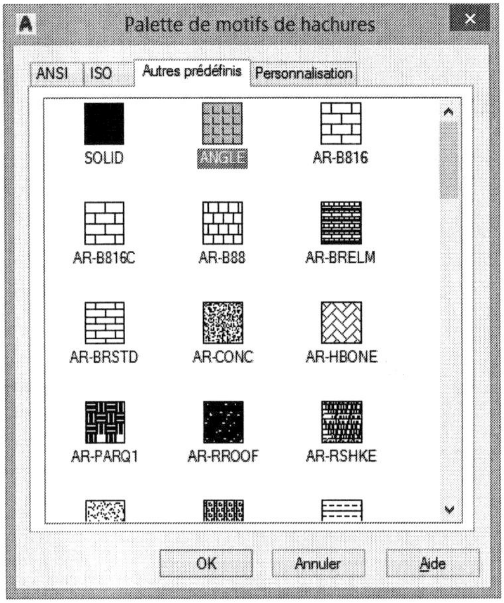

Les onglets **ANSI**, **ISO** et **Autres prédéfinis** proposent divers motifs de hachure présents dans le fichier acadltiso.pat. L'onglet **Personnalisation** permet d'accéder aux motifs personnalisés et enregistrés dans un fichier .PAT.

Motif personnalisé : option disponible si la palette **Personnalisation** est choisie. Permet l'accès aux motifs personnalisés.

Angle : permet d'incliner le motif de hachure.

Echelle : permet d'agir sur la taille d'un motif (non disponible pour le type Défini par l'utilisateur).

Relative à l'espace papier : permet d'adapter l'échelle du motif de hachure aux présentations du dessin (seulement disponible dans les présentations).

Double : valable dans le cas de motifs définis par l'utilisateur, cette option permet de dessiner un deuxième jeu de lignes placé perpendiculairement aux lignes d'origine.

Espacement : option uniquement disponible avec le type **Défini par l'utilisateur**. Correspond à l'écart entre les lignes de hachure.

Largeur de plume ISO : permet d'affecter une épaisseur de ligne aux motifs prédéfinis ISO.

Origine des hachures : à la différence du bouton radio **Utiliser l'origine courante**, le bouton radio **Origine spécifiée** permet de modifier l'origine d'un motif de hachure. Sélectionnez le bouton **Cliquer pour définir une nouvelle origine** pour préciser à la souris une nouvelle origine. La case à cocher **Utiliser par défaut l'étendue des contours** permet de calculer une nouvelle origine sur la base des contours rectangulaires de hachure. Les choix possibles sont disponibles dans la liste déroulante : **En bas à gauche**, **En bas à droite**, **En haut à gauche**, **En haut à droite**, **Centre**. La case à cocher **Stocker en tant qu'origine par défaut** permet d'enregistrer la nouvelle origine des hachures.

Ci-dessous un exemple représentatif de changement d'origine des hachures :

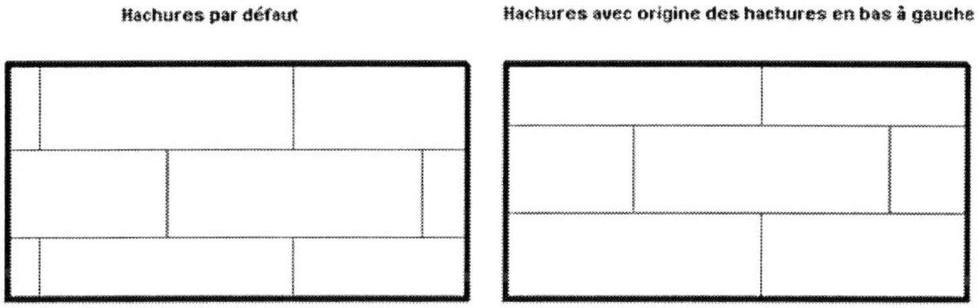

Ajout: choisir des points : ce bouton vous donne la possibilité, en un seul clic, de définir une zone fermée à hachurer. AutoCAD recherche d'abord une zone externe, puis vérifie si ce contour peut contenir d'autres zones hachurables. Vous pouvez utiliser plusieurs fois de suite ce bouton.

Ajout: sélectionner des objets : permet une sélection classique des entités à hachurer. Les jeux de sélection habituels sont autorisés.

Supprimer des contours : permet de revenir sur une sélection contenant des zones internes non désirables.

Recréer un contour : permet de constituer le contour externe au motif de hachures.

AutoCAD vous demande si vous souhaitez une polyligne ou une région. Ce nouveau contour créé sera associé ou non au motif de hachure.

Visualiser sélections : affiche en pointillés toutes les zones prises en compte pour le hachurage en cours.

Annotatif : permet de rendre les hachures annotatives. La propriété annotative automatise le processus de mise à l'échelle des hachures dans les onglets de présentation du dessin.

Associative : permet de créer un hachurage ou un remplissage dépendant ou indépendant de ses contours. Ainsi, le hachurage ou remplissage évolue ou pas avec le contour associé, dans le cas d'une modification de celui-ci. La case à cocher active **Associative** permet la modification automatique du hachurage en cas de modification des contours.

La case à cocher **Créer des hachures séparées** permet d'obtenir un motif de hachures composé de lignes et non d'un motif de hachures solidaire. Il est conseillé d'utiliser cette option seulement dans des cas exceptionnels.

Ordre de tracé : permet de donner la priorité aux hachures ou au remplissage. Ainsi, les hachures ou le remplissage peuvent être placés derrière ou devant les autres objets, derrière ou devant le contour de hachures.

Calque : permet d'attribuer les hachures et remplissage à un calque particulier. La valeur courante respecte le calque courant.

Transparence : permet d'attribuer une transparence aux hachures et remplissage. La valeur courante respecte la transparence affectée au calque courant. Spécifier la valeur permet de définir une valeur précise à saisir ; il est possible d'agir directement sur la règle située juste à côté.

Hériter des propriétés : permet de sélectionner un élément hachuré dans le dessin, pour réutiliser les mêmes paramètres de hachurage sur une autre zone du dessin.

Onglet Gradient

Cet onglet est spécifique au remplissage de contours et propose un choix de dégradés de couleurs sur la base d'une ou de deux couleurs.

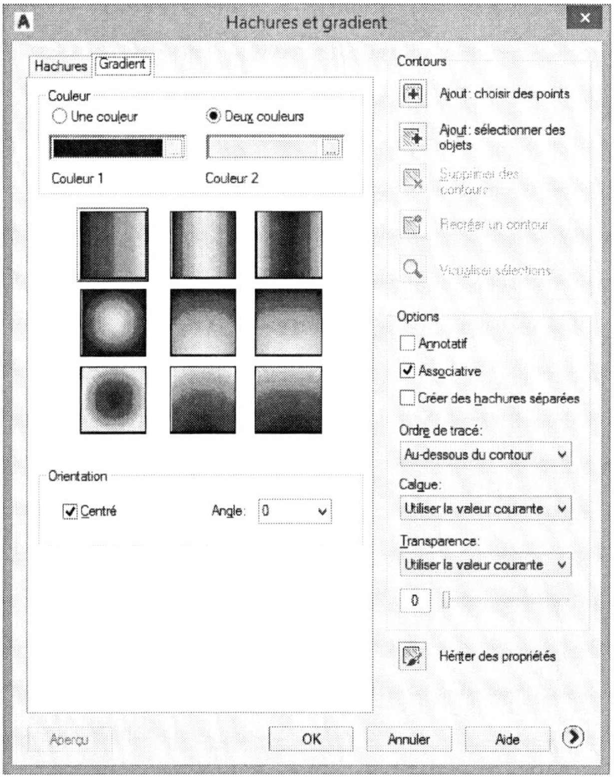

L'option **Une couleur** vous invite à choisir une couleur dans la palette de couleurs vraies, avant de procéder aux réglages d'Ombrage et Teinte, de choisir le type de dégradé, ainsi que son orientation et le centrage du motif de remplissage. Ici, la couleur choisie s'accompagnera du blanc.

L'option **Deux couleurs** vous invite à choisir deux couleurs dans la palette de couleurs vraies, avant de procéder aux réglages d'ombrage et teinte, de choisir le type de dégradé, ainsi que son orientation et le centrage du motif de remplissage.

Un double clic sur la couleur (ou un clic sur le bouton aux trois points) 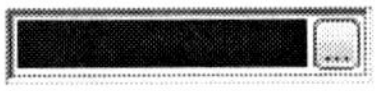 affiche la palette de couleurs suivante :

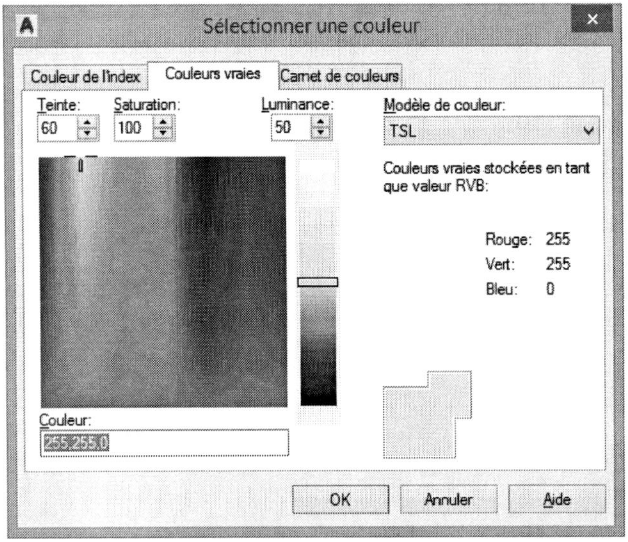

L'onglet **Couleurs vraies** vous permet de régler précisément la teinte, la saturation et la luminance avant ou après avoir choisi, à l'aide du pointeur, la nuance de couleur sur le spectre de couleurs.

L'onglet **Couleur de l'index** donne accès aux couleurs AutoCAD LT.

L'onglet **Carnet de couleurs** permet d'accéder aux carnets de couleurs tels Pantone.

Plus d'options

▶ Pour accéder aux options des hachures, cliquez sur le bouton **Plus d'options** .

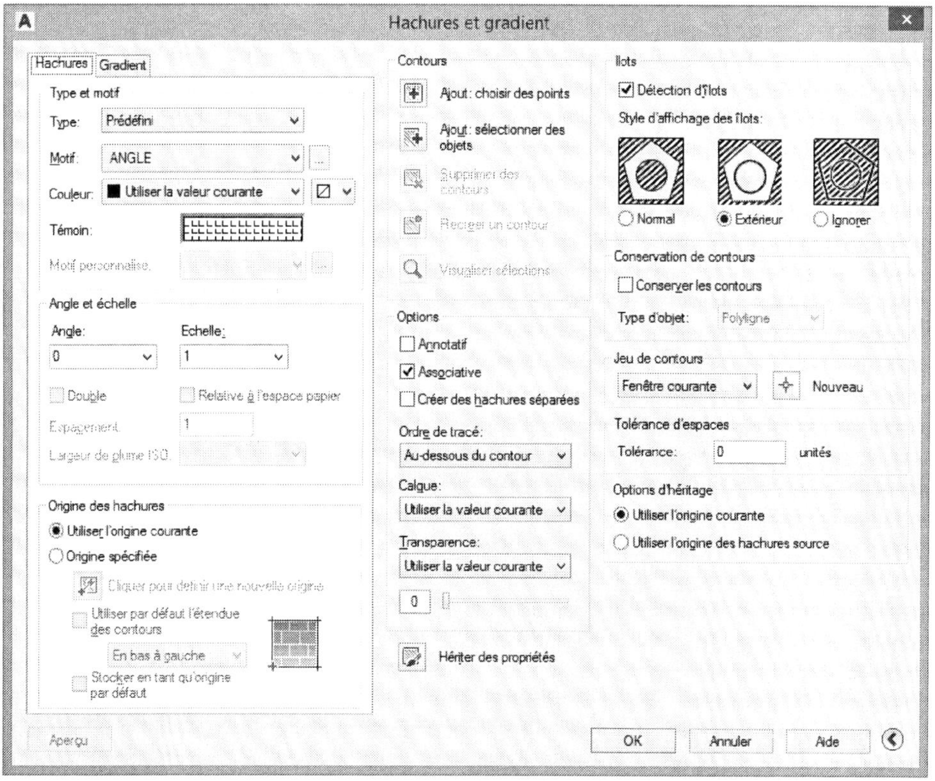

Ilots : les styles **Normal**, **Extérieur** et **Ignorer** traitent différemment les figures imbriquées les unes dans les autres et proposent trois méthodes de hachures présentées dans les aperçus.

Détection d'îlots : la détection d'îlots permet la prise en compte des contours internes.

Conservation de contours : si la case à cocher **Conserver les contours** est activée, la liste déroulante correspondante propose de conserver le contour détecté en tant que polyligne ou région.

Jeu de contours : le bouton **Nouveau** permet de limiter la recherche des contours aux objets sélectionnés ; ce qui résout certains problèmes de détection de contours. En effet, l'option par défaut **Fenêtre courante** tient compte de l'affichage courant ; et dans les dessins chargés, la détection de contours peut être très longue.

Tolérance d'espaces : détermine une valeur d'espace maximum autorisée pouvant être ignorée pour clore un contour de hachures. Ainsi, les espaces inférieurs ou égaux à cette valeur sont considérés comme fermés et peuvent constituer un contour de hachures.

Options d'héritage : lors de la création de hachures à l'aide de l'option **Hériter des propriétés**, ces paramètres contrôlent l'emplacement de l'origine des hachures (soit l'origine courante ou l'origine des hachures source).

Application de hachures par glissement

- Dans le groupe de fonctions **Palettes** (onglet **Vue**), choisissez **DesignCenter**.
- Dans l'arborescence, accédez au dossier **AutoCAD LT 2017\Support** (selon l'installation) puis sélectionnez le fichier **acadltiso.pat**. Effectuez un double clic sur le nom de ce fichier pour visualiser les motifs de hachures à disposition.

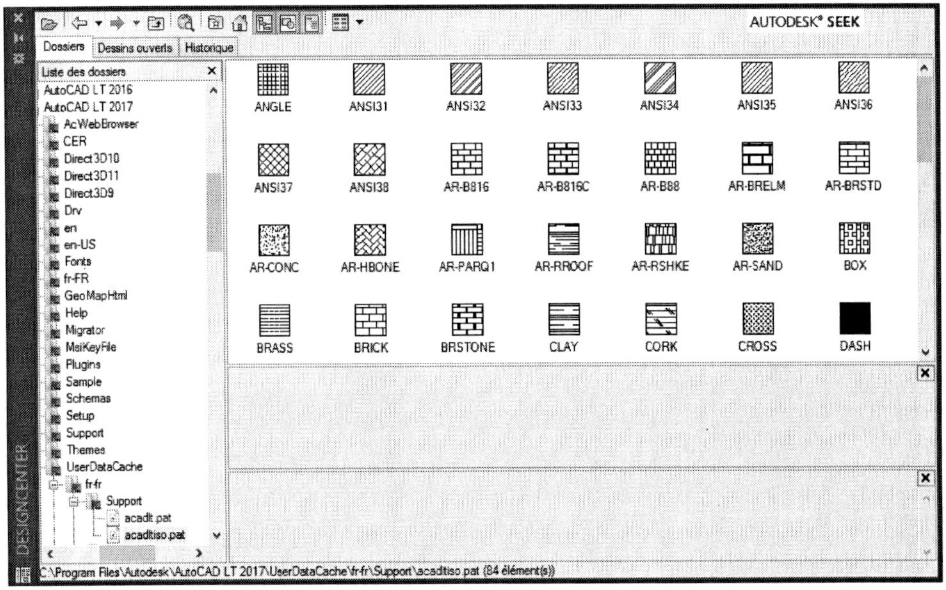

- Sélectionnez le motif de votre choix et glissez-le depuis le DesignCenter vers la zone à hachurer.

Le motif de hachures est immédiatement appliqué.

Remarque

Les palettes d'outils permettent également d'apposer des motifs de hachures personnalisés. Lorsque le motif est sélectionné, un clic droit permet son édition (Éditer les hachures). AutoCAD LT autorise l'ajustement d'une hachure comme celui des objets géométriques tels que les lignes, arcs, cercles, polylignes, ellipses, splines... La fenêtre ***Propriétés*** *liste l'ensemble des propriétés des hachures appliquées à un ou plusieurs contours, y compris l'aire (pour une zone hachurée) et les aires cumulées (pour plusieurs zones hachurées).*

6. Les traits d'axe

Les outils **Marque centrale** et **Trait d'axe** permettent de créer facilement des traits d'axe à partir de cercles et d'arcs de cercle ou à partir de polylignes parallèles ou non.

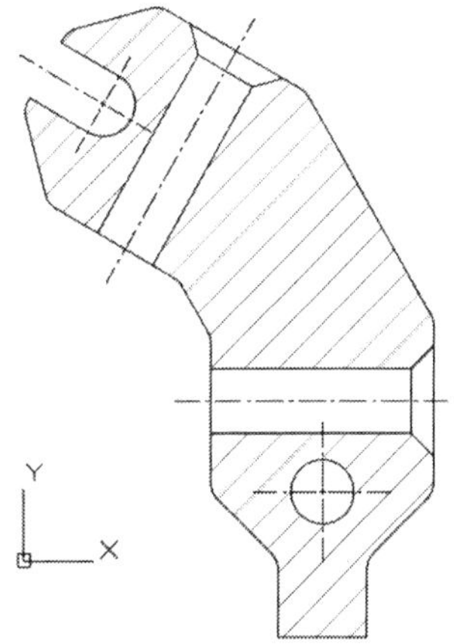

Créer une marque centrale

▶ Dans le groupe de fonctions **Traits d'axe** (onglet **Insertion**), cliquez sur l'icône **Marque centrale** 

.

La fenêtre de commande affiche le message suivant :

```
MARQUECENTRE Sélectionnez le cercle ou l'arc pour ajouter la marque de centre:
```

- Dans la zone graphique, cliquez sur un cercle ou un arc de cercle pour créer une marque centrale.

Le type de ligne CENTER2 lui est automatique attribué.

La figure ci-après affiche le résultat obtenu.

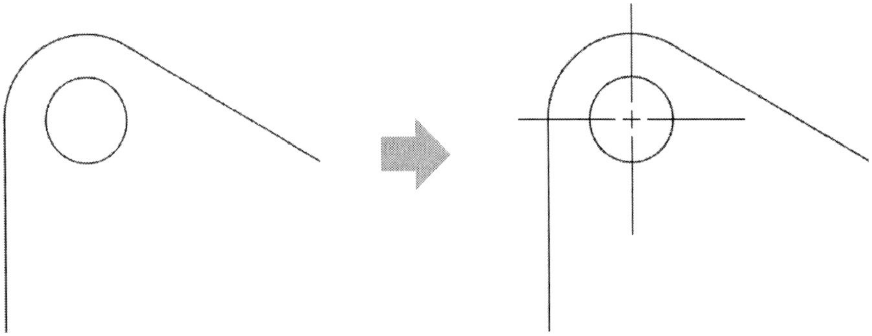

- Appuyez sur [Echap] pour quitter la fonction.

Créer un trait d'axe équidistant à partir de deux lignes parallèles

- Dans le groupe de fonctions **Traits d'axe** (onglet **Insertion**), cliquez sur l'icône **Trait d'axe** 

.

La fenêtre de commande affiche le message suivant :

`TRAITAXE Sélectionnez la première ligne:`

- Sélectionnez un premier segment (repéré A dans la figure ci-après) dans la zone graphique.

La fenêtre de commande affiche le message suivant :

`TRAITAXE Sélectionnez la seconde ligne:`

- Sélectionnez un deuxième segment (repéré B dans la figure ci-après) pour générer un trait d'axe.

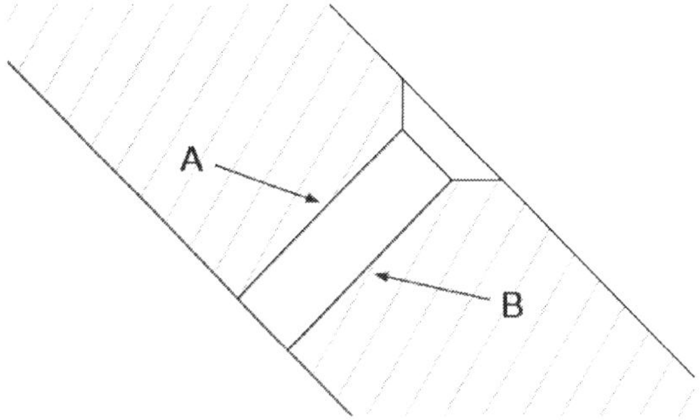

La figure ci-dessous affiche le résultat obtenu.

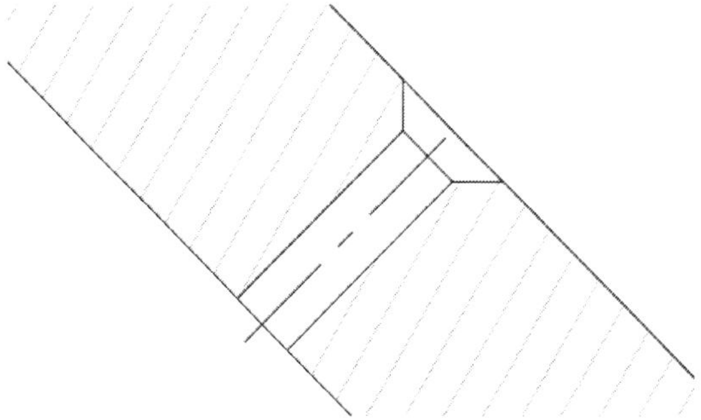

Créer une bissectrice à partir de lignes et/ou polylignes

- Dans le groupe de fonctions **Traits d'axe** (onglet **Insertion**), cliquez sur l'icône **Trait d'axe** 

.

La fenêtre de commande affiche le message suivant :

```
TRAITAXE Sélectionnez la première ligne:
```

- Sélectionnez un premier segment (repéré A dans la figure ci-après) dans la zone graphique.

La fenêtre de commande affiche le message suivant :

```
TRAITAXE Sélectionnez la seconde ligne:
```

▶ Sélectionnez un deuxième segment (repéré B dans la figure ci-dessous) pour générer un trait d'axe.

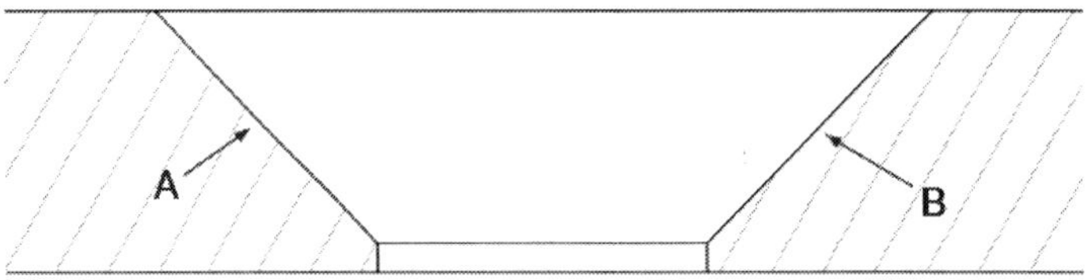

La figure ci-dessous affiche le résultat obtenu.

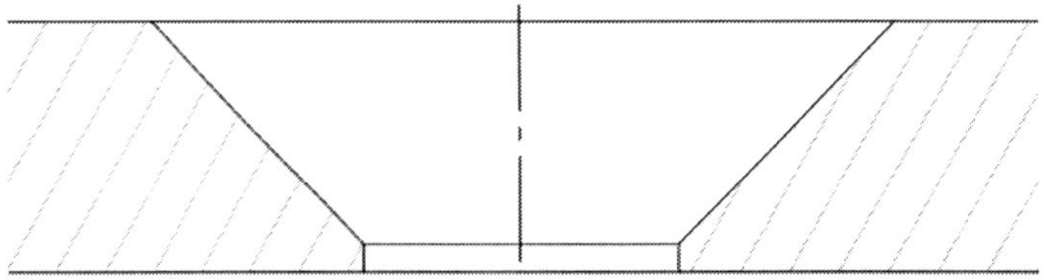

Prolonger un trait d'axe ou une marque centrale

▶ Sélectionnez la marque centrale ou le trait d'axe à prolonger pour faire apparaître les poignées de contrôle.

▶ Cliquez sur la poignée de contrôle de l'extrémité à prolonger (en forme de flèche).

▶ Déplacez le curseur et cliquez pour redéfinir la longueur du trait d'axe.

La figure ci-dessous affiche le résultat obtenu.

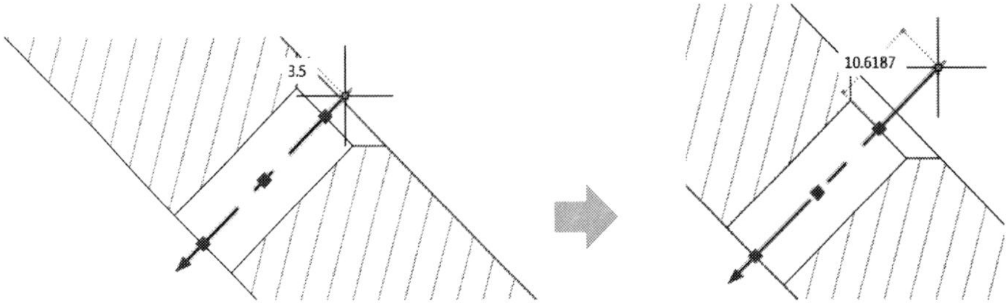

7. La cotation

La cotation est un élément prépondérant dans un dessin technique. Elle permet de décrire et de dimensionner précisément un dessin ou une partie du dessin. Elle est indispensable pour la fabrication ou la construction.

Des normes existent et permettent une "relative" standardisation des cotations. En effet, différentes présentations de cotation sont possibles. AutoCAD LT vous permet de présenter de nombreux aspects de cotation. La cotation est associative et donc évolue avec les changements de géométrie.

7.1 Création de cotation

AutoCAD LT propose huit catégories majeures de cotation situées dans le groupe de fonctions **Cotes** (onglet **Annoter**) :

Permet des cotations horizontales, verticales ou selon une orientation à préciser.

Permet une cotation linéaire respectant l'inclinaison d'un segment.

Permet une cotation angulaire précisée par deux lignes ou un arc de cercle.

Permet de créer une cote de la longueur d'un arc.

Permet une cotation radiale d'un cercle ou d'un arc.

Permet une cotation de diamètre d'un cercle ou d'un arc.

Permet des cotations radiales raccourcies lorsque le centre d'un cercle et d'un arc se situe en dehors du dessin. Le centre peut alors être défini à un autre emplacement, par exemple sur un axe.

Permet la cotation d'un point selon l'axe des abscisses ou des ordonnées (X et Y).

Voici les éléments composant une cotation :

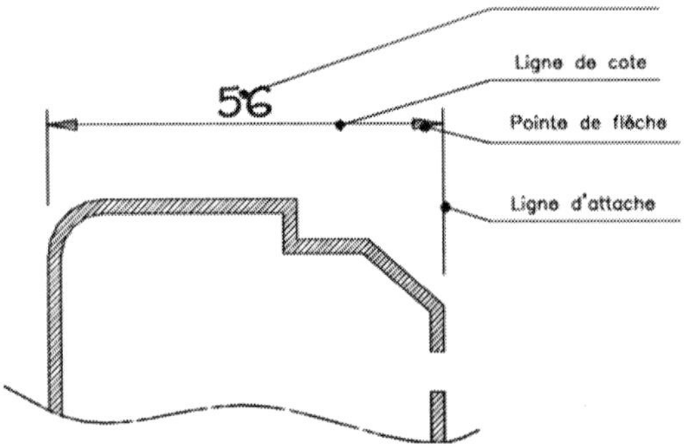

Le **texte de cote** peut se positionner sur la ligne de cote ou au milieu. Vous pouvez aussi le disposer à gauche, au centre ou à droite sur la ligne de cote ou la ligne d'attache.

La **ligne de cote** peut s'orienter horizontalement, verticalement ou selon un angle donné. La ligne de cote prend son départ sur une ligne d'attache et se termine sur la deuxième ligne d'attache.

Les **pointes de flèches** se situent à chaque extrémité de la ligne de cote. Vous choisissez entre des points, des barres ou des flèches personnalisées.

Les **lignes d'attache** prennent leur départ à proximité des objets à coter et dépassent la ligne de cote d'une distance fixée par l'utilisateur. Le départ depuis l'objet coté est aussi réglable. Elles peuvent être visibles ou invisibles.

Prenons un exemple de création de cote linéaire :

▶ Dans le groupe de fonctions **Cotes**, cliquez sur l'icône déroulante **Linéaire**.

Le message suivant apparaît :

```
COTLIN Indiquez le premier point d'origine de la ligne d'attache ou <sélectionnez un objet>:
```

▶ Précisez l'origine de la première ligne d'attache, AutoCAD vous demande ensuite :

```
COTLIN Indiquez le second point d'origine de la ligne d'attache:
```

▶ Précisez l'origine de la deuxième ligne d'attache. Avec cette méthode, vous pouvez coter une ligne fictive (deux points).

▶ Si l'objet entier est à coter, appuyez sur [Entrée]. Sélectionnez l'objet, puis l'affichage suivant apparaît :

```
COTLIN [textMult TExte Angle Horizontale Verticale rOtation]:
```

AutoCAD LT attend une position généralement donnée à la souris. Mais en bougeant le pointeur de la souris, vous remarquez une cotation intuitive. En fait, si les lignes d'attache prennent leur départ sur une ligne oblique (ni horizontale ni verticale), un déplacement horizontal de la souris propose une cotation verticale, et un déplacement vertical donne une cotation horizontale.

▶ Positionnez la ligne de cote.

AutoCAD LT quitte la commande.

C'est donc avant de positionner la ligne de cote que vous pouvez forcer un texte différent (options **TExte** ou **TextMult**), orienter le texte de cotation (option **Angle**), imposer une cotation horizontale ou verticale, ou encore orienter l'angle de la ligne de cote (option **Rotation**).

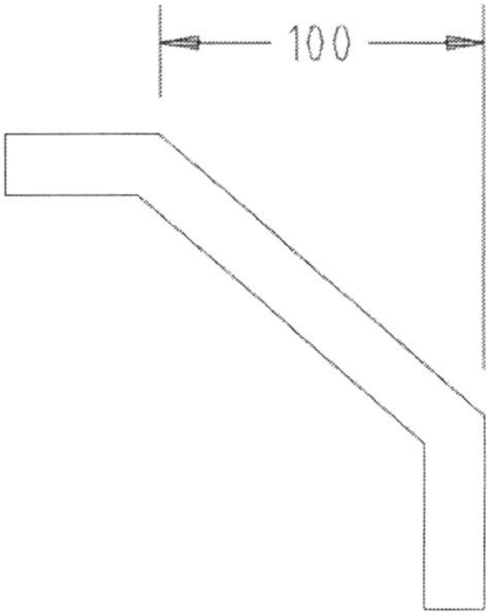

AutoCAD LT offre des cotations complétant intelligemment les cotations précédentes.

▶ Dans le groupe de fonctions **Cotes** (onglet **Annoter**), sélectionnez le bouton-liste ci-dessous pour accéder aux cotes **Continuer** et **Ligne de base**.

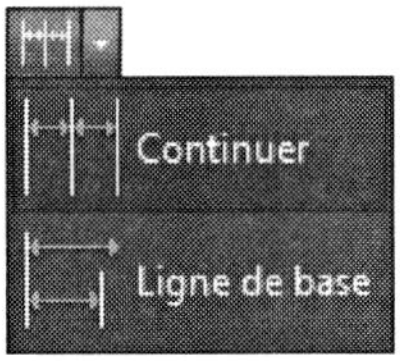

: permet à partir de la cotation précédente (linéaire, angulaire ou d'ordonnées) de créer plusieurs cotations s'appuyant sur la même ligne de base.

: permet à partir de la cotation précédente (linéaire, angulaire ou d'ordonnées) de créer plusieurs cotations successives s'appuyant à chaque fois sur la dernière ligne d'attache.

▶ Déroulez le groupe de fonctions **Cotes** et sélectionnez les boutons suivants :

Tolérance  : permet le positionnement de tolérances géométriques. Demande un symbole et une valeur de tolérance puis une ou plusieurs références associées.

Marque centrale  : positionne une petite croix ou des axes au centre de cercles ou d'arcs.

AutoCAD LT offre une cotation automatique particulièrement productive avec la cotation rapide.

▶ Dans le groupe de fonctions **Cotes**, sélectionnez l'icône **Rapide** 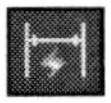 :

Cette commande permet de générer automatiquement un grand nombre de cotations linéaires, de rayon ou de diamètre. À partir d'une sélection multiple, AutoCAD LT positionne des séries de cotes (décalées, continues...). Un menu contextuel permet de préciser la présentation et le type de cotation voulu, de modifier la sélection...

Prenons quelques exemples de cotation rapide :

Exemple 1

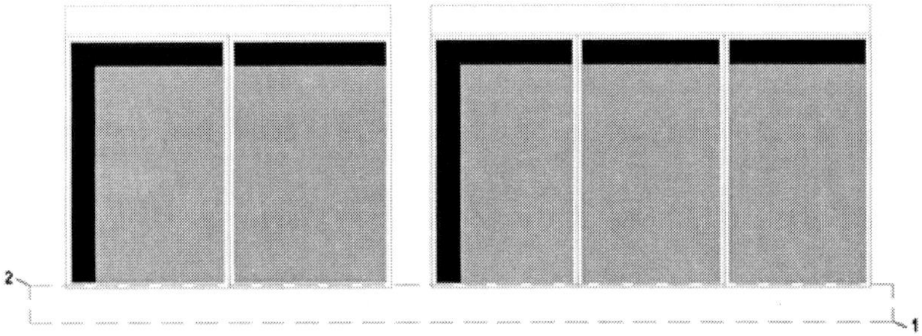

▶ Choisissez l'icône **Rapide**, puis sélectionnez la partie inférieure grâce à une capture comme sur la figure ci-dessus. Validez la sélection par [Entrée].

▶ Dans la ligne de commandes ci-dessus, choisissez l'une des options (**Continue**, **Lignebase** ou **DEcalée**).

▶ Positionnez l'ensemble des cotes à l'aide d'un simple clic.

L'exemple ci-dessous est obtenu avec l'option **Continue**.

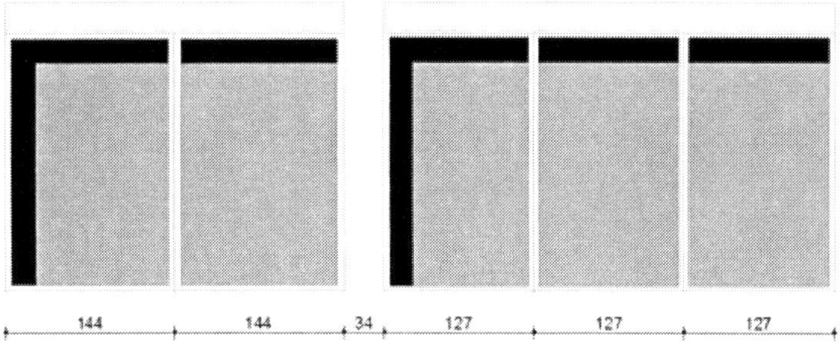

Voici le détail des options de cotation automatique :

Continue : positionne les cotes linéaires bout à bout.

DEcalée : fixe une cotation linéaire centrale, puis décale les différentes cotes linéaires l'une après l'autre.

Lignebase : génère plusieurs cotes linéaires s'appuyant sur la même ligne de base.

Superposées : place l'ensemble des cotes selon les abscisses ou les ordonnées.

Rayon : fixe un ensemble de cotes radiales (uniquement sur des arcs et cercles).

DIamètre : fixe un ensemble de cotes de diamètre (uniquement sur des arcs et cercles).

Pointréférence : permet, notamment pour les cotes Ligne de base, de fixer la base de référence. Il est possible de le changer à tout moment.

Modif : permet de supprimer dans une sélection multiple des points indésirables, ou de changer la présentation ou le type de cotes déjà positionnées.

Exemple 2

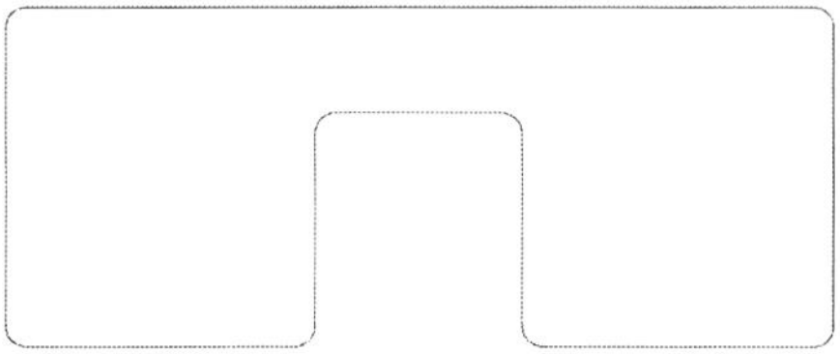

- Choisissez le bouton **Cotation rapide**, puis sélectionnez toute la géométrie. Validez la sélection par [Entrée].
- Choisissez l'option **Rayon**.

Toutes les cotes radiales sont positionnées comme dans la figure suivante :

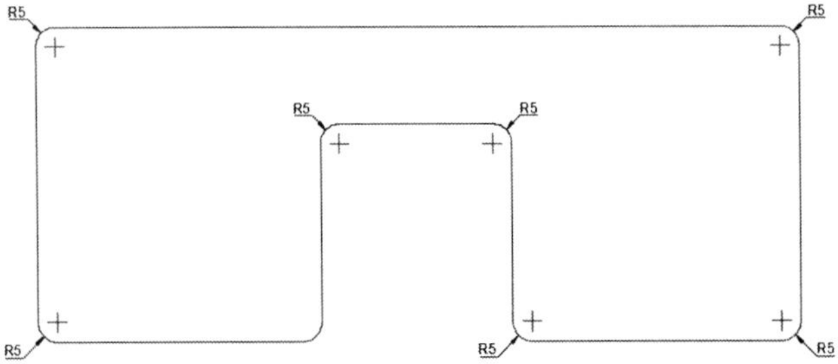

Remarque

Bien qu'elle soit bien plus intéressante sur un ensemble d'objets à coter, la cotation rapide fonctionne très bien sur des objets seuls (toujours pour les cotations linéaire, radiale et de diamètre). L'icône ***Rapide*** *permet aussi la modification rapide de cotations multiples.*

AutoCAD LT permet une réelle associativité des cotes aux objets ou points référents. Un simple déplacement ou une modification de la géométrie de référence impose un changement de la valeur du texte de cote.

L'outil **Cote** 

permet la mise en place automatisée du type de cote approprié en fonction de la sélection ou des points spécifiés.

La création des types de cote suivants est ainsi possible avec la même fonction : cotes linéaires verticales, horizontales, alignées et pivotées, cotes angulaires, cotes de rayon, de diamètre, de rayon raccourci et de longueur d'arc, ainsi que cotes de ligne de base et cotes continues.

▶ Dans le groupe de fonctions **Cotes** (onglet **Annoter**), cliquez sur l'icône **Cote** 

.

Les options suivantes sont affichées :

```
COT Sélectionnez les objets ou spécifiez le premier point d'origine de la ligne d'attache ou [Angulaire ligneBase Continuer Superposée aliGner Distribuer
calque annUler]:
```

Sélectionner les objets : permet la sélection automatique d'un type de cote applicable à l'objet sélectionné, puis affiche les options disponibles pour ce type de cote.

Les cotes suivantes sont ainsi créées : linéaires, angulaires, de rayon, de diamètre.

Spécifier le premier point d'origine de la ligne d'attache : permet la création d'une cote linéaire à partir de deux points.

Angulaire : permet la création d'une cote angulaire à partir de deux lignes ou de trois points.

LigneBase : permet la création d'une cote linéaire, d'une cote angulaire ou de cotes superposées à partir de la première ligne d'attache de la cote précédente ou à partir de la ligne d'attache sélectionnée.

Continuer : permet la création d'une cote linéaire, d'une cote angulaire ou de cotes superposées à partir de la deuxième ligne d'attache de la cote précédente ou à partir d'une cote sélectionnée.

Superposée : permet la création de cotes superposées.

aliGner : permet d'aligner plusieurs cotes linéaires parallèles, cotes angulaires concentriques ou cotes superposées à partir d'une cote de base sélectionnée.

Distribuer : permet de spécifier la méthode de distribution d'un groupe de cotes superposées ou linaires isolées.

caLque : permet d'associer les nouvelles cotes au calque spécifié.

annUler : permet d'annuler la dernière opération de cote.

7.2 Modification de cotation

AutoCAD LT permet de modifier les cotations existantes. Vous pouvez déplacer et réorienter le texte de cote, incliner les lignes d'attache, modifier ou remplacer le texte de cote.

Modifier l'inclinaison des lignes d'attache

- Déroulez le groupe de fonctions **Cotes** et cliquez sur l'outil **Oblique** .
- Sélectionnez la ou les cotes dont vous voulez modifier l'inclinaison des lignes d'attache, et validez par [Entrée].

Les options suivantes sont affichées :

```
▾ COTEDIT Entrez l'angle d'inclinaison (appuyez sur ENTREE pour aucun):
```

La figure ci-dessous présente des cotes dont l'inclinaison des lignes d'attache a été fixée à 80°.

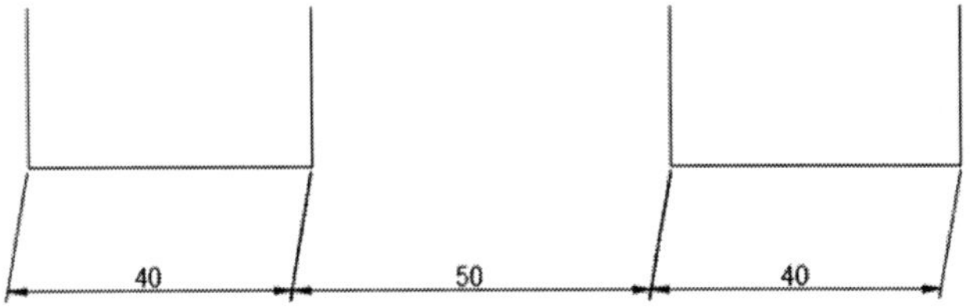

Modifier la position du texte

▶ Déroulez le groupe de fonctions **Cotes** (onglet **Annoter**) et agissez sur les icônes suivantes pour modifier la position du texte :

Justifier à gauche 

Place le texte de cote à proximité de la ligne d'attache gauche.

Centrer 

Place le texte de cote au milieu de la ligne de cote.

Justifier à droite 

Place le texte de cote à proximité de la ligne d'attache droite.

Angle du texte 

Permet d'orienter le texte de cote.

■ Remarque

Une évolution dynamique permet de placer manuellement le texte de cote.

Modifier le texte de cote

Dans le groupe de fonctions **Palettes** (onglet **Vue**), cliquez sur l'icône **Propriétés**.

AutoCAD LT vous invite à sélectionner une ou plusieurs cotations :

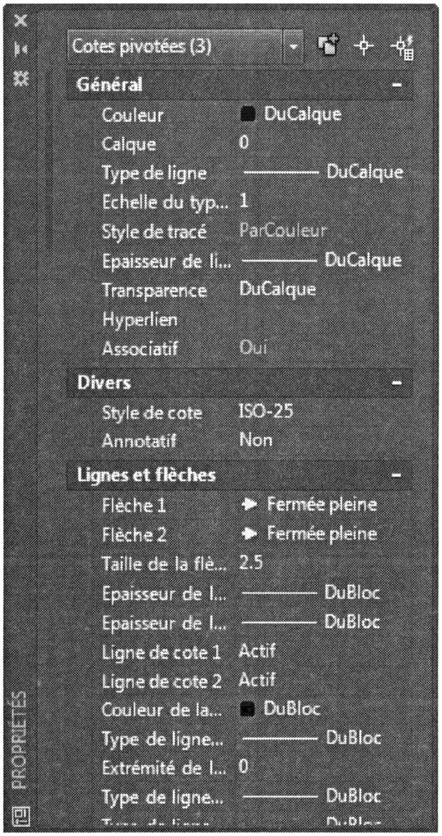

Vous avez ici accès à toutes les modifications possibles sur votre cotation. Vous pouvez changer les propriétés générales mais aussi changer de style de cote, ou modifier la géométrie, le format et le type d'annotation (voir Les styles de cotes).

Si vous souhaitez seulement modifier le contenu du texte de cote, affichez la rubrique **Texte**.

Dans la zone **Remplacement du texte** (zone vide), vous pouvez forcer un texte de cote. Attention, un texte de cote forcé n'est plus associé à la géométrie de l'objet coté.

Si vous réaffectez une valeur vierge dans cette zone de texte **Remplacement du texte**, vous retrouvez un texte de cote associatif.

Remarque

Sélectionnez une cote et constatez que le menu contextuel permet d'agir sur le positionnement du texte de cote, la précision du texte de cote, ainsi que le style de cote.

Aligner et espacer des cotes linéaires et angulaires

- Dans le groupe de fonctions **Cotes** (onglet **Annoter**), cliquez sur l'icône **Ajuster l'espacement** .

Le message suivant est affiché :

```
Sélectionnez la cote de base:
```

- Sélectionnez la cote de référence.

Le message suivant est affiché :

```
Sélectionnez les cotes à espacer:
```

- Sélectionnez les cotes linéaires ou angulaires à espacer, puis validez par [Entrée].
- Saisissez une valeur pour espacer, de façon égale, les cotes sélectionnées de la cote de base.
  Une valeur de 0 aligne les cotes sélectionnées.

La valeur par défaut **Auto** respecte un valeur d'espacement calculée automatiquement en fonction de la hauteur de texte de cote (2 fois la hauteur de texte).

Couper des cotes

AutoCAD LT permet de couper des cotes et d'autres objets géométriques pour faciliter l'affichage et la lecture d'une ou plusieurs cotes.

- Dans le groupe de fonctions **Cotes** (onglet **Annoter**), cliquez sur l'icône **Coupure** .

Le message suivant est affiché :

```
Sélectionnez une cote pour ajouter ou supprimer une coupure ou [Multiple]
```

- Sélectionnez la cote de référence. L'option **Multiple** permet de sélectionner plusieurs cotes.

Le message suivant est alors affiché :

```
Sélectionnez l'objet auquel appliquer la coupure de cote ou [Auto Manuel Restaurer] <Auto>:
```

- Sélectionnez l'objet à couper.

L'option par défaut **Auto** permet de procéder à une coupure automatique à chaque intersection de l'objet avec la cote. Par exemple, plusieurs segments d'une même polyligne croisant une cote peuvent être coupés.

L'option **Manuel** permet à l'utilisateur de définir les points de coupe.

L'option **Restaurer** permet de restaurer l'affichage des objets dans leur intégralité, c'est-à-dire sans coupure.

Remarque

La coupure est associative, c'est-à-dire que lorsque la cote ou l'objet est déplacé, la coupure est actualisée.

Ajouter ou supprimer des informations d'inspection

- Dans le groupe de fonctions **Cotes** (onglet **Annoter**), cliquez sur l'icône **Inspecter** 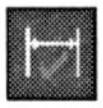.

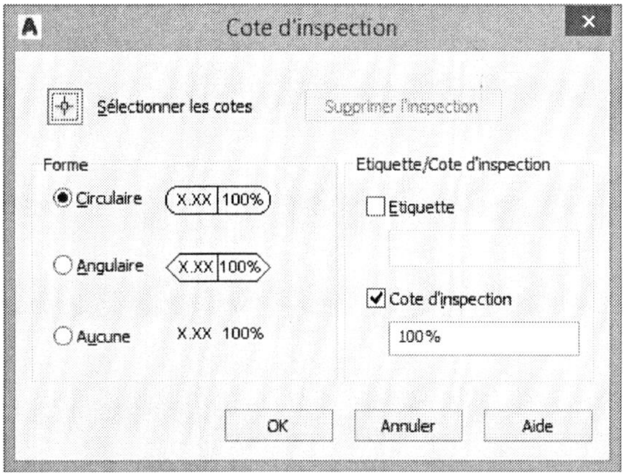

- Utilisez la rubrique **Forme** pour définir l'aspect du cadre (circulaire, angulaire ou sans cadre).
- Utilisez la rubrique **Etiquette/Cote d'inspection** pour définir l'aspect de la cote d'inspection.

  L'étiquette définit un texte qui sera placé après le texte de cote.

  Le pourcentage **Cote d'inspection** définit la fréquence d'inspection.
- Cliquez sur le bouton **Sélectionner les cotes** pour procéder à la sélection des objets auxquels sera attribuée la coté d'inspection.

▶ Confirmez par **OK** pour valider la cote d'inspection.

Appliquer une ligne raccourcie

AutoCAD permet d'appliquer ou de supprimer un raccourcissement à une cote linéaire ou alignée, comme dans la figure ci-dessous :

▶ Dans le groupe de fonctions **Cotes**, cliquez sur l'icône **Ligne raccourcie** .

Le message suivant est alors affiché :

```
Sélectionnez une cote à laquelle ajouter un raccourcissement ou [Supprimer]:
```

▶ Sélectionnez la cote à laquelle appliquer le raccourcissement.

Puis le message suivant est affiché :

```
Indiquez la position du raccourcissement (ou appuyez sur ENTREE):
```

▶ Spécifiez l'emplacement du symbole de raccourcissement.

7.3 Mise à jour d'un groupe de cotations

Grâce aux styles de cote, une mise à jour des cotations est automatique. Vous pouvez cependant vouloir changer le style de cote de plusieurs cotations existantes.

▶ Dans le groupe de fonctions **Cotes**, cliquez sur l'outil **Mettre à jour** .

Après la sélection, toutes les cotations sélectionnées adoptent les caractéristiques du style de cotation courant.

7.4 Associativité des cotes

AutoCAD permet une réelle associativité des cotes aux objets ou points référents. Un simple déplacement ou une modification de la géométrie de référence impose un changement de la valeur du texte de cote.

▶ Dans le menu déroulant **Outils**, choisissez **Options**.

▶ Dans la boîte de dialogue **Options**, activez l'onglet **Préférences utilisateur**.

▶ Activez ou désactivez la case à cocher **Rendre associatives les nouvelles cotes** dans la rubrique **Cotation associative**.

Remarque

L'associativité est affectée aux nouvelles cotes du dessin courant, mais ne modifie pas l'associativité des cotes déjà existantes (cf. section suivante : Rendre associatives un groupe de cotes non associatives).

Rendre associatives un groupe de cotes non associatives

Il est possible d'activer l'associativité de cotes déjà existantes. Pour cela, et pour assurer une juste associativité, il faut confirmer pour chaque cotation les points de référence.

- Déroulez le groupe de fonctions **Cotes** (onglet **Annoter**) et choisissez l'icône **Réassocier** .

AutoCAD affiche alors :

```
COTREASSOCIER Sélectionnez les objets ou [Dissociées]:
```

- Sélectionnez les cotes à rendre associatives et validezpar [Entrée].

Chaque cote non associative est affichée en pointillés et une marque apparaît au niveau d'un des points de définition de la cote. AutoCAD affiche :

```
COTREASSOCIER Indiquez l'origine de la première ligne d'attache ou [Sélectionnez un objet] <suivant>:
```

À l'aide de la souris, et pour rendre chaque cote associative, il est impératif de préciser tous les points de référence. Pour une cote linéaire, par exemple, vous devez cliquer sur deux points.

AutoCAD passe en revue tous les points de référence des cotes sélectionnées, à rendre associatives, et quitte la commande.

Remarque

À l'inverse, il est possible de désactiver l'associativité d'une cote à l'aide de la commande au clavier COTDISSOCIER.

Régénération des cotes associatives

Bien que le positionnement des cotes associatives soit automatique, une mise à jour manuelle peut être nécessaire dans les cas suivants :

- Après un panoramique ou un zoom avec une souris à roulette dans une fenêtre de présentation, et si la cotation associative est créée en présentation (en dehors de la fenêtre de présentation).
- À l'ouverture d'un fichier modifié avec une version précédente d'AutoCAD.

– À l'ouverture d'un fichier possédant des références externes dont la géométrie a été modifiée.

▶ Dans le menu **Affichage**, choisissez **Régénérer tout**.

7.5 Modifications à l'aide des poignées multifonctionnelles

▶ Après avoir sélectionné une cotation, déplacez le pointeur sur une poignée de modification pour afficher le menu contextuel associé (cf. les deux exemples ci-dessous). Le menu contextuel varie selon le type de cotation et selon la poignée concernée.

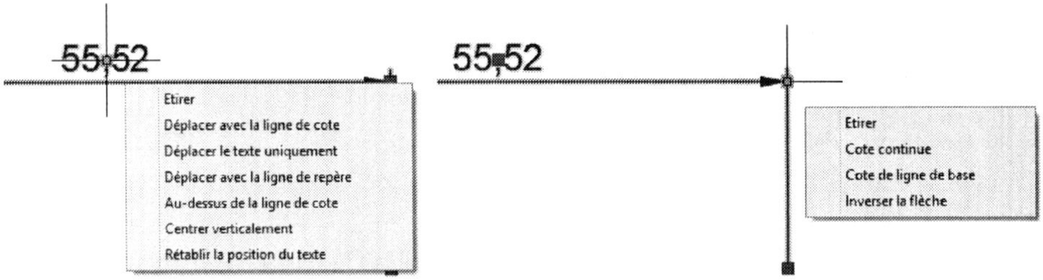

▶ Cliquez sur la fonction affichée dans le menu contextuel pour exécuter la commande.

Dans l'exemple de droite, l'option **Inverser la flèche** modifie le sens de la flèche droite comme le présente la figure ci-dessous.

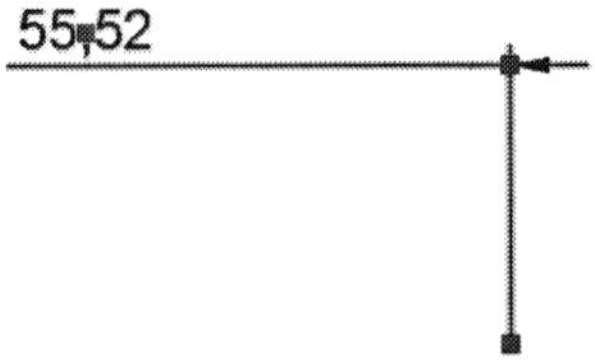

L'option **Cote continue** permet de créer plusieurs cotations successives s'appuyant à chaque fois sur la dernière ligne d'attache.

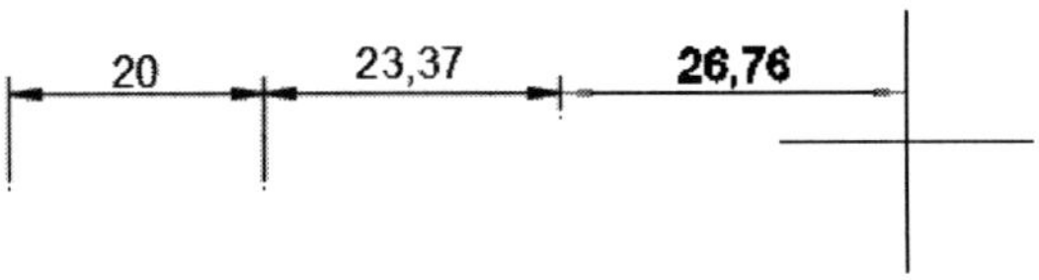

8. Les styles de cote

Un jeu de variables de cotation définit la manière dont sont dessinées les cotations. Ces variables sont des sélecteurs actif/inactif, distances, angles, entiers, chaînes de texte...

Vous pouvez agir sur ces variables et enregistrer différents aspects ou styles de cotation. Le gabarit *acadiso.dwt* contient un style de cote (ISO - 25) respectant la norme ISO.

Dans le groupe de fonctions **Cotes** (onglet **Annoter**), la liste déroulante 

contient les styles de cote disponibles dans le dessin. Déroulez cette liste pour choisir le style de cote courant.

Vous pouvez créer, modifier et restaurer différents styles de cote dans un dessin.

▶ Déroulez le groupe de fonctions **Annotation** (onglet **Début**), et choisissez l'icône **Style de cotes** .

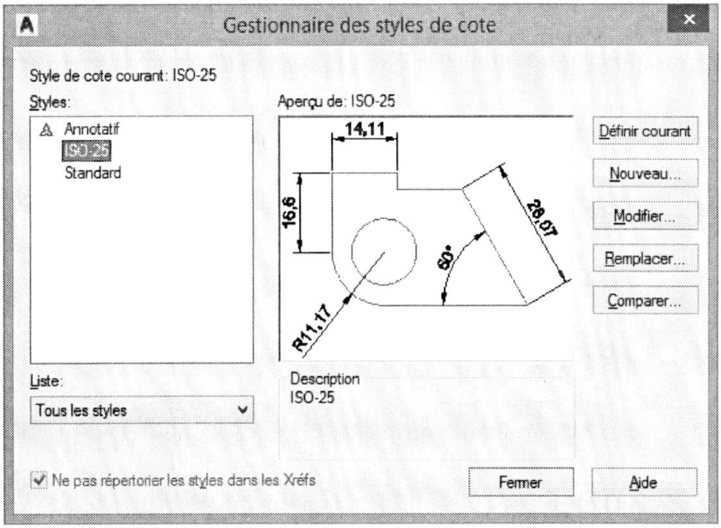

Vous pouvez agir sur plusieurs variables concernant la ligne de cote, les lignes d'attache, les pointes de flèches, la position et le format du texte, l'échelle et la couleur. Tous ces paramètres seront enregistrés dans le style nommé dans la zone **Styles**.

Chaque bon utilisateur utilise plusieurs styles de cote, pour éviter les réglages permanents.

Notez que l'aperçu respecte le style sélectionné et affiche de façon réaliste l'aspect des cotations.

Liste agit sur l'affichage de la zone **Styles**. Cette liste déroulante propose l'affichage de tous les styles disponibles dans le dessin, ou uniquement des styles utilisés dans le dessin.

8.1 Création d'un style de cote

▶ Dans le **Gestionnaire des styles de cote**, choisissez le bouton **Nouveau**.

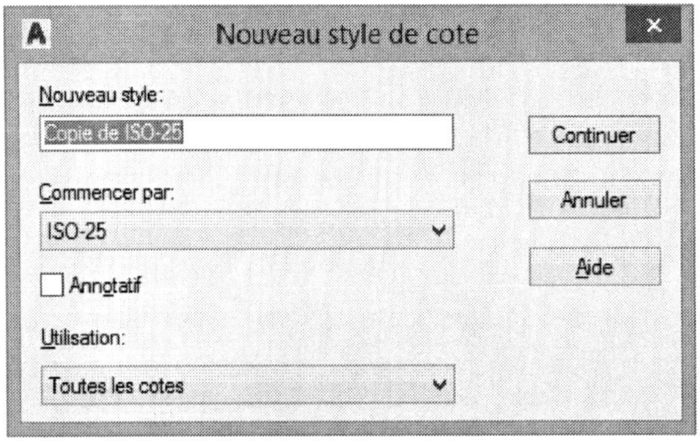

▶ Tapez le nouveau nom dans la zone de texte **Nouveau style**.

Le nouveau style s'inspirant toujours d'un précédent style, choisissez dans la liste **Commencer par** le style de référence.

La liste **Utilisation** peut préciser sur quel type de cote spécifique vous souhaitez apporter des modifications. La valeur par défaut (**Toutes les cotes**) entraîne la création d'un style de cote “uniforme” quel que soit le type de cote.

La case à cocher **Annotatif** permet d'activer la propriété annotative permettant d'automatiser le processus de mise à l'échelle des cotations dans les présentations.

▶ Confirmez par **Continuer**.

▶ Dans la boîte de dialogue **Nouveau style de cote**, passez d'un onglet à un autre pour attribuer au nouveau style les spécificités nécessaires (voir le détail des onglets ci-après).

▶ Confirmez par **OK** pour valider les modifications puis cliquez sur le bouton **Fermer**.

Le nouveau style créé devient le style courant.

Onglet Lignes

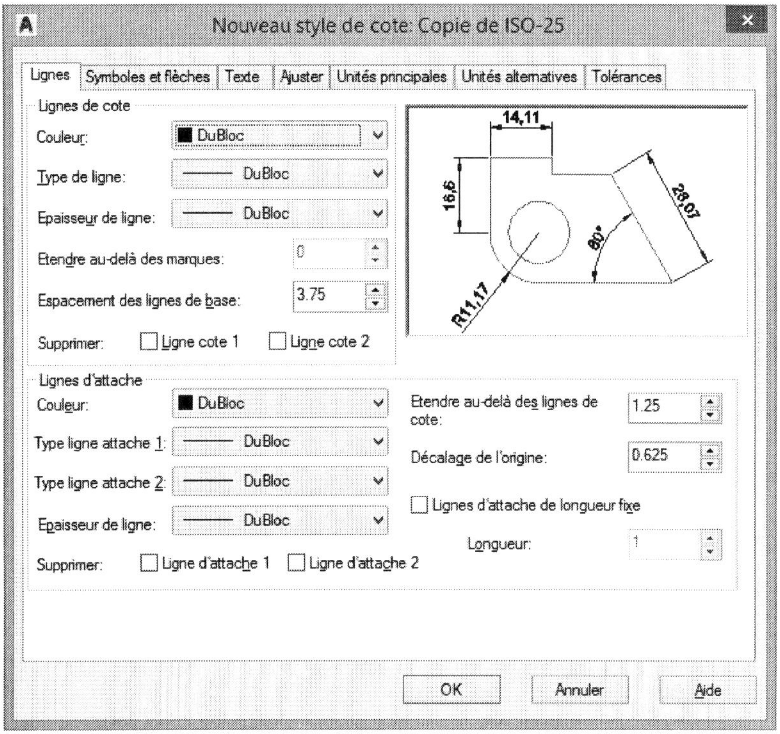

Lignes de cote

Couleur

Affecte la couleur de la ligne de cote et des pointes de flèche uniquement.

Type de ligne

Permet de modifier le type de ligne des lignes de cote.

Epaisseur de ligne

Peut modifier l'épaisseur de la ligne de cote.

Etendre au-delà des marques

La valeur par défaut est fixée à zéro. Cette valeur est accessible uniquement si la pointe de flèche **Oblique** est choisie. Elle permet un prolongement de la ligne de cote au-delà de la ligne d'attache.

Espacement des lignes de base

Cette valeur fixe l'écart entre les lignes de cote pour les cotations de ligne de base.

Supprimer

Les cases à cocher **Ligne cote 1** et **Ligne cote 2** sont désactivées par défaut, et permettent l'affichage des deux lignes de cote lorsque celles-ci dépassent les lignes d'attache. Si cela est gênant, vous pouvez cocher l'une de ces cases pour supprimer la ligne de cote et la pointe de flèche.

Lignes d'attache

Couleur

Affecte la couleur des lignes d'attache uniquement.

Type ligne attache 1

Définit le type de la première ligne d'attache.

Type ligne attache 2

Définit le type de la seconde ligne d'attache.

Epaisseur de ligne

Peut modifier l'épaisseur de lignes d'attache.

Supprimer

Les cases à cocher **Ligne d'attache 1** et **Ligne d'attache 2** permettent de supprimer l'une ou l'autre des lignes d'attache. Si les deux cases sont cochées, les lignes d'attache ne sont pas affichées.

Etendre au-delà des lignes de cote

Cette valeur détermine la longueur de la ligne d'attache qui dépasse la ligne de cote.

Décalage de l'origine

La valeur précisée correspond à la distance de la ligne d'attache depuis le point d'origine précisé (ou l'objet).

Lignes d'attache de longueur fixe

Active la longueur fixe des lignes d'attache. La zone de texte **Longueur** définit la longueur totale des lignes d'attache entre la ligne de cote et l'origine de la cote.

Onglet Symboles et flèches

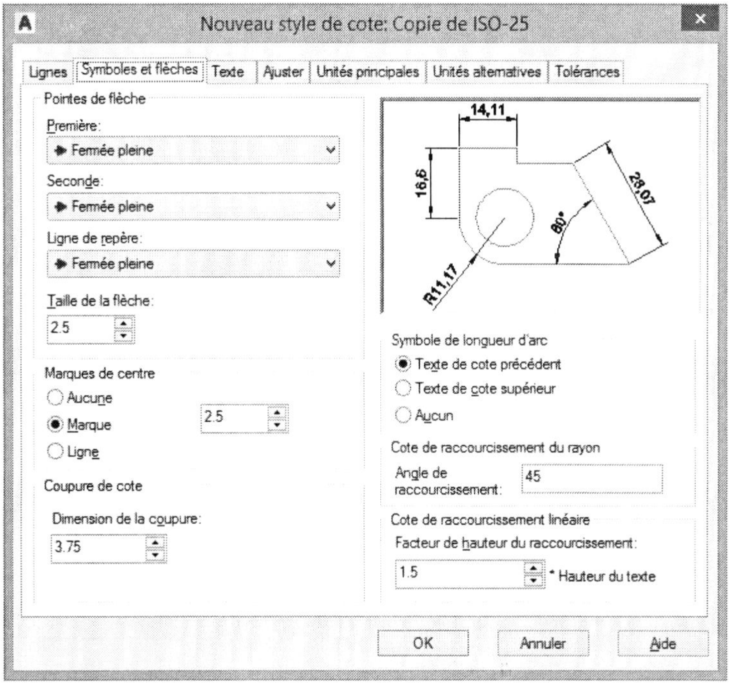

Pointes de flèche

Première et Seconde

Permet de choisir un type de flèches parmi une liste prédéfinie. Vous pouvez également choisir une pointe personnalisée en choisissant **Flèche utilisateur**. AutoCAD LT vous demande de sélectionner le bloc défini dans le dessin correspondant à la flèche à utiliser.

Ligne de repère

Définit la pointe de flèche de la ligne de repère (cotation repère rapide).

Taille de la flèche

Définit la taille des pointes de flèche.

Marques de centre

Les choix **Aucune**, **Marque** et **Ligne** permettent d'afficher une marque ou des lignes au centre des arcs et des cercles. Réglez la taille de marque de centre dans la zone **Taille**.

Coupure de cote

Dimension de la coupure

Permet de définir la taille de l'écart utilisée pour la coupure de cote.

Symbole de longueur d'arc

Texte de cote précédent

Fait précéder le symbole de longueur d'arc avant le texte de cote.

Texte de cote supérieur

Place le symbole de longueur d'arc au-dessus du texte de cote.

Aucun

Supprime l'affichage du symbole de longueur d'arc.

Cote de raccourcissement du rayon

Angle de raccourcissement

Détermine l'angle de la ligne transversale qui relie les lignes d'attache et de cote d'une cote radiale. L'exemple ci-dessous respecte un angle de 30 :

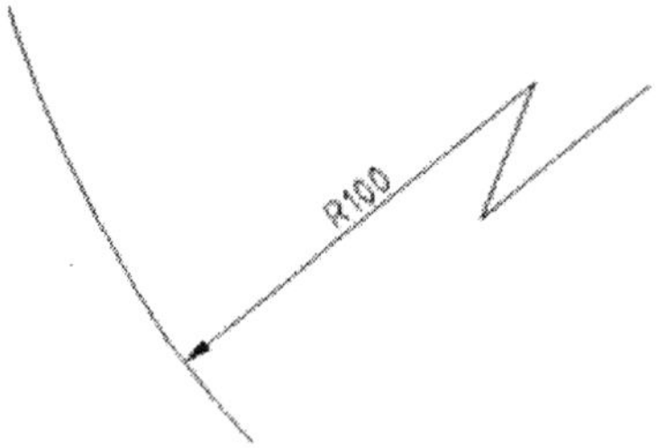

Cote de raccourcissement linéaire

Facteur de hauteur du raccourcissement

Permet de définir la hauteur séparant les deux sommets de ligne brisée de raccourcissement linéaire. Il s'agit d'un facteur d'échelle en rapport avec la hauteur du texte de cote.

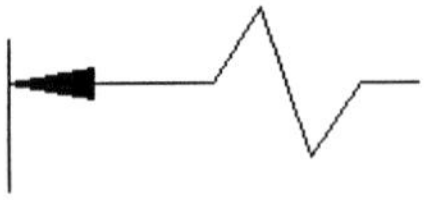

Onglet Texte

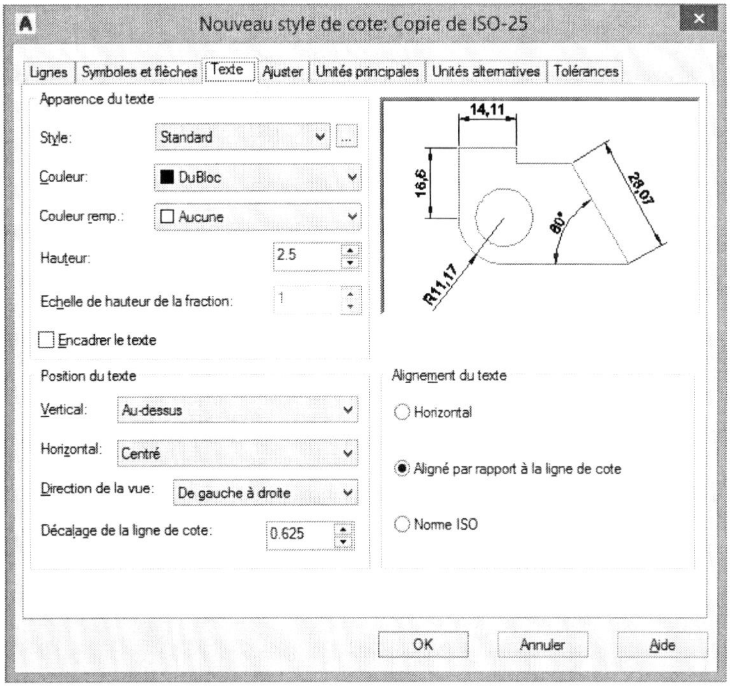

Apparence du texte

Style

Accède aux styles de texte disponibles dans le dessin. Le bouton à trois petits points permet la création ou la modification de styles de texte.

Couleur

Affecte la couleur du texte de cote indépendamment.

Couleur remp.

Définit la couleur de l'arrière-plan du texte dans les cotes.

Hauteur

Fixe la hauteur du texte de cote (attention : voir aussi l'option **Echelle des objets de cote** qui change globalement la taille des cotes - onglet **Ajuster** du même chapitre).

Echelle de hauteur de la fraction

Peut préciser un facteur d'échelle pris en compte pour les tolérances et les fractions.

Encadrer le texte

Affiche un texte de cote encadré.

Position du texte

Vertical

Fixe la justification verticale du texte. **Centré** place le texte au niveau de la ligne de cote. **Au-dessus** positionne le texte au dessus de la ligne de cote (norme ISO). La distance est réglée par la valeur Décalage de la ligne de cote. **A l'extérieur** force le texte à l'extérieur de la ligne de cote (incidence selon inclinaison de la ligne de cote). **JIS** respecte le standard industriel Japonais.

Horizontal

Fixe la justification horizontale du texte. **Centré** place le texte au milieu de la ligne de cote. **Côté ligne d'attache 1** place le texte sur la ligne de cote, à proximité de la première ligne d'attache définie. **Côté ligne d'attache 2** place le texte sur la ligne de cote, à proximité de la deuxième ligne d'attache définie. **Au-dessus de la ligne d'attache 1** place le texte au niveau de la première ligne d'attache (respecte son orientation). **Au-dessus de la ligne d'attache 2** place le texte au niveau de la deuxième ligne d'attache.

Direction de la vue

Détermine le sens de l'affichage du texte de cote, par une lecture de gauche à droite ou de droite à gauche.

Décalage de la ligne de cote

Définit la distance conservée autour du texte de cote lorsque la ligne de cote est coupée pour intégrer ce texte.

Alignement du texte

Horizontal

Impose un alignement horizontal à tous les textes de cote.

Aligné par rapport à la ligne de cote

Impose un alignement à la ligne de cote.

Norme ISO

Respecte la norme ISO en alignant en général les textes de cote aux lignes de cotes. Pour les cotes de rayon, le texte est placé horizontalement.

Remarque

Les modifications apportées sont visibles dans l'aperçu.

Onglet Ajuster

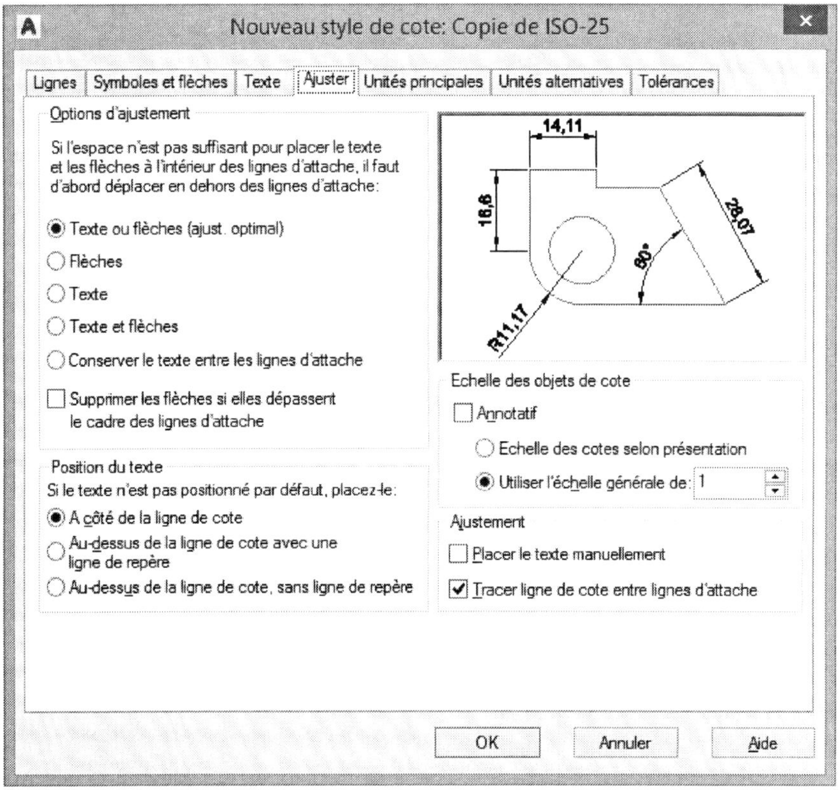

Options d'ajustement

Comme indiqué, dans le cas où l'espace est réduit, vous donnez ici priorité au déplacement du texte ou des flèches à l'extérieur des lignes d'attache. Vous pouvez également supprimer les flèches le cas échéant.

Position du texte

Dans le cas où le positionnement standard ne peut être respecté, AutoCAD LT propose trois solutions :

A côté de la ligne de cote

Place en général le texte à l'extérieur des lignes d'attache.

Au-dessus de la ligne de cote avec une ligne de repère

Rejoint la ligne de cote au texte par une ligne de repère.

Au-dessus de la ligne de cote, sans ligne de repère

Place le texte au-dessus de la ligne de cote.

Echelle des objets de cote

Annotatif

Permet d'activer la propriété annotative permettant d'automatiser le processus de mise à l'échelle des cotations dans les présentations.

Echelle des cotes selon présentation

Permet d'obtenir une taille uniforme de cotation dans une ou plusieurs fenêtres de présentation du dessin, et ceci quelles que soient les échelles associées. Une mise à jour des cotations peut être nécessaire pour chacune des fenêtres de présentation.

Utiliser l'échelle générale de

Intervient globalement sur l'aspect des cotations, la taille des flèches et du texte. Pensez-y plutôt que de modifier individuellement la taille du texte, des flèches ou des diverses valeurs de réglage.

Ajustement

Placer le texte manuellement

Permet à l'utilisateur de choisir l'emplacement du texte de cote lors de la mise en place de la cote.

Tracer ligne de cote entre lignes d'attache

Force ou pas la mise en place d'une ligne de cote. Dans certains cas de figure, AutoCAD LT n'ayant que très peu de place (par exemple) place le texte de cote, mais pas la ligne de cote. Cette option est donc en général activée. Mais pour les cotes de rayon (et parfois les cotes de diamètre), cette option désactivée retire la ligne rejoignant le centre de l'arc ou du cercle à la flèche.

Onglet Unités principales

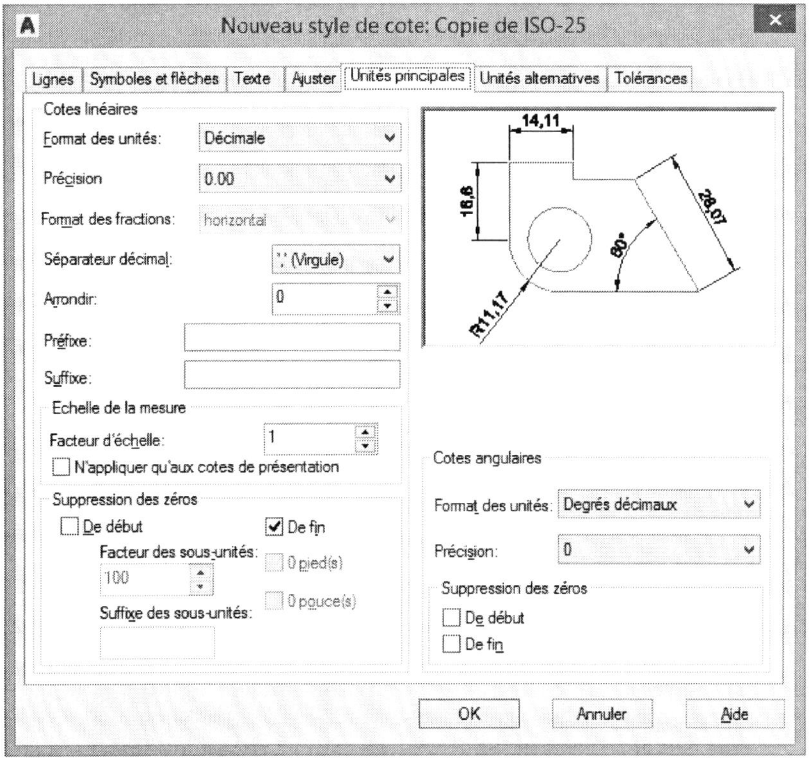

Cotes linéaires

Format des unités

Permet de changer l'unité ou le type de mesure pour les cotes.

Précision

Permet de modifier la précision de l'affichage des cotes. La valeur 0 affiche des entiers. La valeur 000 affiche une précision à trois décimales. Le nombre de décimales va jusqu'à huit.

Format des fractions

Modifie l'affichage des fractions (horizontal, diagonal ou non empilé). Disponible avec le format Architecture et fractionnaire.

Séparateur décimal

Propose un séparateur de décimales de type point, virgule ou espace.

Arrondir

Permet d'arrondir les unités de cotation. Une valeur 0,50 arrondit à l'unité 0,50 la plus proche (ex. 15,62 devient 15,50).

Préfixe

Cette zone peut recevoir une chaîne de caractères qui précédera la valeur du texte de cote (ex. environ 52).

Suffixe

Cette zone peut recevoir une chaîne de caractères qui suivra la valeur du texte de cote (ex. 52 mm).

Echelle de la mesure

Le **Facteur d'échelle** multiplie la valeur du texte de cote. Par exemple vous utilisez l'unité du mètre, mais vous souhaitez afficher toutes les cotes inférieures au mètre en centimètres. Ainsi pour 0,90m vous souhaitez obtenir 90. Indiquez pour cela le facteur d'échelle 100. **N'appliquer qu'aux cotes de présentation** "réduit" l'utilisation du facteur d'échelle aux cotes de présentation (espace papier).

Suppression des zéros

Évite des annotations disgracieuses ou inutiles. Si l'option **De début** est activée, un texte de cote de 0,25 s'affiche ,25. Si l'option **De fin** est activée, un texte de cote 50,00 s'affiche 50.

Cotes angulaires

Format des unités

Permet de changer l'unité ou le type de mesure pour les cotes d'angle. Les angles s'affichent en degrés décimaux, degrés minutes secondes, en grades ou en radians.

Précision

Permet de modifier la précision de l'affichage des cotes angulaires. La valeur 0 affiche des entiers (pas de décimales) ; la valeur 000 affiche une précision à trois décimales. Le nombre de décimales va jusqu'à huit.

Suppression des zéros

Évite des annotations disgracieuses ou inutiles. Si l'option **De début** est activée, un angle de 0,45 s'affiche ,45. Si l'option **De fin** est activée, un angle 50,00 s'affiche 50.

Onglet Unités alternatives

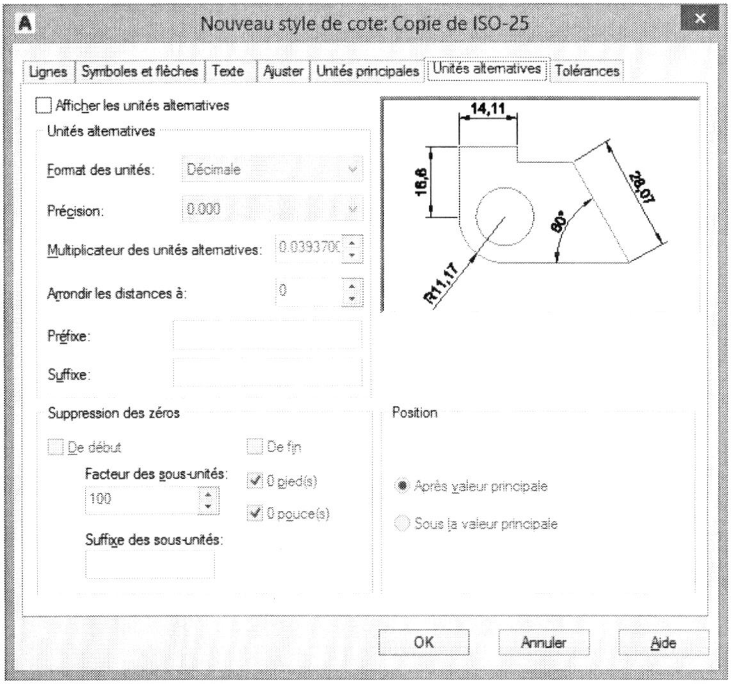

Unités alternatives

Si la case à cocher **Afficher les unités alternatives** est activée, vous pouvez définir un équivalent dans une autre unité (ex. 10"[254mm]).

Vous accédez aux mêmes indications de précision que pour les unités principales.

Suppression des zéros

Évite des annotations disgracieuses (unités alternatives). Si l'option **De début** est activée, un texte de 0,45 s'affiche ,45. Si l'option **De fin** est activée, un texte 50,00 s'affiche 50.

Position

Après valeur principale

Place les unités alternatives après le texte de cote.

Sous la valeur principale

Place les unités alternatives en dessous du texte de cote (en dessous de la ligne de cote).

Onglet Tolérances

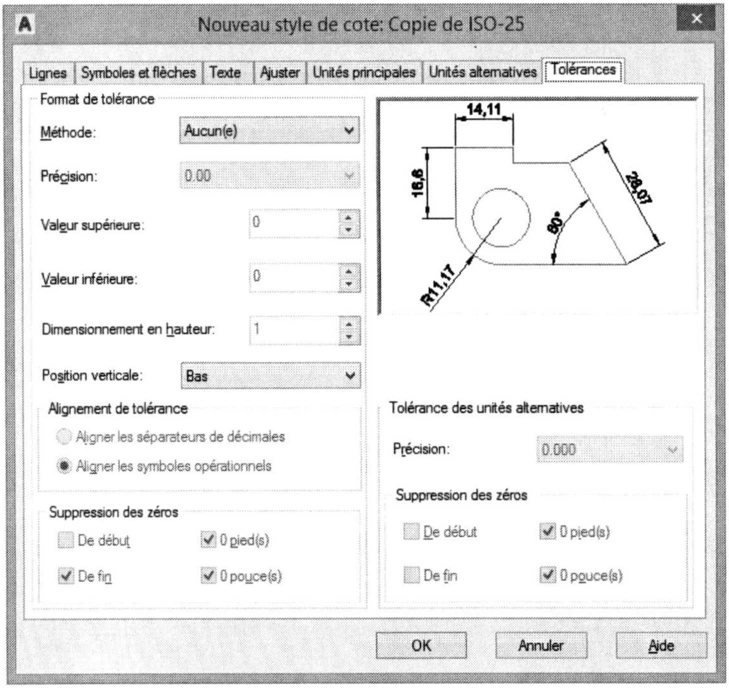

Format de tolérance

La liste **Méthode** propose quatre types d'affichage de tolérance :

Symétrique : attend une valeur de tolérance positive (zone **Valeur supérieure**). Ici, le signe "plus ou moins" précède la tolérance.

Ecart : attend deux valeurs de tolérance ; une valeur supérieure et une valeur inférieure. Dans ce cas, les tolérances sont placées l'une sur l'autre. Contrairement à la valeur supérieure, la valeur inférieure est précédée du signe - (moins). Vous pouvez changer cela en fixant le signe négatif devant les valeurs positives ou négatives.

Limites : attend deux valeurs de tolérance. AutoCAD LT ajoute la valeur supérieure, retire la valeur inférieure au texte de cote, et affiche les deux extrêmes l'une sur l'autre.

Base : permet un encadrement du texte de cote.

Précision

Permet de modifier la précision de l'affichage des tolérances. La valeur 0 affiche des entiers (pas de décimales) ; la valeur 000 affiche une précision à trois décimales. Le nombre de décimales va jusqu'à huit.

Valeur supérieure

Reçoit la tolérance supérieure. Un signe moins permet l'affichage d'une tolérance négative.

Valeur inférieure

Reçoit la tolérance inférieure. Un signe moins permet l'affichage d'une tolérance positive.

Dimensionnement en hauteur

Affecte un facteur d'échelle à la hauteur des tolérances.

Position verticale

Place la tolérance verticalement, en bas, au milieu ou en haut du texte de cote.

Alignement de tolérance

Gère les tolérances hautes et basses lorsqu'elles sont empilées. Ces options sont actives pour les formats de tolérance **Ecarts** et **Limites**.

L'option **Aligner les séparateurs de décimales** permet un alignement selon le séparateur de décimales (la virgule par exemple).

L'option **Aligner les symboles opérationnels** permet un alignement selon le symbole d'opération (tel que + ou - par exemple).

Suppression des zéros

Évite des annotations disgracieuses de tolérances. Si l'option **De début** est activée, un texte de 0,15 s'affiche ,15. Si l'option **De fin** est activée, un texte 0,10 s'affiche 0,1.

La case à cocher **0 pied** supprime la partie en pied d'une cote exprimée en pieds et en pouces lorsqu'elle est inférieure à 1 pied. Par exemple 0' 6 1/2" est affiché 6½.

La case à cocher **0 pouce** supprime la partie en pouce d'une cote exprimée en pieds et en pouces lorsqu'elle représente un nombre entier. Par exemple 6' 00" est affiché 6".

Tolérance des unités alternatives

Agit sur la précision (nombre de décimales) et la suppression du zéro des tolérances des unités alternatives.

Suppression de zéros

Évite des annotations disgracieuses pour les annotations propres aux unités alternatives. Si l'option **De début** est activée, un texte de 0,15 s'affiche ,15. Si l'option **De fin** est activée, un texte de 0,10 s'affiche 0,1.

La case à cocher **0 pied** supprime la partie en pied d'une cote exprimée en pieds et en pouces lorsqu'elle est inférieure à 1 pied. Par exemple 0' 6 1/2" est affiché 6".

La case à cocher **0 pouce** supprime la partie en pouce d'une cote exprimée en pieds et en pouces lorsqu'elle représente un nombre entier. Par exemple 6' 00" est affiché 6½".

8.2 Les types de cotes

Vous créez différents styles de cote pour prédéfinir vos propres réglages et affichages. À chaque style correspond un paramétrage spécifique. Mais cela n'est pas toujours suffisant. Parfois, presque tous les réglages conviennent pour un type de cotation (linéaire par exemple), alors que pour une cotation angulaire ou radiale, il est préférable d'envisager une présentation différente. Les types de cote permettent ces subtilités.

Chaque style contient six types de cotation :

- Cotes linéaires.
- Cotes angulaires.
- Cotes de rayon.
- Cotes de diamètres.
- Cotes superposées (ou d'ordonnées).
- Lignes de repère et tolérances.

▶ Dans le **Gestionnaire des styles de cote**, sélectionnez le style concerné, puis choisissez le bouton **Nouveau**.

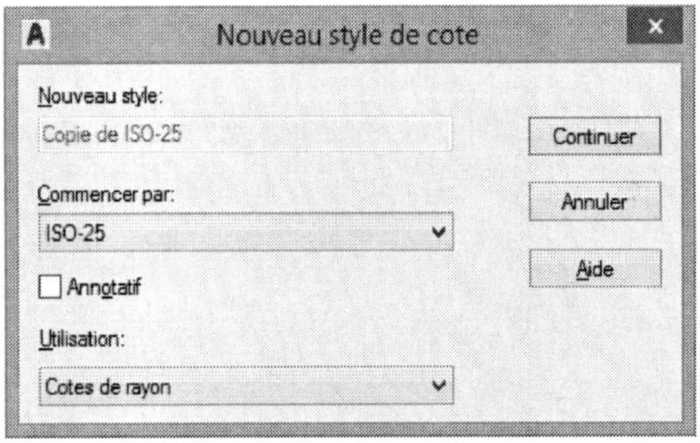

▶ Dans la liste **Utilisation**, choisissez le type de cote à modifier (ex. Cotes de rayon). Confirmez par **Continuer**.

Vous accédez alors aux différents onglets pour les réglages souhaités. Par exemple, choisissez dans l'onglet **Texte**, l'alignement du texte à la norme ISO ; puis dans l'onglet **Ajuster**, désactivez **Tracer ligne de cote entre lignes d'attache**. Confirmez par **OK**.

La liste des styles de cote affiche maintenant, sous le style concerné, la déclinaison du type radial.

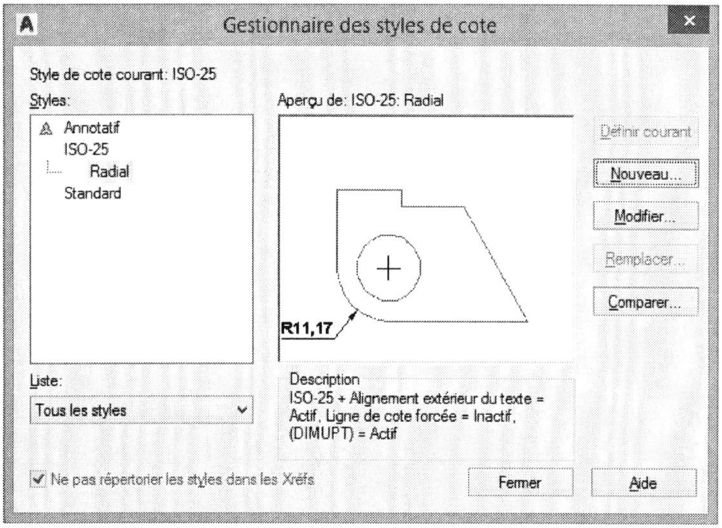

Vous pouvez afficher comme ceci les différents types de cote. La sélection du type de cote entraîne un aperçu des particularités de ce type de cote.

8.3 Modification d'un style de cote

- Dans le **Gestionnaire des styles de cote**, sélectionnez le style concerné puis choisissez le bouton **Modifier**.
- Vous accédez directement aux différents onglets. Apportez les modifications voulues puis confirmez par **OK**.
- Cliquez sur le bouton **Fermer** pour quitter le **Gestionnaire des styles de cote**.

Notez le bouton **Comparer** pouvant lister les différentes nuances entre deux styles de cote.

La zone **Description** affiche les spécificités du style ou type de cote sélectionné dans la liste.

AutoCAD LT intervient (de façon transparente pour l'utilisateur) sur des variables de type texte. Vous pouvez accéder à ces variables en saisissant au clavier **COT** puis **E**. La liste des variables est affichée. Certaines d'entre elles sont modifiables. Saisissez **COT** puis le nom de la variable.

- Saisissez **SO** pour revenir à l'invite standard "Commande".

Notez que AutoCAD LT différencie les noms de styles de cote pour chaque famille, en ajoutant au style de cote le code $ suivi d'un numéro :

- Cotes linéaires : ***nomstyle$0***.
- Cotes angulaires : ***nomstyle$2***.
- Cotes de diamètre : ***nomstyle$3***.
- Cotes de rayon : ***nomstyle$4***.
- Cotes superposées : ***nomstyle$6***.
- Lignes de repère et tolérances : ***nomstyle$7***.

Chapitre 5
Les lignes de repère

1. Introduction

Les lignes de repère permettent de lier une ou plusieurs annotations à une géométrie. La ligne de repère est constituée d'une annotation, d'une ligne et d'une pointe de flèche. Le gestionnaire des styles de lignes de repère permet de définir et personnaliser l'aspect général des repères, la couleur, les types de ligne, les pointes de flèche, des contraintes d'angle pour les lignes, mais aussi les types d'annotations de contenu (texte, bloc...), etc.

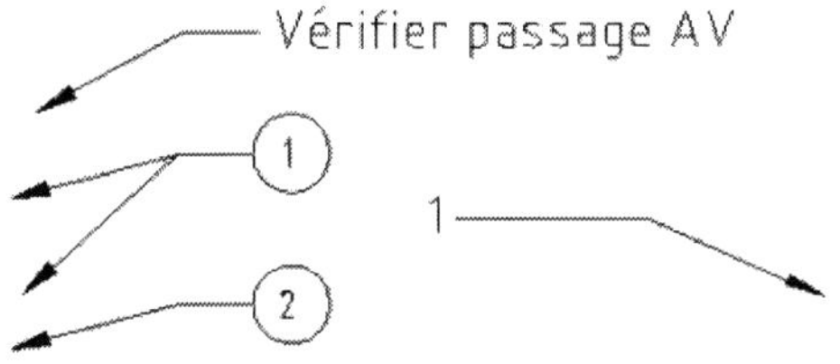

AutoCAD LT permet d'ajouter des lignes de repère aux repères existants, de supprimer des lignes de repères ; vous pouvez aussi aligner les repères entre eux et recueillir l'ensemble des lignes d'un repère pour le redisposer.

2. Création d'un repère simple

▶ Dans le groupe de fonctions **Lignes de repère** (onglet **Annoter**), choisissez **Ligne de repère multiple**.

Le message AutoCAD LT vous propose de spécifier la pointe de flèche :

```
LIGNEDEREPMULT Spécifiez l'emplacement de la pointe de flèche de la ligne de repère ou [
Ligne de guidage de la ligne de repère en premier Contenu en premier Options] <Options>:
```

▶ Cliquez dans la zone graphique pour préciser l'emplacement de la pointe de flèche.

Remarque

*Les options **Ligne de guidage de la ligne de repère en premier** et **Contenu en premier** permettent de modifier l'ordre des points de mise en place (par défaut, l'ordre est la pointe de flèche, la ligne de guidage puis le contenu).*

Le message suivant est affiché :

```
LIGNEDEREPMULT Spécifiez l'emplacement de la ligne de guidage de la ligne de repère:
```

▶ Cliquez dans la zone graphique pour préciser le positionnement de la ligne de guidage.

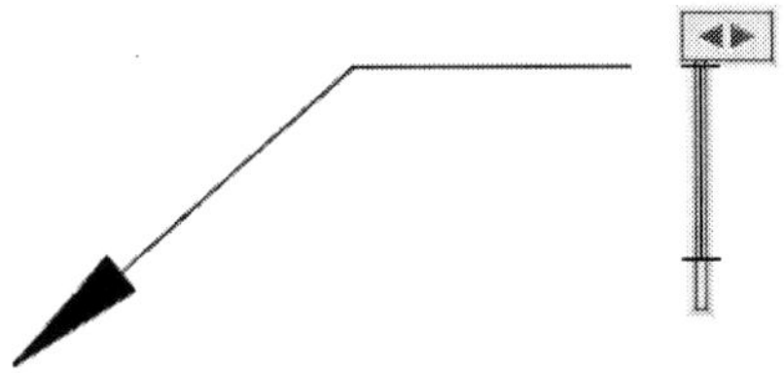

Remarque

Il s'agit du positionnement de la partie horizontale de ligne de repère.

▶ Puis l'option par défaut affiche l'éditeur de texte et vous invite à saisir l'annotation à associer au repère. Saisissez le texte et fermez l'éditeur de texte.

Remarque

Selon le choix du contenu paramétré dans le style de repère, cette étape peut varier.

3. Ajouter une ligne de repère

Cette fonction permet d'ajouter des lignes de repère à une ligne de repère existante.

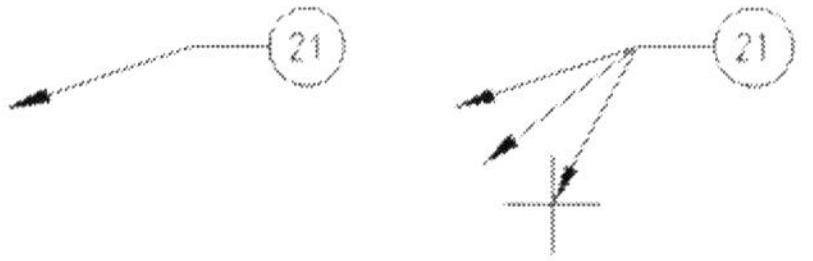

- Dans le groupe de fonctions **Lignes de repère** (onglet **Annoter**), choisissez **Ajouter une ligne de repère** 

.
- Sélectionnez la ligne de repère à laquelle ajouter des lignes de repère.

```
Sélectionnez une ligne de repère multiple:
```

Le message suivant est affiché :

```
>_ - AIMLEADEREDITADD Spécifiez l'emplacement de la pointe de flèche de la ligne de repère ou [
Supprimer des lignes de repères]:
```

- Cliquez pour positionner la pointe de flèche de la ligne de repère.
- Utilisez la touche [Entrée] ou [Echap] pour quitter la commande.

4. Supprimer une ligne de repère

Cette fonction permet de supprimer des lignes de repère à une ligne de repère existante.

- Dans le groupe de fonctions **Lignes de repère** (onglet **Annoter**), choisissez **Supprimer une ligne de repère** 

.

Le message suivant est affiché :

```
Sélectionnez une ligne de repère multiple:
```

- Sélectionnez la ligne de repère à laquelle vous souhaitez supprimer les lignes de repère.

Le message suivant est affiché :

```
Spécifiez les lignes de repère à supprimer ou [Ajouter des lignes de repère]:
```

- Sélectionnez la ou les lignes de repère à supprimer.
- Utilisez la touche [Entrée] ou [Echap] pour quitter la commande.

5. Aligner les lignes de repère

Cette fonction permet d'aligner un ensemble de lignes de repère multiples selon une ligne de référence, un angle défini par une ligne de repère ou selon un espacement spécifique.

- Dans le groupe de fonctions **Lignes de repère**, choisissez l'icône **Aligner** 
.

Le message suivant est affiché :

```
Sélectionnez des lignes de repère multiples:
```

- Sélectionnez les lignes de repère à aligner, et validez par [Entrée].

Le message suivant est affiché :

```
Sélectionnez des lignes de repère multiple pour l'alignement ou [Options]:
```

- Sélectionnez la ligne de repère sur laquelle toutes les autres doivent s'aligner.

Le message suivant est affiché :

```
Spécifiez la direction:
```

- Spécifiez à l'aide d'un point la direction d'alignement pour l'ensemble des lignes de repère.

La figure ci-dessous présente les lignes de repère initiales à gauche, les lignes de repère alignées par rapport au repère C à droite.

Le choix **Options** permet d'accéder aux choix suivants :

Distribuer : espace les lignes de repère uniformément à l'intérieur d'un segment défini par deux points.

Rendre les segments de la ligne de repère parallèles : positionne toutes les lignes de repère suivant une même direction.

Spécifier l'espacement : permet d'imposer une distance entre chaque ligne de repère.

Utiliser l'espacement courant : respecte l'espacement courant entre le contenu et la ligne de repère multiple.

6. Recueillir des lignes de repère

Cette fonction permet de regrouper des repères dont le contenu utilise des blocs en une ligne de repère unique.

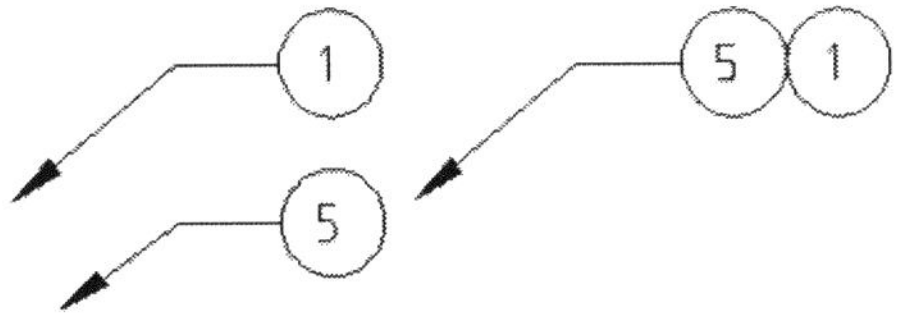

- Dans le groupe de fonctions **Lignes de repère** (onglet **Annoter**), choisissez l'icône **Recueillir** 

.

Le message suivant est affiché :

```
COLLECTLIGNEDEREPMULT Sélectionnez des lignes de repère multiples:
```

- Sélectionnez les lignes de repère à regrouper.

Le message suivant est affiché :

- Spécifiez le positionnement pour le regroupement de lignes de repère ou utilisez les options suivantes :

```
COLLECTLIGNEDEREPMULT Indiquez la position de la ligne de repère multiple collectée ou [Vertical
Horizontal Retour à la ligne] <Horizontal>:
```

Vertical : impose un positionnement vertical du regroupement des lignes de repère multiples.

Horizontal : impose un positionnement horizontal du regroupement des lignes de repère multiples.

Retour à la ligne : permet un retour à ligne selon une largeur spécifiée. L'option Nombre fixe un nombre maximal de blocs par rangée.

7. Définir des styles de lignes de repère

Les styles de lignes de repère définissent l'apparence des lignes de repère.

Tout comme les styles de texte ou les styles de cote, vous personnalisez vos propres styles de lignes de repère. Le gestionnaire des styles de lignes de repère permet de définir et personnaliser l'aspect général des repères, la couleur, les types de ligne, les pointes de flèche, des contraintes d'angle pour les lignes, mais aussi les types d'annotations de contenu (texte, bloc...), etc.

▶ Déroulez le groupe de fonctions **Annotation** (onglet **Début**), et choisissez l'icône **Styles de ligne de repère multiple** .

La boîte de dialogue suivante est affichée :

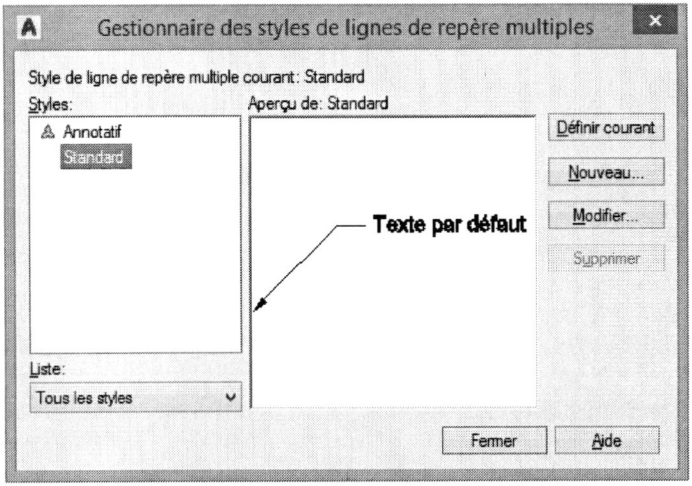

La liste **Styles** affiche les deux styles par défaut : le style **Standard** et le style **Annotatif** qui est doté d'une propriété annotative qui permet d'automatiser le processus de mise à l'échelle des annotations.

La liste déroulante **Liste** permet d'afficher tous les styles ou seulement ceux en cours d'utilisation.

La zone **Aperçu de** affiche l'aspect du style courant.

8. Créer un nouveau style de ligne de repère

- Dans le **Gestionnaire des styles de lignes de repère multiples**, choisissez le bouton **Nouveau**.

AutoCAD affiche la fenêtre suivante :

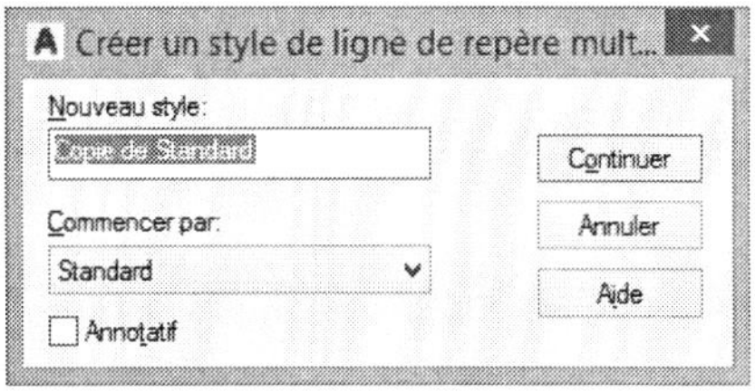

- Saisissez le nom du nouveau style de ligne de repère dans la zone de texte **Nouveau style**.
- Sélectionnez dans la liste **Commencer par** le style de référence (par défaut 2 styles sont disponibles).
- Cochez la case **Annotatif** si nécessaire pour attribuer la propriété annotative.
- Choisissez **Continuer**.

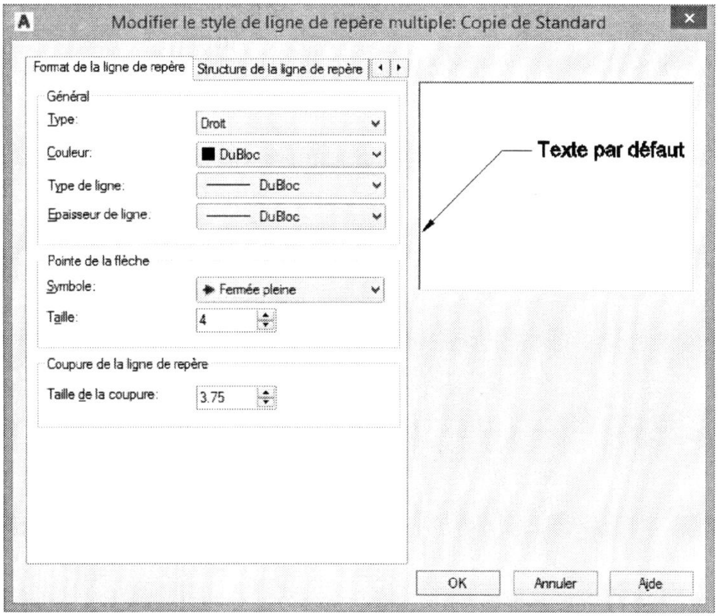

▶ Effectuez les réglages du nouveau style de repère dans les trois onglets ci-dessous **Format de la ligne de repère**, **Structure de la ligne de repère** et **Contenu**, et cliquez sur **OK** pour confirmer la création du style de ligne de repère.

Onglet Format de la ligne de repère

Général

Dans la liste **Type**, choisissez l'aspect de la ligne de repère : rectiligne, spline ou aucun type de ligne.

Dans la liste **Couleur**, choisissez la couleur de la ligne de repère.

Dans la liste **Type de ligne**, choisissez le type de ligne pour la ligne de repère.

Dans la liste **Epaisseur de ligne**, choisissez l'épaisseur de ligne pour la ligne de repère.

Pointe de la flèche

Dans la liste **Symbole**, sélectionnez l'aspect de la pointe de flèche de la ligne de repère. Réglez la taille de la pointe de flèche dans la zone **Taille**.

Coupure de la ligne de repère

Définit la **Taille de la coupure** lorsqu'une coupure de cote est ajoutée à une ligne de repère multiple.

Onglet Structure de la ligne de repère

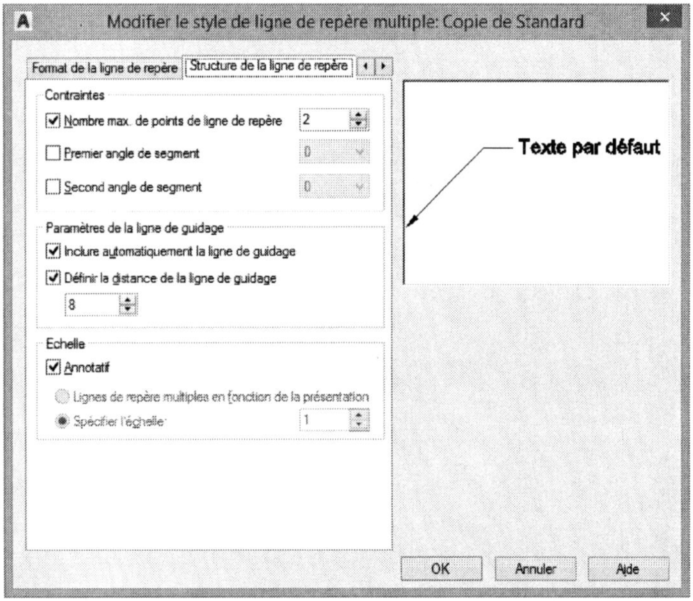

Contraintes

Au regard de la case **Nombre max. de points de ligne de repère**, définissez le nombre maximum de points. Par exemple, le nombre de deux fixe la pointe de flèche, puis un second point (base de ligne horizontale), puis AutoCAD vous invite à saisir le contenu.

La zone **Premier angle de segment** définit l'angle de la première ligne de repère, à partir du premier point.

La zone **Second angle de segment** définit l'angle de la deuxième ligne de repère, à partir du second point.

Paramètres de la ligne de guidage

La case à cocher **Inclure automatiquement la ligne de guidage** permet la mise en place d'une ligne de guidage horizontale au niveau du contenu (ou annotation).

La case à cocher **Définir la distance de la ligne de guidage** permet de déterminer la distance fixe de la ligne de guidage de ligne de repère.

Echelle

La case à cocher **Annotatif** active la propriété annotative qui permet d'automatiser le processus de mise à l'échelle des annotations.

Si la propriété **Annotative** n'est pas activée, les options suivantes sont accessibles :

Lignes de repère multiples en fonction de la présentation : calcule un facteur d'échelle pour la ligne de repère multiple en fonction de l'échelle des fenêtres de présentation et de l'espace objet.

Spécifier l'échelle : détermine un facteur d'échelle global pour les lignes de repère multiple.

Onglet Contenu

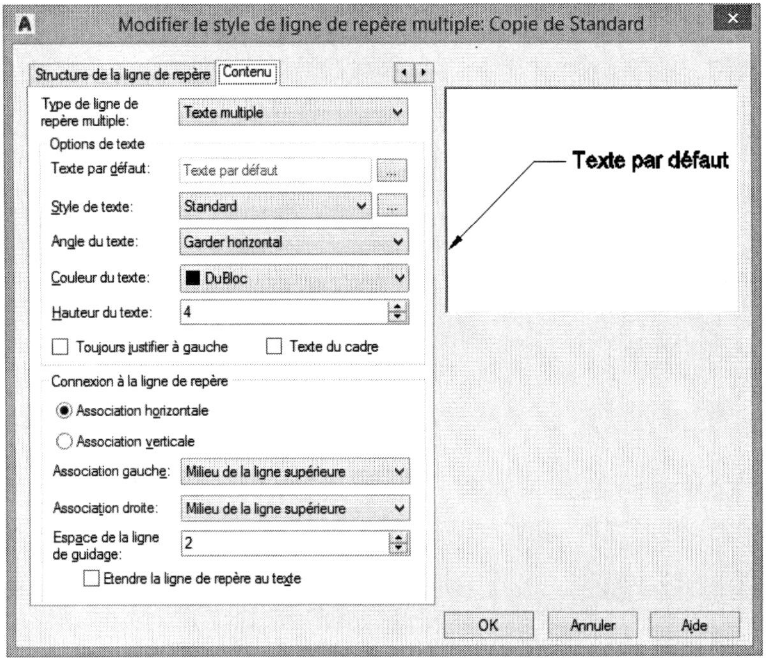

La liste **Type de ligne de repère multiple** détermine si la ligne de repère contient du texte ou un bloc. Les choix disponibles sont **Texte multiple** et **Bloc**.

Les options suivantes sont disponibles si vous choisissez **Texte multiple** :

Options de texte

La zone **Texte par défaut** permet de prédéfinir un texte qui sera proposé à chaque création de ligne de repère multiple. Le bouton situé à droite de la zone de texte permet d'accéder à l'éditeur de texte multiligne.

La liste **Style de texte** permet d'attribuer un style de texte à l'annotation de la ligne de repère.

La liste **Angle du texte** permet de spécifier un angle de rotation au texte de la ligne de repère.

La liste **Couleur du texte** permet d'attribuer une couleur au texte de la ligne de repère. La liste **Hauteur du papier** permet de fixer la hauteur du texte de la ligne de repère.

La case à cocher **Toujours justifier à gauche** impose une justification à gauche du texte de la ligne de repère multiple.

La case à cocher **Texte du cadre** encadre le texte de la ligne de repère multiple.

La rubrique **Connexion à la ligne de repère** gère la façon dont la ligne de guidage est attachée au texte de la ligne de repère multiple lorsque le texte est à gauche du repère (**Association gauche**) et lorsque le texte est à droite du repère (**Association droite**).

La case à cocher **Association horizontale** est l'option par défaut incluant une ligne de guidage horizontale entre le texte et la ligne de repère.

La case à cocher **Association verticale** est une option n'incluant pas de ligne de guidage entre le texte et la ligne de repère.

La zone **Espace de la ligne de guidage** règle la distance entre le texte et la ligne de guidage.

La case à cocher **Etendre la ligne de repère au texte** permet de prolonger la ligne de guidage à l'extrémité de la ligne de texte.

Les options suivantes sont disponibles si vous choisissez **Bloc** :

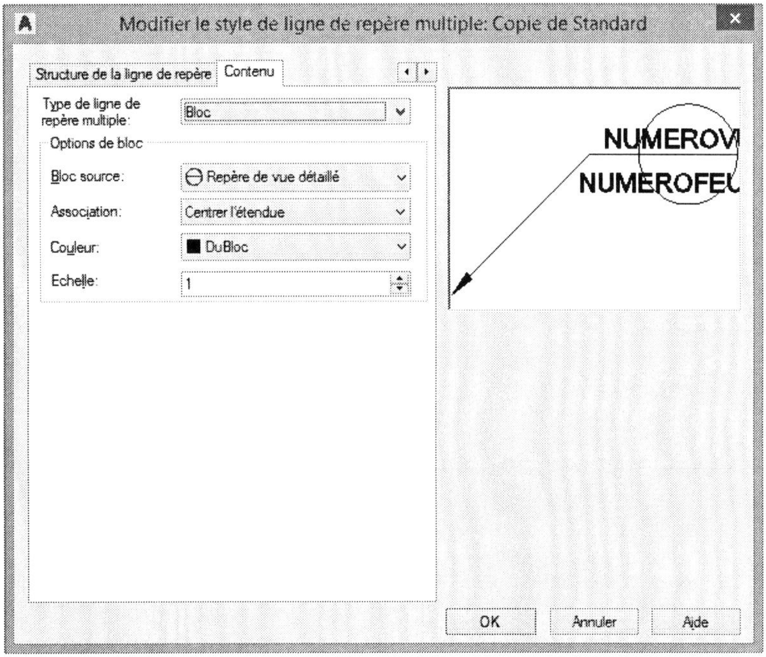

Options de bloc

La liste **Bloc source** permet de sélectionner, dans la liste, des blocs prédéfinis ou encore des blocs personnalisés pour le contenu de texte de ligne de repère. Par exemple, le bloc **Cercle** permet un repère circulaire avec attribut.

La liste **Association** détermine la façon dont le bloc est attaché à la ligne de repère : étendue du bloc, point d'insertion ou point central du bloc.

La liste **Couleur** permet d'attribuer une couleur au contenu du bloc de la ligne de repère.

La liste **Echelle** spécifie l'échelle du bloc à l'insertion.

9. Modifier un style de ligne de repère

- Dans le **Gestionnaire des styles de lignes de repère multiples**, sélectionnez le style à modifier dans la liste **Styles**, puis choisissez le bouton **Modifier**.
- Modifiez les paramètres souhaités dans la boîte de dialogue **Modifier le style de ligne de repère** et confirmez par **OK** pour confirmer les changements.
- Cliquez sur **Fermer** pour quitter le gestionnaire des styles de ligne de repère.

10. Rendre courant un style de ligne de repère

- Dans le **Gestionnaire des styles de lignes de repère**, sélectionnez le style souhaité dans la liste **Styles**, puis choisissez le bouton **Définir courant**.

  ou
- Dans le groupe de fonctions **Lignes de repère** (onglet **Annoter**), sélectionnez le style courant dans la liste 

.

Exercice 2
Habiller le plan

Dans cet exercice, nous allons finaliser le plan de notre local professionnel en procédant aux derniers habillages : hachures, cotation, légendes...

1. Étape 1 : Déposer des hachures

Nous allons hachurer les structures porteuses et cloisons de notre plan.

▶ Téléchargez et ouvrez le fichier ressource **Habillage.dwg**.

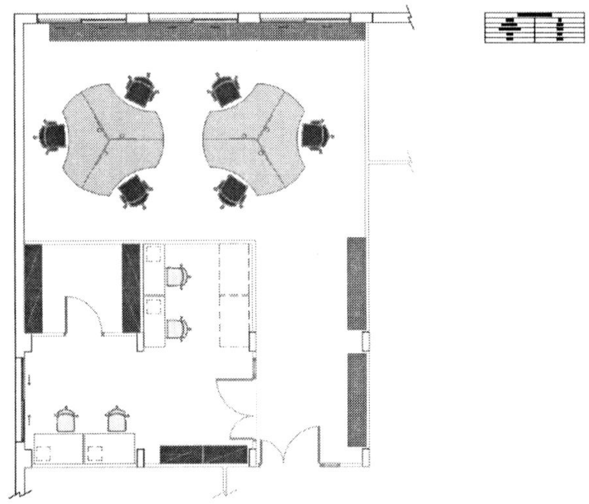

- Dans le groupe de fonctions **Calques** (onglet **Début**), déroulez la liste des calques et cliquez sur l'icône **Activer/Désactiver le calque**  du calque **GLF-31-Menuiseries Int.** afin de masquer les objets (portes) relatifs aux menuiseries intérieures et sélectionnez le calque **GLF-50-Hachures** pour le rendre courant.
- Dans le groupe de fonctions **Dessin** (onglet **Début**), cliquez sur l'icône **Hachures** .

  La fenêtre de commande affiche le message suivant.

```
HACHURES Choisissez un point interne ou [
Sélectionner objets annUler paramèTres]:
```

- Dans le groupe de fonctions **Motif** (onglet **Création de hachures**), sélectionnez le motif de hachures **SOLID**.
- Dans le groupe de fonctions **Propriétés** (onglet **Création de hachures**), déroulez la liste **Couleur de hachures** et sélectionnez **DuCalque** comme indiqué dans la figure ci-dessous.

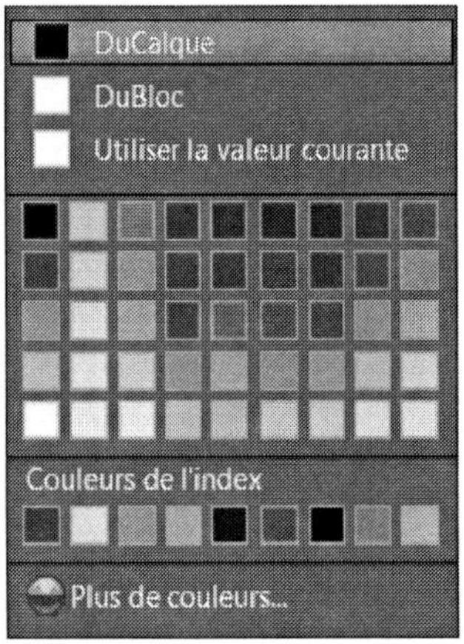

■ Cliquez les points repérés sur la figure ci-dessous pour la sélection des contours à hachurer.

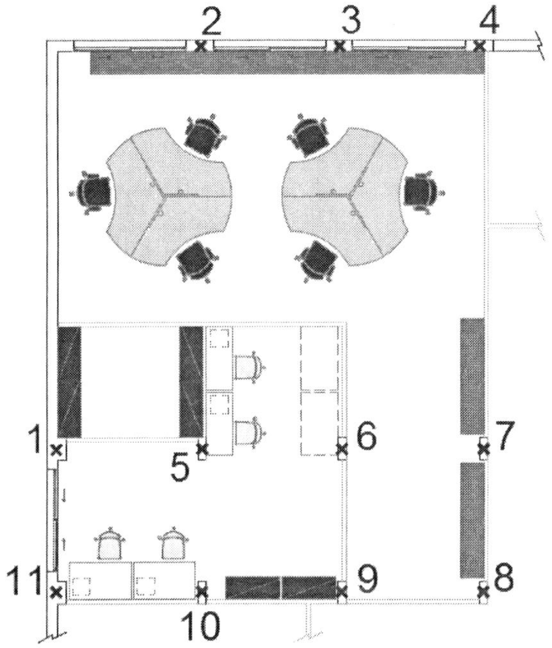

■ Appuyez sur [Entrée] pour valider la création des hachures.

■ Dans le groupe de fonctions **Dessin** (onglet **Début**), cliquez sur l'icône **Hachures** .

La fenêtre de commande affiche le message suivant.

```
HACHURES Choisissez un point interne ou [
Sélectionner objets annUler paramèTres]:
```

■ Dans le groupe de fonctions **Motif** (onglet **Création de hachures**), sélectionnez le motif de hachures **ANSI31**.

- Cliquez les points repérés sur la figure ci-dessous pour la sélection des contours à hachurer.

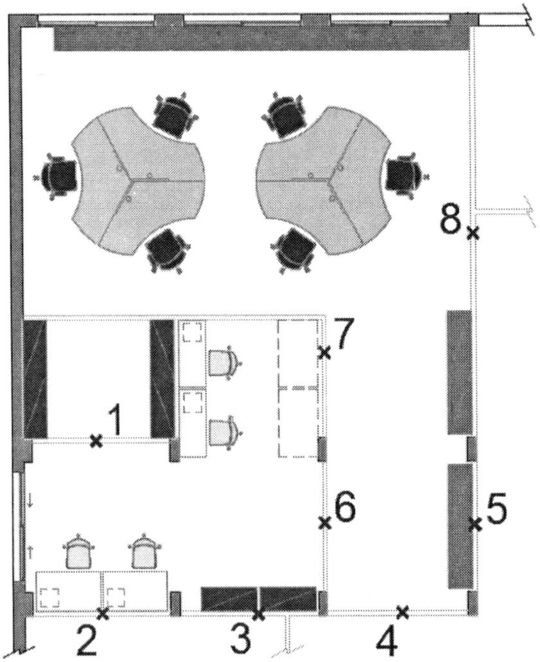

- Appuyez sur [Entrée] pour valider la création des hachures.

Remarque

Pour utiliser au mieux cette méthode de hachurage, les zones à hachurer doivent être totalement visibles à l'écran, sinon le message suivant apparaîtra :

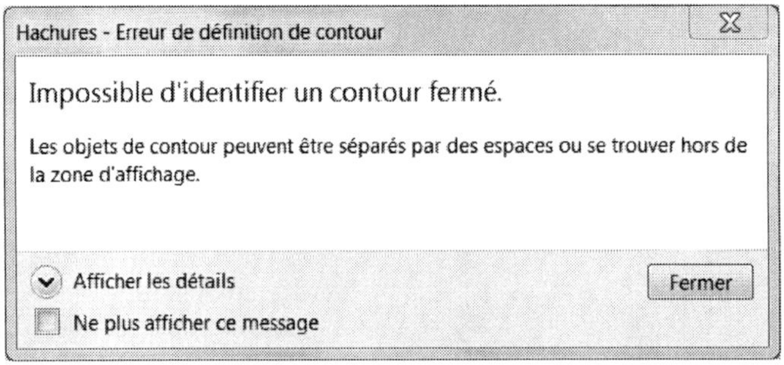

2. Étape 2 : Déposer du texte

Nous allons saisir des annotations sur le plan du local professionnel afin d'y indiquer les noms des pièces.

- Dans le groupe de fonctions **Calques** (onglet **Début**), déroulez la liste des calques et cliquez sur le calque **GLF-51-Textes et tableaux** pour le rendre courant.
- Dans le groupe de fonctions **Annotation** (onglet **Début**), choisissez l'icône déroulante **Texte sur une ligne** 

.
  La fenêtre de commande affiche :

```
TEXTE Spécifiez le point de départ du texte ou [Justifier Style]:
```

- Dans la zone graphique, cliquez pour spécifier le point d'insertion du texte comme affiché dans la figure ci-dessous.

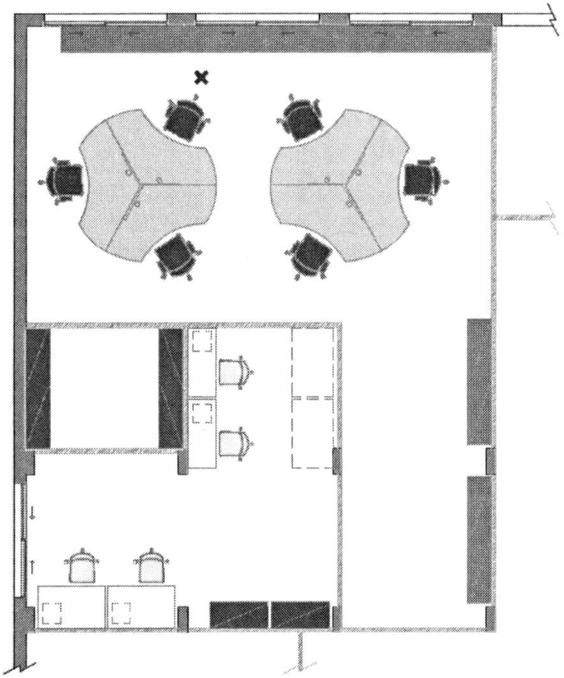

La fenêtre de commande affiche :

```
TEXTE Spécifiez la hauteur <80.0000>:
```

▶ Saisissez **20** pour renseigner la hauteur du texte et appuyez sur [Entrée].

La fenêtre de commande affiche :

```
TEXTE Spécifiez l'angle de rotation du texte <0>:
```

▶ Saisissez **0** pour définir l'orientation du texte et appuyez sur [Entrée].

La fenêtre de commande affiche le message ci-dessous, et un curseur clignotant attend la saisie du texte.

```
TEXTE
```

▶ Saisissez le texte **OPEN SPACE**, puis cliquez pour spécifier un nouveau point d'insertion comme indiqué dans la figure suivante.

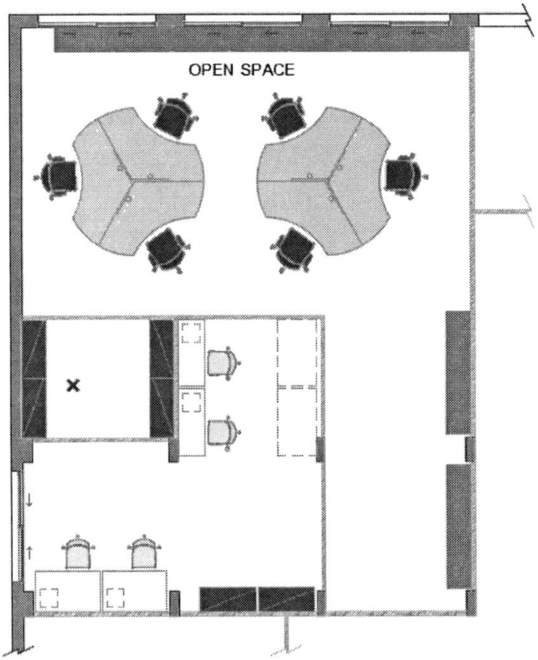

▶ Saisissez le texte **STOCK** et cliquez pour spécifier le nouveau point d'insertion ci-après.

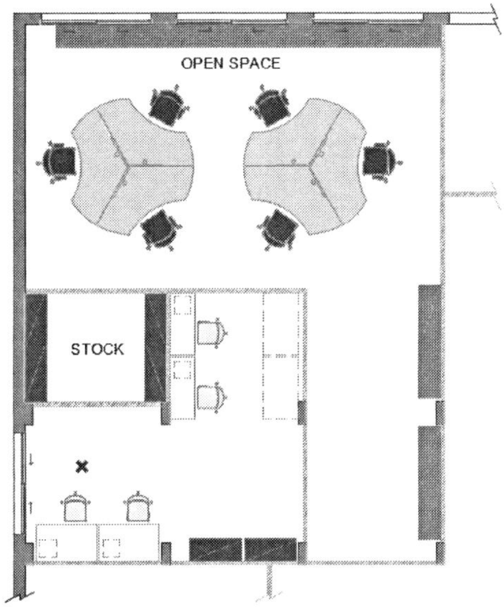

Saisissez le texte **ATELIER TECHNIQUE** et appuyez deux fois sur [Entrée] pour valider et quitter la commande **Texte sur une ligne**.

La figure suivante affiche le résultat obtenu.

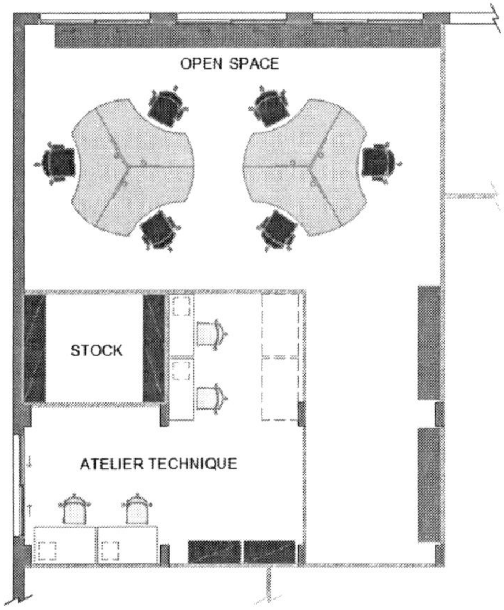

3. Étape 3 : Déposer la cotation

À présent, nous allons déposer les cotes sur le plan afin d'y spécifier les dimensions des maçonneries.

- Dans le groupe de fonctions **Calques** (onglet **Début**), déroulez la liste des calques et cliquez sur le calque **GLF-60-Cotations** pour le rendre courant.
- Dans le groupe de fonctions **Annotation** (onglet **Début**), activez la commande **Cote** 

.

  La fenêtre de commande affiche :

```
COT
Sélectionnez les objets ou spécifiez le premier point d'origine de la ligne d'attache ou
[Angulaire ligneBase Continuer Superposée aliGner Distribuer caLque annUler]:
```

- Cliquez sur l'extrémité indiquée sur la figure ci-dessous pour spécifier la position du premier point d'origine de la cote.

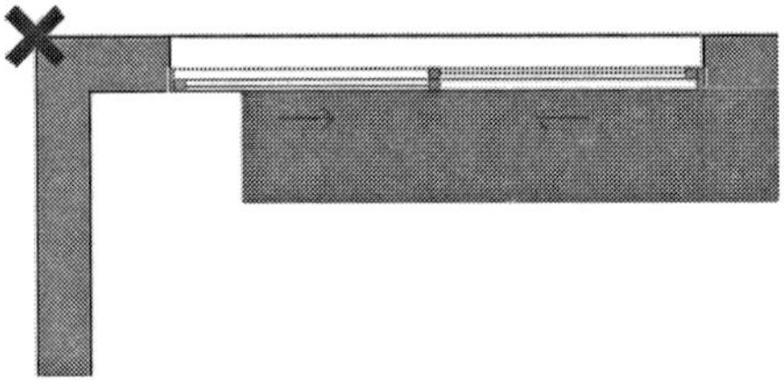

La fenêtre de commande affiche :

```
COT Spécifiez le second point d'origine de la ligne d'attache ou [Annuler]:
```

- Cliquez sur l'extrémité indiquée sur la figure ci-dessous pour spécifier la position du second point d'origine de la cote.

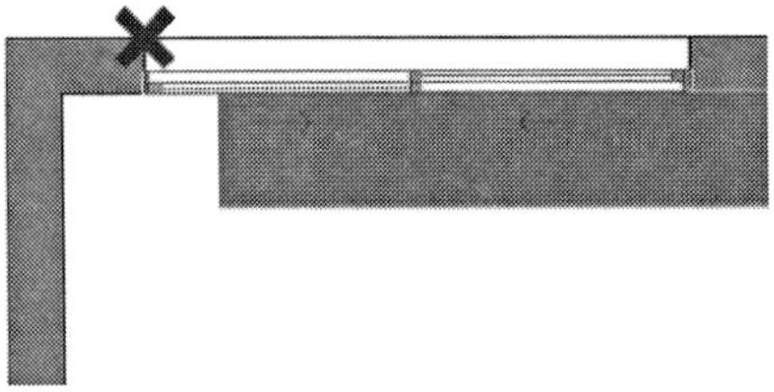

La fenêtre de commande affiche :

```
COT Spécifiez l'emplacement de la ligne de cote ou la seconde ligne de l'angle
[textMult Texte aNgle texte annUler]:
```

Déplacez le pointeur vers le haut et cliquez pour positionner la ligne de cote comme sur la figure ci-dessous.

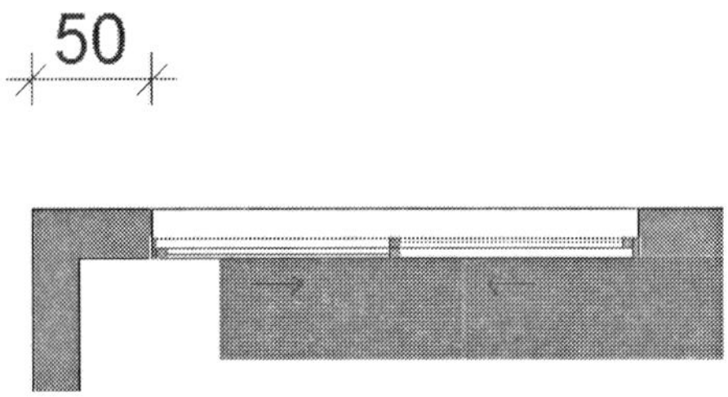

La fenêtre de commande affiche :

```
COT
Sélectionnez les objets ou spécifiez le premier point d'origine de la ligne d'attache ou
[Angulaire ligneBase Continuer Superposée aliGner Distribuer caLque annUler]:
```

Cliquez sur la ligne à coter comme indiqué dans la figure ci-dessous.

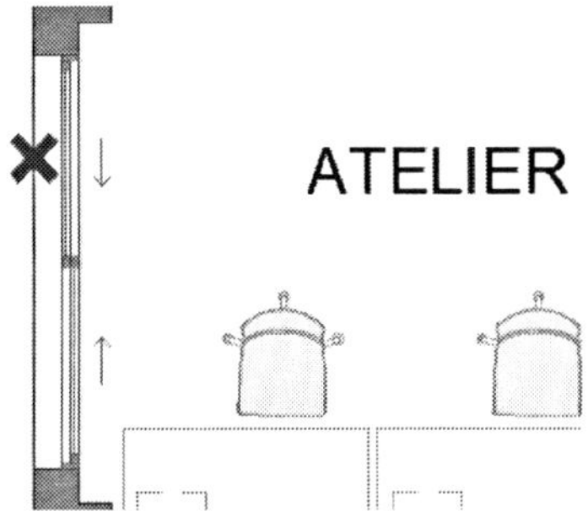

La fenêtre de commande affiche :

```
COT Spécifiez l'emplacement de la ligne de cote ou la seconde ligne de l'angle
[textMult Texte aNgle texte annUler]:
```

Déplacez le pointeur sur la gauche et cliquez pour positionner la ligne de cote.

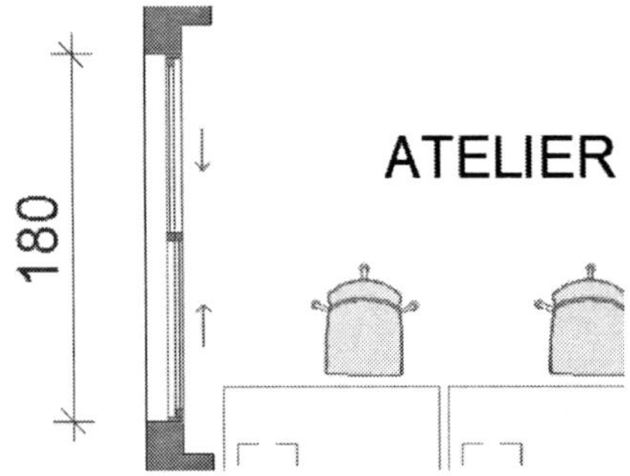

La fenêtre de commande affiche :

```
COT
Sélectionnez les objets ou spécifiez le premier point d'origine de la ligne d'attache ou
[Angulaire ligneBase Continuer Superposée aliGner Distribuer caLque annUler]:
```

▶ Appuyez sur [Entrée] pour quitter la commande **Cote**.

4. Étape 4 : Changer de style de cotation courant

Changeons de style de cotation pour spécifier les cotes des cloisons intérieures.

▶ Déroulez le groupe de fonctions **Annotation** (onglet **Début**) en cliquant sur l'icône , et déroulez la liste de styles de cote.

▶ Dans la liste des styles de cote, choisissez le style **Int 1-50** pour le rendre courant.

Les prochaines cotes créées utiliseront les paramètres du style courant.

▶ Dans le groupe de fonctions **Annotation** (onglet **Début**), activez la commande **Cote** .

La fenêtre de commande affiche :

```
COT
Sélectionnez les objets ou spécifiez le premier point d'origine de la ligne d'attache ou
[Angulaire ligneBase Continuer Superposée aliGner Distribuer caLque annUler]:
```

▶ Cliquez sur les extrémités indiquées sur la figure ci-dessous pour spécifier la position des premier et second points d'origine de la cote.

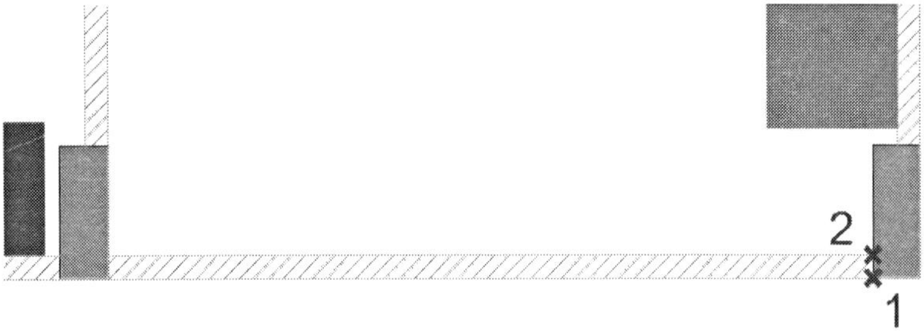

La fenêtre de commande affiche :

```
COT Spécifiez l'emplacement de la ligne de cote ou la seconde ligne de l'angle
[textMult Texte aNgle texte annUler]:
```

▶ Déplacez le pointeur vers la gauche et cliquez pour positionner la ligne de cote comme indiqué dans la figure ci-dessous.

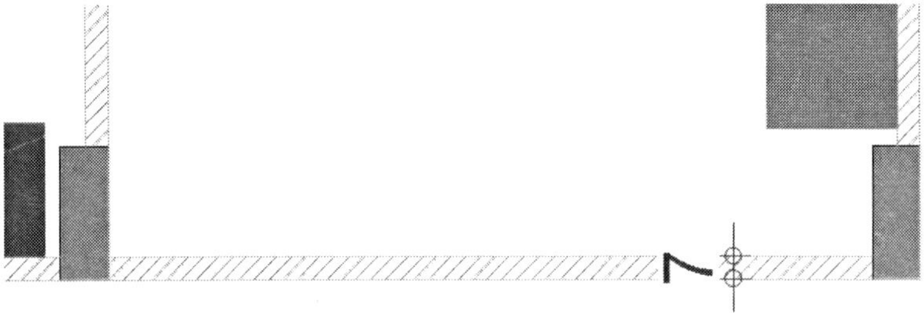

La fenêtre de commande affiche :

```
COT
Sélectionnez les objets ou spécifiez le premier point d'origine de la ligne d'attache ou
[Angulaire ligneBase Continuer Superposée aliGner Distribuer caLque annUler]:
```

▶ Dans la zone graphique, cliquez sur la ligne indiquée dans la figure ci-dessous.

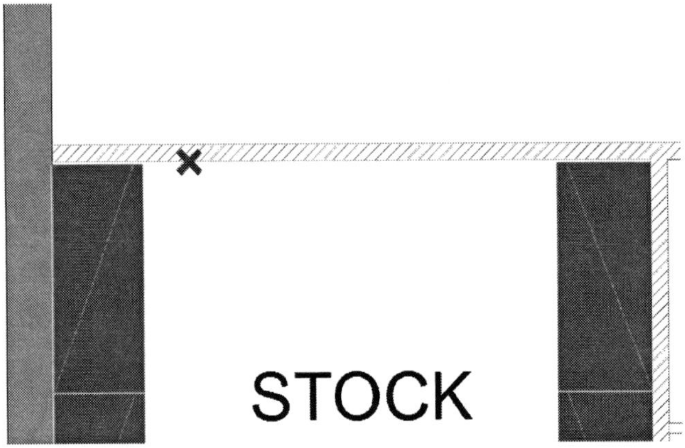

La fenêtre de commande affiche :

```
COT Spécifiez l'emplacement de la ligne de cote ou la seconde ligne de l'angle
[textMult Texte aNgle texte annUler]:
```

▶ Positionnez la ligne de cote.

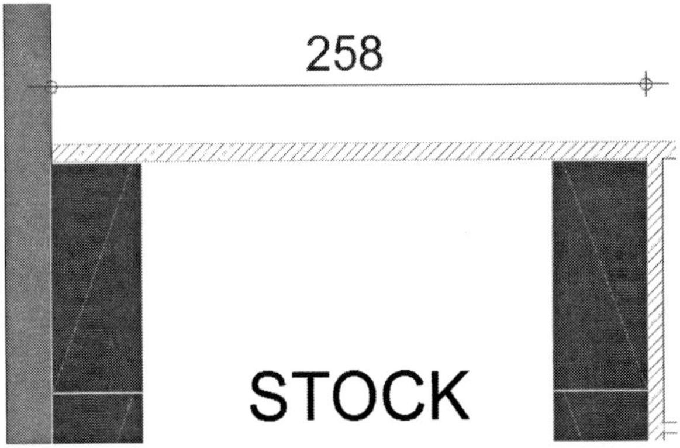

La fenêtre de commande affiche :

```
COT
Sélectionnez les objets ou spécifiez le premier point d'origine de la ligne d'attache ou
[Angulaire ligneBase Continuer Superposée aliGner Distribuer caLque annUler]:
```

▶ Appuyez sur [Entrée] pour quitter la commande **Cote**.

5. Étape 5 : Créer rapidement une série de cotes

▶ Sélectionnez la cote indiquée sur la figure ci-dessous.

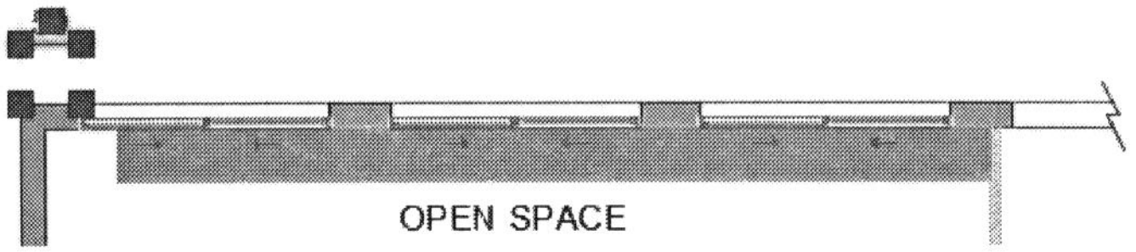

Les poignées dynamiques de la cote apparaissent.

▶ Placez le pointeur sur la poignée dynamique de la flèche de droite pour afficher le menu contextuel ci-dessous, et choisissez **Cote continue**.

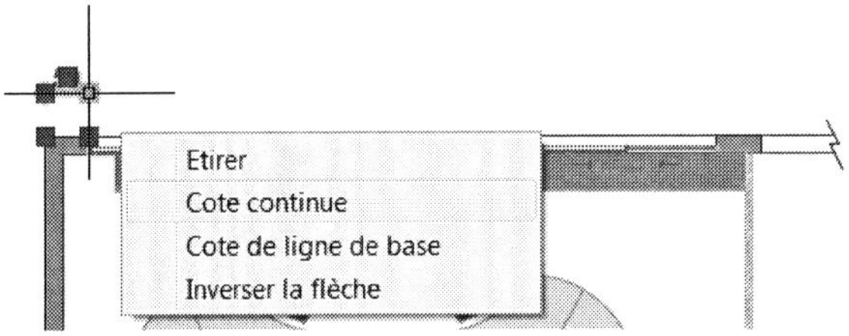

▶ Cliquez sur les extrémités indiquées sur la figure ci-dessous pour spécifier la position des points d'origine des nouvelles cotes.

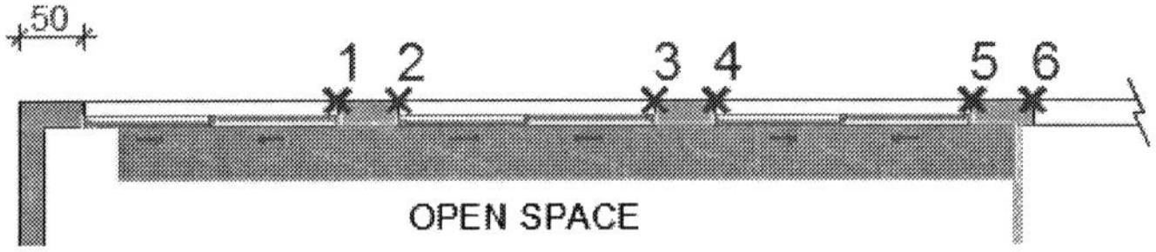

▶ Appuyez sur [Entrée] pour quitter la commande **Cote continue** et appuyez sur [Echap] pour annuler la sélection.

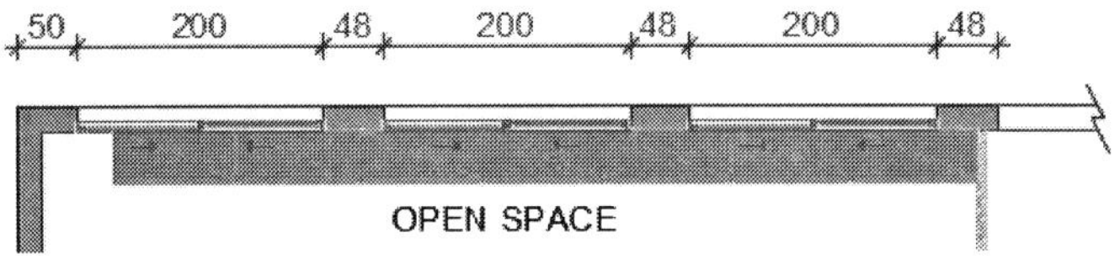

▶ Répétez l'opération pour les cotes de **180**, **7**, et **258** créées précédemment.

La figure ci-dessous affiche le résultat obtenu.

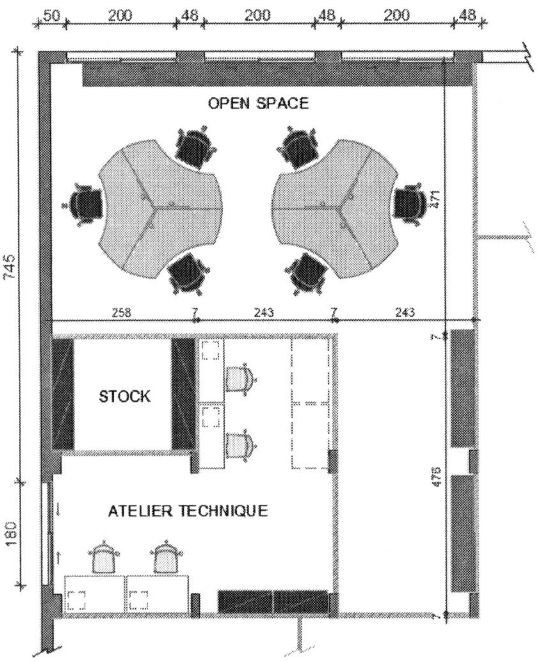

6. Étape 6 : Déposer des lignes de repère

Pour poursuivre les annotations sur notre plan, nous allons maintenant utiliser des lignes de repère pour légender les différents postes de l'atelier technique.

▶ Dans le groupe de fonctions **Calques** (onglet **Début**), déroulez la liste des calques et cliquez sur le calque **GLF-51-Textes et tableaux** pour le rendre courant.

▶ Dans le groupe de fonctions **Annotation** (onglet **Début**), activez l'outil **ligne de repère** 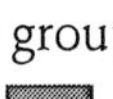.

La fenêtre de commande affiche :

```
LIGNEDEREPMULT Spécifiez l'emplacement de la pointe de flèche de la ligne de repère ou
[Ligne de guidage de la ligne de repère en premier Contenu en premier Options] <Options>:
```

- Cliquez sur le point indiqué dans la figure ci-dessous pour spécifier la position de la flèche de la ligne de repère.

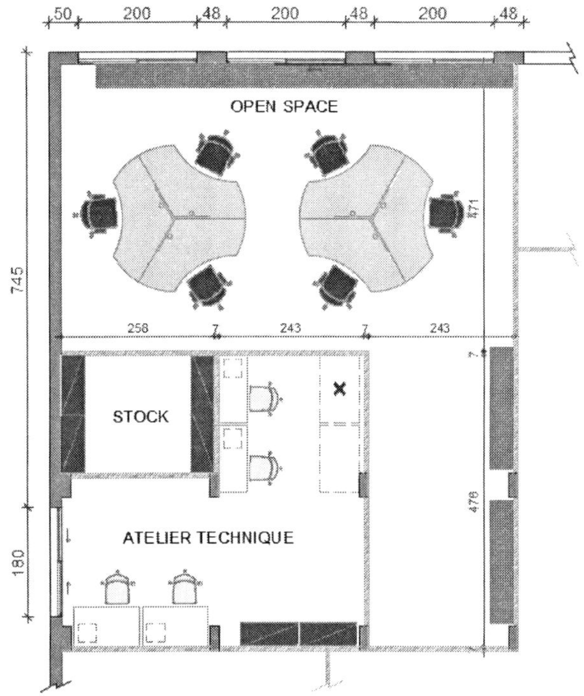

La fenêtre de commande affiche :

```
LIGNEDEREPMULT Spécifiez l'emplacement de la ligne de guidage de la ligne de repère:
```

- Cliquez sur le point indiqué sur la figure ci-après pour spécifier la position du texte.

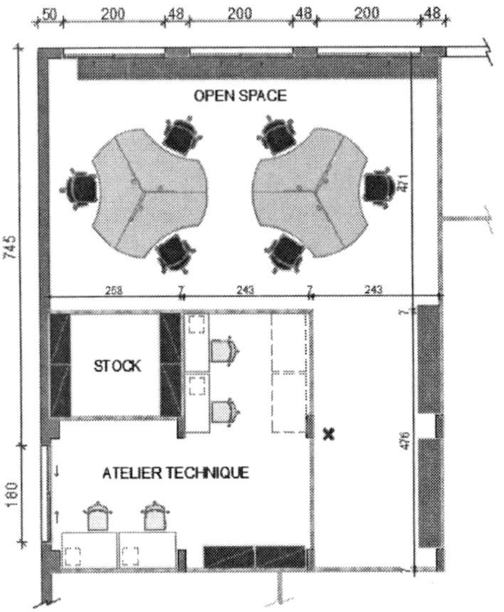

- Saisissez le texte **Découpe laser**, et cliquez à l'extérieur de la zone de texte pour quitter la commande **Ligne de repère**.

La figure ci-dessous affiche le résultat obtenu.

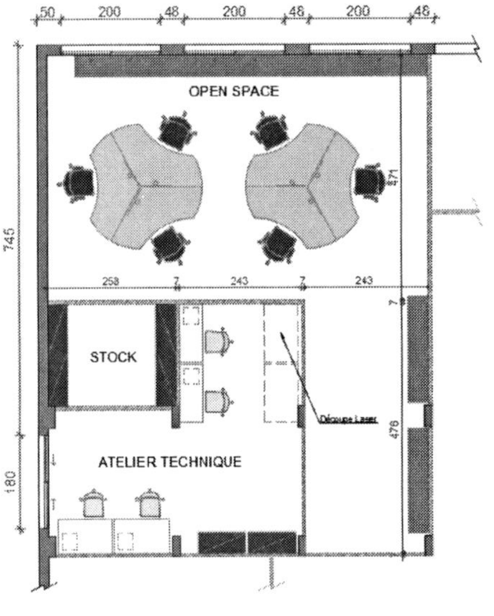

■ Répétez l'opération pour créer des lignes de repère distinctes avec les textes respectifs suivants **Imprimante 3D**, **Ordinateur**, **Imprimante**, **Fer à souder** et **Fraiseuse**, selon les positions des flèches (1, 2, 3, 4 et 5) mentionnées ci-dessous.

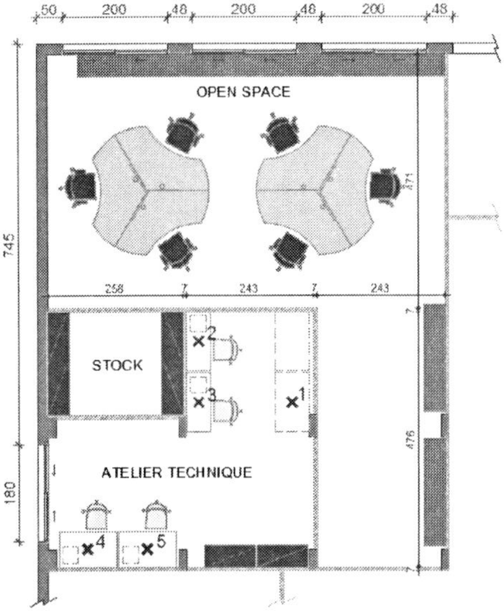

La figure ci-dessous affiche le résultat obtenu.

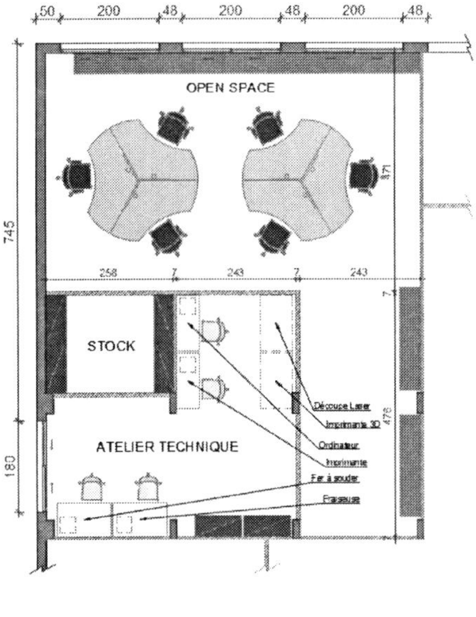

7. Étape 7 : Aligner des lignes de repère

Pour une meilleure présentation du texte des lignes de repère, nous allons aligner celles-ci les unes par rapport aux autres.

▶ Dans le groupe de fonctions **Annotation** (onglet **Début**), déroulez l'icône **Ligne de repère**  et choisissez l'icône **Aligner** .
La fenêtre de commande affiche :

```
ALIGNLIGNEDEREPMULT Sélectionnez des lignes de repère multiples:
```

▶ Sélectionnez les lignes de repère précédemment créées et validez en appuyant sur [Entrée].
La fenêtre de commande affiche :

```
ALIGNLIGNEDEREPMULT
Sélectionnez des lignes de repère multiple pour l'alignement ou [Options]:
```

▶ Dans la fenêtre de commande, cliquez sur **Options**.
La fenêtre de commande affiche :

```
ALIGNLIGNEDEREPMULT Entrez une option ou [Distribuer
Rendre les segments de la ligne de repère parallèles Spécifier l'espacement
Utiliser l'espacement courant]<Spécifier l'espacement>:
```

▶ Cliquez sur **Spécifier l'espacement**.
La fenêtre de commande affiche :

```
ALIGNLIGNEDEREPMULT Spécifiez l'espacement <15.000000>:
```

▶ Saisissez **15** pour renseigner la valeur de l'espacement entre les lignes de repère et appuyez sur [Entrée] pour valider.
La fenêtre de commande affiche :

```
ALIGNLIGNEDEREPMULT
Sélectionnez des lignes de repère multiple pour l'alignement ou [Options]:
```

▶ Cliquez sur la ligne de repère **Découpe Laser** sur laquelle aligner les autres lignes de repère.
La fenêtre de commande affiche :

```
ALIGNLIGNEDEREPMULT Spécifiez la direction:
```

- Déplacez le pointeur vers le bas verticalement, pour spécifier la position du second point de l'axe.

  Les lignes de repère seront alignées le long de cet axe, tel que le montre la figure ci-dessous.

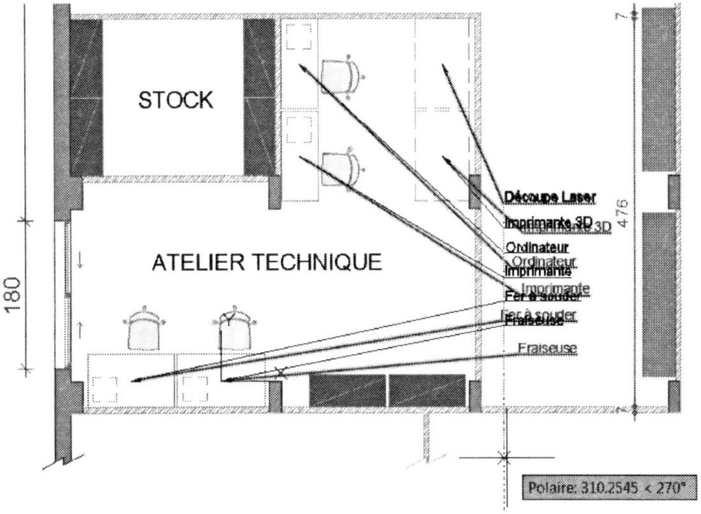

La figure ci-dessous affiche le résultat obtenu.

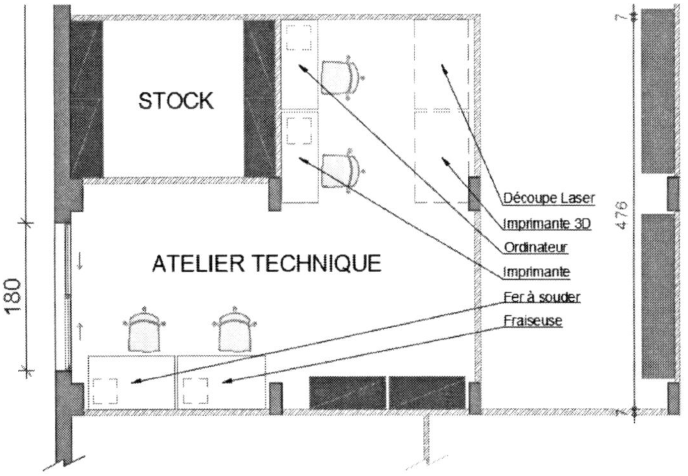

Chapitre 6
Les tableaux

1. Introduction

AutoCAD LT permet la création automatisée d'objets tableaux. Ceci vous évite de concevoir des tableaux à partir de lignes individuelles, textes, et blocs. Après avoir précisé la structure des cellules du tableau, vous y entrez du texte, des champs, des symboles, ou y insérez des blocs.

Les formules permettent l'automatisation des calculs au sein des tableaux.

Les paramètres des tableaux peuvent être enregistrés dans des styles de tableaux pour des utilisations ultérieures de modèles prédéfinis.

2. Créer un tableau

■ Dans le groupe de fonctions **Tableaux** (onglet **Annoter**), choisissez l'icône **Tableau** .

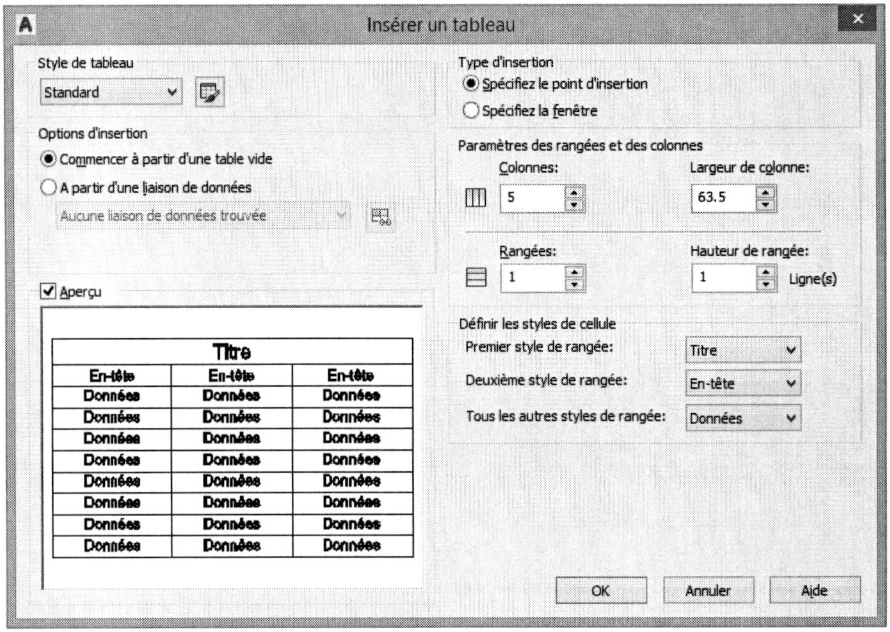

Paramètres des styles de tableau

La liste **Style de tableau** affiche par défaut le style **Standard**. Cette liste permet l'accès aux styles de tableau présents dans le dessin courant. À droite de cette liste, le bouton **Boîte de dialogue Style de tableau**  permet la création et la modification des styles de tableau (voir Les styles de tableau dans ce chapitre).

L'**Aperçu** respecte les divers paramètres du tableau tels que le style de texte, les en-têtes, titres et données de tableau, les couleurs, les bordures, le remplissage, les alignements, les colonnes et rangées...

Type d'insertion

- Activez le bouton-radio **Spécifiez le point d'insertion** pour imposer l'insertion du tableau à l'aide du dispositif de pointage. Si le style de tableau définit un sens de lecture du tableau du haut vers le bas, le point d'insertion est situé en haut à gauche. Si le sens de lecture est défini du bas vers le haut, le point d'insertion est situé en bas à gauche.

  Le bouton-radio **Spécifiez la fenêtre** permet de positionner et de dimensionner le tableau à l'aide du dispositif de pointage. Ainsi le nombre de rangées et la largeur des colonnes dépendent de la taille de la fenêtre matérialisée avec le dispositif de pointage.

Options d'insertion

- Choisissez le bouton-radio **Commencer à partir d'une table vide** pour créer un nouveau tableau sans données.

  Vous pouvez choisir **A partir d'une liaison de données** pour créer un tableau à partir d'une feuille de calcul Excel existante.

Paramètres des rangées et des colonnes

- Définissez les nombre et largeur de colonnes dans les zones de texte **Colonnes** et **Largeur de colonne**. Si le type d'insertion choisi est **Spécifiez la fenêtre**, alors la largeur de colonne indique **Auto** et est fonction de la fenêtre matérialisée avec le dispositif de pointage. La largeur minimum est la largeur d'un caractère.
- Définissez les nombre et hauteur de rangées dans les zones de texte **Rangées** et **Hauteur de rangée**. Si le type d'insertion choisi est **Spécifiez la fenêtre**, alors le nombre de rangées de données indique **Auto** et est fonction de la fenêtre matérialisée avec le dispositif de pointage. La hauteur de rangée minimum est une ligne.

Définir les styles de cellule

- Utilisez les listes déroulantes définir les styles de cellules pour les différentes cellules du tableau tels que **titres**, **en-têtes** et **données**.
- Confirmez sur **OK**.
- Spécifiez l'emplacement du tableau en cliquant dans la zone graphique.

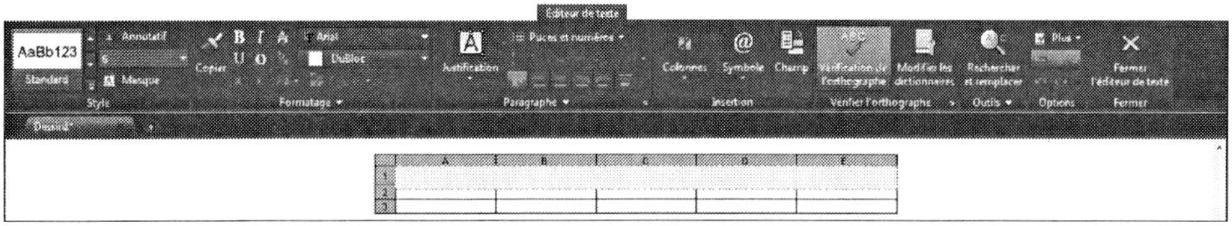

Dans les groupes de fonctions de l'onglet **Editeur de texte**, les options de style de texte, police, taille de caractère et mise en forme de caractère sont accessibles pour le texte à saisir dans chacune des cellules du tableau.

La rangée de titre du tableau est sélectionnée.

- Saisissez le titre du tableau.

Pour la saisie des en-têtes et données de tableau, utilisez la touche [Tab] pour passer d'une cellule de tableau à une autre de la gauche vers la droite, et ligne après ligne du haut vers le bas. La combinaison des touches [Shift][Tab] permet un déplacement inverse. Les flèches de déplacement du clavier [Flèche en haut], [Flèche en bas], [Flèche à gauche] et [Flèche à droite] permettent de naviguer dans les cellules du tableau de façon aléatoire.

- Confirmez par **OK** pour valider la saisie du tableau.

3. Sélectionner les cellules du tableau

Selon les manipulations à effectuer sur un tableau existant, vous devez sélectionner une ou plusieurs cellules, une ou plusieurs rangées, une ou plusieurs colonnes, ou encore le tableau entier.

- Cliquez dans une cellule pour la sélectionner. La touche [Shift] permet la sélection continue de plusieurs cellules.
- Effectuez un cliqué-glissé et définissez un rectangle de sélection (affiché en pointillés) en chevauchant les frontières internes des cellules pour sélectionner des rangées ou colonnes. La touche [Shift] permet la sélection continue de rangées ou colonnes.
- Cliquez sur l'un des bords extérieurs du tableau pour sélectionner celui-ci dans sa totalité.

4. Modifier les propriétés du tableau

Uniformiser la taille des colonnes et rangées

▶ Cliquez sur l'un des bords du tableau. Effectuez un clic droit, le menu contextuel suivant est affiché :

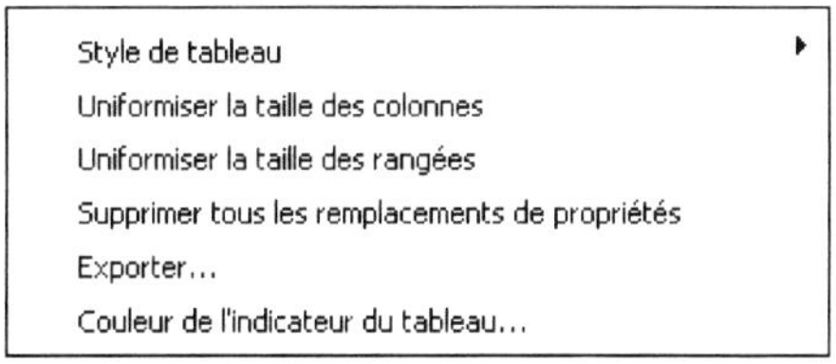

▶ Choisissez **Uniformiser la taille des colonnes** ou **Uniformiser la taille des rangées** pour agir globalement sur le tableau.

Insérer une colonne ou une ligne

▶ Cliquez dans une cellule située dans la colonne ou ligne concernée.

Le groupe de fonctions contextuel ci-dessous est affiché :

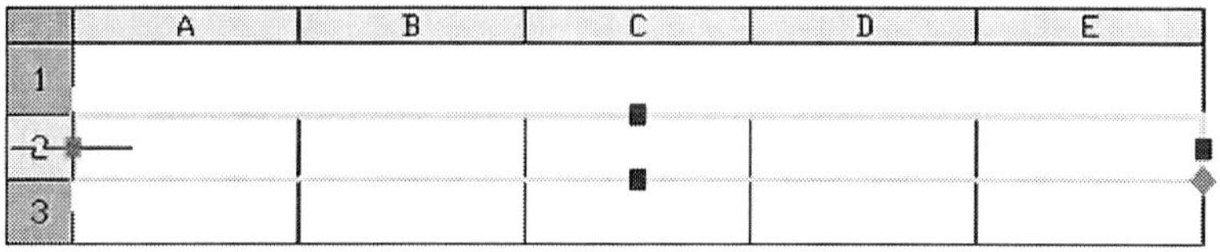

▶ Dans le groupe de fonctions **Lignes** (onglet **Cellule de tableau**), choisissez **Insérer au-dessus** 

ou **Insérer au-dessous** 

pour insérer une rangée ; ou dans le groupe de fonctions **Colonnes**, **Insérer à gauche** 

ou **Insérer à droite** 

pour insérer une colonne.

Remarque

Ces insertions de rangée et colonne sont également accessibles depuis le menu contextuel (clic droit).

Supprimer une colonne ou une ligne

▶ Cliquez dans une cellule située dans la colonne ou ligne concernée.

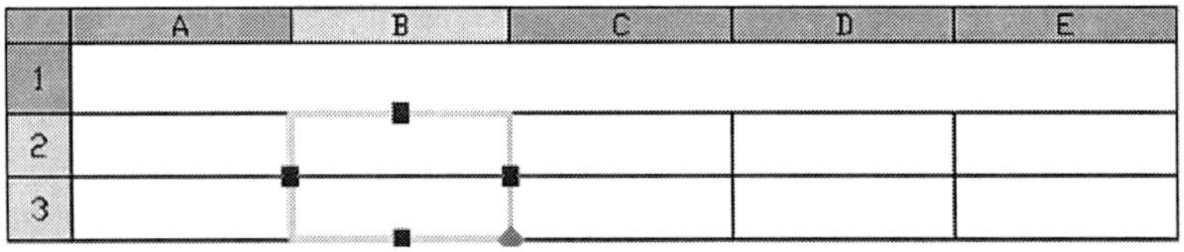

▶ Dans les groupes de fonctions **Lignes** et **Colonnes**, choisissez **Supprimer ligne(s)** 

ou **Supprimer la ou les colonne(s)** 

pour supprimer la rangée ou la colonne.

Fusionner des cellules

La fusion permet de transformer plusieurs cellules conjointes en une seule cellule.

▶ Sélectionnez les cellules à fusionner.

▶ Dans le groupe de fonctions **Fusion**, choisissez le bouton-liste **Fusionner les cellules** :

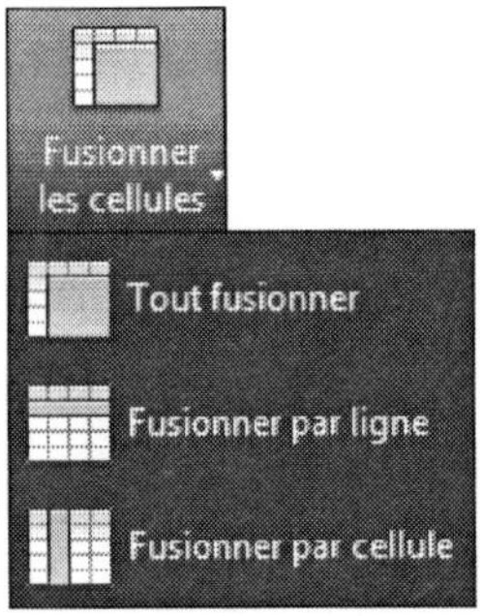

▶ En fonction de la sélection de cellules à fusionner, sélectionnez **Tout fusionner** pour une fusion de toutes les cellules sélectionnées, ou **Fusionner par ligne** pour une fusion des cellules de la même rangée ou encore **Fusionner par cellule** pour une fusion des cellules de la même colonne.

Remarque

L'annulation de la fusion est possible en sélectionnant le résultat de la fusion puis clic droit ***Annuler la fusion des cellules****.*

Uniformiser des colonnes

Vous pouvez diviser uniformément une largeur occupée par plusieurs colonnes pour obtenir des colonnes de même largeur. AutoCAD LT ne modifie pas la largeur totale.

- Sélectionnez les cellules ou les colonnes (une cellule par colonne suffit).
- Effectuez un clic droit et choisissez **Colonnes**, puis **Uniformiser**.

Uniformiser la taille des rangées

Vous pouvez appliquer une même hauteur à plusieurs rangées. AutoCAD LT prend comme référence la rangée de plus grande taille, et augmente la hauteur du tableau.

- Sélectionnez les cellules ou les rangées (une cellule par rangée suffit).
- Effectuez un clic droit et choisissez **Rangées**, puis **Uniformiser**.

Placer des bordures

Vous pouvez positionner des bordures sur une ou plusieurs cellules ou sur l'ensemble du tableau.

- Sélectionnez les cellules pour lesquelles vous souhaitez appliquer ou modifier une bordure.
- Dans le groupe de fonctions **Styles de cellule**, choisissez le bouton **Bordures de cellules** .

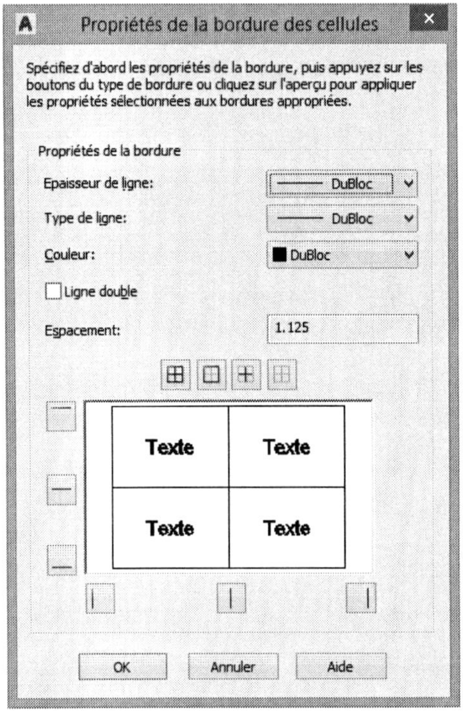

- Dans la boîte de dialogue **Propriétés de la bordure des cellules**, choisissez l'**Epaisseur de ligne**, le **Type de ligne** et la **Couleur** à attribuer à la bordure.
- Puis choisissez le type de bordures parmi les boutons **Toutes les bordures**, **Bordures supérieures**, **Bordures intérieures**, **Aucune bordure**, **Bordure supérieure**, **Bordure horizontale intérieure**, **Bordure inférieure**, **Bordure gauche**, **Bordure verticale intérieure**, **Bordure droite**.
- Confirmez par **OK**.

Modifier le texte d'une cellule

- Effectuez un double clic dans la cellule.
- Procédez aux modifications dans l'éditeur de texte à l'aide des options de style de texte, police, taille de caractère et mise en forme de caractère.
- Cliquez sur le bouton **Fermer l'éditeur de texte** pour quitter.

Supprimer le contenu d'une cellule

Vous pouvez supprimer rapidement le contenu d'une ou de plusieurs cellules (texte, bloc, champ).

- Sélectionnez la ou les cellule(s).
- Appuyez sur la touche [Suppr].

Aligner le contenu des cellules

- Sélectionnez les cellules dont vous voulez modifier l'alignement.
- Effectuez un clic droit et choisissez **Alignement** puis l'alignement souhaité.

Insérer un bloc dans une cellule de tableau

- Sélectionnez la cellule dans laquelle vous souhaitez insérer un bloc.
- Effectuez un clic droit et choisissez **Insérer** puis **Bloc**.

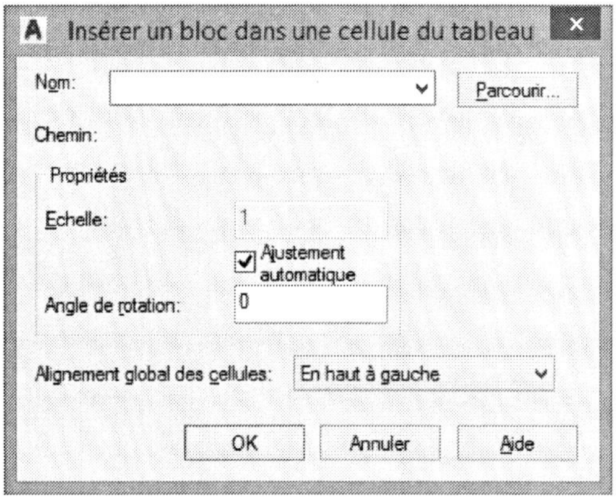

- Choisissez le bouton **Parcourir** pour choisir le fichier dessin qui sera inséré comme un bloc.

- Dans la rubrique **Propriétés**, choisissez l'**Alignement** du bloc dans la cellule.
- Choisissez l'**Echelle** d'insertion ou cochez la case **Ajustement automatique** pour obtenir une adaptation du bloc en fonction de la taille de la cellule. Enfin, choisissez l'**Angle de rotation** si vous souhaitez orienter le bloc suivant un angle particulier.
- Dans la zone **Alignement global des cellules**, choisissez l'**Alignement** du bloc dans le cellule.
- Confirmez par **OK** pour valider l'insertion du bloc.

Insérer un champ dans une cellule de tableau

- Effectuez un double clic dans la cellule dans laquelle vous souhaitez insérer un champ.
- Dans le groupe de fonctions **Insertion** (onglet **Editeur de texte**), cliquez sur l'icône **Champ** 
.

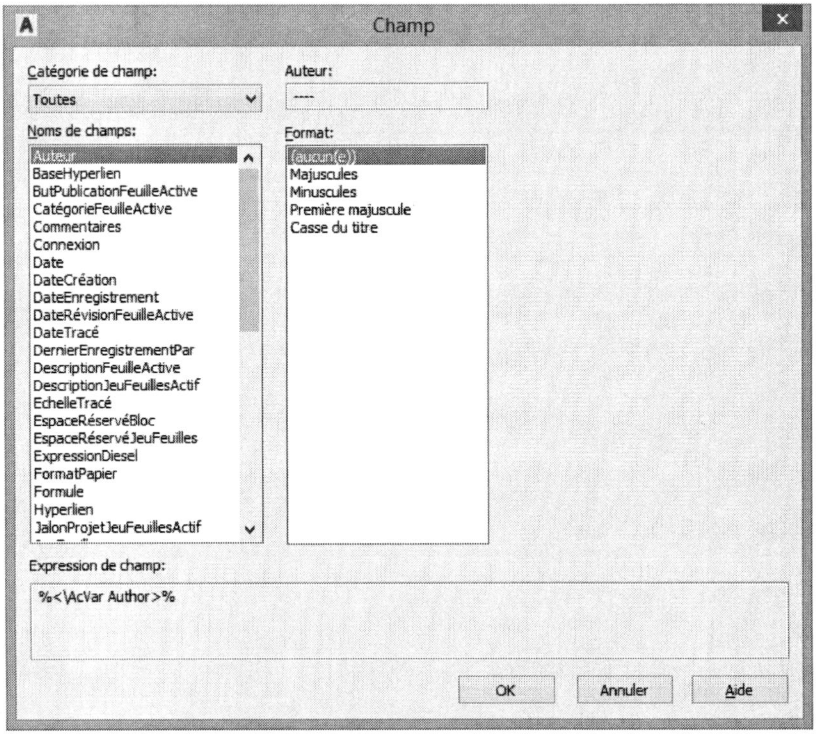

- Choisissez le type de champ dans la liste **Noms de champs** ainsi que le format dans la liste **Format** (cf. chapitre Les champs pour plus de détails).
- Confirmez par **OK**.

Insérer une formule dans un tableau

Les cellules d'un tableau peuvent contenir des formules de calcul basées sur la valeur des autres cellules du tableau. L'insertion de formule est permise à l'aide du menu contextuel, lorsqu'une cellule est sélectionnée. Vous pouvez également ouvrir l'éditeur de texte intégré et saisir manuellement une formule dans une cellule du tableau.

Dans les formules, les cellules sont référencées avec le libellé de colonne (A, B, C...) et le numéro de rangée (1, 2, 3...). Par exemple, la cellule située en haut à gauche est la cellule A1. Les cellules fusionnées utilisent le numéro correspondant à la cellule située en haut à gauche.

La plage de cellules

Une plage de cellules est constituée par une liste continue de cellules adjacentes. Une plage de cellules est définie par les références de cellule séparées par deux points. Ainsi la plage A5:C10 comprend les cellules des rangées 5 à 10 incluses dans les colonnes A, B et C.

À l'inverse, une sélection de cellules discontinue est annotée A4,B5,C6. Ceci signifie la prise en compte exclusive des valeurs de cellules A4, B5 et C6.

Une formule doit commencer par le signe égal (=). Les formules **Somme**, **Moyenne** et **Compte** ne tiennent pas compte des cellules vides ni de celles qui ne contiennent pas une valeur numérique. Les autres formules affichent un symbole d'erreur (#) si l'une des cellules de l'expression arithmétique est vide ou contient des données non numériques. Utilisez l'option **Cellule** du menu contextuel pour sélectionner une cellule dans un autre tableau du même dessin. Une fois la cellule sélectionnée, l'éditeur de texte intégré s'ouvre pour vous permettre de saisir le reste de la formule.

La formule **Somme** (SUM) permet d'obtenir le résultat de l'addition d'une plage de cellules. Ce résultat est automatiquement modifié si la valeur de l'une des cellules est modifiée.

La formule **Moyenne** (AVERAGE) permet d'obtenir la valeur moyenne des valeurs présentes dans une plage de cellules.

La formule **Compte** (COUNT) permet d'obtenir le nombre de cellules présentes dans une plage de cellules sélectionnée.

Pour ces trois formules, AutoCAD LT vous demande de sélectionner par deux coins les cellules concernées par le calcul. Pour prendre en compte les cellules concernées, ces deux points doivent croiser les cellules (identique à une sélection par Capture).

AutoCAD LT autorise les opérations arithmétiques simples telles que les additions, soustractions, multiplications, divisions. Les opérateurs utilisés sont les suivants :

- Addition : **+**
- Soustraction : **-**
- Multiplication : *
- Division : /

Ainsi, depuis l'éditeur de texte, vous pouvez directement saisir les formules telles que les exemples ci-après :

=B3*C5	Calcule le produit des valeurs incluses dans les cellules B3 et C5.
=A4+C8+D9	Calcule la somme des valeurs incluses dans les cellules A4, C8 et D9.
=(B2/C4)*E3	Calcule le produit de la valeur de la cellule E3 par le résultat de la division de la cellule B2 par la cellule C4.
=SUM(B2:B5)	Calcule la somme des valeurs de la plage de cellules depuis B2 jusque B5 (incluses les cellules B3 et B4).
=SUM(A2,B5,B7)	Calcule la somme des valeurs incluses dans les cellules A2, B5 et B7.
=AVERAGE(B3:B12)	Calcule la moyenne des valeurs incluses de la plage de cellules B3 à B12.
=COUNT(C1:C112)	Calcule le nombre de cellules de la plage C1 à C112.

Prenons l'exemple du tableau suivant :

Trim 1	600
Trim 2	750
Trim 3	800
Trim 4	975
Sous-total	
Coefficient pondérateur	0,75
TOTAL	

Formule Somme

La formule permettant d'obtenir le sous-total est la somme des quatre cellules situées au-dessus.

- Placez le curseur dans la cellule dans laquelle vous souhaitez afficher le résultat du sous-total.
- Effectuez un clic droit, choisissez **Insérer** puis **Champ** dans le menu contextuel.

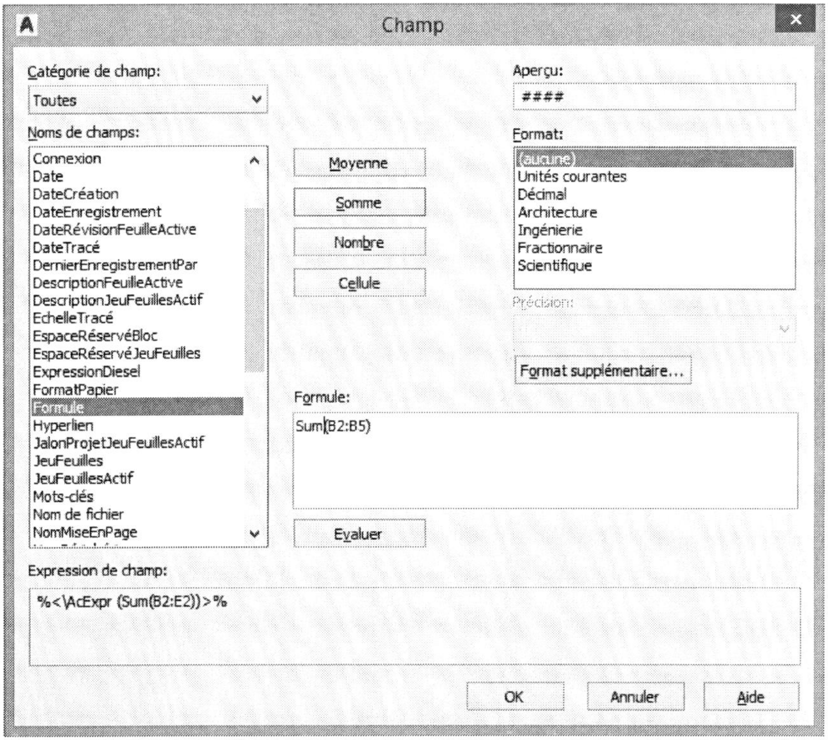

- Dans la boîte de dialogue **Champ**, dans la liste **Noms de champs**, sélectionnez **Formule**.
- Cliquez sur le bouton **Somme**. AutoCAD vous invite à effectuer deux clics couvrant les cellules à additionner (soit un premier clic dans la première cellule à calculer, 600, et un second dans la dernière, 975).
- Dans la liste **Format**, sélectionnez le format du champ (décimal par exemple), puis la précision voulue.
- Confirmez par **OK**.

Vous obtenez le résultat sur un arrière-plan grisé qui indique qu'il s'agit d'un champ. Cet arrière-plan n'est pas imprimé.

Remarque

*Cette fonction est également accessible depuis l'icône **Insérer un champ** dans le groupe **Insertion** (onglet **Cellule de tableau**).*

Si vous modifiez la valeur d'une des cellules du tableau, le résultat du sous-total est immédiatement modifié.

Formule Produit

Dans ce même tableau, la formule permettant d'obtenir le Total est le produit du sous-total avec le coefficient pondérateur.

- Placez le curseur dans la cellule dans laquelle vous souhaitez afficher le résultat du Total.
- Effectuez un clic droit et choisissez **Insérer** puis **Champ**.

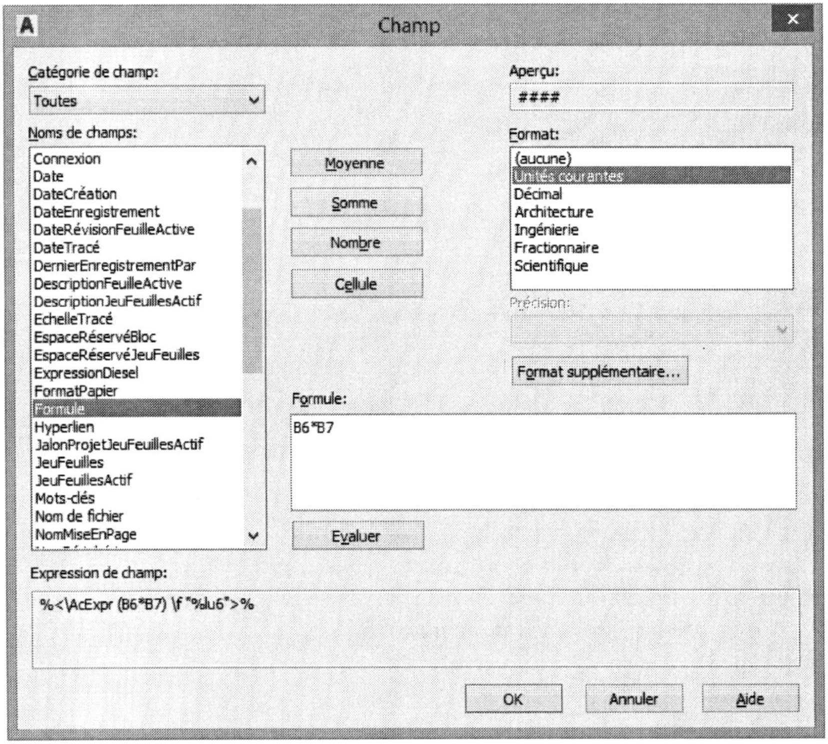

- Dans la boîte de dialogue **Champ**, dans la liste **Noms de champs**, sélectionnez **Formule**.
- Cliquez sur le bouton **Cellule**. AutoCAD LT vous invite à cliquer sur une des cellules concernées par le calcul. Cliquez sur la valeur du sous-total.
- Dans la zone de texte **Formule**, le nom de la cellule est affichée (B6 par exemple).
- Saisissez le signe * (multiplier) juste après le nom de la cellule.
- Cliquez à nouveau sur le bouton **Cellule** pour enfin cliquer sur la valeur correspondant au coefficient pondérateur.
- Dans la zone de texte **Formule**, la formule complète est affichée (B6*B7 par exemple).
- Dans la liste **Formats**, sélectionnez le format du champ (décimal par exemple), puis la précision voulue. Confirmez par **OK**.

Vous obtenez le résultat sur un arrière-plan grisé qui indique qu'il s'agit d'un champ. Cet arrière-plan n'est pas imprimé.

Remarque

*Cette fonction est également accessible depuis l'icône **Insérer un champ** dans le groupe **Insertion** (onglet **Cellule de tableau**).*

Si vous modifiez la valeur d'une des cellules du tableau, le résultat du sous-total est immédiatement modifié.

Utiliser la fenêtre Propriétés pour modifier les caractéristiques du tableau

La fenêtre **Propriétés** permet de modifier l'ensemble des caractéristiques d'une cellule, de plusieurs cellules ou d'un tableau entier.

- Sélectionnez la ou les cellule(s).
- Effectuez un clic droit et choisissez **Propriétés**.

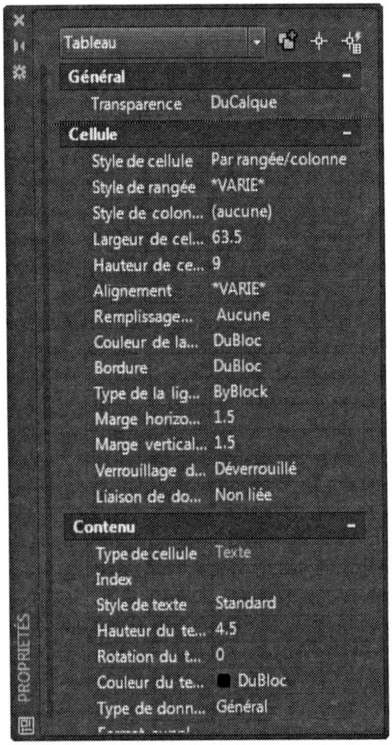

- Dans la rubrique **Cellule**, agissez sur les hauteur et largeur de cellule, l'alignement du texte, le remplissage d'arrière-plan des cellules, les bordures, la couleur des bordures.
- Dans la rubrique **Contenu**, modifiez le texte lui-même, modifiez le style, la hauteur, la rotation et la couleur du texte.

Redimensionner rapidement un tableau à l'aide des poignées

Les poignées constituent une manière très rapide de redimensionner une colonne, une rangée, un tableau. La touche [Ctrl] permet une modification d'une colonne ou rangée sans altérer la largeur ou hauteur du tableau.

- Cliquez sur l'un des bords du tableau pour le sélectionner.

  Des poignées sont affichées sur chaque coin du tableau ainsi qu'aux coins supérieurs de chaque colonne.
- Sélectionnez une poignée supérieure située entre deux colonnes.
- Effectuez un déplacement de la poignée pour redimensionner la colonne. Si vous appuyez sur la touche [Ctrl], la largeur du tableau ne change pas, sinon elle est affectée.

5. Les styles de tableau

Vous pouvez créer vos propres styles de tableau ou utiliser le style par défaut (Standard). Les styles de tableau vous permettent de contrôler l'apparence et les paramètres de tableaux prédéfinis tels que la mise en forme de rangées et de colonnes, des cellules fusionnées, de cellules simples, la justification du texte, les bordures, le sens de lecture...

5.1 Créer un style de tableau

- Déroulez le groupe de fonctions **Annotation** (onglet **Début**), et cliquez sur l'icône **Style de tableau** .

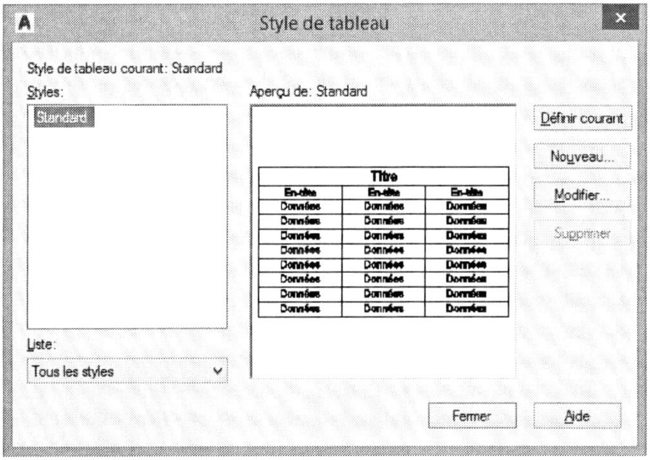

- Dans la boîte de dialogue **Style de tableau**, cliquez sur le bouton **Nouveau...** pour créer un nouveau style de tableau.

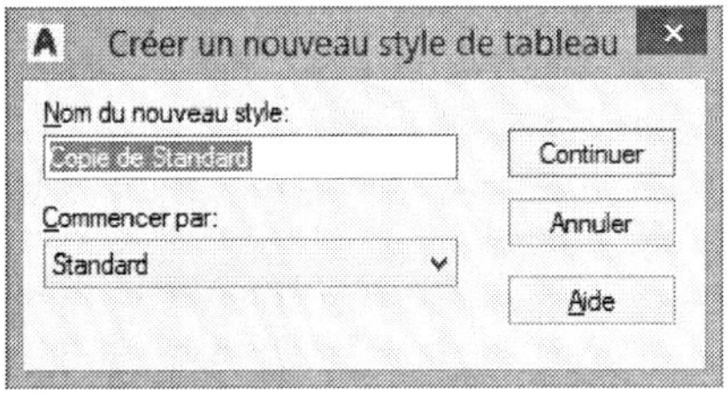

- Dans la boîte de dialogue **Créer un nouveau style de tableau**, saisissez le nom du style à créer.

- Sélectionnez si nécessaire un style de référence dans la liste **Commencer par**.
- Cliquez sur **Continuer**.

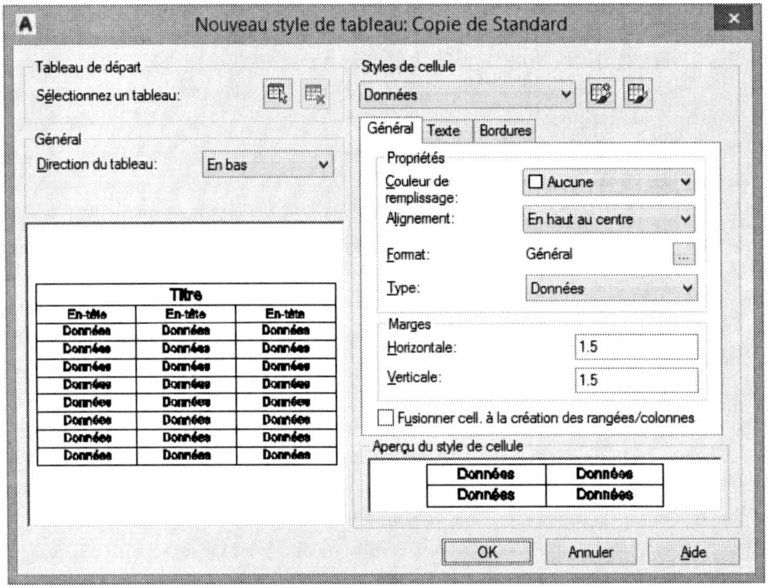

- Dans la boîte de dialogue **Nouveau style de tableau**, définissez l'ensemble des options ci-dessous du tableau :

Rubrique Tableau de départ

Sélectionnez le bouton **Sélectionnez un tableau** , pour sélectionner un tableau dans le dessin courant. Ce tableau sélectionné sert de base au nouveau style.

Rubrique Général

Définissez la **Direction du tableau**. Sélectionnez **En bas** ou **En haut**. Le choix **En haut** impose une lecture du tableau du bas vers le haut, et la rangée de titre et les en-têtes de colonnes figurent au bas du tableau.

Rubrique Styles de cellule

Dans la liste **Styles de cellules**, sélectionnez un des styles de cellule présent dans le tableau courant.

Choisissez le bouton **Créer un style de cellule**  pour créer un nouveau style de cellules. Le bouton **Boîte de dialogue Gérer les styles de cellule**  permet de créer, renommer ou supprimer les styles de cellule.

Chaque style de cellule comporte les paramètres établis dans les onglets **Général**, **Texte** et **Bordures** présentés ci-après.

L'aperçu du style de cellule permet une visualisation fidèle de l'aspect de la cellule.

Onglet Général

Définissez ici la couleur de remplissage de la cellule, l'alignement du texte dans la cellule, le type et le formatage des données de cellule.

Définissez ici les marges horizontale et verticale séparant le texte du bord de la cellule.

Onglet Texte

Définissez ici les propriétés de texte de la cellule telles que le style de texte, la hauteur, la couleur et l'angle du texte.

Onglet Bordures

Sélectionnez ici l'épaisseur de ligne, le type de ligne, la couleur, l'aspect double ligne et l'espacement de cette double ligne, puis sélectionnez l'un des boutons correspondant aux bordures à appliquer avec ces propriétés.

- Confirmez par **OK** pour valider la création du style de tableau.

5.2 Modifier un style de tableau

- Dans le groupe de fonctions **Annotation** (onglet **Début**), choisissez l'icône **Style de tableau** .
- Dans la boîte de dialogue **Style de tableau**, sélectionnez le style de tableau à modifier dans la liste **Styles**.
- Cliquez sur le bouton **Modifier** pour apporter les modifications au style de tableau.
- Effectuez les réglages comme pour la création d'un style de tableau (voir ci-dessus).
- Confirmez par **OK**.

5.3 Utiliser un style de tableau

- Déroulez le groupe de fonctions **Annotation**, et choisissez l'icône **Style de tableau** .
- Dans la boîte de dialogue **Style de tableau**, sélectionnez le style de tableau à utiliser.

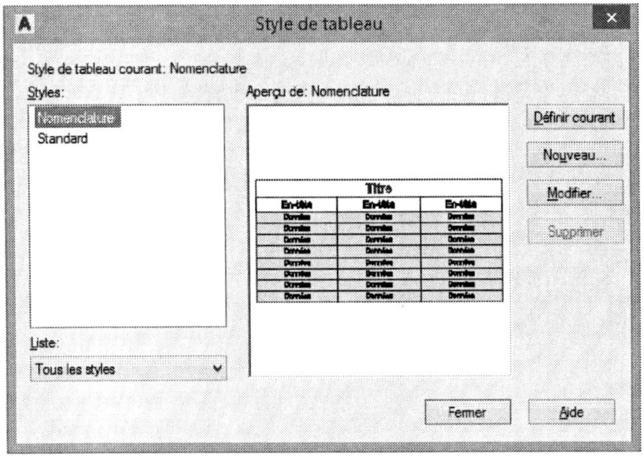

Constatez l'aperçu du tableau respectant les couleurs, polices, remplissage...

▶Choisissez le bouton **Définir courant**.

▶Confirmez sur **Fermer** pour quitter la boîte de dialogue **Style de tableau**.

Pour les prochaines créations de tableau, la boîte de dialogue **Insérer un tableau** affiche automatiquement le style de tableau défini courant dans la liste **Style de tableau**.

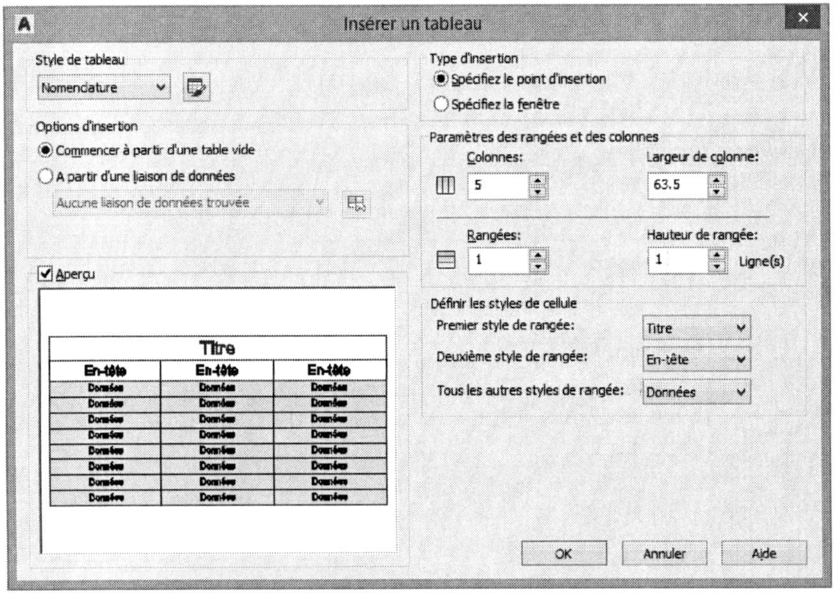

Chapitre 7
Les champs

1. Introduction

Les champs permettent d'indiquer des informations automatisées comme une aire, un calque, une date, une heure, un nom de fichier, un format de mise en page, une échelle, une formule de calcul, etc. AutoCAD LT permet l'insertion de champ dans tout objet texte, afin d'afficher des données modifiables dans le jeu de dessins ou de feuilles. La mise à jour du champ permet l'affichage automatique de la dernière version des données.

AutoCAD LT met à disposition un nombre important de champs modifiables tels que le nom de l'auteur, le commentaire associé au fichier dessin, les dates de création, d'enregistrement, de tracé, l'échelle de tracé, le format du papier, le nom du fichier, le nom du périphérique, la taille du fichier...

Pour chacun des champs, AutoCAD LT propose plusieurs types d'affichage. Les champs sont disponibles lors de la création de texte sur une ligne, de texte multiligne, de définition d'attribut, de texte de cotation, de tableaux...

2. Créer un champ affichant le nom de fichier

Dans l'exemple ci-après, la création d'un champ s'effectue dans un texte multiligne.

▶ Dans le groupe de fonctions **Texte** (onglet **Annoter**), choisissez l'icône **Texte multiligne** 

.

- Spécifiez les deux points qui délimitent l'encombrement du texte multiligne.
- Dans la zone réservée à la saisie du texte, placez le pointeur à l'endroit où vous souhaitez insérer un champ, puis choisissez l'icône **Champ** dans le groupe de fonctions **Insertion** (onglet **Editeur de texte**). Ou faites un clic droit et choisissez **Insérer un champ**.

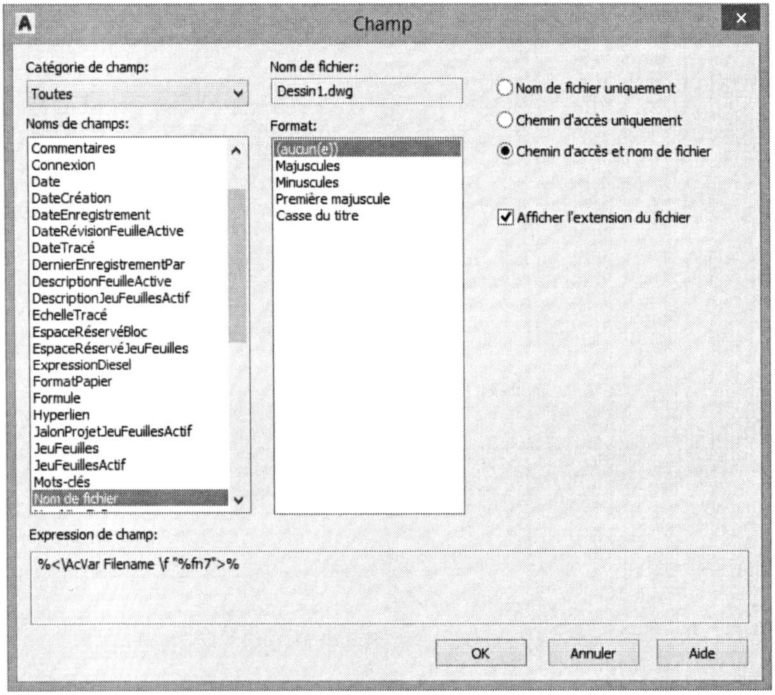

- Dans la boîte de dialogue **Champ**, dans la liste **Noms de champs**, sélectionnez **Nom de fichier**.
- Dans la liste **Format**, sélectionnez le type d'affichage désiré :

  Majuscules : force l'affichage du nom de fichier en majuscules.

  Minuscules : force l'affichage du nom de fichier en minuscules, quel que soit le format de saisie.

  Première majuscule : force l'affichage en majuscule de la première lettre du nom de fichier.

  Casse du titre : impose une majuscule pour la première lettre de chaque mot du nom de fichier.

- Activez le bouton-radio selon le résultat souhaité :

  Nom de fichier uniquement : permet l'affichage du nom du fichier seul sans le nom de l'emplacement.

  Chemin d'accès uniquement : permet l'affichage de l'emplacement seul (unité de disque et dossiers).

  Chemin d'accès et nom de fichier : permet l'affichage du nom du fichier précédé de son emplacement.

  La case à cocher **Afficher l'extension du fichier** permet l'affichage ou le masquage de l'extension .DWG.

- Confirmez par **OK** pour quitter la boîte de dialogue **Champ**.
- Cliquez sur le bouton **Fermer l'éditeur de texte** pour quitter l'éditeur de texte.

  La zone de texte **Nom de fichier** permet l'affichage d'un aperçu du résultat en fonction du choix de format.

3. Créer un champ affichant une surface calculée

L'intérêt d'un champ affichant une surface calculée est le suivant : dès que le contour (la polyligne) subit des modifications, le champ affiche automatiquement la surface modifiée correspondante.

La figure ci-dessous est une polyligne (par exemple) dont vous souhaitez extraire la surface.

Un texte multiligne présente le texte « Surf = x m^2 », la valeur x correspondant à un champ calculé.

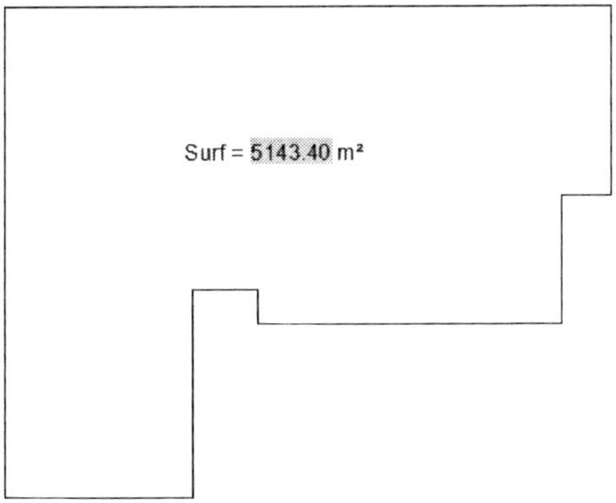

- Dans le groupe de fonctions **Texte** (onglet **Annoter**), choisissez le bouton **Texte Multiligne**.

- Spécifiez les deux points qui délimitent l'encombrement du texte multiligne.
- Dans la zone réservée à la saisie du texte, saisissez « Surf = » (les lettres Surf, un espace, le signe =, un espace). Effectuez un clic droit puis choisissez **Insérer un champ** dans le menu contextuel.

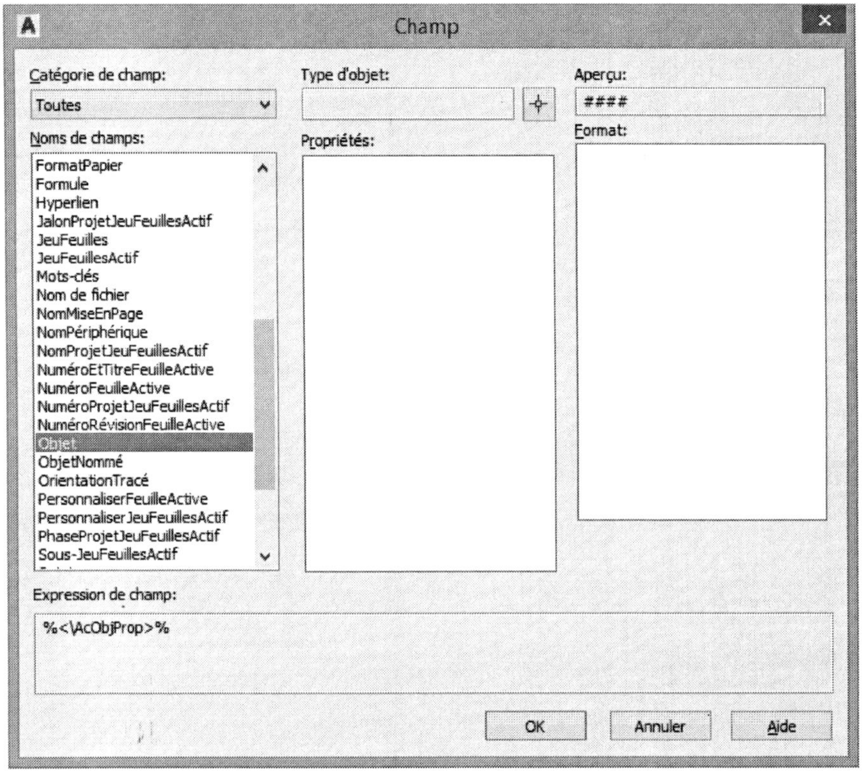

- Dans la liste **Noms de champs**, choisissez **Objet**.
- Cliquez sur le bouton **Sélectionner un objet**  pour pointer la polyligne dont vous voulez extraire la surface.

L'affichage est à présent comme dans la figure ci-dessous :

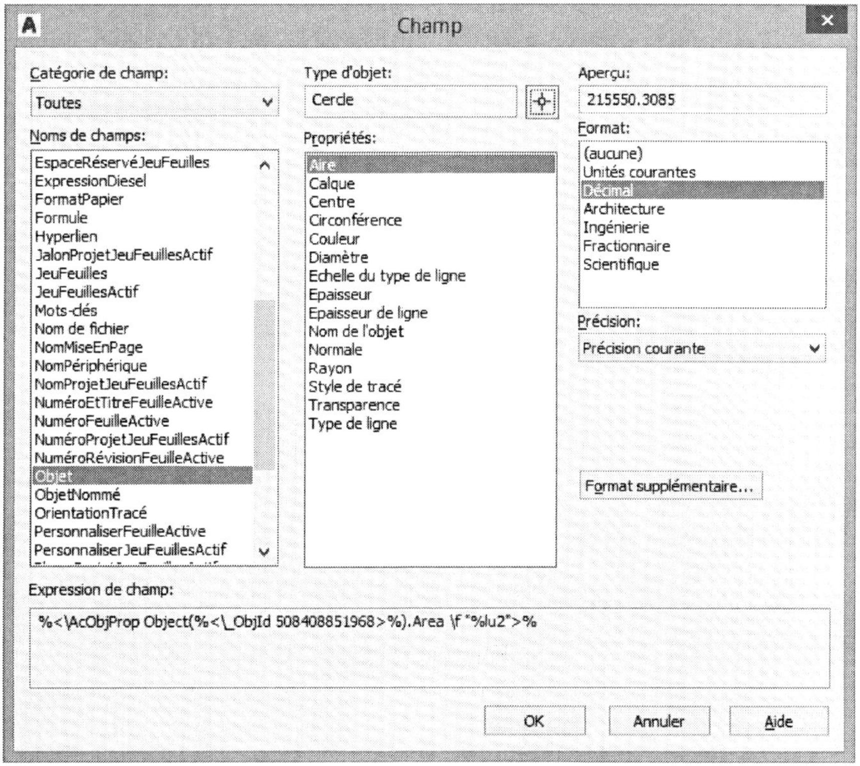

- Dans la liste des propriétés, choisissez **Aire**, puis spécifiez le nombre de décimales souhaité grâce à la liste déroulante **Précision**.
- Confirmez par **OK** pour quitter la fenêtre **Champ**.
- Dans l'éditeur de texte, saisissez « m^2 » (un espace, puis les caractères m^2).
- Cliquez sur **Fermer**, puis **Fermer l'éditeur de texte** pour confirmer la mise en place du texte avec champ.

L'expression est affichée avec la valeur de surface calculée. Si la polyligne subit des modifications, la valeur est automatiquement mise à jour.

4. Mettre à jour un champ

Dans le premier exemple, l'enregistrement sous un autre nom par exemple, modifie automatiquement le champ. Ce cas est particulier.

Dans le second exemple, si vous modifiez le polygone et que ces modifications entraînent un changement de la surface, vous pouvez demander la mise à jour de la manière suivante :

- Dans le groupe de fonctions **Données** (onglet **Insertion**), choisissez l'icône **Mettre à jour les champs** 

.
- Sélectionnez le(s) champ(s) ou les textes qui comportent des champs à mettre à jour.

Remarque

Une régénération du dessin peut suffire à la mise à jour des champs.

5. Créer un champ personnalisé

Vous pouvez créer des champs personnalisés qui peuvent ensuite être affichés à différents endroits du dessin. Un champ personnalisé possède un nom, ainsi qu'une valeur que vous ferez varier. Ainsi dès que la valeur du champ est modifiée, l'ensemble des mêmes champs du dessin est modifié.

Prenons l'exemple d'un champ Maître d'ouvrage dont la valeur est présente à de nombreux emplacements du dessin (cartouches multiples, annotations diverses, etc). Pour un projet A, sa valeur est SCI OLFEC. Pour un projet B, sa valeur est CLAJU SA. Vous modifiez la valeur dans les propriétés du dessin, et procédez à la mise à jour.

- Dans le **Navigateur**, choisissez **Utilitaires de dessin**, puis **Propriétés du dessin**.

■ Activez l'onglet **Personnaliser** pour afficher la fenêtre ci-dessous :

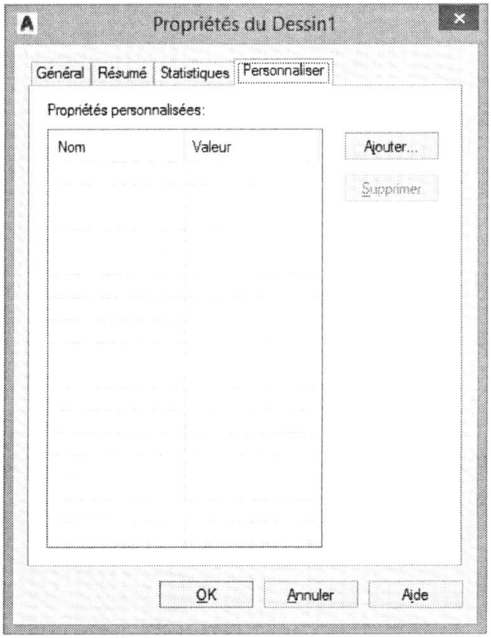

■ Cliquez sur **Ajouter** pour procéder à la création du champ personnalisé.
La fenêtre suivante s'affiche.

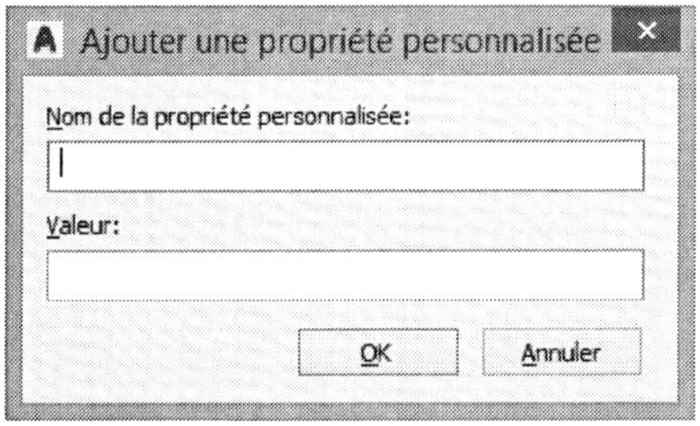

■ Dans la zone **Nom de la propriété personnalisée**, saisissez par exemple **Maître d'ouvrage**, puis dans la zone **Valeur**, indiquez la chaîne de caractères que vous souhaitez attribuer au champ (ex. **SCI OLFEC**).

■ Confirmez par **OK** pour confirmer la création du champ personnalisé.

■ Confirmez par **OK** pour quitter la fenêtre **Propriétés du dessin**.

5.1 Utiliser le champ personnalisé

- Dans le groupe de fonctions **Données** (onglet **Insertion**), choisissez l'icône **Champ** .

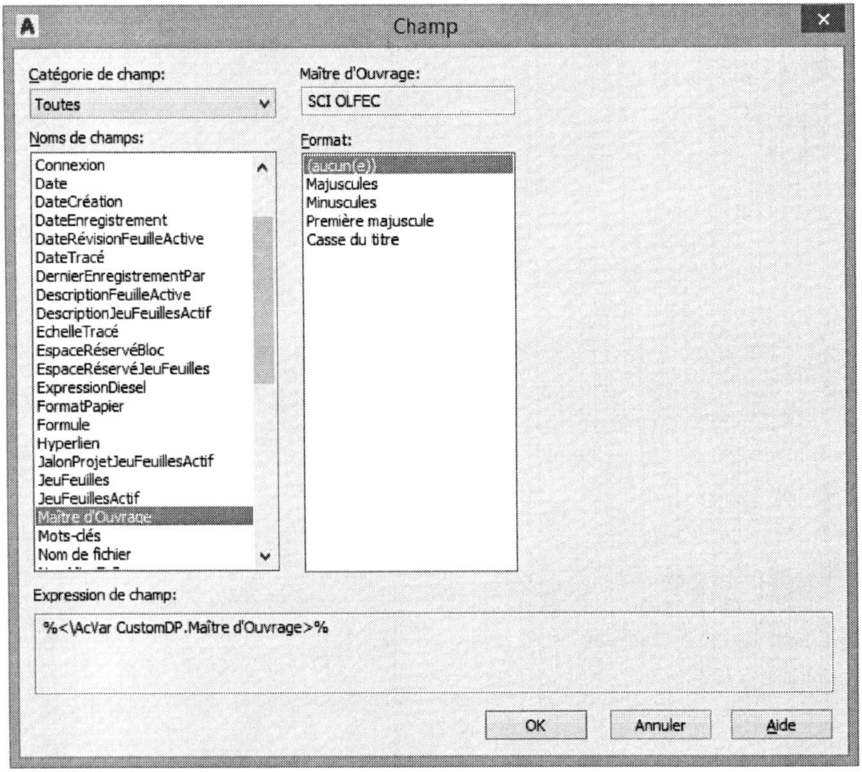

- Dans la liste **Noms de champs**, sélectionnez le nouveau champ personnalisé **Maître d'Ouvrage**, et constatez la valeur et le format dans la partie droite.
- Confirmez par **OK**.

AutoCAD vous demande de positionner le champ dans le dessin. Effectuez cette opération pour placer le champ personnalisé aux différentes localisations souhaitées dans le dessin.

5.2 Modifier et mettre à jour la valeur du champ personnalisé

- Dans le **Navigateur**, choisissez **Utilitaires de dessin**, puis **Propriétés du dessin**.
- Activez l'onglet **Personnaliser**.
- En regard du nom du champ personnalisé, saisissez la nouvelle valeur dans la zone **Valeur**, et confirmez par **OK**.
- Dans le menu déroulant **Affichage**, choisissez **Régénérer** pour mettre à jour l'ensemble des champs.

6. Modifier le type de champ et ses paramètres

- Effectuez un double clic sur le texte comportant un champ pour accéder à l'éditeur de texte.
- Cliquez sur le texte du champ pour le sélectionner.
- Effectuez un clic droit puis choisissez **Modifier le champ** dans le menu contextuel.

  La boîte de dialogue **Champ** est affichée, et permet d'accéder (comme à la création) aux types de champs, formats et options de champs.
- Effectuez les modifications du champ, et confirmez par **OK** pour quitter la boîte de dialogue **Champ**.
- Confirmez par **Fermer l'éditeur de texte** pour quitter.

7. Convertir un champ en texte

- Effectuez un double clic sur le texte comportant un champ pour accéder à l'éditeur de texte.
- Cliquez sur le texte du champ pour le sélectionner.
- Effectuez un clic droit puis choisissez **Convertir le champ en texte** dans le menu contextuel.

  L'arrière-plan grisé, caractéristique du champ, disparaît pour afficher un texte classique.

Exercice 3
Habiller le plateau

Dans cet exercice, nous allons positionner une annotation pour chacune des vues, placer l'ensemble des cotations et lignes de repère, et insérer une nomenclature.

1. Étape 1 : Accéder au fichier ressource

▶ Téléchargez et ouvrez le fichier ressource **Habiller_plateau.dwg**.
L'affichage ressemble à la figure ci-dessous.

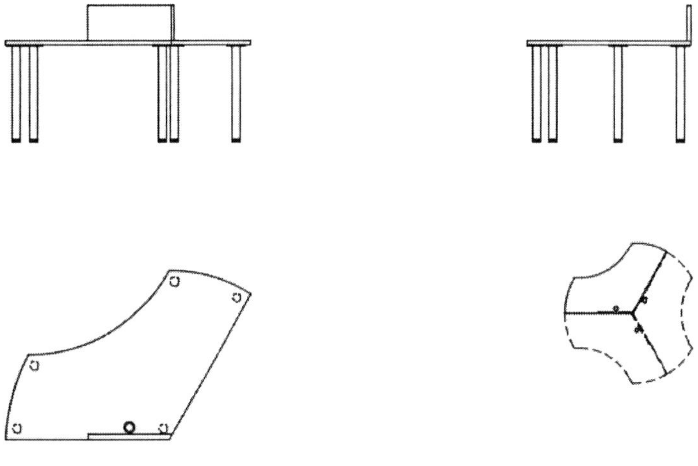

2. Étape 2 : Créer du texte

Nous allons tout d'abord légender les différentes vues du meuble.

Le calque **GLF-51-Textes et tableaux** est actif dès l'ouverture du fichier ressource.

- Dans le groupe de fonctions **Annotation** (onglet **Début**), choisissez l'icône déroulante **Texte sur une ligne** .

  La fenêtre de commande affiche :

```
TEXTE Spécifiez le point de départ du texte ou [Justifier Style]:
```

- Dans la fenêtre de commande, cliquez sur l'option **Justifier** puis sur l'option **MC** pour une justification **Milieu-Centre**.
- Dans la zone graphique, cliquez sur le point **P1** indiqué dans la figure ci-dessous, pour spécifier le point d'insertion du texte.

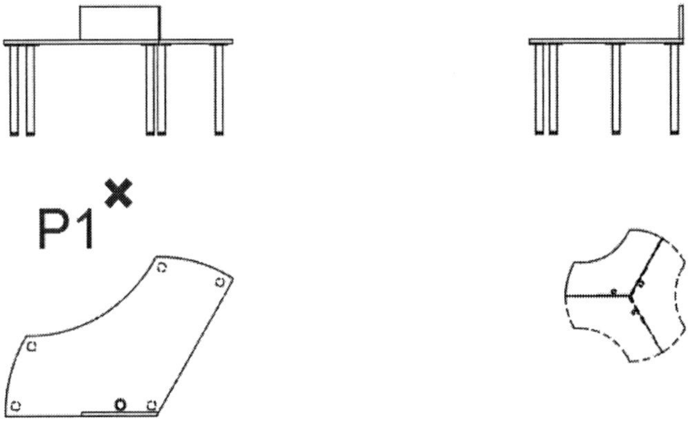

La fenêtre de commande affiche :

```
TEXTE Spécifiez la hauteur <80.0000>:
```

- Saisissez **10** pour renseigner la hauteur du texte et appuyez sur [Entrée].
  La fenêtre de commande affiche :

```
TEXTE Spécifiez l'angle de rotation du texte <0>:
```

▶ Saisissez **0** pour définir l'orientation du texte et appuyez sur [Entrée].

La fenêtre de commande affiche le message ci-dessous, et un curseur clignotant attend la saisie du texte.

```
TEXTE
```

▶ Saisissez le texte **VUE DE DESSUS** et appuyez deux fois sur [Entrée] pour confirmer la création du nouveau texte.

La figure ci-dessous affiche le résultat obtenu :

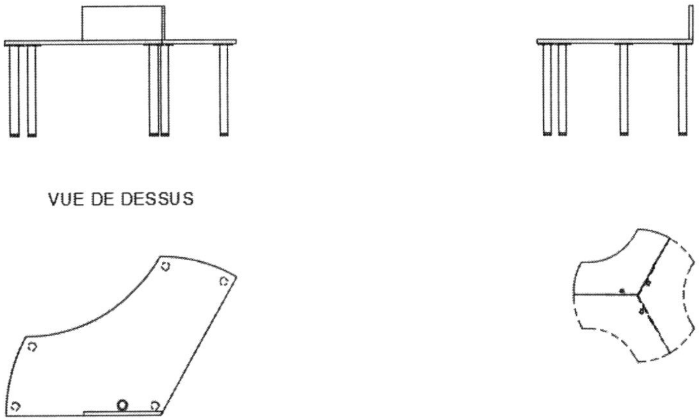

▶ Dans le groupe de fonctions **Modification** (onglet **Début**), cliquez sur l'icône **Copier** .

La fenêtre de commande affiche :

```
COPIER Sélectionner des objets:
```

▶ Sélectionnez le texte et appuyez sur [Entrée] pour valider la sélection.

La fenêtre de commande affiche :

```
COPIER Spécifiez le point de base ou [Déplacement mOde] <Déplacement>:
```

▶ Dans la zone graphique, à l'aide de l'outil d'accrochage aux objets **Point d'insertion**, spécifiez le point d'insertion du texte.

Le message suivant est affiché dans la ligne de commande :

```
COPIER Spécifiez le deuxième point ou [Réseau]
<utiliser le premier point comme déplacement>:
```

▶ Déplacez le pointeur vers le haut selon l'axe vertical, saisissez **200** et appuyez sur [Entrée] pour positionner la copie.

▶ Appuyez sur [Echap] pour quitter la commande.

La figure suivante affiche le résultat obtenu.

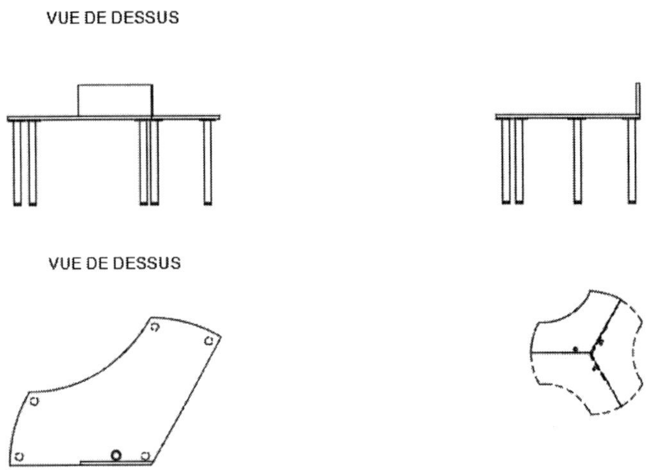

▶ Dans la zone graphique, effectuez un clic droit et dans le menu contextuel sélectionnez **Répéter COPIER**.

La fenêtre de commande affiche :

```
COPIER Sélectionner des objets:
```

▶ Sélectionnez les deux textes et appuyez sur [Entrée] pour valider la sélection.

La fenêtre de commande affiche :

```
COPIER Spécifiez le point de base ou [Déplacement mOde] <Déplacement>:
```

▶ Dans la zone graphique, spécifiez un point à proximité d'un texte **VUE DE DESSUS**.

La fenêtre de commande affiche :

```
COPIER Spécifiez le deuxième point ou [Réseau]
<utiliser le premier point comme déplacement>:
```

▶Déplacez le pointeur vers la droite selon l'axe horizontal, saisissez **400** et appuyez sur [Entrée] pour positionner la copie.

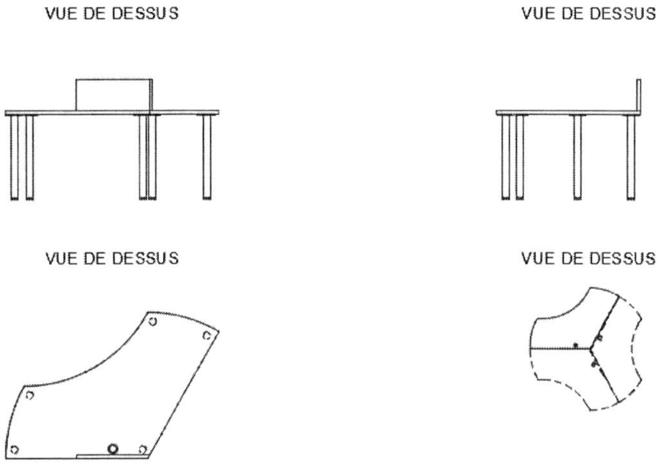

▶Double cliquez sur chaque texte et saisissez respectivement les textes **VUE DE FACE**, **VUE DE GAUCHE** et **CONFIGURATION TRIO** (en validant pour chaque nouveau texte créé) comme affiché sur la figure ci-dessous.

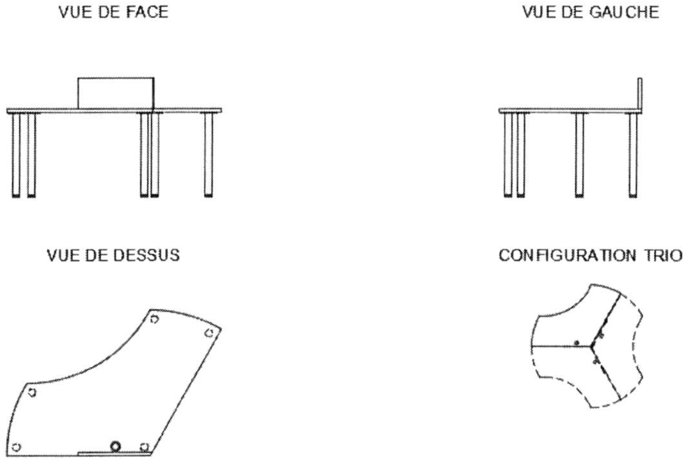

3. Étape 3 : Créer des cotes linéaires

Nous allons à présent déposer les cotations pour spécifier les dimensions du meuble.

- Dans le groupe de fonctions **Calques** (onglet **Début**), déroulez la liste des calques et cliquez sur le calque **GLF-60-Cotations** pour le rendre courant.
- Dans le groupe de fonctions **Annotation** (onglet **Début**), choisissez l'icône **Cote**

.

La fenêtre de commande affiche :

```
COT
Sélectionnez les objets ou spécifiez le premier point d'origine de la ligne d'attache ou
[Angulaire ligneBase Continuer Superposée aliGner Distribuer caLque annUler]:
```

- Spécifiez le point **P1** indiqué sur la figure ci-dessous pour sélectionner la ligne à coter.

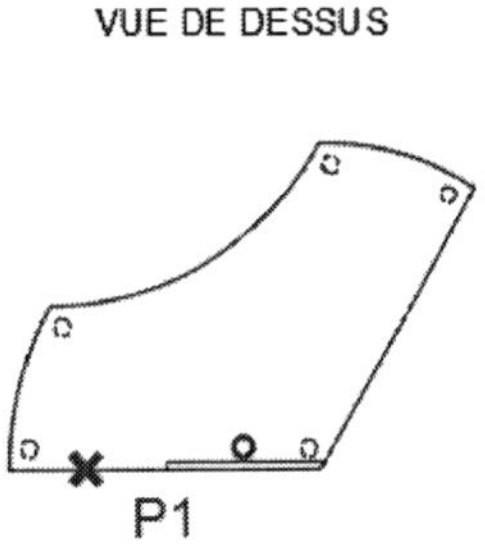

La fenêtre de commande affiche :

```
COT Spécifiez l'emplacement de la ligne de cote ou la seconde ligne de l'angle
[textMult Texte aNgle texte annUler]:
```

▶ Déplacez le pointeur vers le bas et cliquez pour positionner la ligne de cote et obtenir le résultat ci-dessous.

VUE DE DESSUS

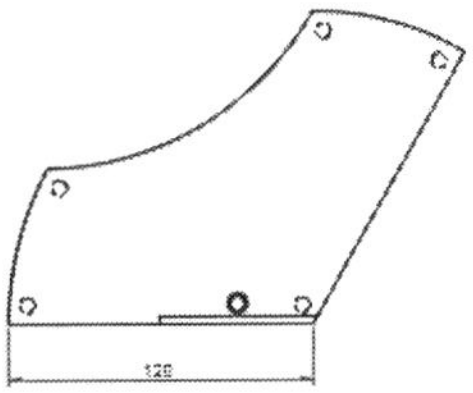

La fenêtre de commande affiche :

```
COT
Sélectionnez les objets ou spécifiez le premier point d'origine de la ligne d'attache ou
[Angulaire ligneBase Continuer Superposée aliGner Distribuer caLque annUler]:
```

▶ À l'aide des outils d'accrochage **Extrémités**, spécifiez les points **P2** et **P3** indiqués sur la figure ci-dessous pour spécifier la position du premier et du second point des lignes d'attache.

VUE DE DESSUS

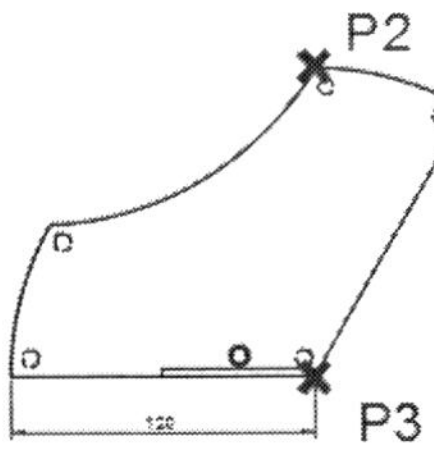

La fenêtre de commande affiche :

```
COT Spécifiez l'emplacement de la ligne de cote ou la seconde ligne de l'angle
[textMult Texte aNgle texte annUler]:
```

▶ Déplacez le pointeur vers la droite et cliquez pour positionner la ligne de cote.

La figure suivante affiche le résultat obtenu.

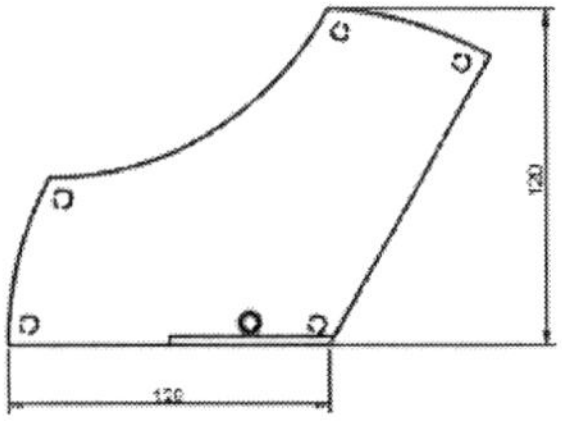

La fenêtre de commande affiche :

```
COT
Sélectionnez les objets ou spécifiez le premier point d'origine de la ligne d'attache ou
[Angulaire ligneBase Continuer Superposée aliGner Distribuer caLque annUler]:
```

▶ À l'aide des outils d'accrochage **Extrémités**, spécifiez les points **P4** et **P5** indiquée sur la figure ci-dessous pour spécifier la position du premier et du second point des lignes d'attache.

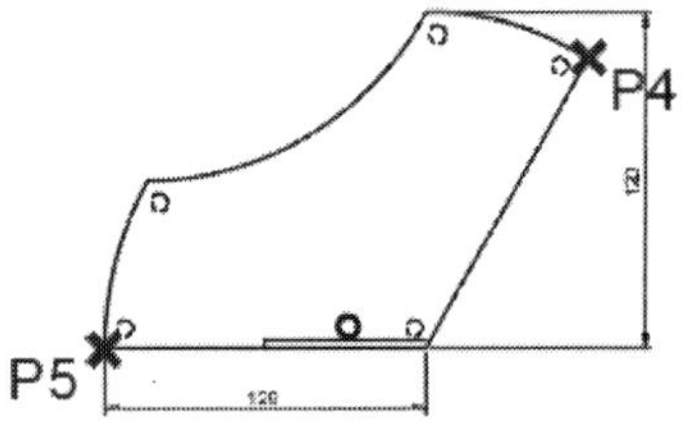

La fenêtre de commande affiche :

```
COT Spécifiez l'emplacement de la ligne de cote ou la seconde ligne de l'angle
[textMult Texte aNgle texte annUler]:
```

▶ Déplacez le pointeur vers le bas et cliquez pour positionner la ligne de cote comme sur la figure ci-dessous.

VUE DE DESSUS

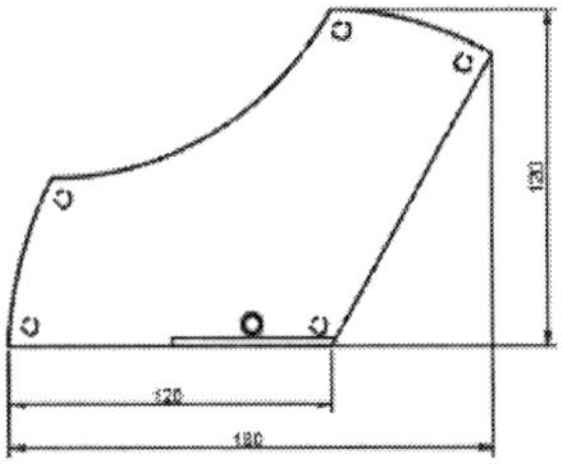

La fenêtre de commande affiche :

```
COT
Sélectionnez les objets ou spécifiez le premier point d'origine de la ligne d'attache ou
[Angulaire ligneBase Continuer Superposée aliGner Distribuer caLque annUler]:
```

▶ Répéter l'opération pour créer les cotes **A**, **B**, **C**, **D**, **E** et **F** indiquées sur la figure ci-dessous.

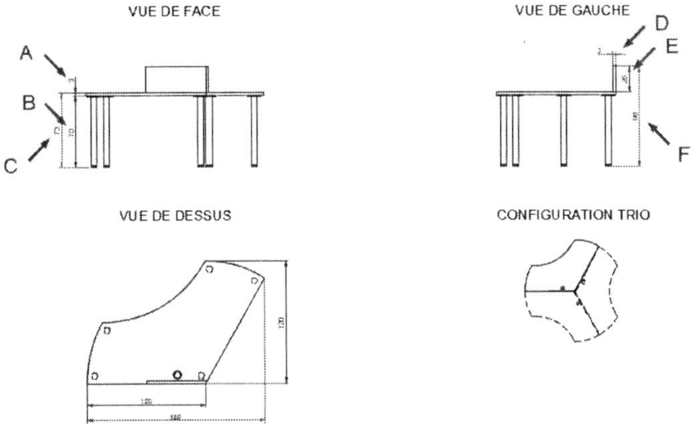

4. Étape 4 : Créer des cotes de rayon

La commande **Cote** 

est toujours active.

▶ Cliquez sur l'arc au niveau du point **P6** indiqué sur la figure ci-dessous pour sélectionner l'arc à coter.

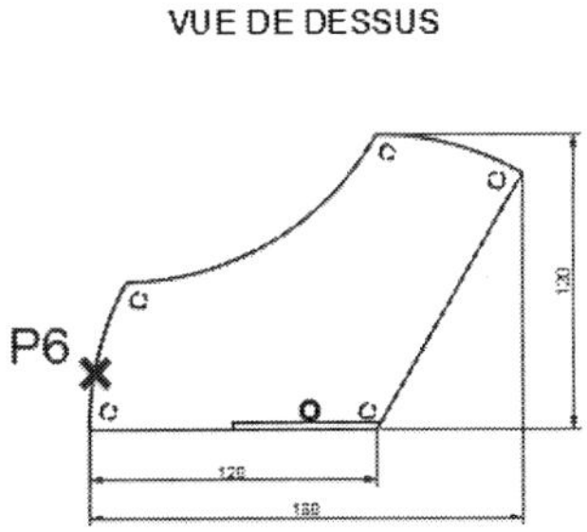

La fenêtre de commande affiche :

```
COT Spécifiez l'emplacement de la cote de rayon ou [Diamètre Angulaire textMult
Texte aNgle texte annUler]:
```

◼ Déplacez le pointeur vers la gauche et cliquez pour positionner la ligne de cote comme l'affiche la figure ci-dessous.

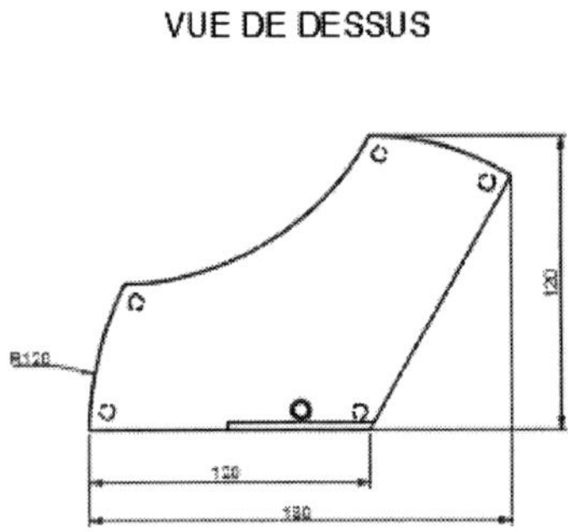

La fenêtre de commande affiche :

```
COT
Sélectionnez les objets ou spécifiez le premier point d'origine de la ligne d'attache ou
[Angulaire ligneBase Continuer Superposée aliGner Distribuer caLque annUler]:
```

◼ Répétez l'opération sur l'arc **A1** matérialisé sur la figure ci-dessous.

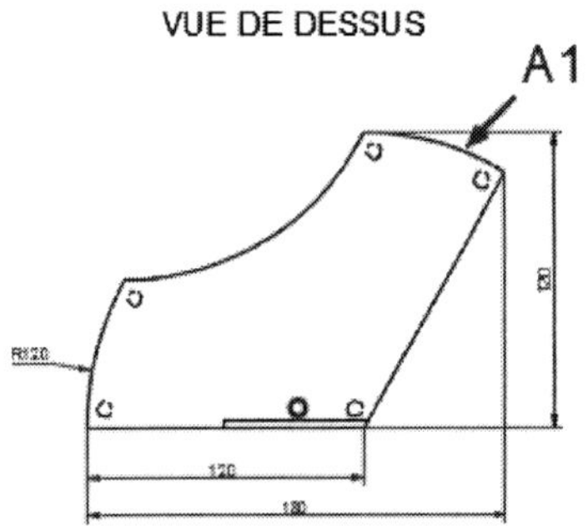

La figure suivante affiche le résultat obtenu.

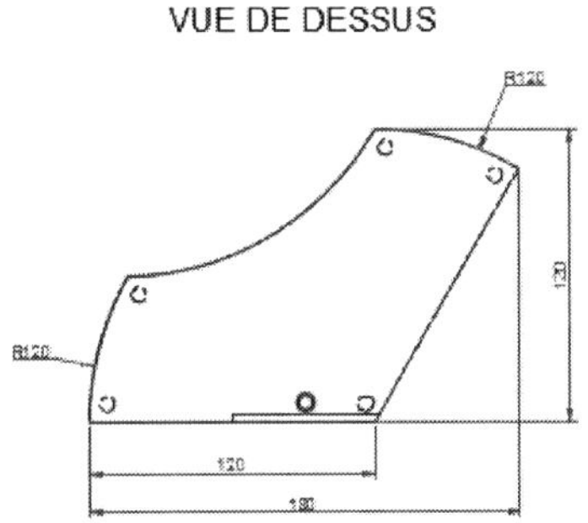

5. Étape 5 : Créer une cote angulaire

La commande **Cote** 

est toujours active.

▶ Cliquez au niveau des points **P7** et **P8** indiqués sur la figure ci-dessous pour sélectionner les première et seconde lignes de la cote angulaire.

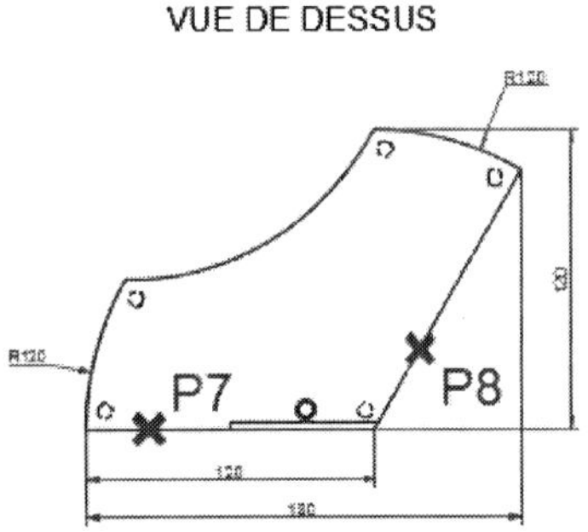

La fenêtre de commande affiche :

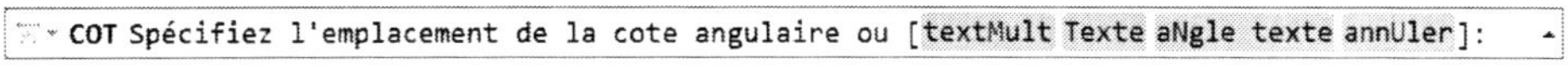

▶ Spécifiez le point **P9** indiqué sur la figure suivante pour préciser la position du texte de la cote angulaire.

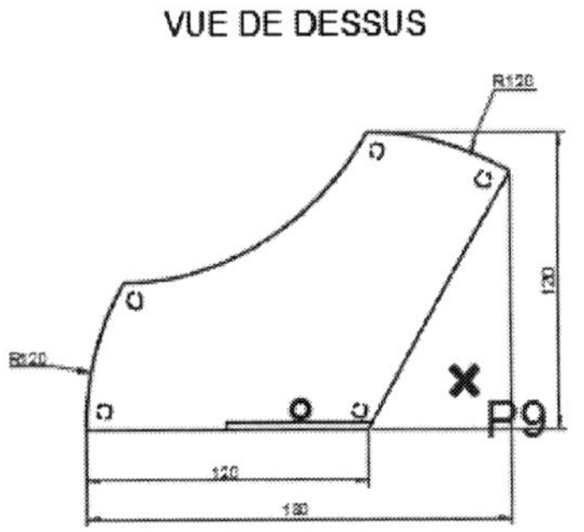

La figure suivante affiche le résultat obtenu.

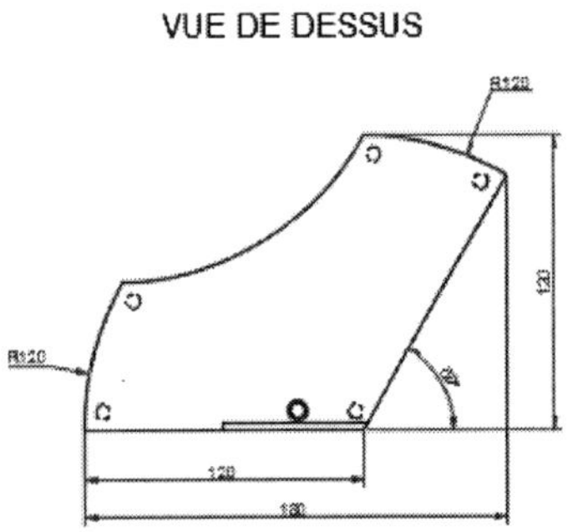

▶ La fenêtre de commande affiche :

```
COT
Sélectionnez les objets ou spécifiez le premier point d'origine de la ligne d'attache ou
[Angulaire ligneBase Continuer Superposée aliGner Distribuer caLque annUler]:
```

▶ Dans la fenêtre de commande, cliquez sur **Angulaire** pour spécifier le type de cote.

La fenêtre de commande affiche :

```
COT Sélectionner un arc, un cercle, une ligne ou [Sommet]:
```

◘ Cliquez sur l'arc au niveau du point **P10** indiqué sur la figure ci-dessous pour spécifier l'arc de cercle à coter.

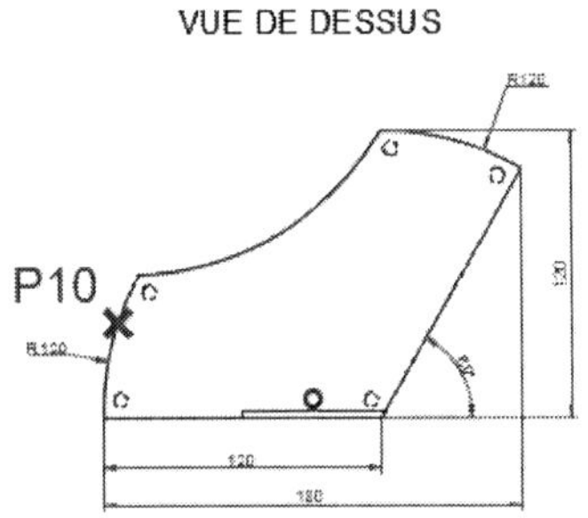

La fenêtre de commande affiche :

```
COT Spécifiez l'emplacement de la cote angulaire ou [Rayon Diamètre textMult Texte aNgle texte annUler]:
```

◘ Déplacez le pointeur vers la gauche et cliquez pour positionner le texte de la cote angulaire comme le présente la figure ci-dessous.

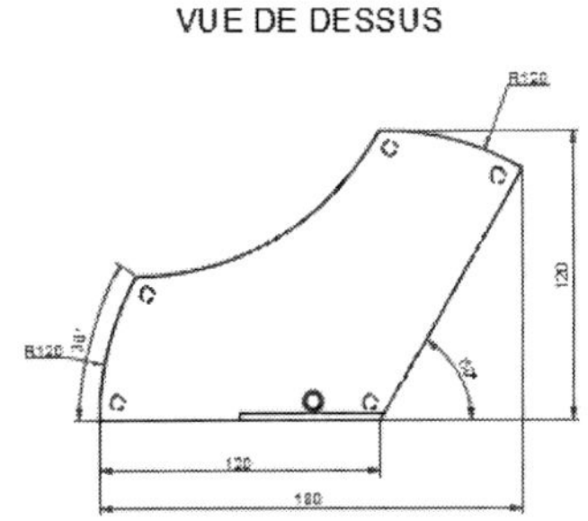

◘ Répétez l'opération sur l'arc ci-dessous (**P11**).

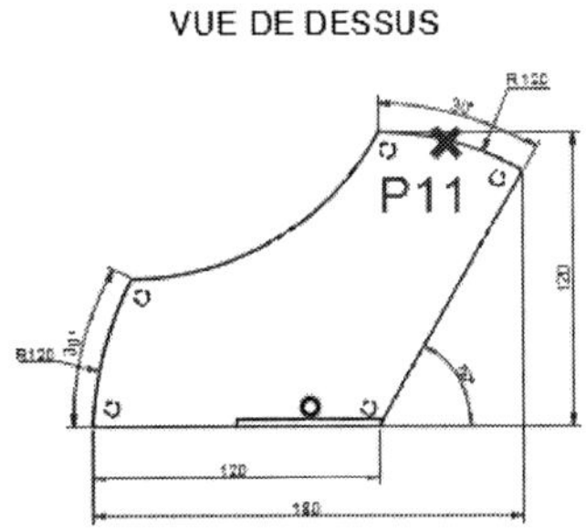

La figure suivante affiche le résultat obtenu.

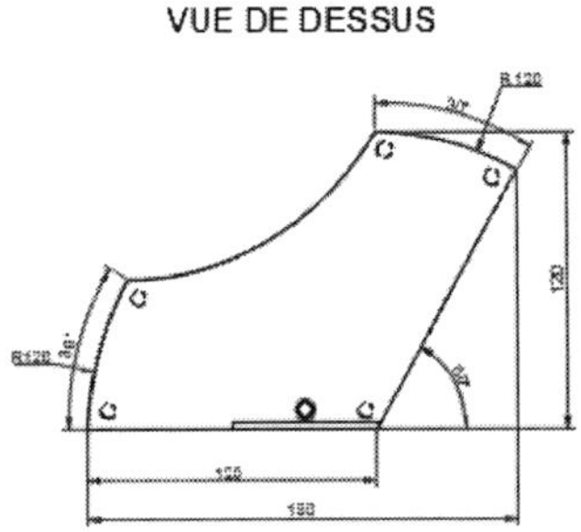

◘ Appuyez sur [Echap] pour quitter la commande **Cote**.

6. Étape 6 : Déposer des lignes de repère

À présent, nous allons utiliser les lignes de repère pour spécifier les différents éléments composant le meuble.

◘ Dans le groupe de fonctions **Calques** (onglet **Début**), déroulez la liste des calques et cliquez sur le calque **GLF-51-Textes et tableaux** pour le rendre courant.

◘ Dans le groupe de fonctions **Annotation** (onglet **Début**), activez l'outil **ligne de repère** .

La fenêtre de commande affiche :

```
LIGNEDEREPMULT Spécifiez l'emplacement de la pointe de flèche de la ligne de repère ou
[Ligne de guidage de la ligne de repère en premier Contenu en premier Options] <Options>:
```

◘ Sélectionnez le cercle **P12** indiqué dans la figure ci-dessous pour spécifier la position de la flèche de la ligne de repère.

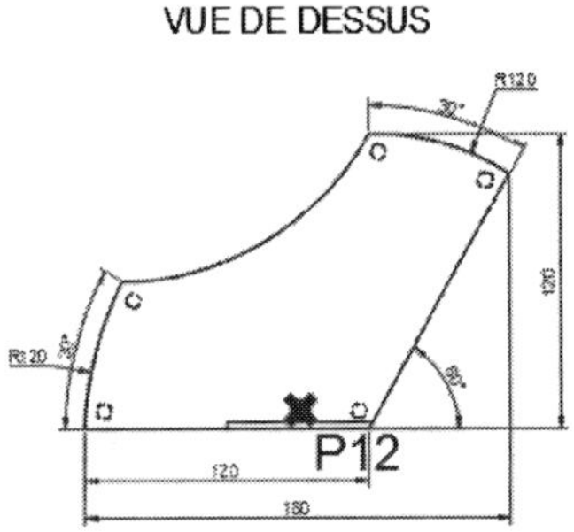

La fenêtre de commande affiche :

```
LIGNEDEREPMULT Spécifiez l'emplacement de la ligne de guidage de la ligne de repère:
```

- Cliquez au niveau du point **P13** pour spécifier la position du texte de la ligne de repère.

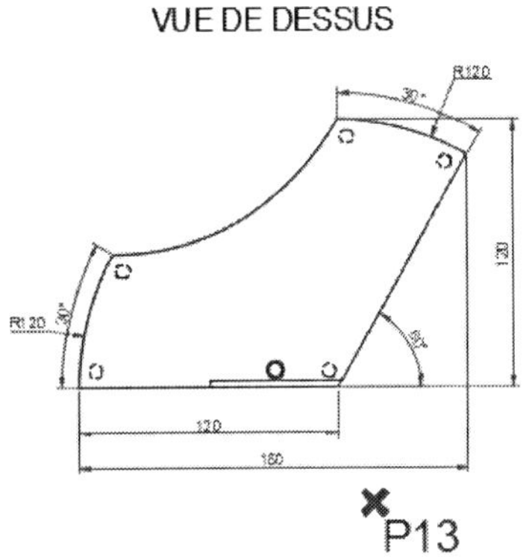

- Saisissez le texte **Passe-câble**, et cliquez à l'extérieur de la zone de texte pour quitter la commande en cours.

La figure ci-dessous affiche le résultat obtenu.

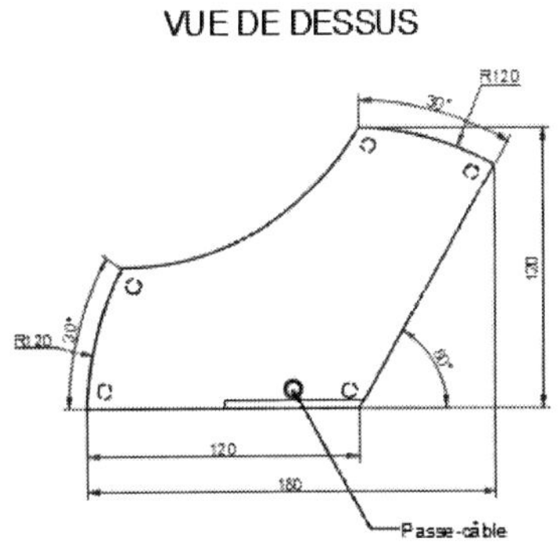

▶ Répétez l'opération pour créer des lignes de repère distinctes avec les textes respectifs suivants : **Pare-vue**, **Plateau 3cm** et **5 pieds Ø6mm** selon les positions de flèches A, B et C ci-dessous.

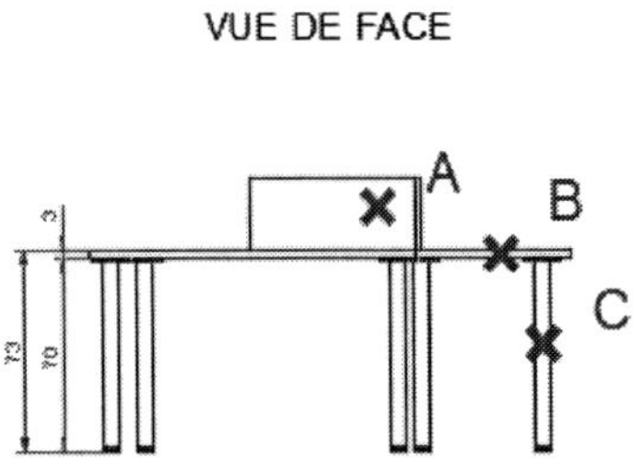

La figure ci-dessous affiche le résultat obtenu.

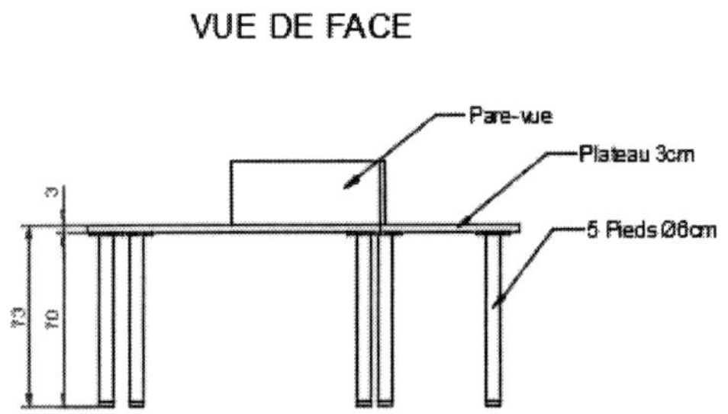

7. Étape 7 : Insérer un tableau

Nous allons maintenant insérer un tableau de spécifications du produit.

▶ Dans le groupe de fonctions **Calque** (onglet **Début),** déroulez la liste des calques et choisissez le calque **GLF-51-Textes et tableaux**.

▶ Dans le groupe de fonctions **Annotation** (onglet **Début**), cliquez sur l'icône **Tableau** 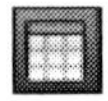.

◼ Dans la fenêtre **Insérer un tableau**, dans la rubrique **Paramètres des rangées et des colonnes**, saisissez la valeur **4** dans la zone de texte **Colonnes**, la valeur **50** dans la zone **Largeur de colonne**, la valeur **4** dans la zone de texte **Rangées**, et la valeur **1** dans la zone de texte **Hauteur de rangée** (cf. fenêtre ci-dessous).

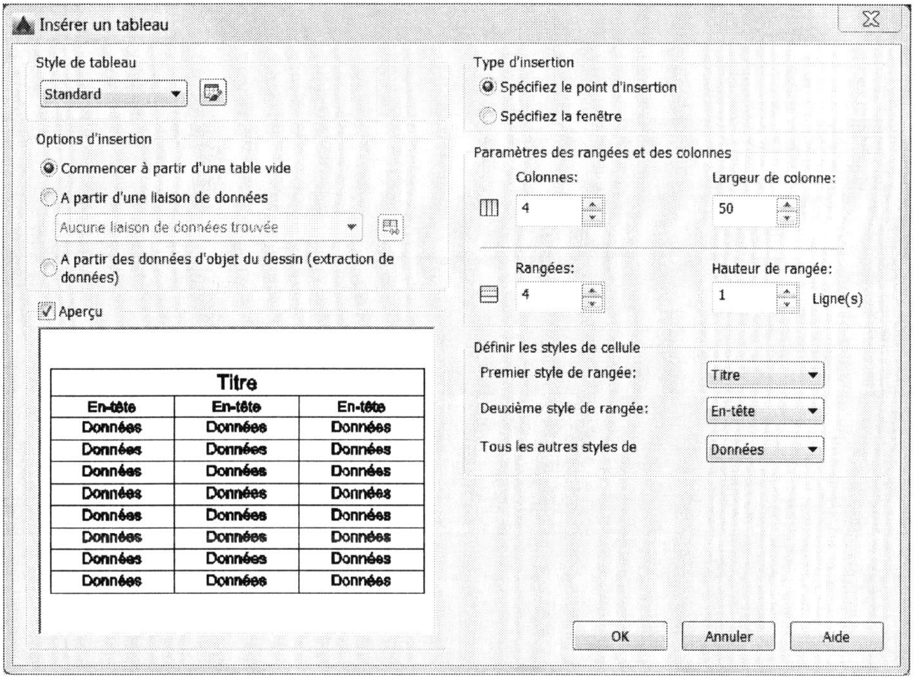

◼ Confirmez par **OK** pour insérer le tableau.

La fenêtre de commande affiche :

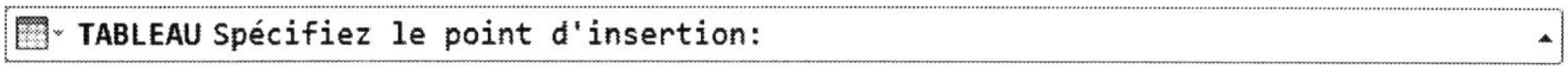

▶ Cliquez au niveau du point **P14** ci-dessous pour insérer le tableau :

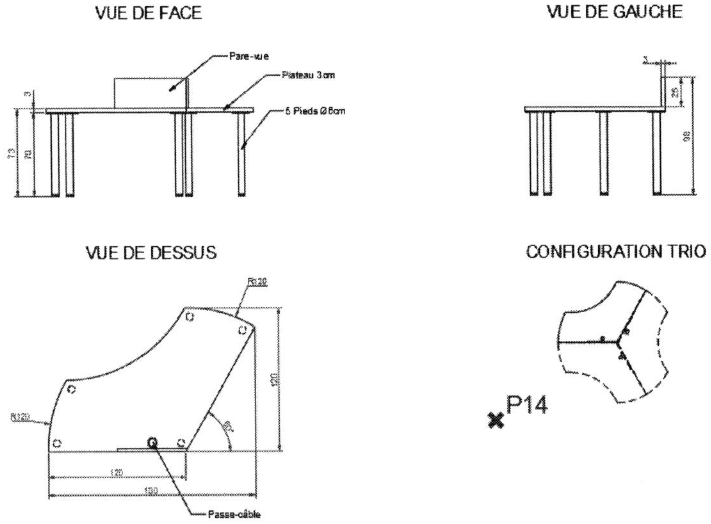

La figure ci-dessous affiche le résultat obtenu.

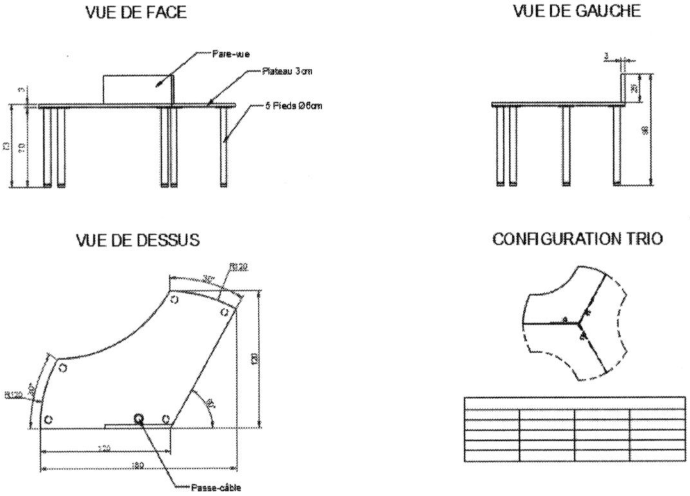

8. Étape 8 : Renseigner le titre, les en-têtes et les informations de chaque cellule

Il ne reste plus qu'à renseigner les cellules du tableau avec les différentes informations requises.

À ce stade, la commande d'insertion d'un tableau est toujours en cours. AutoCAD attend la saisie des données du tableau.

- Saisissez **Nomenclature**, appuyez sur la touche [Entrée] pour un déplacement vers le bas, saisissez **Référence**, appuyez sur la touche [Tab] pour un déplacement vers la droite, saisissez **Désignation**, appuyez sur la touche [Tab], saisissez **Quantité**, appuyez sur la touche [Tab], saisissez **Matière**.
- Continuez à renseigner les données du tableau comme affiché sur la figure ci-dessous.
- Appuyez sur la touche [Entrée] pour quitter l'édition du tableau.

Nomenclature			
Référence	**Désignation**	**Quantité**	**Matière**
22001	Plateau ep .3	1	MDF Hêtre
22002	Pied Ø6	5	Acier Inox
22003	Pare-vue ep. 3	1	MDF Hêtre
22004	Passe-câble	1	PVC Beige

La figure ci-dessous affiche le résultat obtenu :

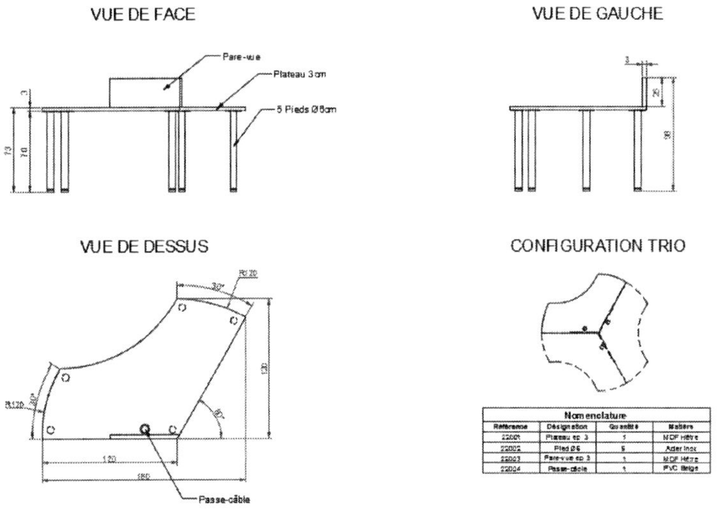

Exercice 4
Créer un tableau de surfaces

Dans cet exercice, nous allons utiliser les outils de tableau pour intégrer au plan d'un local professionnel un tableau indiquant la surface de chaque pièce. Cette surface sera calculée à l'aide de champs.

1. Étape 1 : Ouvrir le fichier ressource

- Téléchargez et ouvrez le fichier ressource **Tableaux_et_champs.dwg** représentant la figure ci-dessous.

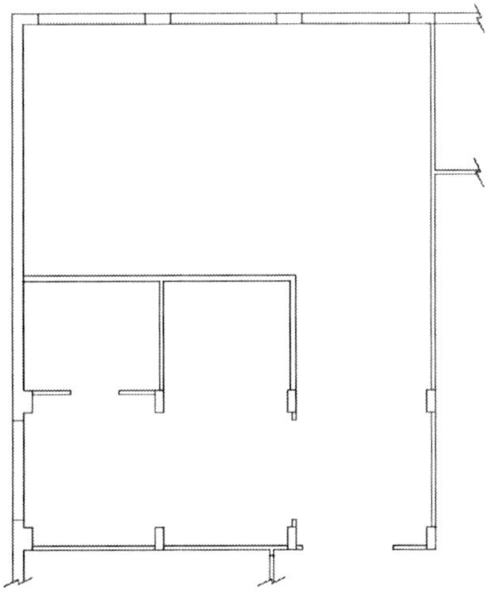

2. Étape 2 : Créer les polylignes de contour des pièces

Pour pouvoir calculer la surface de chaque pièce, nous allons au préalable tracer leurs contours à l'aide de polylignes.

- Dans le groupe de fonctions **Dessin** (onglet **Début**), déroulez l'icône **Hachures**  et cliquez sur l'icône **Contour** .

La fenêtre suivante est affichée :

- Dans la fenêtre **Créer un contour**, cliquez sur le bouton **Choisir des points** .
La fenêtre de commande affiche :

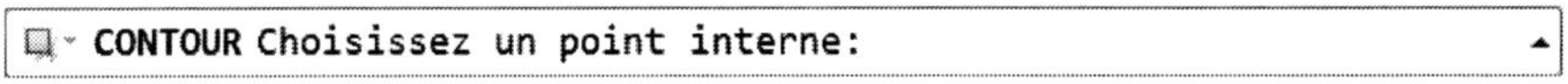

- Cliquez dans les zones indiquées au niveau des points **P1**, **P2** et **P3** matérialisés dans la figure ci-dessous.

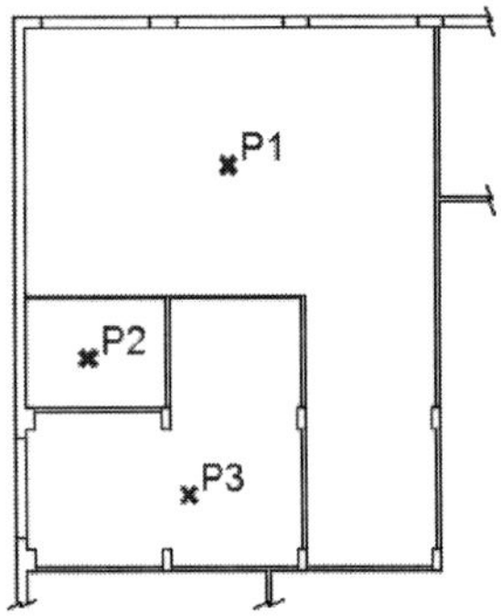

- Appuyez sur [Entrée] pour confirmer la création des contours.
  La figure ci-dessous affiche le résultat obtenu.

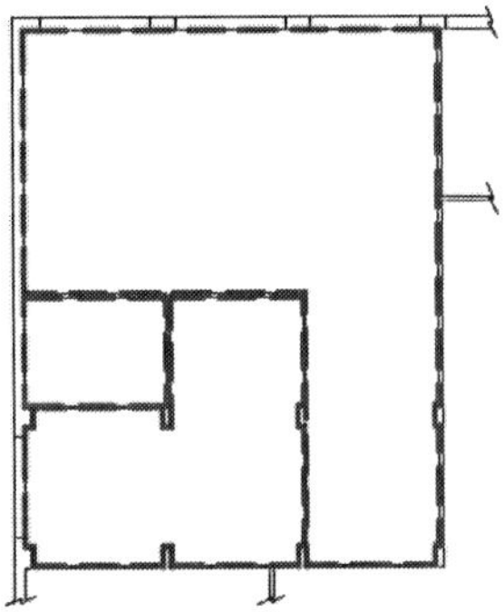

3. Étape 3 : Insérer un tableau

Passons maintenant à la création du tableau.

- Dans le groupe de fonctions **Calque** (onglet **Début**), déroulez la liste des calques et choisissez le calque **0**.
- Dans le groupe de fonctions **Annotation** (onglet **Début**), cliquez sur l'icône **Tableau** .
- Dans la fenêtre **Insérer un tableau**, dans la rubrique **Paramètres des rangées et des colonnes**, saisissez la valeur **2** dans la zone **Colonnes**, la valeur **75** dans la zone **Largeur de colonne**, la valeur **4** dans la zone **Rangées**, et la valeur **1** dans la zone **Hauteur de rangée**.

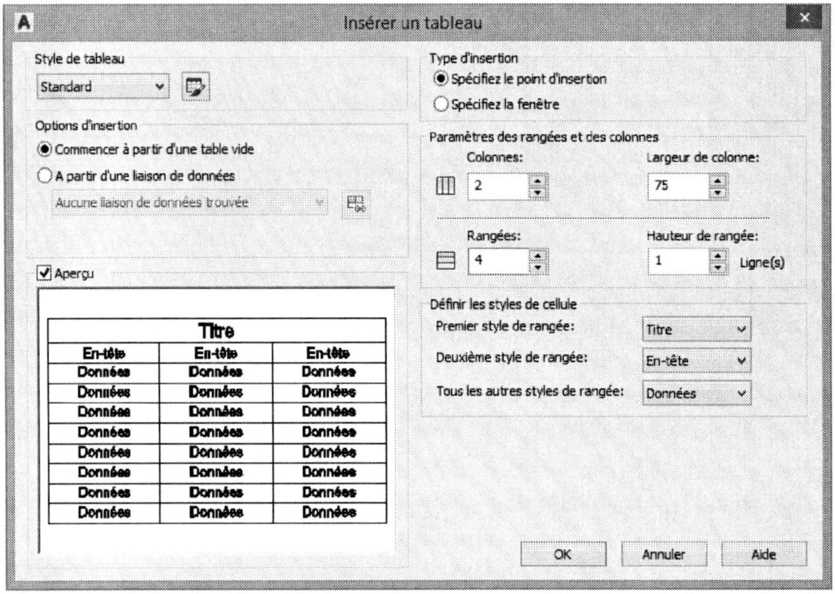

▶ Confirmez par **OK** pour insérer le tableau.

La fenêtre de commande affiche :

```
TABLEAU Spécifiez le point d'insertion:
```

▶ Cliquez à droite du dessin comme affiché ci-dessous pour insérer le tableau :

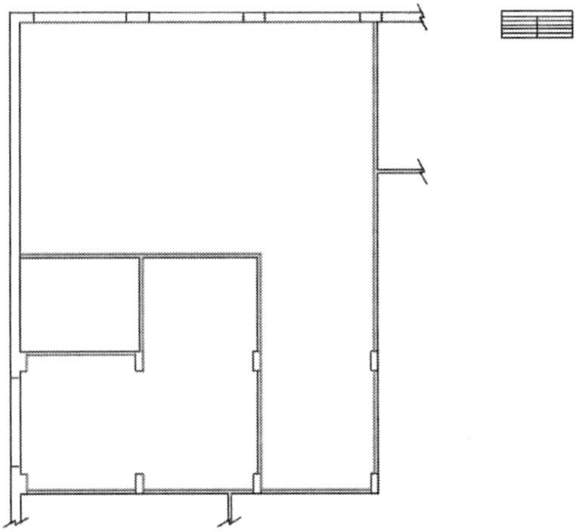

4. Étape 4 : Renseigner le titre, les en-têtes et le nom des pièces

Nous allons à présent renseigner manuellement certaines cellules du tableau : titre, en-têtes et noms des pièces.

- Saisissez **Tableau de surfaces**, appuyez sur la touche [Entrée] pour un déplacement vers le bas, saisissez **Pièces**, appuyez sur la touche [Tab] pour un déplacement vers la droite, saisissez **M²**, appuyez sur la touche [Tab], saisissez **Open Space**, appuyez sur la touche [Entrée], saisissez **Atelier Technique**, appuyez sur la touche [Entrée], saisissez **Stock**, appuyez sur la touche [Entrée], saisissez **Total**, appuyez sur la touche [Entrée], pour obtenir la figure ci-dessous :

Tableau de surfaces	
Pièces	M²
Open Space	
Atelier Technique	
Stock	
Total	

- Cliquez en dehors du tableau pour quitter l'édition de celui-ci.

5. Étape 5 : Insérer un champ calculant la surface d'une polyligne

Pour renseigner les cellules du tableau relatives à la surface de chaque pièce, nous allons y insérer des champs calculant la surface des polylignes que nous avons tracées à l'étape 2.

- Dans la zone graphique, double cliquez sur la cellule **B3** indiquée sur la figure ci-dessous.

	A	B
1	Tableau de surfaces	
2	Pièces	M²
3	Open Space	
4	Atelier Technique	
5	Stock	
6	Total	

- Effectuez un clic droit dans la cellule **B3**, et choisissez **Insérer un champ...** dans le menu contextuel.
- Dans la fenêtre **Champ**, déroulez la liste **Catégorie de champ** et choisissez **Objet**.
- Dans la rubrique **Noms de champs**, sélectionnez **Objet**.
- Dans la rubrique **Type d'objet**, cliquez sur le bouton **Sélectionner un objet** .

  La fenêtre **Champ** est provisoirement fermée pour permettre la sélection d'objet.
- Cliquez sur la polyligne indiquée sur la figure ci-dessous.

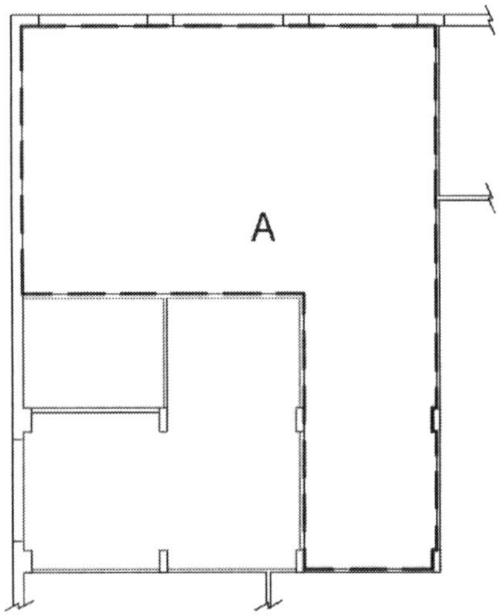

La fenêtre **Champ** réapparaît.

- Dans la fenêtre **Champ**, sélectionnez **Aire** dans la rubrique **Propriétés**.
- Dans la rubrique **Format**, sélectionnez **Décimal**.
- Dans la liste déroulante **Précision**, choisissez **0.0**.
- Cliquez sur le bouton **Format supplémentaire...** pour afficher la fenêtre **Format supplémentaire**.
- Dans la fenêtre **Format supplémentaire**, saisissez **0.0001** dans la zone de texte **Facteur de conversion** et cliquez sur **OK**.

  La figure suivante résume l'ensemble des paramètres à renseigner dans la fenêtre **Champ**.

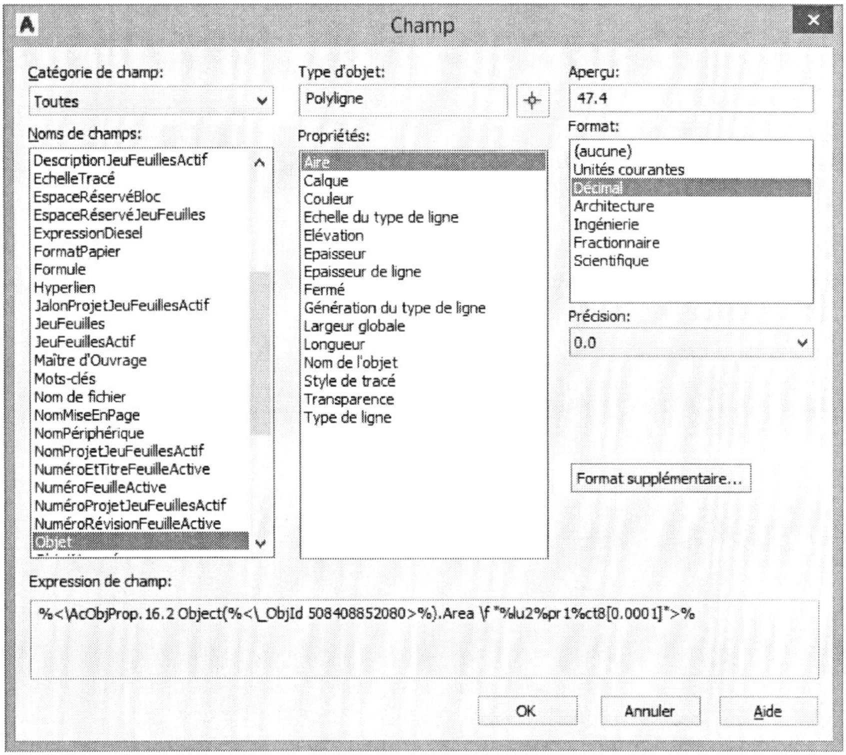

▶ Cliquez sur **OK** pour valider l'insertion du champ dans la cellule du tableau.

▶ Cliquez en dehors du tableau pour quitter l'édition du texte dans la cellule.

Dupliquer le champ et ses paramètres

▶ Cliquez sur la cellule **B3** indiquée sur la figure ci-dessous.

	A	B
1	Tableau de surfaces	
2	Pièces	M²
3	Open Space	47.4
4	Atelier Technique	
5	Stock	
6	Total	

▶ Cliquez sur la poignée inférieure droite de la cellule **B3** et déplacez-la sur le coin inférieur droit de la cellule **B5** comme le présente la figure ci-après.

	A	B
1	Tableau de surfaces	
2	Pièces	M²
3	Open Space	47.4
4	Atelier Technique	
5	Stock	
6	Total	

Les cellules **B4** et **B5** sont automatiquement dupliquées avec les mêmes paramètres que le champ original, et la figure affiche le résultat obtenu comme ci-dessous.

	A	B
1	Tableau de surfaces	
2	Pièces	M²
3	Open Space	47.4
4	Atelier Technique	47.4
5	Stock	47.4
6	Total	

Modifier l'objet associé au champ (cellule B4)

- Double cliquez sur la cellule **B4** pour accéder à la saisie du texte et double cliquez sur le champ pour modifier ses paramètres.
- Dans la rubrique **Type d'objet** de la fenêtre **Champ**, cliquez sur le bouton **Sélectionner un objet** .
- Sélectionnez la polyligne ci-dessous.

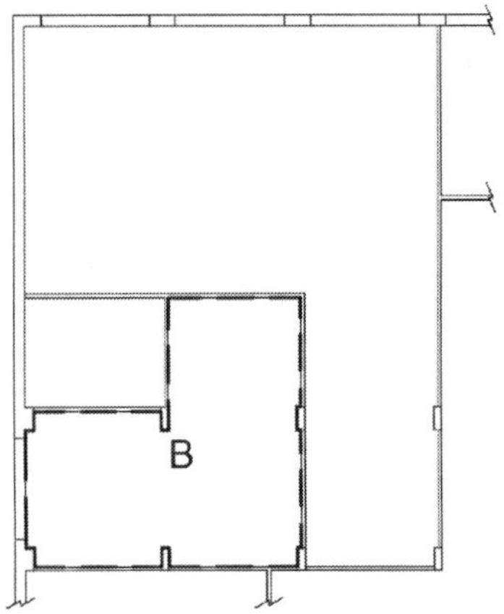

- Cliquez sur le bouton **Format supplémentaire...** pour afficher la fenêtre **Format supplémentaire**.
- Dans la fenêtre **Format supplémentaire**, saisissez **0.0001** dans la zone de texte **Facteur de conversion** et cliquez sur **OK**.
- Cliquez sur **OK** pour valider les nouveaux paramètres du champ.

Modifier l'objet associé au champ (cellule B5)

- Double cliquez sur la cellule **B5** pour accéder à la saisie du texte et double cliquez sur le champ pour modifier ses paramètres.
- Dans la rubrique **Type d'objet** de la fenêtre **Champ**, cliquez sur le bouton **Sélectionner un objet** .
- Sélectionnez la polyligne ci-dessous.

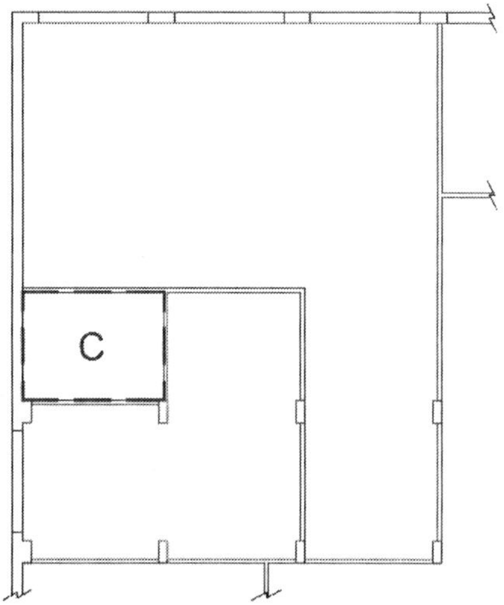

- Cliquez sur le bouton **Format supplémentaire...** pour afficher la fenêtre **Format supplémentaire**.
- Dans la fenêtre **Format supplémentaire**, saisissez **0.0001** dans la zone de texte **Facteur de conversion** et cliquez sur **OK**.
- Cliquez sur **OK** pour valider les nouveaux paramètres du champ.

Le tableau affiche maintenant une surface différente à chaque rangée, comme l'indique la figure ci-dessous.

Tableau de surfaces	
Pièces	M²
Open Space	47.4
Atelier Technique	18.6
Stock	5.0
Total	

6. Étape 6 : Insérer une formule « Somme »

Enfin, nous allons renseigner la cellule indiquant la surface totale à l'aide d'une formule **Somme**.

▶ Dans la zone graphique, cliquez dans la cellule **B6**, comme indiqué dans l'image ci-dessous.

	A	B
1	Tableau de surfaces	
2	Pièces	M²
3	Open Space	47.4
4	Atelier Technique	18.6
5	Stock	5.0
6	Total	

▶ Dans le groupe de fonctions **Insertion** 

(onglet **Cellule de tableau**), déroulez l'icône **Formule** 

et choisissez **Somme**.

La fenêtre de commande affiche le message suivant :

```
MODIFCELLTABLE Sélectionnez le premier angle de l'intervalle de cellules du tableau:
```

- Cliquez sur la cellule **B5** pour spécifier la position du premier coin du rectangle de sélection.

```
MODIFCELLTABLE Sélectionnez le second angle de l'intervalle de cellules du tableau:
```

- Cliquez sur la cellule **B3** pour spécifier la position du coin opposé du rectangle de sélection, comme indiqué dans la figure ci-dessous.

	A	B
1	Tableau de surfaces	
2	Pièces	M²
3	Open Space	47.4
4	Atelier Technique	18.6
5	Stock	5.0
6	Total	

La formule **=SUM(B3:B5)** apparaît dans la cellule **B6**.

- Appuyez sur [Entrée] pour valider la formule.

La figure ci-dessous affiche le résultat.

Tableau de surfaces	
Pièces	M²
Open Space	47.4
Atelier Technique	18.6
Stock	5.0
Total	709841.0000

Modifier le format de la cellule

- Dans la **Zone graphique**, cliquez sur la cellule **B6** du tableau, comme indiqué dans la figure ci-dessous.

	A	B
1	Tableau de surfaces	
2	Pièces	M²
3	Open Space	47.4
4	Atelier Technique	18.6
5	Stock	5.0
6	Total	709841.0000

▶ Dans le groupe de fonctions **Format des cellules** (onglet **Cellule de tableau**), déroulez l'icône **Format des données** 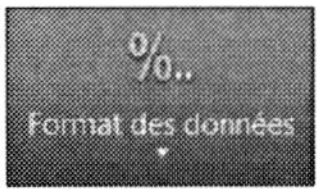

puis choisissez **Personnaliser le format des cellules de la table...**.

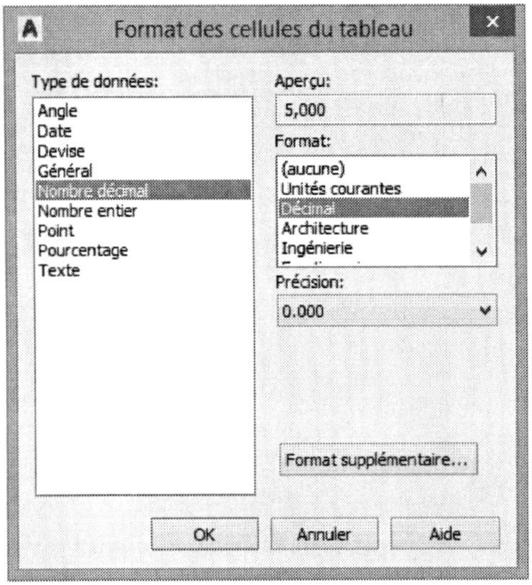

▶ Dans la fenêtre **Format des cellules du tableau**, choisissez le type de données **Nombre décimal** puis le format **Décimal**.

▶ Dans la liste **Précision**, choisissez **0.0**.

▶ Cliquez sur **Format supplémentaire...**.

▶ Dans la fenêtre **Format supplémentaire**, saisissez **0.0001** dans la zone de texte **Facteur de conversion** et confirmez par **OK** pour fermer la fenêtre **Format supplémentaire**.

▶ Confirmez par **OK** pour quitter la fenêtre **Format des cellules du tableau**.

La figure ci-dessous affiche le résultat obtenu.

Tableau de surfaces	
Pièces	M²
Open Space	47.4
Atelier Technique	18.6
Stock	5.0
Total	71.0

Chapitre 8
La construction

1. Suppression d'objets

Cette opération permet d'enlever de la base de données du dessin AutoCAD LT les éléments voulus.

▶ Dans le groupe de fonctions **Modification**, cliquez sur l'outil **Effacer** .

Le message suivant est affiché :

```
Sélectionner des objets:
```

À ce stade, le curseur graphique est remplacé par un petit réticule de sélection.

Vous pouvez, soit cliquer sur l'objet que vous voulez supprimer, soit choisir une option du jeu de sélection pour un choix plus adapté (voir chapitre Aides au dessin - La sélection des objets).

Le message "Sélectionner des objets" reste valable tant que vous ne validez pas avec [Entrée] votre sélection.

Pour récupérer toutes les entités qui viennent d'être effacées par mégarde, choisissez **Annuler** dans la barre d'outils d'accès rapide.

Remarque

Sans commande en cours, procédez à la sélection des objets puis appuyez sur la touche [Suppr].

2. Déplacement d'objets

Vous pouvez déplacer un ou plusieurs éléments de votre dessin dans n'importe quelle direction, sans changer leur orientation ni leur taille.

▶ Dans le groupe de fonctions **Modification** (onglet **Début**), cliquez sur l'outil **Déplacer** 

.

Le message ci-dessous est affiché :

```
Sélectionner des objets:
```

▶ Sélectionnez les objets à déplacer puis validez la sélection par [Entrée].

AutoCAD attend le vecteur de déplacement désigné par deux points. Le message suivant demande de préciser le premier point :

```
Spécifiez le point de base ou [Déplacement] <Déplacement>:
```

▶ Précisez le point de départ du déplacement (**P1** dans l'exemple).

```
Spécifiez le deuxième point ou <utiliser le premier point comme déplacement>:
```

▶ Précisez le point d'arrivée du déplacement (**P2** dans l'exemple).

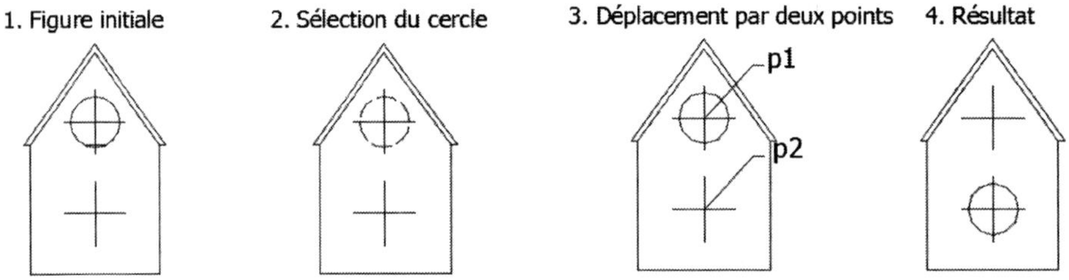

Le déplacement défini par un vecteur de direction s'applique à chaque entité choisie. Vous fournissez un déplacement relatif, aussi le premier point ne doit pas forcément être sur l'un des objets sélectionnés, bien que cela facilite la visualisation du déplacement.

Remarque

Procédez directement à la sélection des objets à déplacer (sans commande en cours). Positionnez le curseur sur un des objets sélectionnés (pas sur une poignée) puis effectuez un cliqué-glissé pour déplacer les objets.

3. Copie d'objets

Vous pouvez copier (ou dupliquer) des éléments de votre dessin. Les copies ont donc la même orientation et la même taille que l'original.

Par défaut, AutoCAD LT vous permet des copies multiples. La touche [Echap] permet d'interrompre la copie.

▶ Dans le groupe de fonctions **Modification**, cliquez sur l'outil **Copier** .

Le message ci-dessous est affiché :

```
Sélectionner des objets:
```

▶ Sélectionnez les objets à copier puis validez la sélection par [Entrée].

AutoCAD attend le vecteur de déplacement (pour la copie) désigné par deux points. Le message suivant permet de préciser le premier point :

```
Spécifiez le point de base ou [Déplacement mOde] <Déplacement>:
```

▶ Précisez le point de départ (**P1** dans l'exemple).

```
Spécifiez le deuxième point ou [Réseau] <utiliser le premier point comme déplacement>:
```

▶ Précisez un second point pour la copie (**P2** dans l'exemple).

```
Spécifiez le second point ou [réseAu Quitter annUler] <Quitter>:
```

▶ Précisez un troisième point pour une nouvelle copie, ou validez par [Entrée] pour quitter la commande **Copier**.

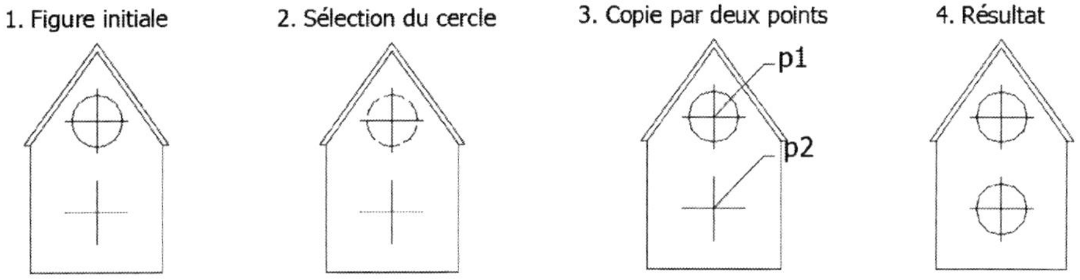

4. Décalage d'objets

La fonction **Décaler** permet de construire une entité parallèle à une autre à une distance quelconque ou passant par un certain point. Ce décalage est possible pour les lignes, arcs, cercles, polylignes 2D et splines.

▶ Dans le groupe de fonctions **Modification**, cliquez sur l'outil **Décaler** .

Le message ci-dessous est affiché :

```
Spécifiez la distance de décalage ou [Par Effacer Calque] <3.1367>:
```

Vous pouvez ensuite entrer la distance explicitement, la qualifier par deux points ou choisir l'option **Par** pour indiquer un point de passage.

▶ Saisissez une valeur de décalage puis validez par [Entrée].

Le message suivant est affiché :

```
Sélectionnez l'objet à décaler ou [Quitter annUler] <Quitter>:
```

▶ Sélectionnez l'objet à décaler en cliquant directement sur celui-ci (sans sélection par Fenêtre ou Capture, Trajet...).

Le message ci-dessous est affiché.

```
Spécifiez un point sur le côté à décaler ou [Quitter Multiple annUler] <Quitter>:
```

▶ Précisez un côté de l'objet à décaler, ou modifiez la valeur de décalage.

Vous pouvez enchaîner par des décalages successifs, en précisant à chaque fois la valeur de décalage, l'objet à décaler puis le côté de l'objet à décaler.

▶ Appuyez sur la touche [Entrée] ou [Echap] pour quitter la commande **Décaler**.

L'option **Par** amène à sélectionner l'objet à décaler dans un premier temps, puis à préciser un point par lequel passe le décalage.

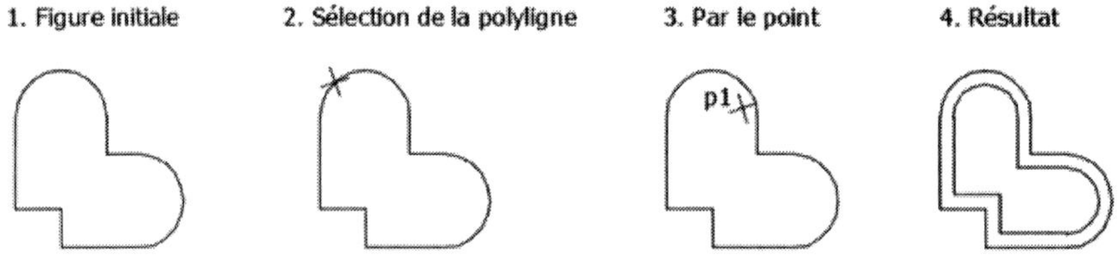

L'option **Multiple** permet d'appliquer le même décalage successivement dans la même opération. Ainsi la saisie n'est plus accessible, et AutoCAD requiert les côtés des décalages (ou les points de passage).

5. Rotation d'objets

Vous pouvez modifier l'orientation d'objets existants en les faisant tourner autour d'un point de base défini.

▶ Dans le groupe de fonctions **Modification**, cliquez sur l'outil **Rotation** 

.

Le message ci-dessous est affiché :

```
Sélectionner des objets:
```

▶ Sélectionnez les objets à pivoter puis validez la sélection par [Entrée].

Le message ci-dessous est affiché :

```
Spécifiez le point de base:
```

▶ Précisez le point autour duquel les objets vont pivoter.

Le message ci-dessous est affiché :

```
Spécifiez l'angle de rotation ou [Copier Référence] <250>:
```

Si vous répondez à ce dernier message par une valeur numérique, cet angle sera considéré comme l'angle relatif selon lequel les objets seront tournés par rapport à leur orientation actuelle, autour du point de base spécifié.

Dans les exemples ci-dessous, pour tourner les objets sélectionnés de 45° dans le sens trigonométrique, entrez **45** :

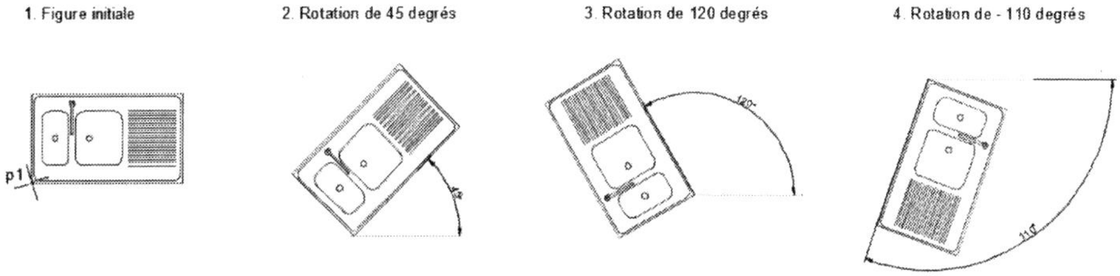

Option Référence

Parfois, plutôt que de calculer la valeur de l'angle de rotation, il est plus pratique de s'appuyer sur un angle de référence (orientation courante) puis sur un nouvel angle (orientation souhaitée).

L'option **Référence** permet de préciser ces deux angles de manière dynamique et permet une orientation facilitée.

L'exemple ci-dessous présente une utilisation de l'option **Référence**.

▶ Dans le groupe de fonctions **Modification**, choisissez l'icône **Rotation** 
.

Le message ci-dessous est affiché :

```
Sélectionner des objets:
```

▶ Sélectionnez les objets à pivoter (l'évier dans l'exemple ci-dessous) puis validez la sélection par [Entrée].

Le message ci-dessous est affiché :

```
Spécifiez le point de base:
```

▶ Précisez le point autour duquel les objets vont pivoter (**P1** dans l'exemple ci-dessous).

Le message ci-dessous est affiché :

```
Spécifiez l'angle de rotation ou [Copier Référence] <250>:
```

▶ Choisissez l'option **Référence**.

Le message suivant est affiché :

```
Spécifiez l'angle de référence <11>:
```

▶ Spécifiez l'angle de référence par deux points (**P1** et **P2** dans l'exemple ci-dessous).

Le message suivant est affiché :

```
Spécifiez le nouvel angle ou [Points] <0>:
```

▶ Spécifiez le nouvel angle par un troisième point (**P3** dans l'exemple ci-après).

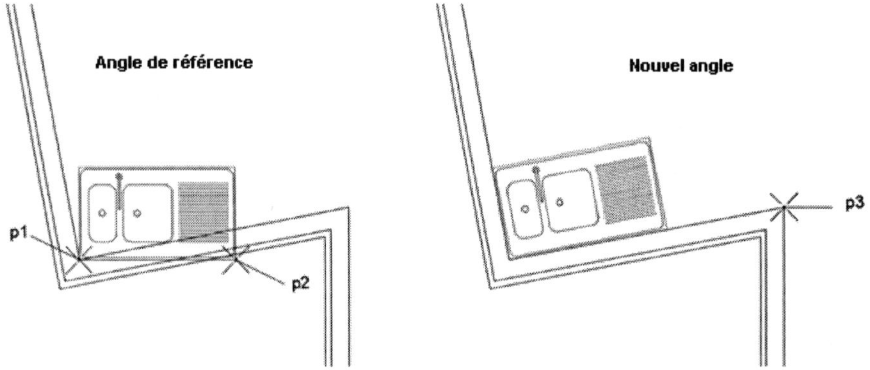

Remarque

L'angle de référence et le nouvel angle peuvent être précisés par trois points. Ceci est très pratique lorsque la valeur des angles n'est pas connue.

6. Changement d'échelle des objets

Vous pouvez changer la taille d'objets existants. Vous pouvez augmenter ou réduire leur taille, ou faire évoluer celle-ci dynamiquement. Le changement d'échelle s'effectue depuis un point de base à spécifier. Le même facteur d'échelle est appliqué aux dimensions en X et en Y.

- Dans le groupe de fonctions **Modification** (onglet **Début**), cliquez sur l'icône **Echelle** 

.

Le message ci-dessous est affiché :

```
Sélectionner des objets:
```

- Sélectionnez les objets à redimensionner puis validez la sélection par [Entrée].

Le message suivant est affiché :

```
Spécifiez le point de base:
```

- Précisez le point à partir duquel le redimensionnement sera appliqué (**P1** dans l'exemple).

Le message ci-après est affiché :

```
Spécifiez le facteur d'échelle ou [Copier Référence]:
```

- Saisissez le facteur d'échelle (**1.5** dans l'exemple).

1. Figure initiale

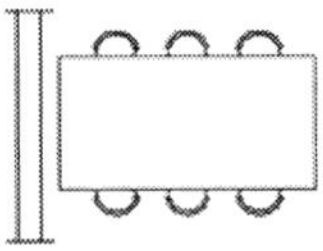

2. Sélection par Fenetre

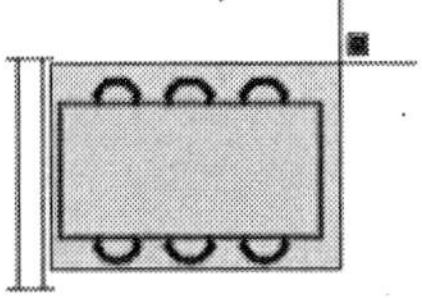

3. Point de base

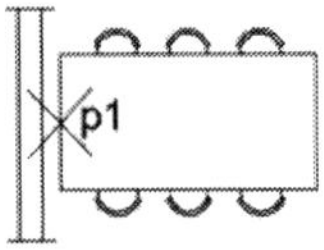

4. Résultat (facteur d'échelle = 1.5)

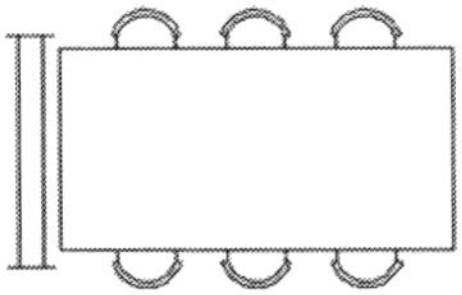

Option Référence

Parfois, plutôt que de calculer le facteur d'échelle, il est plus pratique de s'appuyer sur une longueur de référence (longueur courante) puis sur une nouvelle longueur (longueur souhaitée).

L'option **Référence** permet de préciser ces deux longueurs de manière dynamique et permet un redimensionnement facilité.

L'exemple ci-dessous présente une utilisation de l'option **Référence**.

▶ Dans le groupe de fonctions **Modification**, choisissez l'icône **Echelle** 
.

Le message ci-dessous est affiché :

```
Sélectionner des objets:
```

▶ Sélectionnez les objets à redimensionner puis validez la sélection par [Entrée].

Le message suivant est affiché :

```
Spécifiez le point de base:
```

▶ Précisez le point à partir duquel le redimensionnement sera appliqué (**P1** dans l'exemple).

Le message ci-après est affiché :

```
Spécifiez le facteur d'échelle ou [Copier Référence]:
```

▶ Choisissez l'option **Référence**.

Le message suivant est affiché :

```
Spécifiez la longueur de référence <1.0000>:
```

- Spécifiez la longueur de référence, soit en saisissant la valeur de référence, soit par deux points (**720** ou **P1** et **P2** dans l'exemple ci-dessous).

Le message suivant est affiché :

```
Spécifiez la nouvelle longueur ou [Points] <1.0000>:
```

- Spécifiez la nouvelle longueur, soit en saisissant la nouvelle valeur, soit en précisant un troisième point (**980** ou **P3** dans l'exemple ci-après).

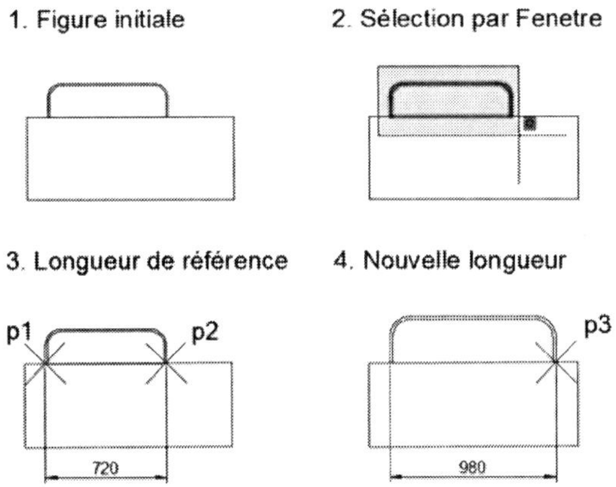

L'option **Copier** permet de conserver l'original après le changement d'échelle.

7. Symétrie d'objets

Vous pouvez effectuer automatiquement des symétries d'objets existants dans votre dessin, en conservant ou en supprimant les éléments initiaux. Ces symétries s'effectuent par rapport à une ligne de symétrie à préciser par deux points.

- Dans le groupe de fonctions **Modification**, cliquez sur l'outil **Miroir** .

Le message ci-dessous est affiché :

```
Sélectionner des objets:
```

▶ Sélectionnez les objets pour lesquels vous souhaitez appliquer une symétrie puis validez la sélection par [Entrée].

Le message suivant est affiché :

```
Spécifiez le premier point de la ligne de symétrie:
```

▶ Précisez le premier point de la ligne de symétrie (**P1** dans l'exemple).

Le message ci-après est affiché :

```
Spécifiez le deuxième point de la ligne de symétrie:
```

▶ Précisez le second point de la ligne de symétrie (**P2** dans l'exemple).

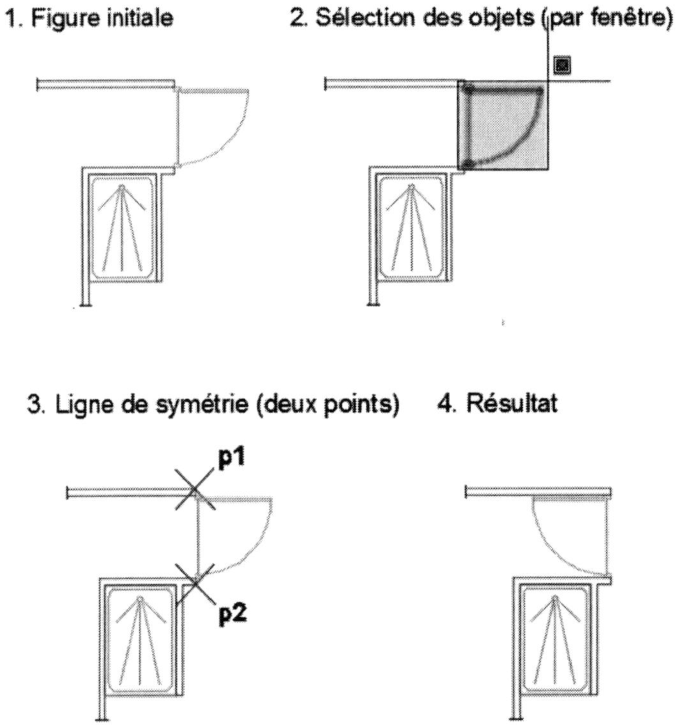

Le message ci-après est affiché :

```
Effacer les objets source ? [Oui Non] <N>:
```

Cas particuliers : les textes et attributs

Vous pouvez refléter une partie d'un dessin sans que les textes deviennent illisibles. AutoCAD LT permet cela par la variable de système MIRRTEXT. Si celle-ci est affectée de la valeur 1 (valeur par défaut), le texte sera reflété selon les règles mathématiques de la réflexion.

Si vous assignez la valeur 0 à MIRRTEXT, les textes (et attributs) sont traités de manière spéciale pour empêcher un affichage renversé ou reflété.

1. Figure initiale 2. Avec Mirrtext = 1 3. Avec Mirrtext = 0

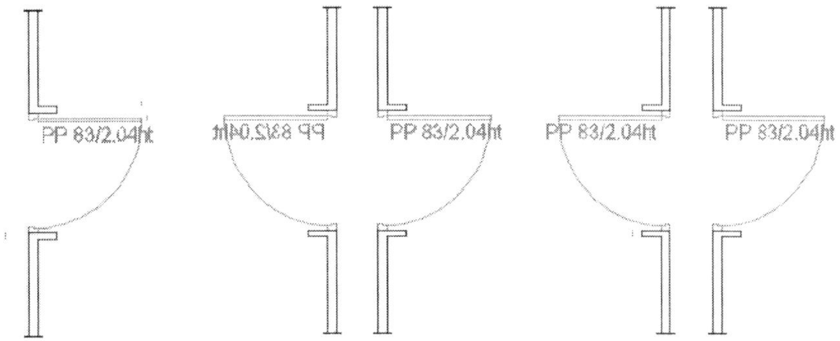

8. Étirement d'objets

Vous pouvez allonger ou rétrécir une partie d'un dessin. Vous pouvez aussi déplacer une partie sélectionnée d'un dessin en préservant les connexions avec les portions du dessin laissées en place.

- Dans le groupe de fonctions **Modification**, cliquez sur l'outil **Etirer** .

Le message ci-dessous est affiché :

```
Sélectionner des objets:
```

La sélection doit être réalisée par l'outil Capture ou CPolygone. Tous les objets situés à l'intérieur de la capture seront déplacés ; ceux qui croisent un bord de la capture seront étirés (allongés ou écourtés).

- Sélectionnez les objets à étirer à l'aide de l'outil Capture ou (CPolygone) puis validez la sélection par [Entrée].

Le message suivant est affiché :

```
Spécifiez le point de base ou [Déplacement] <Déplacement>:
```

▶ Précisez le point de référence de départ (**P1** dans l'exemple).

Le message ci-après est affiché :

```
Spécifiez le deuxième point ou <utiliser le premier point comme déplacement>:
```

▶ Précisez le point de référence d'arrivée (**P2** dans l'exemple).

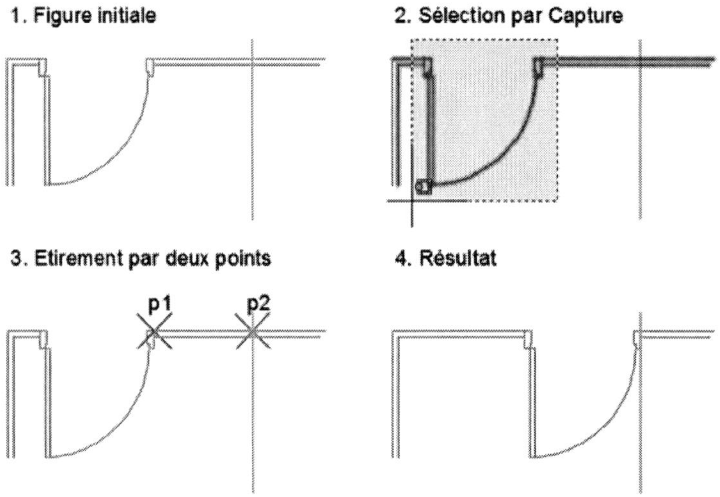

9. Alignement d'objets

Vous pouvez, en une seule opération, déplacer et faire pivoter des objets. Vous précisez, en alternant les positions initiales et finales, quatre points (ou six en 3D). De cette façon, vous précisez les positions puis les orientations de départ et d'arrivée.

▶ Dans la fenêtre de commande, saisissez **Aligner**.

Le message ci-dessous est affiché :

```
Sélectionner des objets:
```

▶ Sélectionnez les objets à aligner puis validez la sélection par [Entrée].

Le message suivant est affiché :

```
Spécifiez le premier point source:
```

▶ Précisez le premier point de la position initiale (**P1** dans l'exemple).

Le message ci-après est affiché :

```
Spécifiez le premier point d'arrivée:
```

▶ Précisez le premier point de la position souhaitée (**P1'** dans l'exemple).

Le message suivant est affiché :

```
Spécifiez le deuxième point source:
```

▶ Précisez le second point initial de la position initiale (**P2** dans l'exemple).

Le message suivant est affiché :

```
Spécifiez le deuxième point d'arrivée:
```

▶ Précisez le second point de la position souhaitée (**P2'** dans l'exemple).

Le message suivant est affiché :

```
Spécifiez le troisième point source ou <continuer>:
```

▶ Validez par la touche [Entrée] (sauf si Alignement 3D souhaité).

Le message suivant est affiché :

```
Mettre les objets à l'échelle des points d'alignement ? [Oui Non] <N>:
```

▶ Validez par la touche [Entrée] pour conserver l'échelle des objets à aligner.

Remarque

Un changement d'échelle est possible en s'appuyant sur la nouvelle longueur de référence spécifiée par le segment P1' P2'.

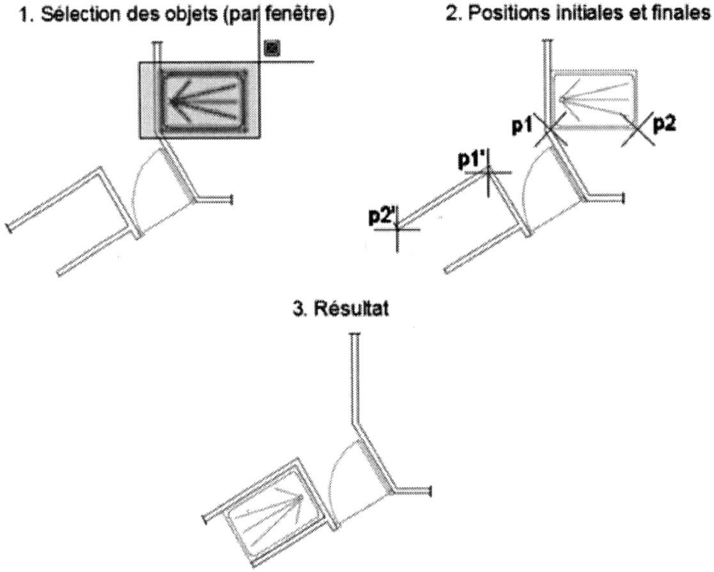

10. Copies multiples ou réseaux

AutoCAD LT permet la copie multiple d'objets selon trois méthodes :

- **Le réseau rectangulaire** qui permet une duplication uniforme d'objets selon une combinaison de rangées, de colonnes et de niveaux. Dans l'exemple ci-dessous, la duplication respecte trois colonnes et deux rangées.

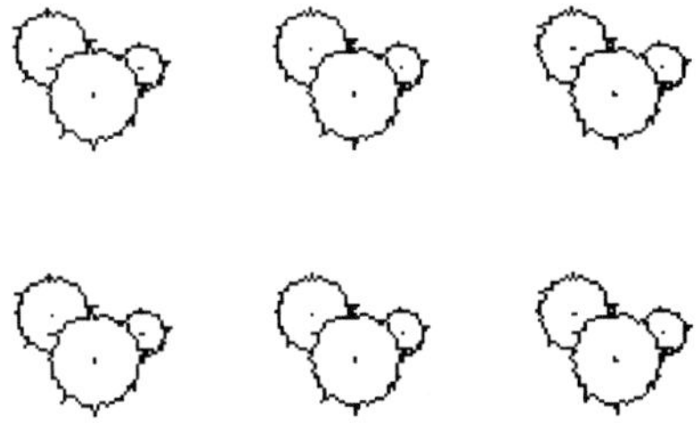

- **Le réseau polaire** qui permet une duplication uniforme d'objets autour d'un point de centre (ou axe de rotation). Dans l'exemple ci-dessous, la duplication respecte la rotation autour du point situé à l'intersection des deux axes selon 360 degrés.

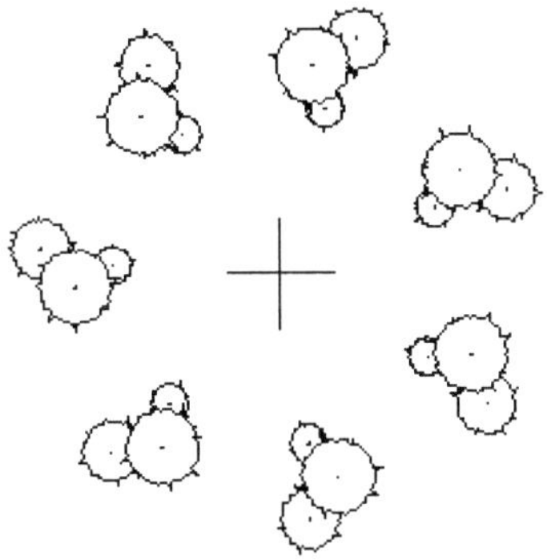

- **Le réseau le long d'une trajectoire** qui permet une duplication uniforme d'objets le long d'une trajectoire. Dans l'exemple ci-dessous, la duplication est générée le long de la courbe et sur toute sa longueur.

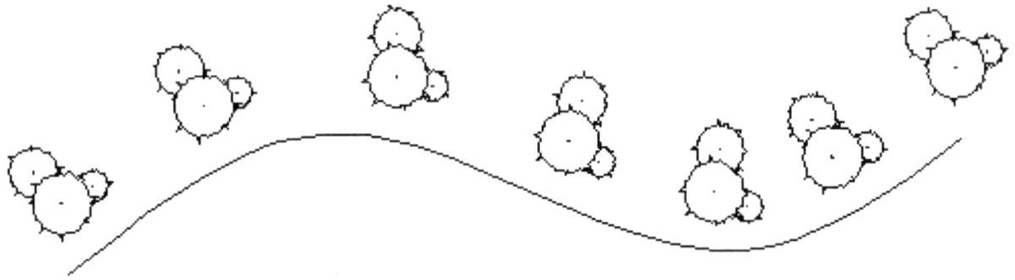

10.1 Réseau rectangulaire

▶ Dans le groupe de fonctions **Modification**, choisissez l'icône déroulante **Réseau rectangulaire** 

.

Le message ci-dessous est affiché :

```
Sélectionner des objets:
```

▶ Sélectionnez les objets à dupliquer puis validez la sélection par [Entrée].

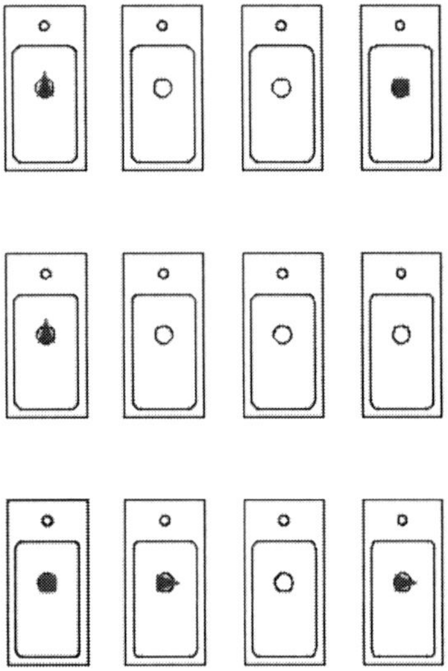

AutoCAD LT affiche un aperçu du premier résultat, en tenant compte des valeurs présentes dans les groupes de fonctions contextuels de l'onglet **Création de réseau**.

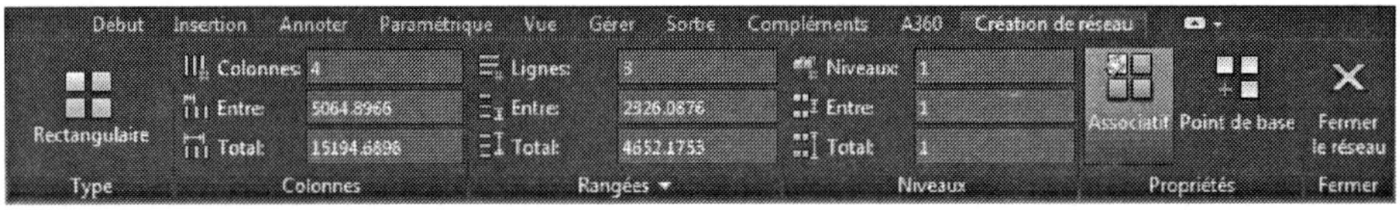

- Dans le groupe de fonctions **Colonnes**, précisez le nombre total de colonnes, la distance entre chaque colonne et/ou la distance entre les première et dernière colonnes.
- Dans le groupe de fonctions **Rangées**, précisez le nombre total de rangées, la distance entre chaque rangée et/ou la distance entre les première et dernière rangées.
- Dans le groupe de fonctions **Niveaux**, précisez si nécessaire le nombre de niveaux dans la direction Z, la distance entre chaque niveau et/ou la distance totale entre les premier et dernier niveaux.
- Dans le groupe de fonctions **Propriétés**, activez ou désactivez l'associativité du réseau à l'aide de l'icône **Associatif**.

  Dans le cas d'un réseau associatif, les éléments dupliqués constituent un réseau associatif modifiable dynamiquement à volonté. Dans le cas d'un réseau non associatif, les objets dupliqués sont indépendants.

Dans le groupe de fonctions **Propriétés**, l'icône **Point de base** permet de modifier le point de référence des objets dupliqués.

- Confirmez le réseau rectangulaire en cliquant sur l'icône **Fermer le réseau** du groupe de fonctions **Fermer**.

Modifier un réseau associatif

- Sélectionnez le réseau rectangulaire résultant. Le réseau associatif affiche plusieurs poignées de modification :

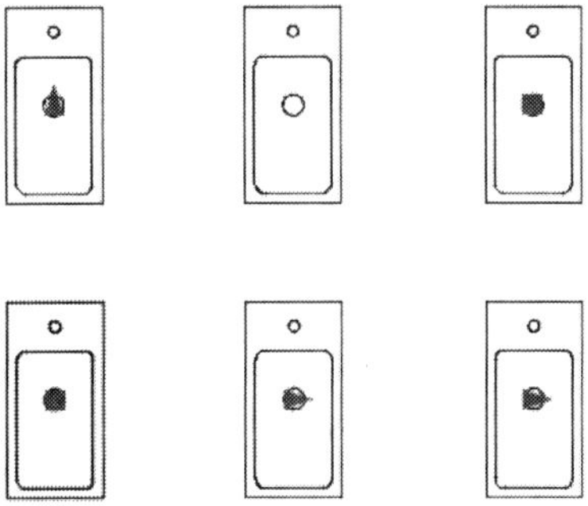

- Déplacez le pointeur sur les différentes poignées pour afficher le menu contextuel de modification.

La poignée ci-dessous vous permet de déplacer le réseau, ou de modifier le nombre de niveaux.

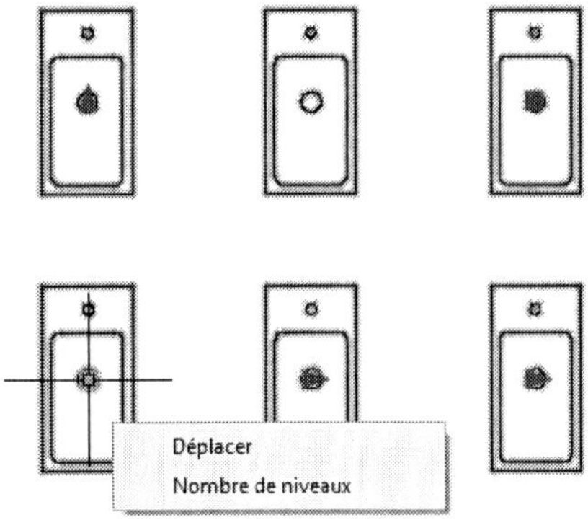

La poignée ci-dessous vous permet de modifier l'espacement entre les colonnes (saisie ou clic).

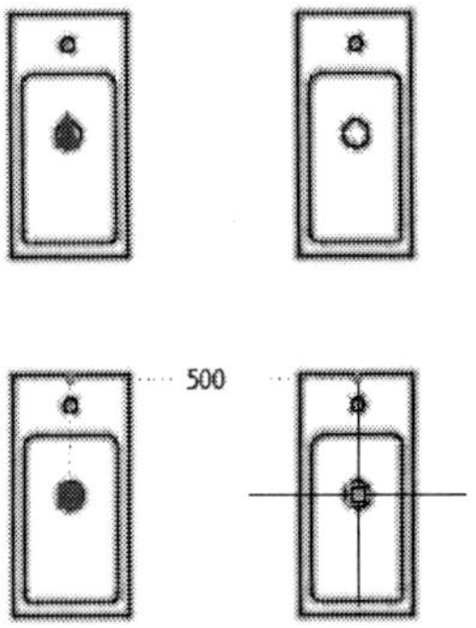

La poignée ci-dessous vous permet de modifier le nombre de colonnes, l'espacement total des colonnes ou encore l'angle de rotation du réseau.

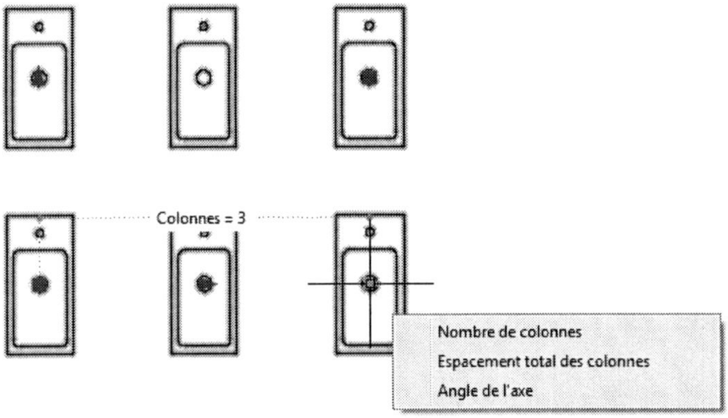

La poignée ci-dessous vous permet de modifier le nombre de rangées, l'espacement entre les lignes ou encore l'angle de rotation du réseau.

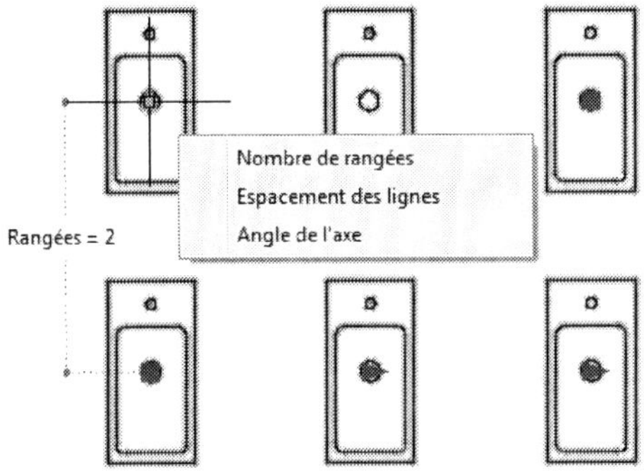

La poignée ci-dessous vous permet de modifier dynamiquement le nombre de rangées et de colonnes, et de modifier l'espacement total entre les rangées et les colonnes.

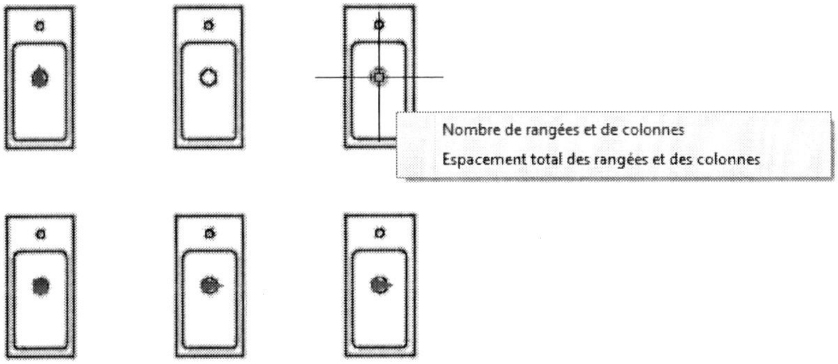

- Sélectionnez le réseau et effectuez un clic droit, sélectionnez **Réseau** pour afficher le menu contextuel suivant :

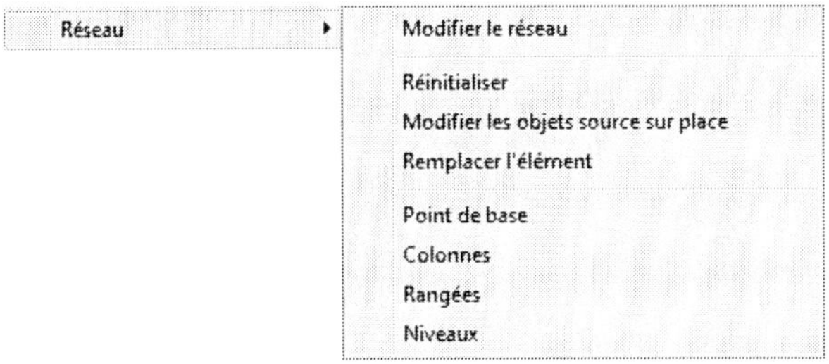

L'option **Modifier le réseau** permet de modifier l'ensemble des paramètres définissant le réseau.

L'option **Réinitialiser** permet de rétablir le réseau précédent après modification.

L'option **Modifier les objets source sur place** permet de modifier les objets de référence du réseau. Après modification, toutes les copies sont automatiquement mises à jour.

L'option **Remplacer l'élément** permet de remplacer les objets de référence du réseau.

L'ensemble des paramètres du réseau est également modifiable depuis le ruban et l'onglet contextuel **Réseau**, tels que le point de base, les nombres de colonnes, rangées et niveaux :

Remarque

*Utilisez la fonction **Décomposer** (groupe de fonctions **Modification**) pour retirer l'associativité du réseau.*

10.2 Réseau polaire

▶ Dans le groupe de fonctions **Modification**, choisissez l'icône déroulante **Réseau polaire** 
.

AutoCAD LT affiche l'invite suivante :

```
Sélectionner des objets:
```

▶ Sélectionnez les objets à dupliquer et validez par [Entrée]. AutoCAD LT affiche :

```
Spécifiez le point central du réseau ou [point de Base Axe de rotation]:
```

▶ Précisez le point de centre autour duquel dupliquer les objets.

L'option **point de Base** permet de modifier le point de référence pour les objets dupliqués.

L'option **Axe de rotation** permet de spécifier deux points définissant un axe de rotation (environnement 3D).

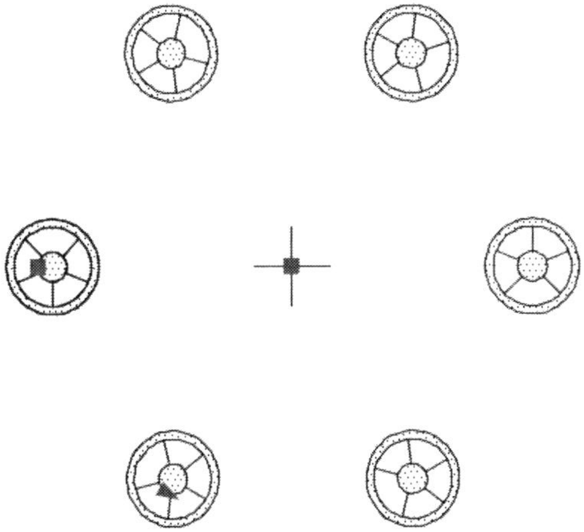

AutoCAD affiche un aperçu du premier résultat, en tenant compte des valeurs présentes dans les groupes de fonctions contextuels de l'onglet **Création de réseau**.

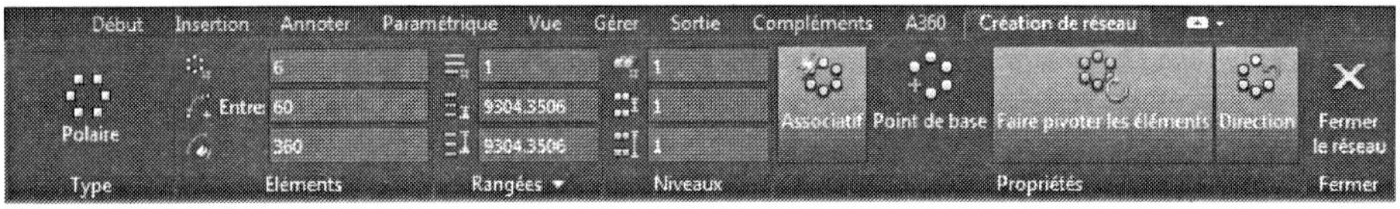

- Dans le groupe de fonctions **Eléments**, précisez le nombre total d'éléments dupliqués (originaux inclus), l'angle entre les éléments et/ou l'angle total entre les premier et dernier éléments dupliqués.
- Dans le groupe de fonctions **Rangées**, précisez si nécessaire le nombre de rangées distantes de la première rangée (tel un décalage), la distance entre chaque rangée et/ou la distance totale entre les première et dernière rangées.
- Dans le groupe de fonctions **Niveaux**, précisez si nécessaire le nombre de niveaux dans la direction Z, la distance entre chaque niveau et/ou la distance totale entre les premier et dernier niveaux.
- Dans le groupe de fonctions **Propriétés**, activez ou désactivez l'associativité du réseau à l'aide de l'icône **Associatif**.

  Dans le cas d'un réseau associatif, les éléments dupliqués constituent un réseau associatif modifiable dynamiquement à volonté. Dans le cas d'un réseau non associatif, les objets dupliqués sont indépendants.

- Dans le groupe de fonctions **Propriétés**, choisissez l'icône :
  - **Point de base** pour modifier le point de référence des objets dupliqués.
  - **Faire pivoter les éléments** pour définir ou non une rotation des éléments dupliqués lors du réseau.
  - **Direction** pour choisir la rotation dans le sens trigonométrique ou horaire.
- Confirmez le réseau polaire en cliquant sur l'icône **Fermer le réseau** du groupe de fonctions **Fermer**.

Modifier un réseau associatif

- Sélectionnez le réseau polaire résultant. Le réseau associatif affiche plusieurs poignées de modification :

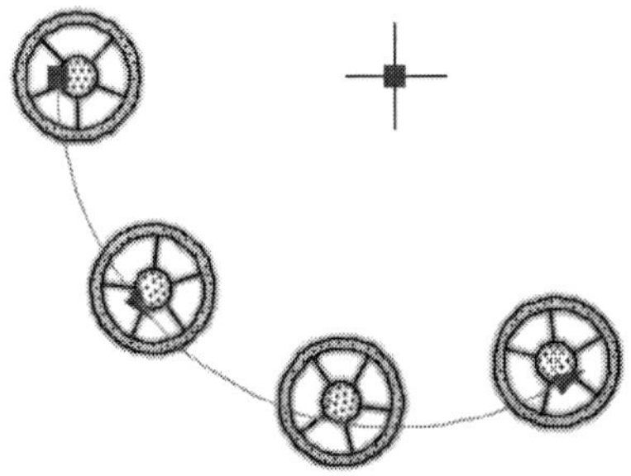

- Déplacez le pointeur sur les différentes poignées pour afficher le menu contextuel de modification.

La poignée ci-dessous vous permet de modifier le rayon de l'étirement (ou distance depuis le point de centre), de modifier le nombre de rangées ainsi que le nombre de niveaux.

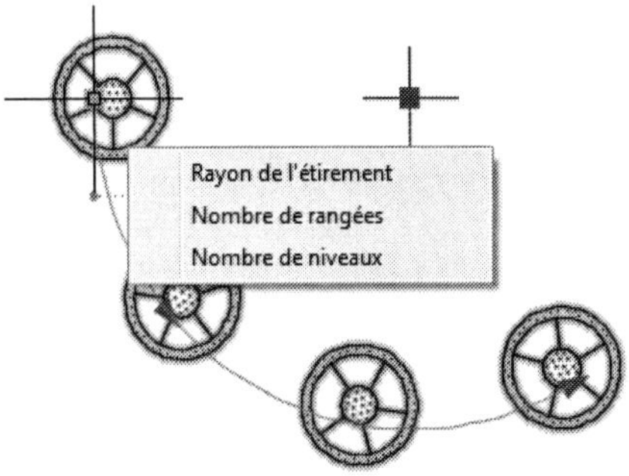

La poignée ci-dessous vous permet de modifier l'angle entre les éléments du réseau.

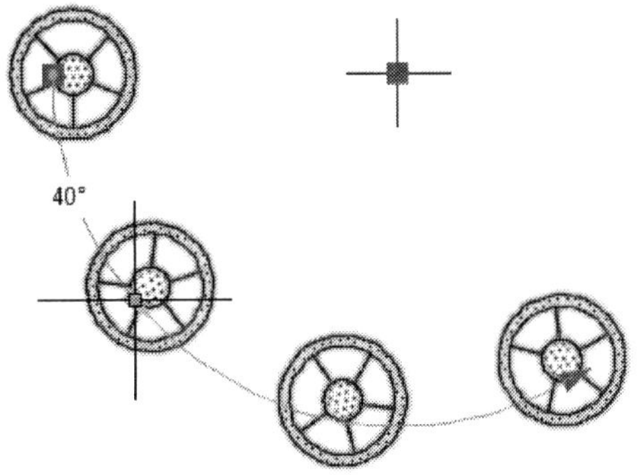

La poignée ci-dessous vous permet de modifier le nombre total d'éléments (l'original inclus) et l'angle parcouru entre les premier et le dernier éléments du réseau.

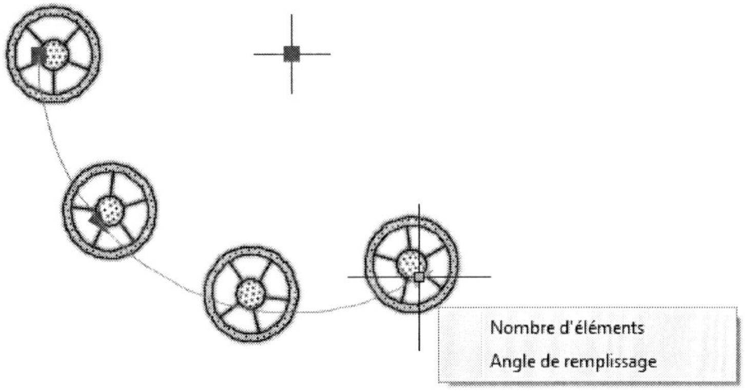

- Sélectionnez le réseau et effectuez un clic droit, sélectionnez **Réseau** pour afficher le menu contextuel suivant :

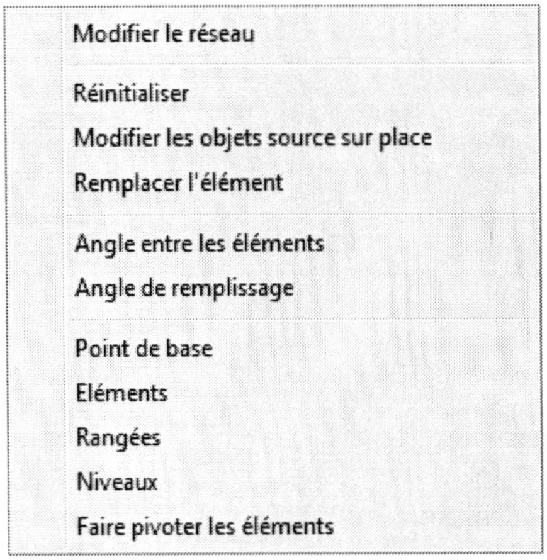

L'option **Modifier le réseau** permet de modifier l'ensemble des paramètres définissant le réseau.

L'option **Réinitialiser** permet de rétablir le réseau précédent après modification.

L'option **Modifier les objets source sur place** permet de modifier les objets de référence du réseau. Après modification, toutes les copies sont automatiquement mises à jour.

L'option **Remplacer l'élément** permet de remplacer les objets de référence du réseau.

L'ensemble des paramètres du réseau est également modifiable depuis le ruban et l'onglet contextuel **Réseau** :

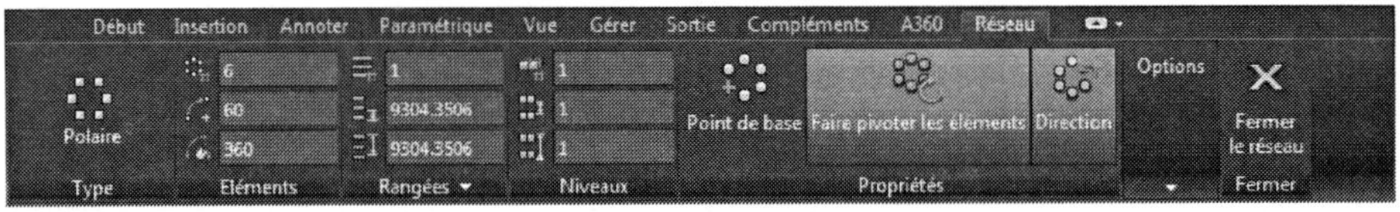

Remarque

*Utilisez la fonction **Décomposer** (groupe de fonctions **Modification**) pour retirer l'associativité du réseau.*

10.3 Réseau le long d'une trajectoire

Dans l'exemple ci-dessous, nous allons dupliquer uniformément l'ordinateur le long de la courbe.

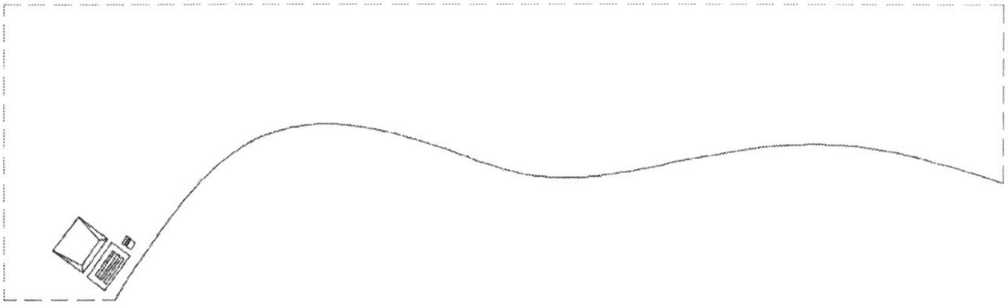

▶ Dans le groupe de fonctions **Modification**, choisissez l'icône déroulante **Réseau le long d'une trajectoire** 

.

AutoCAD LT affiche l'invite suivante :

```
TRAJECTOIRERESEAU Choix des objets:
```

Sélectionnez les objets à dupliquer et validez par [Entrée]. AutoCAD affiche :

```
Sélectionnez la courbe de la trajectoire:
```

▶ Sélectionnez la courbe le long de laquelle vous souhaitez réaliser le réseau.

Celle-ci peut être une ligne, une polyligne 2D ou 3D, une spline, une hélice, un arc, une ellipse ou un cercle.

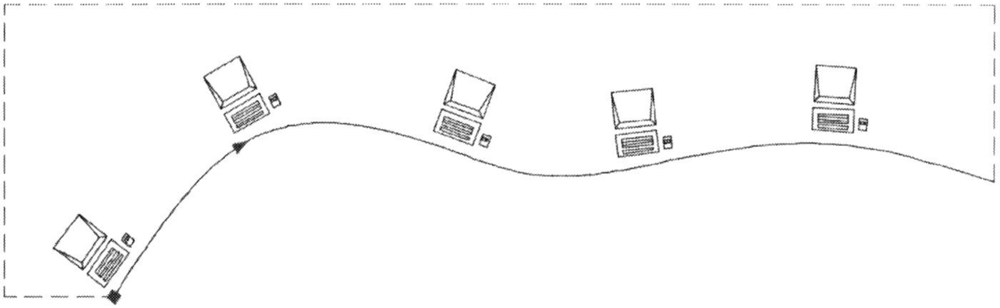

AutoCAD LT affiche un aperçu du premier résultat, en tenant compte des valeurs présentes dans les groupes de fonctions contextuels de l'onglet **Création de réseau**.

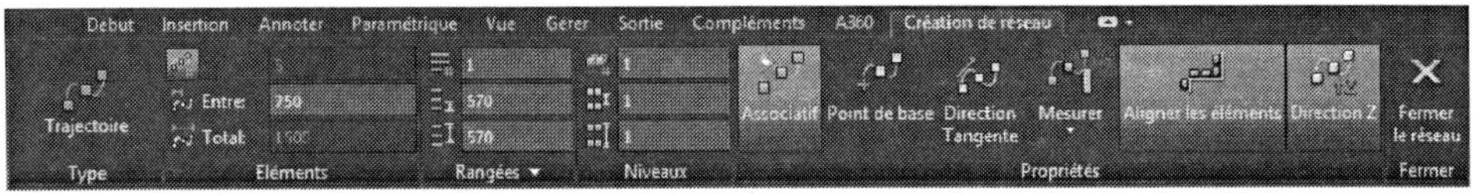

- Dans le groupe de fonctions **Eléments**, précisez le nombre total d'éléments dupliqués (originaux inclus), ou l'espacement entre les éléments et/ou l'espacement total entre les premier et dernier éléments dupliqués.
- Dans le groupe de fonctions **Rangées**, précisez si nécessaire le nombre de rangées distantes de la première rangée (tel un décalage), la distance entre chaque rangée et/ou la distance totale entre les première et dernière rangées.
- Dans le groupe de fonctions **Niveaux**, précisez si nécessaire le nombre de niveaux dans la direction Z, la distance entre chaque niveau et/ou la distance totale entre les premier et dernier niveaux.
- Dans le groupe de fonctions **Propriétés**, activez ou désactivez l'associativité du réseau à l'aide de l'icône **Associatif**.

  Dans le cas d'un réseau associatif, les éléments dupliqués constituent un réseau associatif modifiable dynamiquement à volonté. Dans le cas d'un réseau non associatif, les objets dupliqués sont indépendants.
- Dans le groupe de fonctions **Propriétés**, choisissez l'icône :
  - **Point de base** pour modifier le point de référence des objets dupliqués.
  - **Direction tangente** pour définir l'orientation des éléments à dupliquer en définissant deux points le long de la trajectoire.
  - **Mesurer** pour répartir les éléments dupliqués selon des intervalles définis.
  - **Diviser** pour répartir les éléments dupliqués de manière égale le long de la trajectoire (dans ce cas, le segment divisé).
  - **Aligner les éléments** pour définir l'orientation des éléments dupliqués, soit de manière identique aux éléments originaux, soit de manière perpendiculaire (ou normale) à la trajectoire.
  - **Direction Z** pour orienter une direction Z lors de l'utilisation d'une trajectoire 3D.
- Dans le groupe de fonctions **Fermer**, choisissez **Fermer le réseau** pour valider la création du réseau.

Modifier un réseau associatif

- Sélectionnez le réseau le long d'une trajectoire résultant. Le réseau associatif affiche plusieurs poignées de modification :

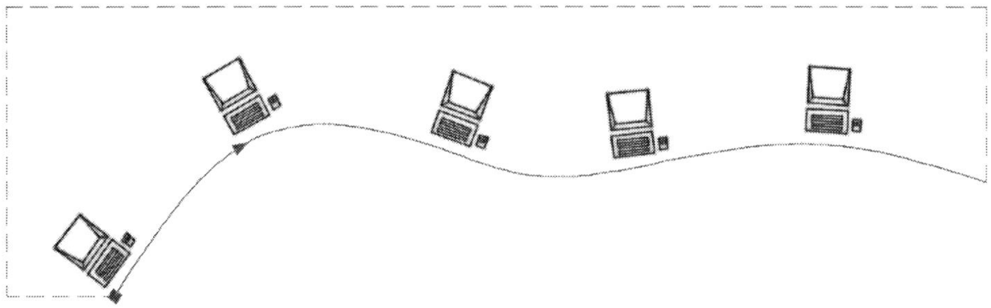

- Déplacez le pointeur sur les différentes poignées pour afficher le menu contextuel de modification.

La poignée ci-dessous vous permet de déplacer le réseau, de modifier le nombre de rangées et le nombre de niveaux.

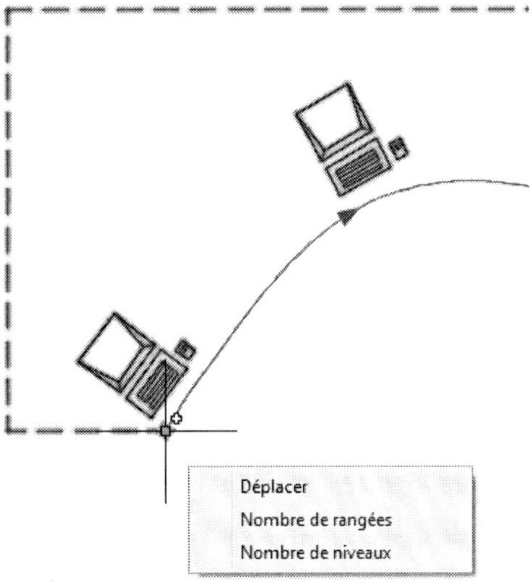

La poignée ci-dessous vous permet de modifier la distance entre les éléments.

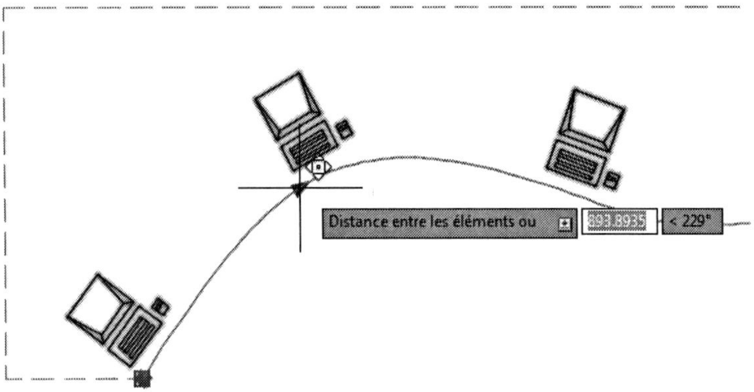

Déplacez le pointeur pour visualiser l'affichage dynamique de l'aperçu du résultat.

- Sélectionnez le réseau et effectuez un clic droit, sélectionnez **Réseau** pour afficher le menu contextuel suivant :

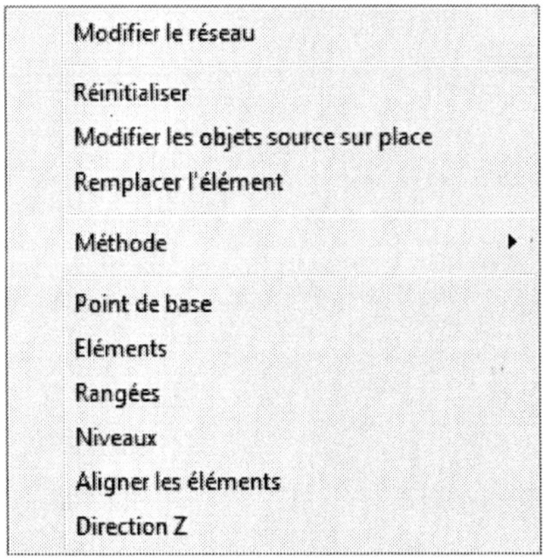

L'option **Modifier le réseau** permet de modifier l'ensemble des paramètres définissant le réseau.

L'option **Réinitialiser** permet de rétablir le réseau précédent après modification.

L'option **Modifier les objets source sur place** permet de modifier les objets de référence du réseau. Après modification, toutes les copies sont automatiquement mises à jour.

L'option **Remplacer l'élément** permet de remplacer les objets de référence du réseau.

L'option **Méthode** permet de modifier la technique de duplication : soit selon une répartition uniforme (Diviser), soit selon une longueur (Mesurer).

L'ensemble des paramètres du réseau est également modifiable depuis le ruban et l'onglet contextuel **Réseau** :

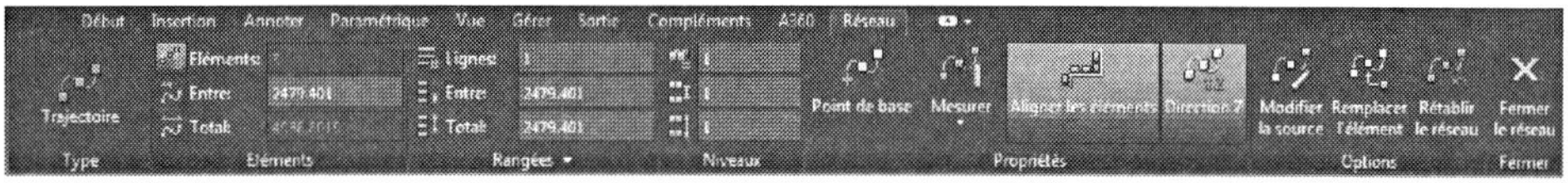

■ Remarque

*Utilisez la fonction **Décomposer** (groupe de fonctions **Modification**) pour retirer l'associativité du réseau.*

11. Ajustement d'objets

▶ Dans le groupe de fonctions **Modification**, cliquez sur l'icône déroulante **Ajuster** .

Vous devez souvent ajuster des objets de façon à ce qu'ils ne dépassent pas une limite définie par un ou plusieurs objets dans le dessin (appellons cette limite un bord de coupe). Vous donnez en quelque sorte un "coup de ciseaux" entre deux bords de coupe pour supprimer une partie d'objet indésirable.

D'abord, il faut définir le ou les bords de coupe auxquels les entités seront ajustées. Le message suivant est affiché :

```
Sélectionnez les arêtes sécantes...
AJUSTER Sélectionnez les objets ou <tout sélectionner>:
```

Appuyez sur la touche [Entrée] quand toutes les arêtes sécantes sont choisies.

Le message suivant apparaît :

```
Sélectionnez l'objet à ajuster ou utilisez la touche Maj pour le prolonger ou
AJUSTER [tRajet cApture Projection Côté eFfacer annUler]:
```

Vous pouvez choisir la ou les parties d'objets à supprimer en pointant directement ou en utilisant l'option **Trajet**. Dans le cas où vous avez plusieurs objets à ajuster, il sera souvent très intéressant de choisir cette option.

Voici quelques exemples :

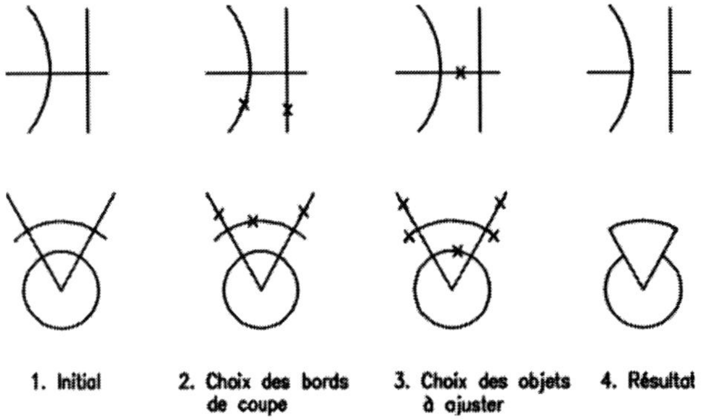

Remarque

Notez qu'un seul et même objet peut servir de bord de coupe et être un des objets à ajuster.

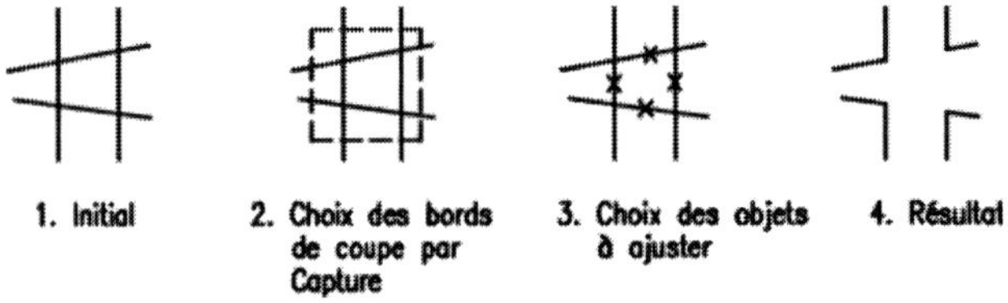

Dans l'exemple ci-dessous, on utilise l'option de sélection **Trajet** pour ajuster plusieurs objets. En effet dans ce cas, l'option **Trajet** évite de sélectionner une par une les parties d'objet à ajuster.

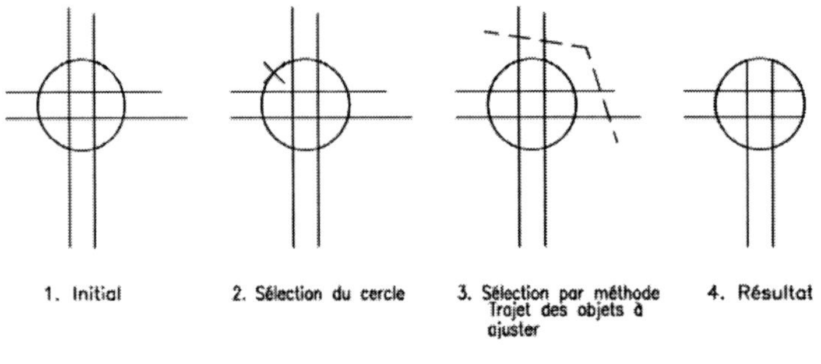

Dans l'exemple ci-après, il s'agit de l'ajustement d'une hachure.

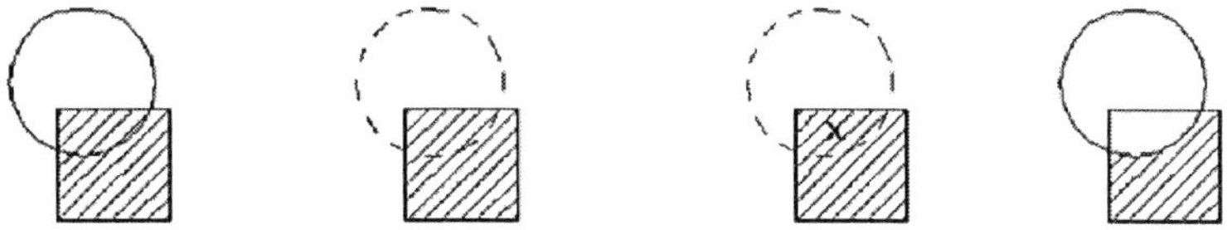

1. Initial — 2. Choix du bord de coupe — 3. Choix de l'objet à ajuster — 4. Résultat

L'option Côté

Deux possibilités existent. Le message suivant est affiché :

```
AJUSTER Entrez un mode de prolongement du côté implicite [PRolongement PAs de prolongement]
<PAs de prolongement>:
```

PRolongement

Permet un ajustement même si les bords de coupe ne croisent pas réellement les objets à ajuster. Il est conseillé de choisir cette option par défaut.

PAs de prolongement

Permet un ajustement seulement si les bords de coupe croisent les objets à ajuster.

L'option Projection

Cette option est particulière et peut être utile en 3D. Elle permet d'ajuster des objets entre eux, même s'ils ne se croisent pas et qu'ils ont des élévations en Z différentes. Ainsi un objet 3D peut être ajusté par rapport à un objet 2D dans un plan particulier, et inversement. Attention, cette méthode est à utiliser avec précaution.

Trois possibilités existent. Le message suivant est affiché :

```
AJUSTER Entrez une option de projection [Aucune Scu Vue] <Scu>:
```

Aucun(e)

Précise qu'AutoCAD LT n'ajuste que les objets se croisant réellement.

Scu

Permet une projection dans le plan du Scu courant. AutoCAD LT ajuste les objets se croisant dans le Scu courant.

Vue

Permet une projection selon la vue courante. AutoCAD LT ajuste les objets se croisant selon la vue.

Remarque

Appuyez sur [Entrée] quand AutoCAD LT demande la sélection des arêtes ; vous pourrez directement choisir les parties à supprimer. AutoCAD LT ajuste les objets selon les premières limites rencontrées. Appuyez sur [Shift] et l'ajustement se transforme en prolongement.

12. Prolongement d'objets

▶ Dans le groupe de fonctions **Modification**, cliquez sur l'icône déroulante **Prolonger** `Prolonger ▾`.

Vous pouvez prolonger des objets pour qu'ils se terminent exactement à une limite définie par un ou plusieurs objets.

Notez que tout comme **Ajuster**, **Prolonger** peut utiliser une ou plusieurs limites.

Il faut d'abord sélectionner les objets servant de limites.

```
Sélectionnez les limites ...
PROLONGE Sélectionnez les objets ou <tout sélectionner>:
```

Les Lignes, Arcs, Cercles, Polylignes 2D et 3D, Ellipses, Splines... peuvent servir de limites. Vous pouvez qualifier celles-ci par une quelconque méthode de sélection d'objets.

Validez par [Entrée] quand vous avez spécifié toutes les limites. Vous obtenez alors le message :

```
Sélectionnez l'objet à prolonger ou utilisez la touche Maj pour l'ajuster ou
PROLONGE [TRajet cApture Projection Côté annUler]:
```

Vous devez choisir un objet à prolonger en pointant la partie de l'objet qui doit être prolongée. Vous pouvez aussi utiliser l'option **Trajet**. Cette option permet un gain de temps considérable dès l'instant où vous avez plusieurs objets à prolonger.

Exemple

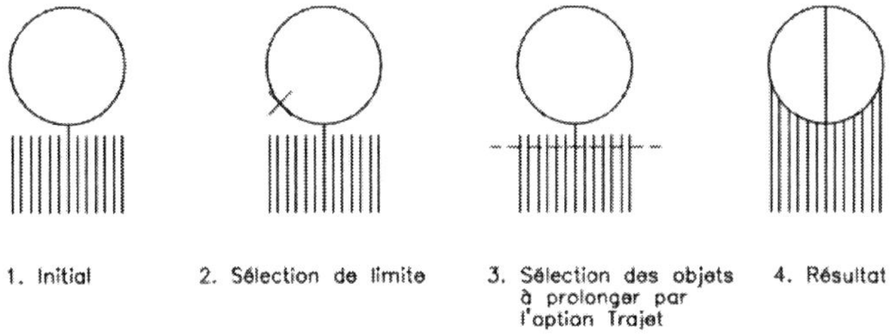

L'option Côté

Deux possibilités existent. Le message suivant est affiché :

```
PROLONGE Entrez un mode de prolongement du côté implicite [PRolongement PAs de prolongement]
<PAs de prolongement>:
```

PRolongement

Permet un prolongement même si les limites ne coupent pas réellement les objets à prolonger. Il est conseillé de choisir cette option par défaut.

PAs de prolongement

Permet un prolongement seulement si les limites coupent les objets à prolonger.

L'option Projection

Cette option est particulière et peut être utile en 3D. Elle permet de prolonger des objets entre eux, même s'ils ne se croisent pas et qu'ils ont des élévations en Z différentes. Ainsi un objet 2D peut être prolongé jusqu'à un objet 3D dans un plan particulier, et inversement.

Attention, cette méthode est à utiliser avec précaution.

Trois possibilités existent. Le message suivant est affiché :

```
PROLONGE Entrez une option de projection [Aucune Scu Vue] <Scu>:
```

Aucune

Précise qu'AutoCAD LT ne prolonge que les objets se croisant réellement.

Scu

Permet une projection dans le plan du Scu courant. AutoCAD LT prolonge les objets se croisant dans le Scu courant.

Vue

Permet une projection selon la vue courante. AutoCAD LT prolonge les objets se croisant selon la vue.

Remarque

Appuyez sur [Entrée] quand AutoCAD LT demande la sélection des limites ; vous pourrez directement choisir les parties à prolonger. AutoCAD prolonge les objets jusqu'aux premières limites rencontrées. Appuyez sur [Shift] et le prolongement se transforme en ajustement.

13. Coupure d'objets

La coupure d'objet peut s'effectuer de deux façons. Soit l'objet est coupé par un point (on obtient deux objets), soit l'objet est coupé par deux points (une partie de l'objet est supprimée). À la différence de la commande **Ajuster**, **Coupure** ne nécessite pas la sélection d'arêtes délimitant la partie à supprimer.

13.1 Coupure à un point

Cette méthode coupe l'objet en deux objets distincts. Vous devez préciser le point de coupure.

- Déroulez le groupe de fonctions **Modification**, cliquez sur l'outil **Couper au niveau du point** .

AutoCAD LT demande la sélection de l'objet à couper puis affiche :

```
COUPURE Spécifiez le premier point de coupure:
```

- Vous spécifiez ici le point de coupure (une intersection par exemple). Utilisez l'accrochage aux objets.

13.2 Coupure par deux points

Cette méthode coupe une partie de l'objet. À la différence de l'option ci-dessus, les deux points précisés sont différents. Ils définissent la partie à couper.

- Déroulez le groupe de fonctions **Modification**, et cliquez sur l'outil **Coupure** .

Après la sélection de l'objet à couper, AutoCAD LT affiche :

```
COUPURE Spécifiez le deuxième point de coupure ou [Premier point]:
```

- Choisissez l'option **Premier point** pour spécifier les deux points matérialisant la partie à supprimer.

AutoCAD LT affiche les messages suivants :

```
COUPURE Spécifiez le premier point de coupure:
```

```
COUPURE Spécifiez le deuxième point de coupure:
```

Remarque

À chaque fois, AutoCAD LT propose après la sélection de fixer directement le deuxième point. Attention, dans ce cas, la sélection (l'endroit où vous avez cliqué) et le point demandé déterminent la partie à supprimer. Si la résolution est activée, vous maîtrisez précisément la sélection et cette option est bien pratique.

14. Raccordement d'objets

- Dans le groupe de fonctions **Modification**, cliquez sur l'icône déroulante **Raccord** .

Vous pouvez raccorder deux lignes, arcs, cercles, polylignes, ellipses, splines, droites et demi-droites par un congé d'un rayon prédéfini. La longueur des entités originales est ajustée de sorte que celles-ci se terminent exactement sur l'arc. Les entités à raccorder seront, suivant le cas soit écourtées ou allongées, soit inchangées. AutoCAD LT vous propose la ligne d'options suivante :

```
RACCORD Sélectionnez le premier objet ou [annUler Polyligne Rayon Ajuster Multiple]:
```

- Sélectionnez le premier objet à raccorder.

```
Sélectionnez le deuxième objet ou utilisez la touche Maj pour appliquer un coin ou [Rayon]:
```

- Déplacez le pointeur sur le deuxième objet et constatez l'aperçu du congé comme dans la figure ci-dessous.

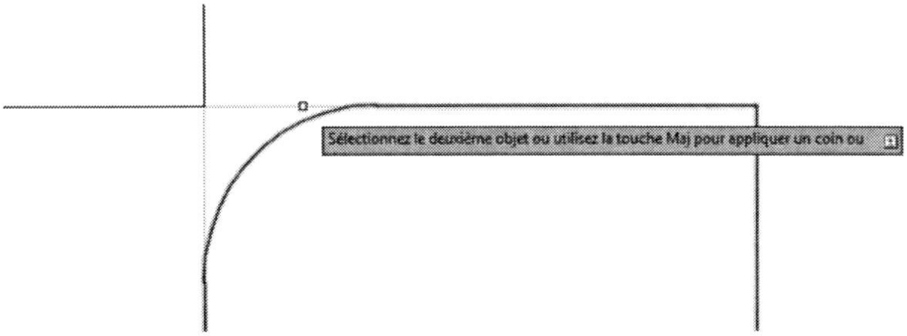

▶ Cliquez sur la partie à raccorder pour confirmer la mise en place du raccord.

Attention : Le congé est créé avec le rayon courant. En amont du nouveau congé, il convient d'utiliser l'option **Rayon** pour fixer la valeur du rayon du congé.

L'option Rayon

Vous utilisez l'option **Rayon** pour modifier le rayon du raccord à mettre en place.

Le message ci-dessous est affiché :

```
RACCORD Spécifiez le rayon du raccord <0.0000>:
```

▶ Précisez la valeur du nouveau rayon, et validez par [Entrée].

AutoCAD LT requiert ensuite la sélection du premier objet à raccorder :

```
RACCORD Sélectionnez le premier objet ou [annUler Polyligne Rayon Ajuster Multiple]:
```

Puis le message suivant demande la sélection du second objet à raccorder.

```
RACCORD Sélectionnez le deuxième objet ou utilisez la touche Maj pour appliquer un coin ou [Rayon]:
```

Pour raccorder des Cercles et des Arcs par exemple, il y a souvent plusieurs possibilités. AutoCAD LT choisira le congé dont les extrémités seront les plus proches de vos points de sélection. Ainsi vous indiquez approximativement, par votre sélection, la position du congé. Un rayon de raccordement d'une valeur de zéro peut être utilisé pour ajuster deux objets de telle manière qu'ils se terminent précisément au même point (à leur intersection) ; dans ce cas aucun congé n'est créé (seulement avec l'option **Ajuster**).

L'option Ajuster

Deux possibilités sont proposées :

```
RACCORD Entrez l'option du mode Ajuster [Ajuster Non-ajuster] <Ajuster>:
```

Ajuster

C'est l'option par défaut. Les objets originaux sont modifiés, c'est-à-dire soit prolongés, soit écourtés jusqu'à l'arc de raccordement.

Non-ajuster

Permet de conserver les objets originaux intacts, tout en plaçant un congé.

Les deux figures suivantes montrent le raccordement d'un arc et d'une ligne. Faites attention aux points de sélection ; l'ajustement, le prolongement et le placement du congé dépendent essentiellement de ces points.

Ici, l'option **Ajuster** a été choisie.

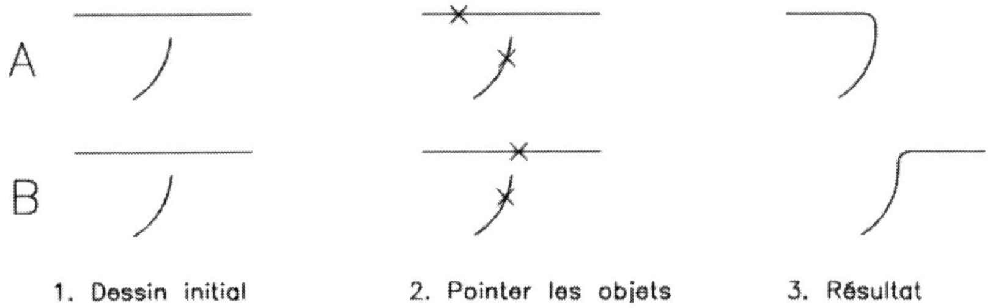

Les figures suivantes illustrent trois possibilités de raccordement de cercles. Encore une fois, le placement du congé dépend des points de sélection.

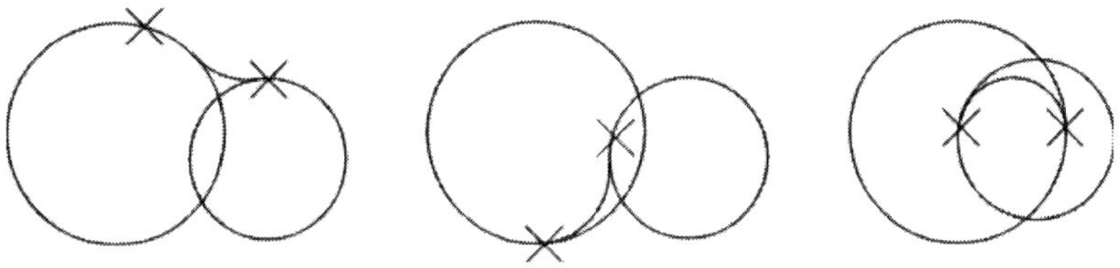

L'option Polyligne

Vous pouvez utiliser l'option **Polyligne** pour raccorder tous les sommets de la polyligne 2D en une seule opération.

Le choix de l'option **Polyligne** affiche le message ci-dessous et demande la sélection de la polyligne à raccorder :

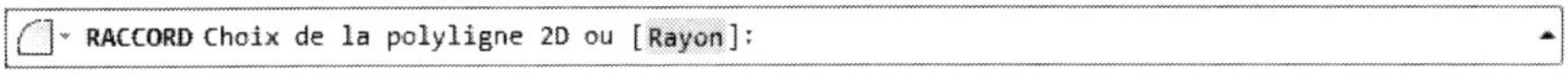

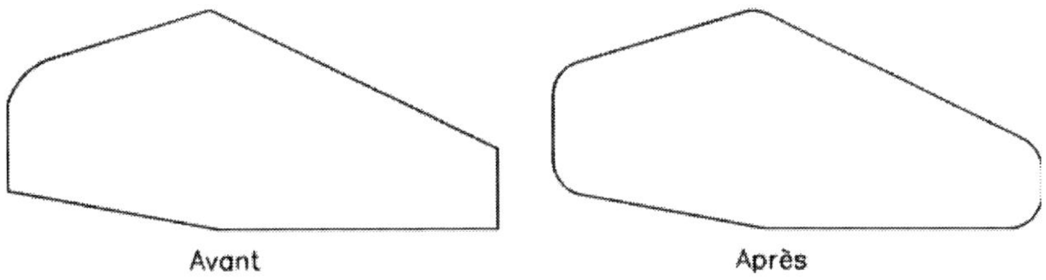

Remarque

*Avec l'option **Polyligne**, vous modifiez tous les sommets de la polyligne.*

Vous pouvez, si vous le souhaitez, ne raccorder que deux segments de la polyligne.

Dans ce cas, ne choisissez pas l'option **Polyligne**, mais pointez directement les segments.

L'option Multiple

Vous pouvez utiliser l'option **Multiple** pour répéter les raccords. Cette option vous permet de procéder très efficacement à une opération de raccordements successifs. Vous interrompez l'opération avec la touche [Echap].

15. Chanfreinage d'objets

Vous pouvez couper deux lignes sécantes à une distance donnée de leur intersection et joindre les deux extrémités coupées par une nouvelle ligne.

Chanfreinage selon deux écarts

- Dans le groupe de fonctions **Modification**, cliquez sur l'icône déroulante **Chanfrein** .

Le message ci-dessous est affiché :

```
(mode AJUSTER) chanfreins actuels Dist1 = 0.0000, Dist2 = 0.0000
- CHANFREIN Sélectionnez la première ligne ou [annUler Polyligne Ecart ANgle AJuster méthOde Multiple]:
```

- Sélectionnez l'option **Ecart**.

Le message suivant est affiché :

```
Spécifiez l'écart du chanfrein 1er <0.0000>:
```

- Spécifiez la valeur du premier écart (**0.4** dans l'exemple).

Le message suivant est affiché :

```
Spécifiez l'écart du chanfrein 2ème <0.4000>:
```

- Spécifiez la valeur du second écart (**0.8** dans l'exemple).

Le message suivant est réaffiché :

```
(mode AJUSTER) chanfreins actuels Dist1 = 0.0000, Dist2 = 0.0000
- CHANFREIN Sélectionnez la première ligne ou [annUler Polyligne Ecart ANgle AJuster méthOde Multiple]:
```

- Sélectionnez la première ligne à chanfreiner (**P1** dans l'exemple).

AutoCAD affiche :

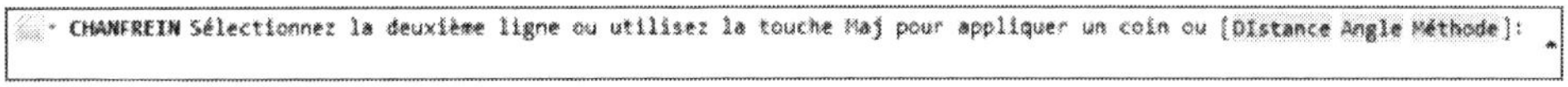

▶ Sélectionnez la seconde ligne à chanfreiner (**P2** dans l'exemple).

Note : Le premier écart est appliqué au premier segment sélectionné.

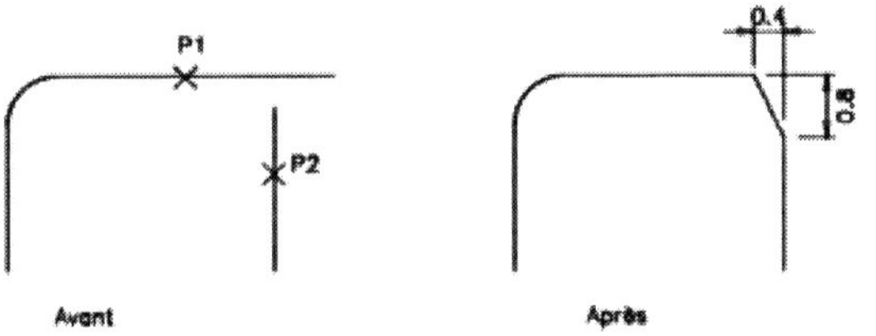

Chanfreinage selon un angle

L'option **ANgle** enrichit la façon de créer des chanfreins. Avec l'option **Ecart** vue dans l'exemple précédent, vous agissez sur deux distances. Dans de nombreux cas, les données sont différentes, et l'option **ANgle** est plus adaptée. Elle permet un chanfrein avec une seule longueur et un angle. Cette longueur (écart) est affectée à la ligne sélectionnée et l'angle est relatif à cette même ligne.

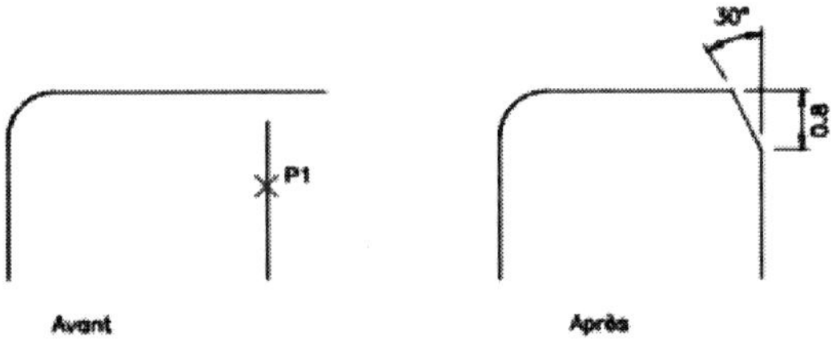

L'option méthOde

Cette option définit simplement l'option par défaut (**Ecart** ou **ANgle**).

L'option AJuster

Deux possibilités sont proposées :

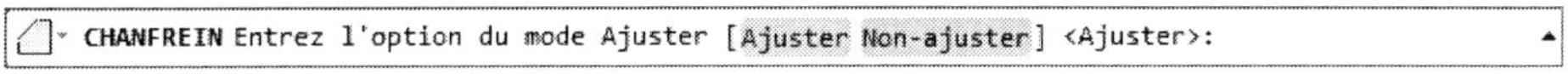

Ajuster

Est l'option par défaut. Les objets originaux sont modifiés, c'est-à-dire soit prolongés, soit écourtés jusqu'au chanfrein.

Non-ajuster

Permet de conserver les objets originaux intacts, tout en plaçant le chanfrein.

L'option Polyligne

Vous pouvez aussi utiliser l'option **Polyligne** pour chanfreiner chaque sommet de la Polyligne 2D.

Pour cela, vous utilisez le même principe que pour la commande **Raccord**.

L'option Multiple

Vous pouvez utiliser l'option **Multiple** pour répéter les raccords. Cette option vous permet de procéder très efficacement à une opération de raccordements successifs. Vous interrompez l'opération avec la touche [Echap].

16. Fusionner les courbes

AutoCAD LT permet de raccorder deux courbes à l'aide d'une spline indépendante et tangente aux deux courbes ouvertes.

Les courbes ouvertes sont des lignes, polylignes, arcs, ellipses, hélices ou splines.

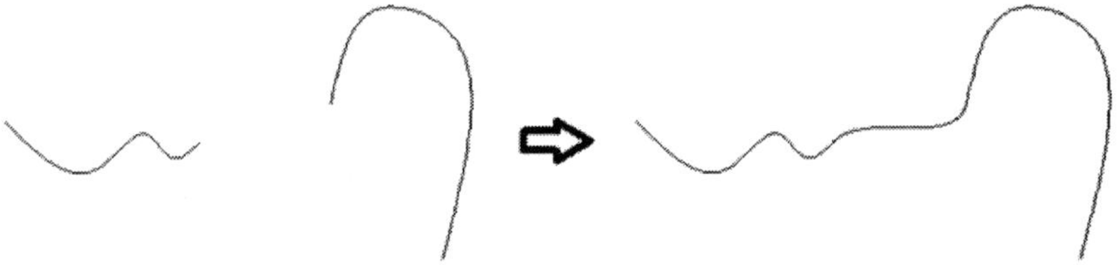

▶ Dans le groupe de fonctions **Modification**, choisissez l'icône déroulante **Fusionner les courbes** 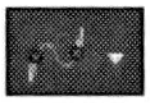.

AutoCAD LT affiche le message suivant :

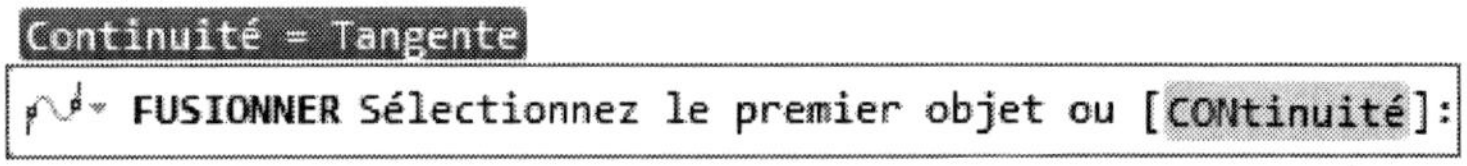

L'option **CONtinuité** permet de préciser l'un des deux types de fusion : continuité de tangence (G1) ou continuité de courbure (G2). Voir aussi chapitre Le dessin - Création de courbes splines.

▶ Sélectionnez le premier objet à fusionner en privilégiant l'extrémité à fusionner.

`Sélectionnez le deuxième objet :`

- Pointez le second objet (du coté de l'extrémité à fusionner) et constatez l'aperçu du résultat avant de confirmer la sélection en cliquant sur le second objet.

La spline est créée. Cliquez sur celle-ci pour la modifier à l'aide des poignées, si nécessaire.

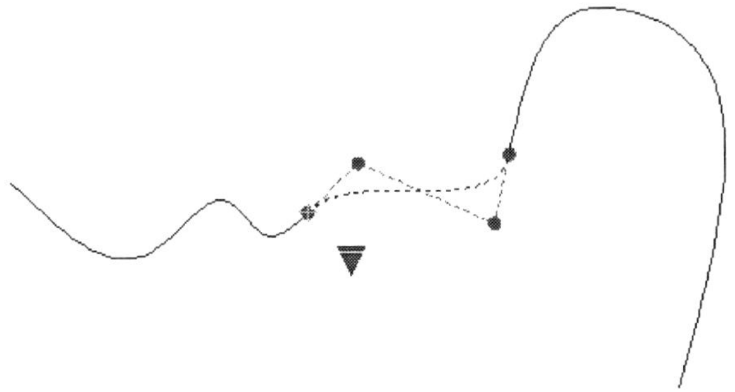

17. Jonction des objets

Cette fonction permet de joindre des objets de même type de façon à ce qu'ils forment un objet unique sans coupure.

La fonction **Joindre** est utilisable avec les objets suivants :

- Ligne
- Arc
- Polyligne
- Arc elliptique
- Spline

Ces objets doivent être jointifs.

Les lignes doivent être colinéaires (sur la même droite).

Les arcs doivent se situer sur le même cercle virtuel (même rayon). AutoCAD propose de transformer les arcs à joindre en un seul arc ou en un cercle.

Les polylignes peuvent être jointes par des objets lignes et arcs. Il s'agit de polylignes 2D (dans le même plan).

Les arcs elliptiques doivent être situés sur la même ellipse virtuelle. AutoCAD propose de transformer les arcs elliptiques en un seul arc elliptique ou en une ellipse.

Les splines doivent être contiguës (pas de tangence obligatoire) et se situer sur le même plan.

▶ Déroulez le groupe de fonctions **Modification**, et choisissez **Joindre** 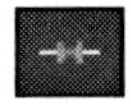.

AutoCAD demande la sélection de l'objet source et des objets à joindre. Le message varie selon le type d'objet source sélectionné.

Exercice 5
Créer une distribution

Dans cet exercice, nous allons utiliser différents outils de gestion des objets pour définir la distribution des pièces sur le plan d'un local professionnel.

Le résultat attendu sera celui-ci :

Avant

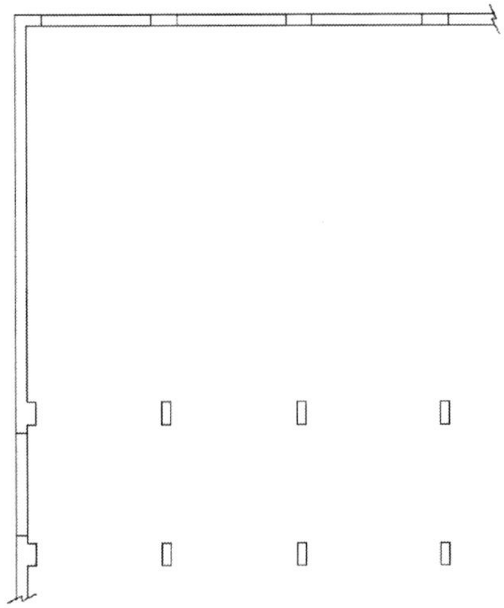

Après

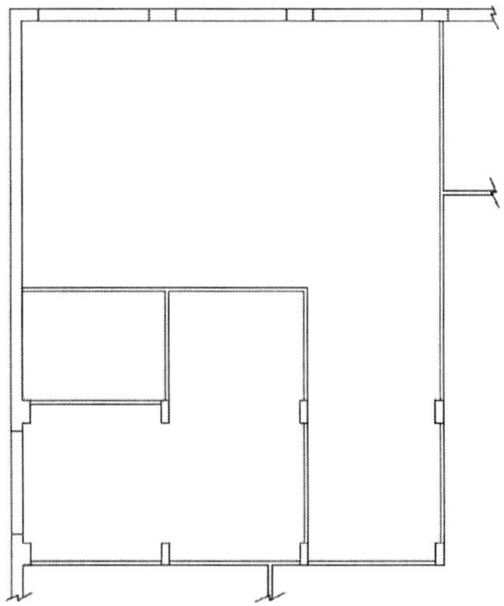

1. Étape 1 : Accéder au fichier ressource

▶ Téléchargez et ouvrez le fichier ressource : **Créer_une_distribution.dwg**.

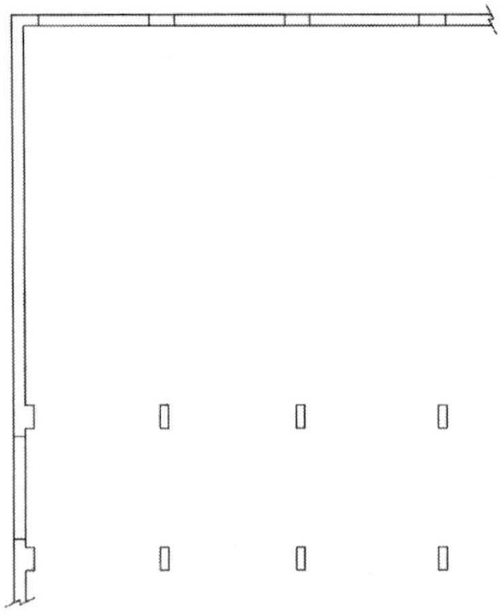

2. Étape 2 : Créer des lignes de référence

Nous allons tout d'abord tracer quelques lignes de référence aidant à la construction. La procédure consiste à créer une ligne passant par les points **A**, **B** et **C** affichés dans la figure ci-après.

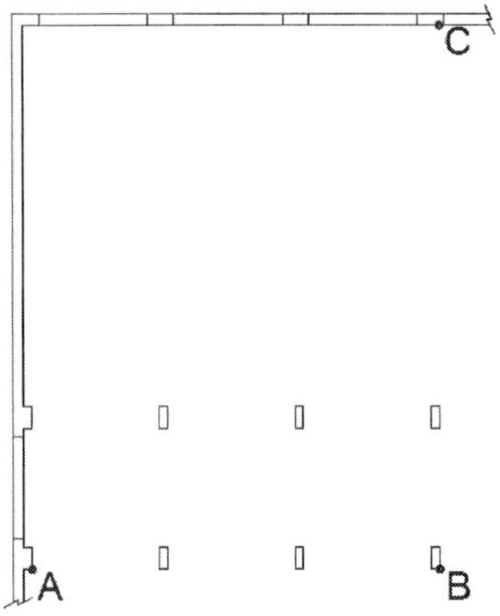

Exercice 5

▶ Dans le groupe de fonctions **Dessin** (onglet **Début**), cliquez sur l'icône **Ligne** 

.
La ligne de commande affiche :

```
LIGNE Spécifiez le premier point:
```

▶ Dans la zone graphique, cliquez sur l'extrémité ci-dessous pour spécifier le point de départ de la ligne (**A**).

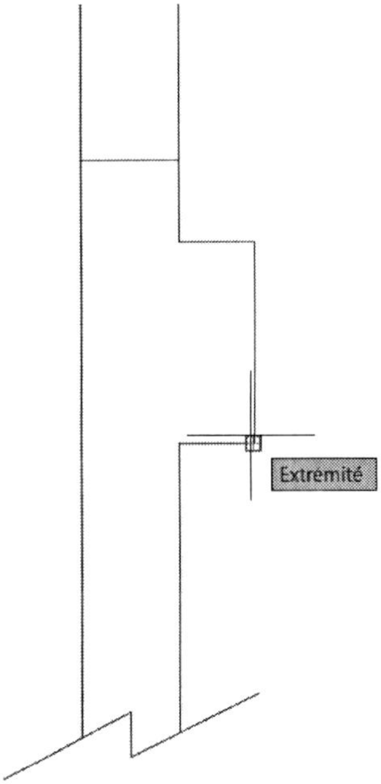

La ligne de commande affiche :

```
LIGNE Spécifiez le point suivant ou [annUler]:
```

▶ Cliquez sur le point **B**, comme affiché dans la figure ci-dessous pour spécifier le point suivant.

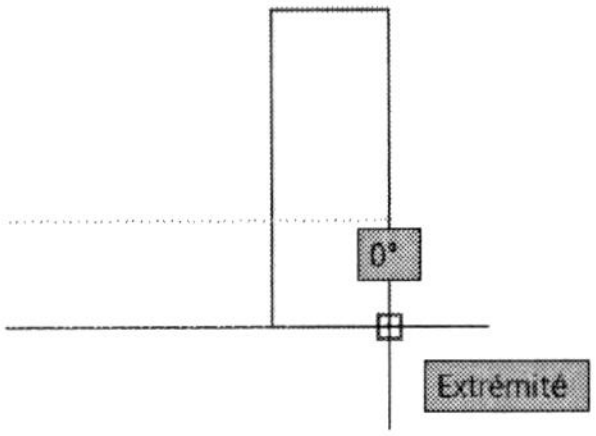

- Cliquez sur le point **C**, comme affiché dans la figure ci-dessous pour spécifier le point suivant.

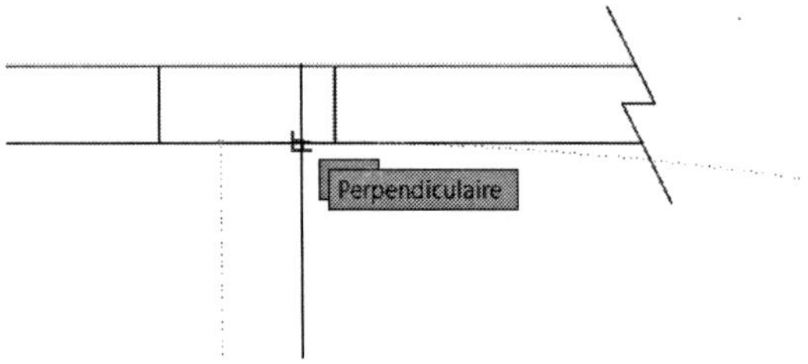

- Appuyez sur [Entrée] pour quitter la commande **Ligne**.
- Appuyez sur [Entrée] pour réactiver la commande **Ligne**.

Remarque

Lorsqu'il n'y a pas de commande en cours, appuyer sur [Entrée] permet d'activer la dernière commande utilisée.

La ligne de commande affiche :

```
LIGNE Spécifiez le premier point:
```

- Placez le pointeur sur le point **C**, comme indiqué dans la figure ci-dessous ; le symbole d'accrochage aux objets **Extrémité** apparaît.

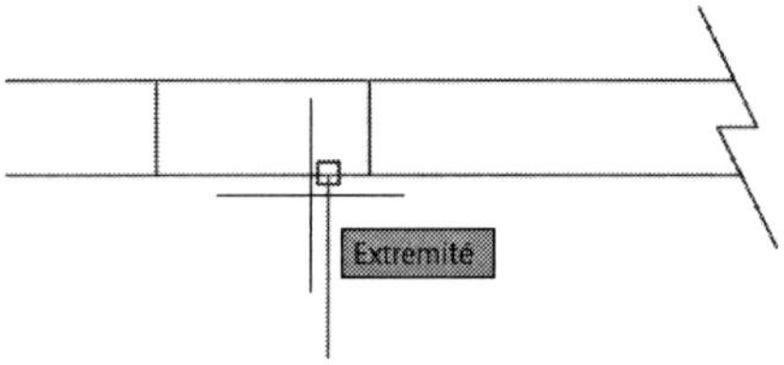

- Déplacez le pointeur vers le bas, le long de l'axe vertical, comme indiqué dans la figure ci-après.

▶ Saisissez « 300 » et appuyez sur [Entrée] pour spécifier la position du point de départ de la ligne.

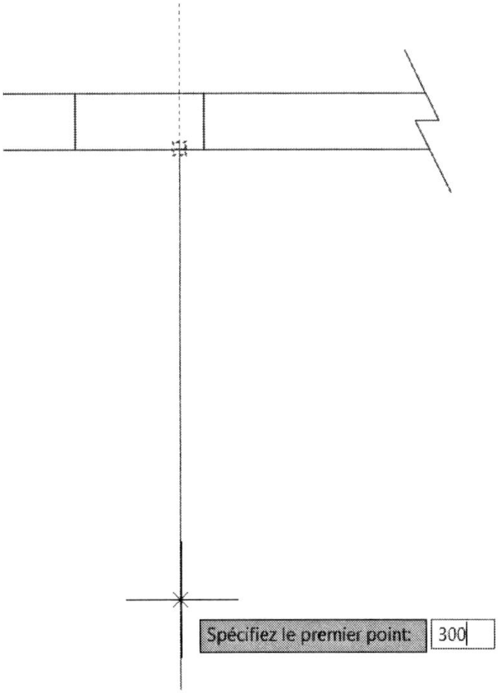

La ligne de commande affiche :

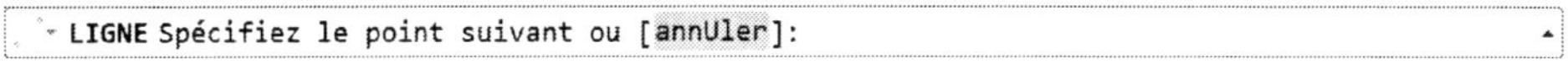

▶ Déplacez le pointeur vers la droite, le long de l'axe horizontal, comme indiqué dans la figure ci-après, saisissez « 92 » et appuyez sur [Entrée] pour spécifier la longueur de la ligne.

La figure ci-dessous affiche le résultat obtenu.

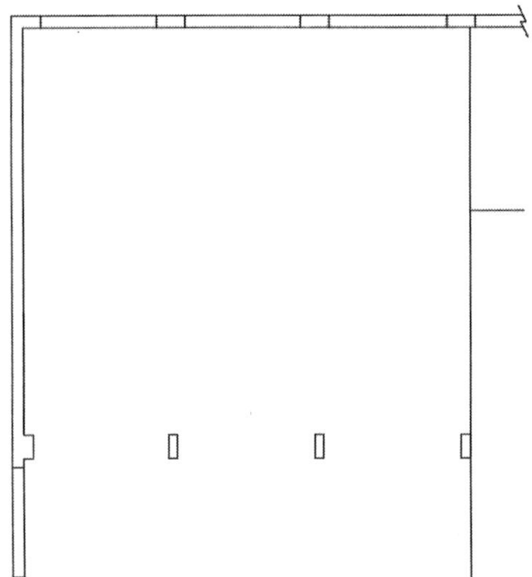

3. Étape 3 : Créer des segments horizontaux parallèles

Nous allons à présent utiliser l'outil **Décaler** pour créer des segments parallèles qui permettent de délimiter les différentes pièces.

▶ Dans le groupe de fonctions **Modification** (onglet **Début**), activez l'outil **Décaler** .

La ligne de commande affiche :

```
DECALER Spécifiez la distance de décalage ou [Par Effacer Calque] <Par>:
```

▶ Saisissez « 290 » et appuyez sur [Entrée] pour renseigner la distance de décalage.

La ligne de commande affiche :

```
DECALER Sélectionnez l'objet à décaler ou [Quitter annUler] <Quitter>:
```

▶ Dans la zone graphique, cliquez sur la ligne indiquée dans la figure ci-dessous pour sélectionner le contour à décaler.

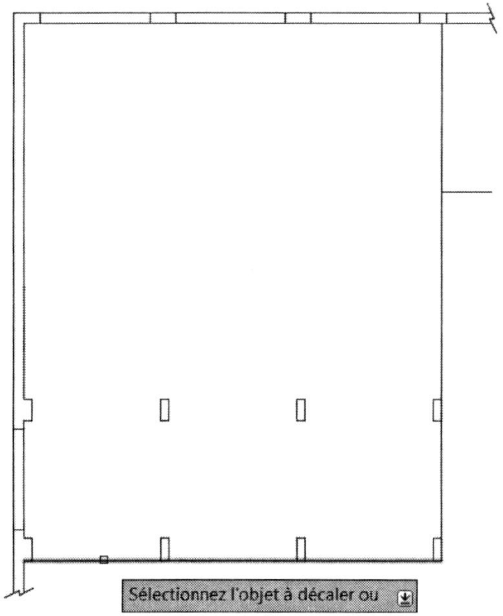

La ligne de commande affiche :

```
DECALER Spécifiez un point sur le côté à décaler ou [Quitter Multiple annUler] <Quitter>:
```

- Cliquez au-dessus de la ligne sélectionnée, comme indiqué dans la figure ci-dessous, pour déterminer le côté du décalage.

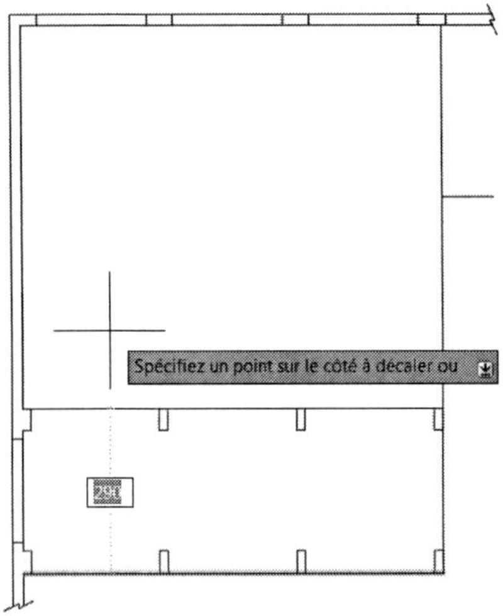

La ligne de commande affiche :

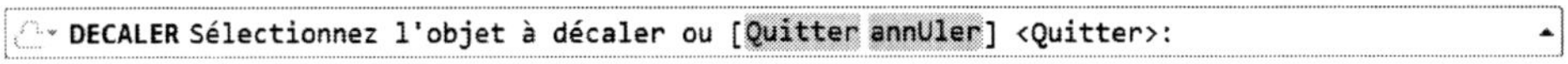

- Appuyez sur [Entrée] pour quitter la fonction.

La figure ci-dessous affiche le résultat obtenu.

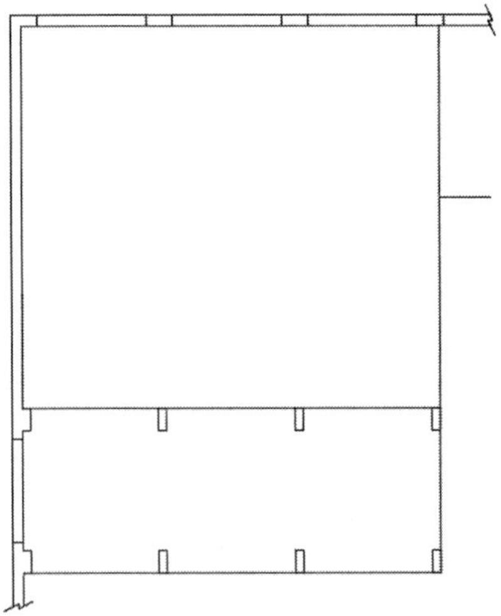

- Appuyez sur [Entrée] pour activer la fonction **Décaler**.
  La ligne de commande affiche :

```
DECALER Spécifiez la distance de décalage ou [Par Effacer Calque] <Par>:
```

- Saisissez « 200 » et appuyer sur [Entrée] pour renseigner la valeur de décalage.
  La ligne de commande affiche :

```
DECALER Sélectionnez l'objet à décaler ou [Quitter annUler] <Quitter>:
```

- Dans la zone graphique, cliquez sur la ligne indiquée dans la figure ci-dessous pour sélectionner le contour à décaler.

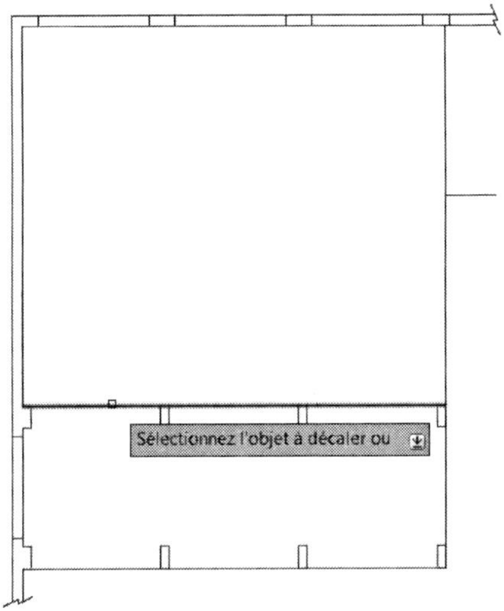

La ligne de commande affiche :

```
DECALER Spécifiez un point sur le côté à décaler ou [Quitter Multiple annUler] <Quitter>:
```

- Cliquez au-dessus de la ligne sélectionnée pour déterminer le côté du décalage.
  La ligne de commande affiche :

```
DECALER Sélectionnez l'objet à décaler ou [Quitter annUler] <Quitter>:
```

- Appuyez sur [Entrée] pour quitter la fonction.

La figure ci-dessous affiche le résultat obtenu.

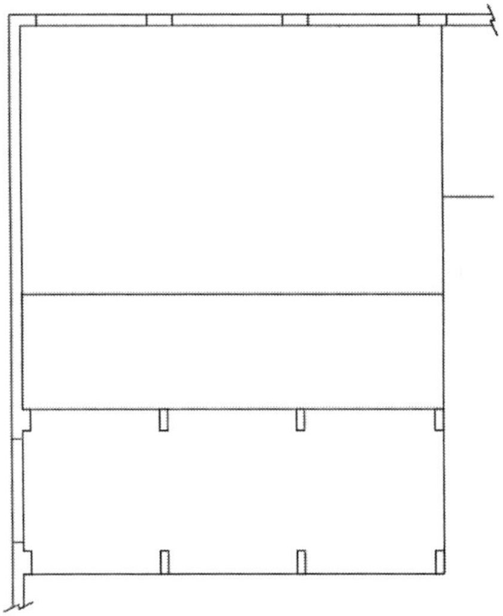

4. Étape 4 : Créer des segments verticaux parallèles

Dans le groupe de fonctions **Modification** (onglet **Début**), activez l'outil **Décaler** .

La ligne de commande affiche :

```
DECALER Spécifiez la distance de décalage ou [Par Effacer Calque] <Par>:
```

Saisissez « 250 » et appuyez sur [Entrée].

La ligne de commande affiche :

```
DECALER Sélectionnez l'objet à décaler ou [Quitter annUler] <Quitter>:
```

Cliquez sur la ligne indiquée dans la figure ci-après.

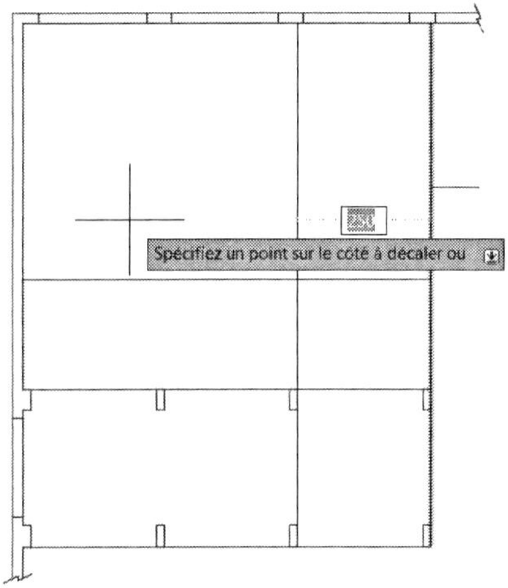

La ligne de commande affiche :

```
DECALER Spécifiez un point sur le côté à décaler ou [Quitter Multiple annUler] <Quitter>:
```

▶ Cliquez à gauche de la ligne sélectionnée.

La ligne de commande affiche :

```
DECALER Sélectionnez l'objet à décaler ou [Quitter annUler] <Quitter>:
```

▶ Cliquez sur la ligne indiquée dans la figure ci-dessous pour sélectionner le contour à décaler. Une distance de décalage de « 250 » est appliquée par défaut.

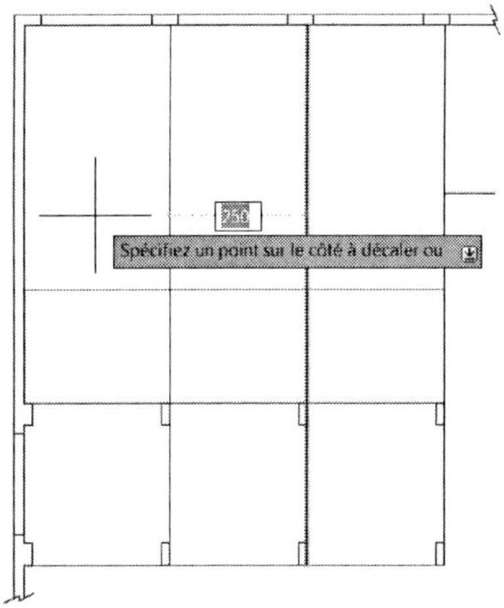

La ligne de commande affiche :

```
DECALER Spécifiez un point sur le côté à décaler ou [Quitter Multiple annUler] <Quitter>:
```

- Cliquez à gauche de la ligne sélectionnée.

La ligne de commande affiche :

```
DECALER Sélectionnez l'objet à décaler ou [Quitter annUler] <Quitter>:
```

Nous allons également esquisser les cloisons de locaux adjacents comme dans l'étape 2.

- Cliquez sur la ligne indiquée dans la figure ci-dessous pour sélectionner le contour à décaler.

La ligne de commande affiche :

```
DECALER Spécifiez un point sur le côté à décaler ou [Quitter Multiple annUler] <Quitter>:
```

- Placer le pointeur à droite de la ligne sélectionnée pour renseigner le côté à décaler, saisissez « 450 » et appuyez sur [Entrée] pour renseigner la distance de décalage, comme affiché sur la figure ci-dessous.

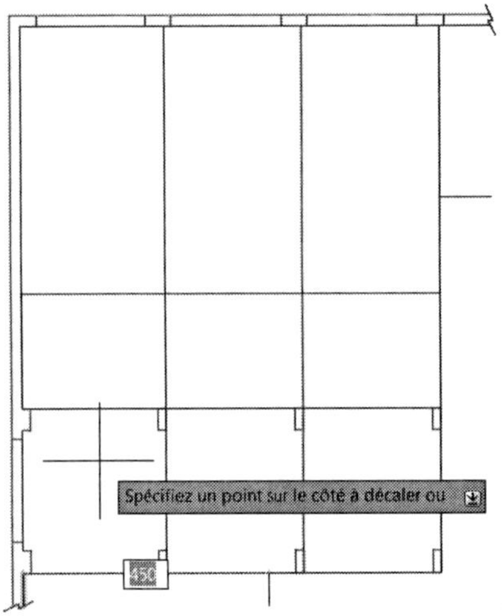

La ligne de commande affiche :

```
DECALER Sélectionnez l'objet à décaler ou [Quitter annUler] <Quitter>:
```

- Appuyez sur [Entrée] pour quitter la fonction.

5. Étape 5 : Ajuster les arêtes pour esquisser la distribution

Il va s'agir à présent de supprimer certaines parties des segments créés à l'étape précédente afin de délimiter les pièces.

- Dans le groupe de fonctions **Modification** (onglet **Début**), activez la commande **Ajuster** 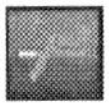.
  La ligne de commande affiche :

```
AJUSTER Sélectionnez les objets ou <tout sélectionner>:
```

- Appuyez sur [Entrée] pour valider le choix par défaut **Tout sélectionner** et sélectionner les arêtes de bord de coupe.
  La ligne de commande affiche :

```
AJUSTER [Trajet cApture Projection Côté eFfacer annUler]:
```

- Cliquez sur les lignes à ajuster comme indiqué sur la figure ci-dessous pour supprimer les segments à ajuster.

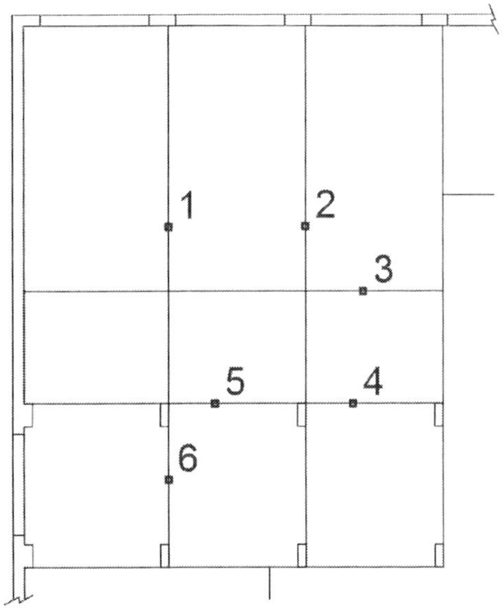

- Appuyez sur [Entrée] pour quitter la fonction.

La figure ci-dessous affiche le résultat obtenu :

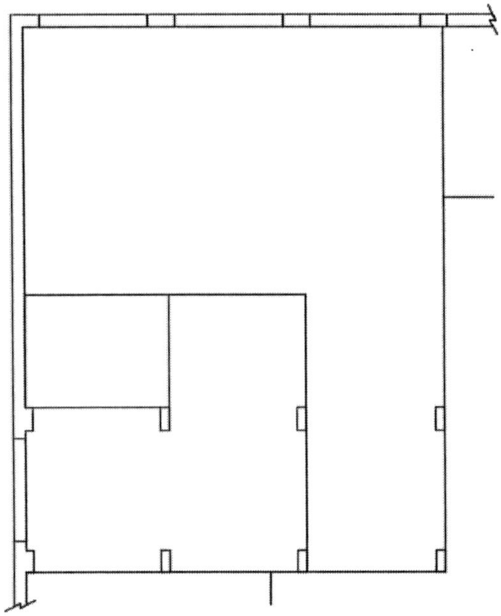

6. Étape 6 : Créer des parallèles en série

Nous allons de nouveau créer des segments parallèles afin cette fois de matérialiser les cloisons.

▶ Dans le groupe de fonctions **Modification** (onglet **Début**), activez l'outil **Décaler** .

La ligne de commande affiche :

```
DECALER Spécifiez la distance de décalage ou [Par Effacer Calque] <Par>:
```

▶ Saisissez « 7 » et appuyez sur [Entrée] pour renseigner la distance de décalage.

La ligne de commande affiche :

```
DECALER Sélectionnez l'objet à décaler ou [Quitter annUler] <Quitter>:
```

Dans la zone graphique, cliquez sur la ligne indiquée dans la figure ci-dessous pour sélectionner le contour à décaler.

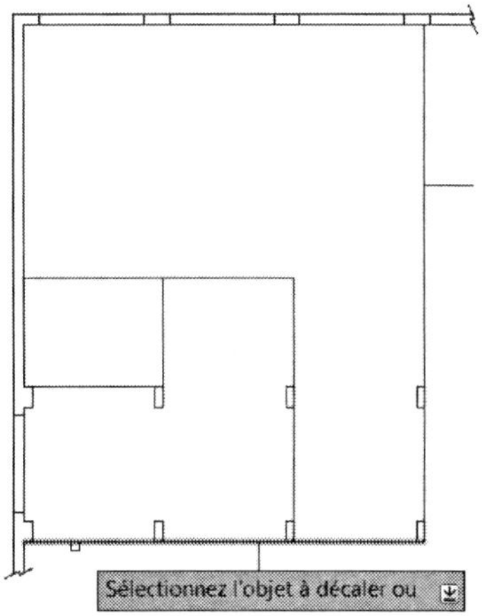

La ligne de commande affiche :

DECALER Spécifiez un point sur le côté à décaler ou [Quitter Multiple annUler] <Quitter>:

Cliquez au-dessus de la ligne sélectionnée pour déterminer le côté du décalage. La figure ci-dessous affiche le résultat obtenu.

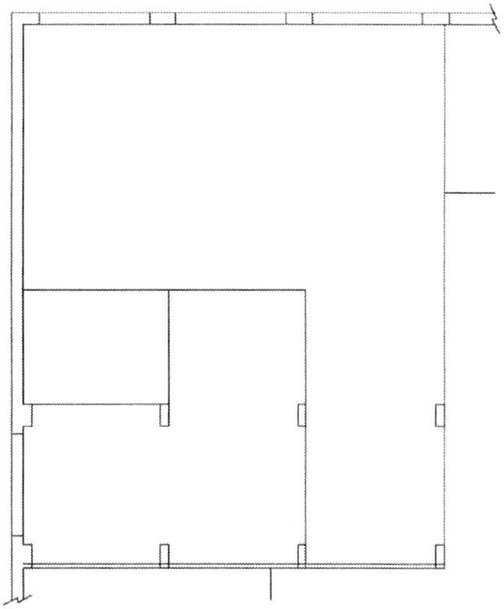

La ligne de commande affiche :

```
DECALER Sélectionnez l'objet à décaler ou [Quitter annUler] <Quitter>:
```

- Cliquez de nouveau sur une ligne à décaler pour créer un contour parallèle avec la même distance de décalage, comme indiqué sur la figure ci-dessous.

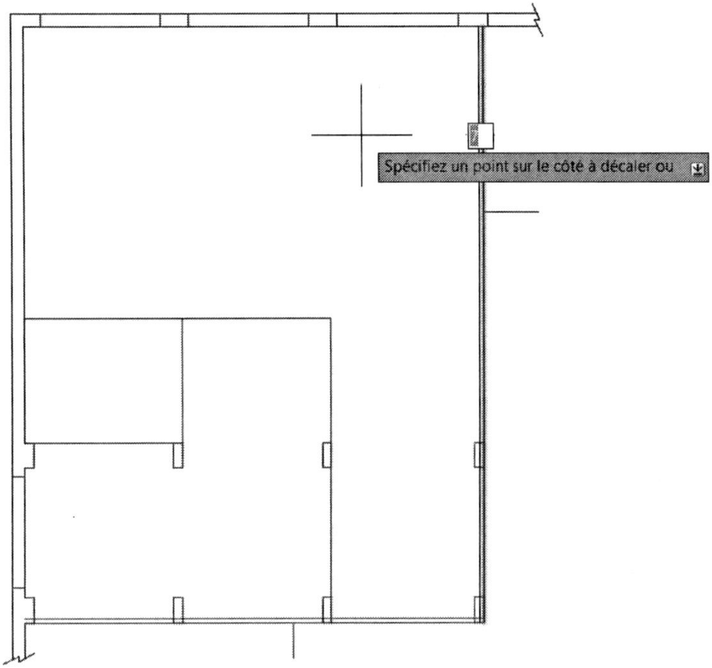

- Répétez l'opération sur les lignes A, B, C, D, E et F indiquées dans la figure suivante, en respectant le sens du décalage.

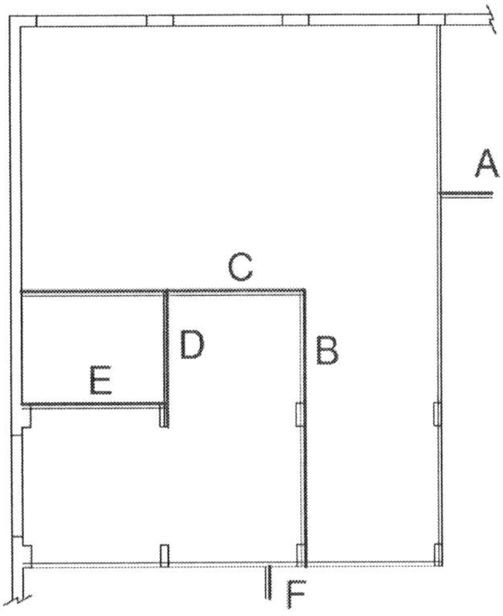

7. Étape 7 : Copier les lignes brisées

Comme nous avons créé de nouvelles cloisons extérieures au local lors des étapes 2 et 3, nous allons y ajouter des lignes brisées (qui symbolisent la continuité d'un mur tronqué sur le plan).

- Dans le groupe de fonctions **Modification** (onglet **Début**), activez la commande **Copier** .

  La ligne de commande affiche :

- Sélectionnez la ligne brisée du mur vertical comme indiqué dans la figure ci-dessous et appuyez sur [Entrée] pour valider la sélection.

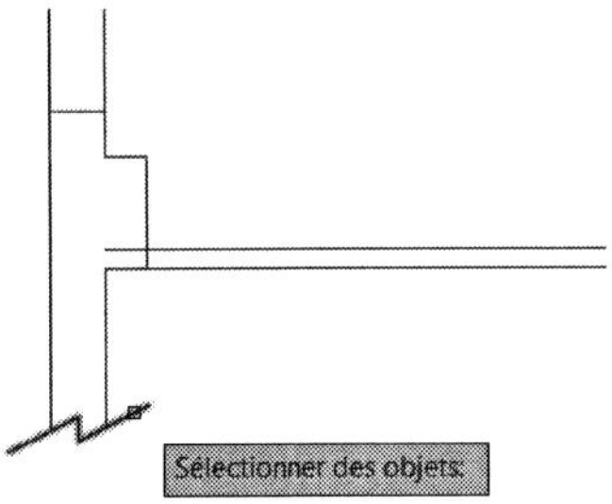

La ligne de commande affiche :

```
COPIER Spécifiez le point de base ou [Déplacement mOde] <Déplacement>:
```

▶ Dans la zone graphique, cliquez sur un point comme indiqué dans la figure ci-dessous pour spécifier le point de base de la copie.

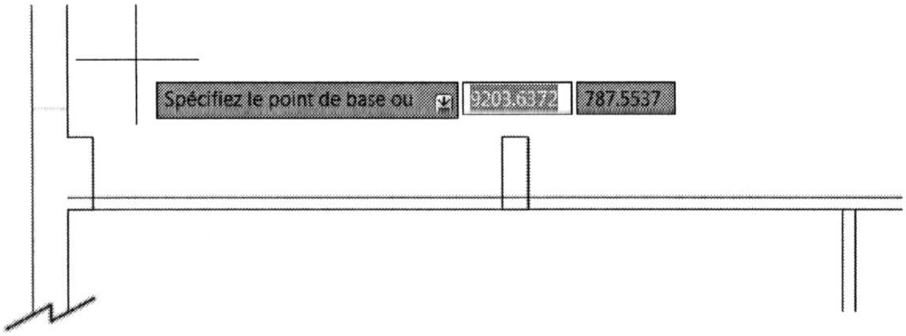

La ligne de commande affiche :

```
COPIER Spécifiez le deuxième point ou [Réseau]
<utiliser le premier point comme déplacement>:
```

▶ Déplacez le pointeur vers la droite, à l'horizontale, comme affiché dans la figure ci-dessous, saisissez « 456.5 » et appuyez sur [Entrée] pour spécifier la position du point d'insertion de la copie.

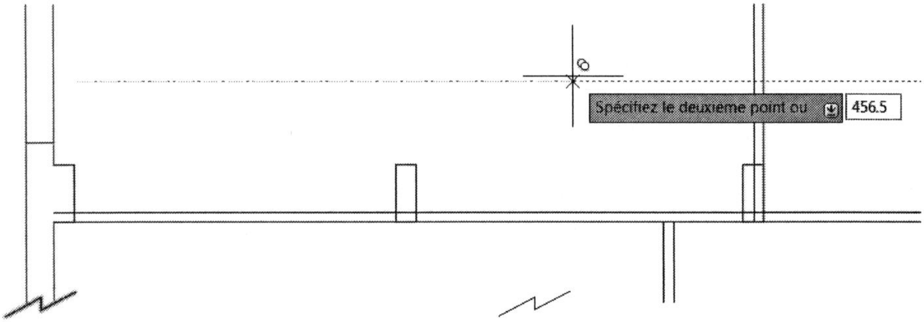

La ligne de commande affiche :

```
COPIER Spécifiez le second point ou [réseAu Quitter annUler] <Quitter>:
```

▶ Appuyez sur [Entrée] pour quitter la fonction.

La figure ci-dessous affiche le résultat obtenu.

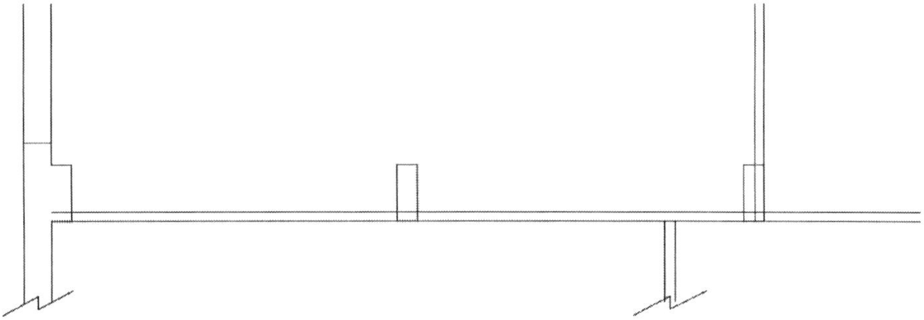

▶ Appuyez sur [Entrée] pour activer la fonction **Copier**.

La ligne de commande affiche :

```
COPIER Sélectionner des objets:
```

▶ Sélectionnez la ligne brisée du mur horizontal comme indiqué dans la figure ci-dessous et appuyez sur [Entrée] pour valider la sélection.

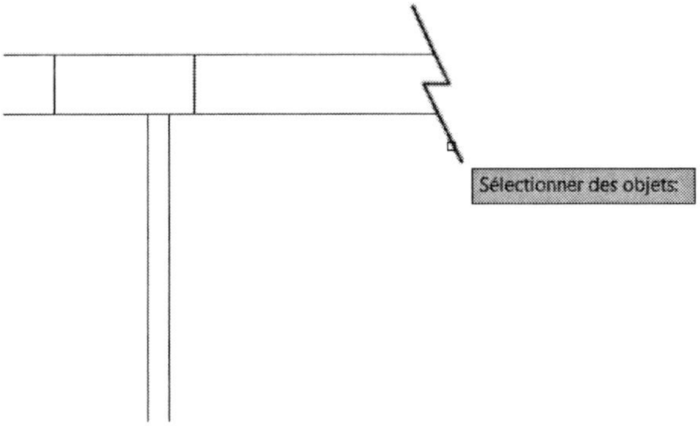

La ligne de commande affiche :

```
COPIER Spécifiez le point de base ou [Déplacement mOde] <Déplacement>:
```

▶ Dans la **Zone graphique** cliquez sur un point quelconque comme indiqué dans la figure ci-dessous pour spécifier le point de base de la copie.

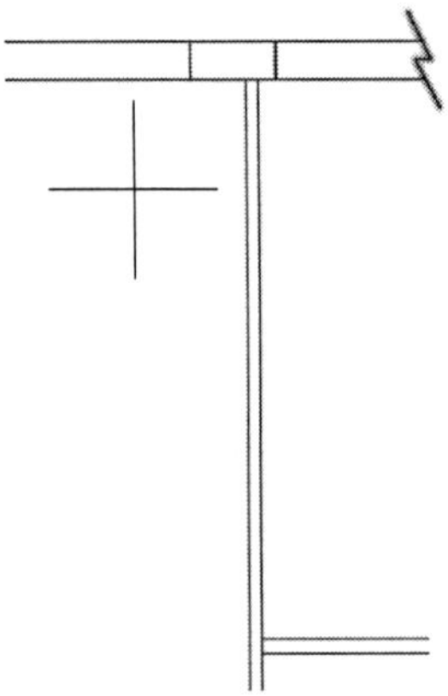

La ligne de commande affiche :

```
COPIER Spécifiez le deuxième point ou [Réseau]
<utiliser le premier point comme déplacement>:
```

▶ Déplacez le pointeur vers le bas à la verticale comme indiqué dans la figure ci-dessous.

▶ Saisissez « 313.5 » et appuyez sur [Entrée] pour spécifier la position du point d'insertion de la copie.

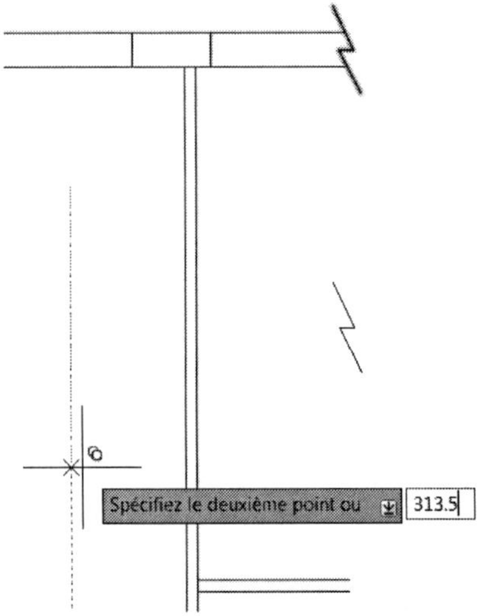

La ligne de commande affiche :

```
COPIER Spécifiez le second point ou [réseAu Quitter annUler] <Quitter>:
```

▶ Appuyez sur [Entrée] pour quitter la fonction.

La figure ci-dessous affiche le résultat obtenu.

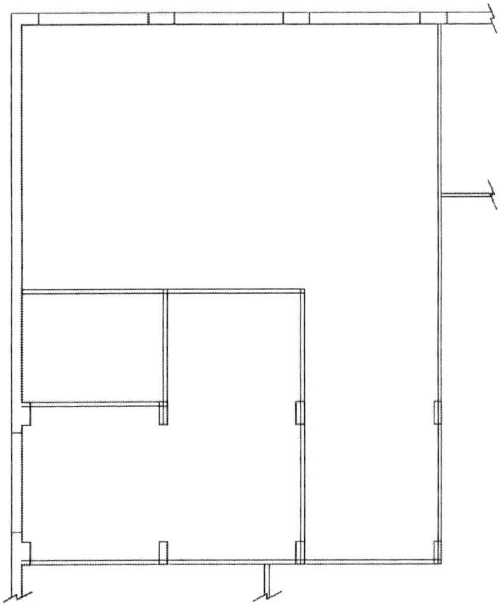

8. Étape 8 : Ajuster les arêtes pour esquisser la distribution

Nous allons maintenant effacer toutes les arêtes inutiles du plan.

▶ Dans le groupe de fonctions **Modification** (onglet **Début**), activez l'outil **Ajuster** 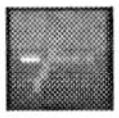.

La ligne de commande affiche :

```
AJUSTER Sélectionnez les objets ou <tout sélectionner>:
```

▶ Appuyez sur [Entrée] pour valider le choix par défaut **Tout sélectionner**.

La figure ci-dessous indique les différentes zones dans lesquelles utiliser la commande **Ajuster** :

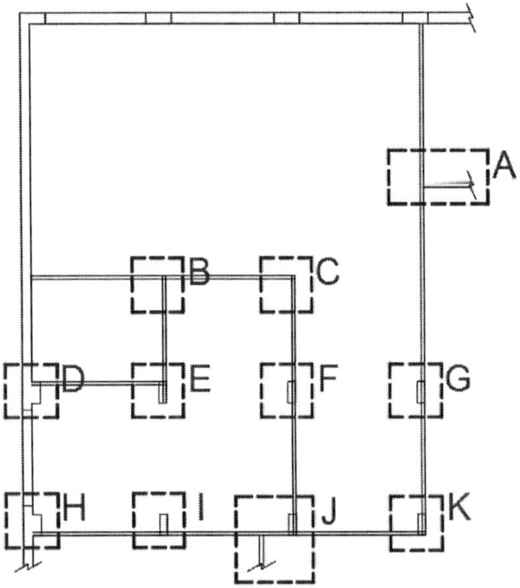

La ligne de commande affiche :

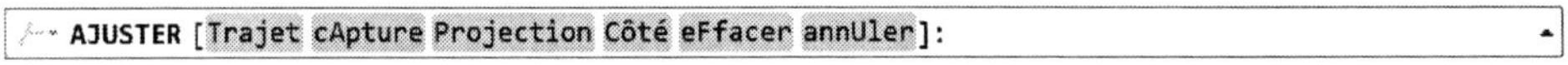

Les détails suivants permettent d'identifier les éléments à ajuster ainsi que la méthode de sélection :

Détail A : Cliquez sur les segments à ajuster comme affiché dans la figure ci-dessous.

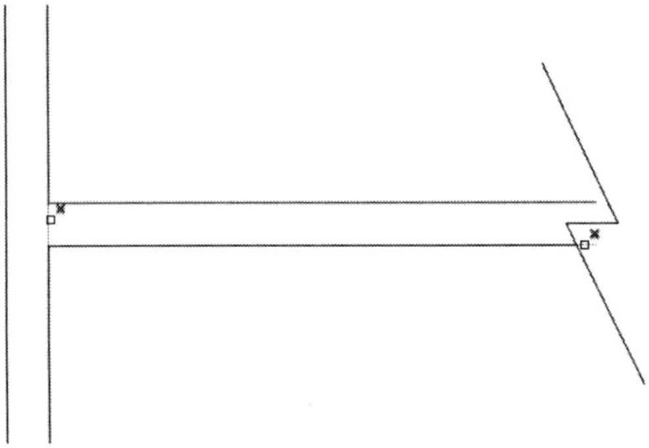

Détail B : Cliquez sur les segments à ajuster comme affiché dans la figure ci-dessous.

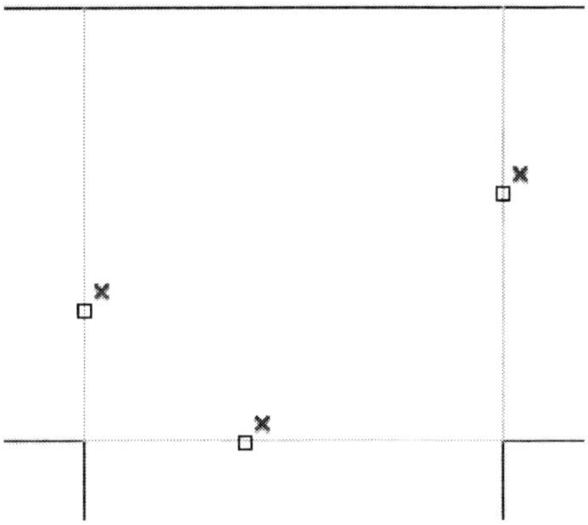

Détail C : Cliquez sur les segments à ajuster comme affiché dans la figure ci-dessous.

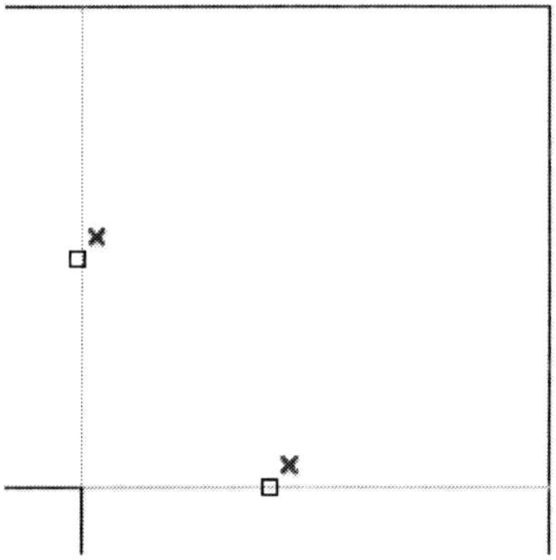

Détail D : Cliquez sur le segment à ajuster comme affiché dans la figure ci-dessous.

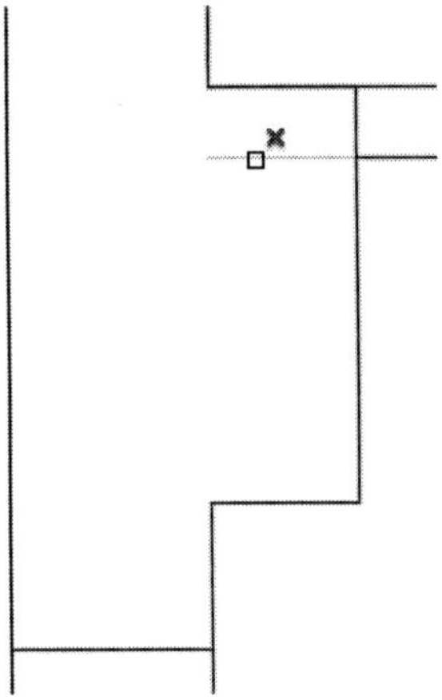

Détail E : Effectuez une fenêtre de sélection comme affiché dans la figure ci-dessous.

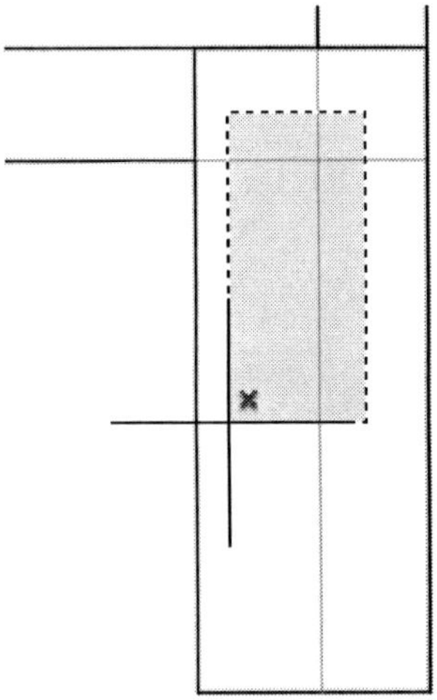

Détail F : Cliquez sur le segment à ajuster comme affiché dans la figure ci-dessous.

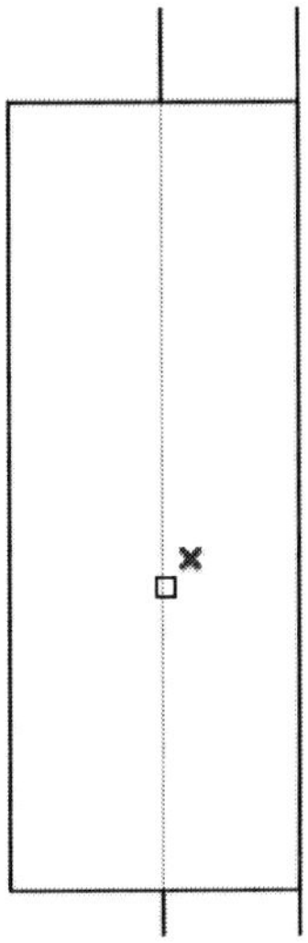

Détail G : Cliquez sur le segment à ajuster comme affiché dans la figure ci-dessous.

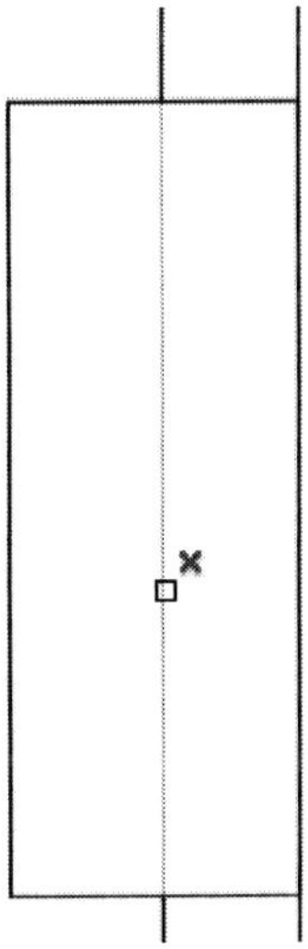

Détail H : Cliquez sur le segment à ajuster comme affiché dans la figure ci-dessous.

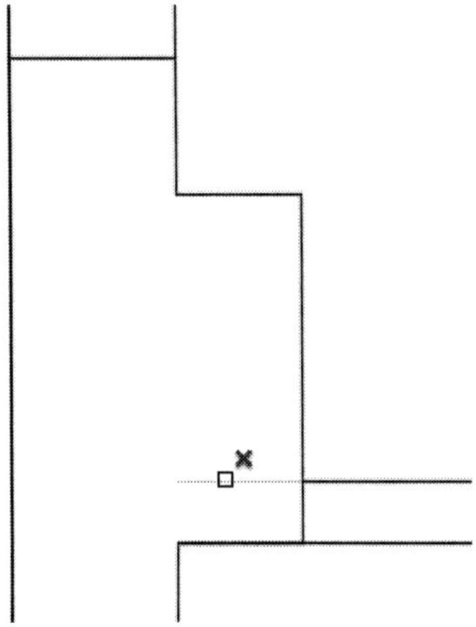

Détail I : Cliquez sur le segment à ajuster comme affiché dans la figure ci-dessous.

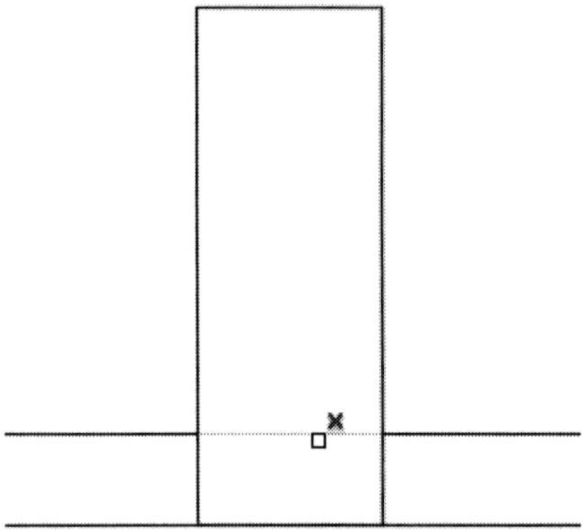

Détail J : Cliquez sur les segments à ajuster et effectuez une fenêtre de sélection comme affiché dans la figure ci-dessous.

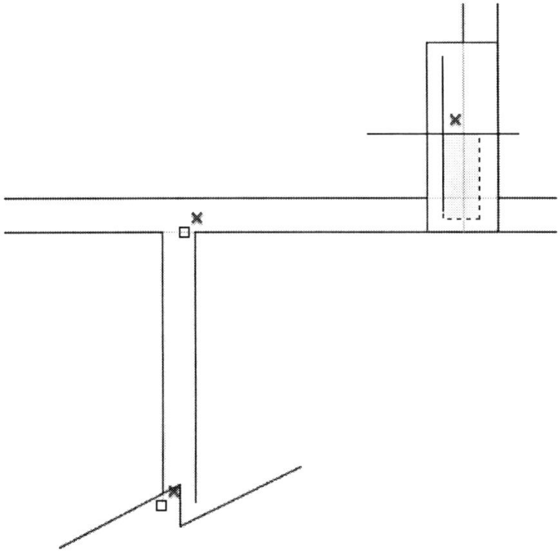

Détail K : Effectuez une fenêtre de sélection comme affiché dans la figure ci-dessous.

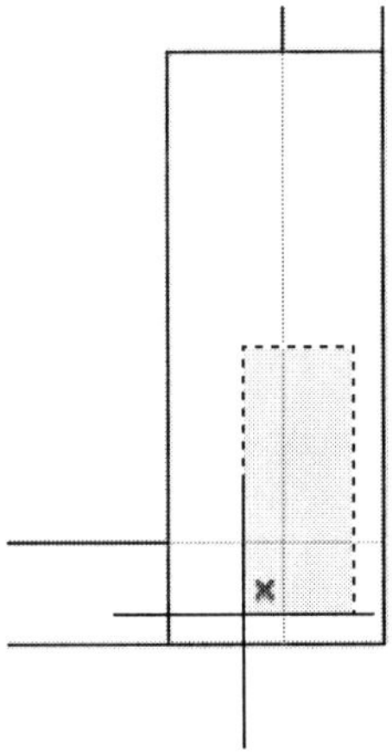

▶ Appuyez sur [Entrée] pour quitter la fonction.

L'aperçu ci-dessous affiche le résultat obtenu :

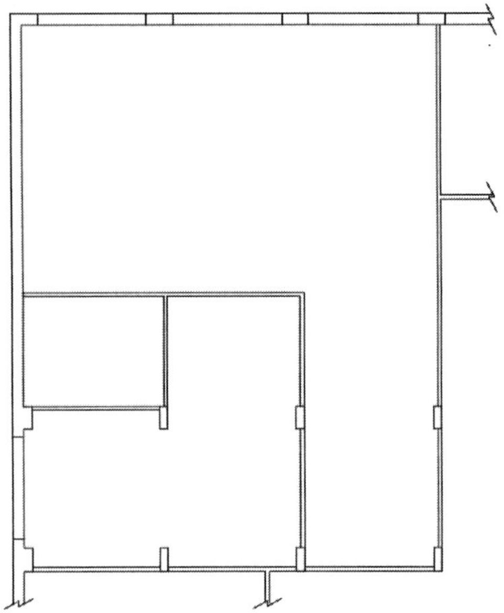

9. Étape 9 : Prolonger les arêtes avec la fonction Ajuster

Enfin, nous allons prolonger les arêtes représentant les cloisons extérieures jusqu'aux lignes brisées.

La fonction **Ajuster** est toujours active.

- Maintenez enfoncé la touche [Shift] pour prolonger les arêtes.
- Dans la zone graphique, cliquez sur les arêtes indiquées dans la figure suivante pour les prolonger jusqu'aux lignes brisées.

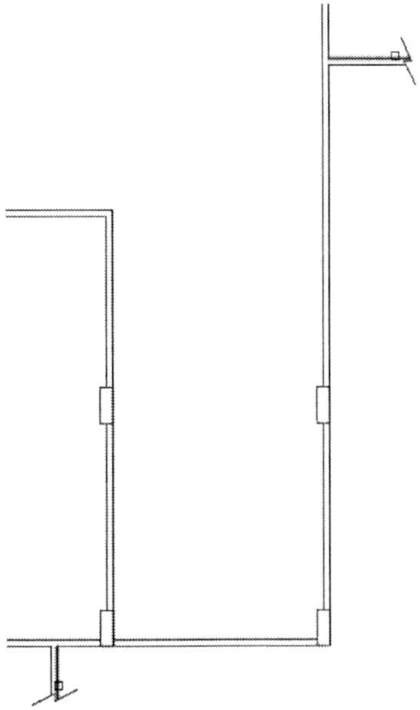

L'aperçu ci-dessous affiche le résultat obtenu :

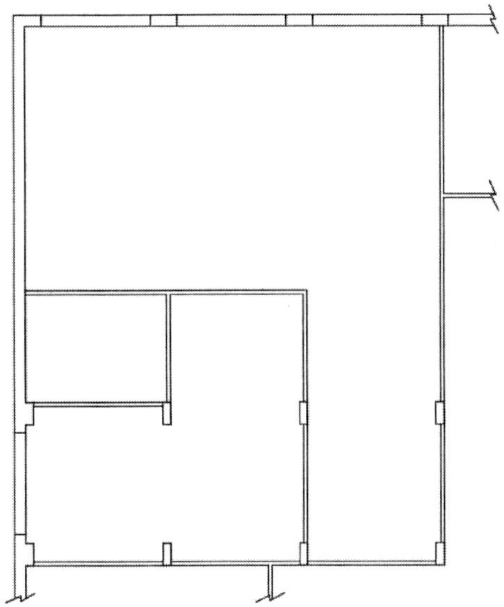

Chapitre 9
La modification d'objets

1. Modification de la longueur d'un objet

Vous pouvez avec cette commande modifier la longueur d'un ou plusieurs objets. Seuls les objets ouverts sont modifiables (lignes, arcs, splines, polylignes 2D).

▶ Dans le groupe de fonctions **Modification**, choisissez l'icône **Modifier la longueur**

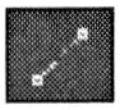.

AutoCAD LT affiche :

```
MODIFLONG Sélectionnez un objet ou [DIfférence Pourcentage TOtal DYnamique]:
```

À ce stade, vous pouvez choisir une des options détaillées ci-dessous, ou sélectionner l'objet à modifier. AutoCAD LT donne la longueur actuelle de l'objet :

```
Longueur actuelle: 20.3245
MODIFLONG Sélectionnez un objet ou [DIfférence Pourcentage TOtal DYnamique]:
```

Voici la description des options disponibles :

L'option DIfférence

La **DIfférence** permet de modifier la longueur de l'objet en indiquant la longueur à retirer ou à rajouter.

Le message est le suivant :

```
MODIFLONG Entrez la différence de longueur ou [Angle] <0.0000>:
```

Une valeur négative retire la longueur spécifiée, alors qu'une valeur positive ajoute la longueur spécifiée. Pour les arcs, **Angle** permet de retirer ou d'ajouter une portion d'arc.

Remarque

Notez qu'il faut à nouveau sélectionner l'objet à modifier. C'est la sélection qui détermine le côté à modifier.

L'option Pourcentage

Permet de modifier la longueur de l'objet en indiquant la longueur finale en pourcentage.

Ce pourcentage peut être inférieur ou supérieur à 100. La partie sélectionnée détermine la partie à tronquer ou à prolonger. Le message est le suivant :

```
MODIFLONG Entrez la longueur en pour cent <100.0000>:
```

L'option TOtal

Permet de modifier la longueur de l'objet en indiquant directement la longueur totale après modification. La sélection indique le côté à allonger ou à écourter.

Le message est le suivant :

```
MODIFLONG Spécifiez la longueur totale ou [Angle] <1.0000>:
```

Pour les arcs, **Angle** permet d'indiquer directement un angle total et modifie l'arc du côté de la sélection.

L'option DYnamique

Permet de sélectionner un côté de l'objet et de positionner, avec le dispositif de saisie, un point définissant la nouvelle longueur de l'objet.

2. Édition de polyligne

Vous pouvez modifier une polyligne existante : changer son épaisseur, fermer une polyligne ouverte (ou inversement), joindre plusieurs entités pour obtenir une seule polyligne. Vous pouvez aussi déplacer ou insérer un sommet, intervenir sur l'épaisseur d'un segment. Enfin, vous lissez la polyligne et agissez sur la génération du type de ligne aux différents sommets de la polyligne.

▶ Déroulez le groupe de fonctions **Modification**, et cliquez sur l'outil **Modifier polyligne** .

AutoCAD LT demande la sélection d'une polyligne :

```
PEDIT Sélectionnez la polyligne ou [Multiple]:
```

Si l'objet est un arc ou une ligne, AutoCAD affiche :

```
L'objet sélectionné n'est pas une polyligne
PEDIT Voulez-vous le transformer en polyligne? <O>
```

Appuyez sur [Entrée] pour transformer le segment en polyligne.

```
PEDIT Entrez une option [Clore Joindre LArgeur Modif-sommet Ajuster sPline Redresser TYpeligne gén Inverser annUler]:
```

Les options ci-dessus sont détaillées ci-après :

Clore

Ferme une polyligne ouverte.

Joindre

Permet de lier un ou plusieurs segments à une polyligne. Les segments doivent être liés par leurs extrémités. Le résultat donne une seule et même polyligne.

LArgeur

Modifie l'épaisseur (ou la largeur) globale de la polyligne.

Modif-sommet

Permet d'intervenir sur chacun des sommets de la polyligne. Les sous-options sont détaillées ci-dessous.

Ajuster

Donne un lissage de type Spline. La courbe obtenue passe par les points (sommets initiaux). Cette courbe est souvent déformée (voir les splines pour un travail plus précis avec les courbes).

sPline

Donne un lissage de type Cubique (courbes de Bézier). La courbe passe loin des points (sommets initiaux) en respectant globalement l'allure de la polyligne. Un polygone de contrôle (visible grâce aux poignées) permet de déformer la courbe.

Redresser

Récupère la polyligne initiale à partir d'une polyligne lissée.

TYpeligne gén

Cette option peut permettre d'afficher un type de ligne Axe (par exemple) uniforme sur toute la polyligne sans imposer une bonne représentation au niveau des sommets. Par défaut inactive, elle force une génération correcte des types de ligne aux sommets de la polyligne.

Inverser

Permet d'inverser le sens de la polyligne.

annUler

Annule la dernière opération sans quitter la commande.

L'option **Modif-sommet** propose une nouvelle série d'options :

suivaNt

Permet de passer au sommet suivant. Une croix est matérialisée.

Précéd

Permet de passer au sommet précédent. Une croix est matérialisée.

Coupure

Sépare la polyligne en deux polylignes au sommet courant. L'option **Go** procède à la coupure.

Insér

Permet de positionner un sommet supplémentaire après le sommet courant.

Déplac

Déplace le sommet courant.

Régén

Redessine la polyligne pour permettre une représentation tenant compte des dernières modifications comme un changement d'épaisseur.

Linéair

Permet de "redresser" un ou plusieurs segments afin d'obtenir un seul segment droit. Dans le cas d'un segment arc, il suffit de placer la croix au début du segment à linéariser. Si plusieurs segments successifs sont à redresser, il faut placer la croix au sommet du premier segment, puis utiliser l'option **suivaNt** pour la placer au sommet du dernier segment ; l'option **Go** permet ensuite le "redressement".

Tang

Permet de modifier la direction de tangence du sommet marqué d'une croix. La nuance est visible dès le lissage de la polyligne.

Epaisseur

Permet de modifier la largeur d'un segment en particulier. La croix placée sur le premier sommet du segment, AutoCAD demande les nouvelles largeurs de départ et de fin.

Quitter

Quitte l'option **Modif-sommet** pour revenir aux premières options.

Remarque

*La fenêtre **Propriétés** tout comme le menu contextuel (clic droit) permettent très rapidement de fermer ou d'ouvrir une polyligne, de modifier la génération du type de ligne, de repositionner l'un des sommets, de modifier la largeur des segments...*

*L'option **Multiple** permet l'édition simultanée de plusieurs polylignes.*

3. Décomposition

AutoCAD LT utilise plusieurs objets complexes comme les cotations, les blocs, les polylignes ou les hachures. Chaque objet est considéré comme un seul élément, même si à l'origine plusieurs éléments le constituaient. Il est parfois utile de dissocier ces objets pour travailler avec les éléments initiaux.

▶ Dans le groupe de fonctions **Modification**, cliquez sur l'outil **Décomposer** .

AutoCAD attend la sélection d'un ou plusieurs objets, puis le ou les dissocie.

Voici le résultat des diverses décompositions :

- Une polyligne est remplacée par des lignes et des arcs avec une épaisseur de zéro.
- Un bloc est remplacé par les éléments le composant initialement avec leurs caractéristiques d'origine (calque, couleur et type de ligne).
- Une cotation est remplacée par des lignes, des solides ou polylignes et un texte (à éviter).
- Une hachure est remplacée par des lignes (à éviter).
- Un tableau est remplacé par des lignes et du texte.
- Un réseau associatif perd son associativité.

4. Édition de spline

Vous pouvez supprimer, ajouter et déplacer les points de contrôle de la spline. Vous pouvez ajuster, affiner, fermer ou ouvrir la spline. Vous pouvez encore modifier les tangentes aux sommets.

L'édition de spline est possible sur deux types de courbes :

- La polyligne lissée (cubique ou quadratique). Cette courbe s'inspire des courbes de Bézier. Elle ne permet pas (en tant que polyligne) une grande précision dans les modifications locales.

– La “vraie” spline NURBS générée par la commande Spline. Cette courbe passe par une série de points de définition (de lissage) et s'appuie sur des points (ou sommets) de contrôle (voir les figures ci-après). Contrairement à la polyligne, elle permet une grande précision, même dans les modifications locales.

Remarque

Il faut bien faire la différence entre les points de définition (ou de lissage) et les points (ou sommets) de contrôle. Les points de définition sont les points précisés dans la commande Spline. Tous ces points sont sur la courbe. Les points de contrôle (ou sommets) apparaissent lors de l'édition de la spline. Ils sont placés sur le polygone de contrôle de la spline.

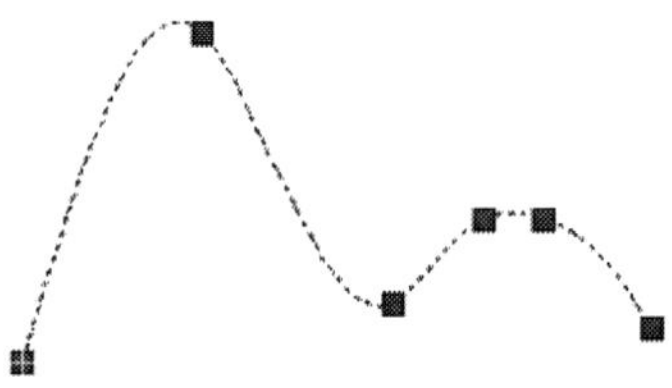

Points de lissage

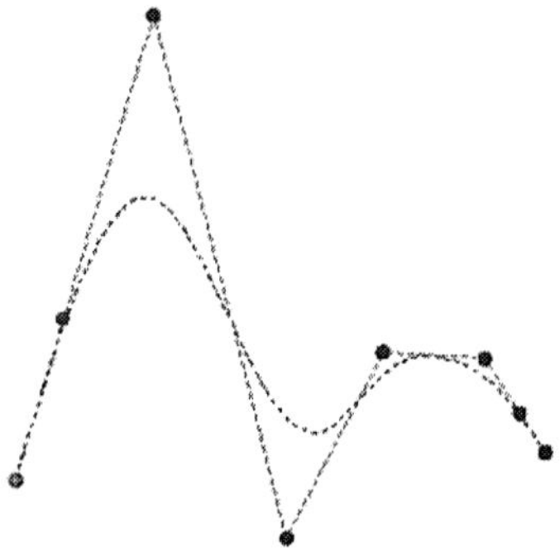

Sommets de contrôle

Déroulez le groupe de fonctions **Modification**, et cliquez sur l'outil **Modifier spline** .

AutoCAD demande la sélection d'une spline. Une fois la spline sélectionnée, les points de contrôle apparaissent en bleu (comme les poignées), et les options ci-dessous sont disponibles.

```
Entrez une option [Clore Joindre Lissée Modif-sommet convertir en Polyligne Inverser annUler Quitter] <Quitter>:
```

Clore : ferme une spline ouverte. L’option **Ouvrir** remplace **Clore** si la spline est fermée.

Joindre : permet de joindre, au niveau des extrémités de la spline, des lignes, arcs, polylignes et splines. Les extrémités doivent être coïncidentes.

Lissée : affiche et modifie les points de définition (ou lissage) de la spline. Voici les options disponibles :

– **Ajouter** : ajoute un point de lissage à la spline, et relisse la spline en fonction du nouveau point de lissage.

- **Fermer** : clôt la spline. L'option **Fermer** est remplacée par **Ouvrir**.
- **Supprimer** : retire un point de lissage, et relisse la spline en fonction des points restants.
- **Déplacer** : modifie la position d'un point de lissage.
- **Purger** : extrait de la base de données du dessin les données propres au lissage de la spline.
- **TAngentes** : modifie les directions de tangence de la spline au niveau des points de définition de départ et de fin.
- **Tolérance** : demande une nouvelle valeur de tolérance. Avec la valeur par défaut (1), la spline passe par tous les points de définition. Si la tolérance est supérieure, la spline ne passe pas forcément par tous les points, mais respecte plus globalement l'allure de la spline. Ceci permet de faire abstraction de certains points pour éviter des déformations indésirables.
- **Quitter** : sort de l'option **Lissée**.

Modif-sommet : permet de modifier la position des points (ou sommets) de contrôle de la spline. Voici les options disponibles :

- **Ajouter** : ajoute un point de contrôle (sommet) à la spline. Cette option permet de modifier localement une partie de la spline.
- **Supprimer** : retire un point de contrôle (sommet) de la spline.
- **Elever Ordre** : augmente uniformément le nombre de points de contrôle (sommets) de la spline. La valeur maximale est fixée à 26.
- **Déplacer** : modifie la position d'un point de contrôle (sommet).
- **Poids** : rapproche la spline des points de contrôle (sommets). Plus la valeur (1 par défaut) est importante, plus la courbe tend à se rapprocher du sommet.
- **Quitter** : quitte les options **Modif-sommet**, pour un retour aux options de la commande **Editer spline**.

convertir en Polyligne : convertit une polyligne en spline. Une valeur comprise entre 0 et 99 détermine la précision avec laquelle la polyligne s'ajuste à la spline initiale. Attention, une valeur importante peut nuire à la performance. La variable PLINECONVERTMODE détermine si la polyligne est créée à partir de segments linéaires (0) ou de segments d'arc (1).

Inverser : modifie le sens de la spline.

annUler : supprime la dernière opération d'édition.

Quitter : sort de la commande **Modifier Spline**.

Édition des splines à l'aide des poignées

Une autre technique permet l'édition rapide des splines.

- Sélectionnez la spline à éditer.
- Déplacez le pointeur sur la poignée à éditer pour afficher le menu contextuel comme sur la figure ci-dessous.

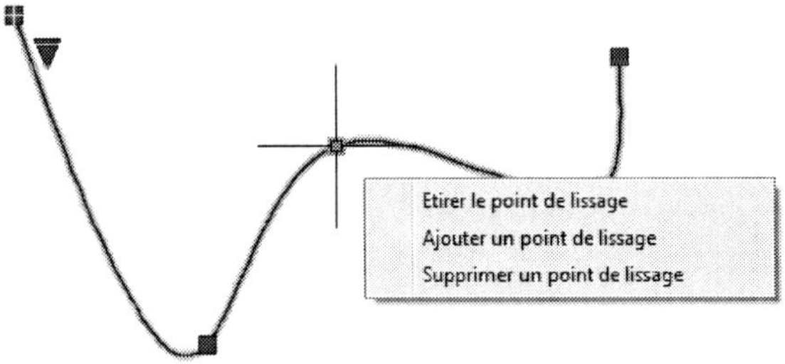

- Dans le menu contextuel, choisissez l'opération d'édition à exécuter.

L'exemple ci-dessous présente l'étirement d'un point de lissage de la spline.

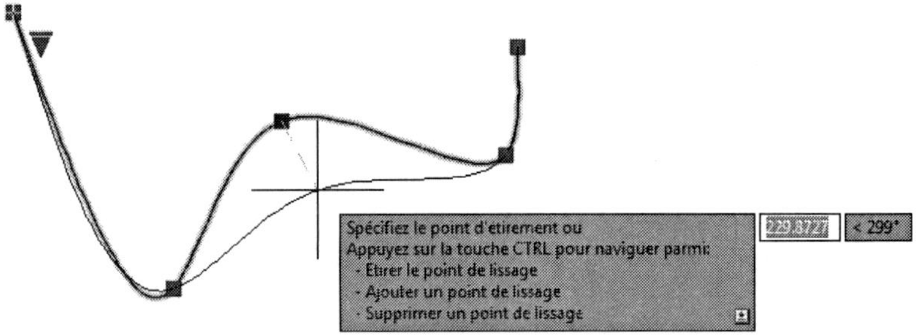

Remarque

*La fenêtre **Propriétés** permet également d'éditer une spline. Vous pouvez repositionner les points de contrôle, les points de lissage, agir sur le poids, la tolérance...*

5. Édition de texte

Cette commande vous permet de modifier tout type d'annotation : le contenu d'un texte sur une ligne, un paragraphe, un texte de cotation ou une définition d'attribut.

- Effectuez un double clic sur le texte, ou sélectionnez le texte, clic droit **Editer Textmult**.

L'éditeur de texte est affiché comme ci-dessous.

Remarque

Le texte à éditer est sélectionné. Une nouvelle saisie remplace la sélection. Utilisez les touches de déplacement du clavier pour déplacer le curseur dans le texte.

Remarque

*La fenêtre **Propriétés** permet très rapidement et de façon plus complète d'éditer un texte. En effet, vous pouvez intervenir sur le style, la justification, la hauteur, la rotation, les effets de symétrie...*

Changement d'échelle des textes

Cette commande permet de modifier l'échelle d'un groupe de textes sans modifier leurs points d'insertion.

▶ Déroulez le groupe de fonctions **Texte** (onglet **Annoter**), et cliquez sur l'outil **Echelle** 

.

Le message ci-dessous propose de sélectionner les objets dont vous voulez changer l'échelle. Les textes et attributs sont acceptés.

```
Sélectionner des objets:
```

▶ Sélectionnez les objets et validez la sélection par [Entrée].

Le message ci-dessous est affiché :

```
Entrez une option de point de base pour la mise à l'échelle
ECHELLETEXTE [Existant Gauche Centre Milieu Droite HG HC HD MG MC MD BG BC BD] <Existant>:
```

▶ Choisissez l'option **Existant** (on conserve la justification).

Les options suivantes sont affichées :

```
Spécifiez la nouvelle hauteur du modèle ou [Hauteur papier Correspondance objet Facteur échelle] <10>:
```

▶ Précisez la nouvelle hauteur et validez par [Entrée].

Remarque

Cette opération est également possible par la fenêtre ***Propriétés****.*

Justifier les textes par lot sans déplacement

AutoCAD LT permet de changer la justification d'un ensemble de textes sans modifier l'emplacement du texte. Ceci est très pratique lorsque le texte est, par exemple, calé dans une cellule ou une structure de tableau ; le changement de justification conserve le positionnement précis des textes, et évite toute redisposition manuelle.

▶ Déroulez le groupe de fonctions **Texte** (onglet **Annoter**), et cliquez sur l'icône **Justifier** .

AutoCAD LT demande la sélection des textes, puis affiche :

```
Entrez une option de justification
JUSTIFIERTEXTE [Gauche Aligner AJuster Centre Milieu Droite HG HC HD MG MC MD BG BC BD]
<Gauche>:
```

▶ Cliquez sur l'option voulue pour appliquer la nouvelle justification aux textes.

6. Édition de hachurage

Cette commande vous permet de modifier le motif d'un hachurage existant. Vous interchangez les motifs prédéfinis, utilisateur ou personnalisés, et en fonction du motif, de l'échelle, de l'angle ou de l'espacement, vous accédez aux fonctions avancées pour la gestion des îlots internes. Enfin, vous pouvez hériter d'un motif de hachurage du dessin. Notez que l'aperçu est toujours disponible.

▶ Déroulez le groupe de fonctions **Modification** et cliquez sur l'icône **Modifier les hachures**  (ou faites un double clic sur le motif).

Le message suivant est affiché :

```
Sélectionnez un objet de hachures:
```

▶ Sélectionnez une hachure et validez la sélection par [Entrée].

La boîte de dialogue ci-dessous est affichée :

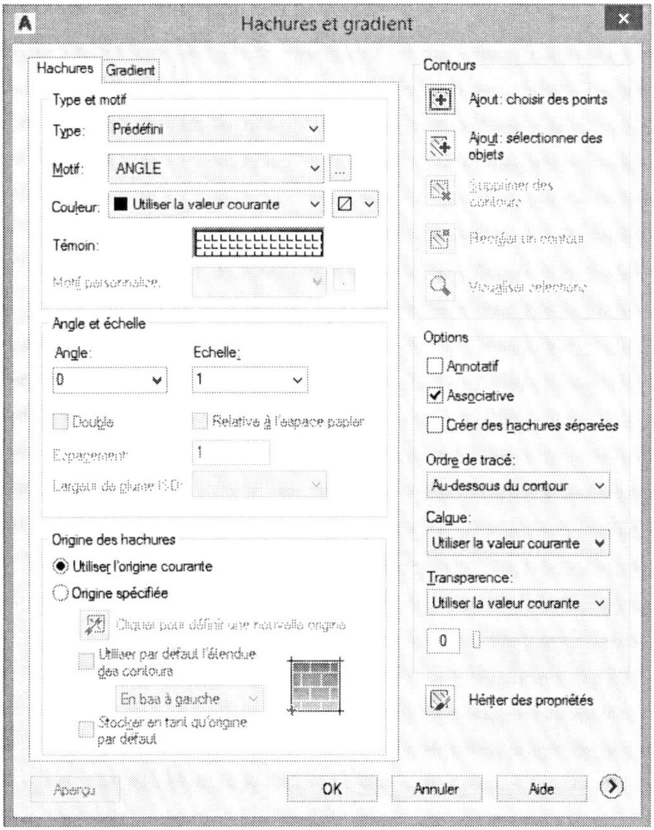

Pour plus d'informations sur cette boîte de dialogue, reportez-vous au chapitre L'habillage - Le hachurage et le remplissage de contour.

Remarque

*Une technique très simple consiste à sélectionner le motif de hachures et à en modifier les paramètres dans l'onglet contextuel **Editeur de hachures** ci-dessous :*

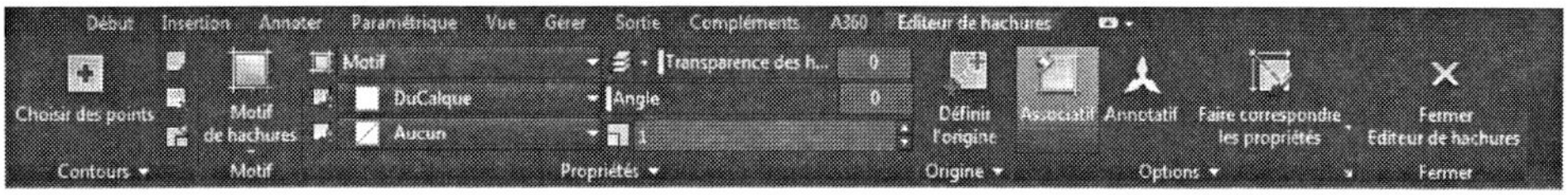

Remarque

*La fenêtre **Propriétés** permet également d'éditer un motif de hachure. En effet, vous pouvez intervenir sur le motif, l'échelle, l'orientation, le hachurage double, les options avancées...*

7. Modification de propriétés

▶ Dans le groupe de fonctions **Palettes** (onglet **Vue**), cliquez sur l'outil **Propriétés**

.

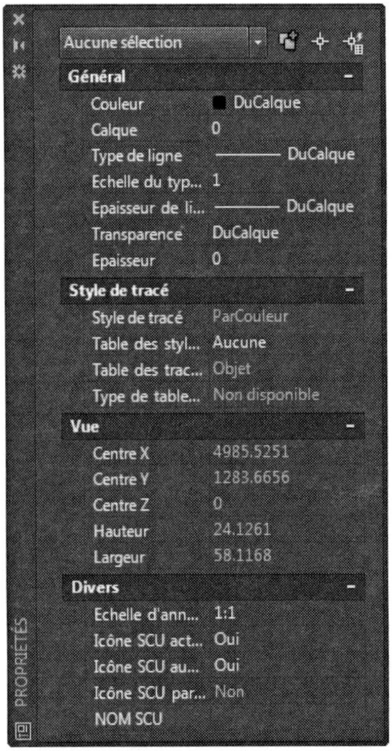

Vous pouvez agir sur les propriétés courantes, changer les propriétés d'un ou plusieurs objets en simultané, modifier la géométrie ou les caractéristiques propres à un ou plusieurs objets.

Cette commande peut être utilisée de diverses façons et réagit selon la sélection en cours :

- Si **aucun objet n'est sélectionné**, vous accédez aux propriétés et caractéristiques courantes, telles que le calque, la couleur, le type de ligne, l'échelle du type de ligne, l'épaisseur de ligne, la hauteur d'objet (épaisseur), le style de tracé, le positionnement de la vue en cours, l'activation de l'affichage de l'icône du SCU, l'affichage de l'icône du SCU à son origine, l'affichage de l'icône du SCU par fenêtre et le nom du SCU courant.
- Si **plusieurs objets sont sélectionnés**, vous accédez aux changements des propriétés générales des objets telles que le calque, la couleur, le type de ligne, l'échelle du type de ligne, le style de tracé, l'épaisseur de ligne, l'hyperlien associé, la hauteur d'objet (épaisseur). Si le **type d'objet** est le même pour tous les objets sélectionnés (ex. : plusieurs lignes ou plusieurs textes), vous pouvez agir sur l'ensemble des caractéristiques en même temps.
- Si **un seul objet est sélectionné**, vous accédez aux propriétés, à la géométrie de l'objet, ainsi qu'à ses caractéristiques spécifiques. Vous pouvez agir sur le calque, la couleur, le type de ligne, l'échelle du type de ligne, le style de tracé, l'épaisseur de ligne, l'hyperlien associé, la hauteur (épaisseur) de l'objet ; mais aussi sur toutes les caractéristiques de l'objet telles que les positionnement, rotation, hauteur, style, épaisseur, sommets, points de lissage...

Le bouton **Sélection rapide**  permet une sélection plus précise (cf. chapitre Aides au dessin - La sélection des objets).

Le bouton **Sélectionner des objets**  permet une nouvelle sélection d'objets, lorsqu'une sélection est déjà en cours. Les objets sont désélectionnés et vous procédez à la nouvelle sélection.

Le bouton **Activer/Désactiver la valeur de la variable système PICKADD**  active ou désactive la sélection unique d'objet (cliquez sur l'objet). Cliquez une nouvelle fois sur ce bouton pour permettre une sélection normale de plusieurs objets.

Remarque

Un double clic sur n'importe quel objet AutoCAD donne accès aux propriétés. Ainsi, vous modifiez très rapidement un cercle, une polyligne, un hachurage, les attributs d'un bloc...

Le changement des propriétés est traité au chapitre La gestion des calques, dans la section Changement de propriétés des objets, pour les propriétés de calque, couleur, type de ligne, échelle de type de ligne, épaisseurs... (rubrique **Général** de la fenêtre **Propriétés**).

Intéressons-nous ici aux modifications d'objets concernant la géométrie et les caractéristiques propres au type d'objet (rubrique **Géométrie** de la fenêtre **Propriétés**).

Tout objet AutoCAD LT peut être modifié dans la fenêtre **Propriétés**. En fonction de l'objet sélectionné, vous agissez sur le positionnement des extrémités d'une ligne, le centre et le rayon d'un cercle, le positionnement d'un texte, son style, sa hauteur, sa rotation, ses effets spéciaux, le positionnement des sommets d'une polyligne, ses épaisseurs variables ou constantes...

Les exemples ci-après présentent la modification des objets classiques ligne, cercle, arc, polyligne, texte.

Pour la **ligne**, vous obtenez l'affichage suivant :

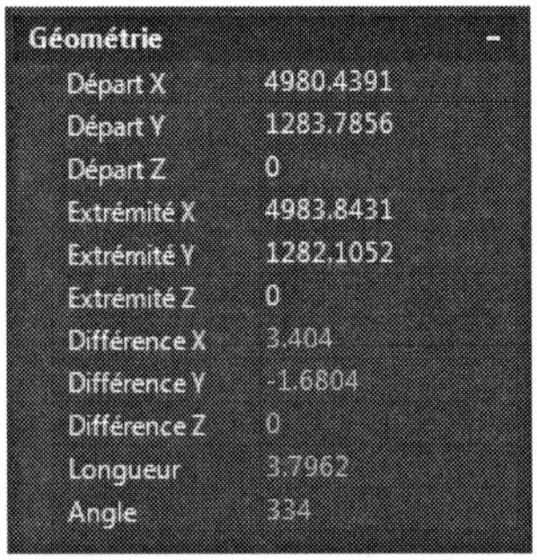

Modifiez les valeurs dans la colonne droite. Soit vous tapez au clavier la valeur souhaitée (confirmez par [Entrée]), soit vous choisissez le bouton situé à droite de la valeur numérique pour un positionnement à l'aide de la souris dans la zone graphique.

Départ X, **Y** et **Z**	Modifient les coordonnées du point de départ de la ligne.
Extrémité X, **Y** et **Z**	Modifient les coordonnées du point final de la ligne.

Différence X, **Y** et **Z**, **Longueur** et **Angle** varient avec les coordonnées fixées.

Pour le **cercle**, vous obtenez l'affichage suivant :

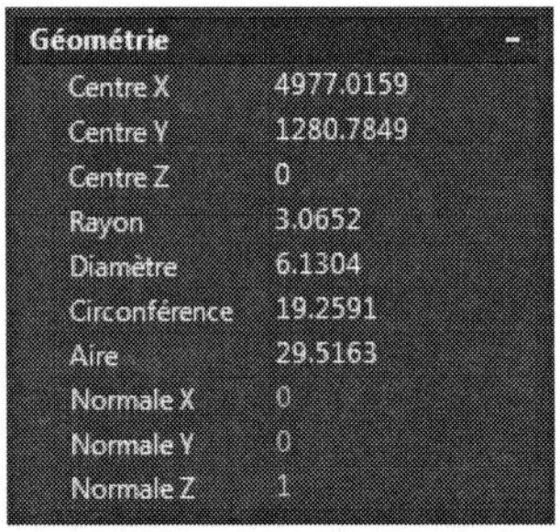

Centre X, Y, Z Modifient les coordonnées du centre de la ligne.

Rayon Modifie le rayon du cercle.

Diamètre Modifie le diamètre du cercle.

Circonférence Modifie la circonférence du cercle.

Aire Modifie la surface du cercle.

Normale X, Y et **Z** Affichent la direction de la normale au plan du cercle dans le système de coordonnées courant.

Pour l'**arc**, vous obtenez l'affichage suivant :

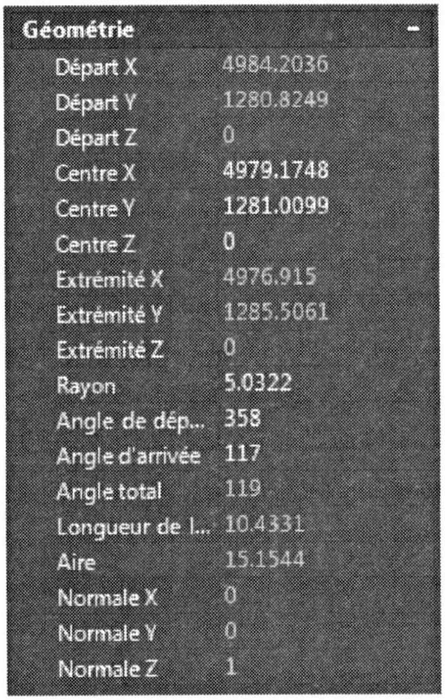

Départ X, Y, Z Modifient les coordonnées du point de départ de l'arc.

Centre X, Y, Z Modifient les coordonnées du centre de l'arc.

Extrémité X, Y, Z Modifient les coordonnées du point final de l'arc.

Rayon Modifie le rayon de l'arc.

Angle de départ Fixe un nouvel angle de départ (angle absolu par rapport au zéro).

Angle d'arrivée Fixe un nouvel angle d'arrivée (angle absolu par rapport au zéro).

Angle total Affiche l'angle décrit par l'arc.

Longueur de l'arc Affiche la longueur de l'arc.

Aire Affiche l'aire de l'arc (la longueur de corde vient fermer l'arc).

Normale X, Y et **Z** Affichent la direction de la normale au cercle dans le système de coordonnées courant.

Pour la **polyligne**, vous obtenez l'affichage suivant :

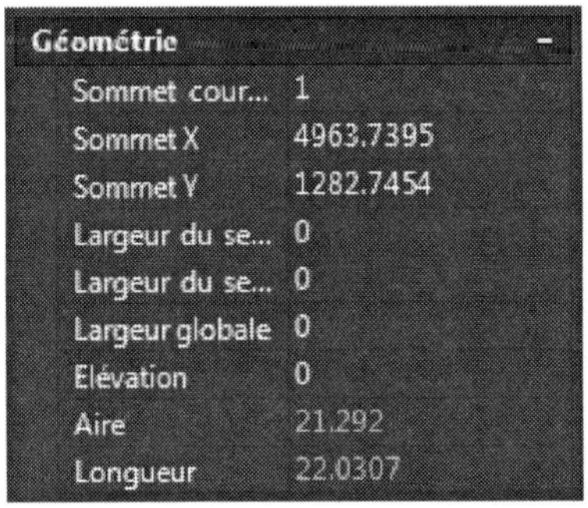

Sommet Permet de passer en revue tous les sommets de la polyligne sélectionnée. Agissez sur les deux flèches pour passer de l'un à l'autre. Toutes les caractéristiques en dessous concernent le sommet choisi.

Sommet X, Y Modifient les coordonnées du sommet correspondant.

Largeur du segment de départ Modifie la largeur du début du segment (chaque segment possède un sommet de départ et de fin).

Largeur du segment de fin Modifie la largeur de fin du segment (chaque segment possède un sommet de départ et de fin).

Largeur globale Contrairement aux deux options précédentes, affecte une largeur identique à tous les segments.

Elévation Modifie la hauteur d'objet.

Aire Affiche la surface de la polyligne (AutoCAD ferme la polyligne ouverte pour calculer l'aire).

Longueur Indique la longueur de la polyligne.

Pour le **texte**, vous obtenez l'affichage suivant :

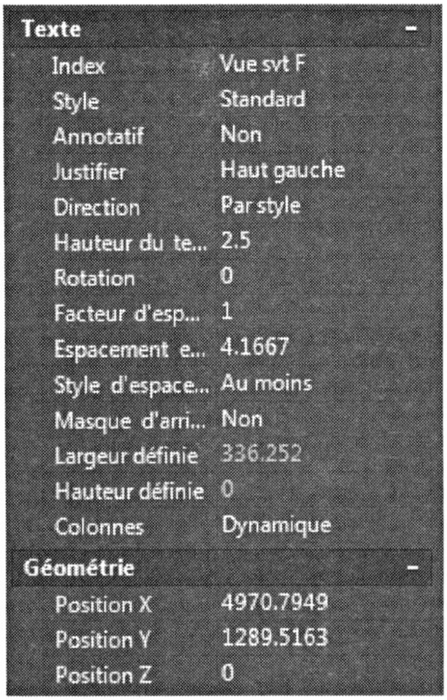

Rubrique Texte

Index	Modifie le contenu du texte.
Style	Accède à tous les styles du dessin (liste déroulante).
Justifier	Modifie la justification du texte (liste déroulante).
Hauteur	Modifie la hauteur du texte.
Rotation	Affecte un angle de rotation au texte.
Facteur d'espacement des lignes	Modifie le facteur d'espacement des lignes du texte multiple.
Espacement entre les lignes	Indique l'espacement des lignes.
Style d'espacement des lignes	Spécifie le style d'espacement des lignes.
Masque d'arrière-plan	Spécifie le masque d'arrière-plan du texte.
Largeur définie	Spécifie la largeur du texte.
Hauteur définie	Spécifie la hauteur définie du texte.

Colonnes Spécifie le type de colonne du texte.

Rubrique Géométrie

Position X, Y et Z Modifient la position du texte.

Rubrique Divers

Symétrie verticale Permet l'obtention du texte symétrique par rapport à une verticale.

Symétrie horizontale Permet l'obtention du texte symétrique par rapport à une horizontale.

Les textes multilignes disposent des mêmes options ainsi que de quelques options supplémentaires comme la direction et largeur du paragraphe de texte.

Remarque

*Notez les nombreux avantages de cette fenêtre **Propriétés** pour les objets suivants : l'ellipse, la spline, la cotation, les hachures, la définition d'attributs, les valeurs d'attributs, les fenêtres flottantes de présentation.*

Tri par type d'objet

Si l'utilisateur ne sélectionne pas d'objets, la zone de texte située dans la partie supérieure de la fenêtre **Propriétés** affiche **Aucune sélection**.

Lorsque l'utilisateur effectue une sélection multiple, la liste déroulante affiche **Tout** suivi du nombre d'objets sélectionnés. Déroulez la liste, et constatez le tri par type d'objets.

Effectuez le tri adapté ; les caractéristiques de ces objets sont disponibles dans la fenêtre **Propriétés**. Vous modifiez ensuite ces caractéristiques.

Remarque

*La fenêtre **Propriétés** peut rester affichée en permanence à l'écran.*

8. Les propriétés rapides

Les propriétés rapides sont affichées lorsqu'un ou plusieurs objets sont sélectionnés.

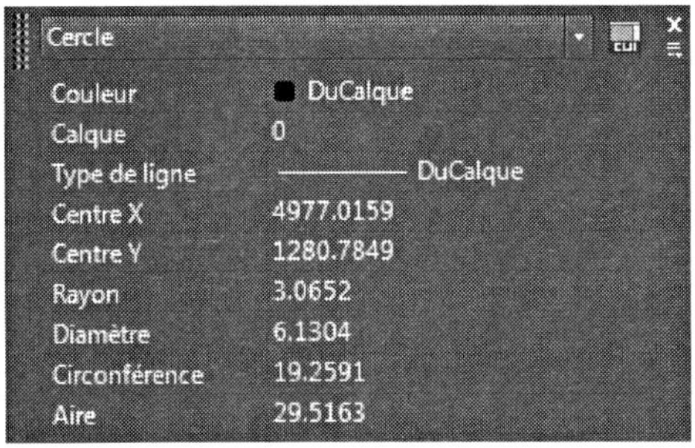

Elles permettent d'accéder et de modifier les propriétés d'un ou de plusieurs objets sélectionnés.

À la différence de la palette **Propriétés** qui contient l'ensemble des propriétés des objets, la palette **Propriétés rapides** est limitée à une liste réduite de propriétés modifiables.

- Sélectionnez un objet pour afficher la palette **Propriétés rapides**. Elle est flottante, par défaut, et peut être disposée à l'écran selon votre préférence.
- Déplacez le pointeur de la souris sur la palette **Propriétés rapides** pour développer l'affichage complet de la palette.
- Agissez sur les propriétés à modifier tel que vous le faites dans la fenêtre **Propriétés**.

Remarque

Activez ou désactivez les propriétés rapides en sélectionnant l'icône ***Propriétés rapides***

 *dans la barre d'état.*

Voir aussi le chapitre La personnalisation - Personnaliser les propriétés rapides.

9. Copie des propriétés

La copie des propriétés s'effectue depuis un objet à sélectionner vers d'autres objets, dans le dessin courant ou vers d'autres dessins AutoCAD LT.

Vous pouvez copier les propriétés suivantes :

- le calque,
- la couleur,
- le type de ligne,
- l'échelle du type de ligne,
- l'épaisseur de ligne,
- l'épaisseur,
- le style de tracé.

Pour le texte :

- les propriétés de texte.

Pour le hachurage :

- les propriétés de hachurage.

Pour la cotation :

- les propriétés de cote.

Pour les tableaux :

- les propriétés du style de tableau.

Pour les polylignes :

- les propriétés de génération de type de ligne et d'épaisseur.

Pour les fenêtres de présentation :

- les propriétés suivantes : activation/désactivation, verrouillage, échelle, tracé de l'ombrage, accrochage, grille, emplacement et visibilité de l'icône du SCU.

Pour les solides 3D :

- les propriétés de matériaux et d'affichage des ombres.

▶ Dans le groupe de fonctions **Propriétés** (onglet **Début**), cliquez sur l'icône **Copier les propriétés** 

.

AutoCAD LT demande la sélection de l'objet contenant les propriétés à copier :

```
CORRESPROP Sélectionnez l'objet source:
```

Puis le message suivant apparaît :

```
Paramètres actifs courants:  Couleur Calque Tligne Echltp Epaisseur de ligne Transparence Epaisseur StylesTraceur Cote Texte Hachures Polyligne Fenêtre Table Matériau Affichage des ombres Ligne de repère multiple
CORRESPROP Sélectionnez le ou les objets de destination ou [PAramètres]:
```

Tous les objets sélectionnés adoptent les caractéristiques de l'objet source.

Dans certains cas, la copie de toutes les caractéristiques n'est pas souhaitable.

▶ Choisissez alors l'option **Paramètres**. La boîte de dialogue suivante s'affiche :

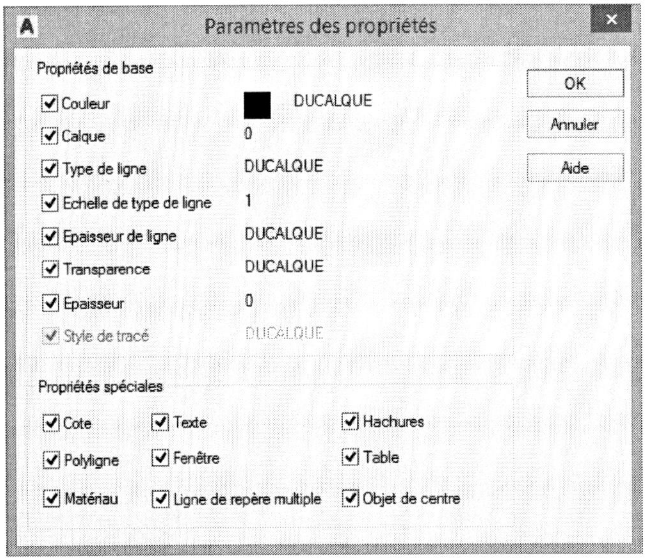

Par défaut, toutes les propriétés sont copiées. Chacune d'entre elles est cochée. Il vous suffit de décocher les propriétés adaptées pour limiter la copie à un changement de calque, de type de ligne, de motif de hachure.

Remarque

Pour les styles de texte, de cotation, les motifs de hachure, les polylignes, les fenêtres de présentations et les tableaux, six cases à cocher spécifiques sont disponibles.

Chapitre 10
L'utilisation du dessin paramétrique

1. Généralités

Le principe du *dessin paramétrique* consiste à associer des contraintes à la géométrie 2D, de façon à faire évoluer le dessin selon des règles géométriques et dimensionnelles logiques.

Ainsi, un dessin évolue de façon cohérente en conservant des contraintes de perpendicularité, de tangence, d'angle précédemment appliquées à la géométrie. Une simple modification dimensionnelle peut, par exemple, provoquer une cascade de « changements intelligents » sur le même dessin.

Le dessin paramétrique permet aussi d'établir, à partir d'une même base, toute une gamme de variantes de dessins.

Il existe deux types de contraintes :

- Les *contraintes géométriques* qui contrôlent les relations géométriques entre les objets (parallélisme, perpendicularité, colinéarité, concentricité, tangence, etc.).
- Les *contraintes dimensionnelles* qui contrôlent la distance, la longueur, l'angle et les valeurs de rayon des objets.

La géométrie évolue selon les restrictions que vous lui appliquez. Ainsi, certains segments demeurent parallèles, d'autres perpendiculaires, un arc demeure tangent à un segment droit ou courbe, des cercles sont concentriques, etc. Il s'agit ici des contraintes géométriques.

Les contraintes dimensionnelles pilotent la géométrie. Si vous modifiez la valeur d'une contrainte dimensionnelle, toutes les contraintes appliquées à l'objet sont réévaluées et les objets concernés sont mis à jour automatiquement. Les contraintes dimensionnelles intègrent la notion de paramètres qui permet la mise en relation des dimensions entre elles. De cette façon, la longueur d'un segment peut par exemple être définie égale à la moitié de la longueur d'un autre segment, les angles peuvent être figés, les cercles peuvent être de mêmes rayons, etc.

Les contraintes permettent d'effectuer les opérations suivantes :

- Préserver les spécifications et exigences de conception par contrainte géométrique.
- Appliquer instantanément plusieurs contraintes géométriques aux objets.
- Inclure des formules et équations dans les contraintes dimensionnelles.
- Accélérer les modifications de conception par modification de la valeur d'une ou de plusieurs variables.

En règle générale, les contraintes géométriques sont d'abord appliquées au dessin, pour restreindre la forme. Puis, les contraintes dimensionnelles sont associées et définissent la taille des composantes du dessin.

L'illustration suivante affiche des contraintes géométriques et dimensionnelles à l'aide de la visibilité et du format par défaut.

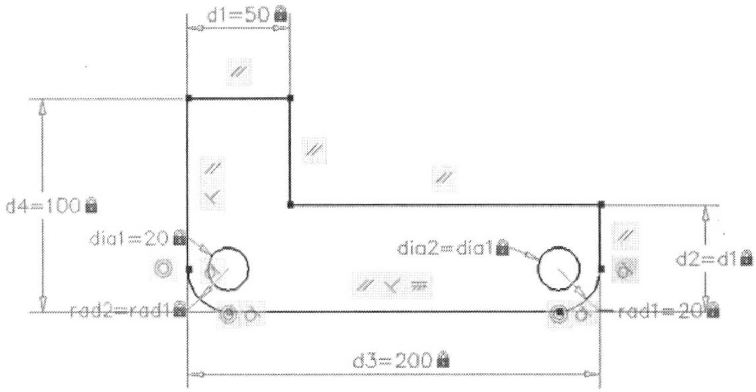

Une icône bleue est affichée lorsque vous déplacez le pointeur sur un objet auquel sont associées des contraintes.

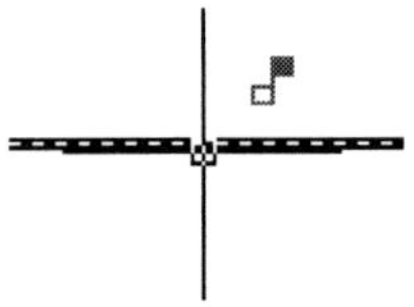

2. Limitations d'AutoCAD LT

AutoCAD LT ne permet pas la mise en place (ou la création) de contraintes géométriques et dimensionnelles sur un dessin. Ces fonctions d'application de contraintes sont possibles avec AutoCAD.

Toutefois, AutoCAD LT accède naturellement aux dessins provenant d'AutoCAD, reconnaît les contraintes géométriques et dimensionnelles appliquées au dessin, et permet d'intervenir sur ces dessins paramétriques. AutoCAD LT permet :

- D'afficher ou de masquer les contraintes.
- De modifier le format d'affichage des contraintes.
- De supprimer des contraintes.
- De modifier les valeurs dimensionnelles.
- De modifier les paramètres et équations mathématiques liant les paramètres dimensionnels, pour faire évoluer le dessin paramétrique.

3. Les contraintes géométriques

La création de contraintes étant réservée au logiciel AutoCAD, nous nous limitons ici à présenter les différents types de contraintes géométriques et leurs rôles :

Prenons l'exemple de la figure suivante. Des segments horizontaux et verticaux jointifs ont été dessinés, sans dimensionnement précis. Puis les deux parties inférieures ont été arrondies, et enfin deux cercles ont été placés concentriquement aux arcs.

Des contraintes géométriques ont été appliquées automatiquement sur le dessin et sont affichées comme sur la figure ci-dessous :

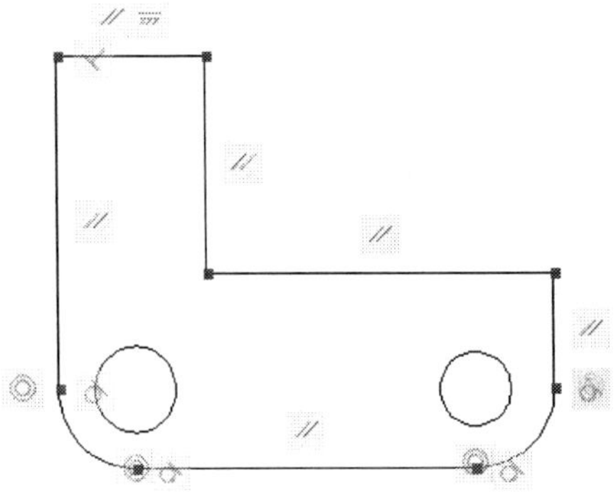

Horizontal  Indique que le segment (constitué des deux points de la ligne supérieure) est horizontal.

Parallèle  Indique que le segment est parallèle à un autre segment.

Le déplacement du pointeur sur la contrainte permet de constater la relation de parallélisme comme sur la figure ci-dessous. Les segments parallèles sont affichés en pointillés, et la contrainte apparaît sous fond bleu.

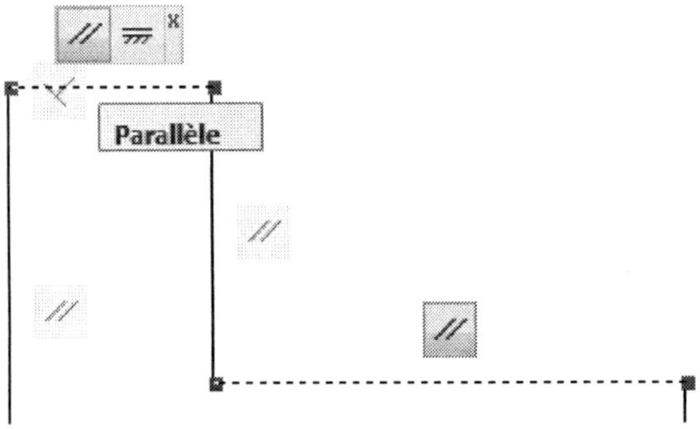

Perpendiculaire  Indique que le segment (ligne ou polyligne) est perpendiculaire à un autre segment (orienté de 90° par rapport à cet autre segment).

Le déplacement du pointeur sur la contrainte permet de constater la relation de perpendicularité comme sur la figure ci-dessous. Les segments perpendiculaires sont affichés en pointillés.

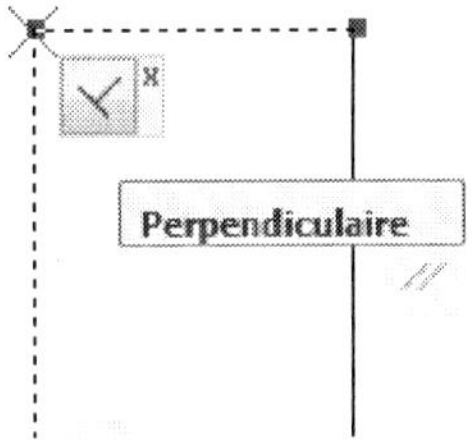

Concentrique  Indique que l'arc et le cercle ont le même centre. Cette contrainte est valable aussi pour les ellipses.

Le déplacement du pointeur sur la contrainte permet de constater la relation de concentricité entre l'arc et les cercles qui sont affichés en pointillés.

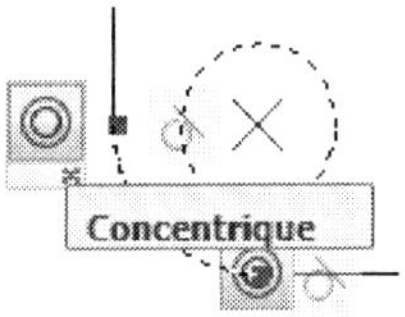

Tangente  Indique que l'arc est tangent à la ligne (ou son prolongement). Cette contrainte est valable pour les arcs, cercles, polylignes et ellipses.

Le déplacement du pointeur sur la contrainte permet de constater la relation de Tangence entre l'arc et la ligne qui sont affichés en pointillés.

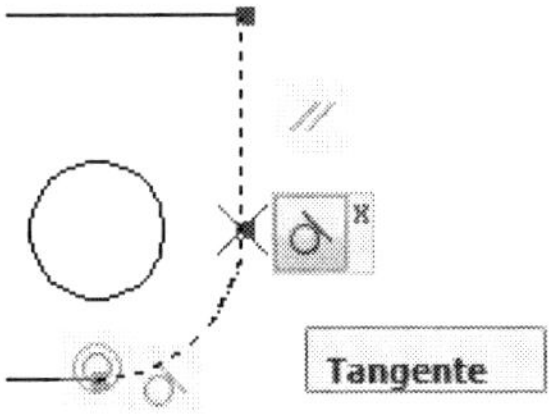

À ce stade, la géométrie étant contrainte, vous la modifiez (avec les poignées ou les commandes d'édition classiques) et constatez le respect des restrictions géométriques.

Ainsi, la taille de la géométrie peut être modifiée (longueurs, rayons, etc.), mais toujours selon les contraintes d'horizontalité, parallélisme et perpendicularité précédentes.

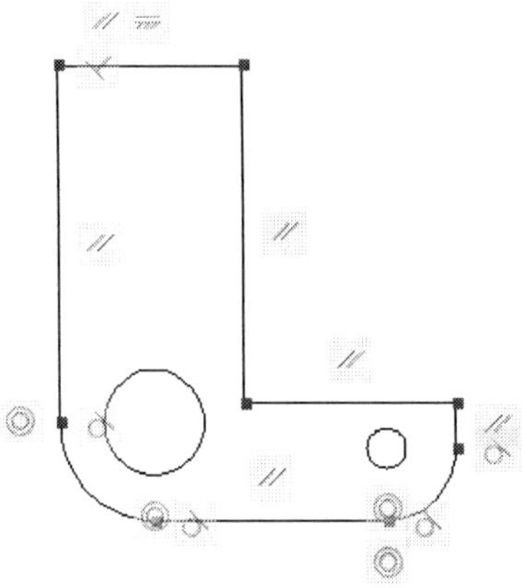

Dans la figure suivante, une contrainte d'égalité de rayon a été appliquée entre les deux arcs et une contrainte d'égalité de diamètre entre les deux cercles.

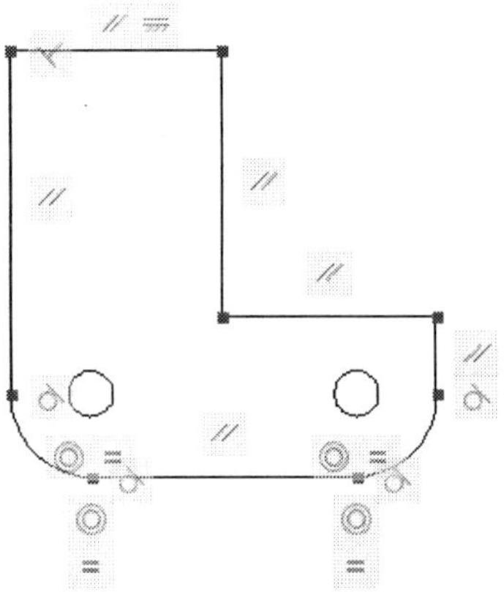

Les contraintes suivantes sont applicables :

Vertical  Contraint des lignes ou deux points de façon verticale (selon l'axe Y du système de coordonnées).

Horizontal  Contraint des lignes ou deux points de façon horizontale (selon l'axe X du système de coordonnées).

Parallèle Contraint deux lignes à la même inclinaison.

Perpendiculaire Contraint deux segments de ligne ou polyligne selon une orientation de 90 degrés l'un par rapport à l'autre.

Tangente Contraint deux courbes entre elles (ou leur prolongement) de façon tangente à un point. Cette contrainte est valable pour les lignes (avec arc/cercle ou ellipse), arcs, cercles, polylignes et ellipses.

Doux Contraint une spline avec une autre spline (ou une ligne ou un arc) de manière à appliquer une continuité de tangence (de type G2) entre les deux courbes.

Symétrique Contraint deux objets de façon symétrique par rapport à un axe.

Egal Contraint deux lignes ou polylignes à la même longueur, ou des arcs et cercles au même rayon.

Coïncidence Contraint deux points à coïncider ou un point sur un même point ou sur un objet (ou son prolongement). Le résultat varie selon le type d'objet : il est ainsi possible de faire coïncider le centre d'un arc ou sur cercle avec une ligne. Le second point ou objet devient coïncident au premier point sélectionné.

Colinéaire Contraint deux lignes sur la même droite. La seconde ligne sélectionnée devient colinéaire à la première.

Concentrique Contraint deux arcs, cercles ou ellipses au même centre. Le second objet devient concentrique au premier.

Fixe Détermine un point fixe (ou un objet) à partir duquel la géométrie va évoluer.

3.1 Supprimer une contrainte géométrique

Il est possible de supprimer une contrainte, pour faire évoluer la géométrie selon de nouveaux critères. En exemple, une ligne horizontale qui doit évoluer selon un nouvel angle, ou encore un cercle qui ne doit plus être concentrique à un autre cercle.

Il est souvent utile de supprimer une contrainte séparément.

- Sélectionnez la contrainte à supprimer en cliquant sur l'icône correspondante dans la barre de contraintes. En exemple, la contrainte **Parallèle** est sélectionnée dans la barre de contraintes :

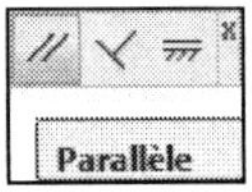

- Effectuez un clic droit et choisissez **Supprimer** (ou appuyez sur la touche [Suppr]).

3.2 Supprimer toutes les contraintes géométriques

Pour supprimer toutes les contraintes appliquées aux objets sélectionnés, utilisez la procédure suivante :

- Dans le groupe de fonctions **Gérer** (onglet **Paramétrique**), choisissez l'icône **Supprimer les contraintes**.
- Sélectionnez les objets pour lesquels vous souhaitez supprimer toutes les contraintes.

3.3 Afficher et masquer les contraintes géométriques

Les contraintes sont affichées, pour chaque objet, sous la forme d'une barre de contraintes contenant une ou plusieurs icônes selon les contraintes appliquées à l'objet.

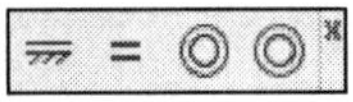

La barre des contraintes permet d'identifier rapidement les contraintes appliquées à chaque objet. Vous pouvez la déplacer en effectuant un cliqué-glissé. Vous pouvez aussi masquer toutes les contraintes et afficher les contraintes des objets sélectionnés.

Masquer toutes les contraintes

- Dans le groupe de fonctions **Géométrique** (onglet **Paramétrique**), choisissez l'icône **Tout masquer**.

Afficher les contraintes des objets sélectionnés

Il peut être très utile de limiter l'affichage des contraintes à un ou plusieurs objets. Ceci permet aussi un confort visuel.

- Dans le groupe de fonctions **Géométrique** (onglet **Paramétrique**), choisissez l'icône **Afficher**.
- Sélectionnez ensuite les objets pour lesquels vous souhaitez afficher les contraintes.

Vous obtenez un affichage semblable à la figure suivante :

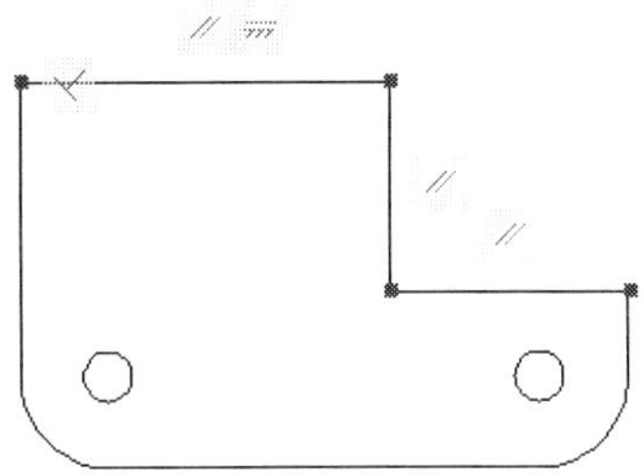

Afficher toutes les contraintes du dessin

Dans le groupe de fonctions **Géométrique** (onglet **Paramétrique**), choisissez l'icône **Tout afficher** .

3.4 Gérer l'affichage des contraintes dans les barres de contraintes

Pour paramétrer l'affichage des contraintes géométriques, cliquez sur la petite flèche située à droite du groupe de fonctions **Géométrique**.

Onglet Géométrique

L'onglet **Géométrique** gère l'affichage des types de contraintes dans les barres de contraintes.

Bien que l'affichage des contraintes soit très utile, vous pourriez envisager de ne pas afficher les contraintes horizontales et verticales par exemple.

Rubrique Paramètres d'affichage de la barre de contraintes

▶ Dans la liste, sélectionnez les contraintes à masquer dans la barre des contraintes.

Le bouton **Tout effacer** permet de désélectionner toutes les contraintes.

Le bouton **Tout sélectionner** permet de sélectionner toutes les contraintes.

La case à cocher **Afficher uniquement les barres de contraintes pour les objets dans le plan courant** permet de limiter l'affichage des contraintes aux objets du plan courant.

Rubrique Transparence de la barre de contraintes

▶ Utilisez la règle pour modifier la transparence des contraintes.

Les contraintes de coïncidence sont placées aux extrémités de lignes sécantes pour fermer un contour par exemple. Ceci est possible grâce à la tolérance de Distance. De la même façon, une contrainte d'horizontalité sera automatiquement appliquée aux lignes d'une orientation inférieure à 1 degré (tolérance d'angle par défaut).

4. Les contraintes dimensionnelles

Les contraintes dimensionnelles contrôlent la taille et les proportions d'une conception. Elles dimensionnent ainsi :

- La distance entre les objets, ou entre des points sur des objets.
- L'angle entre les objets, ou entre des points sur des objets.
- Le rayon ou le diamètre des arcs et cercles.

Les contraintes dimensionnelles pilotent la géométrie, contrairement aux cotes traditionnelles.

Si vous modifiez la valeur d'une contrainte dimensionnelle, toutes les contraintes appliquées à l'objet sont réévaluées et les objets concernés sont mis à jour automatiquement. Les contraintes dimensionnelles intègrent la notion de paramètres qui permet la mise en relation des dimensions entre elles. De cette façon, la longueur d'un segment peut par exemple être définie égale à la moitié de la longueur d'un autre segment, les angles peuvent être figés, les cercles peuvent être de mêmes rayons, etc.

Remarque

Rappelons qu'AutoCAD LT ne permet pas de créer ou d'appliquer des contraintes dimensionnelles. Toutefois AutoCAD LT permet, sur la base d'un dessin paramétrique existant (et créé par AutoCAD) de modifier les valeurs dimensionnelles, ainsi que les paramètres et équations mathématiques liant les paramètres dimensionnels, pour faire évoluer le dessin paramétrique.

4.1 Liste des contraintes dimensionnelles

Prenons l'exemple de la figure ci-dessous :

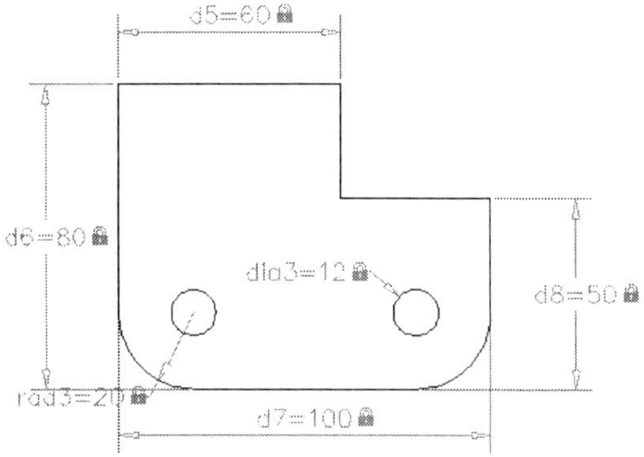

Linéaire

La contrainte Linéaire permet de dimensionner une ligne (fictive ou réelle) matérialisée par deux points. Elle permet la mise en place d'une contrainte verticale ou horizontale.

Par défaut, l'équation est affichée en intégrant la variable et la valeur calculée (ex : d5=61.3581).

- Effectuez un double clic sur l'équation pour saisir la nouvelle valeur (par exemple la valeur **60**).

La géométrie évolue automatiquement, en respectant les contraintes géométriques précédemment appliquées, et à partir du point fixe.

La figure présente désormais l'affichage de la contrainte dimensionnelle suivante :

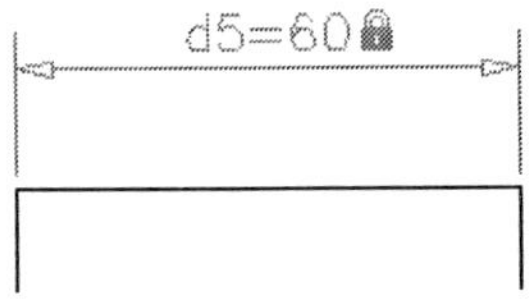

Radial

La contrainte dimensionnelle Radial permet de dimensionner le rayon d'un cercle, d'un arc ou d'un segment d'arc de polyligne.

Dans la figure 1, une contrainte de rayon est placée sur l'arc de gauche (expression rad3=20).

▶ Effectuez un double clic sur l'équation pour saisir la nouvelle valeur et modifier ainsi le rayon de l'arc.

Notez le cas particulier de l'égalité de rayon entre l'arc de gauche et celui de droite. Ceci est possible avec une contrainte géométrique **Egal** qui impose le même rayon entre les deux arcs.

Diamètre

La contrainte dimensionnelle Diamètre permet de dimensionner le diamètre d'un cercle, d'un arc ou d'un segment d'arc de polyligne.

Dans la figure 1, une contrainte de diamètre est placée sur le cercle de droite (expression dia3=20).

▶ Effectuez un double clic sur l'équation pour saisir la nouvelle valeur et modifier ainsi le diamètre du cercle.

L'égalité automatique de diamètre entre les deux cercles (permise par la contrainte géométrique **Egal**) impose le même diamètre entre les deux cercles.

Angulaire

La contrainte Angulaire permet de dimensionner l'angle entre deux segments réels, ou selon trois points (deux segments fictifs), ou encore de dimensionner l'angle décrit par un arc.

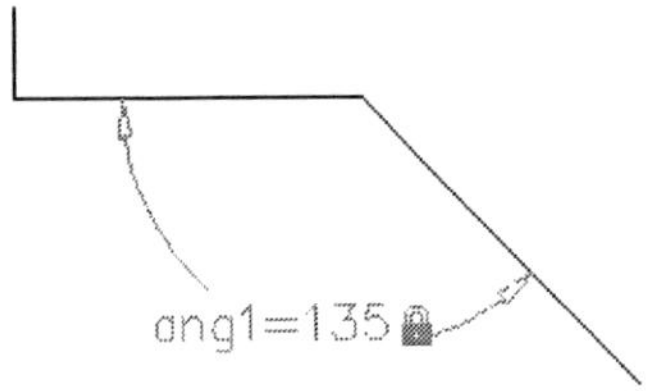

Alignée

La contrainte Alignée dimensionne un segment réel ou fictif (défini par deux points) selon l'orientation définie par ce segment.

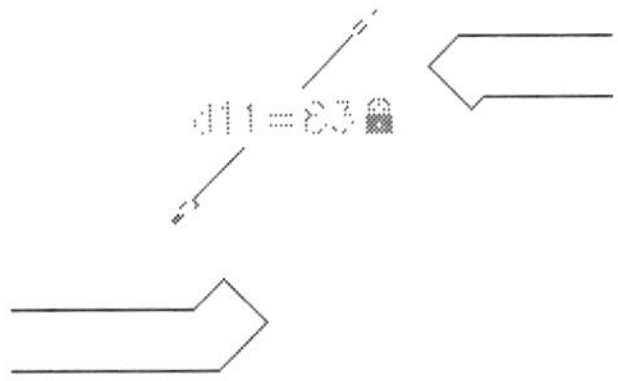

Cas particulier des cotes de référence

Vous pouvez croiser l'affichage ci-dessous présentant l'équation entre parenthèses. Il s'agit de cotes de référence. Celles-ci ne pilotent pas la géométrie, mais donnent une information de dimensionnement. Il n'est pas possible de modifier le paramètre qui est présent à titre informatif.

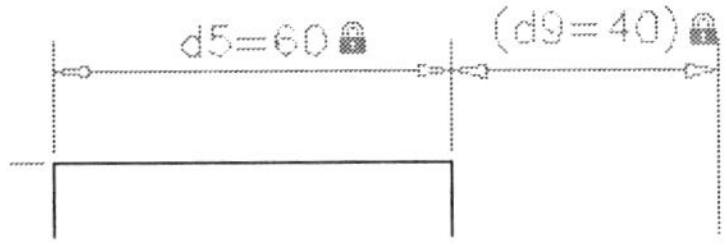

4.2 Utiliser les variables

Principe

Lors de la mise en place des contraintes dimensionnelles, AutoCAD affiche par défaut le nom et l'expression, comme sur la figure ci-dessous (voir la section Modifier l'affichage des contraintes dimensionnelles) :

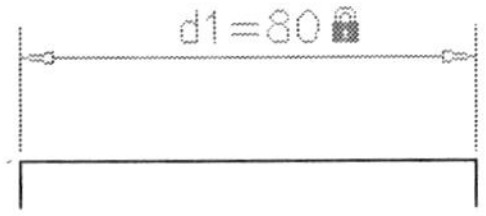

La variable sous la forme *d1* tient compte de l'ordre de mise en place de chaque contrainte dimensionnelle. Ainsi, la première contrainte dimensionnelle (linéaire) se nomme automatiquement d1, la seconde d2, la suivante d3, etc.

Les variables sont appliquées selon les règles suivantes :

Le nom **d1** est appliqué pour les contraintes linéaires (d = distance).

Le nom **rad2** est appliqué pour les contraintes radiales (rad = radius ou rayon).

Le nom **dia3** est appliqué pour les contraintes de diamètre (dia = diamètre).

Le nom **ang4** est appliqué pour les contraintes angulaires (ang = angle).

Créer une expression simple

AutoCAD LT permet d'écrire des expressions qui mettent en relation plusieurs variables. Vous pouvez créer une expression de différentes façons :

– En éditant une contrainte dimensionnelle existante.

– Via la palette **Propriétés** ou **Propriétés rapides**.

– Via le gestionnaire des paramètres.

Quel que soit le cas de figure, vous procédez de manière identique pour écrire l'expression.

Prenons le cas de l'édition d'une contrainte dimensionnelle.

▶ Effectuez un double clic sur la contrainte dimensionnelle pour l'éditer.

AutoCAD LT présente l'affichage suivant :

▶ Saisissez directement l'expression (exemple : **d4/2**).

L'affichage de l'expression devient :

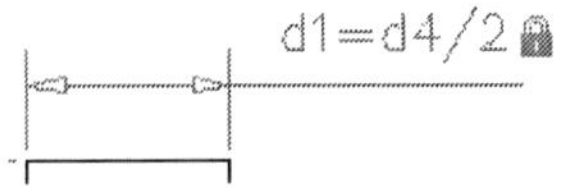

Vous contrôlez ainsi la géométrie à l'aide d'expressions mathématiques qui utilisent les opérateurs suivants :

Opérateur	Description
+	Addition
-	Soustraction ou opérateur de négation
%	Coefficient décimal
*	Multiplication
/	Division
^	Elévation à une puissance
( )	Parenthèse, délimiteur d'expression
.	Séparateur décimal

Les expressions sont interprétées en fonction des règles de priorité mathématiques standard suivantes :

- Les expressions entre parenthèses en premier, en commençant par le jeu le plus à l'intérieur.
- Les opérateurs dans l'ordre standard : la négation en premier, puis les exposants, la multiplication et la division, puis en dernier l'addition et la soustraction.

Une contrainte peut donc afficher l'expression suivante :

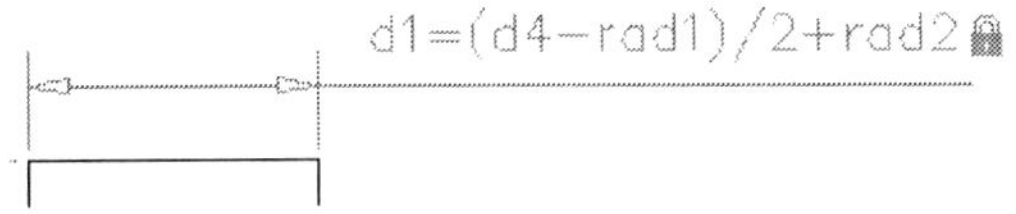

Les expressions prennent également en charge les fonctions mathématiques suivantes :

Fonction	Syntaxe
Cosinus	cos(*expression*)
Sinus	sin(*expression*)
Tangente	tan(*expression*)
Cosinus d'arc	acos(*expression*)
Sinus d'arc	asin(*expression*)
Tangente d'arc	atan(*expression*)
Cosinus hyperbolique	cosh(*expression*)
Sinus hyperbolique	sinh(*expression*)
Tangente hyperbolique	tanh(*expression*)
Cosinus hyperbolique d'arc	acosh(*expression*)
Sinus hyperbolique d'arc	asinh(*expression*)
Tangente hyperbolique d'arc	atanh(*expression*)
Racine carrée	sqrt(*expression*)
Fonctions des signes (-1,0,1)	sign(*expression*)
Arrondi à l'entier le plus proche	round(*expression*)
Décimale tronquée	trunc(*expression*)
Arrondi inférieur	floor(*expression*)
Arrondi supérieur	ceil(*expression*)

Fonction	Syntaxe
Valeur absolue	abs(*expression*)
Elément le plus important du réseau	max(*expression1;expression2*)
Elément le plus petit du réseau	min(*expression1;expression2*)
Degrés en radians	d2r(*expression*)
Radians en degrés	r2d(*expression*)
Logarithme, base e	ln(*expression*)
Logarithme, base 10	log(*expression*)
Exposant, base e	exp(*expression*)
Exposant, base 10	exp10(*expression*)
Fonction des puissances	pow(*expression1;expression2*)
Décimale aléatoire, 0-1	Aléatoire

Outre ces fonctions, les constantes Pi et e peuvent également être utilisées dans les expressions.

Créer des variables utilisateur

Les expressions mathématiques incluent les noms des contraintes dimensionnelles, des variables utilisateur et des fonctions.

AutoCAD LT permet de personnaliser chaque nom de variable (variables utilisateur), et permet de créer de nouvelles variables utilisateur. De cette façon, les variables adoptent des noms plus explicites tels que Longueur, Hauteur, Epaisseur, Axe1, Angle2, etc.

Les variables personnalisées facilitent la lecture des expressions qui devient plus aisée et plus explicite. Ainsi, l'expression *d1 = d3 - d2* devient *Hauteur = Longueur - Epaisseur*.

- Dans le groupe de fonctions **Gérer**, choisissez l'icône **Gestionnaire des paramètres**.

La palette **Gestionnaire des paramètres** affiche les variables utilisées dans le dessin.

La colonne **Nom** intègre les noms de paramètres par défaut (d1, d2, rad1, dia1...).

La colonne **Expression** présente la formule mathématique (ou valeur si formule inexistante).

La colonne **Valeur** affiche les valeurs calculées.

- Utilisez le bouton de filtre  ci-après pour développer l'arborescence de filtres de paramètres.

Personnaliser chaque nom de variable

▶ Effectuez un double clic sur le nom de la variable à renommer (ex : **d1**).

▶ Saisissez le nom de paramètre personnalisé (ex : **Epaisseur**), et validez par [Entrée].

▶ Procédez de la même façon pour chaque paramètre existant.

Remarque

Le nom ne doit pas commencer par un chiffre, ne doit pas inclure d'espace et autorise jusqu'à 256 caractères.

Les noms de variables sont automatiquement affichés dans les expressions du dessin, comme dans la figure ci-dessous :

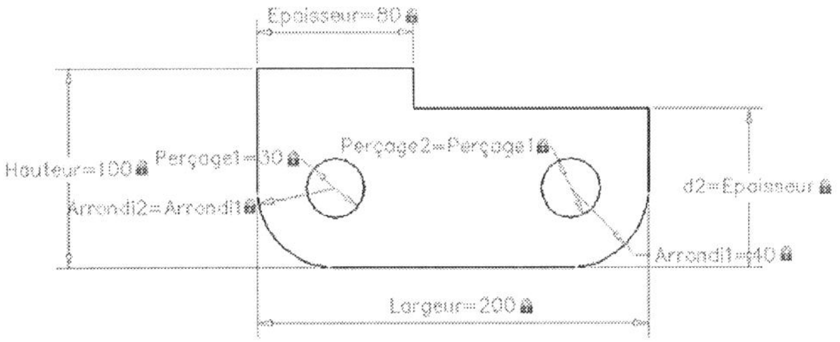

La palette **Gestionnaire des paramètres** affiche désormais les variables utilisées dans le dessin.

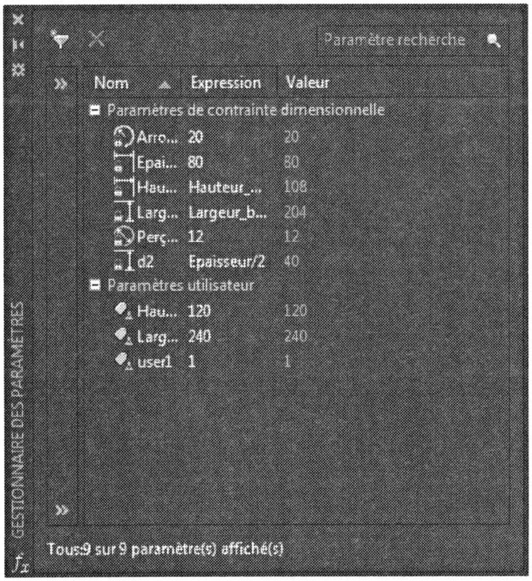

Supprimer un paramètre

▶ Pour supprimer un paramètre, sélectionnez le paramètre et utilisez le bouton **Supprimer les paramètres sélectionnés** dans le **Gestionnaire des paramètres**.

Remarque

Vous pouvez sélectionner plusieurs paramètres à l'aide des touches [Shift] ou [Ctrl].

4.3 Modifier l'affichage des contraintes dimensionnelles

AutoCAD LT permet trois types d'affichage pour les contraintes dimensionnelles :

La valeur : la dimension est affichée comme pour une cote classique.

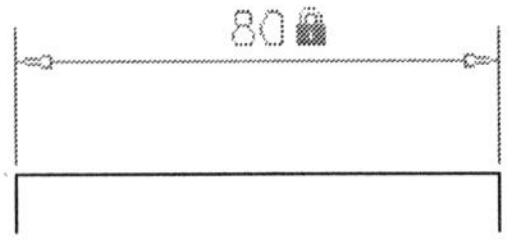

Le nom de la variable : le nom de la variable est affiché (d1, d2, etc.).

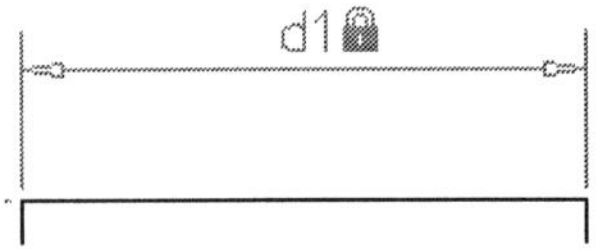

Le nom et l'expression :

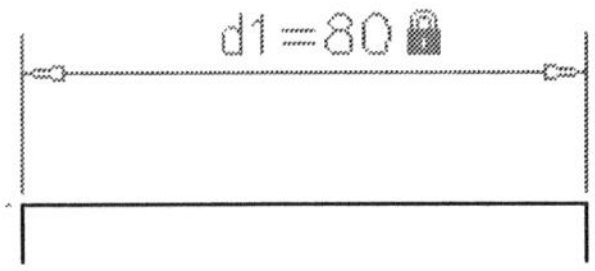

ou

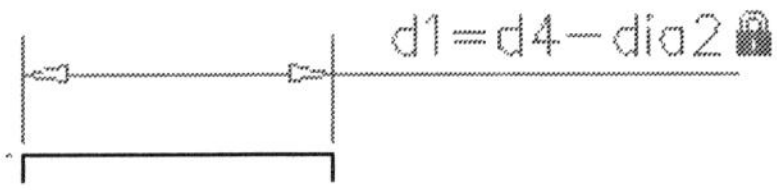

▶ Dans le groupe de fonctions **Dimensionnelle**, cliquez sur la petite flèche puis choisissez **Paramètres de contraintes**.

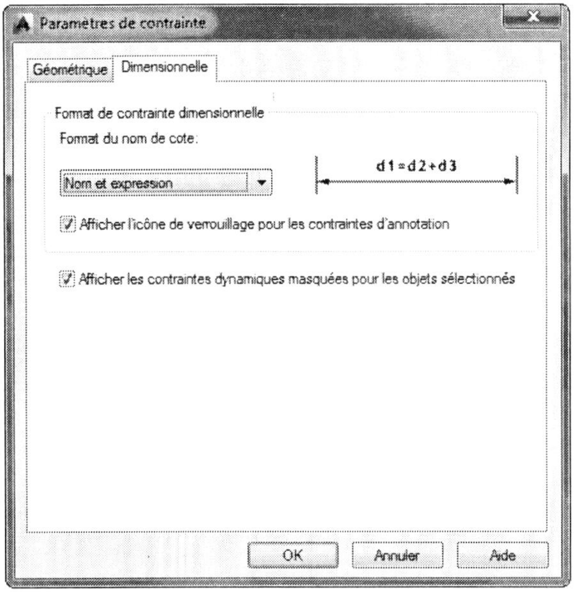

- Dans la rubrique **Format de contrainte dimensionnelle**, déroulez la liste **Format du nom de cote** et choisissez le format pour l'ensemble des contraintes du dessin.

La case à cocher **Afficher l'icône de verrouillage pour les contraintes d'annotation** permet l'affichage du verrou (cadenas) spécifique aux contraintes dimensionnelles.

La case à cocher **Afficher les contraintes dynamiques masquées pour les objets sélectionnés** permet l'affichage des contraintes des objets contraints sélectionnés.

Remarque

*Pour afficher ou masquer les contraintes dimensionnelles, dans le groupe de fonctions **Dimensionnelle**, choisissez l'icône **Contraintes dynamiques**.*

4.4 Supprimer les contraintes dimensionnelles

Vous pouvez supprimer les contraintes dimensionnelles individuellement. Attention, AutoCAD LT ne vous permettra pas d'appliquer de nouvelles contraintes dimensionnelles.

Remarque

La suppression de contrainte dimensionnelle ne retire pas la ou les contraintes géométriques.

- Sélectionnez la ou les contraintes dimensionnelles à supprimer.
- Effectuez un clic droit, et choisissez **Effacer** (ou appuyez sur la touche [Suppr]) ou choisissez l'icône **Supprimer les contraintes** dans le groupe de fonctions **Gérer**.

4.5 Modifier les contraintes dimensionnelles

Vous pouvez modifier la valeur (ou l'expression) des longueurs, distances et angles des contraintes dimensionnelles, et constater les évolutions instantanées du dessin en fonction des contraintes géométriques et dimensionnelles appliquées.

Modifier la valeur de contrainte dimensionnelle à l'aide d'un double clic

- Effectuez un double clic sur la contrainte dimensionnelle, et saisissez la nouvelle valeur.
- Dans l'exemple suivant, effectuez un double clic sur la contrainte dimensionnelle horizontale de 50, et saisissez **80**.
- Effectuez un double clic sur la contrainte radiale (20), et saisissez la valeur de **40**.
- Effectuez un double clic sur la contrainte de diamètre (20), et saisissez la valeur de **30**.

Le dessin paramétrique a évolué automatiquement selon les contraintes géométriques et dimensionnelles précédemment appliquées.

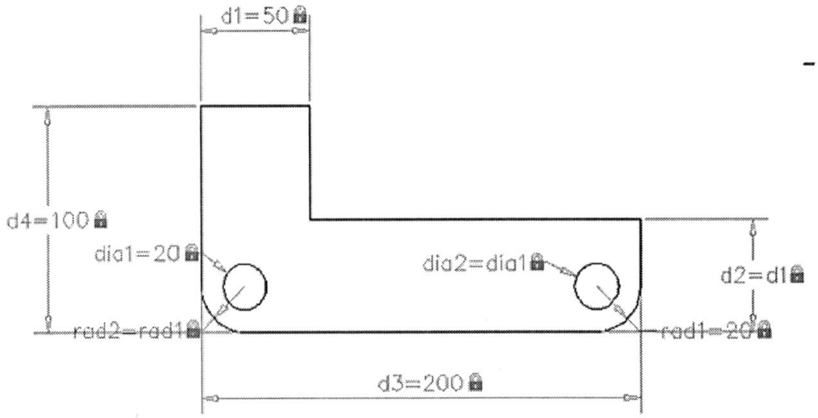

Avant modification

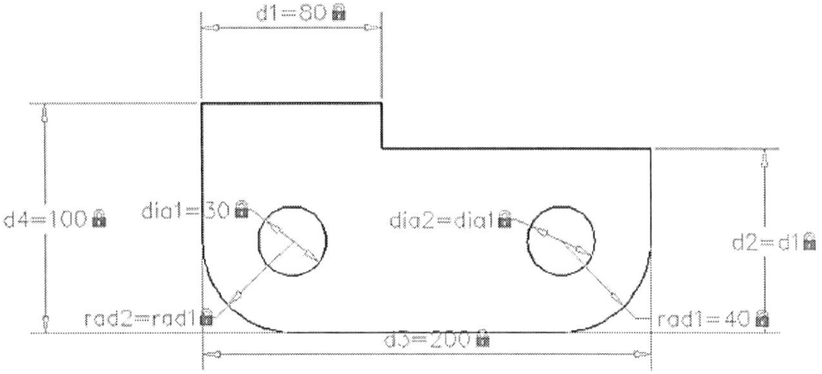

Après modification

Remarque

Voir la section Utiliser les variables, pour plus de détails pour l'utilisation et la personnalisation des paramètres utilisateur.

Modifier la contrainte dimensionnelle dynamiquement à l'aide des poignées

- Sélectionnez la contrainte dimensionnelle, et cliquez sur la poignée de modification dynamique.

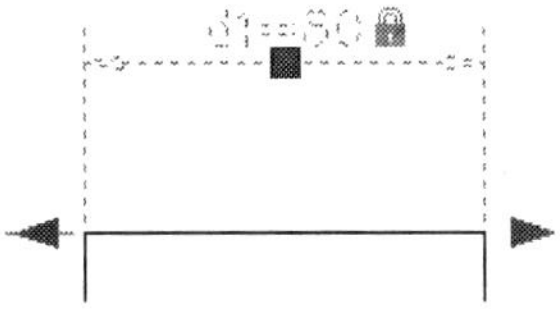

- Déplacez le pointeur pour constater la modification dynamique. Cliquez ou utilisez l'accrochage aux objets, le repérage d'accrochage aux objets ou encore le repérage polaire pour une modification précise.

Remarque

Vous pouvez également changer les variables utilisateur ou les expressions associées aux contraintes dimensionnelles depuis le gestionnaire des paramètres. Voir la section Utiliser les variables, pour plus de détails pour l'utilisation et la personnalisation des paramètres utilisateur.

Chapitre 11
La gestion de l'affichage

1. L'affichage du dessin

AutoCAD LT propose plusieurs possibilités pour modifier l'affichage du dessin. Vous pouvez agrandir ou diminuer une partie du dessin. Vous pouvez aussi effectuer un "glissement" de l'image à l'écran.

Ces opérations peuvent s'effectuer de façon transparente, c'est-à-dire pendant que vous effectuez une autre manipulation sur des objets (sans toutefois quitter cette manipulation).

Les principaux outils d'affichage sont disponibles dans la barre de navigation.

▶ Pour afficher la barre de navigation, dans le groupe de fonctions **Outils de fenêtre** (onglet **Vue**), cliquez sur l'icône **Barre de navigation** 

.

La barre de navigation ci-dessus est arrimée par défaut sur le bord droit de la zone graphique. Cette position d'ancrage est modifiable par l'intermédiaire du bouton d'accès aux paramètres situé dans la partie inférieure de la barre de navigation, tout comme l'affichage ou le masquage des outils disponibles dans la barre de navigation.

2. Le Zoom

Dans le groupe de fonctions **Navigation** (onglet **Vue**), l'icône déroulante **Zoom** propose onze icônes. Elles vous permettent d'agrandir ou de diminuer l'image du dessin à l'écran. Les objets ne changent pas de taille, c'est l'image ou la visualisation qui est différente.

Voici la description des options disponibles :

Le dessin sera affiché le plus grand possible à l'écran.

Définit par deux points un agrandissement ou une réduction. Nécessite l'entrée de deux points (diagonale) qui matérialisent le nouvel écran. Si vous choisissez la commande **ZOOM** via le clavier, vous pouvez directement préciser ces deux points (il n'est pas nécessaire de choisir l'option **Fenêtre**).

Permet d'afficher la vue précédente.

Permet une réduction, un agrandissement ou juste un "glissement" de l'image. Un cadre représentant le zoom actuel est matérialisé. Un clic gauche permet de redimensionner ce cadre, et un clic droit valide le zoom voulu.

Permet d'appliquer un coefficient soit au zoom total, soit au zoom précédent pour obtenir un pourcentage de l'affichage du zoom total (0.5 pour la moitié du zoom total) ou du zoom précédent (2X pour un agrandissement X 2 du zoom précédent). Cette option est l'option par défaut. Vous donnez directement le coefficient.

Centre le dessin à l'écran. Nécessite un point qui deviendra le point centre de l'écran puis une hauteur.

Effectue un agrandissement de l'objet ou des objets sélectionnés. AutoCAD LT vous propose une sélection et étend l'affichage des objets au plus grand.

Effectue un agrandissement de l'affichage de 200 %.

Effectue une réduction de l'affichage de 50 %.

Tout le dessin est affiché, même si des objets sont situés en dehors des limites.

Particularités du Zoom Temps réel

Le **Zoom Temps réel** permet une réduction ou un agrandissement de l'image en temps réel. Le curseur est remplacé par une loupe. Effectuez un cliqué-glissé vers le bas pour diminuer la taille de l'image, et vers le haut pour l'agrandir. Appuyez sur [Echap] ou [Entrée] pour quitter.

Notez que le **Zoom Temps réel** permet un affichage instantané, même pour des projets complets. Il représente un gain de temps considérable en évitant de longues régénérations graphiques.

Lorsque le **Zoom Temps réel** est activé, un curseur spécifique sous forme de loupe est affiché dans la zone graphique. Un clic droit permet l'affichage du menu contextuel suivant :

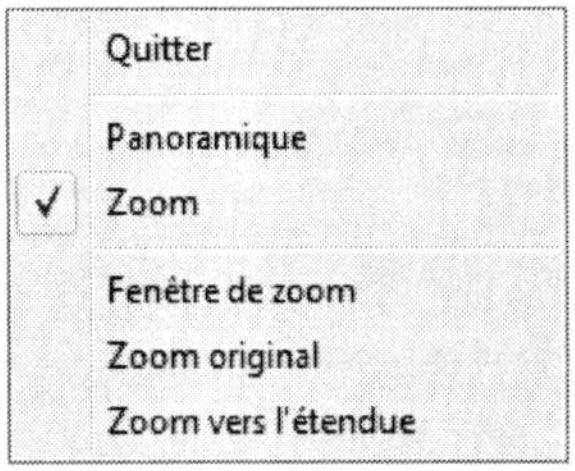

Quitter	Sort de la commande Zoom.
Panoramique	Bascule du zoom au panoramique et inversement (voir Panoramique).
Fenêtre de zoom	Permet un agrandissement d'une partie du dessin (par cliqué-glissé).
Zoom original	Permet de revenir à l'affichage précédant le Zoom Temps Réel.
Zoom vers l'étendue	Affiche le dessin le plus grand possible à l'écran.

AutoCAD LT reconnaît les pilotes Intellimouse de Microsoft (souris à molette).

La molette permet un zoom dynamique quelle que soit la commande en cours :

- Faites rouler la molette vers l'avant pour provoquer un zoom avant.
- Faites rouler la molette vers l'arrière pour provoquer un zoom arrière.
- Effectuez une double pression sur la molette pour obtenir un zoom étendu.
- Effectuez un cliqué-glissé avec la molette pour obtenir un panoramique dynamique.

Ces opérations à la molette sont transparentes, c'est-à-dire prises en compte quelle que soit la commande en cours.

3. Le Panoramique

Le panoramique permet un glissement de l'image à l'écran. Avec le panoramique, il n'y a pas d'agrandissement ou de réduction de l'image. Vous visualisez simplement une partie différente du dessin.

▶ Dans le groupe de fonctions **Navigation** (onglet **Vue**), cliquez sur l'outil **Panoramique** 

.

Un symbole apparaît à la place du curseur. Effectuez un cliqué-glissé pour permettre le glissement de l'image en temps réel. Appuyez sur [Echap] ou [Entrée] pour quitter.

Lorsque le **Panoramique** est activé, un curseur spécifique sous forme de main est affiché dans la zone graphique. Un clic droit permet l'affichage du menu contextuel suivant :

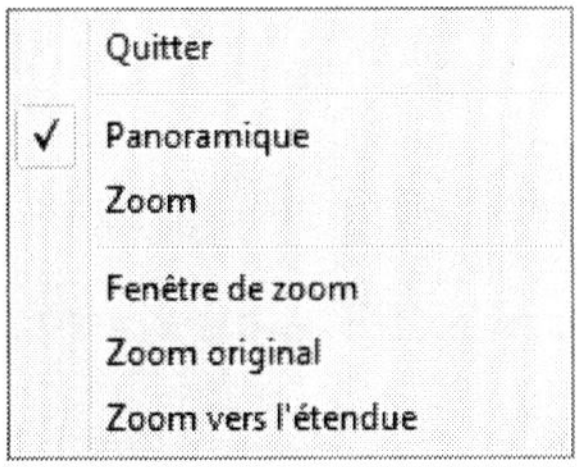

Quitter Sort de la commande Panoramique.

Zoom Bascule du panoramique au zoom et inversement (voir Zoom).

Fenêtre de zoom Permet un agrandissement d'une partie du dessin (par cliqué-glissé).

Zoom original	Permet de revenir à l'affichage précédant le Panoramique dynamique.
Zoom vers l'étendue	Affiche le dessin le plus grand possible à l'écran.

AutoCAD LT reconnaît les pilotes Intellimouse de Microsoft (souris à molette).

La molette permet un panoramique dynamique quelle que soit la commande en cours :

- Effectuez un cliqué-glissé avec la molette pour obtenir un panoramique dynamique.
- Faites rouler la molette vers l'avant pour provoquer un zoom avant.
- Faites rouler la molette vers l'arrière pour provoquer un zoom arrière.
- Effectuez une double pression sur la molette pour obtenir un zoom étendu.

Ces opérations à la molette sont transparentes, c'est-à-dire prises en compte quelle que soit la commande en cours.

Chapitre 12
La gestion des calques

1. Généralités

Vous pouvez placer les entités de votre dessin sur un ou plusieurs calques. À l'aide des calques, vous pouvez facilement grouper des éléments associés d'un dessin.

Un calque (ou un jeu de calques) peut contenir des entités attachées à un aspect particulier du dessin ; vous pouvez contrôler globalement la visibilité, la couleur, le type de ligne, l'épaisseur de ligne, le style de tracé et le traçage (valeurs associées à chaque calque).

Considérez les calques comme des feuilles superposées, bien que l'ordre dans lequel AutoCAD LT dessine les objets ne dépende pas des calques et puisse varier d'une session d'édition à une autre. Un calque a les propriétés suivantes :

Nom du calque

Nom utilisé pour la qualification du calque. Il peut comporter jusqu'à 255 caractères dont des lettres, des chiffres ainsi que les caractères $ (dollar), - (tiret) et _ (souligné). La combinaison des majuscules et minuscules est possible. Vos noms de calque peuvent être associés à vos applications (ex. calque GAZ, calque SANITAIRES...).

Visibilité

Un calque peut être actif (visible à l'écran) ou inactif (invisible). Seuls les éléments dans les calques actifs sont affichés ou tracés. Les calques invisibles sont toujours présents dans la base de données. Toutes les combinaisons sont possibles entre les calques actifs et inactifs.

Numéro de couleur

Le numéro de couleur définit la couleur à l'écran des entités du calque. Par défaut, tout nouveau calque créé est affecté de la couleur 7 (blanc).

Nom du type de ligne

Nom donné à un modèle de ligne avec lequel seront représentés les éléments dans un calque (Lignes, Arcs, Cercles, Polylignes...). Le nom comprend jusqu'à 31 caractères. Plusieurs calques peuvent avoir le même type de ligne. Par défaut, chaque nouveau calque est affecté du type de ligne continu (continuous).

Geler/Libérer

Chaque calque possède la propriété supplémentaire de pouvoir être gelé ou libéré. Si votre calque est gelé, les entités contenues dans ce calque ne sont pas traitées lors de chaque régénération de l'affichage. Geler un calque consiste à le rendre invisible. Ainsi, en gelant les calques inutiles à l'intérieur d'un dessin complexe, vous pouvez accélérer la régénération graphique.

Verrouiller/Déverrouiller

Les entités associées aux calques verrouillés sont visibles mais ne peuvent pas être modifiées à l'aide des commandes d'édition. Il est possible de rendre courant un calque verrouillé. Vous pouvez également dessiner à l'intérieur d'un calque verrouillé, modifier son type de ligne, sa couleur, le geler ou encore demander des renseignements sur les entités. Un calque verrouillé évite des modifications accidentelles.

Ainsi, les objets d'un calque verrouillé ne sont pas pris en compte lors d'un déplacement ou d'une rotation.

Épaisseur de ligne

Permet l'affichage à l'écran d'une épaisseur de ligne. Dans la barre d'état, l'icône **Afficher/masquer l'épaisseur de ligne**  gère l'affichage des épaisseurs de ligne à l'écran. À chaque calque est affectée une épaisseur par défaut. Celle-ci est fixée dans les options. Mais il possible à tout moment d'affecter ou de modifier l'épaisseur de ligne. Une liste déroulante propose toutes les épaisseurs normalisées.

Styles de tracé

Permet d'affecter à chaque calque un style de tracé différent. Définit l'aspect des objets lors de l'impression. Un style de tracé peut forcer l'impression avec la couleur de votre choix, mais aussi le type de ligne, l'épaisseur de ligne... indifféremment de l'aspect de ces objets à l'écran. L'utilisateur peut créer ses propres styles de tracé. Ceux-ci appartiennent à une table de styles de tracé (cf. chapitre La présentation - Les styles de tracé).

Tracer

Permet de tracer ou ne pas tracer les objets appartenant à un calque. Certains calques contiennent des objets indispensables dans la conception (trame de fond, ligne de construction, références diverses...) ou dans la présentation (fenêtres de présentation, annotations...), mais ne doivent pas être imprimés.

2. Le contrôle des calques

▶ Dans le groupe de fonctions **Calques**, cliquez sur l'outil **Propriétés du calque**

.

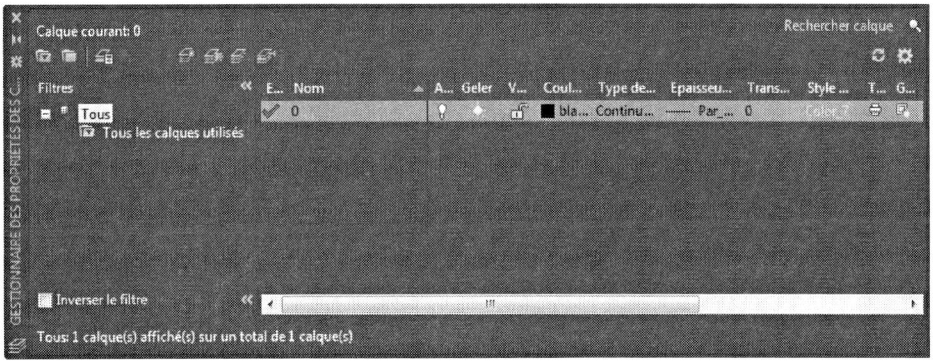

Cette palette permet de réaliser les opérations suivantes :

- Créer, rendre courant ou renommer un calque.
- Définir la couleur, le type de ligne, l'épaisseur de ligne, le style de tracé d'un ou plusieurs calques sélectionnés.
- Activer/désactiver, verrouiller/déverrouiller, geler/libérer, activer ou désactiver le traçage d'un ou plusieurs calques sélectionnés dans la fenêtre en cours ou dans une nouvelle fenêtre.
- Créer des groupes de calques permettant l'organisation des calques en catégories logiques.
- Filtrer et ordonner l'affichage des calques en fonction de leurs caractéristiques (nom, état, couleur, type de ligne, épaisseur de ligne, style de tracé).
- Enregistrer des configurations d'états de calques, les restaurer.

2.1 La création de calques

- Dans la palette **Gestionnaire des propriétés des calques**, choisissez le bouton **Nouveau calque** . Dans la liste des calques, le nom provisoire **Calques1** apparaît. Tapez le nom du nouveau calque et validez par [Entrée] ou insérez une virgule pour la création d'un autre calque. Le nombre de calques est illimité.

Notez que si vous cliquez à plusieurs reprises sur le bouton **Nouveau calque**, les noms Calques2, Calques3, Calques4, etc. apparaissent. Effectuez ensuite deux clics successifs sur le nom du calque pour le renommer.

Chaque nouveau calque ainsi créé est activé, libéré, déverrouillé et reçoit la couleur numéro 7 (blanc), le type de ligne Continuous et l'épaisseur par défaut. Mais si vous prenez la précaution de sélectionner un calque dont les propriétés vous intéressent, avant la création d'un nouveau calque, celui-ci adopte exactement les mêmes propriétés (couleur, type de ligne, état, épaisseur de ligne).

N'oubliez pas de confirmer par **OK** pour valider la création des calques.

Remarque

*La fenêtre **Gestionnaire des propriétés des calques** fait partie des boîtes de dialogue redimensionnables ; ceci vous permet d'accéder visuellement à plus d'informations.*

2.2 La sélection des calques

Il convient généralement de sélectionner le ou les calques voulus dans la liste, puis d'agir sur l'état de ceux-ci.

Vous pouvez utiliser les touches [Shift] et [Ctrl] pour effectuer des sélections multiples.

- **Sélection continue** : sélectionnez un premier calque. Maintenez la touche [Shift] enfoncée, et sélectionnez un autre calque. Tous les calques intermédiaires sont sélectionnés.
- **Sélection discontinue** : sélectionnez un premier calque. Maintenez la touche [Ctrl] enfoncée et sélectionnez d'autres calques. Tous les calques sont sélectionnés, quelle que soit leur position.
- **Sélection rapide** : dans la liste des calques, effectuez un clic droit. Le menu contextuel présente les options suivantes :
  - **Tout sélectionner** : permet la sélection de tous les calques existants. La touche [Ctrl] vous permet de désélectionner le ou les calques indésirables.
  - **Tout effacer** : désélectionne tous les calques.

- **Sélectionner tout sauf courant** : sélectionne tous les calques sauf le calque courant.
- **Inverser la sélection** : sélectionne les calques non sélectionnés et désélectionne les calques sélectionnés.

2.3 L'affichage des calques

Par défaut, tous les calques existants apparaissent dans la liste. Vous pouvez agir sur l'ordre d'affichage, mais aussi sur l'affichage lui-même.

Ordre d'affichage

Vous intervenez sur l'ordre d'apparition des calques en agissant sur les boutons d'en-tête **Nom**, **Activé**, **Geler**, **Couleur**, **Type de ligne**, **Epaisseur de ligne**...

Cliquez sur le bouton **Nom**, et les calques sont affichés dans l'ordre alphabétique. Cliquez une nouvelle fois sur ce même bouton et vous obtenez l'ordre inverse. Cliquez sur **Activé**, et les calques actifs ou inactifs apparaissent en tête de liste. Le même principe est respecté pour les calques gelés et verrouillés. Les numéros de couleurs, de la même façon, sont classés dans l'ordre croissant ou décroissant. Les types de ligne sont rangés dans l'ordre alphabétique. Les épaisseurs de lignes sont classées de la plus petite à la plus grande ou inversement. Les styles de tracé sont classés dans l'ordre alphabétique.

Remarque

L'intitulé de certains boutons n'apparaît pas en entier. Effectuez un cliqué-glissé sur la frontière de deux boutons, et l'intitulé est complet. Notez aussi l'info-bulle permettant la lecture complète.

Filtres rapides

▶ Dans la liste des calques, effectuez un clic droit. Le menu suivant est affiché :

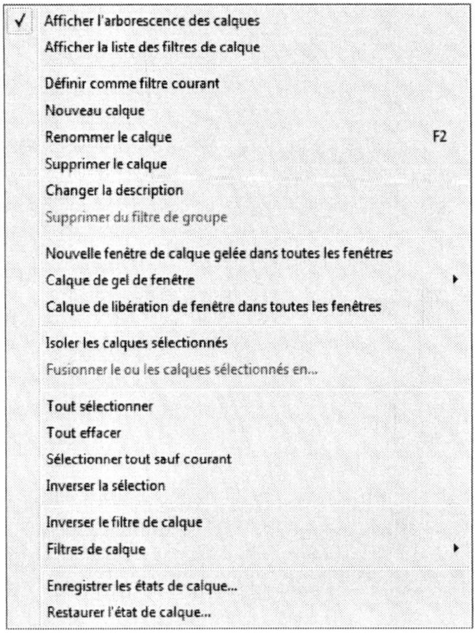

Inverser le filtre de calque

Inverse l'affichage des calques en inversant le filtre en cours. Attention, si précédemment, tous les calques étaient affichés, cette option donne un affichage vierge.

Si vous choisissez **Filtres de calque**, les options suivantes sont proposées :

Tous

Permet d'afficher tous les calques lorsqu'un filtre est déjà affecté.

Tous les calques utilisés

N'affiche que les calques contenant les objets utilisés dans le dessin.

Remarque

Ce menu contextuel affiche aussi les groupes de calques et/ou les références externes si le dessin en contient.

Pour procéder rapidement à un filtrage de calques (non nommé), dans le gestionnaire des propriétés des calques, saisissez un ou plusieurs caractères génériques pour voir apparaître les calques correspondants. Par exemple, la saisie des caractères **Cof*** permet l'affichage de tous les calques dont le nom commence par les lettres Cof.

Définition de filtres des propriétés nommés

- Dans la palette **Gestionnaire des propriétés des calques**, choisissez le bouton **Nouveau filtre de propriétés** .

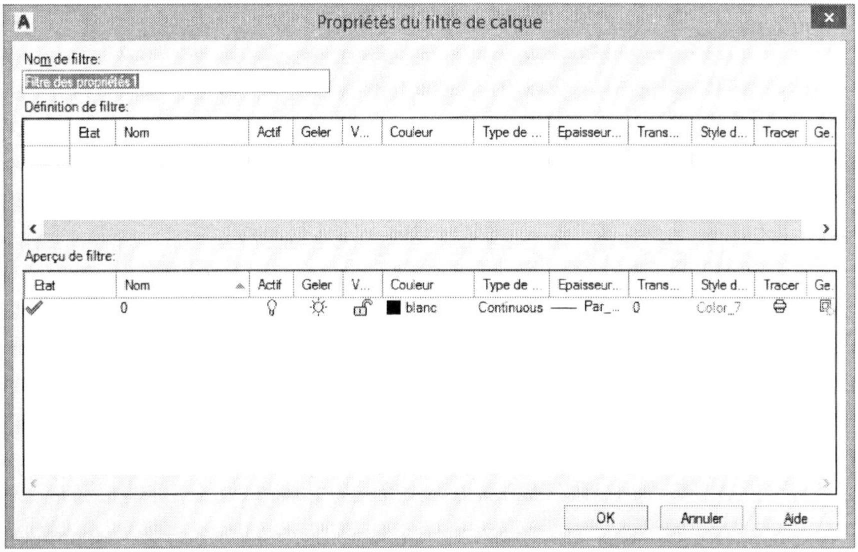

- Pour créer un filtre de propriétés de calque, saisissez le nom du filtre dans la zone de texte **Nom de filtre**.
- Agissez sur les différents critères de filtre nécessaires **Etat**, **Nom**, **Actif**, **Geler**, **Verrouiller**, **Couleur**, **Type de ligne**, **Epaisseur de ligne**, **Style de tracé**, **Tracer**, **Gel dans les nouvelles fenêtres** présents dans la zone **Définition de filtre** (voir la liste de possibilités de filtre ci-après).

Constatez le résultat du filtre en cours de création dans la zone **Aperçu de filtre**.

Remarque

Pour sélectionner plusieurs valeurs pour une propriété, cliquez avec le bouton droit de la souris dans la définition du filtre, cliquez sur ***Doublons****, puis sélectionnez une autre valeur pour cette propriété dans la ligne suivante.*

Par exemple, la définition d'un filtre qui n'affiche que les calques actifs rouges ou verts se compose de deux lignes. La première ligne de la définition de filtre contient l'icône **Actif** et la couleur **rouge**. La seconde ligne contient l'icône **Actif** et la couleur **vert**.

Confirmez par **OK** pour confirmer la création du filtre des propriétés de calque.

Puis confirmez par **OK** dans la boîte de dialogue **Gestionnaire des propriétés des calques**.

Vous pouvez utiliser une ou plusieurs propriétés pour définir le filtre. Ainsi, par exemple, vous pouvez définir un filtre qui affiche tous les calques rouges ou bleus, en cours d'utilisation. Pour inclure plusieurs couleurs, types de ligne ou épaisseurs de ligne, dupliquez le filtre sur la ligne suivante et sélectionnez un paramètre différent.

Voici la liste des possibilités de filtre :

Etat

Choix de l'icône d'utilisation ou de non-utilisation des calques.

Nom

L'astérisque présent par défaut impose l'affichage de tous les calques quel que soit leur nom. Ce caractère de remplacement de chaîne de caractères est utilisé comme suit. Le ou les caractères saisis devant l'astérisque imposent l'affichage des calques dont le nom commence par ces caractères. (ex. MUR* affiche tous les calques dont le nom commence par MUR quelle que soit la suite). Vous pouvez aussi imposer un nom de calque en particulier.

Actif

La liste permet de choisir l'affichage des calques activés, désactivés ou les deux.

Geler

La liste permet de choisir l'affichage des calques gelés, libérés ou les deux.

Verrouiller

La liste permet de choisir l'affichage des calques verrouillés, déverrouillés ou les deux.

Couleur

Même principe que pour le nom du calque. L'astérisque sert de caractère de remplacement. Vous pouvez donc fixer une couleur spécifique ou imposer toutes les couleurs dont le numéro commence par exemple par 2 quelle que soit la suite.

Type de ligne

Permet de choisir le type de ligne à respecter. Notez que l'astérisque est utilisable.

Epaisseur de ligne

Fixez ici l'épaisseur à respecter. Notez que l'astérisque est utilisable pour imposer des épaisseurs inférieures au millimètre par exemple (0*).

Transparence

Définit le niveau de transparence du ou des calques sélectionnés (valeur entre 0 et 90).

Style de tracé

Fixez ici le nom du style de tracé à imposer. Notez que l'astérisque est utilisable.

Tracer

La liste permet de choisir l'affichage des calques à tracer, à ne pas tracer ou les deux.

Gel Fen. courante

La liste permet de choisir l'affichage courant des calques gelés, libérés ou les deux dans la fenêtre active.

Gel dans les nouvelles fenêtres

La liste permet de choisir l'affichage courant des calques gelés, libérés ou les deux dans les futures fenêtres.

Utilisation des filtres de propriétés nommés

Dans le gestionnaire des propriétés de calque, la zone située à gauche permet de lister :

- Tous les calques (option **Tous**).

▶ Cliquez sur le petit signe + situé à gauche de **Tous** pour accéder :

  - À l'ensemble des calques utilisés (option **Tous les calques utilisés**).
  - Aux filtres de propriétés de calque nommés.

▶ Pour accéder aux calques filtrés, cliquez sur le nom du filtre des propriétés de calque pour afficher instantanément la liste de calques correspondante dans la zone située à droite dans le gestionnaire des propriétés de calque (exemple ci-dessous : le filtre nommé CL permet l'affichage de tous les calques dont le nom commence par les caractères CL).

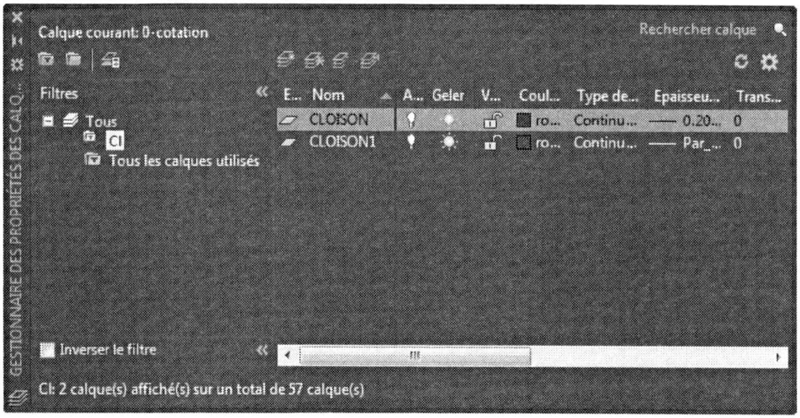

▶ Pour agir sur un groupe de calques filtrés, sélectionnez le filtre nommé et effectuez un clic droit pour accéder à la visibilité ou le verrouillage de l'ensemble des calques filtrés (voir aussi titre La manipulation des calques).

Un clic droit permet aussi de renommer, de supprimer un filtre nommé, d'accéder aux propriétés de définition du filtre, ou encore de modifier celles-ci.

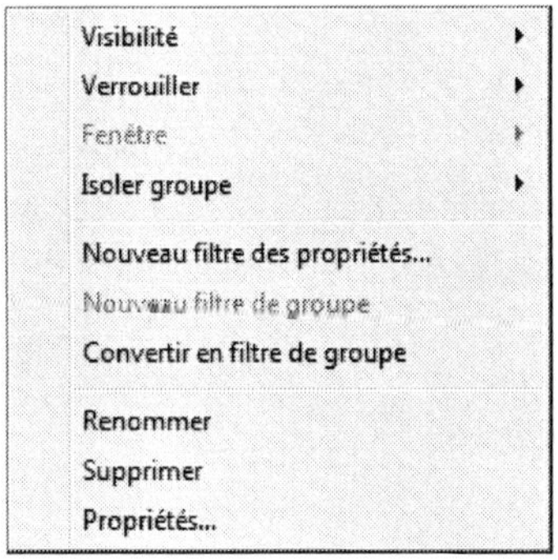

- Cliquez sur **Tous les calques utilisés** pour réafficher l'ensemble des calques, ou sélectionnez un autre filtre des propriétés des calques.

Les filtres de groupes de calques

Les groupes de calques permettent d'organiser les calques en catégories logiques. Ainsi, vous pouvez structure différemment chaque groupe de calques et intégrer dans chaque groupe des calques propres à chaque groupe.

Il est possible, à tout moment de faire glisser un calque dans un nouveau groupe.

Création et utilisation d'un filtre de groupe

- Dans le **Gestionnaire des propriétés des calques**, cliquez sur le bouton **Nouveau filtre de groupe** .
- Un nouveau filtre de groupe vide (**Filtre de groupe 1**) est créé et répertorié dans l'affichage sous forme d'arborescence. Saisissez le nom du groupe (ex : Implantation), et confirmez par [Entrée].
- Dans l'arborescence, choisissez **Tous** pour afficher tous les calques du dessin.
- Dans la liste des calques de droite, sélectionnez les calques (à l'aide de la touche [Ctrl]) à glisser dans ce groupe.
- À partir de la sélection, effectuez un cliqué-glissé vers le nom de groupe présent dans l'arborescence de gauche.
- Sélectionnez le nom du filtre de groupe dans l'arborescence pour vérifier que les calques concernés sont bien inclus dans le groupe. Seuls ces calques sont affichés dans la liste des calques de droite.

- Pour agir sur un ensemble de calques appartenant à un groupe, sélectionnez le nom du filtre de groupe dans l'arborescence et effectuez un clic droit pour accéder à la visibilité ou le verrouillage de l'ensemble des calques appartenant au groupe (voir aussi titre La manipulation des calques).

Un clic droit permet aussi de renommer ou de supprimer un filtre de groupe.

Le même menu contextuel permet de sélectionner un objet dans la zone graphique de façon à ajouter le calque de l'objet au groupe courant (**Sélectionner les calques - Ajouter**).

De la même façon, le menu contextuel permet de remplacer les calques d'un groupe par les calques d'objets à sélectionner dans la zone graphique (**Sélectionner les calques - Remplacer**).

2.4 La manipulation des calques

Elle s'effectue dans la palette **Gestionnaire des propriétés des calques**.

Pour rendre courant un calque existant, sélectionnez son nom dans la liste, puis cliquez sur l'icône **Définir Courant** . L'icône **Définir Courant** n'est accessible que si vous sélectionnez un seul calque. Désormais, les objets dessinés seront placés sur ce calque.

Remarque

Une méthode rapide consiste à sélectionner le calque, faire un clic droit puis choisir ***Définir comme filtre courant****.*

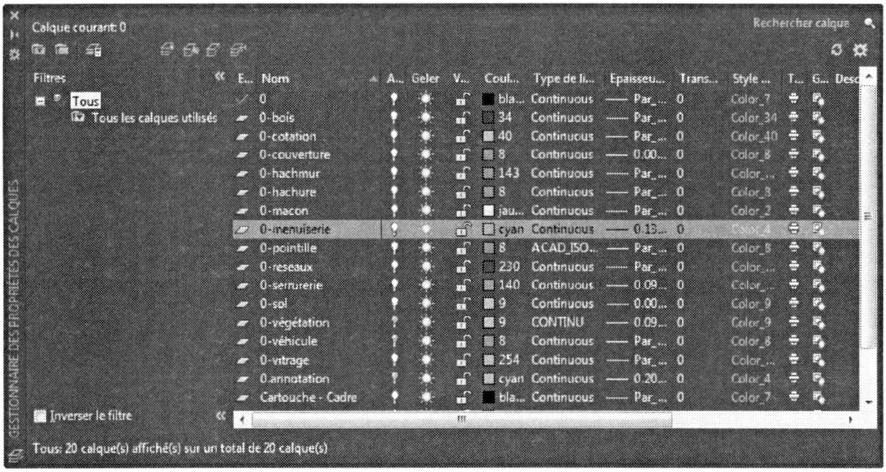

Actif 

Pour activer ou désactiver un ou plusieurs calques, il faut les sélectionner puis agir sur le symbole **Activé/désactivé**. L'ampoule grisée indique un calque inactif.

Les entités associées à un calque non actif ne s'affichent pas sur l'écran graphique et ne sont pas tracées. Elles existent toujours mais sont invisibles.

Geler 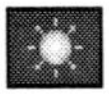

Pour libérer ou geler un ou plusieurs calques, commencez par les sélectionner puis cliquez sur le symbole **Geler dans toutes les fenêtres**.

Un flocon remplace le soleil et indique un calque gelé dans toutes les fenêtres.

Les entités associées à un calque gelé ne sont pas traitées lors de chaque régénération du dessin. Les entités des calques gelés ne sont ni affichées ni tracées, et AutoCAD ne passe pas de temps à calculer leur destination.

La principale différence entre l'option **Geler** et **Désactivé** est l'efficacité. Si vous passez souvent d'un calque à l'autre afin de les modifier légèrement, validez **Désactivé** sur tous les calques dont les entités bouchent votre vue. Si, au contraire, vous réalisez la majeure partie de l'édition sur un calque déterminé (ou un ensemble de calques) et que vous n'avez pas besoin de voir les entités figurant sur un autre ensemble de calques, il convient de geler ces derniers. Ceci accélère l'édition si vous recourez fréquemment aux commandes entraînant la régénération du dessin, telles que ZOOM et PAN.

Verrouiller 

Pour déverrouiller ou verrouiller des calques, commencez par les sélectionner puis cliquez sur le symbole **Verrouiller**.

Un cadenas fermé indique un calque verrouillé.

Les entités figurant sur un calque verrouillé ne peuvent pas être modifiées, bien qu'elles soient visibles.

Cette situation convient si vous travaillez sur un détail et que vous ne souhaitez pas modifier par inadvertance les entités environnantes. Ainsi, vous ne pouvez utiliser aucune des commandes d'édition sur les entités d'un calque verrouillé.

Les entités d'un calque verrouillé sont estompées.

Pour **modifier l'estompage** des calques verrouillés, déroulez le groupe de fonctions **Calques** (onglet **Début**), et diminuez ou augmentez le degré d'estompage à l'aide d'un cliqué-glissé sur la barre verticale de la règle **Estompage de calque verrouillé** ci-dessous :

Plus l'estompage est élevé, moins les entités du calque sont visibles.

Pour activer ou désactiver l'estompage des calques verrouillés, cliquez sur le bouton **Estompage de calque verrouillé** situé à gauche de la règle d'estompage.

Couleur

Le symbole **Couleur** donne accès à une boîte de dialogue standard qui permet de changer la couleur des calques sélectionnés.

Type de ligne Continuous

Le nom du **Type de ligne** (**Continuous** par défaut) donne accès à la boîte de dialogue **Choix du type de ligne**, qui permet de modifier le type de ligne des calques sélectionnés.

La boîte de dialogue **Choix du type de ligne** n'affiche que les types de ligne déjà chargés dans le dessin courant. Si la liste ne suffit pas, choisissez le bouton **Charger** pour accéder aux différents types de ligne.

Les types de ligne standard sont stockés dans le fichier *acltiso.lin* (voir aussi plus loin dans ce chapitre, Charger les types de ligne).

Epaisseur de ligne Par_défaut

Pour affecter une épaisseur de ligne, sélectionnez le ou les calques, puis cliquez sur l'épaisseur de ligne. Vous accédez à la boîte de dialogue **Epaisseur de ligne** et sélectionnez l'épaisseur à affecter aux calques.

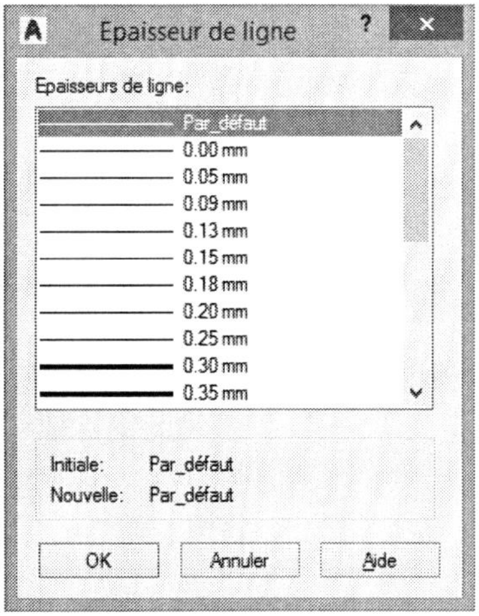

Cette boîte de dialogue propose toutes les épaisseurs normalisées jusqu'à 2,11 mm.

L'épaisseur de ligne par défaut est réglée dans les **Options** (**Outils** - **Options** - onglet **Options**).

Le bouton **Afficher/masquer l'epaisseur de ligne**  dans la barre d'état gère l'affichage des épaisseurs de ligne à l'écran.

Transparence 

Pour définir le niveau de transparence pour le ou les calques sélectionnés, cliquez dans la colonne **Transparence** pour afficher la fenêtre suivante et définir le niveau de transparence entre 0 et 90.

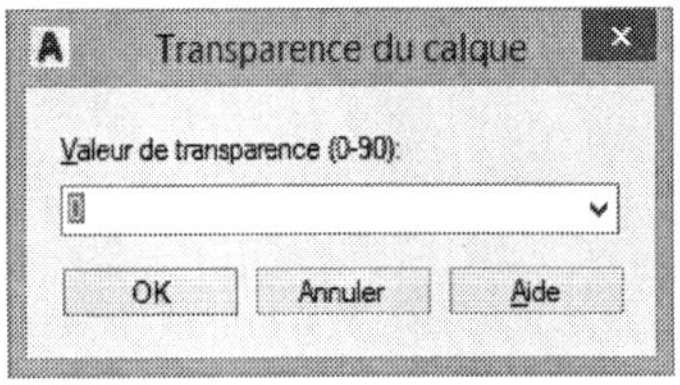

Styles de tracé 

Le style de tracé dépend de la couleur affecté aux objets (voir chapitre La présentation - Les styles de tracé).

Tracer 

Pour tracer ou ne pas tracer un calque, sélectionnez-le puis cliquez sur le symbole **Tracer**. Un sens interdit sur le symbole **Tracer** indique le non traçage du calque.

Cas particuliers des fenêtres de présentation

AutoCAD LT permet une gestion des calques par fenêtre de présentation.

Les options **Gel de la fenêtre** et **Gel dans les nouvelles fenêtres** permettent respectivement de gérer l'affichage des calques dans la fenêtre courante et dans les fenêtres qui seront créées ultérieurement.

Geler de la fenêtre 

Pour geler ou libérer un ou plusieurs calques dans la fenêtre courante, sélectionnez les calques, puis cliquez sur le symbole **Geler de la fenêtre** dans la colonne **Gel de la fenêtre**. Un flocon remplace le soleil et indique un calque gelé dans la fenêtre courante.

Notez que cette option n'est utilisable que dans les présentations. Si plusieurs fenêtres flottantes sont présentes, les calques sélectionnés sont gelés ou libérés uniquement dans la fenêtre courante (ou active). Ils restent visibles dans les autres fenêtres.

Geler dans les nouvelles fenêtres 

Pour geler ou libérer un ou plusieurs calques dans les futures fenêtres flottantes, sélectionnez les calques, puis cliquez sur le symbole **Geler dans les nouvelles fenêtres** dans la colonne **Gel dans les nouvelles fenêtres**. Un flocon remplace le soleil et indique un calque gelé dans les futures fenêtres.

Là aussi, cette option n'est utilisable que dans les présentations. Cette option vous permet d'anticiper et de geler les calques que vous ne souhaitez pas voir dans les nouvelles fenêtres.

2.5 Remplacement des propriétés de calques des fenêtres de présentation

AutoCAD LT permet un affichage différent des objets dans des fenêtres séparées de l'espace papier, tout en conservant leurs propriétés de calques d'origine. De cette façon, pour une fenêtre de présentation spécifique, vous procédez à un remplacement des propriétés de calque sans modifier les propriétés de calque en espace objet ou dans les autres fenêtres de présentation.

La fenêtre de présentation concernée par le remplacement des propriétés doit être activée.

Le gestionnaire des propriétés des calques présente cinq colonnes spécifiques au remplacement de propriétés :

- Couleur de fenêtre
- Type de ligne de fenêtre
- Epaisseur de ligne de fenêtre
- Transparence de la fenêtre
- Style de tracé de fenêtre

Couleur de fenêtre	Type de ligne de fenêtre	Epaisseur de ligne de fenêtre	Transparence de la fenêtre	Style de tracé de fenêtre
9	CONTINU	0.09 mm	0	Color_9
8	Continuous	Par_défaut	0	Color_8
cyan	Continuous	0.20 mm	0	Color_4
blanc	Continuous	Par_défaut	0	Color_7
34	Continuous	Par_défaut	0	Color_34
40	Continuous	Par_défaut	0	Color_40
8	Continuous	0.00 mm	0	Color_8
143	Continuous	Par_défaut	0	Color_143
8	Continuous	Par_défaut	0	Color_8
jaune	Continuous	Par_défaut	0	Color_2
cyan	Continuous	0.13 mm	0	Color_4
8	ACAD_ISO03W100	Par_défaut	0	Color_8
230	Continuous	Par_défaut	0	Color_230
140	Continuous	0.09 mm	0	Color_140

Agissez sur l'une et l'autre de ces propriétés de calque pour procéder au remplacement pour la fenêtre courante, et ainsi modifier l'affichage de cette fenêtre sans modifier les propriétés d'origine des calques.

Remarque

Un arrière-plan indique une propriété de remplacement existant pour la fenêtre courante (dans l'exemple ci-dessus, les couleurs 82, 100 et 150, le type de ligne CACHE2 et l'épaisseur 0,40 mm sont des propriétés de remplacement).

Enregistrer les états de calque

Vous pouvez enregistrer les paramètres d'état et de propriétés de calques d'un dessin. Vous affectez un nom à une configuration d'état de calque ; et vous pourrez la restaurer le moment voulu.

▶ Dans la palette **Gestionnaire des propriétés des calques**, cliquez sur le bouton **Gestionnaire des états de calque** .

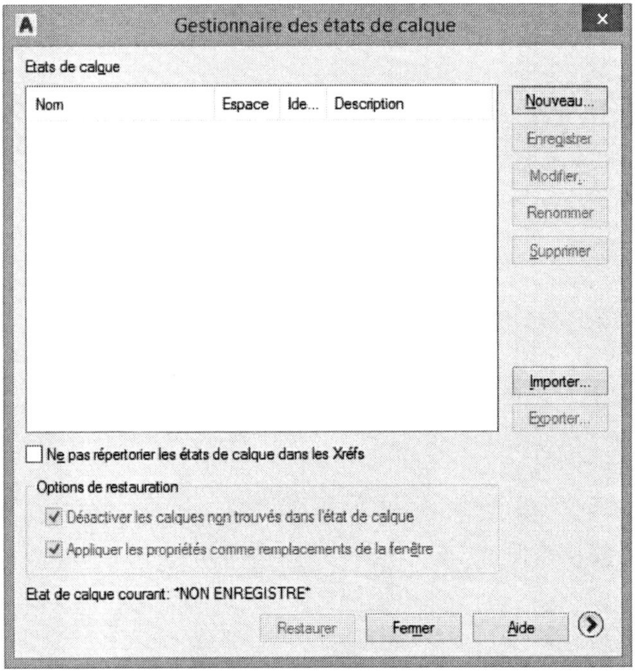

▶ Dans le **Gestionnaire des états de calque**, cliquez sur **Nouveau**.

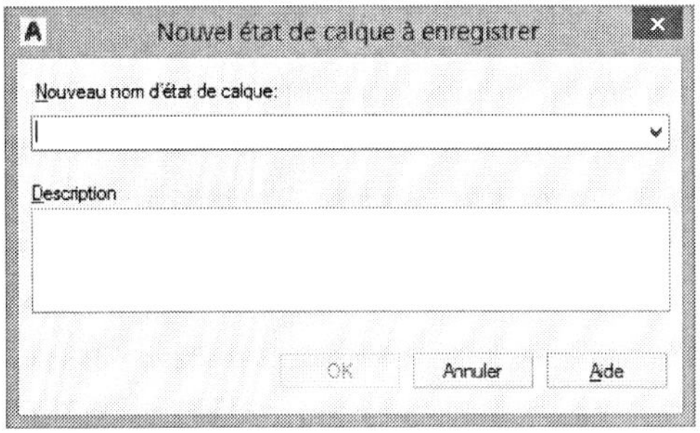

- Dans la boîte de dialogue **Nouvel état de calque à enregistrer**, saisissez le nom de l'état de calque à créer dans la zone de texte **Nouveau nom d'état de calque**. Une description optionnelle peut renseigner l'état de calque dans la zone **Description**.
- Confirmez par **OK**.
- Utilisez le bouton **Plus d'options de restauration**  pour obtenir l'affichage ci-dessous.

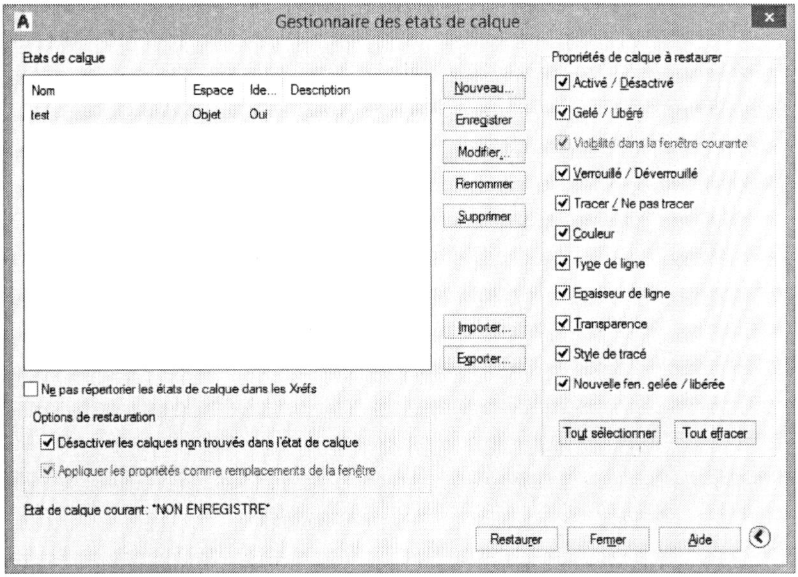

Remarque

L'espace associé à l'état de calque est affiché selon l'espace courant à la création de l'état de calque.

- Dans la rubrique **Paramètres de calque à restaurer**, cliquez sur **Tout sélectionner** pour sélectionner tous les paramètres.

  Lorsque vous créez un état de calque, seuls les paramètres sélectionnés sont enregistrés (et restaurés) avec l'état de calque. Désactivez les paramètres et propriétés si nécessaire.

- Cliquez sur **Fermer** pour revenir dans le **Gestionnaire des propriétés des calques**.

Remarque

*Vous pouvez enregistrer un état de calque à partir d'un filtre de groupe de calques. Pour ce faire, activez le filtre de groupe pour afficher les calques voulus dans la liste de calques (un clic droit donne accès à un menu contextuel proposant notamment **Enregistrer les états de calque...**).*

Restaurer les états de calque

Cette opération rappelle les configurations nommées d'état de calque. Enregistrer puis restaurer des paramètres de calque est intéressant si vous souhaitez revenir sur des paramètres de calque spécifiques au cours des différentes étapes d'un dessin.

- Dans la palette **Gestionnaire des propriétés des calques**, cliquez sur le bouton **Gestionnaire des états de calque** .

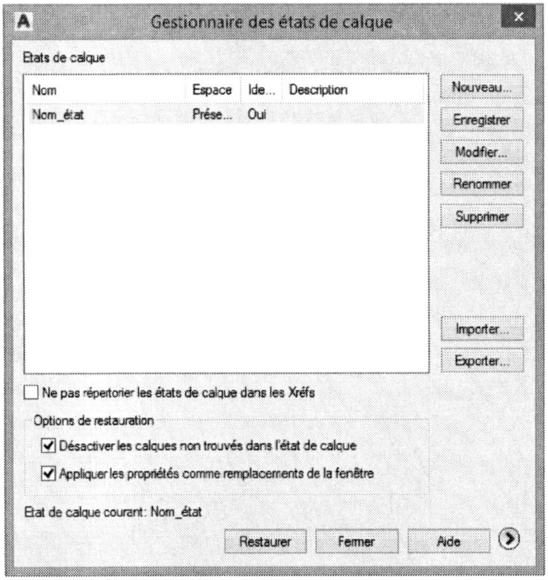

- Sélectionnez l'état de calque à restaurer dans la liste des états créés.
- Cliquez sur le bouton **Restaurer**.
- Confirmez par **OK** pour quitter le **Gestionnaire des propriétés des calques**.

La fenêtre **Gestionnaire des états de calque** propose plusieurs boutons :

Restaurer Restaure l'état des calques sélectionné dans tout le dessin.

Supprimer Supprime l'état des calques sélectionné de la liste des états de calque du dessin.

Importer Importe un état de calques préalablement enregistré sur le disque (*.las*).

Exporter Enregistre un état de calques sur le disque (*.las*). Ceci permet d'utiliser des configurations d'états de calque sur des projets différents (avec une même structure de calques).

2.6 Charger les types de ligne

Par défaut, seul le type de ligne continu (**Continuous**) est disponible. Selon les besoins du dessin en cours de réalisation, l'utilisateur doit procéder au chargement de types de ligne complémentaires. Une fois chargés, ces types de ligne sont mis à disposition et peuvent être attribués à un ou plusieurs calques.

- Dans le groupe de fonctions **Propriétés**, ouvrez la liste déroulante **Type de ligne** et choisissez **Autre...**.

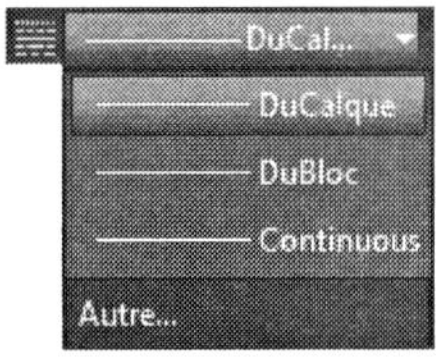

Le **Gestionnaire des types de ligne** s'affiche :

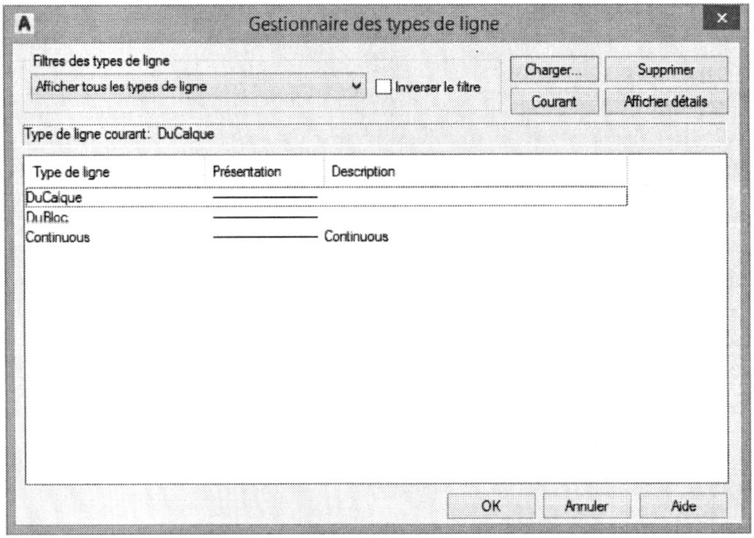

Tous les types de ligne chargés dans le dessin apparaissent dans la liste. Par défaut, les autres types de ligne ne sont pas directement disponibles.

Pour charger d'autres types de ligne, choisissez le bouton **Charger**.

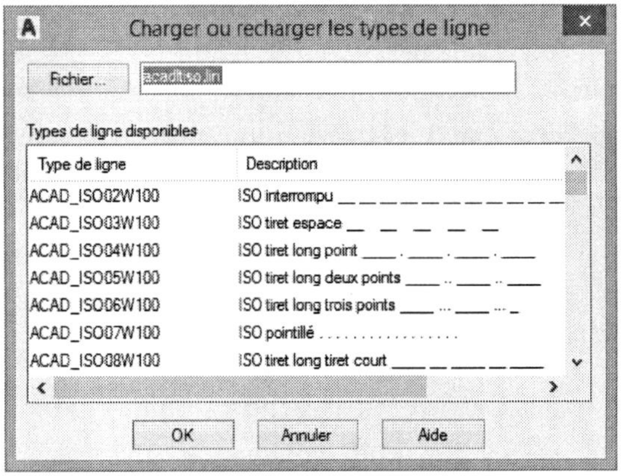

Le fichier **acadltiso.lin** dispose de nombreux types de ligne. Sélectionnez un ou plusieurs types de ligne (utilisez les touches [Ctrl] et [Shift]) avant de confirmer par **OK**.

Vous revenez dans le **Gestionnaire des types de ligne**, et tous les nouveaux types de ligne sont maintenant présents dans la liste. Confirmez par **OK**.

Dans le gestionnaire des propriétés des calques, vous pouvez désormais affecter les types de ligne voulus.

Remarque

En règle générale, on affecte un type de ligne à un calque. Le type de ligne est DUCALQUE et est respecté lors de la création d'entités dès que vous changez de calque courant. Mais vous pouvez également "forcer" le type de ligne d'un objet (voir Changement de propriétés des objets dans ce chapitre).

L'échelle du type de ligne

- Dans le **Gestionnaire des types de ligne**, choisissez le bouton **Afficher détails**.

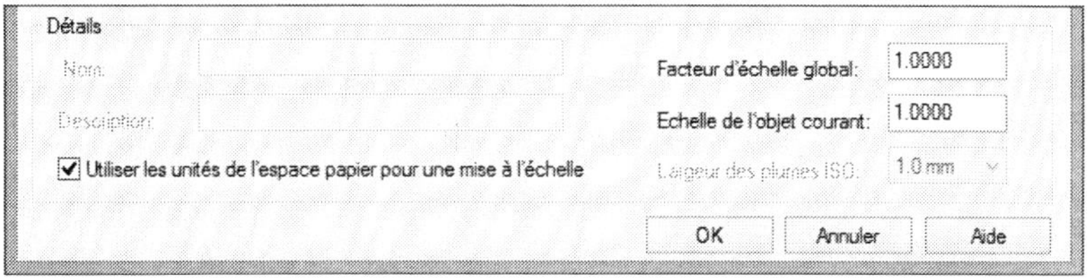

La zone de texte **Facteur d'échelle global** précise l'échelle utilisée pour tous les types de ligne du dessin.

- Augmentez cette valeur pour un agrandissement général de tous les types de ligne du dessin.

La zone **Echelle de l'objet courant** peut modifier l'échelle des objets à créer. Dans la pratique, vous modifiez l'échelle individuelle des objets pour lesquels l'échelle globale ne convient pas (cf. dans ce chapitre, Changement de propriétés des objets).

La case à cocher **Utiliser les unités de l'espace papier pour une mise à l'échelle** permet une uniformisation de l'échelle des types de ligne dans les différentes fenêtres de présentation quelles que soient leurs échelles.

Dans la barre d'outils **Standard**, le bouton **Contrôle des types de ligne** permet de changer de type de ligne courant, ou d'affecter un type de ligne à des objets présélectionnés.

2.7 Le contrôle rapide des calques

- Dans le groupe de fonctions **Calques**, constatez la liste déroulante **Contrôle des calques** :

Cette liste déroulante vous donne une autre possibilité de "jongler" avec l'état des calques. Le nom du calque courant apparaît dans la liste. Si celle-ci est déroulée, vous agissez directement sur l'état des différents calques en cliquant sur le symbole correspondant.

Vous obtenez (en fonction de vos propres calques) un contenu ressemblant à l'exemple ci-dessous :

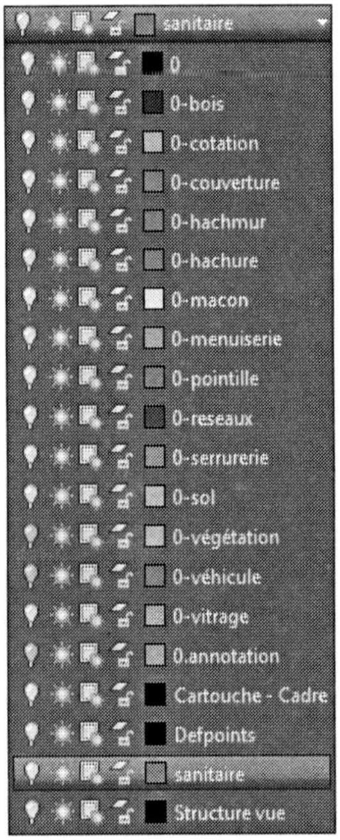

Hormis l'état des calques, vous pouvez aussi changer de calque courant. Pour cela, cliquez simplement sur le nom du calque.

Après avoir gelé, libéré ou verrouillé vos calques, pour quitter cette liste et revenir à la zone graphique, vous avez deux possibilités : cliquer soit sur le nom du calque courant, soit dans la zone graphique.

2.8 Rendre le calque de l'objet courant

▶ Dans le groupe de fonctions **Calques**, cliquez sur l'outil **Rendre le calque de l'objet courant** .

AutoCAD LT vous invite à sélectionner l'objet dont vous voulez voir le calque courant. Aussitôt le calque devient courant. Et vous pouvez constater l'affichage du nom du calque courant et ses propriétés dans la liste déroulante.

Cette méthode est très rapide, et évite de passer par la boîte de dialogue des calques.

2.9 Isoler un calque

À l'exception des calques des objets sélectionnés, tous les calques peuvent être désactivés ou verrouillés et estompés grâce à cette manipulation simple.

▶ Dans le groupe de fonctions **Calques** (onglet **Début**), cliquez sur l'icône **Isoler** .

AutoCAD LT affiche le message ci-dessous pour vous permettre de sélectionner un ou des objets placés sur le ou les calques à isoler :

```
ISOCALQUE Sélectionnez les objets des calques à isoler ou [PAramètres]:
```

▶ Une fois la sélection effectuée, appuyez sur la touche [Entrée] pour isoler les calques selon les paramètres courants (Verrouillés et estompés par défaut).

L'option **Paramètres** permet d'accéder à la seconde option **Désactiver**.

▶ Utilisez l'icône **Associer**  pour annuler l'effet de la commande **Isoler**.

2.10 Geler les calques des objets sélectionnés

AutoCAD LT permet de geler rapidement un ensemble de calques, en sélectionnant simplement un ou des objets du ou des calques à geler.

▶ Dans le groupe de fonctions **Calques** (onglet **Début**), cliquez sur l'icône **Geler** .

AutoCAD LT affiche le message ci-dessous pour vous permettre de sélectionner un ou des objets placés sur le ou les calques à geler :

```
GELCALQUE Sélectionnez un objet du calque à geler ou [Paramètres annUler]:
```

▶ Une fois la sélection effectuée, appuyez sur la touche [Entrée] pour geler les calques selon les paramètres courants.

L'option **Paramètres** permet d'accéder aux options **Fenêtre** et **Bloc** :

- L'option **Fenêtre** permet de geler tous les objets dans toutes les fenêtres ou de geler les objets de la fenêtre de présentation courante.
- L'option **Bloc** permet de geler les objets appartenant aux blocs imbriqués.

L'option **Annuler** retire la sélection précédente.

2.11 Désactiver les calques des objets sélectionnés

AutoCAD LT permet de désactiver rapidement un ensemble de calques, en sélectionnant simplement un ou des objets du ou des calques à désactiver.

▶ Dans le groupe de fonctions **Calques** (onglet **Début**), cliquez sur le bouton **Inactif** .

AutoCAD affiche le message ci-dessous pour vous permettre de sélectionner un ou des objets placés sur le ou les calques à désactiver :

```
CALQUEINAC Sélectionnez un objet du calque à désactiver ou [Paramètres annUler]:
```

▶ Une fois la sélection effectuée, appuyez sur la touche [Entrée] pour désactiver les calques selon les paramètres courants.

L'option **Paramètres** permet d'accéder aux options **Fenêtre** et **Bloc** :

- L'option **Fenêtre** permet de désactiver tous les objets dans toutes les fenêtres ou de geler les objets de la fenêtre de présentation courante.
- L'option **Sélection de bloc** permet de désactiver les objets appartenant aux blocs imbriqués.

L'option **Annuler** retire la sélection précédente.

2.12 Remplacer le calque des objets sélectionnés par le calque d'un objet autre

AutoCAD LT permet de remplacer rapidement le calque de plusieurs objets, quels que soient leurs calques respectifs par le calque d'un objet autre.

Ainsi, en une opération, tous les objets de ces calques adoptent les propriétés du nouveau calque.

▶ Dans le groupe de fonctions **Calques** (onglet **Début**), cliquez sur le bouton **Copier le calque** .

AutoCAD LT affiche le message ci-dessous pour vous permettre de sélectionner les objets que vous souhaitez positionner sur un nouveau calque :

```
CHANGCALQUEMULT Choix des objets:
```

▶ Une fois la sélection effectuée, appuyez sur la touche [Entrée].

Le message ci-dessous est affiché :

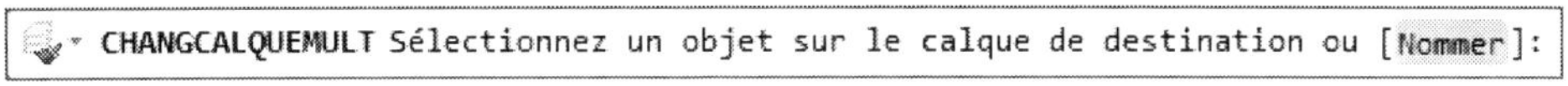

■ Sélectionnez le calque de destination.

L'option **Nommer** permet de sélectionner le calque de destination dans la liste des calques suivante :

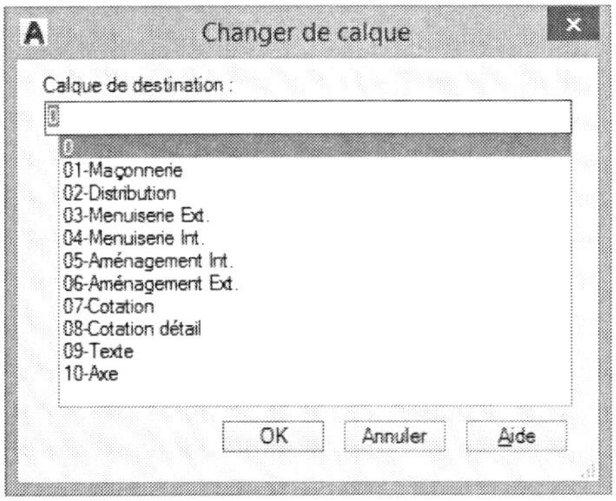

■ Confirmez par **OK** pour terminer l'opération.

2.13 Outils de manipulation des calques complémentaires

AutoCAD LT met à disposition plusieurs outils supplémentaires qui simplifient et automatisent la manipulation des calques.

■ Déroulez le groupe de fonctions **Calques** (onglet **Début**) et agissez sur les boutons suivants :

Activer tous les calques 

Active tous les calques précédemment désactivés.

Libérer tous les calques 

Active tous les calques précédemment gelés.

Verrouiller 

Verrouille le calque d'un objet sélectionné.

Déverrouiller 

Déverrouille le calque d'un objet sélectionné.

Remplacer par le calque courant

Permet de placer les objets sélectionnés sur le calque courant.

Copier les objets dans un nouveau calque

Permet de placer les objets sélectionnés sur un même calque (en sélectionnant un objet appartenant à ce calque ou en choisissant le calque dans la liste des calques via l'option **Nom**).

Parcourir les calques

Permet d'afficher les objets des seuls calques sélectionnés dans la liste **Parcourir les calques** ci-dessous :

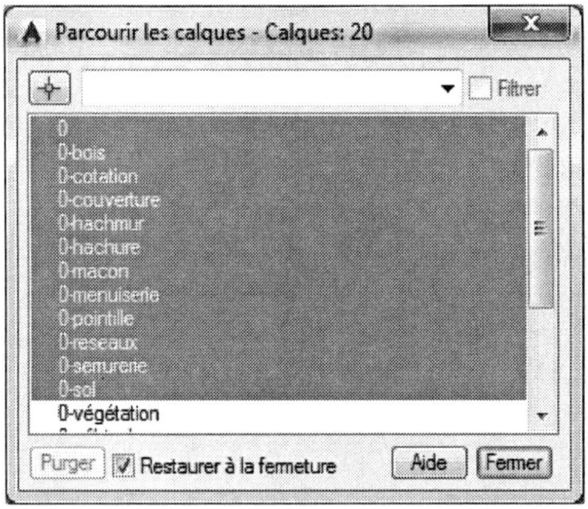

La touche [Ctrl] permet une sélection multiple de calques.

Isoler dans la fenêtre courante

Gèle les calques des objets sélectionnés dans toutes les fenêtres de présentation, sauf dans la fenêtre courante.

Fusion

Fusionne les calques des objets sélectionnés dans un calque cible. Attention, cette opération supprime les calques précédents du dessin.

Supprimer

Supprime tous les objets du calque de l'objet sélectionné, et supprime (purge) le calque du dessin.

3. Changement de propriétés des objets

Chaque objet a des caractéristiques qui lui sont propres. En effet, lorsque vous créez une ligne par exemple, vous utilisez le calque courant. La ligne dessinée est donc positionnée sur un calque, elle possède une couleur et un type de ligne.

Vous devrez régulièrement changer les caractéristiques des objets.

En théorie, avant de dessiner, pensez à changer de calque courant pour que l'objet à représenter adopte les bonnes caractéristiques. En pratique, vous dupliquez souvent des objets existants (décalages, copies, symétries...). Les éléments copiés conservent leurs caractéristiques d'origine même si vous avez pris soin de changer de calque courant. Vous aurez donc à modifier leurs caractéristiques.

Souvent, soit par oubli, soit par gain de temps, vous ne changez pas de calque courant pour dessiner un objet. Dans ce cas également, vous changerez les caractéristiques de l'objet.

◘ Dans le groupe de fonctions **Palettes** (onglet **Vue**), cliquez sur l'outil **Propriétés**

.

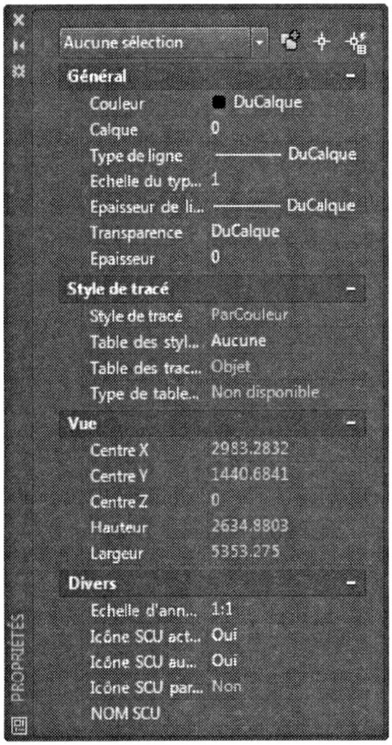

La fenêtre **Propriétés** s'affiche de deux façons. Soit elle reste flottante (figure ci-dessus) et elle est redimensionnable à souhait, soit elle est ancrée à gauche ou à droite de la zone graphique. Tout objet AutoCAD LT peut être modifié dans la fenêtre **Propriétés**. Vous pouvez agir sur les propriétés courantes, changer les propriétés d'un objet individuellement ou de plusieurs objets en simultané.

Cette commande peut être utilisée de diverses façons et réagit selon la sélection en cours :

- Si **aucun objet n'est sélectionné**, vous accédez aux propriétés et caractéristiques courantes, telles que le calque, la couleur, le type de ligne, l'échelle du type de ligne, l'épaisseur de ligne, la hauteur d'objet (épaisseur), le style de tracé, le positionnement de la vue en cours, l'activation de l'affichage de l'icône du SCU, l'affichage de l'icône du SCU à son origine, l'affichage de l'icône du SCU par fenêtre et le nom du SCU courant.
- Si **un seul objet est sélectionné**, vous accédez aux propriétés individuelles de l'objet tout comme à sa géométrie.
- Si **plusieurs objets sont sélectionnés**, vous accédez aux changements des propriétés générales des objets, telles que le calque, la couleur, le type de ligne, l'échelle du type de ligne, le style de tracé, l'épaisseur de ligne, l'hyperlien associé, la hauteur d'objet (épaisseur). Si le **type d'objet** est le même pour tous les objets sélectionnés (ex. : plusieurs lignes ou plusieurs textes), vous pouvez agir sur l'ensemble des caractéristiques communes à ces objets.

Le changement des propriétés est très rapide grâce à cette fenêtre très riche en possibilités. Nous nous intéressons ici au **changement des propriétés générales**. Les propriétés générales sont les propriétés de calque, couleur, type de ligne, échelle de type de ligne, épaisseurs...

Sélectionnez le ou les objets à modifier. Si la sélection est multiple, la fenêtre **Propriétés** se limitera automatiquement à l'affichage des propriétés générales.

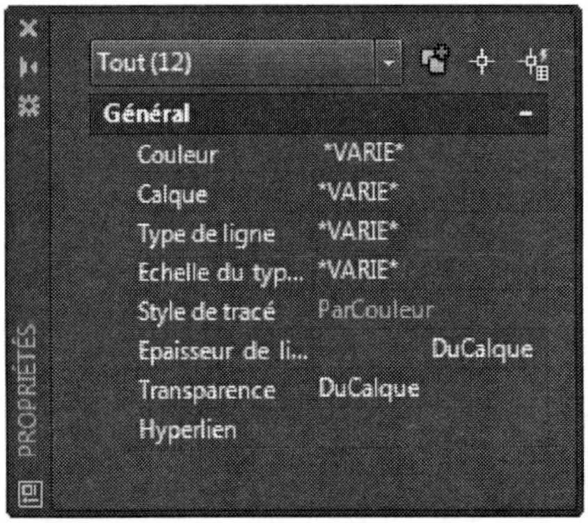

Le bouton **Sélection rapide**  permet une sélection plus précise (cf. chapitre Aides au dessin - La sélection des objets).

Le bouton **Sélectionner des objets**  permet une nouvelle sélection d'objets, lorsqu'une sélection est déjà en cours. Les objets sont désélectionnés et vous procédez à la nouvelle sélection.

Le bouton **Activer/Désactiver la valeur de la variable système PICKADD**  active ou désactive la sélection unique d'objet (cliquez sur l'objet). Cliquez une nouvelle fois sur ce bouton pour permettre une sélection normale de plusieurs objets.

Remarque

Un double clic sur n'importe quel objet AutoCAD LT donne accès aux propriétés. Ainsi, vous modifiez très rapidement un cercle, une polyligne, un hachurage, les attributs d'un bloc...

Lorsque la sélection est effectuée, les propriétés actuelles des objets apparaissent. Ceci constitue d'abord une source de renseignements intéressante. Agissez ensuite sur la ou les propriétés à modifier.

Couleur

Affiche une liste déroulante proposant toutes les couleurs AutoCAD LT. La couleur DuCalque indique la couleur affectée au calque (couleur logique). La couleur DuBloc indique la couleur appartenant au bloc dont fait partie l'objet. Vous pouvez forcer une couleur à un objet ; dans ce cas la couleur DuCalque n'est plus affectée à l'objet. Un double clic passe en revue les couleurs les unes après les autres, sans utiliser la liste déroulante. AutoCAD LT utilise 256 couleurs numérotées, les couleurs vraies, ainsi que les carnets de couleurs de type RAL ou PANTONE.

Calque

Accède à la liste des calques existant dans le dessin. Le calque choisi devient le calque des objets sélectionnés. Notez que les propriétés de couleur, type de ligne, styles de tracé et épaisseur de ligne respectent celles attribuées au calque si elles se nomment DuCalque.

Type de ligne

Affiche une liste déroulante proposant tous les types de ligne chargés dans le dessin. Le type de ligne DuCalque indique le type de ligne affecté au calque (type de ligne logique). Le type de ligne DuBloc indique le type de ligne appartenant au bloc dont fait partie l'objet. Vous pouvez forcer un type de ligne à un objet ; dans ce cas le type de ligne DuCalque n'est plus affecté à l'objet. Un double clic passe en revue les types de ligne les uns après les autres, sans dérouler la liste déroulante.

Echelle du type de ligne

Permet de modifier l'échelle du type de ligne des objets sélectionnés, ou individuellement. La valeur indiquée est multipliée par le facteur d'échelle global (cf. dans ce chapitre Le contrôle des calques - Charger les types de ligne).

Style de tracé

Permet d'affecter un style de tracé aux objets sélectionnés. Les styles de tracé sont affectés soit aux calques, soit aux objets. L'option **Autres** permet l'accès aux autres styles de tracé de la table courante, ou aux différentes tables de tracé (cf. chapitre La présentation - Les styles de tracé).

Epaisseur de ligne

Affiche les diverses épaisseurs de ligne normalisées.

Hyperlien

Accède au chemin et fichier lié à l'objet ou à une adresse internet (htm). Il est possible d'associer un hyperlien à plusieurs objets. Un bouton affichant 3 petits points permet l'association à tout type de fichier.

Epaisseur

Affiche la hauteur d'objet (ou épaisseur) des objets sélectionnés (cf. chapitre La 3D - Les faces 3D).

Exercice 6
Organiser le projet avec les calques

Nous allons attribuer à chaque élément du plan du local professionnel un calque afin d'en manipuler plus aisément les propriétés (type de ligne, couleur, épaisseur de ligne, etc.) et de les afficher ou les masquer selon les besoins.

1. Étape 1 : Accéder au Gestionnaire des propriétés des calques

▶ Téléchargez et ouvrez le fichier ressource **Gestion_des_calques.dwg**.

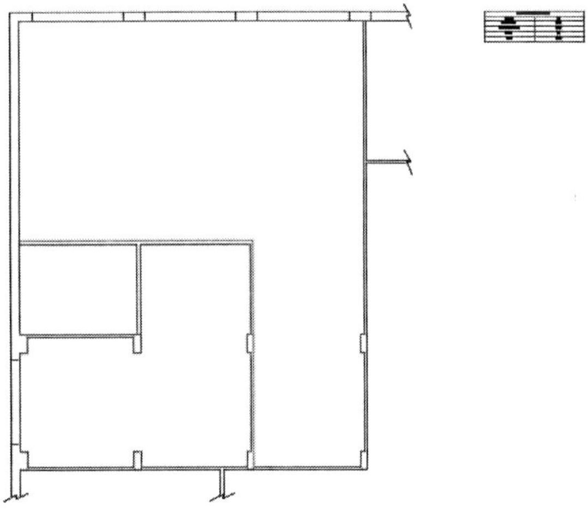

Vous reconnaissez le plan du local professionnel avec le tableau des surfaces des pièces créé dans l'exercice 2.

- Dans le groupe de fonctions **Calques** (onglet **Début**), cliquez sur l'icône **Propriétés du calque** 

pour ouvrir le **Gestionnaire des propriétés des calques** affiché ci-dessous.

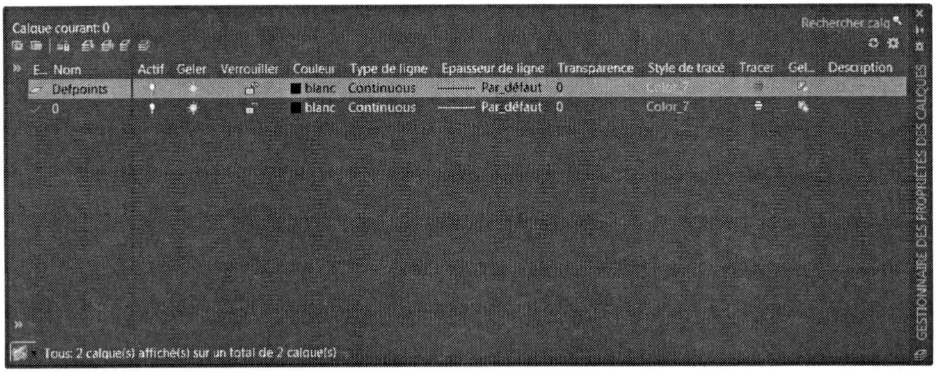

2. Étape 2 : Créer des calques

- Dans le **Gestionnaire des propriétés des calques**, cliquez sur l'icône **Nouveau calque** .

  Un nouveau calque est créé et son nom apparaît surligné.

- Saisissez **GLF-10-Maçonnerie** et appuyez sur [Entrée] pour valider le nommage du calque.

Remarque

Le nom du calque ne doit pas être donné au hasard. En phase d'édition du dessin, la liste affiche les calques par ordre alphabétique. Donner un numéro aux calques va permettre de les organiser dans le projet. Cependant, lors de l'insertion du fichier dans un autre fichier DWG, il est possible que d'autres calques utilisent déjà cette méthode d'organisation. Pour compléter le nom du calque, on peut rajouter un préfixe en rapport avec le nom de l'entreprise (ex : pour l'entreprise GLYF SARL, GLF précède chaque nom de calque).

- En suivant la même méthode de nommage, créez les calques **Cloisons**, **Menuiseries ext.**, **Menuiseries int.**, **Aménagement**, **Hachures**, **Textes et tableaux**, **Cotations**, **Contours**.

  La figure suivante affiche le résultat obtenu.

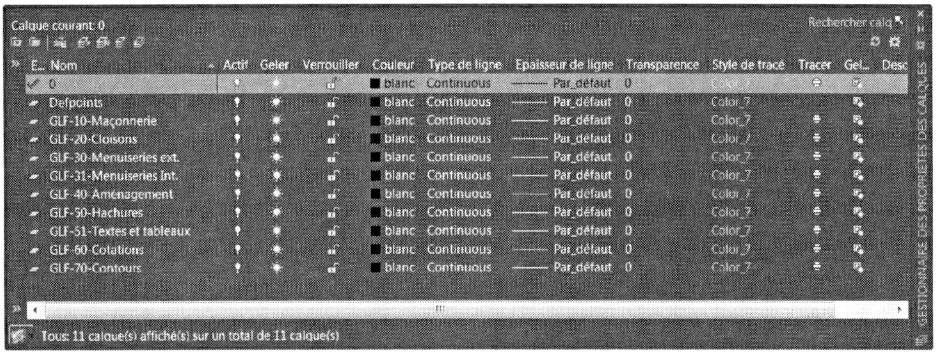

3. Étape 3 : Paramétrer la couleur des calques

Les calques permettent de prédéfinir des paramètres d'affichage pour différents éléments du dessin (lignes, cercles, polylignes, etc.). Il faut toutefois, en amont, bien définir ces paramètres.

- Dans le **Gestionnaire des propriétés des calques**, dans la colonne **Couleur**, cliquez sur l'aperçu de couleur au regard du calque **GLF-10-Maçonnerie**.
- Dans la fenêtre **Sélectionner une couleur**, sélectionnez la couleur **Bleu** (coul. index 5) comme indiqué dans la figure suivante et cliquez sur **OK**.

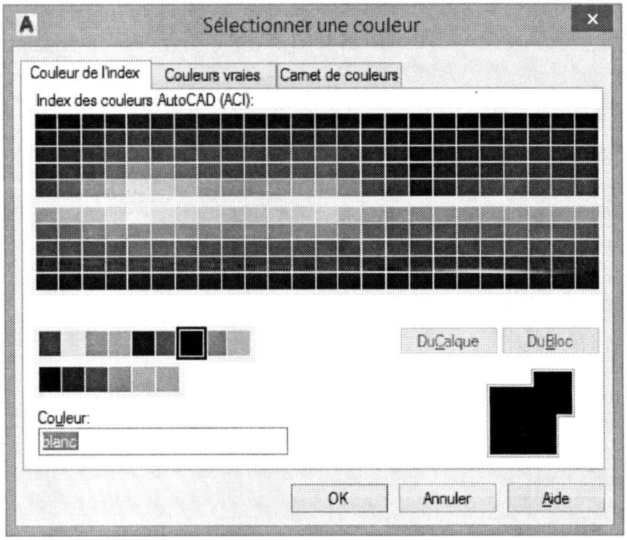

Une nouvelle couleur est attribuée au calque **GLF-10-Maçonnerie**. Les éléments disposés sur ce calque ayant comme propriété de couleur **DuCalque** afficheront une couleur bleu.

▶ Avec la même méthode, spécifiez la couleur des calques comme indiqué sur la figure suivante.

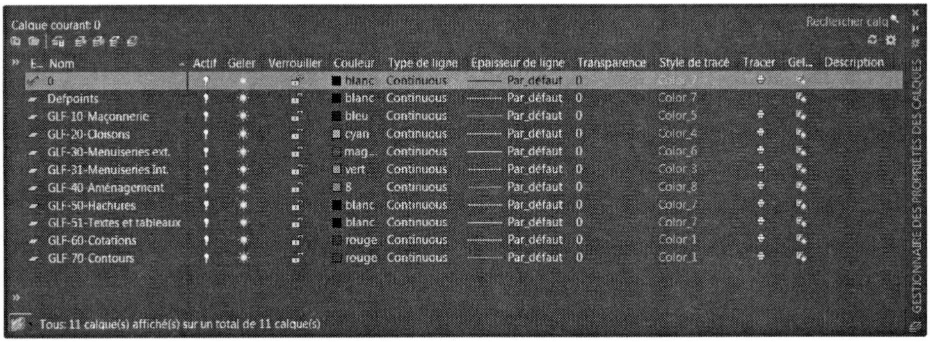

4. Étape 4 : Paramétrer le type de ligne d'un calque

- Dans le **Gestionnaire des propriétés des calques**, dans la colonne **Type de ligne**, cliquez sur l'aperçu de type de ligne au regard du calque **GLF-70-Contours**.
- Dans la fenêtre **Choix du type de ligne**, dans la colonne **Type de ligne**, cliquez sur **CACHE** pour sélectionner un type de ligne discontinu comme indiqué dans la figure ci-dessous et cliquez sur **OK**.

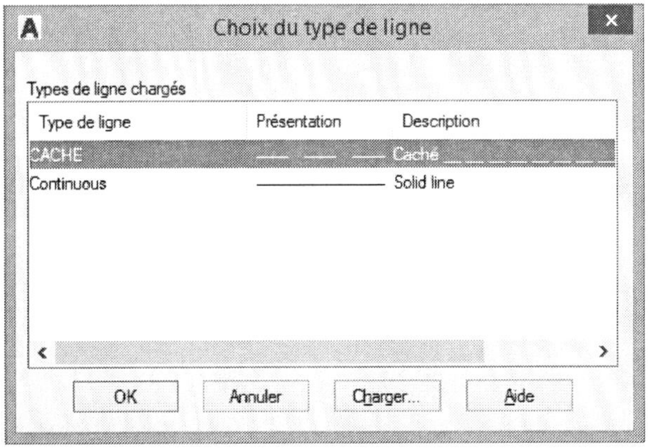

Un nouveau type de ligne est attribué au calque **GLF-70-Contours**. Les éléments disposés sur ce calque ayant comme propriété de type de ligne **DuCalque** afficheront un type de ligne discontinu.

5. Étape 5 : Paramétrer l'épaisseur de ligne d'un calque

- Dans le **Gestionnaire des propriétés des calques**, dans la colonne **Epaisseur de ligne**, cliquez sur l'aperçu de l'épaisseur au regard du calque **GLF-60-Cotations**.
- Dans la fenêtre **Epaisseur de ligne**, cliquez sur **0.09 mm** pour sélectionner une épaisseur plus fine que l'épaisseur par défaut réglée à 0.25 mm, comme indiqué dans la figure suivante, et cliquez sur **OK**.

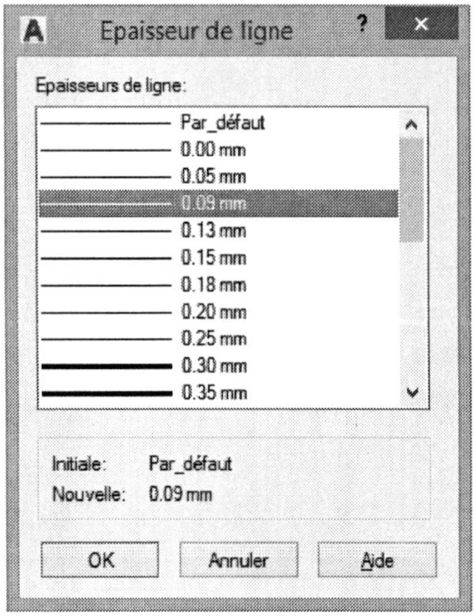

Une nouvelle épaisseur de ligne est attribuée au calque **GLF-60-Cotations**. Les éléments disposés sur ce calque ayant comme propriété d'épaisseur de ligne **DuCalque** afficheront des lignes fines à l'impression.

Remarque

L'épaisseur des lignes n'est visible à l'écran qu'à partir de 0.30 mm et ce uniquement si l'aide au dessin ***Epaisseur de ligne*** 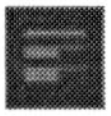 *présente dans la zone d'état est active.*

6. Étape 6 : Paramétrer la transparence d'un calque

- Dans le **Gestionnaire des propriétés des calques**, dans la colonne **Transparence**, cliquez sur l'indicateur de transparence au regard du calque **GLF-50-Hachures**.

  La fenêtre **Transparence du calque** apparaît.

▶ Dans la fenêtre **Transparence du calque**, dans la zone de texte **Valeur de transparence (0-90)**, saisissez **50** pour une transparence de 50 % comme indiqué dans la figure ci-dessous et cliquez sur **OK**.

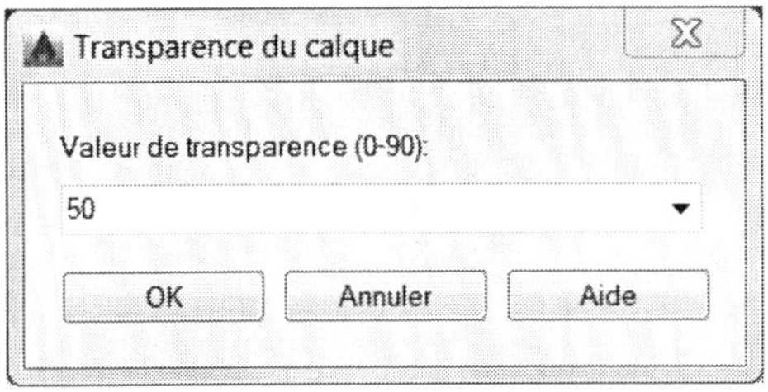

Remarque

*La transparence du tracé est visible à l'écran mais ne sera pas visible par défaut à l'impression. L'ensemble des éléments placés sur le calque **GLF-50-Hachures** seront transparents. Ce paramètre est utile notamment lorsqu'un motif de hachure SOLID est appliqué.*

7. Étape 7 : Rendre un calque non imprimable

▶ Dans le **Gestionnaire des propriétés des calques**, dans la colonne **Tracer**, cliquez sur l'indicateur d'impression  à la ligne du calque **GLF-70-Contours**. L'indicateur d'impression change pour indiquer que le calque est non imprimable .

La figure ci-dessous résume l'ensemble des opérations effectuées entres les étapes 2 et 7.

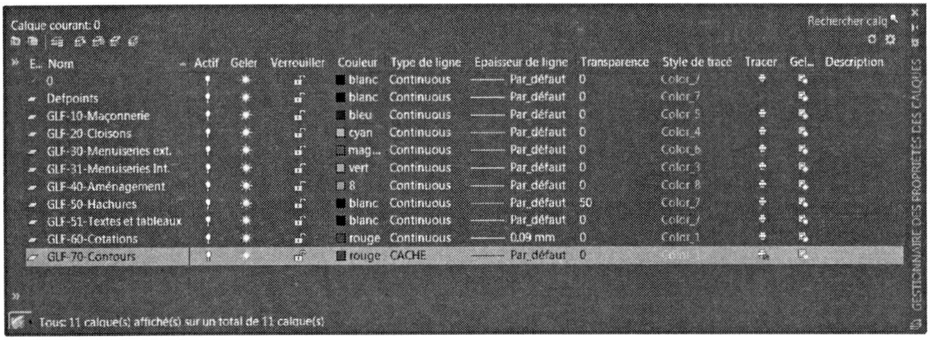

▶ Fermez le **Gestionnaire des propriétés des calques**.

8. Étape 8 : Placer chaque élément sur un calque correspondant

Chaque élément de la zone graphique est automatiquement placé sur un calque. Il est possible de redéfinir le calque d'un ou plusieurs éléments en les sélectionnant et en attribuant un nouveau calque de destination dans la liste.

▶ Sélectionnez les polylignes correspondant aux contours des pièces.

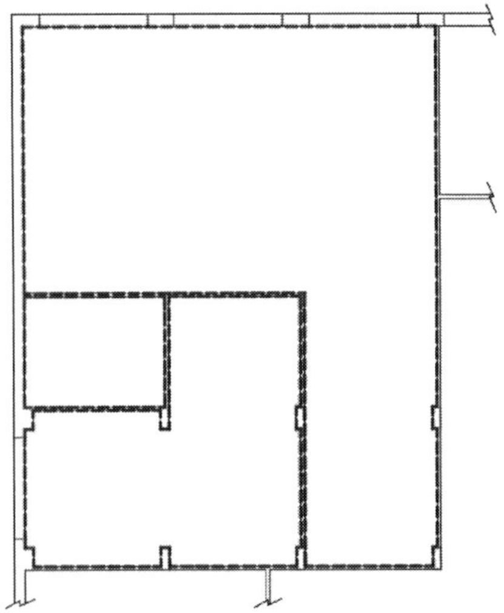

▶ Dans le groupe de fonctions **Calques** (onglet **Début**), déroulez la liste des calques et choisissez le calque de destination **GLF-70-Contours** comme indiqué dans la figure ci-dessous.

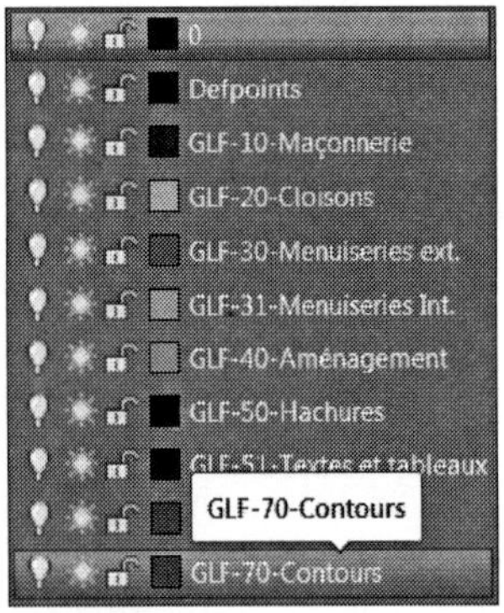

■ Dans le groupe de fonctions **Calques** (onglet **Début**), déroulez la liste des calques et cliquez sur l'icône **Activer/Désactiver un calque**  au regard du calque **GLF-70-Contours** pour le masquer.

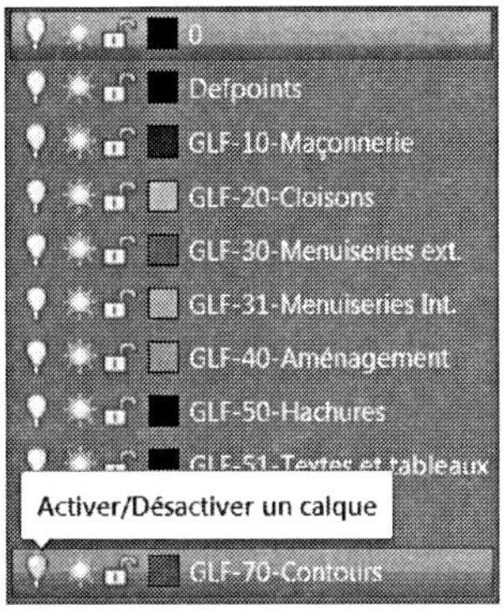

Les polylignes de contours des pièces sont masquées.

■ Sélectionnez les éléments correspondant aux cloisons.

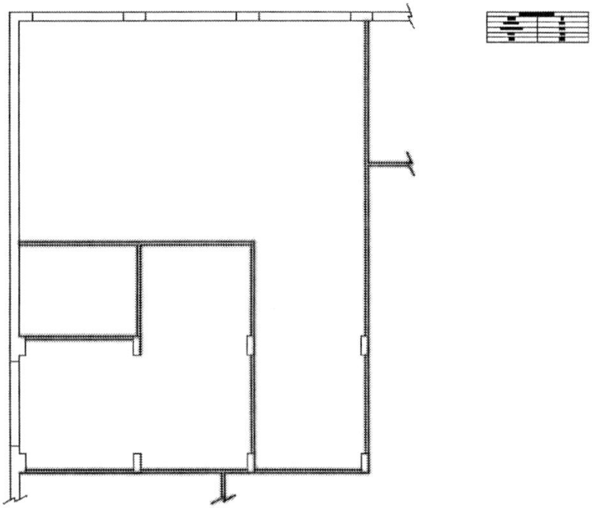

- Dans le groupe de fonctions **Calques** (onglet **Début**), déroulez la liste des calques et choisissez le calque de destination **GLF-20-Cloisons** comme indiqué dans la figure ci-dessous.

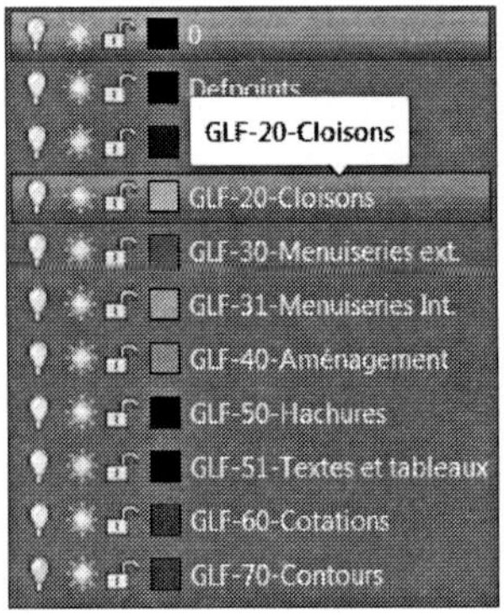

- Dans le groupe de fonctions **Calques** (onglet **Début**), déroulez la liste des calques et cliquez sur l'icône **Activer/Désactiver un calque**  au regard du calque **GLF-20-Cloisons** pour le masquer comme indiqué sur la figure ci-dessous.

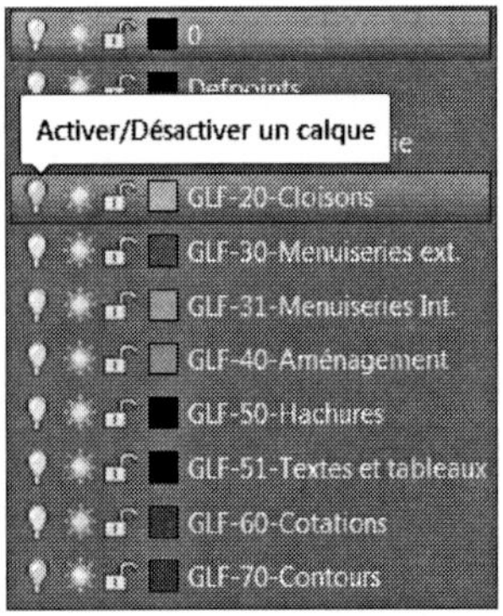

Les lignes du calque **GLF-20-Cloisons** disparaissent.

- Sélectionnez les éléments correspondant à la maçonnerie.

▶ Dans le groupe de fonctions **Calques** (onglet **Début**), activez la liste des calques et choisissez le calque de destination **GLF-10-Maçonnerie** comme indiqué dans la figure ci-dessous.

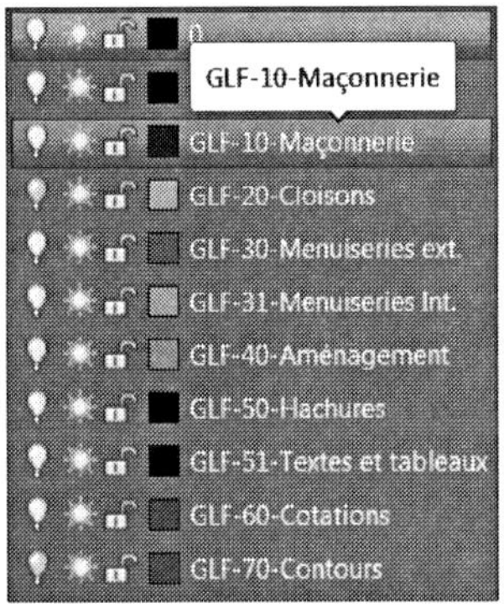

▶ Sélectionnez le tableau de surfaces et positionnez celui-ci sur le calque **GLF-51-Textes et tableaux**.

▶ Dans le groupe de fonctions **Calques** (onglet **Début**), activez la liste des calques.

▶ Cliquez sur l'icône **Activer/Désactiver un calque**  au regard du calque **GLF-20-Cloisons** et du calque **GLF-70-Contours** pour les afficher.

La figure ci-dessous affiche le résultat obtenu.

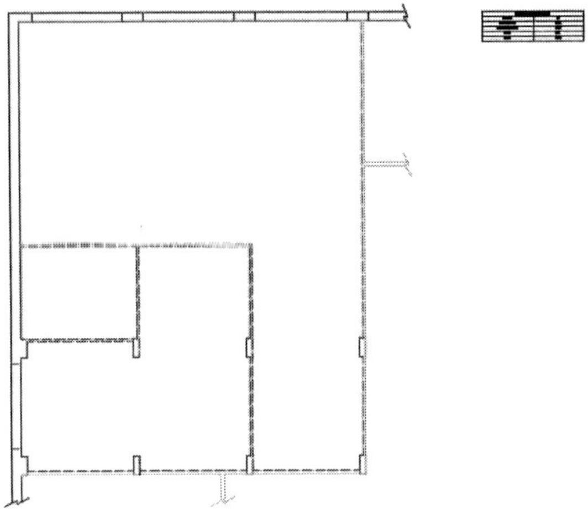

Chapitre 13
Les éléments de bibliothèque

1. Les blocs

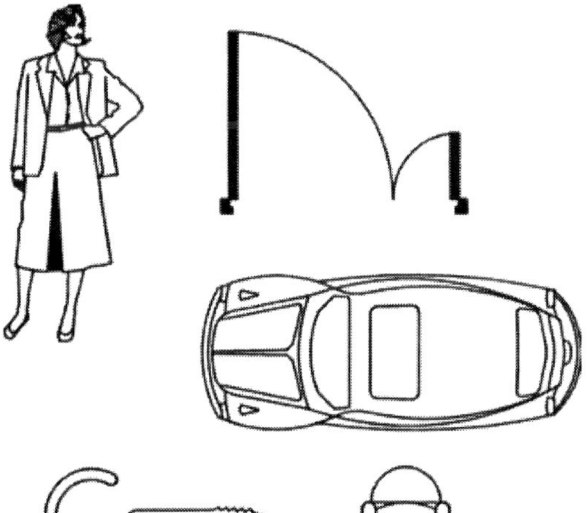

Un bloc est un ensemble d'entités groupées en un objet complexe. Une fois groupées, ces entités prennent un nom, le nom du bloc. À partir de ce moment, vous pouvez placer cet objet composé dans votre dessin en l'appelant par son nom, en lui donnant une échelle et une rotation.

Si toutes les entités de cette figure sont rassemblées en un bloc, elles pourront être insérées dans votre dessin de multiples façons, comme par exemple :

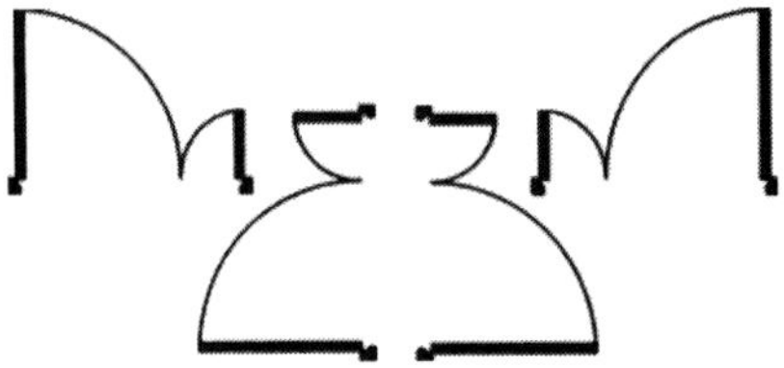

Un bloc est traité comme un simple objet par AutoCAD LT. Il peut être manipulé par de nombreuses commandes d'édition et de renseignement.

Vous définissez un bloc en sélectionnant des éléments soit dans votre dessin, soit à partir de tout fichier dessin AutoCAD LT.

Vous pouvez ainsi créer vos propres bibliothèques d'éléments et les insérer dans votre dessin.

Vos dessins, par l'utilisation des blocs, auront des bases de données très compactes, le bloc étant défini une seule fois et placé autant de fois que nécessaire.

Les blocs dynamiques permettent, à partir d'un seul bloc, diverses utilisations avec des variations de dimension, d'orientation, de rotation, etc.

1.1 Blocs, calques, couleurs, types de ligne

Un bloc peut être constitué d'entités situées dans des calques différents et ayant différents types de ligne. Toute entité d'un bloc située dans un calque et possédant couleur, type et épaisseur de ligne avant la création du bloc, restera placée dans ce calque et gardera ses propriétés lors de l'insertion du bloc, et ce, quels que soient le calque, la couleur et le type de ligne courants au moment de l'insertion du bloc.

AutoCAD LT vous permet de créer des blocs de plusieurs façons. Ainsi les résultats, lors des différentes insertions de bloc, peuvent être divers. Le bloc peut s'adapter aux caractéristiques d'un calque ou conserver ses caractéristiques de création.

1.2 Pourquoi utiliser les blocs ?

Les blocs présentent de multiples avantages qui n'apparaissent pas au premier abord :

- Réduction et organisation du travail : les caractéristiques qui apparaissent souvent peuvent être dessinées une seule fois plutôt que l'une après l'autre.
- Personnalisation : les blocs sont utilisés pour construire vos propres bibliothèques.
- Facilité de redéfinition : les dessins doivent être révisés et mis à jour en cas de changement d'un élément de bibliothèque.

Vous pouvez facilement modifier un bloc et toutes les références à ce bloc (dans le dessin courant) seront automatiquement mises à jour.

- Gain d'espace : à chaque entrée d'une entité dans votre dessin, AutoCAD LT augmente la taille du fichier sur le disque. Si vous créez un bloc défini avec des lignes, arcs et autres, à chaque fois que vous appellerez cet élément, AutoCAD LT placera dans votre dessin une seule entité. Plus complexe sera la définition du bloc, plus grand sera le gain de place sur le disque.
- Attributs : les attributs sont des informations texte rattachées aux blocs qui seront affectées à chaque insertion du bloc, ces commentaires pouvant être visibles ou invisibles. Les attributs peuvent être extraits du fichier dessin par AutoCAD LT pour être transférés dans une base de données.

2. Création de blocs

Vous pouvez créer de nouveaux blocs dans votre dessin à partir des entités de votre choix.

▶ Dans le groupe de fonctions **Définition de bloc** (onglet **Insertion**), choisissez l'icône déroulante **Créer** .

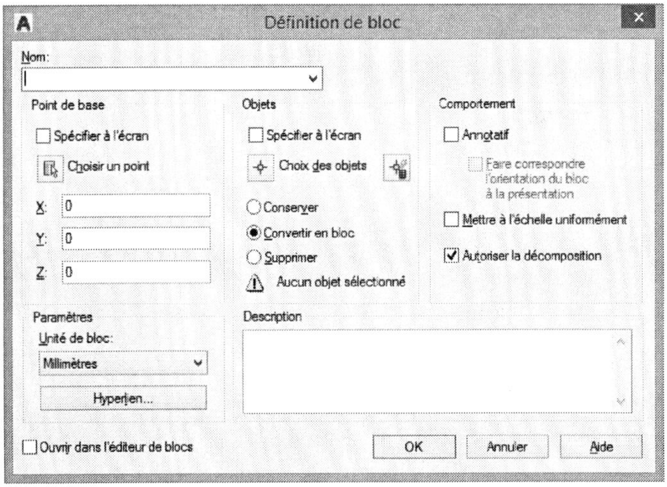

Nom

Vous devez donner un nom au bloc dans cette zone de texte. 255 caractères sont autorisés y compris le tiret (-), le souligné (_) et le dollar ($). La liste déroulante vous permet de visualiser les blocs existant dans le dessin.

Point de base

Vous devez ensuite préciser le point de base pour les futures insertions. Vous indiquez les coordonnées de ce point en X, Y et Z dans les zones correspondantes, ou vous identifiez un point caractéristique grâce aux outils d'accrochage aux objets ; dans ce cas, cliquez sur **Choisir un point**.

Objets

Enfin, vous choisissez les objets constituant le bloc. Cliquez sur **Choix des objets**. Utilisez une méthode quelconque de sélection pour désigner les composants du nouveau bloc, et appuyez sur [Entrée]. La boîte de dialogue réapparaît. Notez que le nombre d'objets indiqué permet un éventuel contrôle.

Conserver

Permet de conserver les éléments originaux à l'écran, après création du bloc.

Convertir en bloc

Après création du bloc, positionne un bloc à l'emplacement des éléments initiaux du bloc.

Supprimer

Ne garde pas les éléments initiaux constituant le bloc.

Comportement

Annotatif

Indique que le bloc possède une propriété annotative.

Faire correspondre l'orientation du bloc à la présentation

Permet la correspondance de l'orientation des références de bloc (dans les fenêtres de présentation) avec l'orientation de la présentation. Cette option n'est disponible que si l'option **Annotatif** est activée.

Mettre à l'échelle uniformément

Permet de spécifier si le bloc pourra être ou non inséré à une échelle non uniforme (X différent de Y par exemple).

Autoriser la décomposition

Permet ou non la décomposition d'un bloc après insertion.

Paramètres

Unité de bloc

Précise les unités de bloc utilisées lors de l'insertion.

Hyperlien

Permet l'accès à la boîte de dialogue Insérer un hyperlien. Vous pouvez ici associer tout type de fichiers au bloc lui-même.

Description

Cette zone permet de renseigner le bloc. La description est notamment utilisée dans le DesignCenter.

La case **Ouvrir dans l'éditeur de blocs** ouvre la définition de bloc courante dans l'éditeur de bloc lorsque vous cliquez sur **OK**.

Un bloc ne peut être inséré que dans le dessin courant. Un second fichier dessin ne peut reconnaître le bloc spécifique au premier. Les éléments standard vus un peu plus loin permettent l'insertion depuis n'importe quel dessin.

Remarque

Le glissement d'un dessin à un autre est possible avec tout type d'objet, y compris le bloc ! (cf. AutoCAD DesignCenter dans ce même chapitre).

3. Insertion de blocs

Dans votre dessin, vous pouvez insérer un bloc préalablement défini ou un fichier dessin qui sera enregistré en tant que définition de bloc. À chaque insertion, vous devez fixer le point d'insertion, l'échelle et l'angle de rotation, dans la boîte de dialogue ou au clavier lors de l'insertion. Puis vous pouvez, si nécessaire, décomposer le bloc inséré.

Dans le groupe de fonctions **Bloc** (onglet **Insertion**), cliquez sur l'outil **Insérer** 

.

La boîte de dialogue ci-dessous est affichée :

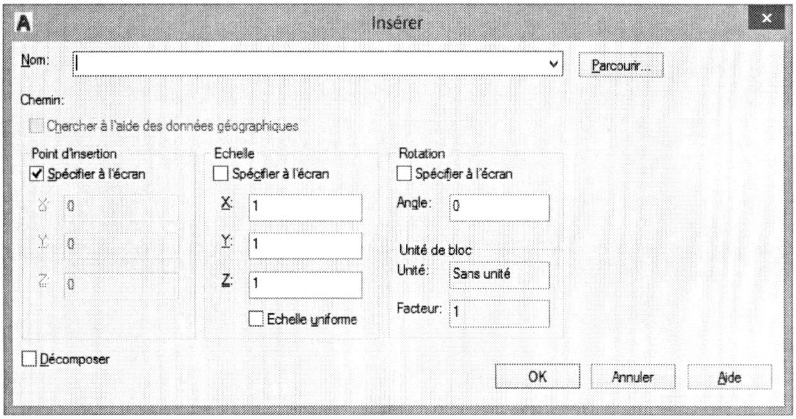

Vous indiquez le bloc ou le fichier dessin que vous souhaitez insérer.

Vous donnez le point d'insertion du bloc, une échelle ainsi qu'un angle de rotation. Vous pouvez insérer le bloc décomposé (même résultat que si vous le décomposiez ensuite). Le nom du dernier bloc inséré est mémorisé et devient la valeur par défaut dans la liste déroulante **Nom**.

Nom

La liste déroulante **Nom** répertorie les blocs définis dans le dessin courant. Il vous suffit de choisir le bloc qui vous convient dans la liste et de confirmer par **OK**.

Parcourir

Le bouton **Parcourir** affiche une boîte de dialogue de recherche de fichier standard. Tout fichier dessin peut être choisi et inséré sous forme de définition de bloc. Notez l'indication du chemin.

Une fois le fichier choisi, la boîte de dialogue précédente réapparaît afin que vous puissiez définir le point d'insertion, l'échelle et l'angle de rotation.

Point d'insertion

La zone **Point d'insertion** permet de définir l'emplacement des coordonnées X, Y et Z d'insertion du bloc. Le bloc désigné est dessiné de façon à ce que son point de base se situe au point d'insertion indiqué. Si la case à cocher **Spécifier à l'écran** est activée, l'utilisateur fixe le point d'insertion dynamiquement à l'aide de la souris.

Echelle

Cette zone permet de définir les facteurs d'échelle X, Y et Z du bloc inséré.Vous pouvez préciser un facteur d'échelle négatif en X ou en Y, ce qui a pour effet de créer des symétries de l'objet initial. Attention aux résultats obtenus avec des attributs associés aux blocs lors de cette commande.

Si la case à cocher **Spécifier à l'écran** est activée, l'utilisateur fixe l'échelle au clavier pendant la procédure. Si cette case est décochée, les valeurs présentes dans les zones X, Y et Z sont prises en compte, et AutoCAD ne vous demandera pas d'échelle pendant la procédure d'insertion. **Echelle uniforme** impose une taille uniforme (X = Y).

Unité de bloc

Cette option permet d'attribuer un facteur d'échelle d'insertion du bloc calculé selon l'unité de travail.

Rotation

Vous pouvez définir ici l'angle de rotation pour le bloc inséré.

Si la case à cocher **Spécifier à l'écran** est activée, l'utilisateur fixe la rotation au clavier ou dynamiquement à la souris pendant la procédure d'insertion. Si cette case est décochée, la valeur présente dans la zone **Angle** est prise en compte, et AutoCAD ne vous demandera pas d'angle de rotation pendant la procédure d'insertion.

Décomposer

La case à cocher **Décomposer** permet d'insérer le bloc non pas comme une seule entité mais comme un ensemble d'entités distinctes. Vous pouvez ainsi les modifier au besoin. Son action est comparable à la décomposition du bloc après son insertion (outil **Décomposer** de la barre d'outils **Modification**).

Une fois l'option **Décomposer** activée, le bloc est inséré avec des facteurs d'échelle X, Y et Z identiques. Par conséquent, un seul facteur d'échelle est disponible pour le bloc décomposé ; il est appliqué à toutes les échelles, et ne peut être négatif.

Les entités dessinées sur le calque 0 d'un bloc, restent sur ce calque si elles ont été insérées en activant l'option **Décomposer**. De la même façon, les entités de couleur DUbloc sont dessinées en blanc, et celles dont le type de ligne est DUbloc le sont en lignes continues.

Mise à jour d'un dessin inséré

Vous pouvez mettre à jour un ou plusieurs blocs ayant subi des modifications. Les changements sont instantanés et automatiques.

Imaginons l'exemple suivant :

Vous avez initialement créé un élément de bibliothèque Cheminée L.dwg (cf. dans ce chapitre, Création d'éléments de bibliothèque). Vous l'avez inséré en tant que bloc Cheminée L à plusieurs reprises dans un dessin Bâtiment.dwg. L'élément de bibliothèque doit avoir aujourd'hui une définition différente. Vous procédez donc aux modifications sur le fichier original Cheminée L.dwg.

Les mises à jour terminées sur l'original, il vous reste à préciser la mise à jour de l'élément Plateau dans le fichier Bâtiment.dwg. Ouvrez le fichier Bâtiment.dwg et procédez comme suit :

- Dans le groupe de fonctions **Bloc** (onglet **Insertion**), choisissez l'icône **Insérer**

.

- Cliquez ensuite sur le bouton **Parcourir**.
- Choisissez l'élément original Cheminée L.dwg.

AutoCAD LT va procéder comme à son habitude et donc va vouloir créer un bloc Cheminée L dans le dessin courant. Or, ce bloc Cheminée L existe déjà.

AutoCAD LT vous demande donc si vous désirez une mise à jour :

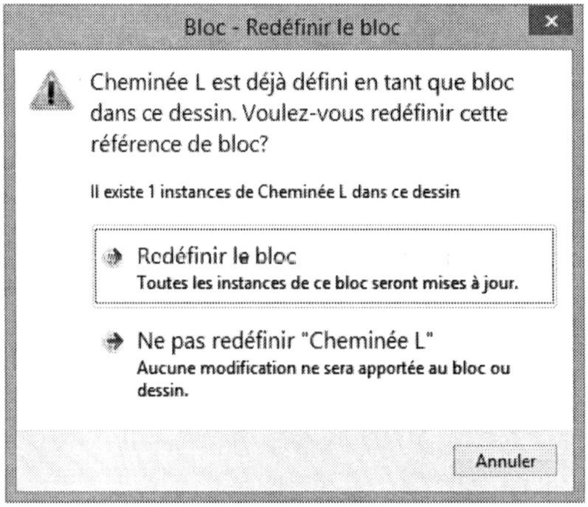

- Cliquez sur le bouton **Redéfinir le bloc**.

  AutoCAD LT régénère le dessin afin de mettre à jour tous les blocs. Il vous donne la possibilité d'insérer un autre bloc.

- Appuyez sur la touche [Echap] pour conserver la mise à jour sans insérer un nouveau bloc.

Remarque

*Depuis le DesignCenter, vous pouvez redéfinir directement une définition du bloc. Accédez à la rubrique **Blocs** du dessin concerné, puis effectuez un clic droit sur le bloc et choisissez **Redéfinir seulement**.*

4. Création d'éléments de bibliothèque

- Déroulez le groupe de fonctions **Définition de bloc** (onglet **Insertion**), et choisissez l'icône déroulante **Créer un fichier bloc** 

.

Vous pouvez ici créer vos propres bibliothèques sur disque. Ces éléments de bibliothèque seront accessibles depuis n'importe quel dessin.

Source

Bloc

L'option **Bloc** est activée si des blocs sont définis dans le dessin courant. La sélection de l'un d'entre eux permet la création d'un fichier dessin à partir d'un bloc du dessin.

Dessin entier

Permet la création d'un fichier dessin à partir de toute la géométrie du dessin. La création d'éléments de bibliothèque impose souvent une organisation rigoureuse du disque. Il n'est donc pas impossible d'avoir deux dessins identiques sur le disque (un original et un dessin à insérer).

Objets

Cette option par défaut crée un fichier bloc à partir des objets sélectionnés par l'utilisateur. Il suffit de sélectionner le bouton **Choix des objets**.

Point de base

Le bouton **Choisir un point** propose à l'utilisateur d'indiquer graphiquement le point qui servira de référence pour les futures insertions. Les zones X, Y et Z peuvent également fixer ce point de référence.

Objets

Le bouton **Choix des objets** vous invite à sélectionner les objets constituant l'élément de bibliothèque. Utilisez la méthode de sélection de votre choix.

Conserver

Permet de conserver les éléments originaux à l'écran, après création du fichier bloc.

Convertir en bloc

Après création du fichier bloc, positionne un bloc à l'emplacement des éléments initiaux du bloc.

Supprimer du dessin

Ne garde pas les éléments initiaux constituant le fichier bloc.

Destination

Nom et chemin d'accès du fichier

Choisissez l'emplacement du fichier bloc à créer et spécifiez son nom.

La liste déroulante propose les chemins précédemment utilisés. Cliquez sur le bouton **...** situé à droite pour accéder à l'arborescence du disque.

Unité d'insertion

Fixe le type d'unité pour le fichier bloc lorsqu'il est inséré (glissé) depuis le DesignCenter (cf. dans ce chapitre, AutoCAD DesignCenter). La liste déroulante vous propose tous types d'unités (km, hectomètres, microns, pouces, miles, décimètres...).

Remarque

*Tout fichier dessin peut être inséré comme bloc dans un autre dessin. Si vous voulez rendre le fichier actuel disponible pour une insertion, utilisez simplement la commande **Enregistrer** du menu **Fichier** pour le stocker sur disque.*

Vous pouvez apporter des modifications sur cet élément de bibliothèque en ouvrant normalement ce fichier. Une mise à jour des dessins utilisant le bloc correspondant peut être effectuée (cf. Insertion de blocs - Mise à jour d'un dessin inséré dans ce chapitre).

Si vous souhaitez modifier l'emplacement des entités de l'élément de bibliothèque, vous pouvez utiliser la commande **Déplacer** (groupe de fonctions **Modification**) classique. Vous pouvez également utiliser la commande **Définir un point de base** (groupe de fonctions **Définition de bloc**) vous permettant de repositionner l'origine actuelle du dessin.

Le message ci-dessous apparaît alors :

```
BASE Entrez le point de base <0.0000,0.0000,0.0000>:
```

5. AutoCAD DesignCenter

5.1 Présentation

AutoCAD DesignCenter constitue une sorte d'explorateur intelligent de contenus.

Une première possibilité permet très rapidement de visualiser et d'insérer le contenu d'un dossier (dessins AutoCAD LT) dans un dessin ouvert. À l'aide d'un simple cliqué-glissé, l'utilisateur insère un dessin extérieur entier dans un dessin ouvert.

Une deuxième possibilité permet de transférer d'un dessin à un autre les éléments suivants :

- calques (avec toutes ses propriétés),
- types de ligne,
- blocs,
- xrefs,
- styles de texte,
- styles de tableau,
- styles de cote,
- présentations (avec configuration de tracé, mise en page, cadre, cartouche et fenêtres de présentation).

L'utilisateur visualise le contenu d'un dessin AutoCAD LT (liste ci-dessus) présent dans l'arborescence du disque et grâce à un simple cliqué-glissé dépose dans un dessin ouvert l'élément voulu.

Pour lancer AutoCAD DesignCenter :

▶ Dans le groupe de fonctions **Palettes** (onglet **Vue**), cliquez sur l'outil **DesignCenter** .

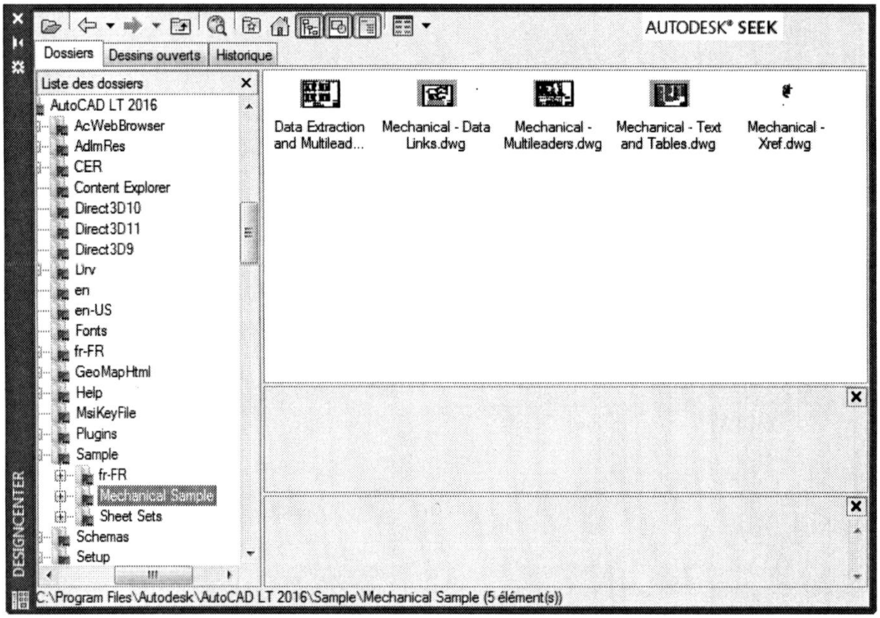

La fenêtre DesignCenter est flottante ou arrimée sur le bord gauche (figure de gauche) de la fenêtre AutoCAD LT.

Dans la partie supérieure, trois onglets sont disponibles :

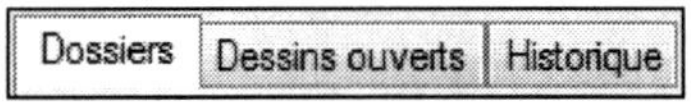

L'onglet **Dossiers** permet d'accéder aux divers dossiers de votre disque ou réseau.

L'onglet **Dessins ouverts** permet l'accès aux contenus des dessins ouverts.

L'onglet **Historique** affiche les vingt derniers fichiers ou dossiers "visités" avec le DesignCenter.

Au-dessus des onglets se trouve la barre d'outils :

 **Charger** — Permet de charger le contenu de fichiers situés sur les lecteurs locaux, sur le réseau ou sur le Web.

 **Arrière** — Permet de revenir au plus récent emplacement dans l'historique ; ou via la liste déroulante, à un des précédents emplacements.

Avant	Permet de "remonter" dans l'historique des emplacements suivants.
Haut	Permet d'accéder au dossier situé hiérarchiquement au-dessus du dossier ouvert.
Rechercher	Ouvre la boîte de dialogue **Rechercher** permettant la recherche rapide des éléments suivants ; dessins, blocs, calques, styles de texte, styles de cote, présentations, types de ligne et xrefs. Précisez le chemin de recherche, la date de modification...
Favoris	Permet l'accès direct au dossier Favoris. Celui-ci se situe dans le dossier ...\Favoris\Autodesk. Notez qu'un clic droit sur un élément du DesignCenter permet d'accéder à un menu contextuel proposant l'ajout aux Favoris, ou encore la suppression d'un élément du dossier Favoris (option **Organiser les Favoris**). Constituez ainsi vos classements favoris.
Début	Revient au dossier ouvert par défaut lors de l'installation (...\Sample\DesignCenter). Vous pouvez modifier ce dossier par défaut grâce au menu contextuel de l'arborescence.
Arborescence	Permet l'affichage des fichiers ou dossiers sous forme hiérarchique. Sélectionnez l'un d'entre eux pour visualiser son contenu dans la partie droite. Vous réduisez ou déroulez les différents niveaux hiérarchiques en agissant sur le signe plus (+) ou moins (-).
Aperçu	Affiche un aperçu de l'élément sélectionné.
Description	Affiche un commentaire propre à l'élément sélectionné.
Vues	Affiche le contenu du DesignCenter sous forme de grandes ou petites icônes, de liste ou de détails.

Pour redimensionner le DesignCenter, effectuez un cliqué-glissé sur un de ses bords.

Vous pouvez aussi redéfinir la position du séparateur entre l'arborescence et le contenu. Un cliqué-glissé réduit ou augmente ces largeurs. Notez que des barres de défilement sont affichées lorsque l'affichage n'est pas complet, et permettent de faire varier l'affichage.

Pour une bonne gestion de vos projets, pensez à utiliser le DesignCenter. En effet, il vous permet d'échanger et de réutiliser les éléments du premier projet vers autant de nouveaux projets que vous le souhaitez.

Ainsi, vous glissez des blocs ou références externes déjà utilisés dans un projet. Des présentations finalisées dans un projet sont réutilisées dans un nouveau projet ; ceci permet un gain de temps considérable. Les annotations (styles de texte) et cotations (styles de cote) sont échangées et évitent de nouveaux paramétrages Les calques ne sont plus à créer s'ils existent sur un projet existant...

5.2 Utilisation du DesignCenter

Toute insertion s'effectue vers un dessin ouvert. Ce dessin ainsi que le DesignCenter sont donc affichés à l'écran.

5.2.1 Insérer un dessin entier

Accédez à l'arborescence du DesignCenter et ouvrez le dossier contenant le dessin à insérer.

Dans la partie droite du DesignCenter, sélectionnez le dessin AutoCAD LT et faites-le glisser dans le dessin ouvert.

Relâchez le bouton de la souris là où vous souhaitez positionner le dessin. Notez l'utilisation possible de l'accrochage aux objets.

5.2.2 Insérer un bloc

Accédez à l'arborescence du DesignCenter pour accéder au dessin contenant le bloc à insérer. Affichez le contenu du dessin en agissant sur le signe + et choisissez la catégorie **Blocs**.

Dans la partie droite du DesignCenter, sélectionnez le bloc à insérer.

Faites-le glisser dans le dessin ouvert. Relâchez le bouton de la souris là où vous souhaitez le positionner.

Le bloc est directement affiché lorsque vous glissez la souris sur le dessin. Vous pouvez utiliser les outils d'accrochage pour le positionner précisément.

Le bloc est inséré avec un facteur d'échelle et un angle de rotation par défaut.

Pour insérer un bloc avec des coordonnées, un facteur d'échelle et un angle de rotation à définir, effectuez un double clic sur le bloc depuis le DesignCenter.

5.2.3 Glisser des calques

Accédez à l'arborescence du DesignCenter pour accéder au dessin contenant les calques à insérer. Affichez le contenu du dessin en agissant sur le signe + et choisissez la catégorie **Calques**.

Dans la partie droite du DesignCenter, sélectionnez le ou les calques à insérer.

Faites-les glisser dans le dessin ouvert.

Les calques sont maintenant disponibles avec toutes leurs propriétés dans le dessin courant.

5.2.4 Glisser des styles de cote

Accédez à l'arborescence du DesignCenter pour accéder au dessin contenant les styles de cote à insérer. Affichez le contenu du dessin en agissant sur le signe + et choisissez la catégorie **Cotstyles**.

Dans la partie droite du DesignCenter, sélectionnez le ou les styles de cote à insérer.

Faites-les glisser dans le dessin ouvert.

Les styles de cote sont maintenant disponibles dans le dessin courant.

Remarque

Faites glisser de la même façon les styles de texte, types de ligne, les références externes (xrefs) et les présentations d'un dessin à un autre.

5.2.5 Appliquer rapidement un motif de hachure

Depuis le DesignCenter, si vous pointez dans l'arborescence sur le fichier **acadltiso.pat**, vous accédez aux divers motifs de hachure.

Ce fichier est situé par défaut dans le dossier Support d'AutoCAD LT.

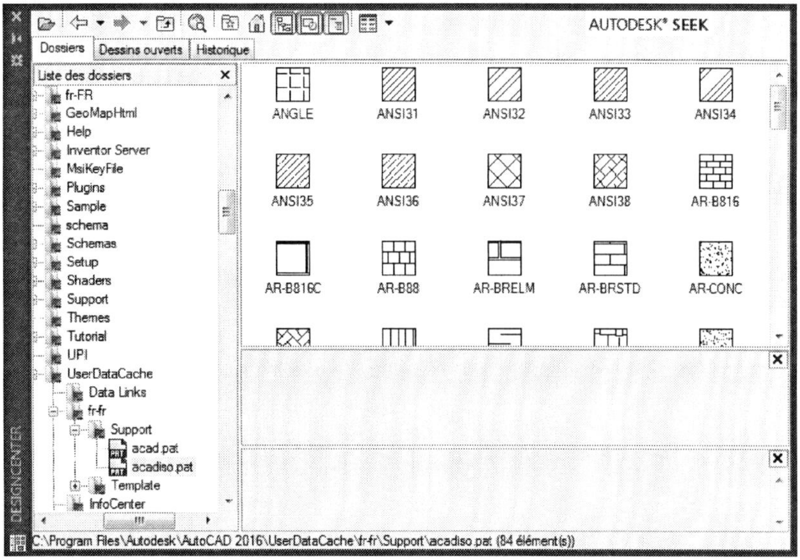

▶ Choisissez le motif de hachure et effectuez un cliqué-glissé vers la zone à hachurer.

Remarque

Dans le DesignCenter, un clic droit sur le motif permet l'accès à la boîte de dialogue ***Hachures de contour****. Ainsi, vous pouvez hachurer avec la méthode classique.*

5.2.6 Créer une palette d'outils à partir du DesignCenter

À partir du DesignCenter, il vous est possible de procéder à la création automatique d'une palette d'outils. Cette création est possible est de deux façons :

- **Depuis l'arborescence du DesignCenter** ; choisissez un dossier, un fichier ou une catégorie de blocs, de motifs de hachures..., puis effectuez un clic droit dans l'arborescence du DesignCenter. Choisissez **Créer une palette d'outils**.

  La palette est créée automatiquement (dans la fenêtre **Palettes d'outils**), et les blocs ou motifs de hachure sont directement utilisables depuis les palettes d'outils.

  Dans le cas de la sélection d'un fichier de motifs de hachure, le menu contextuel affiche **Créer une palette d'outils comme motif de hachure**.

  Avec cette méthode, le nom de la palette est affecté automatiquement.
- **Depuis le contenu de DesignCenter** ; choisissez un ou plusieurs éléments (bloc ou motif de hachure), puis effectuez un clic droit et choisissez **Créer une palette d'outils**.

  Dans ce cas, les blocs et motifs de hachure sont créés directement dans la nouvelle palette d'outils. AutoCAD LT vous demande de nommer cette nouvelle palette.

Remarque

Voir aussi les palettes d'outils (cf. chapitre La personnalisation).

6. Les blocs dynamiques

Les blocs dynamiques sont définis à l'aide de propriétés personnalisées qui vous permettent d'insérer un bloc dans un dessin ou d'en adapter un sans le redéfinir. Grâce aux blocs dynamiques, vous pouvez, après insertion, étirer un bloc dans un sens ou dans l'autre, redimensionner un bloc suivant des dimensions prédéfinies, orienter un bloc suivant un angle de rotation ou en obtenir une symétrie, modifier l'aspect du bloc parmi une liste... Ces manipulations sont possibles en agissant sur des poignées personnalisées propres aux blocs dynamiques et par l'intermédiaire de la fenêtre propriétés.

Étudions les exemples particuliers suivants :

Cas 1

- Dans le groupe de fonctions **Palettes**, cliquez sur l'icône **Palettes d'outils** .
- Dans la fenêtre **Palettes d'outils**, activez l'onglet **Architecture**.
- Dans la partie inférieure **Exemples métriques**, cliquez sur le bloc **Fenêtre en Aluminium - Métrique**.

AutoCAD LT vous invite à indiquer un point d'insertion dans la zone graphique.

Une fois l'insertion réalisée la figure est similaire au dessin ci-dessous :

- Cliquez sur le bloc ci-dessus et constatez l'affichage des poignées personnalisées.

- Cliquez sur la poignée carrée  pour déplacer le bloc à partir de son point d'insertion.
- Agissez sur la poignée droite  pour étirer dynamiquement (avec la souris) la largeur de la fenêtre. Cet étirement se fait ici conformément à des largeurs de fenêtre prédéfinies.
- Agissez sur la poignée supérieure  pour étirer dynamiquement (avec la souris) la hauteur de la fenêtre. Cet étirement se fait ici conformément à des hauteurs de fenêtre prédéfinies.

  La fenêtre **Propriétés** vous permet de sélectionner dans une liste des dimensions prédéfinies pour les largeur et hauteur de la fenêtre.

- Effectuez un clic droit, puis choisissez **Propriétés** pour afficher la fenêtre **Propriétés** qui présente la rubrique **Personnaliser** suivante :

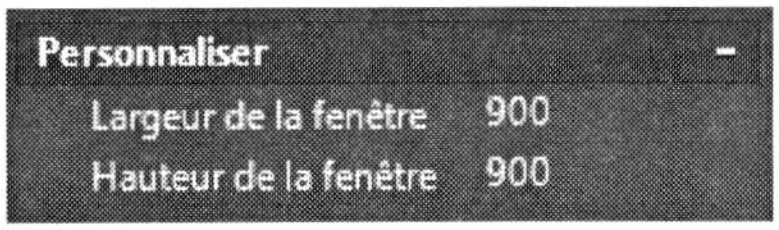

- Dans la rubrique **Personnaliser**, déroulez la liste **Largeur de la fenêtre** et choisissez une largeur prédéfinie.
- Dans la rubrique **Personnaliser**, déroulez la liste **Hauteur de la fenêtre** et choisissez une hauteur prédéfinie.

Le bloc dynamique évolue en fonction des choix ci-dessus.

Cas 2

- Dans le groupe de fonctions **Palettes**, cliquez sur l'icône **Palettes d'outils**.
- Dans la fenêtre **Palettes d'outils**, activez l'onglet **Architecture**.
- Dans la partie inférieure **Exemples métriques**, cliquez sur le bloc **Porte - Métrique**.

AutoCAD vous invite à indiquer un point d'insertion dans la zone graphique.

- Une fois l'insertion réalisée, cliquez sur le bloc pour afficher la figure suivante :

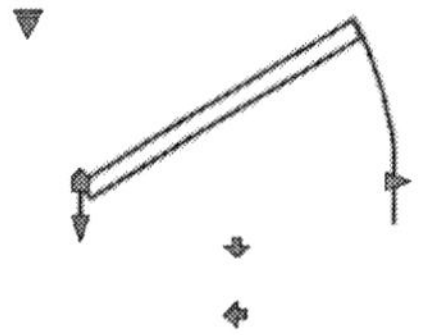

- Cliquez sur la poignée carrée  pour déplacer le bloc à partir de son point d'insertion.
- Agissez sur la poignée  pour modifier l'épaisseur de la paroi. Cet étirement se fait ici conformément à des épaisseurs de paroi prédéfinies (voir les propriétés ci-dessous).
- Agissez sur la poignée  pour sélectionner dans les angles d'ouverture 30°, 45°, 60°, 90° ou une porte fermée.

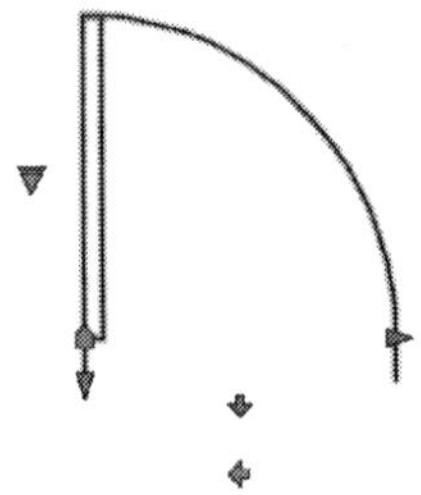

- Agissez sur la poignée droite  pour étirer dynamiquement (avec la souris) la largeur de la fenêtre. Cet étirement se fait ici conformément à des largeurs de porte prédéfinies (voir les propriétés ci-après).
- Agissez sur la flèche vers le bas pour obtenir une symétrie horizontale. Vous obtenez la figure ci-dessous et la flèche devient flèche vers le haut.

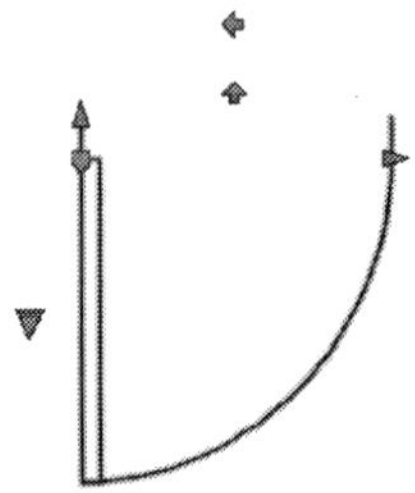

- Agissez sur la flèche vers la gauche pour obtenir une symétrie verticale. Vous obtenez la figure ci-après et la flèche devient flèche vers la droite.

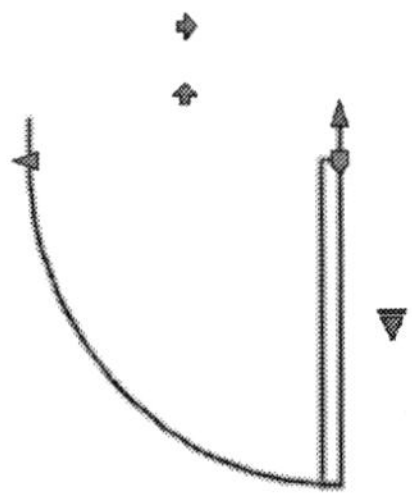

La rubrique **Personnaliser** de la fenêtre **Propriétés** vous permet de choisir :
- La taille de la porte dans une liste de dimensions prédéfinies.
- L'épaisseur de la paroi dans une liste de dimensions prédéfinies.
- Le côté de montage de la porte (charnière à gauche ou droite).
- L'ouverture intérieure ou extérieure de la porte.
- Les angles d'ouverture de la porte (30, 45, 60 ou 90°) ou une porte fermée.

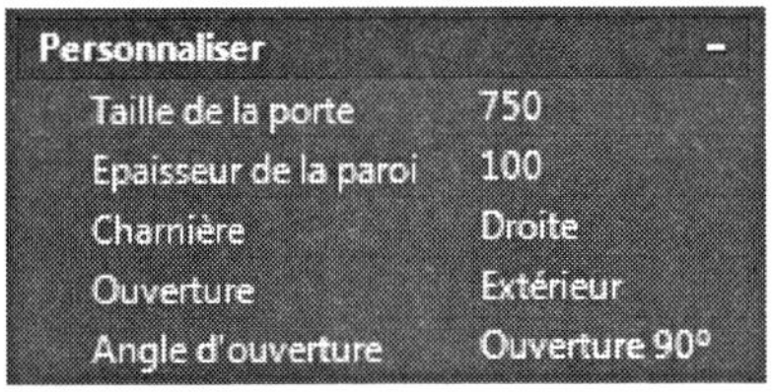

Cas 3

▶ Dans le groupe de fonctions **Palettes**, cliquez sur l'icône **Palettes d'outils**.

▶ Dans la fenêtre **Palettes d'outils**, activez l'onglet **Structurel**.

▶ Dans la partie inférieure **Exemples métriques**, cliquez sur le bloc **Poutre en I - Métrique**.

AutoCAD LT vous invite à indiquer un point d'insertion dans la zone graphique.

▶ Une fois l'insertion réalisée, cliquez sur le bloc pour afficher la figure suivante :

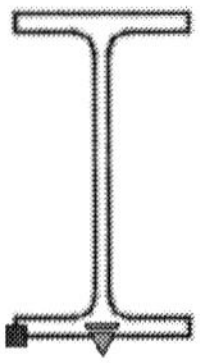

▶ Agissez sur la poignée  pour sélectionner dans le menu contextuel ci-dessous le type de poutre (profilé) désiré. Le bloc s'adapte automatiquement aux dimensions du nouveau profilé.

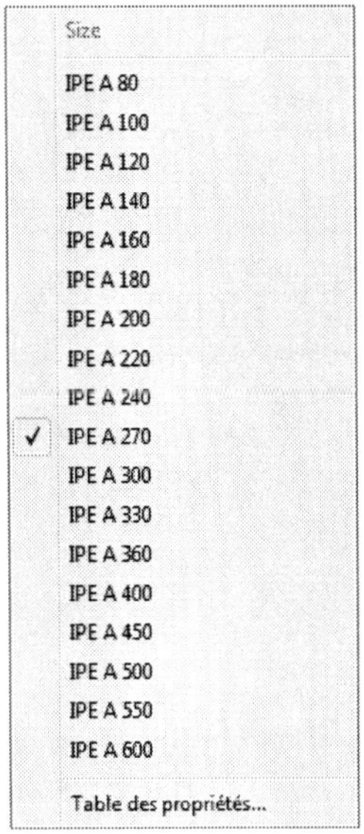

La rubrique **Personnaliser** de la fenêtre **Propriétés** vous permet de choisir :

- La taille de la poutre dans la liste prédéfinie (normalisée - Block Table1).
- La largeur de la bride (W).
- La hauteur de l'âme (H).
- L'épaisseur de la bride (Ft).
- L'épaisseur de l'âme (Wt).
- La valeur des rayons (R).

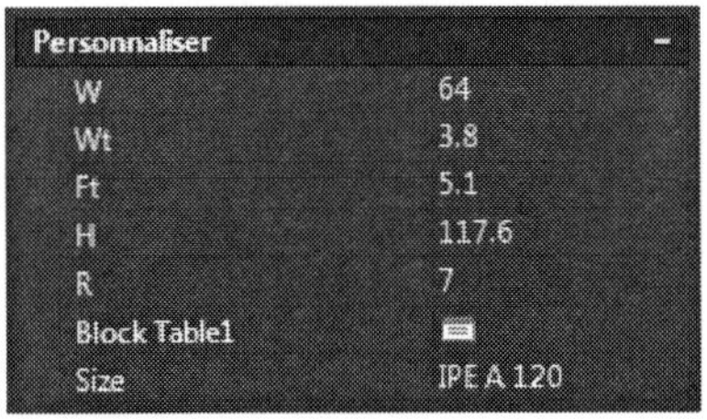

Remarque

*Le choix du type de poutre via **Tailles de poutre** affecte l'ensemble des valeurs de la rubrique Personnalisé, car il s'agit ici de dimensions normalisées. En revanche, les autres choix permettent de modifier indépendamment l'une et l'autre des dimensions. Dans ce cas, la zone **Tailles de poutre** indique **Taille non répertoriée**.*

Cas 4

- Dans le groupe de fonctions **Palettes**, cliquez sur l'icône **Palettes d'outils**.
- Dans la fenêtre **Palettes d'outils**, activez l'onglet **Mécanique**.
- Dans la partie inférieure **Exemples métriques**, cliquez sur le bloc **Boulon à tête hexagonale - Métrique**.

AutoCAD LT vous invite à indiquer un point d'insertion dans la zone graphique.

- Une fois l'insertion réalisée, cliquez sur le bloc pour afficher la figure suivante :

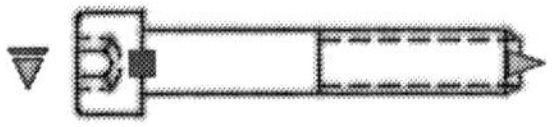

- Agissez sur la poignée ▼ pour sélectionner dans le menu contextuel ci-après le type de vis désiré. Le bloc s'adapte automatiquement aux dimensions de la nouvelle vis.
- Agissez sur la poignée droite ► pour étirer dynamiquement (avec la souris) la longueur de la vis. Cet étirement se fait ici conformément à des largeurs de vis prédéfinies (voir les propriétés ci-dessous).

La rubrique **Personnaliser** de la fenêtre **Propriétés** vous permet de choisir :

– La taille de la vis dans la liste prédéfinie (normalisée).
– La longueur de la vis dans la liste prédéfinie.

Cas 5

- Dans le groupe de fonctions **Palettes**, cliquez sur l'icône **Palettes d'outils**.
- Dans la fenêtre **Palettes d'outils**, activez l'onglet **Civil**.
- Dans la partie inférieure **Exemples métriques**, cliquez sur le bloc **Panneau international de limitation de vitesse - Métrique**.

AutoCAD LT vous invite à indiquer un point d'insertion dans la zone graphique.

- Une fois l'insertion réalisée, cliquez sur le bloc pour afficher la figure suivante :

▶ Agissez sur la poignée ▼ pour sélectionner dans le menu contextuel l'un des choix de la liste ci-dessous :

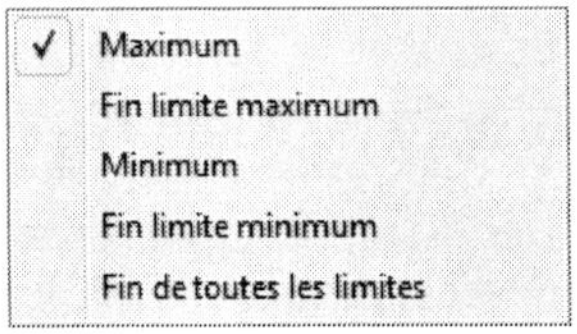

▶ Choisissez **Fin limite minimum**.

Le bloc est affiché comme ci-dessous :

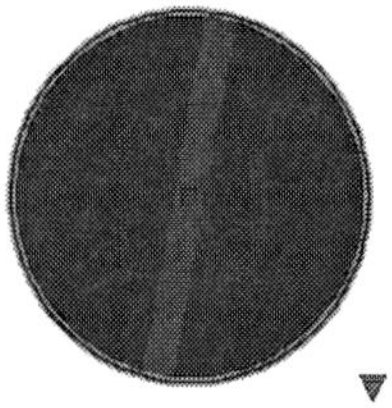

Le bloc est automatiquement modifié et peut d'ailleurs être complètement différent du premier.

Remarque

*La palette **Propriétés** ci-dessous permet de modifier les caractéristiques telles que le type de limitation ou la vitesse limite.*

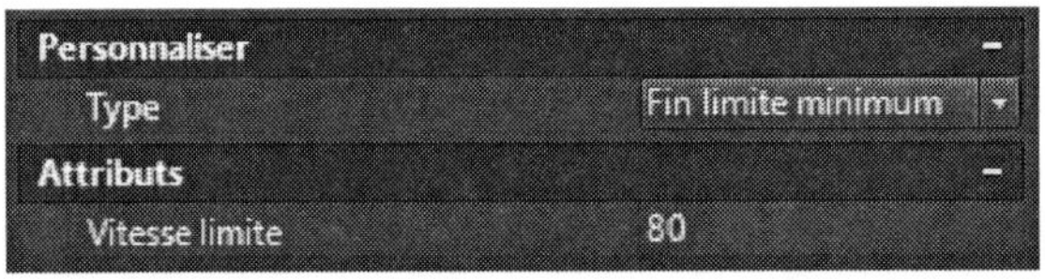

6.1 Création de blocs dynamiques

Pour qu'un bloc soit dynamique, il doit contenir au moins un paramètre et une action associée au paramètre.

Les paramètres définissent les propriétés personnalisées et spécifient des positions, des distances et des angles pour la géométrie du bloc. Les actions définissent la manière dont la géométrie d'une référence de bloc dynamique est déplacée ou modifiée lorsqu'un bloc change. Lorsque vous ajoutez des actions au bloc, vous devez les associer à des paramètres et à une géométrie.

Considérons la création du bloc suivant dont le nom est Lunettes par exemple. Les dimensions sont affichées à titre d'information, mais seule la géométrie constitue le bloc Lunettes.

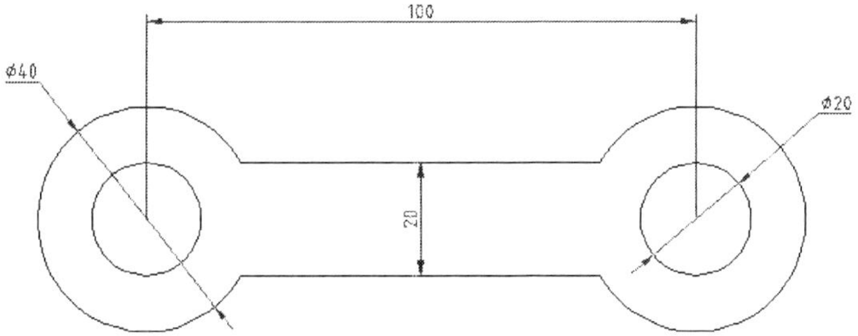

Permettre l'étirement d'une partie du bloc et la rotation du bloc

Dans cet exemple, vous allez définir un bloc dynamique que vous pourrez étirer vers la droite. L'entre axes (défini à 100 ci-dessus) évoluera donc vers une valeur inférieure ou supérieure.

Puis vous ajouterez un paramètre de rotation pour permettre une rotation du bloc autour de centre du cercle gauche.

Étirement d'une partie du bloc

- Effectuez un double clic sur la géométrie du bloc pour accéder à l'édition du bloc.

AutoCAD LT affiche la boîte de dialogue suivante :

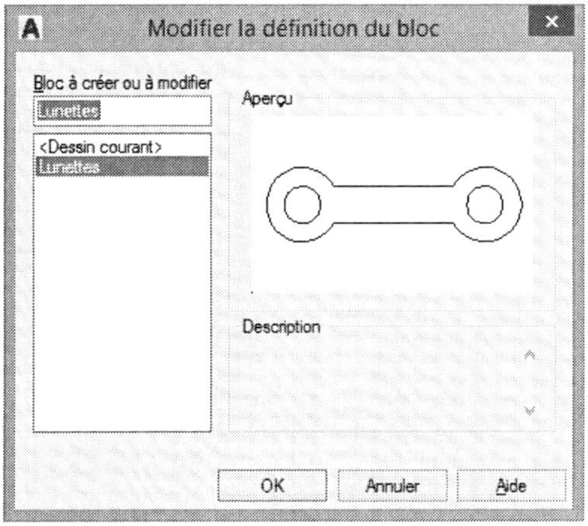

- Si votre dessin possède plusieurs blocs, sélectionnez le bloc à modifier dans la liste **Bloc à créer ou à modifier**, puis confirmez par **OK**.

AutoCAD LT vous présente l'environnement propre à l'éditeur de blocs. Celui-ci est affiché sous fond jaune et contient une barre d'outils spécifique ainsi que les palettes de création de blocs comme ci-après.

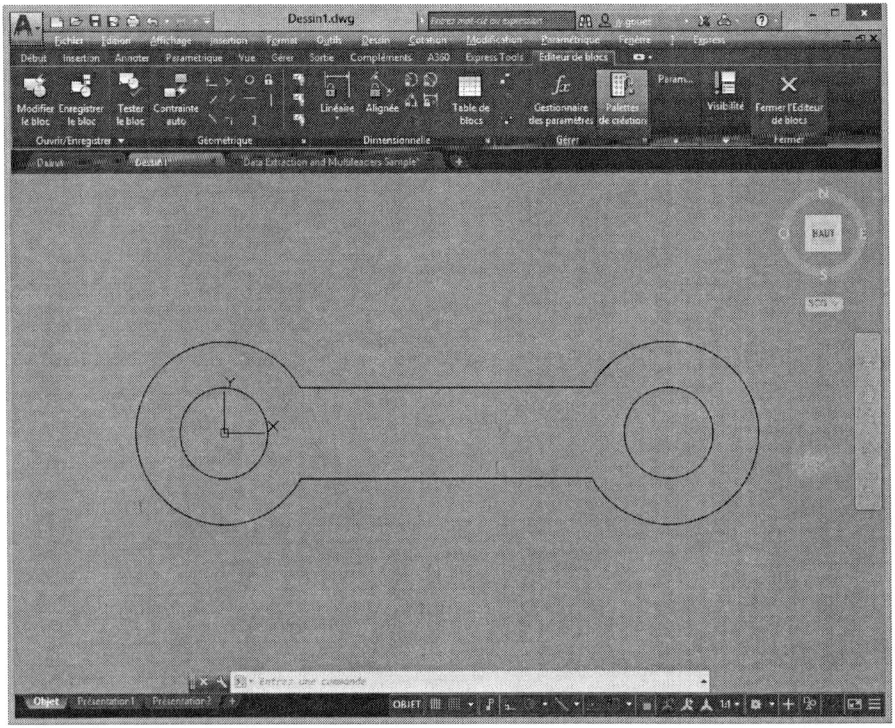

■ Dans la palette **Palettes de création de blocs**, activez l'onglet **Paramètres** et cliquez sur l'outil **Linéaire** 

.

■ AutoCAD LT vous demande d'indiquer le point de départ du paramètre linéaire. Spécifiez le centre du cercle gauche.

Remarque

À ce stade, vous pouvez accéder à l'option ***Jeu de valeurs****, puis la sous-option* ***Liste****. Vous définissez ici une liste de longueurs (séparées par une virgule) qui constitueront les longueurs d'étirement possibles proposées dans la fenêtre* ***Propriétés****.*

■ Spécifiez ensuite une extrémité pour ce paramètre linéaire. Spécifiez le centre du cercle droit.

- Spécifiez alors un emplacement d'étiquette sur la partie supérieure de la géométrie de façon à obtenir la figure ci-dessous :

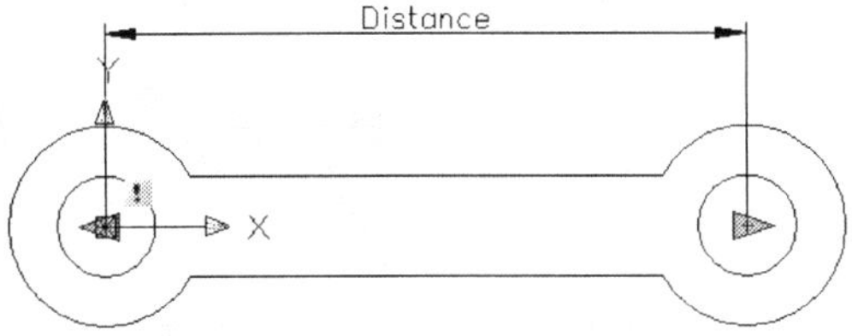

Vous constatez la présence des poignées personnalisées, ainsi que la présence d'une icône d'alerte indiquant qu'aucune action n'est encore associée au paramètre linéaire.

- Dans la palette **Palettes de création de blocs**, activez l'onglet **Actions**.

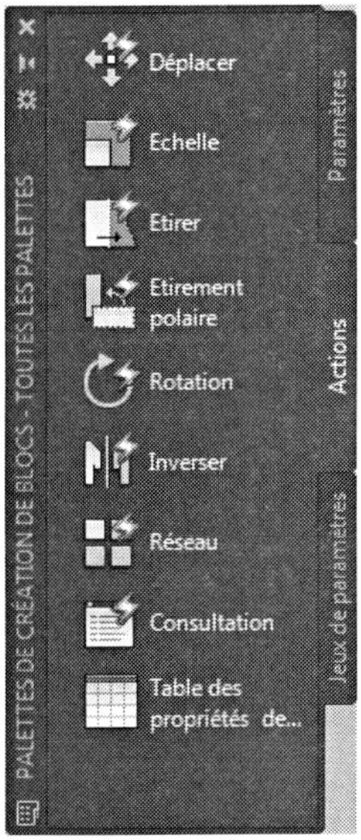

- Cliquez sur l'outil **Etirer**.
- Sélectionnez le paramètre linéaire (dans la zone **Distance par défaut**).
- AutoCAD LT vous demande ensuite de spécifier le point d'étirement, c'est-à-dire l'emplacement de la poignée à partir de laquelle vous effectuerez l'étirement. Cliquez sur le centre du cercle droit.
- Spécifiez ensuite une sélection par capture (de la droite vers la gauche) pour inclure le cercle et l'arc droits et croiser les deux lignes ainsi que le paramètre.

- Sélectionnez ensuite les objets concernés par l'étirement, c'est-à-dire le cercle et l'arc droits, les deux lignes et le paramètre (via l'outil de sélection **Capture**), puis validez par [Entrée].
- Puis spécifiez l'emplacement de l'action **Etirer**, idéalement à côté du point d'étirement.
- Procédez maintenant à l'enregistrement du bloc.
- Dans la barre d'outils de l'éditeur de bloc, cliquez sur le bouton **Fermer l'éditeur de bloc**.
- AutoCAD LT vous demande de confirmer l'enregistrement des changements du bloc en cliquant sur **Enregistrer les modifications dans Lunettes** :

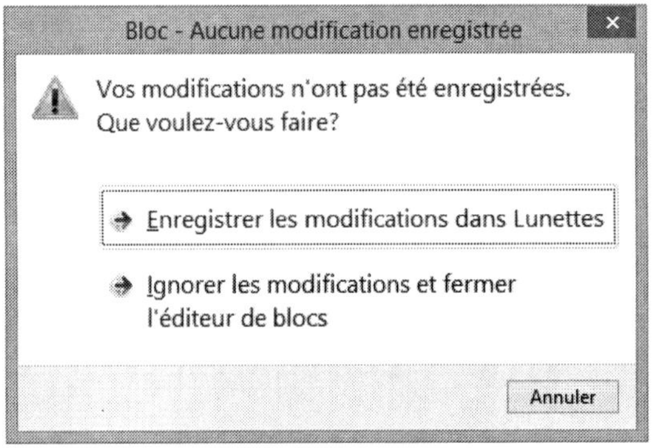

- Vous quittez l'éditeur de bloc, et à ce stade, le paramètre d'étirement est effectif.
- Cliquez sur le bloc pour afficher le bloc dynamique avec ses poignées spécifiques.
- Cliquez sur la poignée d'étirement définie à droite  et modifiez la longueur du bloc **Lunettes**.

Rotation du bloc

- Effectuez un double clic sur la géométrie du bloc pour accéder à l'édition du bloc.
- AutoCAD LT vous propose de sélectionner le bloc à modifier dans la liste **Bloc à créer ou modifier** dans la fenêtre **Modifier la définition du bloc**. Confirmez par **OK** (idem étape 1 précédente). Vous accédez à l'éditeur de bloc.
- Dans la palette **Palettes de création de blocs**, activez l'onglet **Paramètres** puis cliquez sur l'outil **Rotation** 

.
- AutoCAD LT vous demande d'indiquer le point de base du paramètre de rotation.

Spécifiez le centre du cercle gauche.

- Spécifiez ensuite le rayon du paramètre en spécifiant un point situé sur l'horizontale droite (par exemple un des points quadrants OUEST ou EST du cercle droit).
- Spécifiez alors l'angle de rotation par défaut. Ici, validez la valeur 0 pour respecter la position horizontale par défaut.
- Dans la palette **Palettes de création de blocs**, activez l'onglet **Actions**.
- Cliquez sur l'outil **Rotation** 

.
- Sélectionnez le paramètre de rotation (dans la zone **Angle par défaut**).

  AutoCAD LT vous demande ensuite de sélectionner les objets concernés par la rotation.
- Sélectionnez l'ensemble de la géométrie et les paramètres, et validez par [Entrée].
- Puis spécifiez l'emplacement de l'action **Rotation**, au-dessus de l'action **Etirer** par exemple comme ci-dessous :

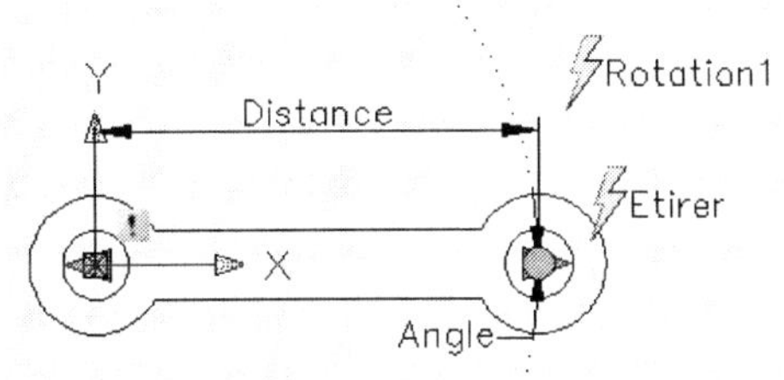

Procédez maintenant à l'enregistrement du bloc :

- Dans la barre d'outils de l'éditeur de bloc, cliquez sur le bouton **Fermer l'éditeur de bloc**.
- AutoCAD vous demande de confirmer l'enregistrement des changements du bloc.
- Cliquez sur **Enregistrer les modifications**.

  Vous quittez l'éditeur de bloc, et à ce stade, le paramètre de rotation est effectif.
- Cliquez sur le bloc pour afficher le bloc dynamique avec ses poignées spécifiques à l'étirement et à la rotation.

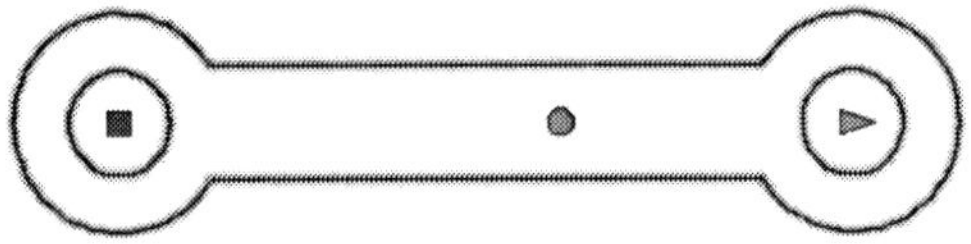

- Cliquez sur la poignée de rotation ● et définissez le nouvel angle de rotation, soit dynamiquement avec le pointeur de sélection ou en saisissant l'angle au clavier.

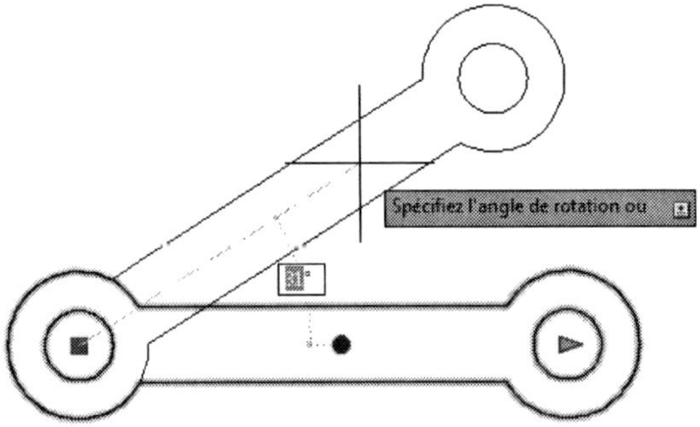

La rubrique **Personnaliser** de la fenêtre **Propriétés** vous permet de choisir la longueur et l'angle.

Si à l'étape 10, vous avez défini une liste de valeurs, la zone **Distance** propose une liste déroulante composée de ces valeurs personnalisées.

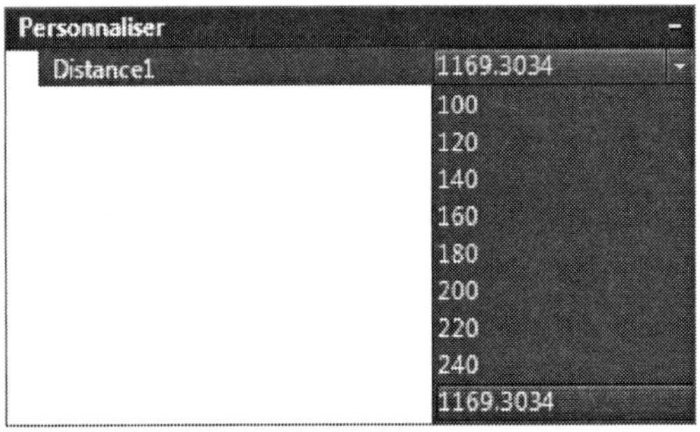

6.2 Modification d'un bloc dynamique

À tout moment vous pouvez modifier les diverses propriétés des paramètres et actions d'un bloc dynamique. Une technique consiste à procéder depuis la fenêtre **Propriétés**.

- Effectuez un double clic sur le bloc (le bloc Lunettes dans notre cas) pour activer l'éditeur de bloc.

- AutoCAD LT vous propose de sélectionner le bloc à modifier dans la liste **Bloc à créer ou modifier** de la fenêtre **Modifier la définition du bloc**.
- Confirmez par **OK**.
- Dans le groupe de fonctions **Palettes** (onglet **Vue**), cliquez sur le bouton **Propriétés** pour afficher la fenêtre **Propriétés**.

  Selon la sélection du paramètre, l'affichage de la fenêtre **Propriétés** varie et vous permet d'agir sur les divers paramètres courants.
- Sélectionnez le **Paramètre linéaire** et constatez l'affichage suivant dans la palette **Propriétés**.

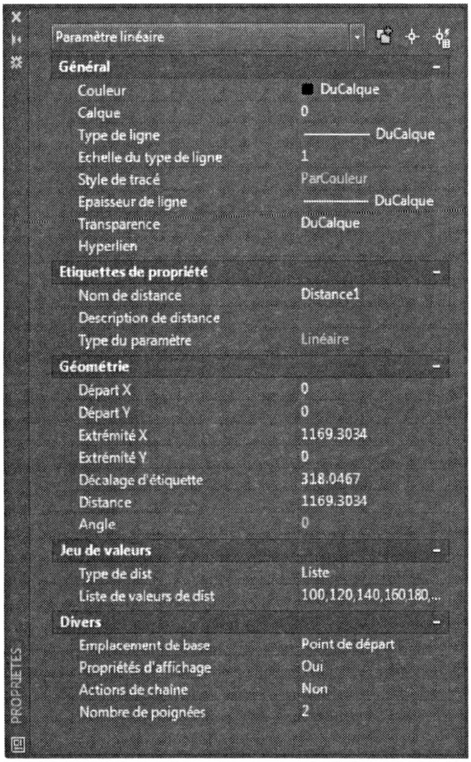

Dans la rubrique **Etiquettes de propriété**, vous pouvez personnaliser le nom de l'étiquette de distance et le nom du paramètre, ainsi que la description de distance.

Dans la rubrique **Géométrie**, vous pouvez modifier le positionnement des points de base et extrémité du paramètre, de l'étiquette (ligne de cote), la distance entre les premier et second points, et l'angle.

Dans la rubrique **Jeu de valeurs**, vous pouvez définir trois types de jeux :

- La valeur **Aucune** permet de définir la distance personnalisée.
- La valeur **Liste** permet de composer une liste de valeurs qui définiront les distances autorisées. Cette liste est constituée de valeurs affichées dans la zone de texte **Liste de valeurs de distance**, et le bouton  situé à droite de cette zone permet d'accéder à la fenêtre suivante pour ajouter de nouvelles distances à la liste ou en supprimer.

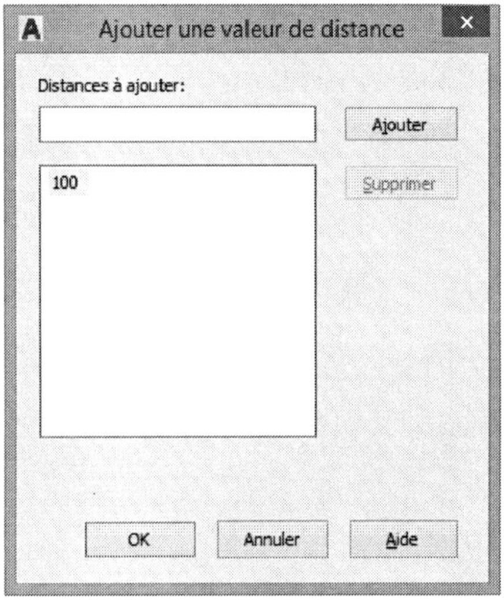

- La valeur **Incrément** permet de composer une liste de valeurs incrémentées. AutoCAD LT vous demande de préciser trois éléments pour définir cet incrément :

Zone **Dist incrément**	La valeur d'incrémentation (entre chaque distance).
Zone **Dist minimum**	La distance minimum du paramètre.
Zone **Dist maximum**	La distance maximum du paramètre.

Dans la rubrique **Divers**, notez que vous pouvez agir sur le nombre poignées personnalisées du bloc dynamique. Ainsi, il sera judicieux dans certains cas, d'afficher une seule poignée définissant par exemple les côté et sens concernés par un étirement.

Dans le cas du bloc Lunettes, le choix d'une poignée limite l'affichage de la poignée personnalisée de droite.

◘ Sélectionnez le **Paramètre Rotation** et constatez l'affichage suivant dans la fenêtre **Propriétés** :

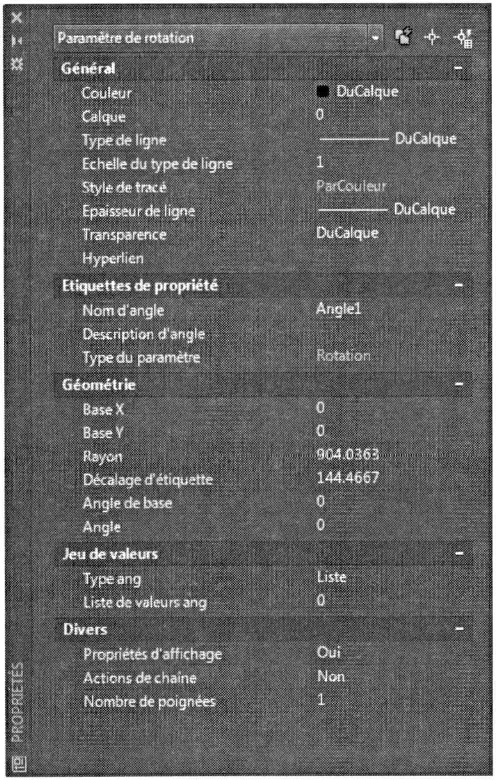

Dans la rubrique **Jeu de valeurs**, vous pouvez définir les mêmes types de jeux : **Aucune**, **Liste** et **Incréments**. Dans le cas du choix d'**Aucune** et d'**Incréments**, vous spécifiez un angle minimum et maximum.

- La valeur **Aucune** permet de définir la distance personnalisée.
- La valeur **Liste** permet de composer une liste de valeurs qui définissent les distances autorisées. Cette liste est constituée de valeurs affichées dans la zone de texte **Liste de valeurs de distance**, et le bouton  situé à droite de cette zone accède à la fenêtre suivante pour ajouter de nouvelles distances à la liste ou en supprimer.

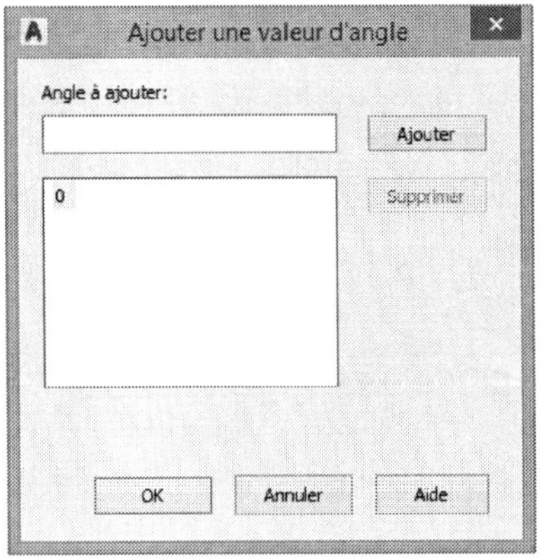

▶ Sélectionnez le **Paramètre d'action d'étirement** et constatez l'affichage suivant dans la fenêtre **Propriétés** :

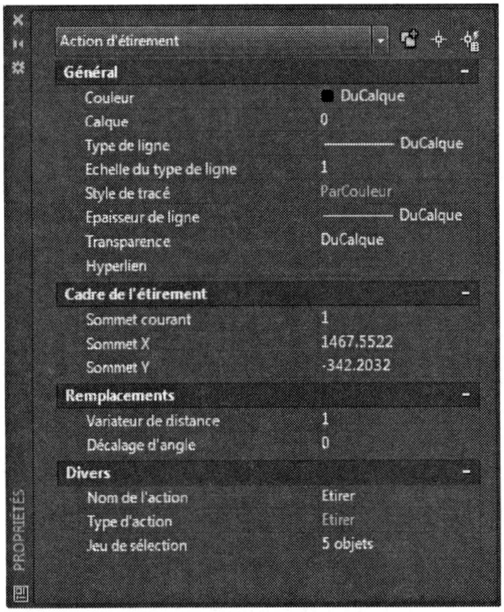

▶ Dans la rubrique **Général**, vous modifiez les propriétés du paramètre d'action.

▶ Dans la rubrique **Cadre de l'étirement** vous pouvez redéfinir le cadre de sélection par Capture.

▶ Dans la rubrique **Divers**, vous pouvez renommer le paramètre d'action et afficher le nombre d'objets sélectionné (le bouton de droite affiche la sélection).

- Dans le groupe de fonctions **Fermer** de l'éditeur de blocs, cliquez sur **Fermer l'éditeur de blocs** pour enregistrer les modifications apportées au bloc et quitter.

Utiliser les états de visibilité

Les états de visibilité permettent l'affichage de l'une ou l'autre des parties du bloc à partir d'une liste d'états accessible depuis la poignée personnalisée du bloc dynamique.

Dans l'exemple du bloc (nommé Lunettes et support) ci-dessous, les trois états de visibilité peuvent être les suivants :

- Affichage des lunettes et de son support.
- Affichage des lunettes (le support est invisible).
- Affichage du support (les lunettes sont invisibles).

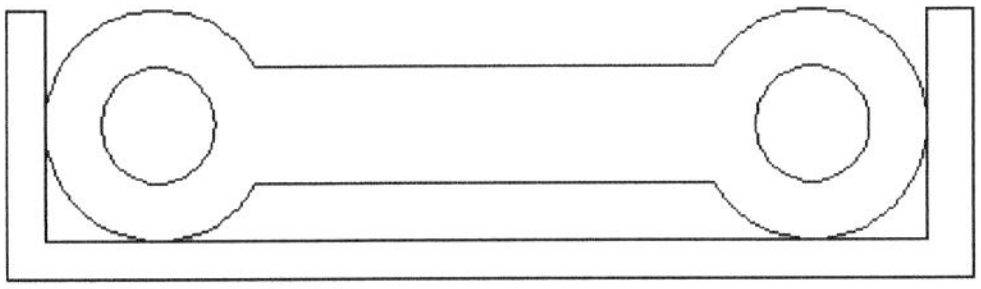

Définir les états de visibilité

- Effectuez un double clic sur la géométrie du bloc pour accéder à l'édition du bloc.

  AutoCAD LT affiche la boîte de dialogue suivante :

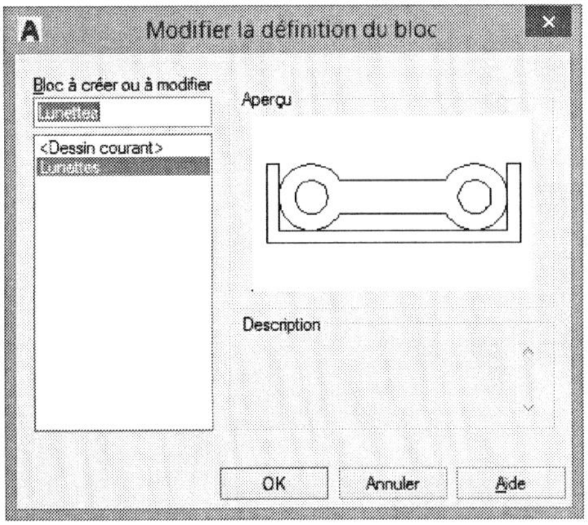

- AutoCAD LT vous propose de sélectionner le bloc à modifier dans la liste **Bloc à créer ou à modifier** dans la fenêtre **Modifier la définition du bloc**. Confirmez par **OK**. Vous accédez à l'éditeur de bloc.
- Dans la palette **Palettes de création de blocs**, activez l'onglet **Paramètres**, et cliquez sur l'outil **Visibilité**.

- AutoCAD LT vous demande de spécifier l'emplacement du paramètre. Cliquez le point d'emplacement comme sur la figure ci-dessous :

- Effectuez un double clic sur le paramètre de visibilité que vous venez de placer. La fenêtre suivante est affichée :

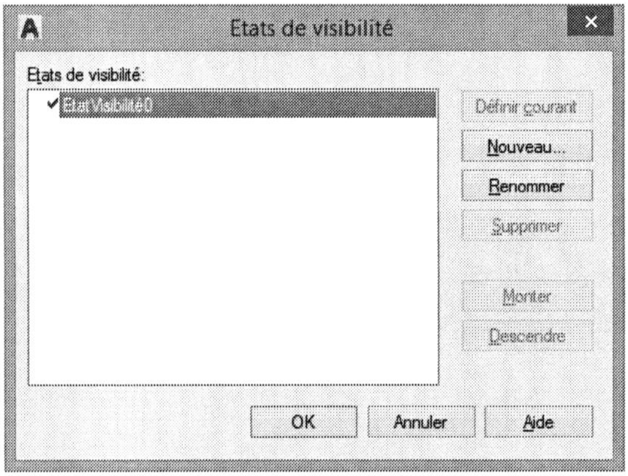

- Dans la fenêtre **Etats de visibilité**, cliquez sur le bouton **Renommer**. Saisissez le nom **Lunettes et support** et appuyez sur la touche [Entrée]. Le nom **Lunettes et support** apparaît désormais dans la liste des **Etats de visibilité**.
- Cliquez sur le bouton **Nouveau**. La fenêtre suivante est affichée :

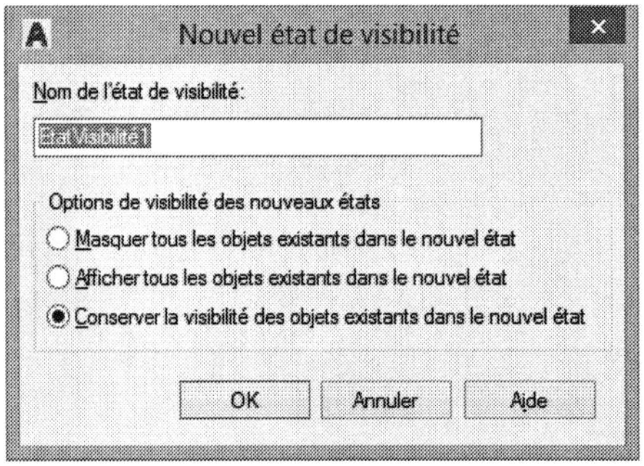

- Saisissez **Lunettes** et confirmez par **OK**. Les noms **Lunettes et support** et **Lunettes** apparaissent désormais dans la liste des **Etats de visibilité**.
- Cliquez sur le bouton **Nouveau**, et dans la fenêtre **Nouvel état de visibilité**, saisissez **Support** et confirmez par **OK**. Désormais, les trois noms **Lunettes et support**, **Lunettes** et **Support** apparaissent dans la liste des **Etats de visibilité**.
- Confirmez par **OK** pour quitter la fenêtre **Etats de visibilité**.

  Dans le groupe de fonctions **Visibilité** de l'éditeur de blocs, la liste déroulante des états de visibilité est affichée :

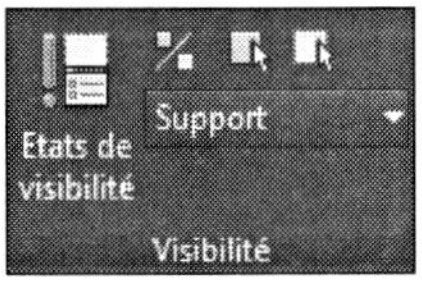

- Choisissez **Support** dans cette liste.
- Cliquez sur le bouton **Masquer**  dans le groupe de fonctions **Visibilité**.

  AutoCAD LT vous demande de sélectionner les objets à masquer.
- Sélectionnez tous les objets constituant les lunettes de façon à ne conserver que les objets faisant partie du support. Appuyez sur [Entrée].

  Le dessin est semblable à :

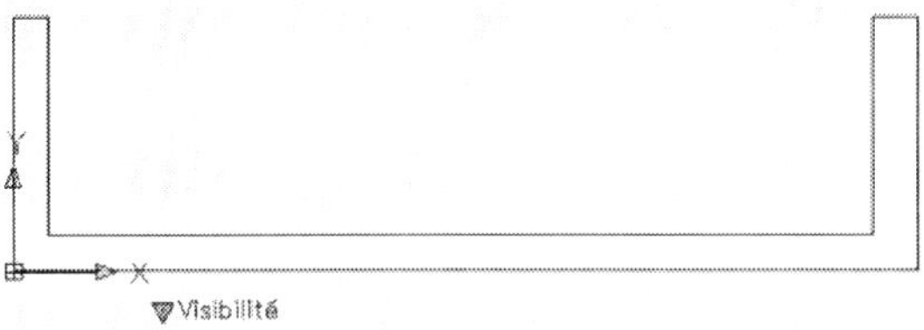

- Choisissez **Lunettes** dans la liste des états de visibilité de la barre d'outils de l'éditeur de blocs.
- Cliquez sur le bouton **Masquer** .

  AutoCAD LT vous demande de sélectionner les objets à masquer.
- Sélectionnez tous les objets constituant le support de façon à ne conserver que les objets faisant partie des lunettes. Appuyez sur [Entrée].

Le dessin est semblable à :

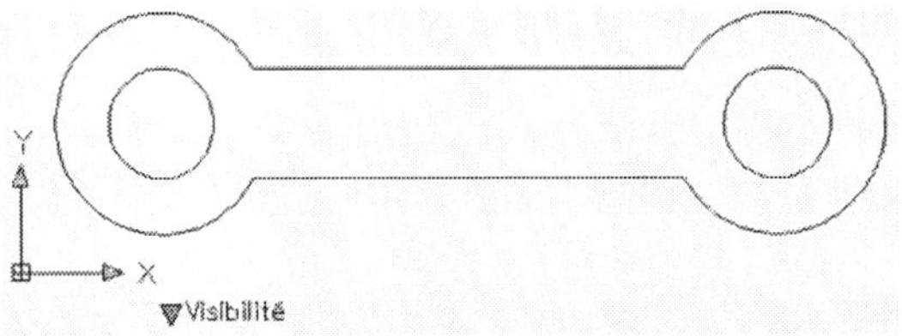

- Dans la barre d'outils de l'éditeur de blocs, cliquez sur **Fermer l'éditeur de blocs** pour enregistrer les modifications apportées au bloc et quitter.
- Cliquez sur le bloc modifié composé des états de visibilité. Agissez sur la poignée ▼ pour sélectionner l'un des états de visibilité et afficher l'une ou l'autre partie du bloc.

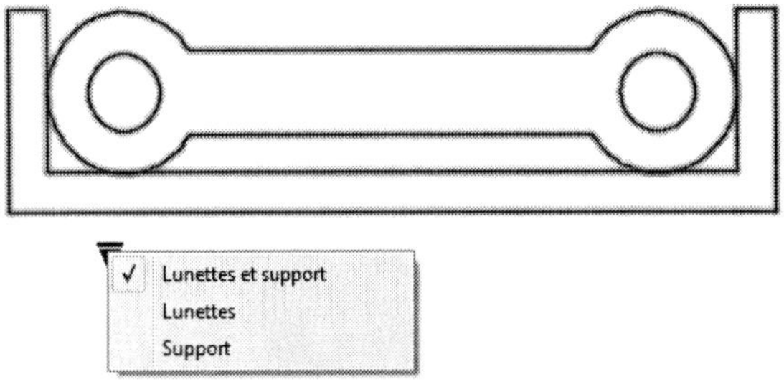

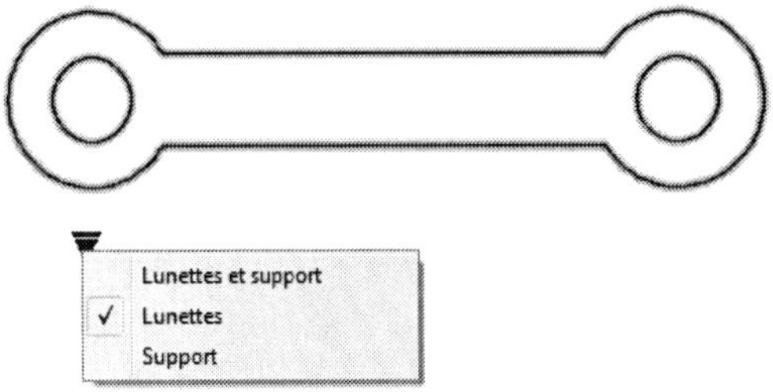

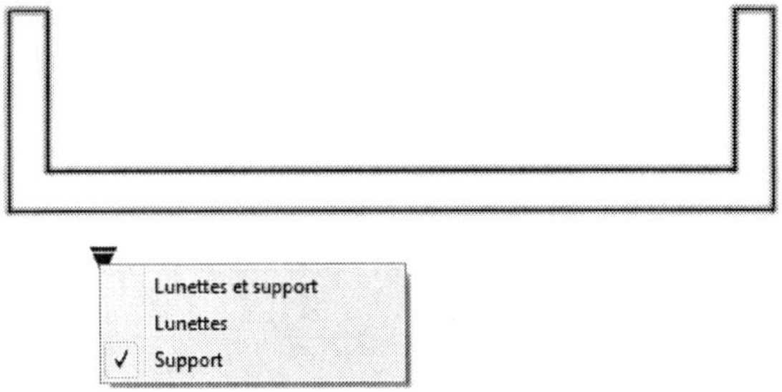

Remarque

Notez que vous accédez également aux états de visibilité via la fenêtre ***Propriétés*** *:*

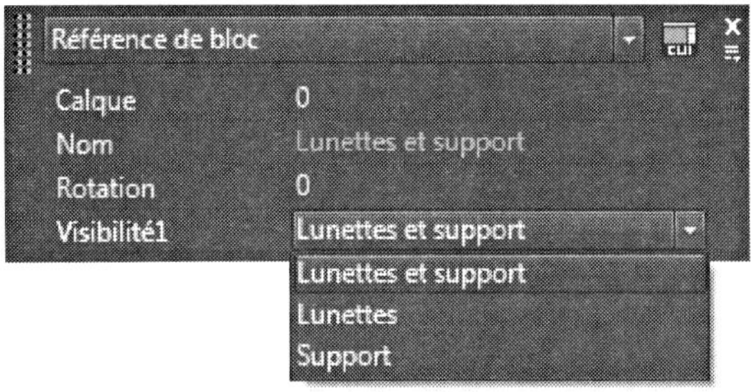

Utiliser une table de consultation

La table de consultation permet d'accéder à une liste (table) de valeurs depuis une poignée personnalisée, et d'accéder automatiquement à la dimension voulue du bloc.

Prenons l'exemple du bloc suivant représentant un plateau (la cotation est placée à titre d'information) :

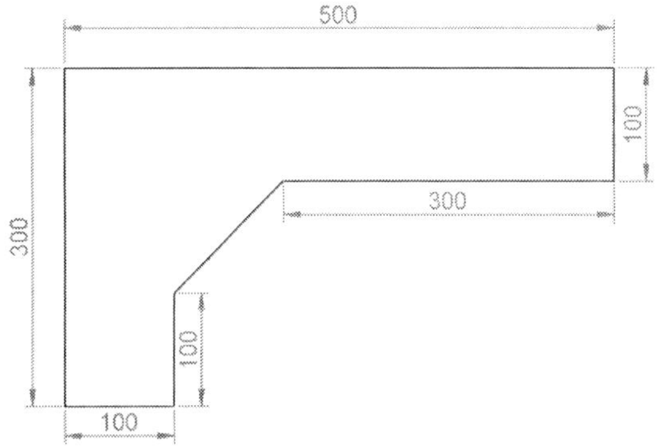

La longueur du plateau pourra varier de 500 à 550, 600 et 650. Vous avez donc défini un paramètre d'étirement avec un jeu de valeurs comprenant ces 4 distances (cf. Les blocs dynamiques - Création de blocs dynamiques, dans ce même chapitre).

▶ Effectuez un double clic sur la géométrie du bloc pour accéder à l'édition du bloc.

AutoCAD LT affiche la boîte de dialogue suivante :

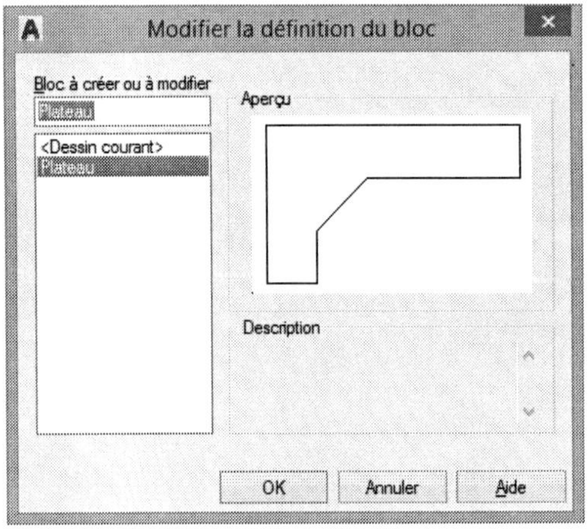

- AutoCAD LT vous propose de sélectionner le bloc à modifier dans la liste **Bloc à créer ou à modifier** dans la fenêtre **Modifier la définition du bloc**. Confirmez par **OK**. Vous accédez à l'éditeur de bloc.
- Dans la palette **Palettes de création de blocs**, activez l'onglet **Paramètres**, et cliquez sur l'outil **Consultation**.
- AutoCAD LT vous demande de spécifier l'emplacement du paramètre. Cliquez le point d'emplacement comme sur la figure ci-dessous :

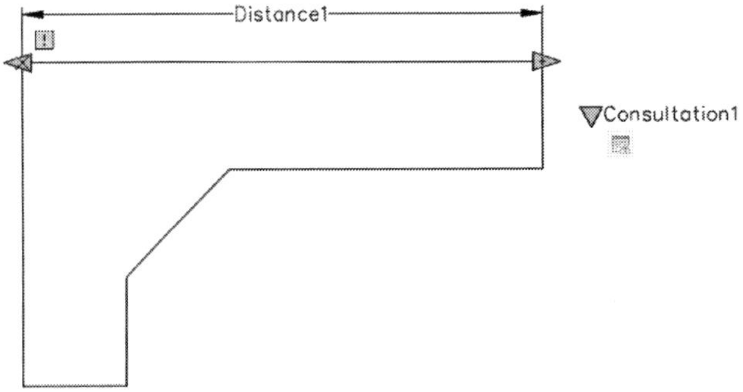

- Dans la palette **Palettes de création de blocs**, activez l'onglet **Actions**, et cliquez sur l'outil **Consultation**.
- Sélectionnez le paramètre de consultation puis spécifiez l'emplacement de l'action. Cliquez le point d'emplacement à proximité du paramètre précédent.

La fenêtre suivante s'affiche :

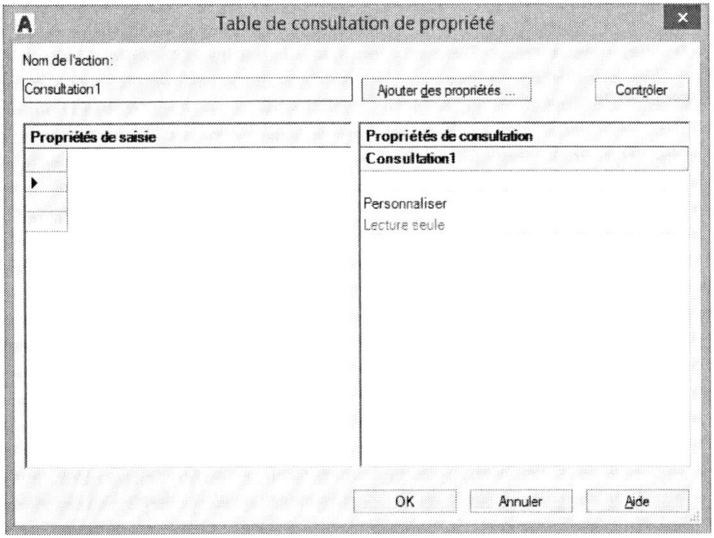

▶ Dans la fenêtre **Table de consultation de propriété**, cliquez sur le bouton **Ajouter des propriétés**.

La fenêtre suivante est affichée :

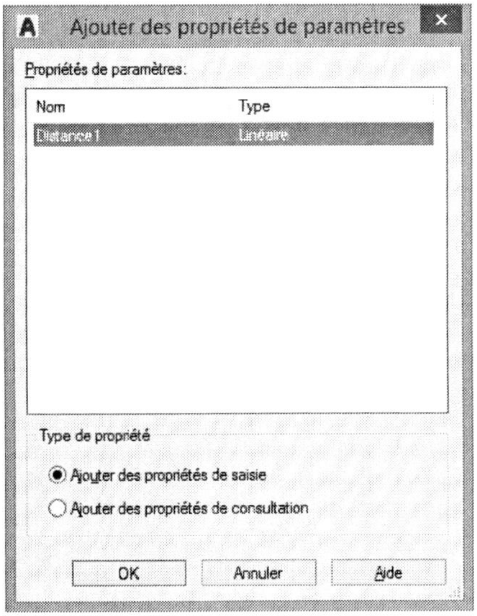

- Sélectionnez le paramètre **Linéaire** (dans d'autres cas, la liste de paramètres peut être plus importante). Confirmez par **OK**.
- Dans la colonne **Distance**, face à la flèche noire, sélectionnez dans la liste la valeur **500**. Au regard de cette valeur, dans la colonne **Consultation**, saisissez la description **Plateau 500**. Procédez de la même façon sous la valeur 500 pour sélectionner successivement les valeurs **550**, **600** et **650** et les descriptions respectives **Plateau 550**, **Plateau 600**, **Plateau 650**.
- Dans la colonne **Distance**, sous **Personnaliser**, sélectionnez dans la liste déroulante **Autoriser la consultation inversée**. Confirmez par **OK**.
- Dans le groupe de fonctions **Fermer** de l'éditeur de blocs, cliquez sur **Fermer l'éditeur de blocs** pour enregistrer les modifications apportées au bloc et quitter.
- Confirmez par **Enregistrer les modifications**.
- Sélectionnez le bloc dynamique, et sélectionnez la poignée personnalisée pour afficher la table de consultation et constater la mise à jour automatique du bloc.

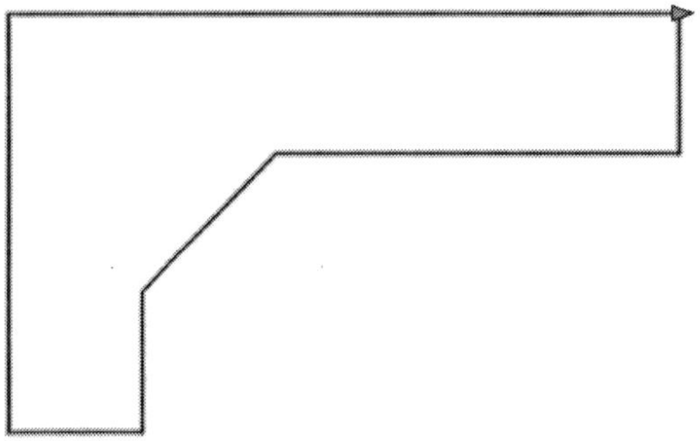

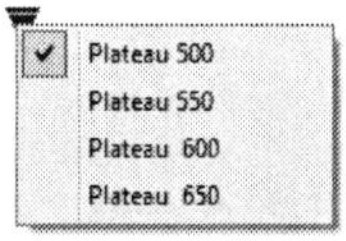

7. Les attributs

Vous pouvez attacher des attributs à chaque bloc. Les attributs sont des informations texte rattachées aux blocs qui seront affectées à chaque insertion du bloc. Les attributs peuvent, par exemple, servir à étiqueter certains objets comme un cartouche ou une nomenclature. Ces informations texte peuvent être visibles ou invisibles, modifiées à tout moment et extraites du dessin (via une base de données).

7.1 Définition d'attributs

▶ Dans le groupe de fonctions **Définition de bloc** (onglet **Insertion**), choisissez l'icône **Définir des attributs** 

.

Rubrique Attribut

Précisez ici les caractéristiques de l'attribut.

Etiquette

L'étiquette identifie chaque attribut dans un dessin. Lors de l'insertion de plusieurs blocs identiques, une valeur d'attribut différente pourra être donnée.

Prenons l'exemple d'un bloc VOITURE. Une étiquette MARQUE sera mise en place mais aussi une étiquette TYPE ainsi qu'une étiquette COULEUR (soit trois étiquettes). Si vous insérez le bloc VOITURE, vous devrez donner une valeur pour la marque ainsi que pour le type et la couleur de la voiture. Si vous insérez un autre bloc VOITURE, vous indiquerez peut-être des valeurs différentes pour la marque, ou le type et la couleur.

Dans bien des cas, il faudra créer plusieurs définitions d'attributs. Vous préciserez une étiquette à chaque fois.

Invite

Vous indiquez dans cette zone le message qui s'affichera à chaque fois que vous insérerez le bloc contenant cette définition d'attribut.

Dans l'exemple du bloc VOITURE, le message pour la marque pourrait être : "Donnez la marque du véhicule".

Par défaut

Vous indiquez ici la valeur proposée par défaut. Cette option peut être utile si la valeur à donner est souvent la même ; il suffira de valider cette valeur par défaut. Cette option est facultative.

Rubrique Mode

Cette rubrique est facultative.

Invisible

Lorsque vous insérerez le bloc, la valeur d'attribut n'apparaîtra pas.

Constant

La valeur d'attribut sera fixe pour l'insertion du bloc. Elle ne sera pas modifiable une fois le bloc inséré. Notez que dans ce cas l'option Invite n'est pas disponible.

Vérifié

Vous permet de vérifier chacune des valeurs d'attributs rentrées lors de l'insertion du bloc. Cette option permet d'éviter les erreurs et est surtout pratique quand les définitions d'attributs sont nombreuses.

Prédéfini

La valeur d'attribut sera la valeur par défaut pour chaque insertion du bloc. Elle sera modifiable une fois le bloc inséré (contrairement à l'option **Constant**).

Verrouiller la position

Cette option permet de verrouiller la position de l'attribut dans la référence du bloc.

Lignes multiples

Précise que la valeur d'attribut peut intégrer plusieurs lignes de texte. Une largeur sera définie par l'attribut.

Rubrique Point d'insertion

Vous donnez l'emplacement de l'attribut, soit en cliquant sur le bouton **Spécifier à l'écran** pour préciser sa position avec la souris, soit en donnant les coordonnées X, Y et Z dans les zones correspondantes.

Rubrique Paramètres de texte

Justification

Permet de justifier le texte de l'attribut (cf. chapitre L'habillage - Création de texte).

Style de texte

Permet de choisir un style de texte pour l'attribut.

Annotatif

Indique que l'attribut est annotatif.

Hauteur de texte

Précise la hauteur du texte de l'attribut. Vous pouvez saisir la hauteur ou cliquer sur **Hauteur** pour la préciser avec la souris.

Rotation

Permet d'indiquer l'angle de rotation du texte de l'attribut. Vous pouvez saisir l'angle ou cliquer sur **Rotation** pour spécifier l'angle avec la souris. Cette dernière possibilité est pratique pour aligner un attribut sur un segment particulier.

Largeur du contour

Permet de spécifier la longueur maximale des lignes de texte dans un attribut multiligne (non disponible pour les attributs d'une seule ligne). Des renvois à la ligne sont mis en place automatiquement. Une valeur de 0.000 signifie qu'aucune restriction de longueur n'est appliquée à une ligne de texte.

Aligner sous la précédente définition d'attribut

Cette option est disponible si vous avez déjà positionné au moins un attribut. Elle permet de positionner automatiquement l'étiquette de l'attribut juste en dessous de l'attribut précédent.

Remarque

Après la définition des attributs, vous devez créer le bloc. Lorsqu'AutoCAD LT 2011 vous demande le choix des objets, sélectionnez les lignes, arcs, cercles... puis les définitions d'attributs dans l'ordre voulu. Attention, la sélection des définitions d'attributs détermine l'ordre d'apparition des messages lors de l'insertion des blocs.

7.2 Édition d'attributs

Après l'insertion de blocs contenant des définitions d'attributs, vous pouvez à tout moment modifier la valeur des attributs.

- Dans le groupe de fonctions **Bloc** (onglet **Insertion**), déroulez l'icône déroulante **Editer les attributs** puis choisissez **Unique** 

.

  AutoCAD LT vous demande de sélectionner un bloc.

Les messages propres aux attributs sont affichés sur une ou plusieurs pages. En face de chacun des messages, une zone de texte apparaît. Ces zones sont modifiables.

- Sélectionnez la valeur d'attribut à modifier, au regard des étiquettes et invites correspondantes, et saisissez la nouvelle valeur dans la zone de texte **Valeur**.
- Confirmez par **Appliquer**.

La barre de défilement verticale permet d'accéder à l'ensemble des attributs du bloc sélectionné.

L'onglet **Options de texte** permet de modifier les paramètres de format de texte pour l'attribut sélectionné (style de texte, justification, hauteur, rotation, etc.).

L'onglet **Propriétés** permet de modifier les propriétés de l'attribut sélectionné, telles que le calque, le type de ligne, la couleur, l'épaisseur de ligne et le style de tracé.

Exercice 7
Éléments de bibliothèque

Nous allons dans cet exercice utiliser les outils de bloc pour insérer et positionner des éléments de bibliothèque afin de compléter le plan du local professionnel.

1. Étape 1 : Créer un bloc

Nous allons tout d'abord créer un bloc comprenant un objet existant déjà sur le plan : la chaise de bureau.

▶ Téléchargez et ouvrez le fichier ressource **Eléments_de_bibliothèque.dwg**.

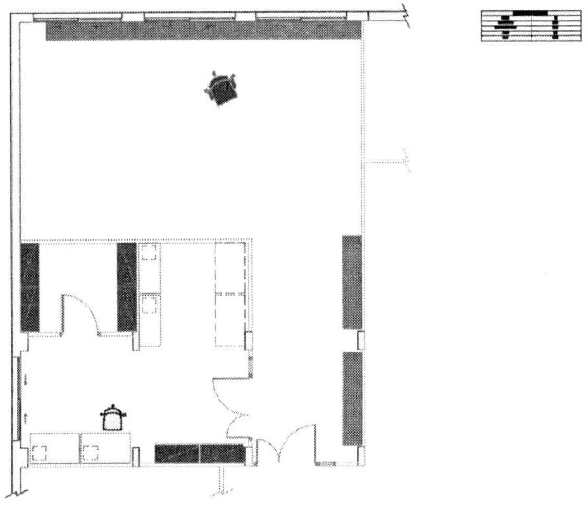

- Dans le groupe de fonctions **Définition de bloc** (onglet **Insertion**), cliquez sur l'icône **Créer un bloc** .

  La fenêtre suivante apparaît :

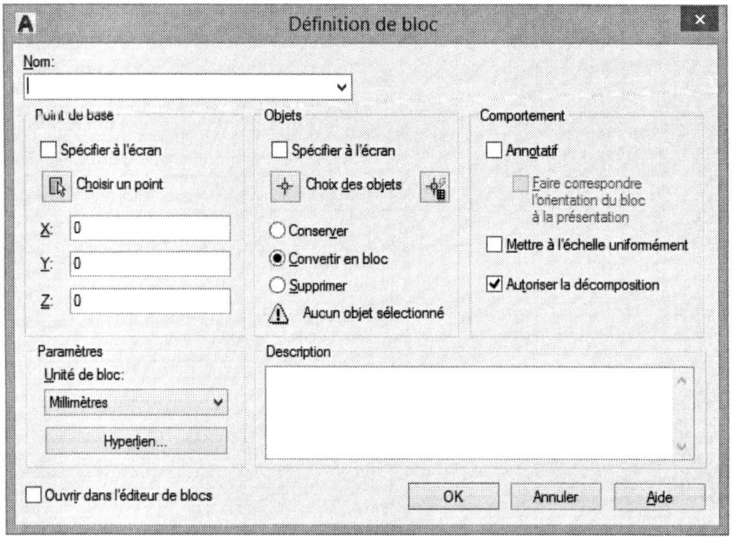

- Dans la fenêtre **Définition de bloc**, saisissez **Chaise Haute** dans la rubrique **Nom** pour renseigner le nom du nouveau bloc.
- Dans la rubrique **Point de base**, cliquez sur l'icône **Choisir un point**  pour renseigner le point de base du bloc dans la zone graphique.

  La fenêtre de commande affiche le message suivant.

```
BLOC Spécifiez le point de base d'insertion:
```

- Cliquez sur le coin supérieur droit du rectangle droit à l'aide de l'outil d'accrochage **Extrémité** (par exemple) comme présenté sur la figure ci-après.

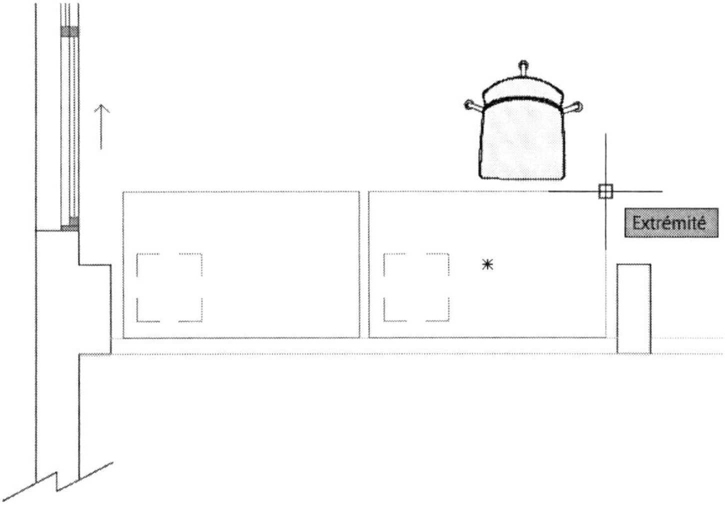

▶ Dans la fenêtre **Définition de bloc**, cliquez sur l'icône **Choix des objets**  dans la rubrique **Objets** pour sélectionner les éléments à regrouper.

La fenêtre de commande affiche le message suivant.

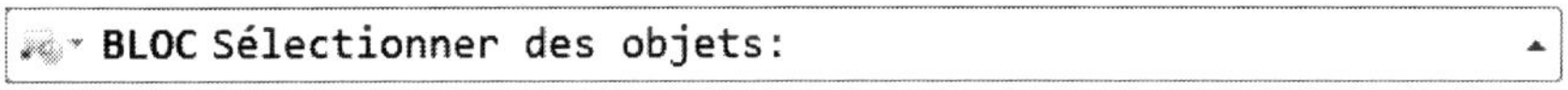

▶ Au moyen d'une fenêtre de sélection, sélectionnez les éléments à regrouper comme présenté dans la figure ci-dessous et appuyez sur [Entrée] pour valider la sélection.

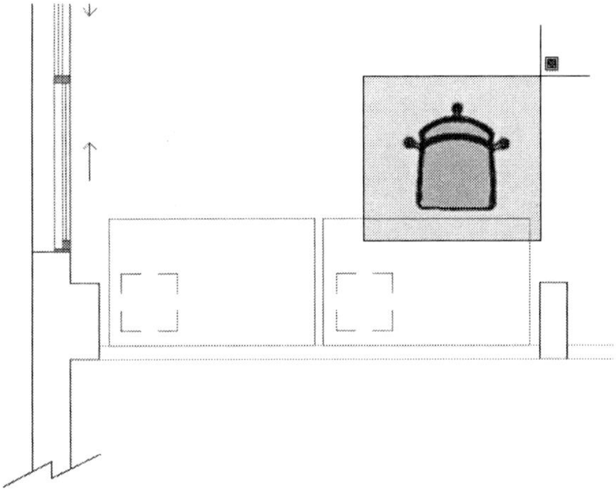

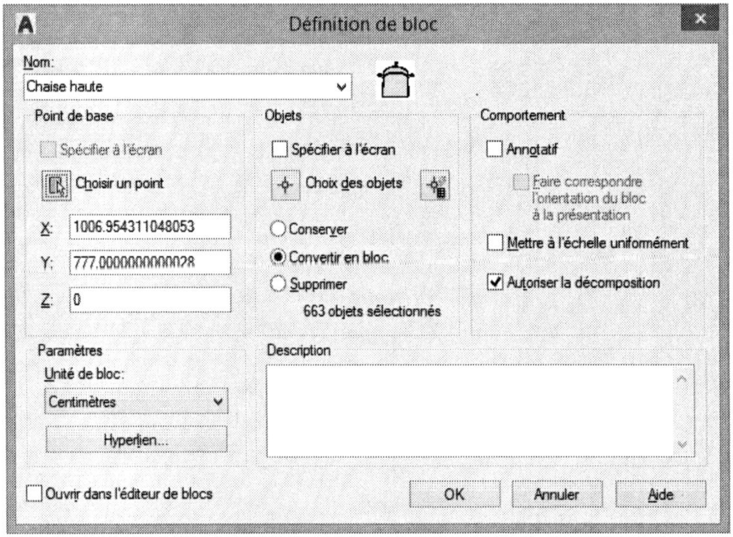

▶Cliquez sur **OK** pour confirmer la création du bloc.

2. Étape 2 : Insérer un bloc

Nous allons maintenant insérer le bloc créé à l'étape 1 pour positionner des chaises devant chaque bureau.

▶Dans le groupe de fonctions **Bloc** (onglet **Insertion**), déroulez l'icône **Insérer**

et sélectionnez le bloc **Chaise Haute** dans la liste de blocs.

La fenêtre de commande affiche le message suivant.

```
-INSERER Spécifiez le point d'insertion ou [Pointdebase
Echelle X Y Z rOtation]:
```

- Dans la zone graphique, cliquez sur le coin supérieur droit du rectangle pour spécifier le point d'insertion du bloc, comme indiqué dans la figure ci-dessous.

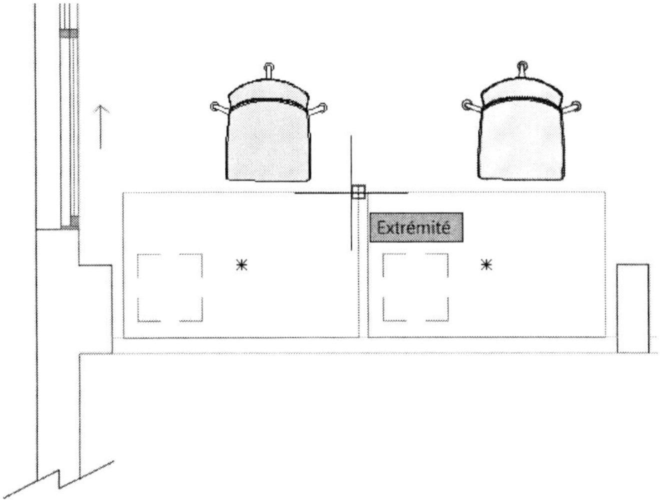

- Dans le groupe de fonctions **Bloc** (onglet **Insertion**), cliquez sur l'icône déroulante **Insérer** 

et dans la liste cliquez sur **Plus d'options...**.
- Dans la rubrique **Nom** de la fenêtre **Insérer**, recherchez et sélectionnez le bloc **Chaise Haute**.
- Dans la rubrique **Point d'insertion**, vérifiez que la case à cocher **Spécifier à l'écran** est cochée.

  Ce paramètre permettra de renseigner le point d'insertion à l'aide du clavier ou des outils d'accrochage aux objets.
- Dans la rubrique **Echelle**, vérifiez que la case à cocher **Spécifier à l'écran** est décochée, et que les valeurs pour **X**, **Y** et **Z** sont égales à **1**.
- Dans la rubrique **Rotation** vérifiez que la case à cocher **Spécifier à l'écran** est décochée et saisissez **-90** dans la zone de texte **Angle** pour faire pivoter le bloc.

La figure suivante résume les paramètres à renseigner :

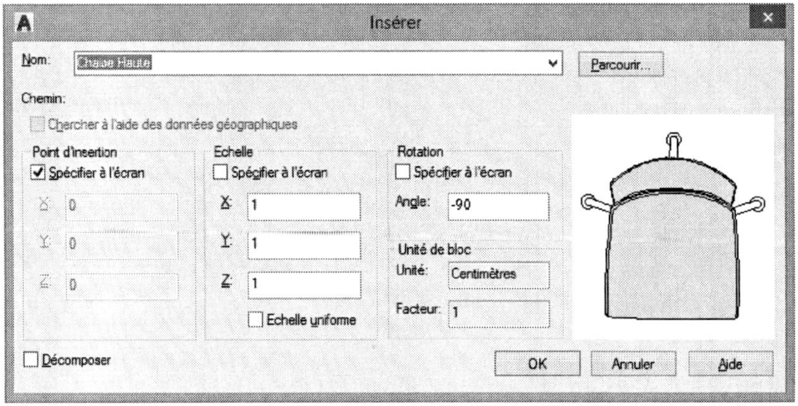

▶ Cliquez sur **OK** pour valider les paramètres d'insertion.

La fenêtre de commande affiche le message suivant.

```
-INSERER Spécifiez le point d'insertion ou [Pointdebase
Echelle X Y Z rOtation]:
```

▶ Précisez le point d'insertion en spécifiant le coin inférieur droit du rectangle comme indiqué dans la figure ci-dessous.

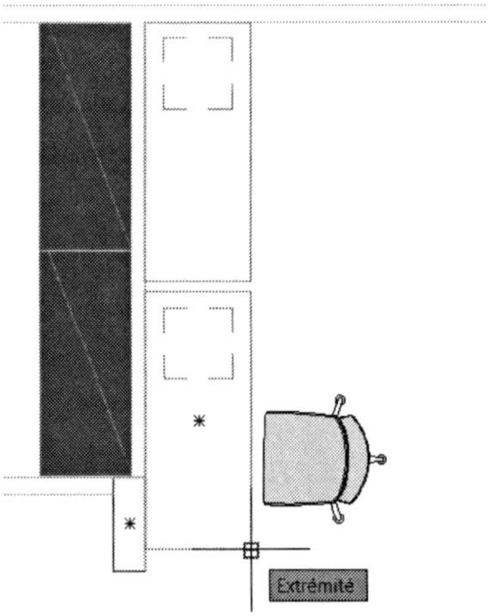

▶ Effectuez un clic droit, et choisissez **Répéter Insérer** pour procéder à une nouvelle insertion du bloc **Chaise Haute**.

- Dans la rubrique **Point d'insertion**, vérifiez que la case à cocher **Spécifier à l'écran** est cochée.
- Dans la rubrique **Echelle**, vérifiez que la case à cocher **Spécifier à l'écran** est décochée, et que les valeurs pour **X**, **Y** et **Z** sont égales à **1**.
- Dans la rubrique **Rotation** vérifiez que la case à cocher **Spécifier à l'écran** est décochée et saisissez **-90** dans la zone de texte **Angle** pour faire pivoter le bloc.
- Confirmez par **OK**.
- Précisez le point d'insertion en spécifiant le coin inférieur droit du rectangle haut pour obtenir le résultat suivant :

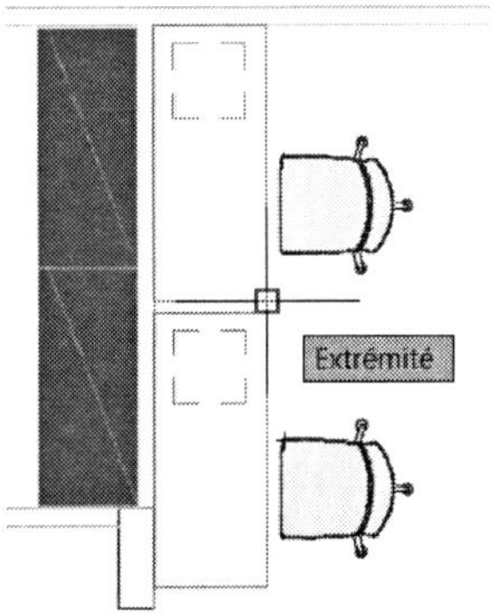

3. Étape 3 : Insérer un fichier DWG

À présent, nous allons insérer un bloc à partir d'un fichier DWG.

- Dans le groupe de fonctions **Bloc** (onglet **Insertion**), déroulez l'icône **Insérer** 

et choisissez **Plus d'options...**.
- Dans la fenêtre **Insérer**, cliquez sur le bouton **Parcourir**.
- Dans la fenêtre **Sélectionner le fichier de dessin**, accédez au dossier contenant les fichiers ressources, sélectionnez le fichier **Bureau.dwg** et cliquez sur **Ouvrir**.
- Dans la fenêtre **Insérer**, dans la rubrique **Point d'insertion**, vérifiez que la case à cocher **Spécifier à l'écran** est cochée.

- Dans la rubrique **Echelle**, vérifiez que la case à cocher **Spécifier à l'écran** est décochée, et que les valeurs pour **X**, **Y** et **Z** sont égales à **1**.
- Dans la rubrique **Rotation**, vérifiez la valeur **0** dans la zone de texte **Angle**, et confirmez par **OK**.

  La fenêtre de commande affiche le message suivant.

```
-INSERER Spécifiez le point d'insertion ou [Pointdebase
Echelle X Y Z rOtation]:
```

- Dans la zone graphique, spécifiez le point d'insertion du bloc comme indiqué dans la figure ci-dessous. Dans le cas présent, la position du point d'insertion est approximative.

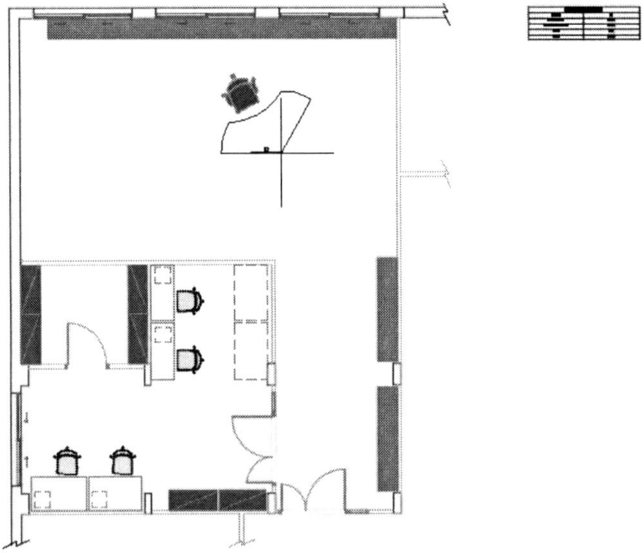

4. Étape 4 : Modifier un bloc

Nous allons habiller le bureau d'un motif de hachures.

- Sélectionnez le bloc **Bureau**, effectuez un clic droit et choisissez **Editeur de blocs** dans le menu contextuel pour accéder à l'éditeur de bloc.
- Dans le groupe de fonctions **Dessin** (onglet **Début**), cliquez sur l'icône **Hachures** .

La fenêtre de commande affiche le message suivant.

```
HACHURES Choisissez un point interne ou [
Sélectionner objets annUler paramèTres]:
```

▶ Dans le groupe de fonctions **Motif** (onglet **Création de hachures**), sélectionnez le motif de hachures **SOLID**.

▶ Dans le groupe de fonctions **Propriétés** (onglet **Création de hachures**), déroulez la liste **Couleur de hachures** et sélectionnez la couleur indiquée ci-dessous.

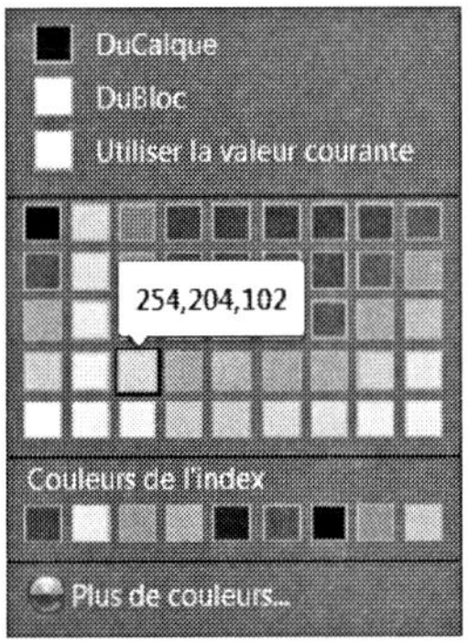

▶ Cliquez sur les deux points de la figure ci-dessous pour la sélection des deux contours à hachurer.

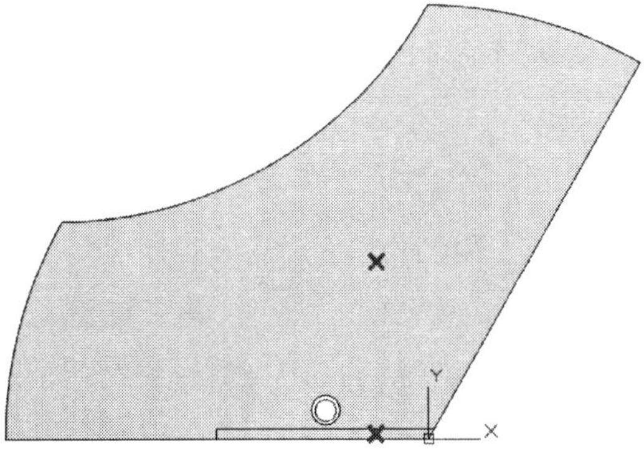

▶ Dans le groupe de fonctions **Fermer** cliquez sur **Fermer l'Editeur de blocs**

.

5. Étape 5 : Manipuler les blocs

Nous allons ici réaliser une copie circulaire (ou réseau polaire) pour organiser un groupe de bureaux.

- Sélectionnez le bloc **Bureau** et le bloc **Chaise Haute**.
- Dans le groupe de fonctions **Calques**, choisissez le calque **GLF-40-Aménagement** dans la liste des calques.

  Les blocs sélectionnés sont placés sur le calque **GLF-40-Aménagement**.
- Appuyez sur la touche [Echap] pour désélectionner les objets.
- Sélectionnez le bloc **Bureau** et le bloc **Siège** comme indiqué dans la figure ci-dessous.

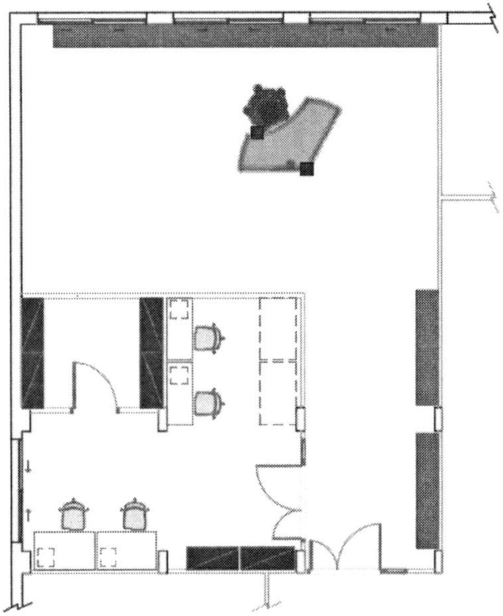

- Dans le groupe de fonctions **Modifier** (onglet **Début**), choisissez l'icône déroulante **Réseau polaire** 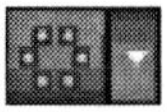.

  La fenêtre de commande affiche le message suivant.

```
RESEAUPOLAIRE Spécifiez le point central du réseau ou [
point de Base Axe de rotation]:
```

- Spécifiez le point central du réseau indiqué ci-dessous.

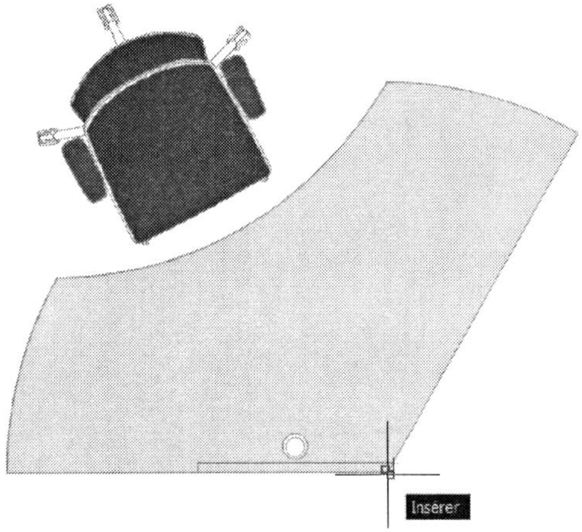

- Dans le groupe de fonctions **Eléments** (onglet **Création de réseau**), saisissez **3** dans la zone de texte **Eléments**.
- Dans le groupe de fonctions **Fermer** (onglet **Création de réseau**), cliquez sur **Fermer le réseau** .

La figure ci-dessous affiche le résultat obtenu.

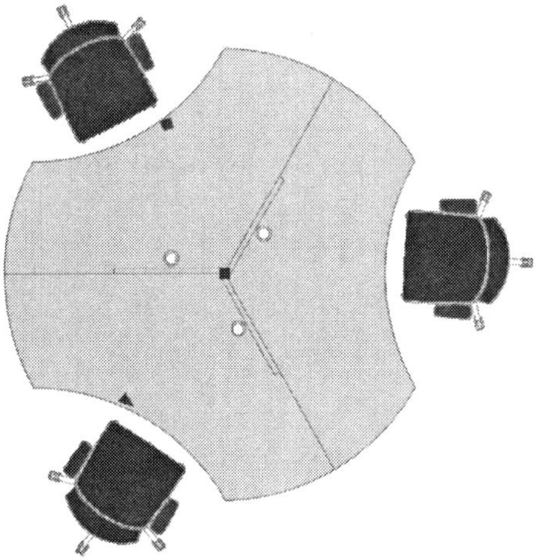

Nous allons meubler la partie gauche de l'open space avec la même disposition de bureaux en cercle en appliquant une symétrie au réseau créé.

- Sélectionnez le réseau précédemment créé.
- Dans le groupe de fonctions **Modification** (onglet **Dessin**) activez l'outil **Miroir** 

 pour créer une copie symétrique.

  La fenêtre de commande affiche le message suivant.

```
MIROIR Spécifiez le premier point de la ligne de symétrie:
```

- Spécifiez le premier point de l'axe de symétrie comme indiqué ci-dessous.

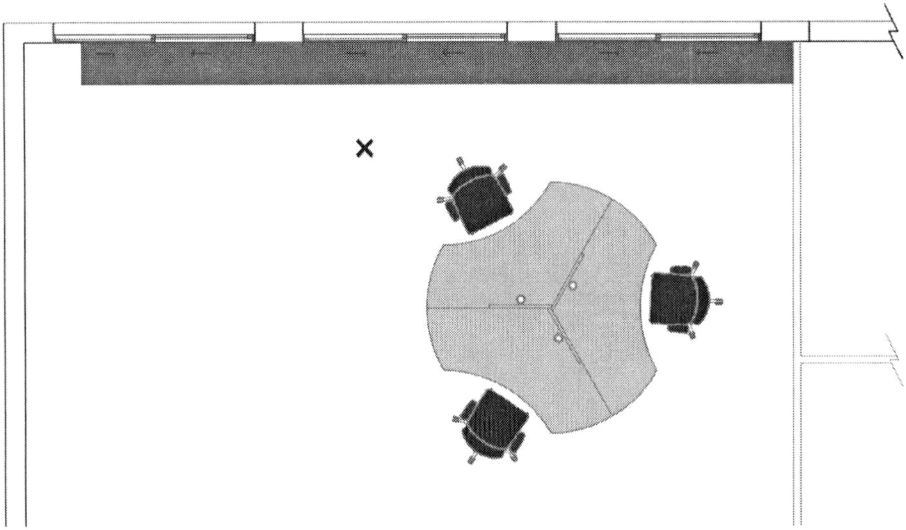

La fenêtre de commande affiche le message suivant.

```
MIROIR Spécifiez le deuxième point de la ligne de symétrie:
```

▶ Spécifiez le second point de l'axe de symétrie selon un axe vertical comme indiqué ci-dessous.

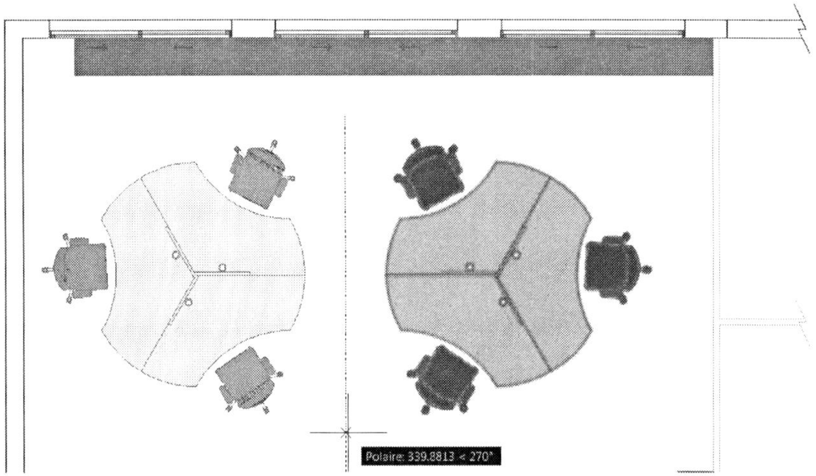

La fenêtre de commande affiche le message suivant.

```
MIROIR Effacer les objets source ? [Oui Non] <Non>:
```

▶ Cliquez sur l'option **Non** dans la fenêtre de commande pour ne pas effacer les objets sources.

La figure ci-dessous affiche le résultat obtenu.

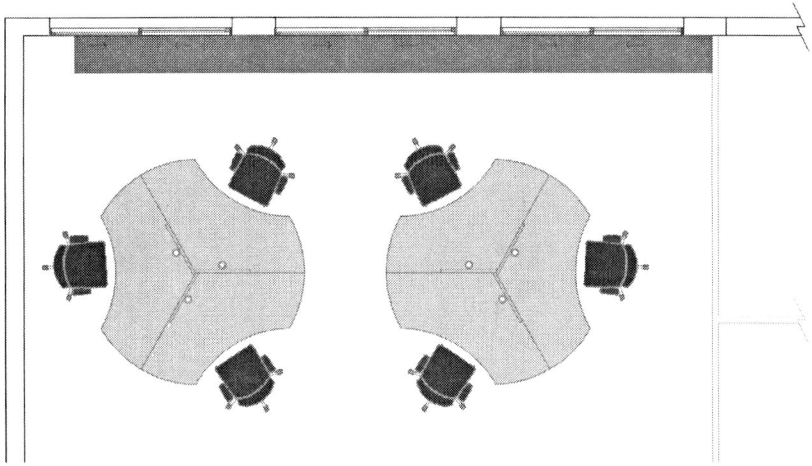

6. Étape 6 : Enregistrer un fichier de bloc

À des fins de réutilisation ultérieure, nous allons enregistrer le bloc **Chaise Haute** en fichier de bloc.

- Sélectionnez le bloc **Chaise Haute**.
- Dans le groupe de fonctions **Définition de bloc** (onglet **Insertion**), déroulez l'icône **Créer un bloc** 

 et sélectionnez l'icône **Créer un fichier bloc** 

.
- Dans la fenêtre **Créer un fichier de bloc**, dans la rubrique **Destination**, cliquez sur le bouton .
- Dans la boîte de dialogue **Rechercher un fichier de dessin**, spécifiez le chemin d'accès et nommez le nouveau fichier.
- Cliquez sur **Enregistrer**.
- Cliquez sur **OK** pour quitter la boîte de dialogue **Créer un fichier de bloc**.

Chapitre 14
Les références externes

1. Contrôle des références externes

La technique des références externes permet d'associer à votre dessin, des fichiers dessins extérieurs. Ces fichiers nommés références externes (ou Xrefs) ne font pas réellement partie de votre dessin. On peut considérer qu'elles apparaissent en trame de fond. À chaque ouverture de votre dessin, les références externes attachées à votre dessin sont mises à jour et affichent donc les dernières modifications enregistrées. Vous pouvez de cette façon surveiller et suivre d'éventuelles modifications entraînant des évolutions de votre dessin. Notez que les entités des présentations ne sont pas prises en compte lors de l'utilisation des références externes.

La palette ci-dessous permet de contrôler les Xrefs. Elle affiche toutes les références externes liées au dessin, et permet d'attacher, de superposer, de recharger, de détacher, de délimiter une référence externe. Elle contrôle également les fichiers DWF, DGN et PDF référencés, ainsi que les images.

▶ Dans le groupe de fonctions **Palettes** (onglet **Vue**), cliquez sur l'outil **Palette Références externes**.

▶ Agissez sur les boutons **Affichage sous forme de liste**  et **Affichage sous forme d'arborescence**  pour contrôler l'affichage des références externes.

2. Attacher et détacher une référence externe

2.1 Attacher une référence externe

▶ Dans la palette **Références externes**, choisissez l'icône déroulante **Attacher** ci-dessous puis choisissez **Attacher un ficher DWG**.

Une boîte de dialogue vous invite à choisir un fichier dessin qui sera appliqué en trame de fond au dessin courant. AutoCAD LT vous demande, comme pour un bloc, un point d'insertion, une échelle et une orientation (à spécifier dans la boîte de dialogue ou dans la ligne de commande lors de l'insertion). Les références externes attachées ne font pas réellement partie du dessin. Elles sont mises à jour à chaque ouverture du fichier auquel elles sont rattachées. Vous ne pouvez pas les décomposer, mais vous vous appuyez dessus pour la réalisation ou l'évolution de votre dessin.

Association et superposition

Notez les deux types de référence : **Association** et **Superposition**.

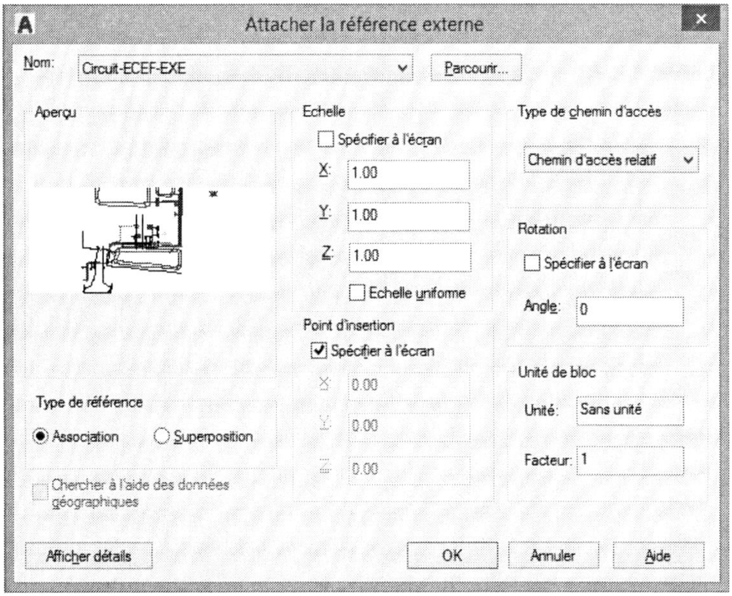

L'option **Association** est proposée par défaut. Si des références externes sont déjà attachées à la référence externe que vous attachez au dessin courant, vous visualisez toutes ces références imbriquées.

Si des références externes sont déjà superposées à la référence externe que vous attachez au dessin courant, vous ne visualisez que la référence externe superposée à votre dessin.

Imaginez un dessin *portes.dwg* superposé à un dessin *cloisons.dwg*. Si vous superposez *cloisons.dwg* à un nouveau dessin *murs.dwg*, vous ne visualisez pas la référence *portes.dwg*.

2.2 Détacher une référence externe

- Dans la palette **Références externes**, sélectionnez la ou les références, effectuez un clic droit et choisissez **Détacher** dans le menu contextuel.

Une référence détachée ne fait plus partie du dessin courant, et les objets appartenant à cette référence ne sont plus affichés. À la prochaine ouverture du dessin courant, la référence externe sera ignorée.

Remarque

La touche [Ctrl] permet la sélection multiple des références associées ou superposées.

3. Décharger et recharger une référence externe

3.1 Décharger une référence externe

- Dans la palette **Références externes**, sélectionnez la ou les références puis effectuez un clic droit et choisissez **Décharger** dans le menu contextuel.

Vous déchargez temporairement une référence externe, et ne visualisez plus les objets appartenant aux références déchargées, ils ne sont plus pris en compte lors de chaque nouvelle régénération. Cette manipulation est très pratique, car elle permet de libérer efficacement du dessin courant une référence externe entière.

3.2 Recharger une référence externe

- Dans la palette **Références externes**, sélectionnez la ou les références puis effectuez un clic droit et choisissez **Recharger** dans le menu contextuel.

Vous rechargez là où les références externes ont été préalablement déchargées. Ainsi, vous récupérez la dernière version de la référence externe attachée.

En effet, l'affichage respecte les dernières modifications (effectuées par un collaborateur, par exemple). Cette option représente un intérêt majeur dans une installation en réseau.

Notez que le point d'insertion ainsi que l'échelle et l'angle de rotation ne sont plus demandés.

4. Lier une référence externe

▶ Dans la palette **Références externes**, sélectionnez la ou les références, effectuez un clic droit et choisissez **Lier** dans le menu contextuel.

Lorsque vous associez des références externes à votre dessin, celles-ci ne font pas partie du dessin. Mais si vous le souhaitez, elles peuvent y être attribuées ou liées définitivement.

Dans un dessin, vous utilisez des calques, des styles de texte, des styles de cote, des styles de ligne, des blocs. Lorsque vous attachez une référence externe, tous ses éléments sont nommés symboles dépendants. Si un dessin *bâtiment.dwg* comportant un calque *murs* est attaché au dessin courant, le calque devient *bâtiment|murs*. Le caractère | (pipe en anglais) sépare le nom de la référence externe du calque. Ceci permet de distinguer facilement les symboles dépendants des références externes.

Quand vous ajoutez une référence externe à votre dessin, tous les symboles dépendants sont renommés. Le caractère | est remplacé par *0*. Le chiffre 0 (ou 1 pour éviter les doublons) est positionné entre deux signes dollars. Dans l'exemple précédent, le calque *bâtiment|murs* devient *bâtiment0murs*.

AutoCAD LT vous propose deux options lorsque vous liez une référence externe :

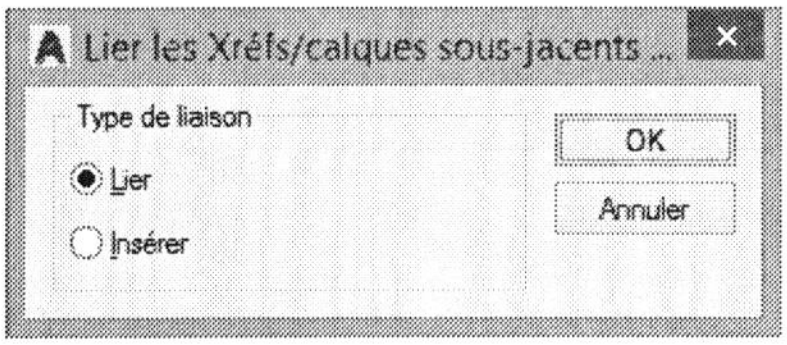

L'option **Lier** respecte les règles précédentes concernant les symboles dépendants, alors que l'option **Insérer** engendre une insertion classique du fichier dessin dans le dessin courant (semblable à l'insertion d'un bloc).

5. Ouvrir une référence externe

▶ Dans la palette **Références externes**, sélectionnez la référence à modifier, effectuez un clic droit et choisissez **Ouvrir** dans le menu contextuel.

Le fichier est alors ouvert dans une fenêtre séparée.

Cette option permet de sélectionner une Xref attachée au dessin courant et de l'ouvrir dans une fenêtre distincte. Ainsi, vous procédez aux modifications sur le fichier séparé puis enregistrez les modifications.

Un rechargement dans le dessin dans lequel est attaché ce fichier modifié permet l'actualisation des modifications à l'écran.

6. Délimiter une référence externe

▶ Déroulez le groupe de fonctions **Référence**, cliquez sur l'icône **Délimiter** 

.

Ce choix permet de limiter l'affichage d'une référence d'un bloc, d'une image ou d'un calque sous-jacent (DXF, DGN, et PDF). Cette limite ou délimitation est possible avec une polyligne existante, ou avec une zone rectangulaire ou polygonale à définir. L'affichage est permis à l'intérieur de la délimitation.

AutoCAD LT vous demande de sélectionner la ou les références à délimiter. Après la sélection, les options suivantes apparaissent :

```
>_ ▾ DELIM [ACtif INactif Profdelim Supprimer générer POlyligne Nouveau contour] <Nouveau>:
```

Nouveau contour

C'est l'option, par défaut, qui permet de préciser la zone de délimitation de trois méthodes :

- **Sélectionnez polyligne** : sélectionnez une polyligne existante.
- **Polygonal** : définit un contour quelconque à l'aide de points successifs.
- **Rectangulaire** : définit un contour rectangulaire à l'aide de deux points.

générer POlyligne

Permet de générer une polyligne indépendante à partir d'une zone de délimitation définie à l'aide de points.

ACtif

Permet d'activer la délimitation (lorsqu'elle a été désactivée).

INactif

Désactive la délimitation et réaffiche l'ensemble de la référence externe, bloc, image ou calque sous-jacent DWF, DGN, PDF.

Profdelim

Permet de limiter l'affichage d'une référence externe à une certaine élévation en Z. Deux points (deux Z différents) définissent une épaisseur à prendre en compte pour l'affichage. Tout ce qui est placé en dessous ou au-dessus de ce volume n'est pas affiché. Si les points 0, 0, 50 et 0, 0,-60 sont fixés, seuls les objets placés en Z intermédiaire (ex. 40, 0, -10 ou -55) sont affichés.
Cette option ne fonctionne que lorsqu'une délimitation a été définie.

Supprimer

Efface définitivement une délimitation, et permet l'affichage entier de la référence externe.

Afficher le cadre de délimitation

Vous pouvez agir sur l'affichage du contour de délimitation. Vous pouvez choisir de **Masquer les cadres**, **Afficher et tracer les cadres**, ou **Afficher mais ne pas tracer les cadres**.

- Dans le groupe de fonctions **Référence**, déroulez l'icône **Variation de cadres** pour choisir l'option voulue :

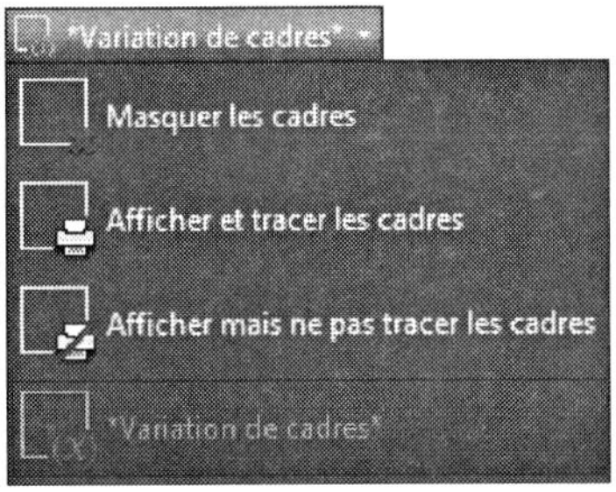

7. Éditer le chemin d'une référence externe

- Dans la palette d'outils **Références externes**, sélectionnez la référence externe dont vous souhaitez éditer le chemin.
- Dans la rubrique **Détails**, cliquez sur le chemin au regard du libellé **Chemin enregistré**.

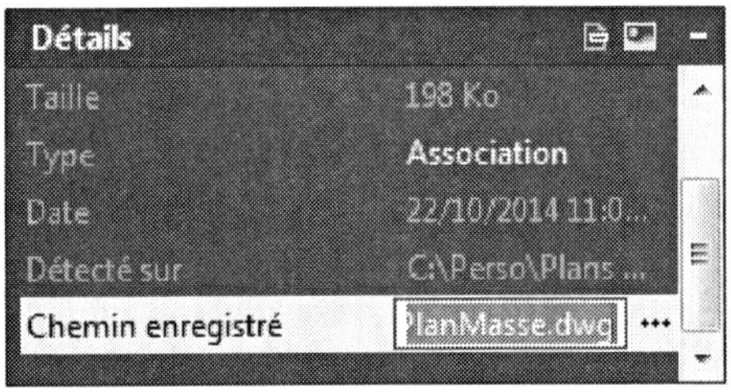

- Cliquez sur le bouton ••• situé sur la droite.

AutoCAD LT affiche une boîte de dialogue vous permettant de rechercher le nouveau chemin. Sélectionnez le fichier et cliquez sur **Ouvrir**. Pour qu'AutoCAD LT trouve le chemin lors du prochain chargement, cliquez sur le bouton **Enregistrer chemin**. Confirmez par **OK**. Les éléments de la référence externe sont maintenant affichés.

8. Éditer des blocs et des références externes

AutoCAD LT permet la modification des éléments liés à un bloc ou à une référence externe associée au dessin courant :

- L'édition d'un bloc permet la mise à jour de tous les blocs insérés dans le dessin.
- L'édition d'une référence externe permet la mise à jour de toutes les références associées au dessin courant, mais aussi la modification du fichier externe d'origine. Ceci constitue un très grand intérêt puisque vous pouvez, par exemple, depuis un dessin d'ensemble, modifier un dessin de détail sans même ouvrir le fichier.

Pour éditer des blocs ou références, procédez comme suit :

▶ Déroulez le groupe de fonctions **Référence**, et cliquez sur l'icône **Modifier les références** 

.

▶ Sélectionnez la référence à modifier.

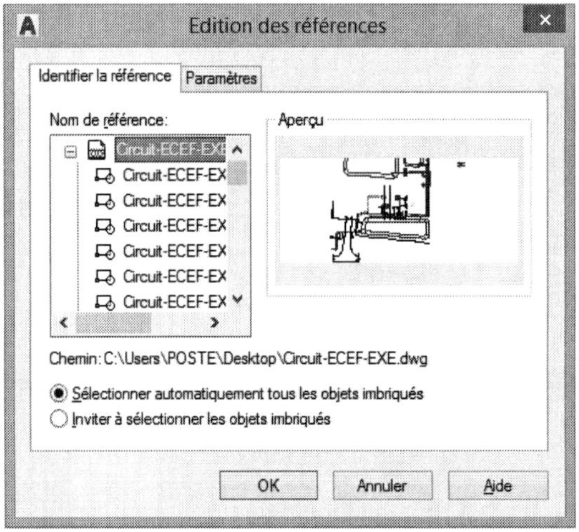

La liste **Nom de référence** affiche les blocs et/ou références externes. Si celles-ci sont imbriquées, sélectionnez dans l'arborescence la référence à modifier. Un aperçu est affiché. Dans la partie inférieure, le chemin de la référence originale est indiqué.

▶ Pour afficher tous les noms de calques et de symboles imbriqués, conservez l'option **Sélectionner automatiquement tous les objets imbriqués** active.

L'option **Inviter à sélectionner les objets imbriqués** permet la sélection des objets imbriqués séparément, limitant l'édition à ces objets. Dans ce cas, AutoCAD LT demandera la sélection des objets.

- Confirmez par **OK**.
- Effectuez les changements de géométrie, ajoutez de nouveaux éléments, supprimez-en d'autres. Dans le groupe de fonctions **Modifier les références** (onglet **Insertion**), les boutons **Ajouter au jeu de sélection** et **Supprimer du jeu de sélection** permettent, respectivement, d'ajouter et de supprimer des éléments extérieurs à la référence à modifier.
- Une fois tous les changements effectués, dans le groupe de fonctions **Modifier les références**, cliquez sur l'icône **Enregistrer les modifications**.

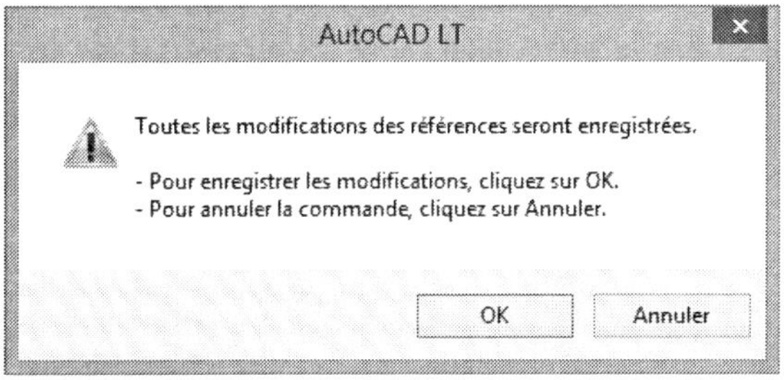

- Pour confirmer l'enregistrement, cliquez sur **OK**.

Toutes les références sont mises à jour dans le dessin, ainsi que le fichier dessin original.

9. Attacher un fichier DWF au dessin courant

Vous pouvez attacher un fichier DWF au dessin courant. L'état des calques du fichier DWF est respecté. Il s'agit d'un objet unique non modifiable appelé Calque sous-jacent. Il peut être extrêmement pratique de se référer à un fichier DWF. Ainsi le fichier DWF inséré à l'échelle, peut servir de fond de plan pour concevoir ou faire évoluer votre projet.

Tout comme une référence externe ou une image tramée, vous pouvez visualiser des informations sur un calque sous-jacent, attacher ou détacher celui-ci, le décharger ou le recharger, rechercher et enregistrer un nouveau chemin de recherche.

- Dans la palette **Références externes**, choisissez l'icône déroulante **Attacher** puis l'option **Attacher un fichier DWF**.

- Une boîte de dialogue vous invite à choisir un fichier DWF qui sera inséré dans le dessin courant. Confirmez par **Ouvrir**.

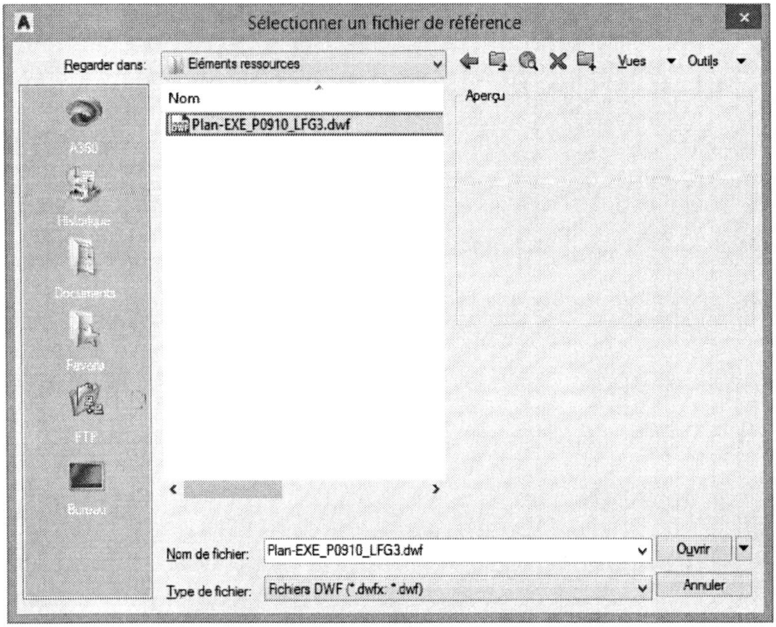

AutoCAD LT affiche ensuite la boîte de dialogue suivante :

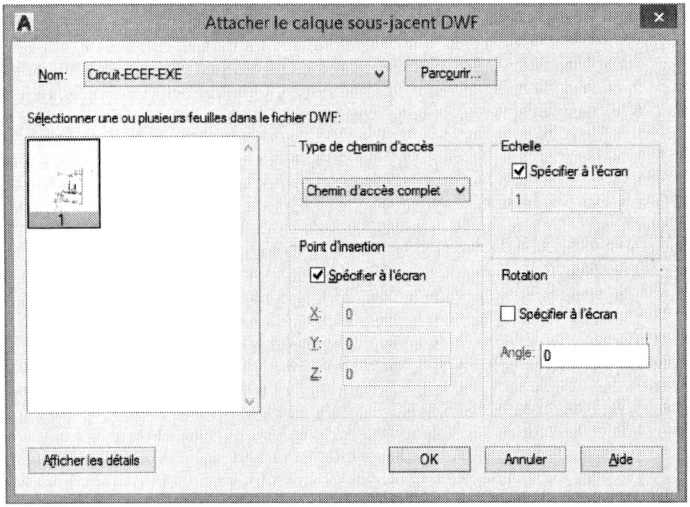

Dans la liste **Sélectionner une ou plusieurs feuilles dans le fichier DWF**, prenez le soin de choisir la feuille à attacher (correspondant au calque sous-jacent DWF). Notez qu'un fichier DWF peut contenir de nombreuses feuilles.

Le bouton **Afficher les détails** précise l'emplacement et le chemin du fichier DWF référencé.

- Définissez ensuite les modes **Point d'insertion**, **Echelle** et **Rotation** selon vos préférences avant de confirmer par **OK**.

Selon les choix précédents, AutoCAD LT vous propose de préciser dans la zone graphique le point d'insertion, l'échelle (ou l'unité) ainsi que l'angle de rotation du fichier DWF à attacher.

Propriétés

La fenêtre **Propriétés** vous permet d'agir sur les paramètres suivants spécifiques aux calques sous-jacents (fichier DWF attaché) :

- Après sélection du calque sous-jacent, effectuez un clic droit puis choisissez **Propriétés** dans le menu contextuel. La fenêtre suivante est affichée :

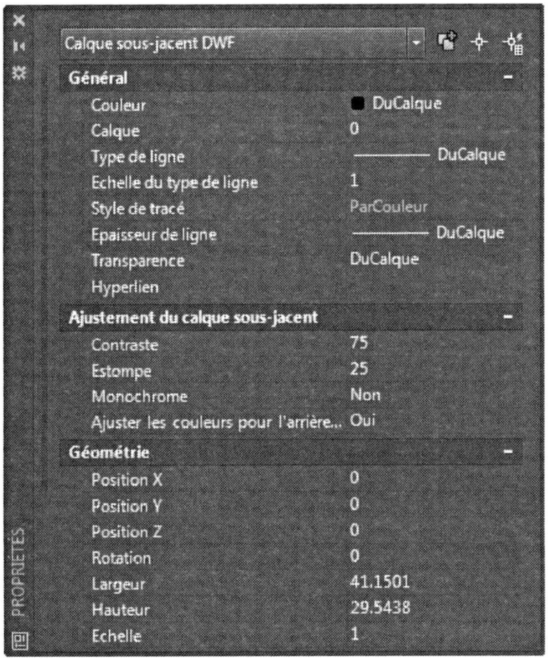

La rubrique **Géométrie** permet de modifier les positions, angle de rotation, échelle, largeur et hauteur du calque sous-jacent.

La rubrique **Ajustement** permet d'agir sur le contraste, la valeur d'estompe, de forcer l'affichage monochrome ou couleur du calque sous-jacent, d'activer l'ajustement des couleurs du calque sous-jacent par rapport à l'arrière-plan courant.

La rubrique **Divers** permet de modifier le nom du fichier, le chemin, d'activer ou non l'affichage du calque sous-jacent ainsi que son contour de délimitation.

Modifier les propriétés du calque sous-jacent DWF

Si vous sélectionnez la géométrie du calque sous-jacent DWF, vous pouvez modifier ses propriétés via les groupes de fonctions de l'onglet contextuel **Calque sous-jacent DWF** :

Ajuster

Permet de régler le contraste et l'estompe et d'afficher en monochrome ou en couleurs.

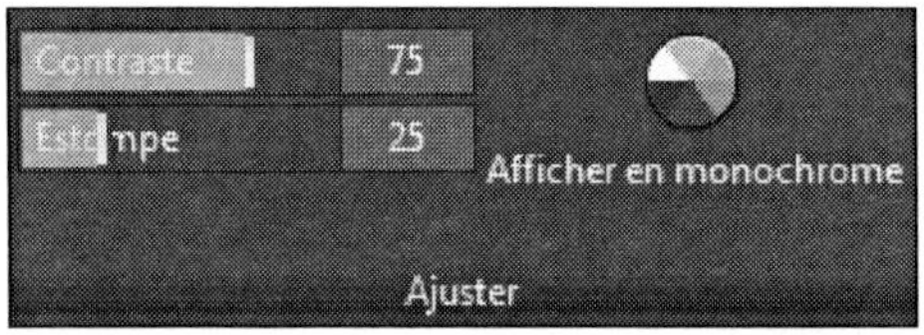

Délimitation

Permet de créer un nouveau contour de délimitation ou de supprimer le contour de délimitation.

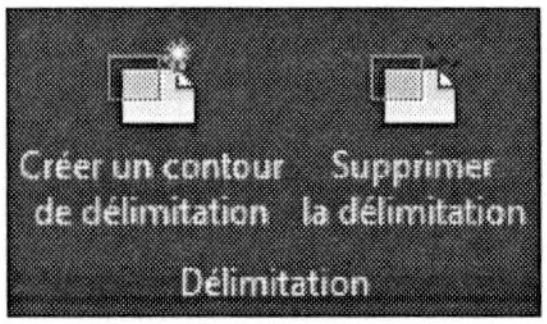

Options

Permet d'afficher ou de masquer le calque sous-jacent ; permet d'activer ou de désactiver l'accrochage à la géométrie du calque sous-jacent ; permet d'afficher ou de masquer la palette **Références externes**.

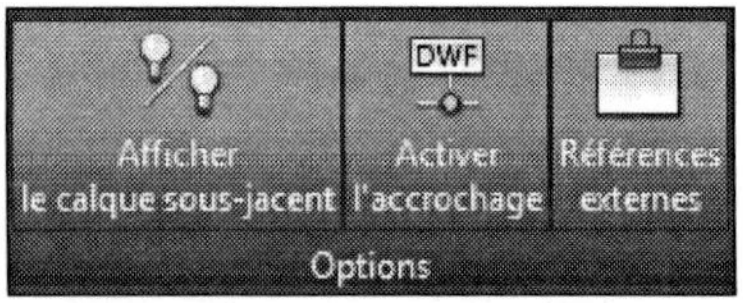

Calques DWF

Permet d'afficher ou de masquer les calques composant le fichier DWF (ou DWFx).

Dans la fenêtre **Calques sous-jacents** ci-dessous, vous agissez directement sur les sélecteurs **Actif** pour afficher ou masquer les calques :

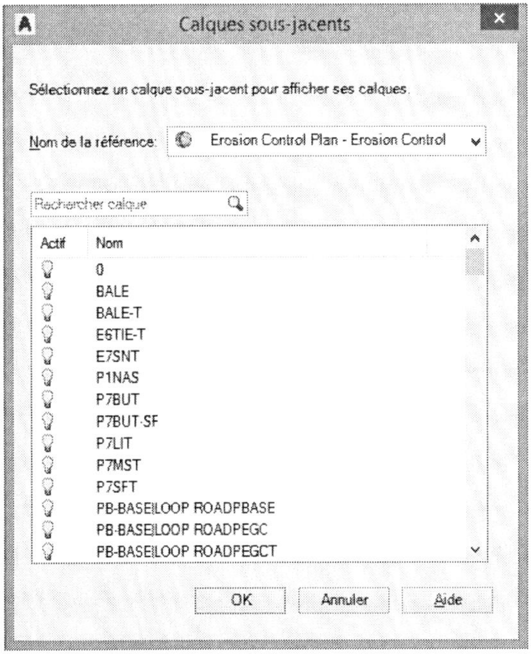

10. Attacher un fichier DGN au dessin courant

Vous pouvez attacher un fichier DGN au dessin courant. Il s'agit d'un objet unique non modifiable appelé calque sous-jacent, mais qui peut s'avérer utile en tant que référence. Ainsi, le fichier DGN inséré à l'échelle peut servir de fond de plan pour concevoir ou faire évoluer votre projet.

Tout comme une référence externe, un fichier DWF, un fichier PDF ou une image tramée, vous pouvez visualiser des informations sur un calque sous-jacent, attacher ou détacher celui-ci, le décharger ou le recharger, rechercher et enregistrer un nouveau chemin de recherche.

- Dans la palette **Référence**, déroulez l'icône déroulante ci-dessous pour choisir **Attacher un fichier DGN** :

Une boîte de dialogue vous invite à choisir un fichier DGN qui sera inséré dans le dessin courant.

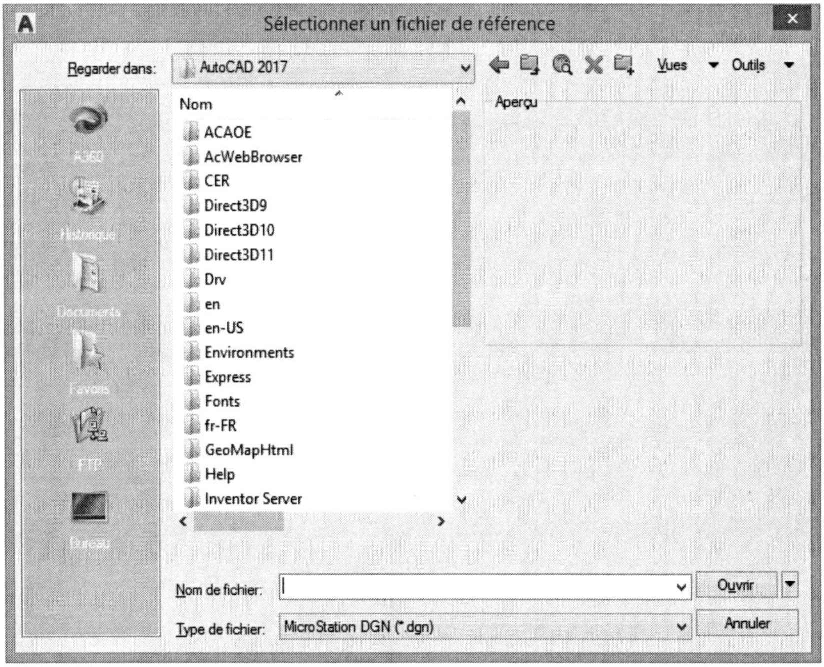

- Confirmez par **Ouvrir**.

AutoCAD LT affiche ensuite la boîte de dialogue suivante :

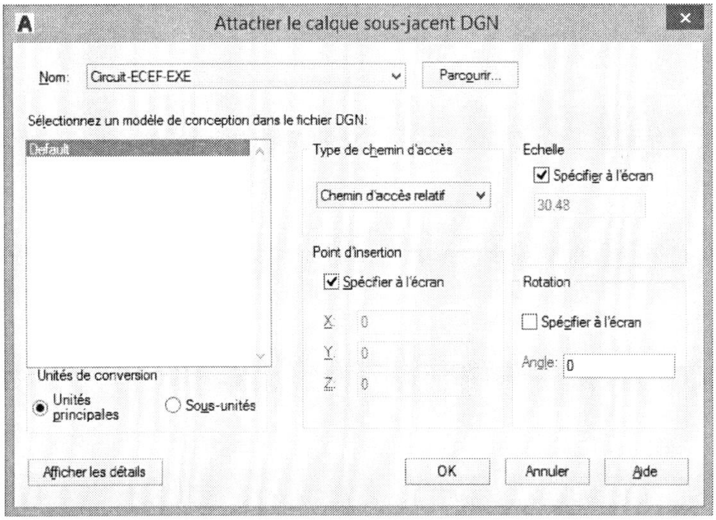

- Dans la liste **Sélectionnez un modèle de conception dans le fichier DGN**, prenez le soin de choisir le modèle à attacher (correspondant au calque sous-jacent DGN).
- Choisissez les unités de conversion si nécessaire.
- Définissez ensuite les modes Point d'insertion, Echelle et Rotation selon vos préférences et confirmez par **OK**.

Selon les choix précédents, AutoCAD LT vous propose de préciser dans la zone graphique les points d'insertion, échelle et angle de rotation du calque sous-jacent DGN.

Modifier les propriétés du calque sous-jacent DGN

Si vous sélectionnez la géométrie du calque sous-jacent DGN, vous pouvez modifier ses propriétés via les groupes de fonctions de l'onglet contextuel **Calque sous-jacent DGN** :

Ajuster

Permet de régler le contraste et l'estompe et d'afficher en monochrome ou en couleurs.

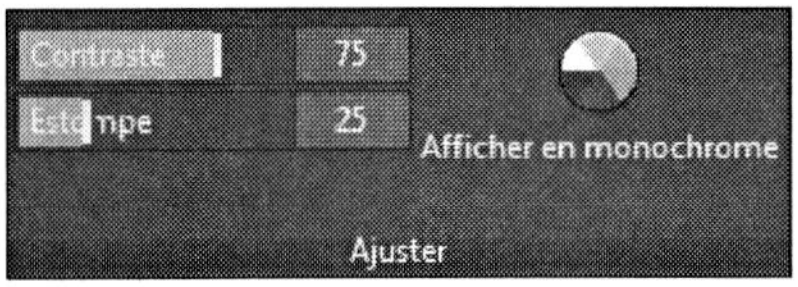

Délimitation

Permet de créer un nouveau contour de délimitation ou de supprimer le contour de délimitation.

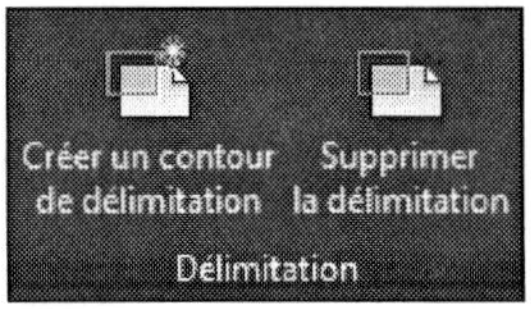

Options

Permet d'afficher ou de masquer le calque sous-jacent ; permet d'activer ou de désactiver l'accrochage à la géométrie du calque sous-jacent ; permet d'afficher ou de masquer la palette **Références externes**.

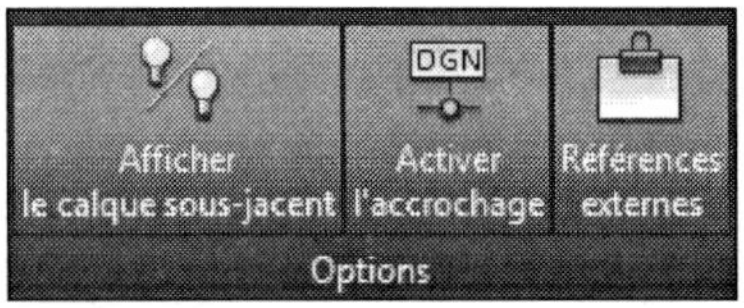

Calques DGN

Permet d'afficher ou de masquer les calques composant le fichier DGN.

Dans la fenêtre **Calques sous-jacents** ci-dessous, vous agissez directement sur les icônes pour afficher ou masquer les calques :

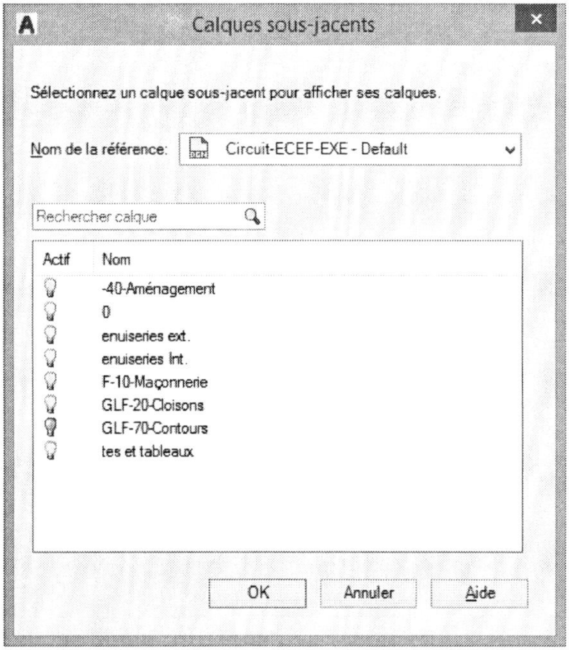

11. Attacher un fichier PDF au dessin courant

Vous pouvez attacher un fichier PDF au dessin courant. Il s'agit d'un objet unique non modifiable appelé calque sous-jacent, qui peut s'avérer utile en tant que référence. Ainsi, le fichier PDF inséré à l'échelle peut servir de fond de plan pour aider à la conception ou à l'évolution d'un projet.

Tout comme une référence externe (fichier DWG), un fichier DWF, un fichier DGN ou une image tramée, vous pouvez visualiser des informations sur un calque sous-jacent PDF, l'attacher ou le détacher, le décharger ou le recharger, rechercher et enregistrer un nouveau chemin de recherche.

- Dans la palette **Référence**, déroulez l'icône déroulante ci-dessous pour choisir **Attacher le PDF**.

Une boîte de dialogue vous invite à choisir un fichier PDF qui sera inséré dans le dessin courant.

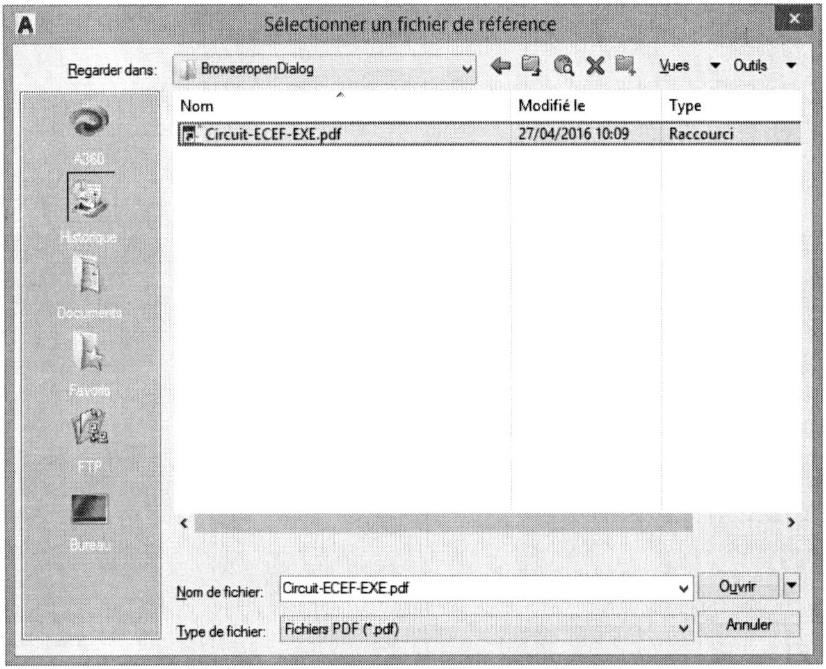

- Confirmez par **Ouvrir**.

AutoCAD LT affiche ensuite la boîte de dialogue suivante :

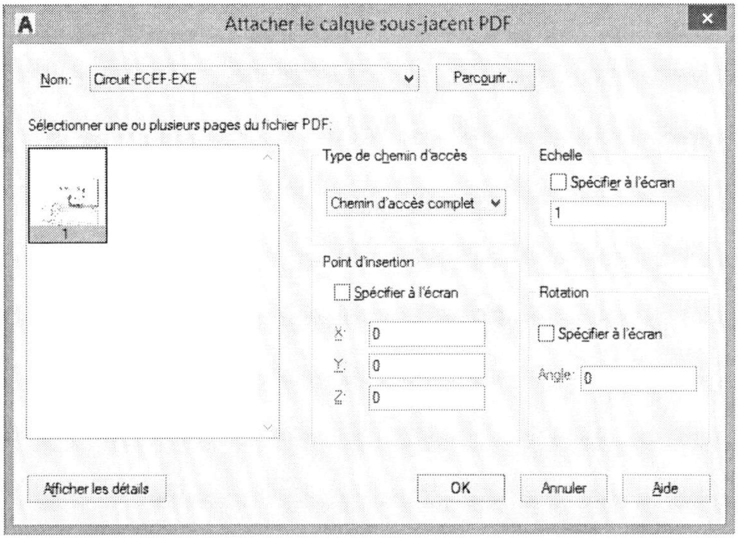

- Dans la liste **Sélectionner une ou plusieurs pages du fichier PDF**, prenez le soin de choisir le document ou la partie du document à attacher (correspondant au calque sous-jacent PDF).
- Définissez ensuite les modes **Point d'insertion**, **Echelle**, et **Rotation** selon vos préférences et confirmez par **OK**.

Selon les choix précédents, AutoCAD LT vous propose de préciser dans la zone graphique les points d'insertion, échelle et angle de rotation du calque sous-jacent PDF.

Modifier les propriétés du calque sous-jacent PDF

Si vous sélectionnez la géométrie du calque sous-jacent PDF, vous pouvez modifier ses propriétés via les groupes de fonctions de l'onglet contextuel **Calque sous-jacent PDF** :

Ajuster

Permet de régler le contraste et l'estompe et d'afficher en monochrome ou en couleurs.

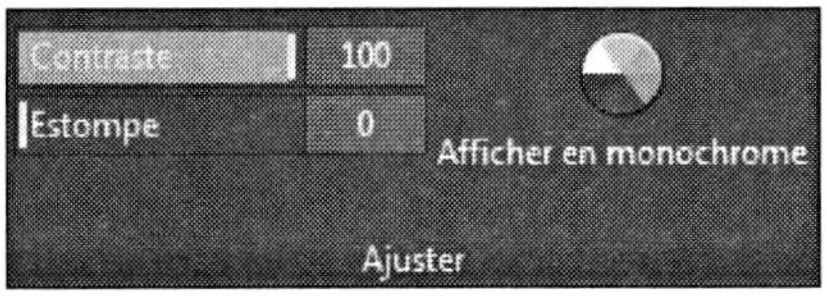

Délimitation

Permet de créer un nouveau contour de délimitation ou de supprimer le contour de délimitation.

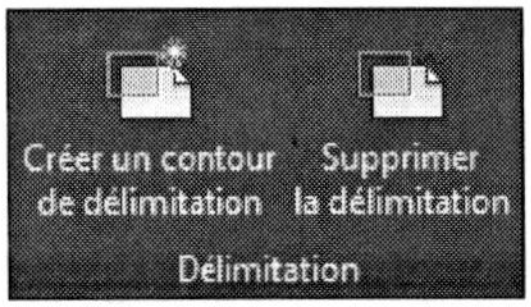

Options

Permet d'afficher ou de masquer le calque sous-jacent ; permet d'activer ou de désactiver l'accrochage à la géométrie du calque sous-jacent ; permet d'afficher ou de masquer la palette **Références externes**.

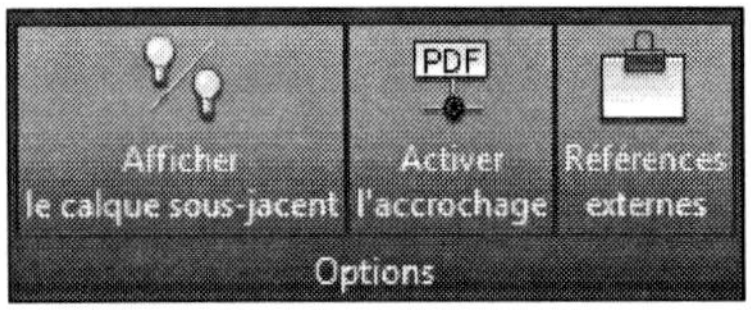

Calques PDF

Permet d'afficher ou de masquer les calques composant le fichier PDF.

Dans la fenêtre **Calques sous-jacents** ci-dessous, vous agissez directement sur les icônes pour afficher ou masquer les calques.

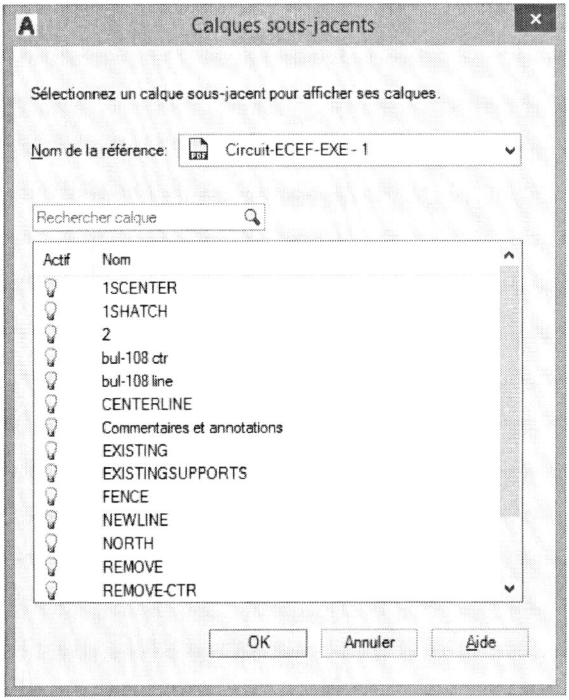

12. Attacher une image tramée au dessin courant

Vous pouvez attacher un fichier image (image tramée) au dessin courant. Il s'agit d'un objet unique non modifiable appelé calque sous-jacent, qui peut s'avérer utile en tant que référence. Ainsi, le fichier image inséré peut servir de fond de plan ou peut constituer une partie complémentaire aux éléments vectoriels du dessin/projet de conception.

Les fichiers d'image les plus répandus sont accessibles : tga, tif, jpeg, png, bmp, gif, rle, pct, pcx...

Tout comme une référence externe (fichier DWG), un fichier DWF, un fichier DGN ou un fichier PDF, vous pouvez visualiser des informations sur une image, attacher ou détacher celle-ci, la détacher ou la recharger, rechercher et enregistrer un nouveau chemin de recherche.

◼ Dans la palette **Référence**, déroulez l'icône déroulante ci-dessous pour choisir **Attacher une image**.

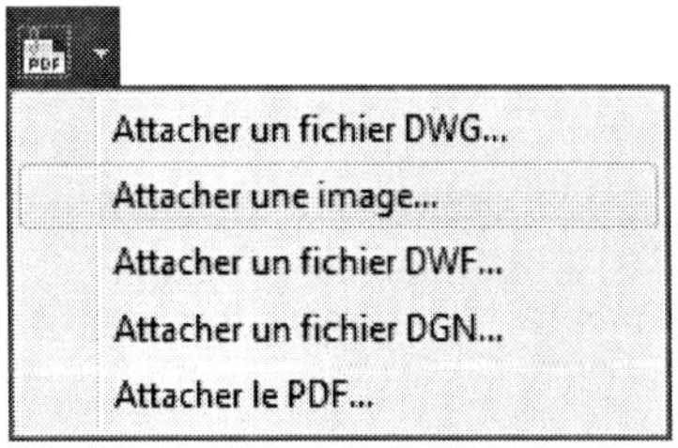

Une boîte de dialogue vous invite à choisir un fichier image qui sera inséré dans le dessin courant.

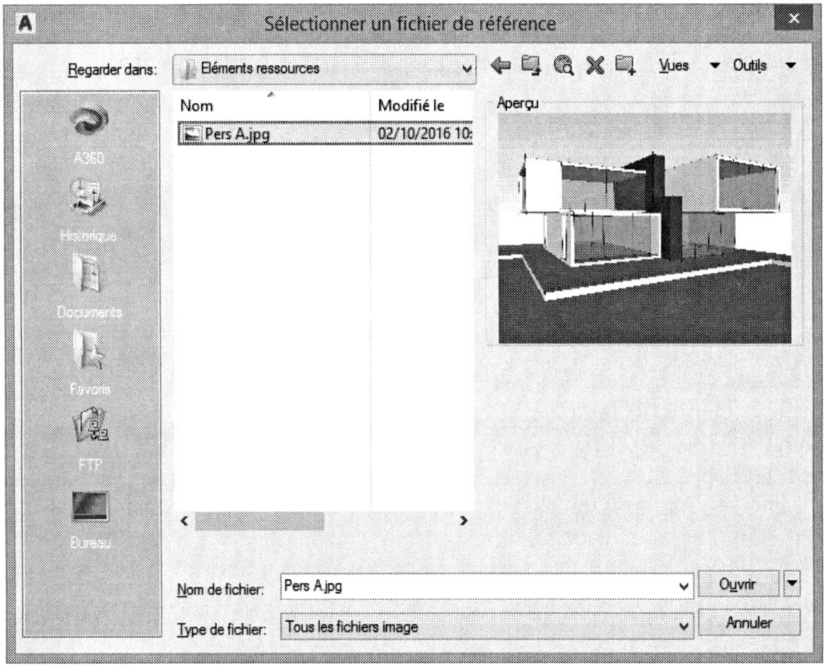

◼ Confirmez par **Ouvrir**.

AutoCAD LT affiche ensuite la boîte de dialogue suivante :

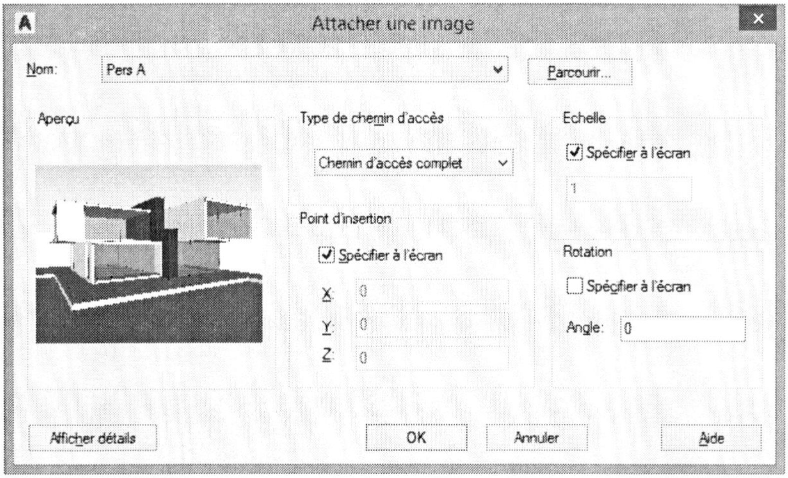

▶ Définissez les modes **Point d'insertion**, **Echelle**, et **Rotation** selon vos préférences et confirmez par **OK**.

Selon les choix précédents, AutoCAD LT vous propose de préciser dans la zone graphique les points d'insertion, échelle et angle de rotation du fichier image.

Modifier les propriétés du fichier image

Si vous sélectionnez l'image, vous pouvez modifier ses propriétés via les groupes de fonctions de l'onglet contextuel **Image** :

Ajuster

Permet de régler la luminosité, le contraste et l'estompe.

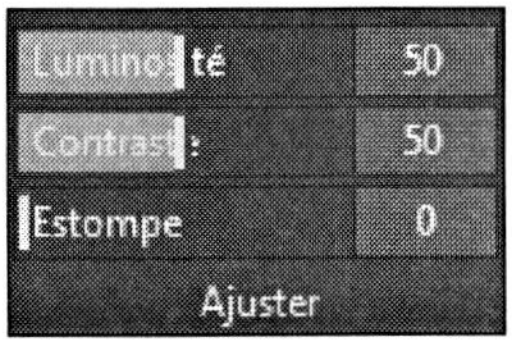

Délimitation

Permet de créer un nouveau contour de délimitation ou de supprimer le contour de délimitation.

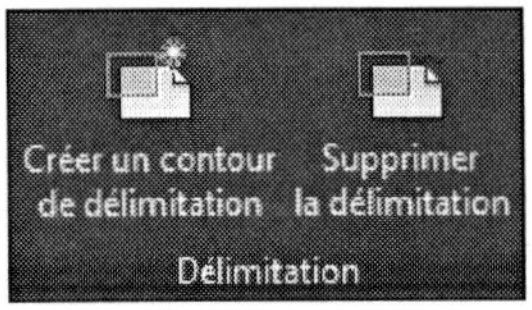

Options

Permet d'afficher ou de masquer l'image ; permet d'activer ou de désactiver la transparence pour permettre l'affichage des objets qui se situent sous l'image ; permet d'afficher ou de masquer la palette **Références externes**.

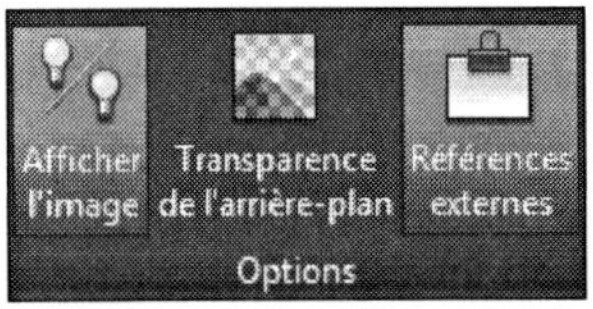

Exercice 8
Références externes

Dans cet exercice, nous allons attacher au plan du local professionnel un fichier de référence externe correspondant au schéma de l'implantation électrique et modifier celui-ci pour l'adapter à la disposition des pièces.

1. Étape 1 : Insérer une référence externe

▶ Téléchargez et ouvrez le fichier ressources **Références_externes.dwg**.

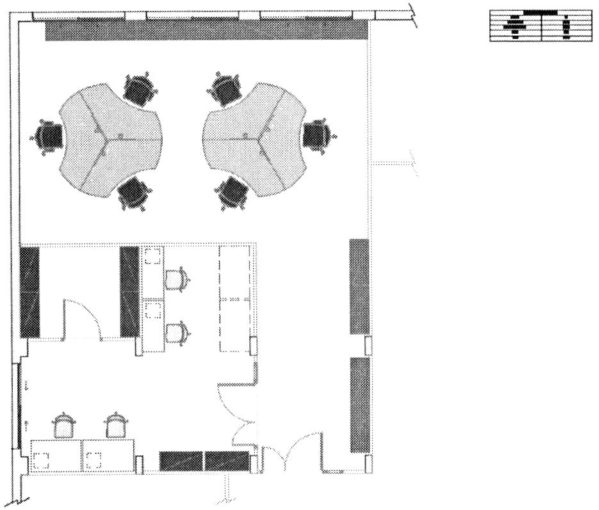

▶ Dans le groupe de fonctions **Référence** (onglet **Insertion**), cliquez sur l'icône **Attacher** 
.

La fenêtre **Sélectionner un fichier de référence** apparaît :

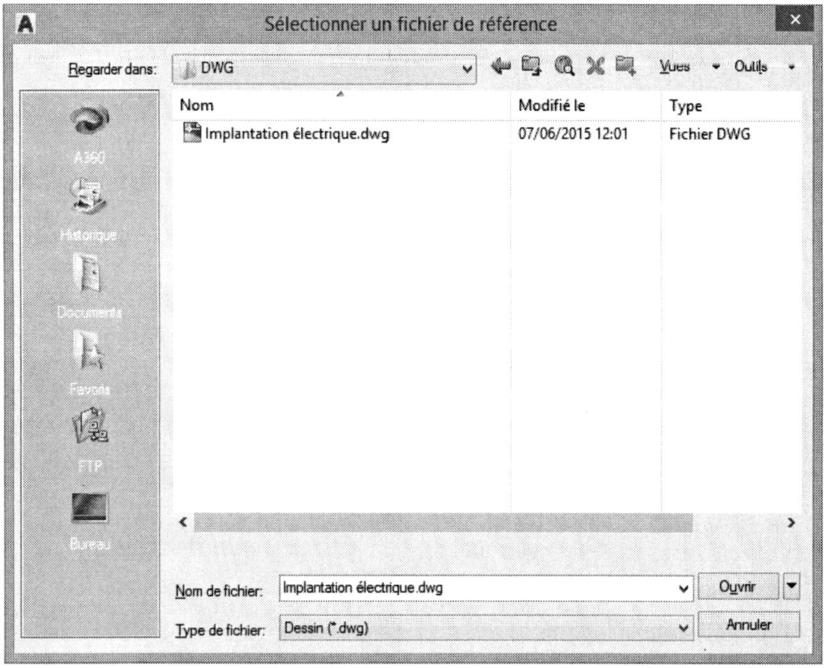

▶ Naviguez jusqu'au fichier ressource **Implantation_électrique.dwg**, sélectionnez-le et cliquez sur **Ouvrir**.

La fenêtre **Attacher la référence externe** apparaît :

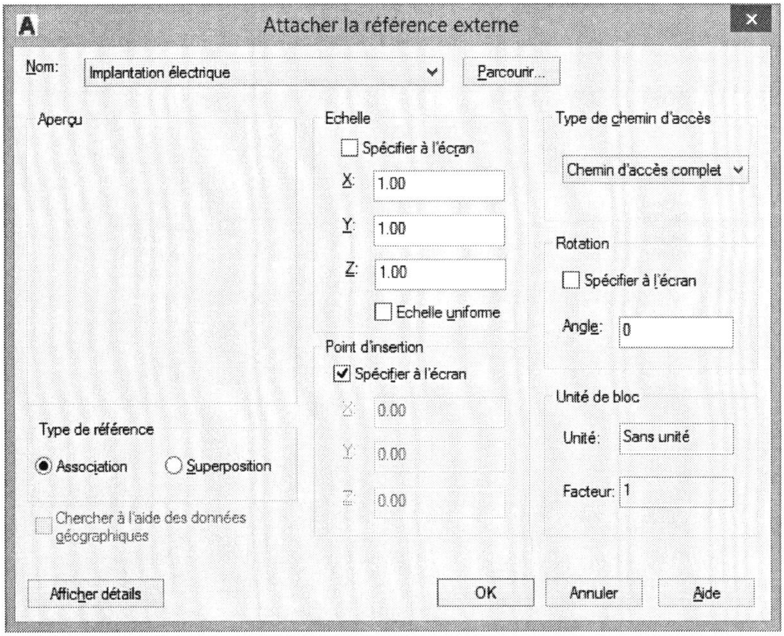

Dans la fenêtre **Attacher la référence externe**, plusieurs propriétés sont à renseigner avant d'insérer la référence externe.

- Dans la rubrique **Echelle**, vérifiez que la case à cocher **Spécifier à l'écran** est désactivée et renseignez **1** pour les zones de texte de **X**, **Y** et **Z**.
- Dans la rubrique **Point d'insertion**, vérifiez que la case à cocher **Spécifier à l'écran** est désactivée et renseignez **0** pour les zones de texte de **X**, **Y** et **Z**.
- Dans la rubrique **Rotation**, vérifiez que la case à cocher **Spécifier à l'écran** est désactivée et renseignez **0** pour la zone de texte **Angle**.
- Vérifiez que les rubriques **Type de référence** et **Type de chemin d'accès** correspondent à la figure ci-dessus.
- Cliquez sur **OK** pour insérer la référence externe.

L'implantation électrique vient s'ajouter au projet.

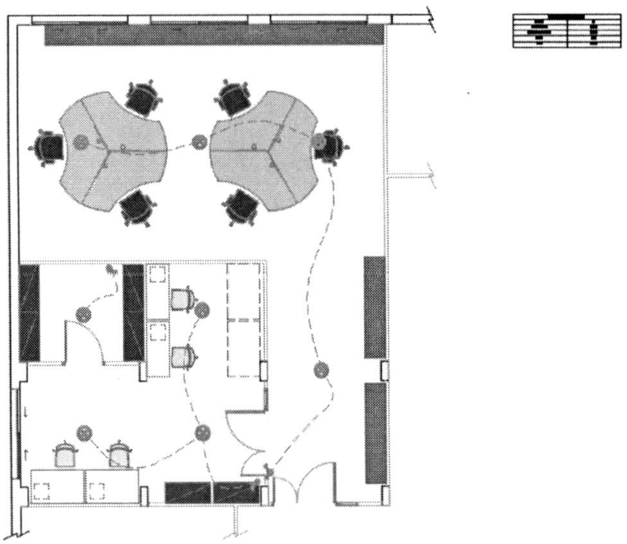

2. Étape 2 : Modifier un fichier de référence externe

Modifier un fichier de référence externe permet d'apporter des changements à un fichier pendant que celui-ci est affiché dans un contexte bien précis. Toutes les modifications apportées à la référence externe seront automatiquement appliquées au fichier original.

Ici, nous allons modifier le fichier de référence externe afin d'adapter le positionnement d'un interrupteur à la disposition d'une pièce.

- Dans le groupe de fonctions **Calque** (onglet **Début**), déroulez la liste des calques et cliquez sur l'icône **Activer/désactiver le calque** du calque **GLF-40-Aménagement**.
- Dans la zone graphique, sélectionnez la référence externe et effectuez un clic droit. Dans le menu contextuel, choisissez **Modifier Xréf sur place**.
- Dans la fenêtre **Edition des références**, cliquez sur **OK**.

▶ Sélectionnez les éléments à modifier comme indiqué dans la figure ci-dessous.

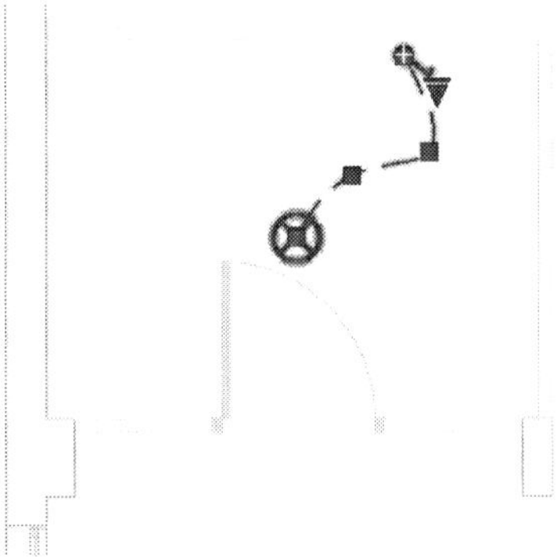

▶ Dans le groupe de fonctions **Modifier** (onglet **Début**), cliquez sur l'icône **Miroir** 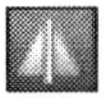.

La fenêtre de commande affiche :

```
MIROIR Spécifiez le premier point de la ligne de symétrie:
```

▶ Dans la zone graphique, cliquez sur le point au milieu de la ligne comme indiqué dans la figure ci-dessous pour spécifier la position du premier point de l'axe de symétrie.

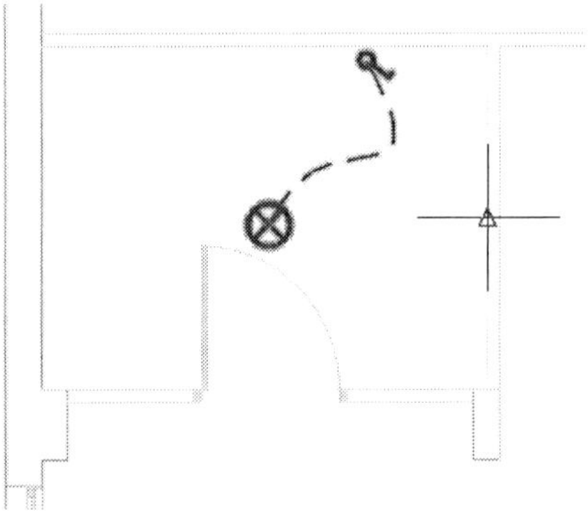

La fenêtre de commande affiche :

```
MIROIR Spécifiez le deuxième point de la ligne de symétrie:
```

▶ Cliquez sur le point d'accrochage perpendiculaire indiqué dans la figure ci-dessous pour spécifier la position du second point de l'axe de symétrie.

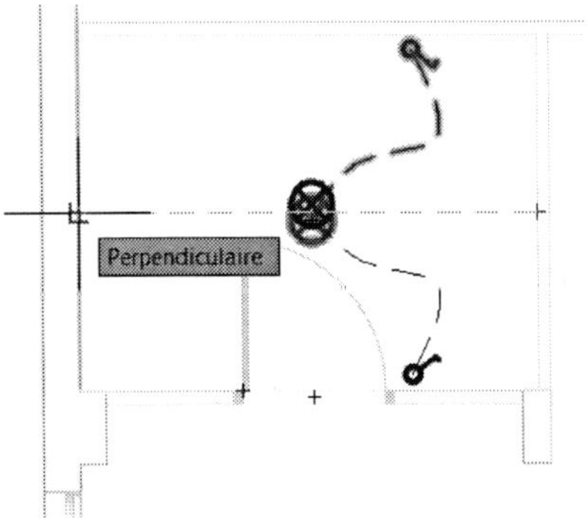

La fenêtre de commande affiche :

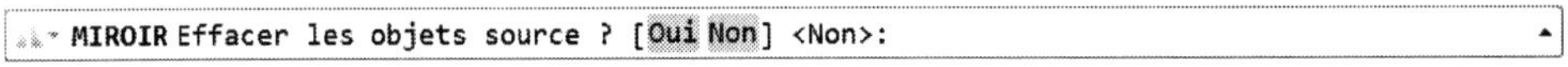

▶ Dans la fenêtre de commande, cliquez sur **Oui** pour effacer les objets sources.

▶ Déroulez le groupe de fonctions **Modifier les références** 

(onglet **Début**) et cliquez sur **Enregistrer les modifications** 

.

Dans la fenêtre **AutoCAD**, cliquez sur **OK** pour confirmer les modifications.

La figure ci-dessous affiche le résultat obtenu.

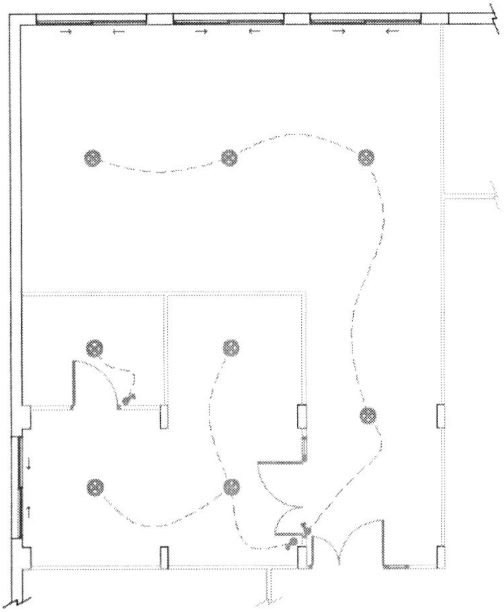

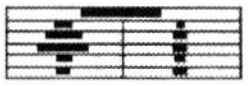

Chapitre 15
Emplacement géographique

1. Généralités

Si votre dessin contient des informations d'emplacement géographique et que vous êtes connecté à Autodesk A360, vous pouvez insérer une carte à partir d'un service de cartographie en ligne dans la fenêtre courante.

La carte en ligne peut ajouter des informations contextuelles à votre dessin et fournir des informations sur les contours de la zone qui vous intéresse. Elle s'affiche derrière tous les autres objets de dessin dans la fenêtre et couvre l'étendue du système de coordonnées SIG affecté au fichier de dessin.

Vous pouvez afficher la carte sous la forme d'une série d'images satellite (style carte aérienne), sous la forme d'une série d'images vectorielles (style carte routière), ou encore sous la forme d'un mélange de ces deux styles. Si la zone de dessin est divisée en plusieurs fenêtres, chacune d'entre elles peut posséder un style de carte différent. Bien que la carte en ligne soit affichée dans une présentation, elle n'est pas imprimée lors du traçage du dessin.

Il convient de définir un emplacement géographique pour un point de référence du dessin courant. Les informations d'emplacement géographique d'un fichier de dessin sont associées à une entité qualifiée de marqueur géographique. Le marqueur géographique désigne un point de référence (de l'espace objet) correspondant à un emplacement sur la surface de la Terre dont la latitude et la longitude sont connues. La direction du nord est également associée au marqueur géographique.

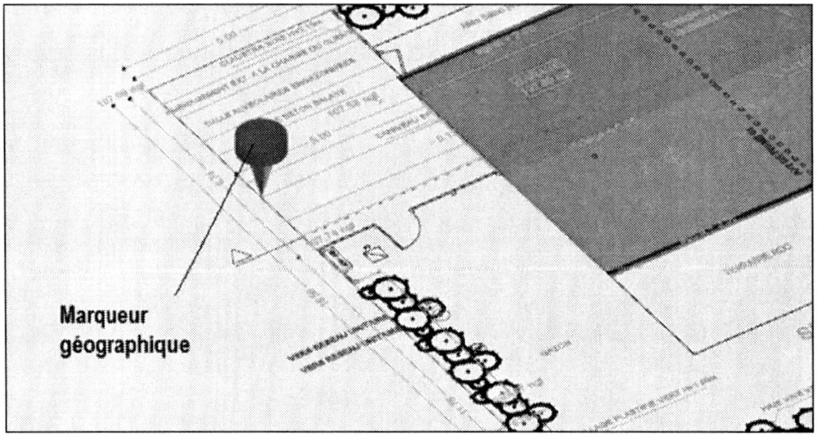

En général, un emplacement géographique est défini par ses coordonnées (par exemple, latitude, longitude et élévation) et le système de coordonnées (par exemple, RGF93 en France) utilisé pour définir les coordonnées. Par conséquent, lorsque vous spécifiez l'emplacement géographique du marqueur géographique, le système enregistre également les détails du système de coordonnées SIG.

Après avoir inséré un marqueur géographique dans un dessin, vous pouvez effectuer les opérations suivantes :

- Configurer le programme de manière à ce qu'il détermine automatiquement l'angle de la lumière du soleil lors d'une simulation du ciel et du soleil (études photométriques).
- Insérer une carte à partir d'un service de cartographie en ligne dans une fenêtre.
- Réaliser des études environnementales.
- Utiliser les marqueurs de position afin de marquer les emplacements géographiques et enregistrer les notes associées.
- Se localiser sur la carte en temps réel sur les systèmes prenant en charge la détection de position.
- Exporter vers AutoCAD Map 3D selon le positionnement automatique du modèle.
- Importer des fichiers raster contenant des informations d'emplacement géographique positionnées automatiquement (pour cela, AutoCAD Raster Design est requis).

2. Définir un emplacement géographique à partir d'une carte

Vous pouvez insérer des informations d'emplacement géographique dans un fichier de dessin en spécifiant l'emplacement d'un point de référence sur une carte à partir d'un service de cartographie en ligne.

Attention : cette opération nécessite la connexion à Autodesk A360 pour pouvoir utiliser le service de cartographie en ligne.

- Dans le groupe de fonctions **Position** (onglet **Insertion**), cliquez sur l'icône déroulante **Définir l'emplacement** et choisissez **A partir d'une carte**.

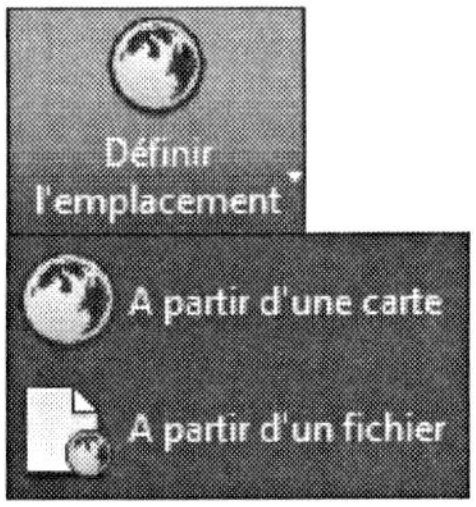

- Lors de la première utilisation, dans la fenêtre **Géolocalisation - Données cartographiques en ligne**, cliquez sur **Oui** pour confirmer les conditions d'utilisation des données cartographiques en temps réel.

La boîte de dialogue **Emplacement géographique** s'affiche :

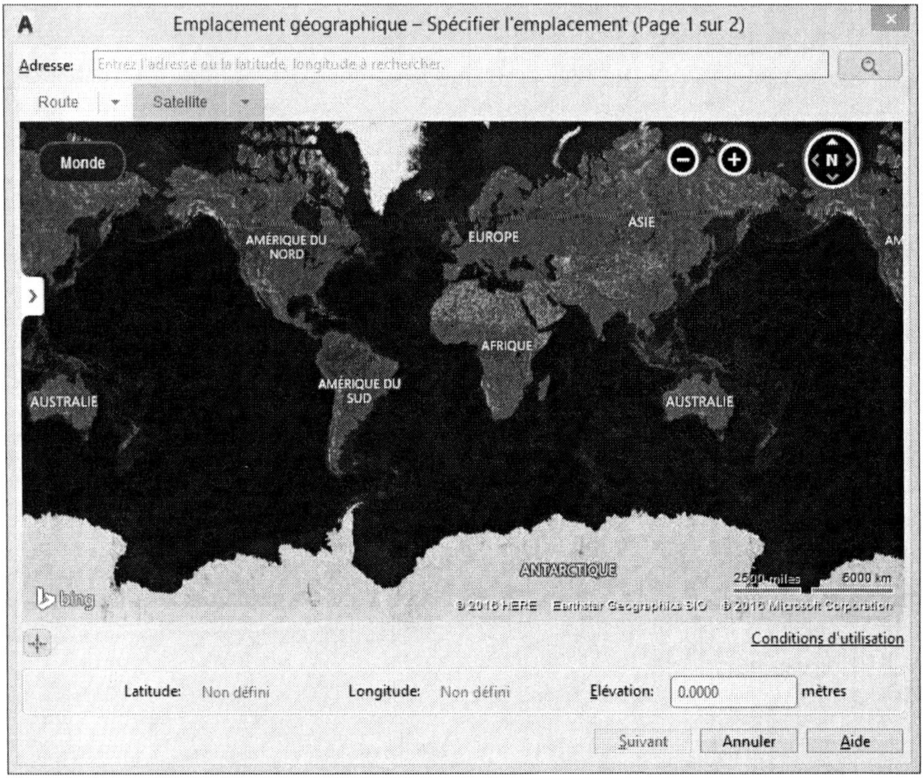

- Dans la zone de recherche de la boîte de dialogue **Emplacement géographique**, saisissez l'adresse (ou adresse proche) de votre emplacement, puis cliquez sur l'icône **Rechercher** .

Vous pouvez également procéder à cette recherche en saisissant les latitude et longitude d'un emplacement proche dans les zones **Latitude** et **Longitude** correspondantes.

La boîte de dialogue **Emplacement géographique** affiche le ou les résultats comme ci-dessous :

Dans le cas ci-dessus, le résultat affiche une adresse, ainsi que la cartographie correspondante.

Remarque

*Vous pouvez agir sur les boutons-liste **Route** et **Automatique** pour un affichage de la carte de type routier ou photographique (photos satellite), et sur les boutons-listes **Satellite** et **Vue aérienne** pour un affichage selon un meilleur angle ou vue du dessus.*

- Utilisez la molette de la souris pour zoomer et obtenir un affichage plus précis de l'emplacement souhaité sur la carte.
- Cliquez sur **Placer le marqueur ici** pour confirmer l'emplacement du marqueur géographique sur la carte (ou clic droit sur la carte, **Placer le marqueur ici**).
- Vérifiez les latitude, longitude, système de coordonnées, fuseau horaire, et choisissez une unité de dessin adaptée à votre dessin.

- Cliquez sur le bouton **Suivant**.
- Sélectionnez un système de coordonnées SIG, un fuseau horaire et une unité de dessin adaptée.

Le système de coordonnées SIG correspond au système de projection de coordonnées (système français RGF93 par exemple), avec une spécification relative à la région géographique (exemple : RGF93, CC48).

- Cliquez sur le bouton **Suivant**.
- Dans la zone de dessin, cliquez sur la position correspondant à l'emplacement recherchée (et validée avec l'opération précédente **Placer le marqueur ici**).
- À l'aide du pointeur, précisez ensuite la direction Nord pour un positionnement correct de la carte sur votre dessin.

La carte est positionnée et orientée sur votre dessin, comme dans l'exemple ci-dessous.

Remarque

*Une autre technique consiste à définir un emplacement géographique à partir d'un fichier issu d'un SIG (fichiers KML ou KMZ). Dans ce cas, dans le groupe de fonctions **Position** (onglet **Insertion**), cliquez sur l'icône déroulante **Définir l'emplacement** et choisissez **A partir d'un fichier**.*

3. Modifier l'emplacement géographique

Vous pouvez modifier les propriétés de position et de direction nord du marqueur géographique, qui déterminent les longitude et latitude.

- Dans le groupe de fonctions contextuel **Position** (onglet contextuel **Géolocalisation**), cliquez sur le bouton **Réorienter le marqueur** 

.
- Précisez le nouvel emplacement du marqueur, puis indiquez le nord pour un positionnement correct de la carte sur votre dessin.

Remarque

*Dans le groupe de fonctions **Position**, le bouton **Modifier l'emplacement - A partir d'une carte** permet d'accéder à la boîte de dialogue **Emplacement géographique**, pour déplacer le marqueur géographique (pointeur ou latitude/longitude), changer de système de coordonnées SIG, changer d'unité, et changer de fuseau horaire.*

4. Modifier le type d'affichage de la carte

- Dans le groupe de fonctions contextuel **Carte en ligne** (onglet contextuel **Géolocalisation**), cliquez sur l'icône déroulante 

pour dérouler le menu suivant :

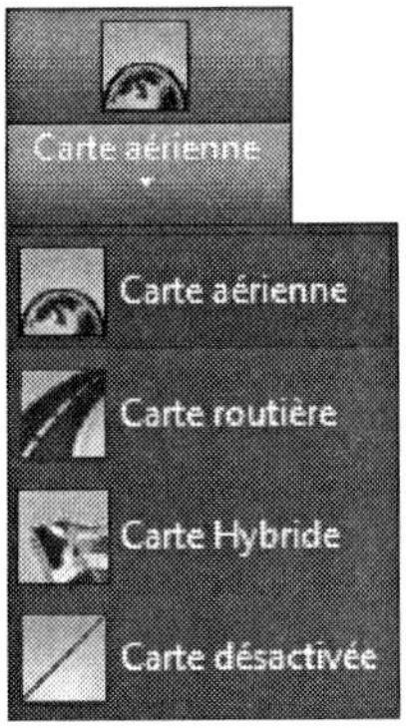

▶ Choisissez **Carte aérienne** 

pour un affichage de type photos satellite.

▶ Choisissez **Carte routière** 

pour un affichage de type routier.

▶ Choisissez **Carte Hybride** 

pour un affichage mixte carte aérienne/carte routière.

5. Capturer une partie de la carte en ligne

Cette technique permet de limiter l'affichage de la carte à une zone rectangulaire déterminée. Elle permet d'afficher et de tracer la carte même hors connexion Internet. Il s'agit d'une copie de l'image en ligne. Cette opération n'est possible qu'en vue en plan par rapport au Système de Coordonnées Général.

Ainsi la carte en ligne peut être masquée, et l'affichage de la carte est conservé dans la zone rectangulaire déterminée.

▶ Dans le groupe de fonctions **Carte en ligne** (onglet contextuel **Géolocalisation**), cliquez sur l'icône déroulante **Capturer la zone** 

.

▶ Choisissez **Capturer la zone** 

.

▶ Déterminez par deux points la zone rectangulaire.

L'affichage de la zone de délimitation se présente comme ci-dessous.

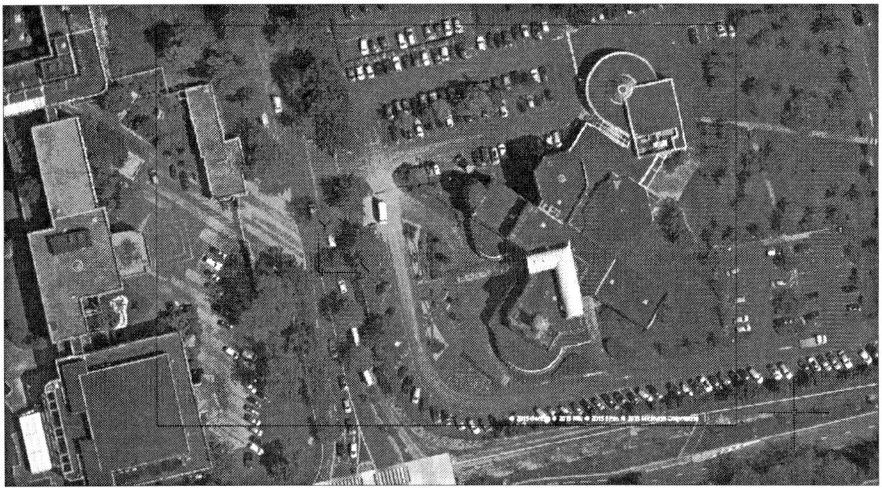

Désormais, si vous procédez au masquage de la carte en ligne, l'affichage de la carte est conservé à l'intérieur de la zone déterminée. Cette image de carte délimitée fait partie du dessin.

▶ Dans le groupe de fonctions **Carte en ligne**, cliquez sur l'icône déroulante **Carte désactivée** 

.

L'affichage est limité à la zone capturée comme dans l'illustration ci-dessous :

6. Masquer la carte

◘ Dans le groupe de fonctions contextuel **Carte en ligne** (onglet contextuel **Géolocalisation**), cliquez sur l'icône déroulante 

.

◘ Choisissez **Carte désactivée** 

pour masquer la carte.

7. Masquer ou afficher le marqueur de l'emplacement géographique

◘ Dans la barre d'état, cliquez sur le bouton **Visibilité du marqueur géographique** .

8. Supprimer l'emplacement géographique

Cette opération retire toutes les informations d'emplacement géographique du dessin courant.

◘ Dans le groupe de fonctions **Position** (onglet contextuel **Géolocalisation**), cliquez sur le bouton **Supprimer l'emplacement** 

.

Chapitre 16
Les systèmes de coordonnées

1. Introduction

AutoCAD LT utilise un système de coordonnées fixe et commun à tous les dessins. Il est appelé Système de Coordonnées Général (SCG). C'est un repère XY orthonormé qui détermine l'origine 0,0 de chaque dessin. C'est aussi le système de base permettant la création d'autres systèmes de coordonnées personnalisés (SCU).

Voici la représentation du Système de Coordonnées Général :

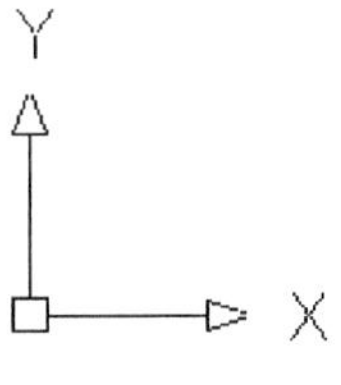

Le Système de Coordonnées Général ne peut être modifié par l'utilisateur. Cependant, depuis celui-ci, vous pouvez définir un système arbitraire de coordonnées appelé Système de Coordonnées Utilisateur (SCU). L'origine peut être placée à un endroit quelconque et les axes peuvent adopter l'orientation voulue.

Les Systèmes de Coordonnées Utilisateur, particulièrement appréciés en 3D permettent de définir un nouveau plan de construction. Les nouveaux objets sont plus facilement "déposés" sur le bon plan de construction. Ceci évite de nombreuses manipulations et permet le positionnement de contours et esquisses sur leurs plans de contruction respectifs.

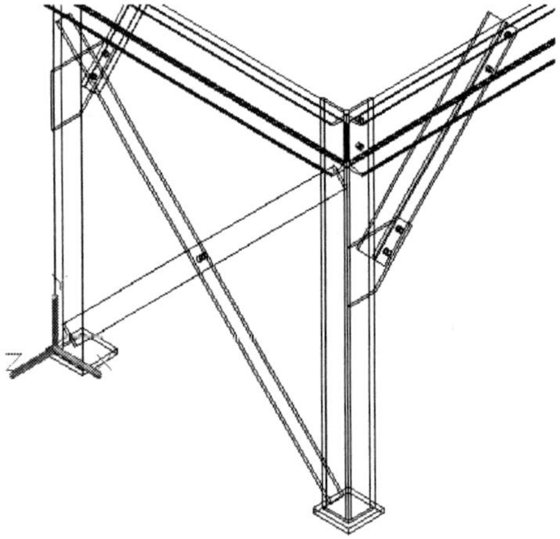

Souvent, le déplacement de l'origine donne une solution 2D simple à un problème 3D complexe. Dans l'exemple ci-dessus, définissez un SCU ; il est ainsi plus facile de positionner une lucarne sur le toit.

Il est plus facile de préciser n'importe quel point tridimensionnel avec les SCU. Le nombre de SCU dans un dessin est illimité.

2. Gestion du système de coordonnées

Le groupe de fonctions **Coordonnées** est masqué par défaut. Pour l'afficher, procédez comme suit :

- Activez l'onglet **Vue**.
- Effectuez un clic droit sur un groupe de fonctions, et dans le menu contextuel choisissez **Afficher les groupes de fonctions**, puis cochez **Coordonnées**, comme ci-dessous :

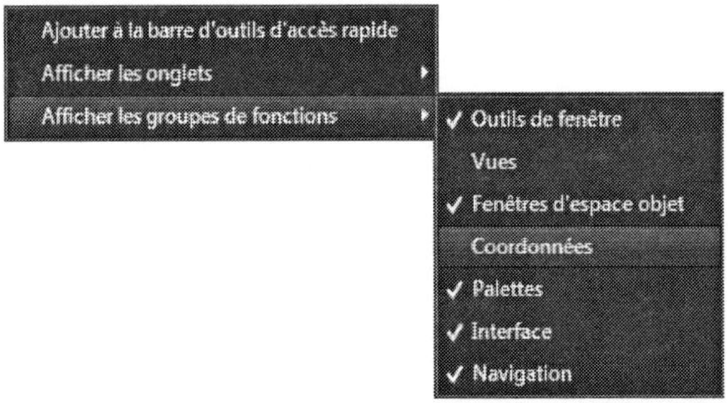

▶ Dans le groupe de fonctions **Coordonnées** (onglet **Vue**), cliquez sur l'outil **SCU, SCU existant**  et activez l'onglet **Paramètres** dans la boîte de dialogue suivante :

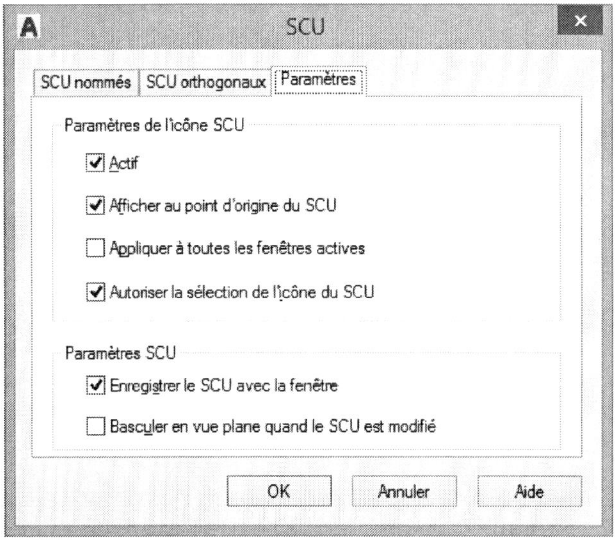

Paramètres de l'icône SCU

La case **Actif** cochée permet l'affichage du SCU.

La case **Afficher au point d'origine du SCU** cochée impose l'affichage du SCU à son origine. Si cette option est désactivée, ou si l'affichage du SCU n'est pas entier, l'icône du SCU est placée en bas à gauche de la fenêtre courante.

La case à cocher **Appliquer à toutes les fenêtres actives** affecte le paramétrage (affichage et activation du SCU) à toutes les fenêtres actives du dessin.

La case à cocher **Autoriser la sélection de l'icône du SCU** permet la sélection de l'icône du SCU et l'édition de celui-ci grâce aux menus contextuels et aux poignées multifonctionnelles, comme le montrent les figures ci-dessous :

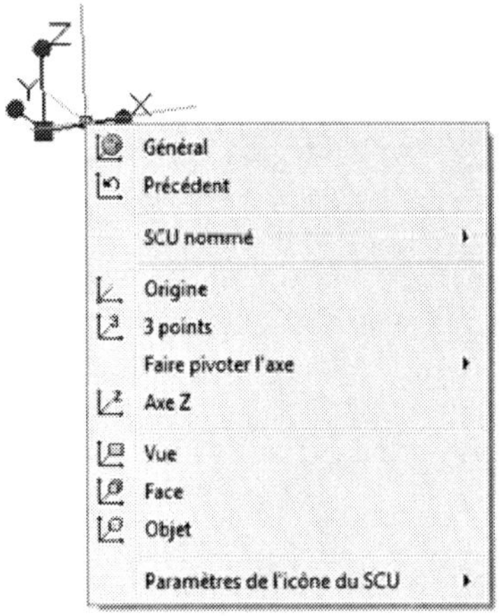

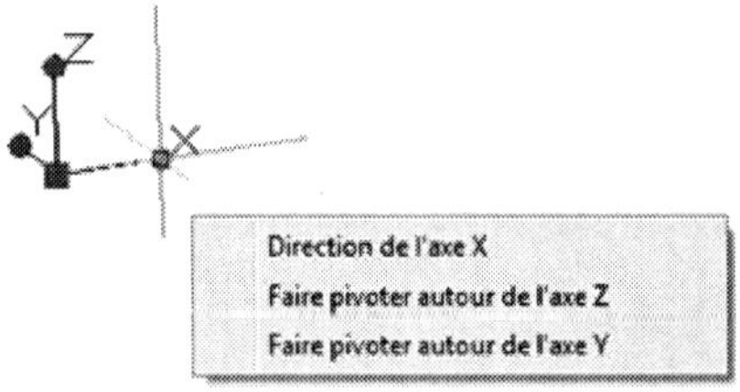

Paramètres SCU

Basculer en vue plane quand le SCU est modifié permet, lorsque vous changez de SCU, d'obtenir une projection orthogonale (ou de "plaquer" le SCU à l'écran).

Remarquez les différentes représentations des SCU :

Exemples

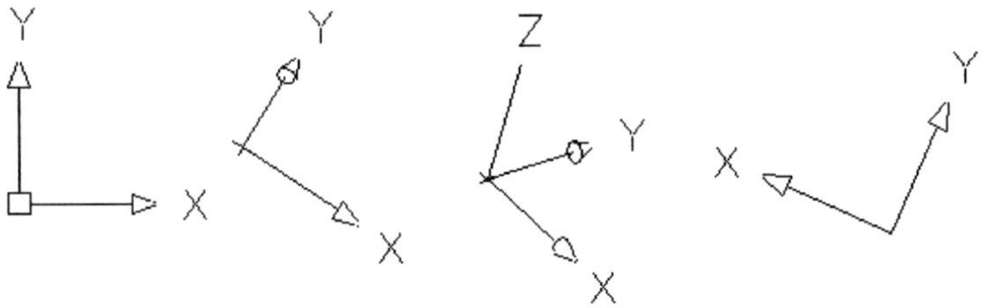

Le carré à l'intersection des axes X et Y précise qu'il s'agit du Système de Coordonnées Général. Si l'icône est positionnée exactement à son origine, une petite croix apparaît à l'intersection des axes X et Y.

Notez qu'une visualisation 3D peut afficher 2 ou 3 axes X, Y et Z.

3. Affichage du système de coordonnées

▶ Dans le groupe de fonctions **Coordonnées** (Onglet **Vue**), cliquez sur l'icône **Icône SCU, Propriétés** .

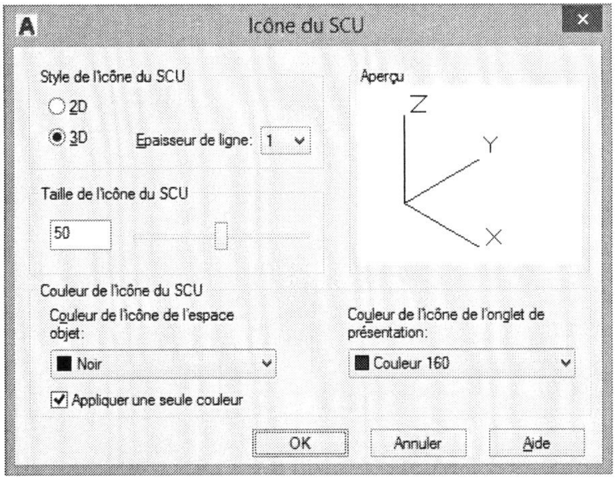

Style de l'icône du SCU

L'option **2D** impose l'affichage des seuls axes X et Y du système de coordonnées.

L'option **3D** permet l'affichage du système de coordonnées sous la forme d'un trièdre XYZ.

La liste **Epaisseur de ligne** permet un affichage plus épais du système de coordonnées.

Taille de l'icône du SCU

Saisissez la valeur ou agissez sur le curseur pour définir la taille du système de coordonnées.

Couleur de l'icône du SCU

Déroulez la liste **Couleur de l'icône de l'espace objet** pour définir la couleur du système de coordonnées de l'espace objet.

Décochez la case à cocher **Appliquer une seule couleur** pour appliquer respectivement aux axes X, Y et Z les couleurs rouge, verte et bleue. Ceci peut constituer une véritable aide visuelle supplémentaire.

Déroulez la liste **Couleur de l'icône de l'onglet de présentation** pour définir la couleur du système de coordonnées des onglets de présentation.

4. Définition du système de coordonnées Utilisateur

Vous pouvez définir un SCU personnalisé de différentes manières :

- En spécifiant une nouvelle origine.
- En spécifiant une nouvelle origine, un nouveau plan XY ou un axe Z.
- En faisant pivoter le SCU courant autour de ses axes.
- En plaçant le SCU sur une des faces d'un solide 3D.

Le groupe de fonctions SCU permet l'accès à toutes les options de définition de SCU.

Objet Définit un nouveau SCU à partir d'un objet sélectionné tel qu'une ligne, un arc, un cercle, une polyligne 2D. Le SCU se “pose” sur le plan XY de l'objet.

Face Définit un nouveau SCU sur la face d'un solide 3D.

Vue Définit un nouveau SCU perpendiculaire à la direction de visée.

Origine Définit un nouveau SCU en précisant une nouvelle origine (conserve les directions X et Y du SCU courant).

Axe Z Définit un nouveau SCU en précisant une nouvelle origine, et un point dans la direction de l'axe Z.

3 points Définit un nouveau SCU en précisant 3 points : l'origine, les directions X et Y.

X Définit un nouveau SCU en précisant une rotation autour de l'axe X courant. L'origine reste inchangée.

Y Définit un nouveau SCU en précisant une rotation autour de l'axe Y courant. L'origine reste inchangée.

Z Définit un nouveau SCU en précisant une rotation autour de l'axe Z courant. L'origine reste inchangée.

Vous pouvez aussi utiliser des SCU prédéfinis orientés par rapport au Système de Coordonnées Général ou au SCU courant. Ces SCU correspondent à des SCU de face, arrière, gauche, droite, dessus et dessous.

▶ Dans le groupe de fonctions **Coordonnées**, cliquez sur l'outil **SCU, SCU existant**. Activez l'onglet **SCU orthogonaux**.

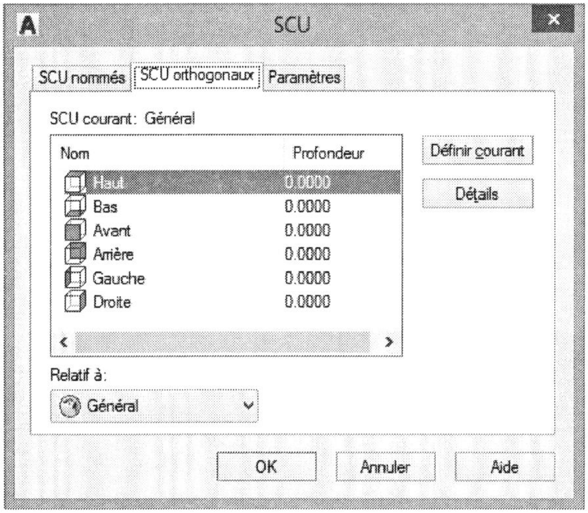

- Sélectionnez le SCU prédéfini dans la liste, puis choisissez le bouton **Définir courant**. Confirmez par **OK**.

Notez la colonne **Profondeur** (située à droite de la colonne **Nom** - utilisez la barre de défilement). Si vous effectuez un double clic sur une valeur 0.0000 (par défaut), vous définissez un SCU parallèle au SCU de la ligne correspondante, c'est-à-dire selon l'axe Z. La valeur peut être positive (Z+) comme négative (Z-).

Note : un clic droit sur l'icône du SCU affiche le menu contextuel suivant permettant un accès direct à la création de nouveaux SCU.

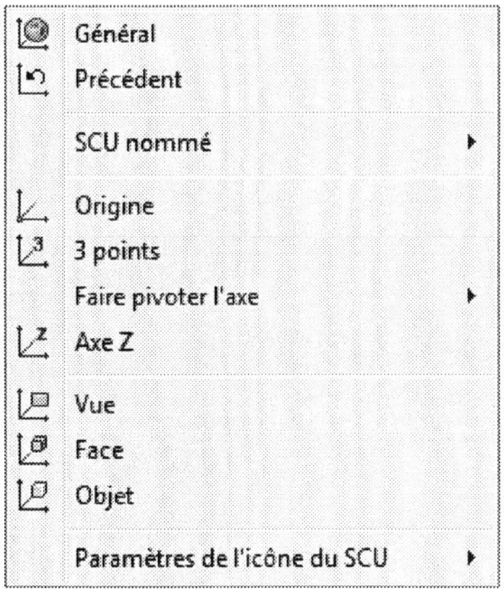

5. Définition du SCU à l'aide des poignées

AutoCAD LT permet d'accéder à la définition de nouveaux SCU rapidement, à l'aide de poignées multifonctionnelles.

▶ Sélectionnez l'icône du SCU pour afficher les poignées multifonctionnelles.

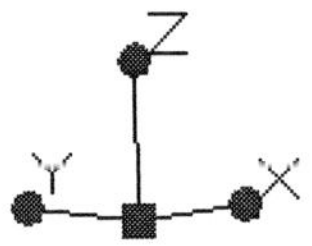

▶ Déplacez le pointeur sur l'une des poignées situées à l'extrémité des axes, pour afficher le menu contextuel suivant :

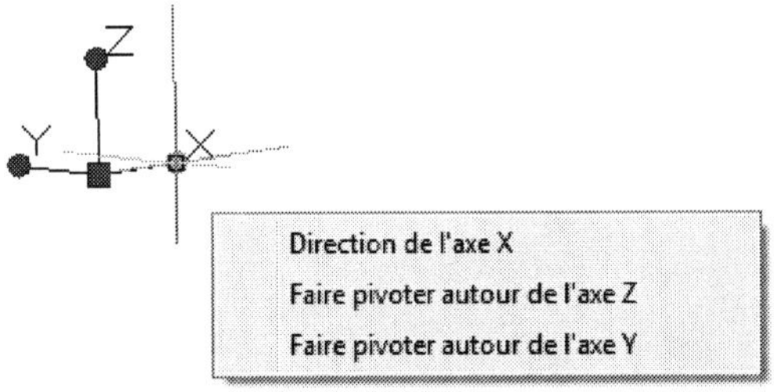

▶ Déplacez le pointeur sur la poignée située à l'origine du SCU pour afficher le menu contextuel suivant :

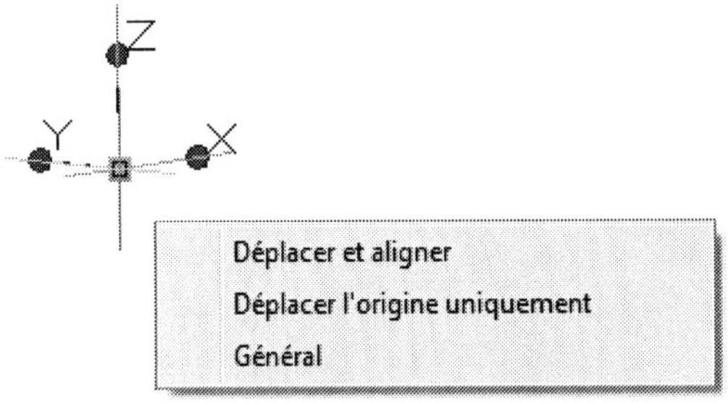

Depuis les menus contextuels, cliquez sur la commande à exécuter.

Exemple 1 : Nouveau SCU par rotation autour d'un axe

▶ Choisissez la poignée située sur l'axe X (par exemple).

▶ Choisissez **Faire pivoter autour de l'axe de l'axe Y**.

▶ Saisissez ensuite l'angle de rotation autour de l'axe Y et validez par [Entrée].

Exemple 2 : Nouveau SCU aligné sur une face

▶ Choisissez la poignée située à l'origine du SCU.

▶ Choisissez **Déplacer et aligner**.

▶ Cliquez sur la face de référence (affichée en surbrillance) ; l'accrochage permet ici de placer l'origine du SCU à un point caractéristique précis.

6. Sauvegarde et rappel des systèmes de coordonnées

Dans un dessin, vous jonglez entre les différents plans de construction. Il est donc indispensable d'enregistrer et rappeler les systèmes de coordonnées.

6.1 Sauvegarde du système de coordonnées

Après avoir défini un nouveau SCU avec la méthode de votre choix, celui-ci (nommé **Sans nom**) devient le SCU courant.

▶ Dans le groupe de fonctions **Coordonnées** (onglet **Vue**), cliquez sur l'outil **SCU, SCU existant** . Choisissez l'onglet **SCU nommés**.

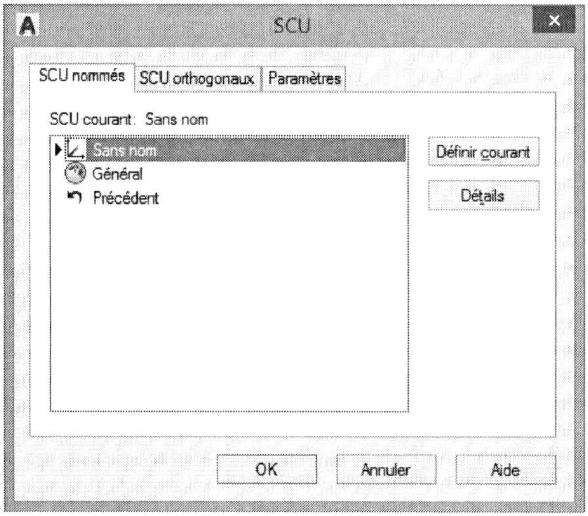

▶ Sélectionnez le SCU **Sans nom**.

▶ Effectuez un clic droit puis choisissez **Renommer**.

- Tapez le nouveau nom et validez par [Entrée].
- Confirmez par **OK**.

6.2 Rappel du système de coordonnées

Pour rappeler rapidement le SCU Général :

- Dans le groupe de fonctions **Coordonnées**, cliquez sur l'outil **Général**.

Pour rappeler un SCU nommé :

- Dans le groupe de fonctions **Coordonnées**, cliquez sur l'outil **SCU, SCU existant** . Choisissez l'onglet **SCU nommés**. Sélectionnez le SCU de votre choix et cliquez sur le bouton **Définir courant** avant de confirmer par **OK**.

De cette façon, vous visualisez tous les SCU nommés, et vous rappelez n'importe quel SCU, y compris les systèmes de coordonnées précédent et général.

Remarque

Un clic droit permet de renommer ou de supprimer un SCU.

Une autre technique permet un rappel rapide aux SCU nommés, comme aux SCU prédéfinis.

- Dans le groupe de fonctions **Coordonnées**, déroulez la liste **Contrôle** de la liste déroulante des SCU et cliquez directement sur le SCU à rappeler.

Notez que cette liste contient les SCU personnalisés, les SCU prédéfinis et aussi le Système de Coordonnées Général.

Chapitre 17
Les projections et les vues

1. Projection orthogonale et visualisation 3D

AutoCAD LT permet à tout moment de contrôler l'affichage du dessin. Avec des constructions tridimensionnelles, il est indispensable de passer d'une visualisation à une autre. Grâce aux multiples visualisations, vous pouvez accéder aux zones difficilement accessibles depuis une projection orthogonale. Ainsi vous maîtrisez chaque détail de votre dessin.

1.1 Projection orthogonale

Le terme Projection orthogonale dérive de la représentation architecturale. Dans AutoCAD LT, une projection orthogonale est la représentation d'un dessin vu depuis l'axe Z d'un système de coordonnées (point de vue de 0,0,1). Dans une projection orthogonale ou vue en plan, le plan de construction du SCU est parallèle à l'écran.

Les projections orthogonales peuvent être définies à partir de n'importe quel Système de Coordonnées Utilisateur ; ou elles peuvent être des vues prédéfinies (cf. dans ce chapitre, Les vues).

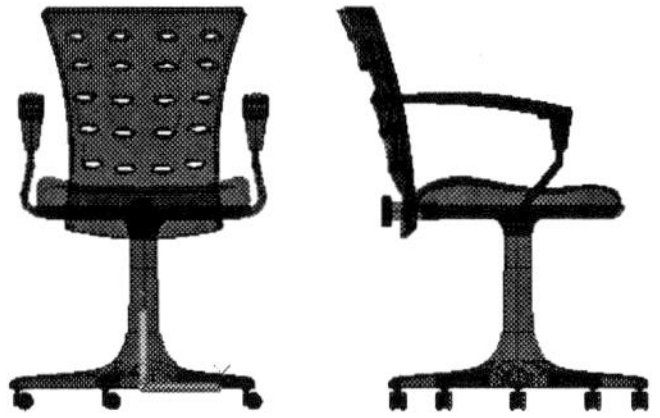

Projections orthogonales à partir du SCU

- Dans le groupe de fonctions **Vues** (onglet **Vue**), choisissez l'icône **Gestionnaire des vues** 

.
- Dans la rubrique **Vues**, déroulez l'arborescence **Vues prédéfinies** pour y accéder.

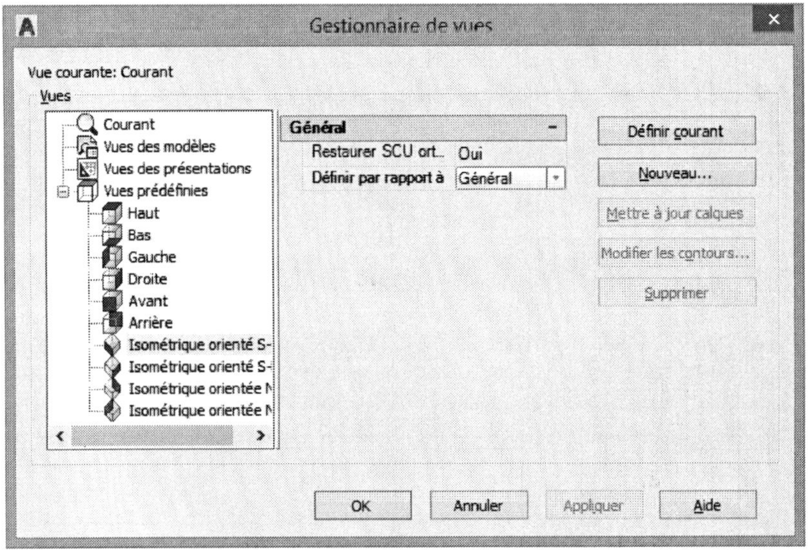

- Sélectionnez la vue orthogonale de votre choix (dans la liste des vues prédéfinies).
- Dans la rubrique **Général**, au regard de l'option **Définir par rapport à**, choisissez si nécessaire le SCU de référence. Par défaut, l'option **Restaurer SCU courant** permet d'adapter le SCU à la vue sélectionnée. Ceci permet de travailler directement dans le plan de la vue souhaitée.
- Choisissez le bouton **Définir courant** et confirmez par **OK**.

Une autre technique consiste à utiliser directement les vues prédéfinies dans la liste déroulante du groupe de fonctions **Vues**.

Cette liste contient les vues prédéfinies et les vues créées par l'utilisateur.

1.2 Visualisation 3D

Vous pouvez effectuer une visualisation tridimensionnelle de vos dessins depuis n'importe quel point de vue. Grâce à ces visualisations, vous pouvez ajouter des entités nouvelles à votre dessin, ou modifier les entités existantes. Les visualisations 3D apportent tout le confort visuel nécessaire pour accéder aux détails des modèles 3D.

1.2.1 Depuis le Gestionnaire de vues

▶ Dans le groupe de fonctions **Vues** (onglet **Vue**), choisissez l'icône **Gestionnaire des vues** 

.

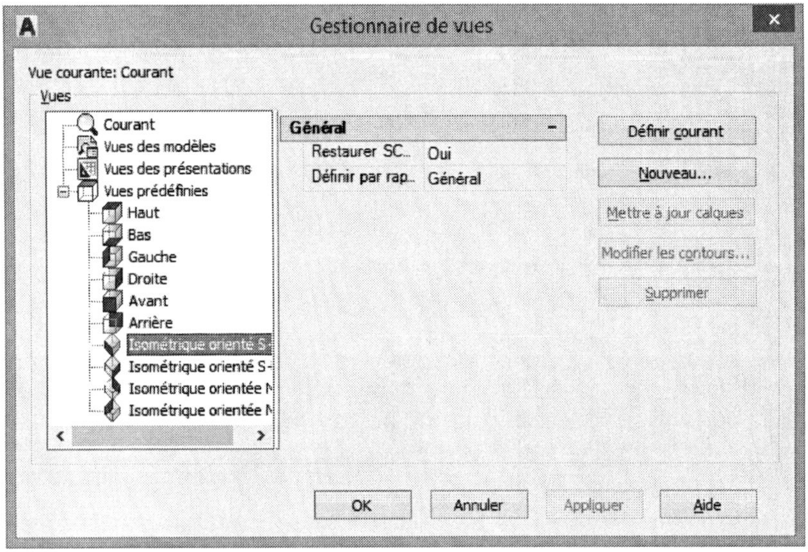

▶ Dans la rubrique **Vues**, déroulez l'arborescence **Vues prédéfinies** pour accéder à la liste des vues prédéfinies.

▶ Sélectionnez la vue isométrique prédéfinie de votre choix.

▶ Dans la rubrique **Général**, au regard de l'option **Définir par rapport à**, choisissez si nécessaire le SCU de référence. Par défaut, l'option **Restaurer SCU courant** permet d'adapter le SCU à la vue sélectionnée. Ceci permet de travailler directement dans le plan de la vue souhaitée.

▶ Choisissez le bouton **Définir courant** et confirmez par **OK**.

1.2.2 Choisir un point de vue 3D

Vous regardez votre dessin depuis un point de vue vers l'origine (0,0,0) du trièdre XYZ. Ce point de vue peut être fixé de différentes façons.

Pour comprendre chacune de ces méthodes, référez-vous au schéma ci-dessous :

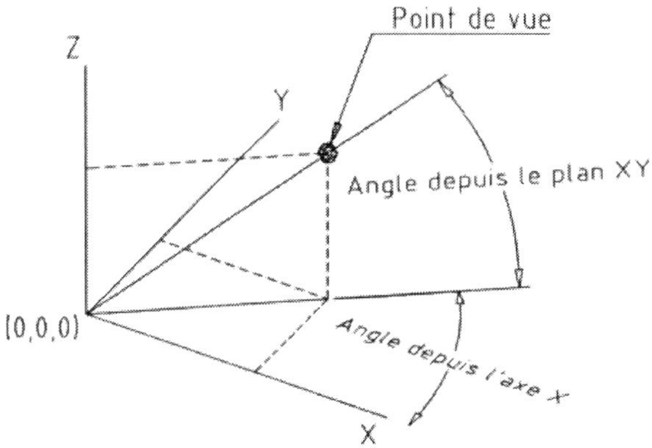

▶ Dans le menu déroulant **Affichage**, choisissez **Point de vue 3D** puis **Point de vue**.

Choisissez cette option pour définir de façon dynamique le point de vue idéal.

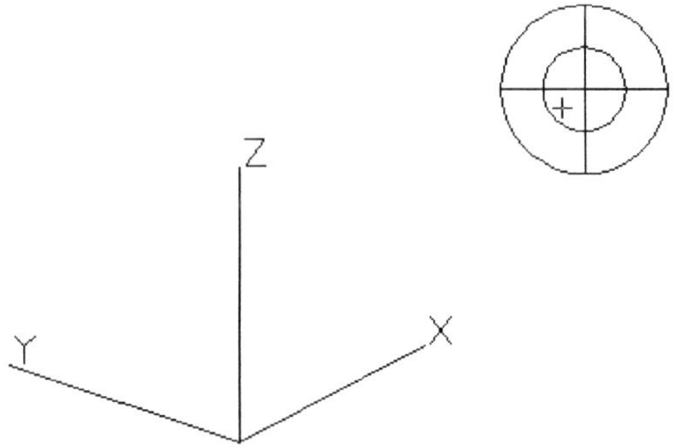

Un compas et trois axes apparaissent. Le compas, situé dans le coin supérieur droit de votre écran, est la représentation à plat d'un globe. Le centre est le pôle Nord (0,0,1), l'anneau intermédiaire est l'équateur (x,x,0) et l'anneau extérieur est le pôle Sud (0,0,-1). Une petite croix se déplace dans le compas et indique votre position sur le globe. Les trois axes bougent avec cette petite croix pour afficher le point de vue correspondant.

▶ Cliquez pour valider le point de vue.

Remarque

Les trois axes représentent toujours le SCG. D'autres visualisations 3D sont possibles.

1.2.3 Définir le point de vue

- Dans le menu déroulant **Affichage**, choisissez **Point de vue 3D**, puis **Définir le point de vue**.

Choisissez cette option pour fixer un point de vue en précisant deux angles : le premier depuis l'axe X et le second depuis le plan XY.

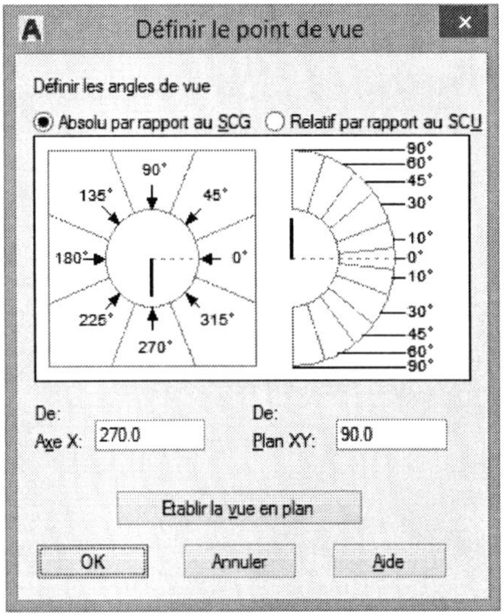

Le schéma de gauche propose l'angle depuis l'axe X. Soit vous cliquez directement sur l'angle désiré, soit vous donnez une valeur dans la zone de texte située juste en dessous. Un angle de 45° vous donne une visualisation depuis la direction Nord-Est, et un angle de 235° depuis la direction Sud-Ouest.

Le schéma de droite propose l'angle depuis le plan XY. Là aussi, vous pouvez cliquer sur l'angle ou donner une valeur dans la zone correspondante.

Notez qu'un petit indicateur noir matérialise le nouvel angle. L'indicateur rouge indique l'angle actuel.

2. Les vues

Les vues correspondent à l'affichage du dessin dans une position 2D ou 3D particulière. Elles peuvent être sauvegardées et restaurées par l'utilisateur. Certaines sont prédéfinies et vous donnent rapidement des points de vue standard.

2.1 Vues prédéfinies

Rappelons que le plan XY du Système de Coordonnées Général définit la vue de dessus. Les outils ci-dessous ne tiennent pas compte par défaut du SCU courant, mais se réfèrent au SCG.

- Dans le groupe de fonctions **Vues** (onglet **Vue**), choisissez l'icône **Gestionnaire des vues** 

.
- Dans la rubrique **Vues**, déroulez l'arborescence **Vues prédéfinies**.

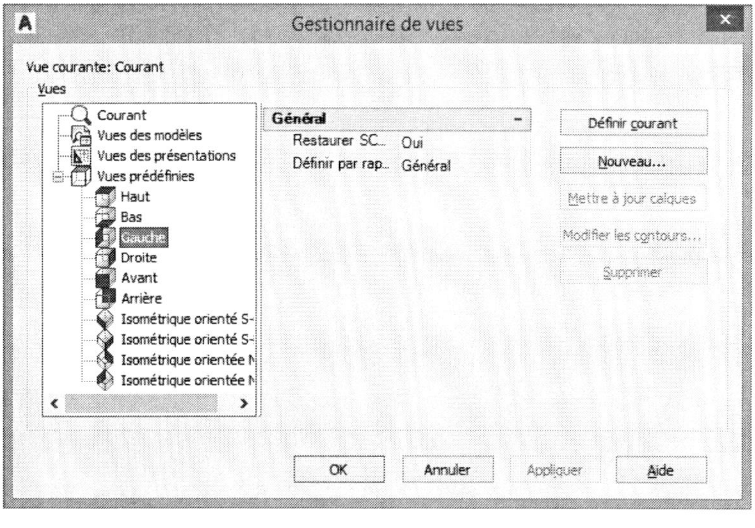

- Sélectionnez la vue prédéfinie à rendre courante, puis cliquez sur le bouton **Définir courant** et confirmez par **OK**.

2.2 Vues existantes

Vous pouvez personnaliser vos points de vue et enregistrer les visualisations 2D et 3D voulues. Vous pouvez ensuite les rappeler et obtenir ainsi les visualisations adaptées à tout moment.

2.2.1 Enregistrer une vue

- Choisissez le point de vue adapté et l'agrandissement voulu.
- Dans le groupe de fontions **Vues** (onglet **Vue**), choisissez l'icône **Gestionnaire des vues** 

.
- Dans la rubrique **Vues**, cliquez sur **Courant** pour obtenir l'affichage suivant :

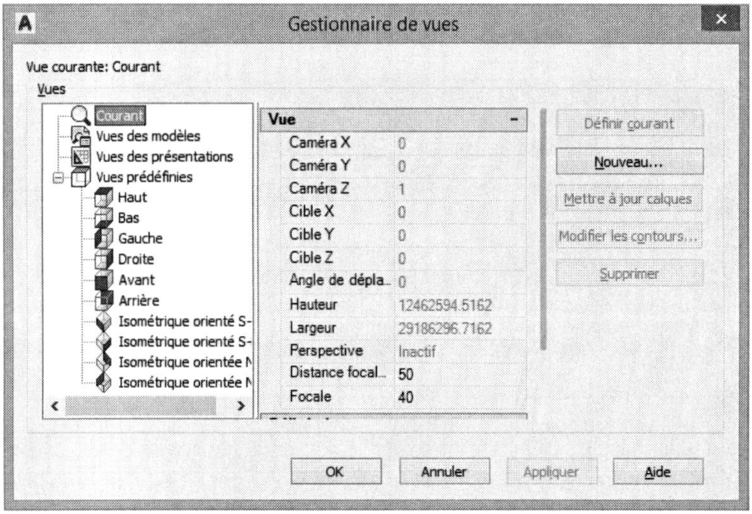

- Cliquez sur le bouton **Nouveau**.

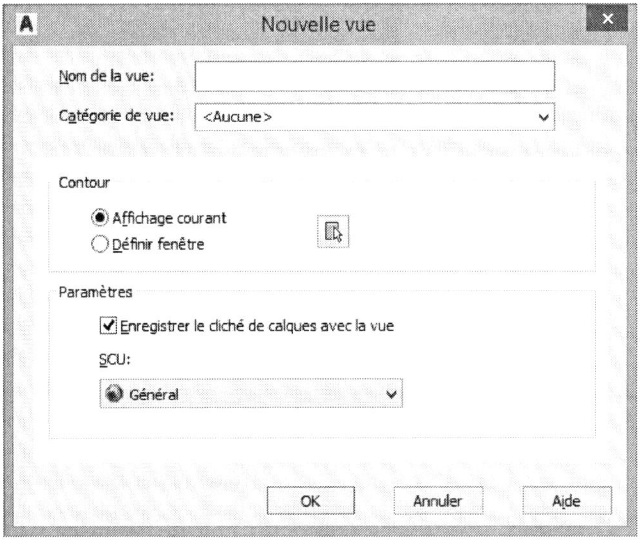

▶ Saisissez le nom de la vue dans la zone **Nom de la vue**.

▶ Activez les options qui conviennent :

Contour

Affichage courant tient compte de l'agrandissement actuel pour l'enregistrement de la vue.

Définir fenêtre autorise l'accès au bouton **Définir fenêtre d'affichage**  et vous invite à définir par un rectangle la zone adéquate pour l'enregistrement de la vue.

Paramètres

Enregistrer le cliché de calques avec la vue permet l'enregistrement des paramètres de visibilité de calques courants avec la nouvelle vue.

SCU permet l'enregistrement du SCU avec l'enregistrement de la vue. Ceci permet notamment, pour la vue d'un détail, l'accès direct au SCU adapté.

▶ Confirmez par **OK**.

2.2.2 Restaurer une vue

▶ Dans le groupe de fonctions **Vues**, choisissez l'icône **Gestionnaire des vues**.

▶ Déroulez la rubrique **Vues des modèles** pour afficher les vues enregistrées dans l'espace objet.

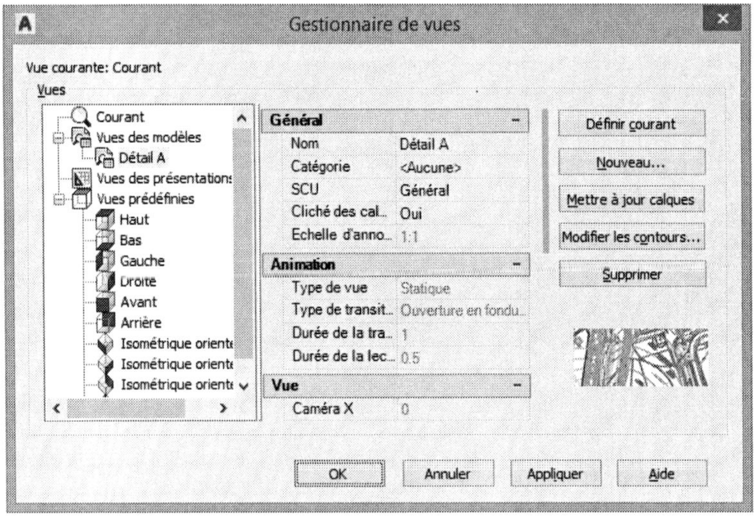

■ Sélectionnez la vue à restaurer et confirmez par le bouton **Définir courant** puis par **OK**.

L'affichage s'adapte automatiquement.

Remarque

*Dans le gestionnaire de vues, la rubrique **Vues des présentations** recense les vues enregistrées au sein des présentations.*

Autre technique pour restaurer une vue

■ Dans le groupe de fonctions **Fenêtres**, déroulez la liste des vues enregistrées, puis sélectionnez la vue à restaurer.

2.2.3 Supprimer une vue

- Dans le groupe de fonctions **Vues**, choisissez l'icône **Gestionnaire des vues**.
- Déroulez la rubrique **Vues des modèles** (ou Vues des présentations), sélectionnez la vue à supprimer.
- Cliquez sur le bouton **Supprimer** et confirmez par **OK**.

Mettre à jour calques	Permet de mettre à jour l'affichage (visibilité) des calques enregistré avec la vue existante sélectionnée.
Modifier les contours	Permet de redéfinir les contours de vue sélectionnée. Une couleur plus claire matérialise ce contour.

Remarque

*La zone centrale affiche des renseignements sur la vue nommée sélectionnée, grâce aux rubriques **Général** et **Vue**.*

Les **vues des modèles** sont des vues 2D (définissant un détail ou une zone spécifique) ou des vues 3D (avec un point de vue particulier, une projection en perspective, un style visuel, etc.). Elles sont propres à l'onglet **Objet**.

Les **vues des présentations** sont, elles, propres aux présentations. Elles permettent par exemple d'afficher une vue de détail, une nomenclature, une vue d'ensemble indépendamment des autres fenêtres présentes dans l'onglet de présentation.

Pour les vues des présentations, procédez de la même façon pour créer, restaurer, ou supprimer une vue.

3. Le multifenêtrage

Dans la partie Objet de la fenêtre AutoCAD LT (onglet **Objet** activé), vous avez la possibilité de diviser l'écran en plusieurs zones. Différentes configurations de fenêtres sont mises à votre disposition. Vous pouvez sauvegarder ces configurations pour les restaurer le moment opportun.

Chaque fenêtre peut afficher une vue différente du dessin, ce qui est pratique en 2D, et souvent nécessaire en 3D. En effet, vous visualisez votre dessin en vue isométrique dans l'une et en vue de face dans l'autre.

Vous pouvez fixer séparément les modes d'accrochage, la grille, la résolution, l'affichage des SCU dans chaque fenêtre.

3.1 Diviser l'écran en plusieurs fenêtres

- Dans le groupe de fonctions **Fenêtres d'espace objet** (onglet **Vue**), cliquez sur l'icône **Nommé** 

.
- Activez l'onglet **Nouvelles fenêtres**.

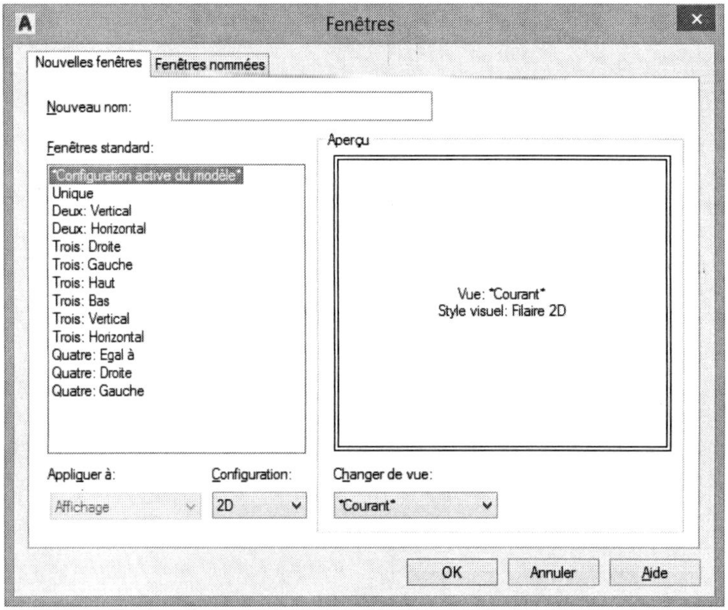

La liste **Fenêtres standard** affiche une série de configurations standard de fenêtres.

Sélectionnez une configuration et l'**Aperçu** de droite affiche les fenêtres et les vues affectées aux fenêtres.

Une vue prédéfinie est affectée à chaque fenêtre. Sélectionnez une fenêtre, et vous pouvez modifier la vue associée grâce à la liste **Changer de vue**. Toutes les vues définies et prédéfinies dans le dessin sont disponibles.

La liste **Appliquer à** permet d'affecter la nouvelle configuration de fenêtres, soit à l'affichage courant, soit à la fenêtre courante.

La liste **Configuration** permet un affichage 2D ou 3D.

Attention, chaque fenêtre peut être "redécoupée". Plus le nombre de fenêtres est important, plus petit devient chaque espace de travail.

Notez que l'option **Unique** peut rétablir l'affichage "multifenêtre" en une seule fenêtre (dans ce cas, vérifiez que **Affichage** est sélectionné dans la liste **Appliquer à**).

3.2 Enregistrer la configuration de fenêtres

- Dans le groupe de fonctions **Fenêtres d'espace objet** (onglet **Vue**), cliquez sur l'icône **Nommé** 

. Activez l'onglet **Nouvelles fenêtres**.
- La configuration de fenêtres choisie, saisissez un nom explicite dans la zone **Nouveau nom** puis confirmez par **OK**.

3.3 Rappeler une configuration de fenêtres

- Dans le groupe de fonctions **Fenêtres d'espace objet** (onglet **Vue**), cliquez sur l'icône **Nommé** 

. Activez l'onglet **Fenêtres nommées**.

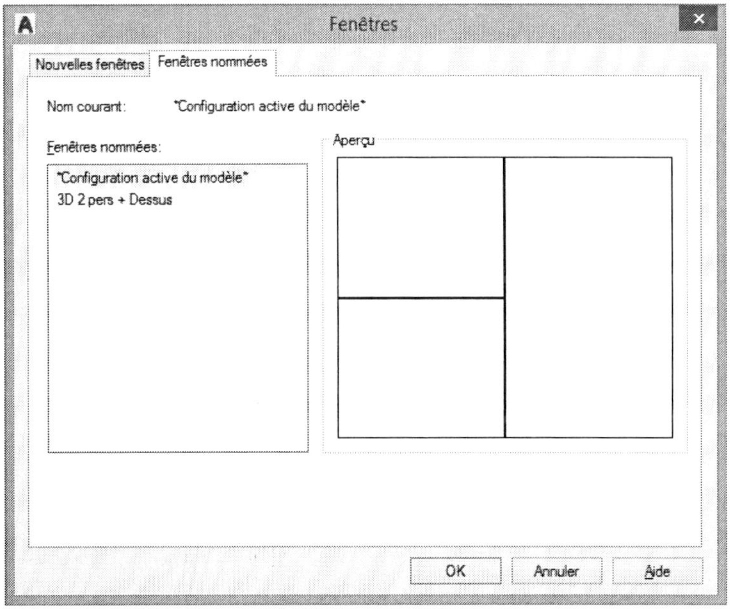

La liste **Fenêtres nommées** affiche les configurations nommées dans le dessin.

- Sélectionnez la configuration souhaitée puis confirmez par **OK**.

Un clic droit sur le nom d'une configuration de fenêtres permet de la renommer ou de la supprimer.

Remarque

Ne confondez pas les fenêtres en mosaïque en espace objet et les fenêtres flottantes des présentations (cf. chapitre La présentation - La présentation du dessin). Contrairement aux fenêtres en mosaïque, les fenêtres flottantes peuvent se superposer.

Chapitre 18
La 3D

1. La 3D filaire

Il existe trois types de modélisation 3D. AutoCAD LT permet l'utilisation de la 3D filaire et de la 3D surfacique basique. La représentation filaire est la plus simplifiée. Chaque arête est représentée, et c'est pour cette raison que l'on parle de représentation fil de fer. Cette technique ne permet pas l'élimination des lignes cachées, mais comporte toutes les bases de conception 3D surfacique et volumique.

La plupart des commandes de dessin acceptent les points 3D. Les lignes, points, polylignes 3D, splines et surfaces 3D acceptent les points 3D. Alors que les arcs, cercles, polylignes 2D, textes, définitions d'attribut, peuvent les accepter mais seulement comme points initiaux. Ce point initial définit le plan de conception de l'objet qui ne peut comporter de variante en Z.

Remarque

AutoCAD LT est capable d'ouvrir et d'afficher des modèles 3D volumiques et surfaciques provenant d'AutoCAD.

1.1 La ligne 3D

▶ Dans le groupe de fonctions **Dessin**, cliquez sur l'outil **Ligne** .

Vous utilisez la commande **Ligne** en 3D comme en 2D. Vous devez spécifier ses deux extrémités moyennant des coordonnées 2D ou 3D. Un point 3D présente, en plus des composants X et Y, un composant Z. Il est fréquent de combiner des coordonnées 2D et 3D. Si la valeur Z est omise, elle adopte le zéro du SCU courant, sauf si une élévation particulière est fixée (voir Élévation et hauteur d'objet plus loin dans ce chapitre). Des lignes successives peuvent évoluer dans des plans de construction ayant des orientations différentes, mais chaque ligne est bien entendu toujours sur un même plan.

1.2 La polyligne 3D

Une polyligne 3D accepte (contrairement à la polyligne 2D) des variantes en Z. Elle est constituée de segments droits d'une épaisseur de 0, et peut être ouverte ou fermée.

▶ Déroulez le groupe de fonctions **Dessin** et choisissez l'icône **Polyligne 3D** .

Le message suivant s'affiche :

```
POLY3D Spécifiez le point de départ de la polyligne:
```

▶ Précisez le point initial, puis :

```
POLY3D Spécifiez l'extrémité de la ligne ou [annUler]:
```

AutoCAD LT attend l'entrée de points 3D successifs, chaque point interprétant l'extrémité d'un des segments de la polyligne 3D. Une réponse nulle termine la polyligne 3D au point précédent.

L'option **annUler** vous permet de supprimer le dernier segment dessiné.

L'option **Clore** dessine un segment de fermeture.

Les polylignes 3D peuvent être éditées par l'outil **Modifier polyligne** du groupe de fonctions **Modification**. Vous pouvez les clore ou les ouvrir, modifier un des sommets et obtenir un lissage.

1.3 La spline 3D

▶ Déroulez le groupe de fonctions **Dessin**, et cliquez sur l'outil **Ajuster la spline** .

La procédure est similaire en 3D et en 2D. La spline NURBS permet de préciser des points tridimensionnels. Elle peut être fermée ou ouverte. Contrairement à des lissages approximatifs de polylignes 3D, la spline conserve une grande précision. Vous pouvez également l'éditer et la déformer avec précision ; ce qui permet d'obtenir des courbes très intéressantes pour la modélisation 3D surfacique comme volumique.

Remarque

La maîtrise des entités 3D comme les lignes, les polylignes 3D et les splines est déterminante pour les constructions 3D complexes filaires, surfaciques et volumiques. Ces objets définissent l'ossature des modélisations 3D.

2. Les faces 3D

2.1 Les limites de la "3D surfacique basique"

AutoCAD LT ne permet pas les réalisations surfaciques utilisées pour les modélisations de terrain, les moules plastiques et toutes formes complexes (mécanique, design, etc.). Si votre domaine d'activité nécessite la modélisation de surfaces de ce type, orientez-vous vers AutoCAD, ou vers des modules ou applications spécifiques.

La "3D surfacique" avec AutoCAD LT est limitée aux formes géométriques simples. Vous manipulez des objets 2D (lignes, arcs, cercles, polylignes...) auxquels vous affectez une hauteur d'objet. Chaque segment affecté d'une épaisseur matérialise une ou plusieurs faces (une ligne avec épaisseur affichera une simple face). Toutes les modélisations, même simples, ne sont pas toujours possibles. Cette 3D surfacique limitée est aussi appelée 2,5D.

2.2 Élévation et hauteur d'objet

L'élévation d'un objet correspond à la valeur en Z du plan XY de l'objet. Une élévation de 0 place les objets dans le plan du SCU courant (Z = 0). Une élévation positive de 50 les place au-dessus du plan XY du SCU (Z = 50). Une élévation négative les place au-dessous de ce même plan.

La hauteur d'objet (ou épaisseur) correspond à son extension à partir du niveau fixé par l'élévation. Une hauteur positive étend l'objet vers le haut (Z positif). Une hauteur négative l'étend vers le bas (Z négatif).

Pour bien comprendre la différence entre l'élévation et la hauteur d'objet, imaginons un avion qui vole. L'altitude (distance depuis la terre) correspond à l'élévation, et la hauteur de la cabine à la hauteur d'objet.

Notez bien que l'élévation et la hauteur sont seulement applicables aux objets 2D comme les lignes, cercles, arcs, polylignes 2D.

Vous pouvez fixer une élévation et une hauteur courante. À partir de ce moment, les objets dessinés respectent les valeurs données.

Une autre solution consiste à modifier individuellement l'élévation ou la hauteur d'objet.

Établir l'élévation et la hauteur d'objet courante

- Dans la ligne de commande, saisissez **ELEV**

AutoCAD LT demande :

```
ELEV Spécifiez la nouvelle élévation par défaut <0.0000>:
```

```
ELEV Spécifiez la nouvelle hauteur par défaut <0.0000>:
```

Entrez l'élévation et la hauteur courantes.

Modifier la hauteur d'objet d'entités existantes

- Sélectionnez le ou les objets à modifier, effectuez un clic droit et choisissez **Propriétés**.
- Dans la zone **Epaisseur** (rubrique **Général**), saisissez la nouvelle hauteur des objets et validez par [Entrée].

Modifier l'élévation d'entités existantes

L'élévation correspond à une position en Z dans un SCU donné. Placez-vous dans le SCU correspondant, puis déplacez les entités dans la direction de l'axe Z.

Remarque

Les objets 2D auxquels vous attribuez une hauteur d'objet s'appellent aussi objets 2,5D. On peut considérer qu'il s'agit de surfaces, reconnues par les fonctions de masquage des arêtes cachées ou encore l'ombrage.

2.3 Élimination des lignes cachées

Vous pouvez afficher les objets surfaciques et volumiques en demandant l'élimination des lignes cachées. Seules les parties visibles sont représentées. L'image est affichée dans la fenêtre courante.

Les projections orthogonales, les visualisations 3D et les perspectives permettent l'élimination des lignes cachées.

▶ Dans le menu déroulant, choisissez **Affichage**, puis **Masquer**.

Après un court instant, un message précise que le calcul est terminé :

```
Traitement des lignes cachées fait à 100%.
```

Le temps de calcul est lié au nombre d'objets, mais aussi au nombre de faces à représenter.

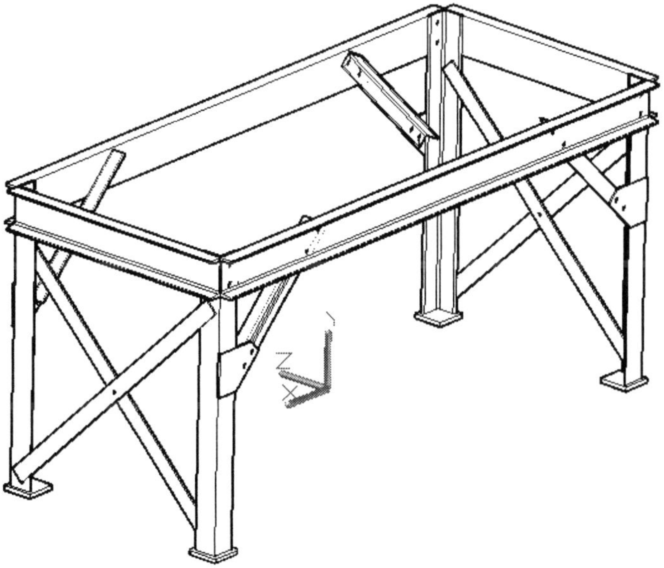

2.4 L'ombrage

Vous pouvez ombrer les objets 3D surfaciques. Une image affiche les parties visibles. L'ombrage prend en compte la couleur des objets. Le calcul est rapide et représente un bon moyen pour visualiser une modélisation de façon réaliste dans la fenêtre courante.

L'ombrage est possible pour les projections orthogonales, les visualisations 3D et les perspectives.

▶ Dans le menu déroulant **Affichage**, choisissez **Ombrage** puis l'option voulue :

256 couleurs : génère un ombrage utilisant 256 couleurs.

256 couleurs pour surbrillance des arêtes : génère un ombrage utilisant 256 couleurs, et affiche également chacune des arêtes.

16 couleurs pour lignes masquées : calcule l'élimination des lignes cachées, et affiche l'image sans remplir les faces.

16 couleurs de remplissage : génère un ombrage utilisant la couleur des objets, et affiche également chacune des arêtes.

Une régénération permet de retrouver la visualisation filaire du dessin dans la fenêtre courante.

Chapitre 19
La présentation

1. La présentation du dessin

Dans chaque dessin AutoCAD LT, il existe au moins deux parties bien distinctes : la partie **Objet** et la partie **Présentation**.

La partie **Objet** est dédiée à la modélisation du dessin.

La partie **Présentation** est consacrée aux présentations finales du projet intégrant les notions d'échelle, de cadre, cartouche. Avec AutoCAD LT, plusieurs présentations sont possibles dans le même dessin. À chaque présentation sont associés une configuration de traceur, un format, des marges, un style de tracé. Dans un même dessin, une première présentation peut afficher un dessin d'ensemble, une seconde présentation peut afficher un dessin de définition, une troisième présentation peut afficher des détails.

Dans la partie inférieure gauche de la zone graphique, vous passez de la partie **Objet** (ou modèle) à la partie **Présentation** en cliquant sur les onglets Objet, Présentation1, Présentation2, etc.

Déplacez le pointeur sur un onglet pour obtenir un aperçu comme ci-dessous :

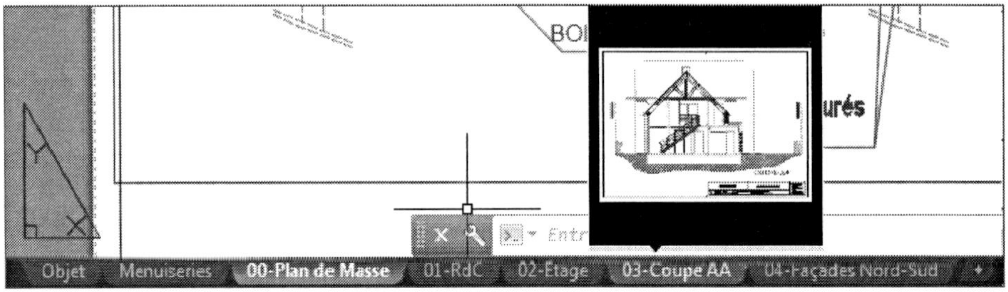

1.1 La partie Objet

L'Espace Objet concerne la création ou modélisation du dessin lui-même.

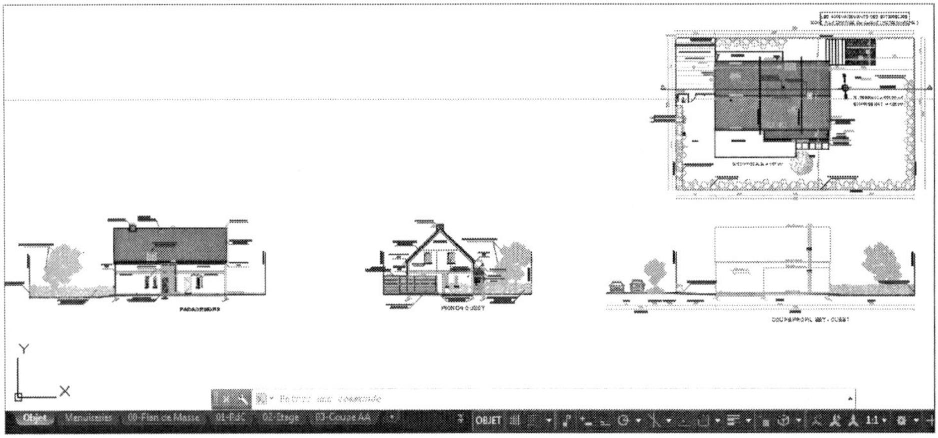

Ici, vous concevez, vous dessinez, vous hachurez et vous cotez. Vous utilisez une unité réelle, celle qui vous convient. On ne précise nulle part à AutoCAD LT que l'on dessine en mètre, en cm ou en millimètre. On dessine donc comme à l'échelle 1. Imaginez que vous dessiniez un bâtiment en utilisant le mètre comme unité ; vous devez représenter une zone de 10 mètres par 5 mètres. Vous indiquez simplement à AutoCAD LT une longueur de 10 et une largeur de 5 sans souci de conversion contrairement à la planche à dessin.

Remarque

Les limites correspondent à une zone de travail sur laquelle vous dessinez. Celles-ci peuvent être égales à 30,20 ou à 1000,800 ou encore à l'équivalent d'un format standard 420,297.

1.2 La partie Présentation

L'Espace Présentation concerne la présentation du dessin en phase finale.

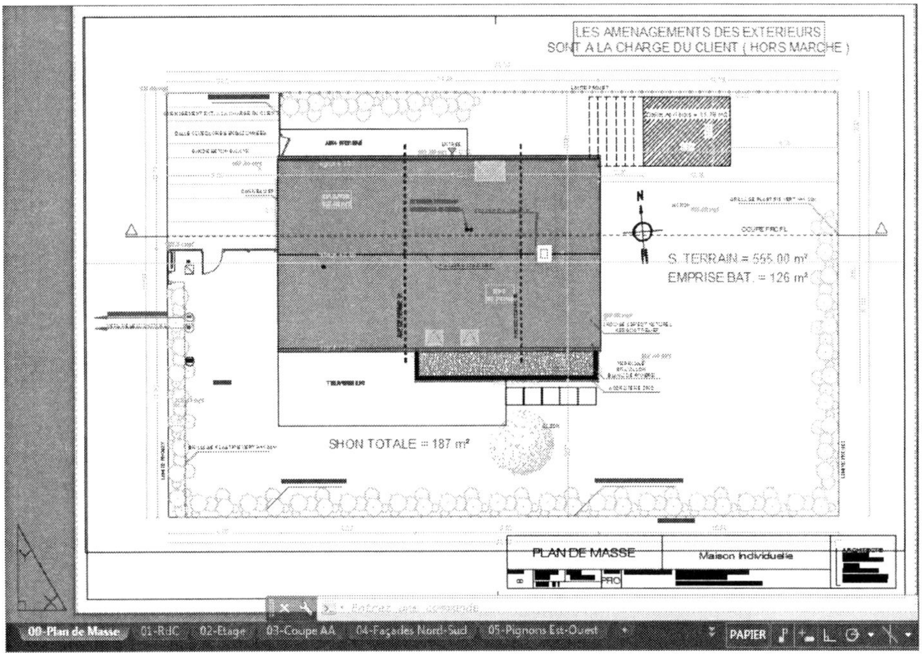

La première fois que vous accédez à une présentation, il lui est attribué une configuration de traceur et un format par défaut (cf. dans ce chapitre L'impression). Les options d'AutoCAD LT peuvent fixer les valeurs par défaut de traçage.

À chaque présentation, vous affectez une configuration de tracé, un format, des marges, un style de tracé.

Les présentations peuvent être multiples. Vous pouvez en créer à tout moment, les renommer, les supprimer, les déplacer ou les copier dans la liste des onglets présents. Vous accédez à la configuration de chaque présentation ou procédez directement à l'impression.

Pour chaque **Présentation**, respectez les points suivants :

- Un périphérique est choisi pour la présentation courante ; un format de papier ainsi qu'une orientation sont affectés à l'aide du **Gestionnaire des mises en page** (voir ci-après Gestion des mises en page).
- C'est dans la présentation que vous insérez un cadre et un cartouche spécifiques à l'entreprise (ou fournis par AutoCAD LT), des annotations diverses...

– Une fenêtre de présentation spéciale appelée fenêtre flottante affiche le dessin réalisé en espace objet. Soit cette fenêtre est déjà existante (voir options d'AutoCAD LT), soit vous devez créer à ce stade la fenêtre flottante. Vous agirez ensuite sur l'échelle de présentation de cette fenêtre pour afficher le dessin selon une échelle précise. Choisissez pour cela dans la palette **Propriétés**, la liste **Echelle standard** ou saisissez une valeur d'échelle dans la zone **Echelle personnalisée**. Sélectionnez la fenêtre avant de choisir l'échelle adaptée.

La fenêtre flottante est une entité à part entière. Vous la déplacez, la copiez ou l'étirez comme tout autre objet. Par contre, vous n'accédez pas à son contenu tant que vous n'effectuez pas un double clic dans la fenêtre. Le curseur n'est alors visible que dans la fenêtre. Un double clic en dehors de la fenêtre repositionne le curseur sur la présentation.

Si plusieurs fenêtres sont existantes, un nouveau double clic permet de passer d'une fenêtre à l'autre. Si les fenêtres sont superposées, utilisez la combinaison de touches [Ctrl] **R**. Les calques seront gelés indépendamment dans chacune des fenêtres. Ceci vous permet d'isoler certaines parties du dessin par fenêtre.

Si les cotations n'apparaissent pas à une échelle uniforme dans les différentes fenêtres, activez la case à cocher **Echelle des cotes selon présentation** dans l'onglet **Ajuster** du **Gestionnaire des styles de cote**. Une mise à jour des cotes par fenêtre peut être nécessaire.

Gestion des mises en page

- Cliquez sur l'onglet de présentation dont vous souhaitez définir la mise en page.
- Effectuez un clic droit sur l'onglet de présentation pour afficher le menu contextuel suivant :

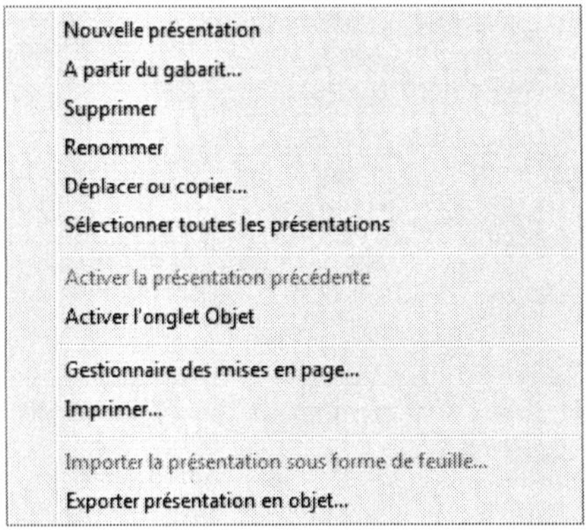

- Dans ce menu contextuel, choisissez **Gestionnaire des mises en page**.

La fenêtre ci-dessous apparaît :

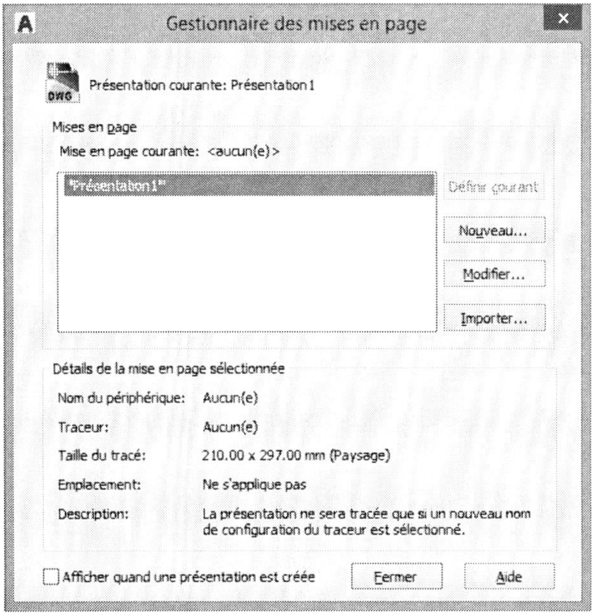

▶ Choisissez le bouton **Nouveau** pour accéder à la création d'une mise en page.

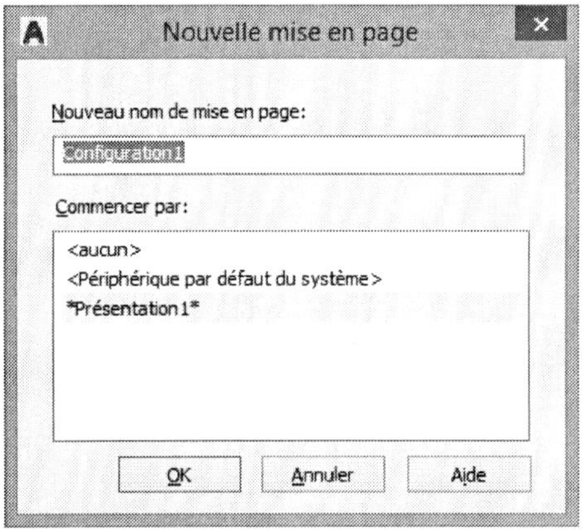

▶ Attribuez un nouveau nom à la mise en page dans la zone de texte **Nouveau nom de mise en page**.

Ce nom peut être "Imprimante A3H" ou "Traceur AO" par exemple. Par défaut, le nom de la mise en page est **Configuration1** et celle-ci peut s'appuyer sur les mises en page situées dans la liste **Commencer par** qui contiendra les nouvelles mises en page après leur création.

▶ Confirmez par **OK**.

La fenêtre suivante est affichée :

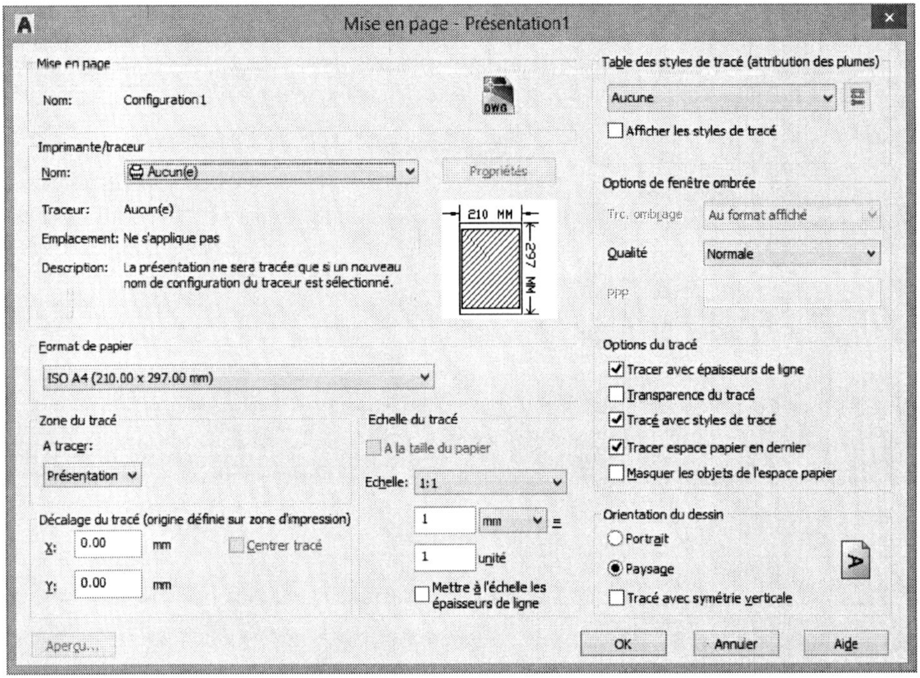

Mise en page

Le nom de la mise en page en cours de création est affichée (dans l'exemple Configuration1).

Dans la boîte de dialogue **Mise en page**, effectuez les réglages dans les rubriques suivantes :

Imprimante/traceur

Sélectionnez le périphérique d'impression dans la liste déroulante **Nom**. Ce choix effectué, sous la liste **Nom**, sont affichés le nom du traceur (**Traceur**), le port ou le chemin d'accès de réseau (**Emplacement**) et un commentaire éventuel associé au périphérique (**Description**).

Le bouton **Propriétés** donne accès aux modifications de la configuration du traceur courant, des ports, des périphériques, des supports, des formats de papier personnalisés...

Un aperçu présente l'orientation du format du papier et ses dimensions.

Format de papier

Sélectionnez dans la liste l'un des formats standard.

Zone du tracé

Dans la liste **A tracer**, définissez la partie du dessin qui sera imprimée. Choisissez la présentation courante (**Présentation**), l'affichage courant du dessin (**Affichage**), le dessin le plus grand possible (**Etendu**), ou **Fenêtre** pour déterminer à l'aide du périphérique de saisie deux points matérialisant la zone du dessin qui sera imprimée.

Décalage du tracé

Les zones de texte X et Y permettent de centrer le tracé sur la feuille de papier si nécessaire.

Echelle du tracé

Permet de définir l'échelle d'impression. La liste **Echelle** dispose d'une série d'échelles prédéfinies, mais vous pouvez personnaliser cette échelle. Ici, l'échelle ne correspond pas à l'échelle du dessin lui-même, mais à l'échelle d'impression de l'aire du tracé.

Les zones de texte **mm =** et **Unité** affichant 1 mm pour 2 mm précise une impression à l'échelle.

Si vous présentez correctement vos dessins à l'aide des onglets présentations, les formats et cadres affichés en millimètres imposent logiquement une échelle de 1/1. Les zones **mm =** et **Unité** affichent 1.

La case à cocher **Mettre à l'échelle les épaisseurs de ligne** adapte les épaisseurs de ligne en fonction de l'échelle de tracé.

La case à cocher **A la taille du papier** permet d'adapter l'échelle du tracé au format du papier sélectionné. Le facteur d'échelle personnalisé est alors affiché.

Table des styles de tracé

Choisissez, dans la liste, la table de styles de tracé pour l'affecter à la mise en page courante. Les styles de tracé sont des propriétés d'objet spécifiant des valeurs de remplacement à l'impression pour la couleur, le panachage, la gamme de gris, l'assignation des plumes, le filtrage, le type de ligne, l'épaisseur de ligne, les styles d'extrémité, les jointures, le remplissage. Les tables *acadlt.ctb* et *acadlt.stb* respectent par défaut les couleurs des objets lors de l'impression alors que les tables *Monochrome.ctb* et *Monochrome.stb* imposent une impression dite en noir et blanc (voir aussi Les styles de tracé, dans ce même chapitre).

La case à cocher **Afficher les styles de tracé** permet l'affichage à l'écran des propriétés des styles de tracé des objets.

Remarque

*Lorsque le choix de la table est effectué, le bouton **Modifier** situé à droite de la liste est accessible pour l'édition de la table de styles de tracé.*

Options de fenêtre ombrée

La liste **Trc. ombrage** précise la façon dont les vues sont tracées. Pour que ce paramètre soit effectif, vous devez sélectionner chaque fenêtre de la présentation et lui attribuer le type de tracé (**Filaire**, **Caché** et **Rendu**) à l'aide de la palette **Propriétés**.

La liste **Qualité** agit sur la résolution d'impression des fenêtres en mode filaire, caché et rendu. Les choix sont **Brouillon**, **Aperçu** (75 Points Par Pouce), **Normale** (150 PPP), **Présentation** (300 PPP), **Maximale** (300 PPP), **Personnalisée** (résolution à définir en fonction des possibilités du périphérique d'impression).

Options du tracé

Tracer avec épaisseurs de ligne permet le respect des épaisseurs de ligne affectées aux objets ou aux calques lors de l'impression.

Transparence du tracé permet de définir le niveau de transparence des objets ou calques lors de l'impression.

Tracé avec styles de tracé permet le respect des styles de tracé attribués aux objets ou aux calques lors de l'impression.

Tracer espace papier en dernier impose l'impression des objets (internes aux fenêtres de présentation) avant l'impression des objets de présentation.

Masquer les objets de l'espace papier détermine si l'élimination des lignes cachées s'applique aux objets de la fenêtre de présentation (espace papier). Cette option n'est disponible qu'à partir d'un onglet de présentation.

Orientation du dessin

Cette rubrique définit l'orientation du dessin **Portrait** (verticale) ou **Paysage** (horizontale) ainsi qu'un **Tracé avec symétrie verticale** (orientation du dessin renversée).

- Vérifiez la configuration de la mise en page grâce au bouton **Aperçu** avant de confirmer par **OK**.

La fenêtre **Gestionnaire des mises en page** apparaît à nouveau avec dans la liste la nouvelle mise en page :

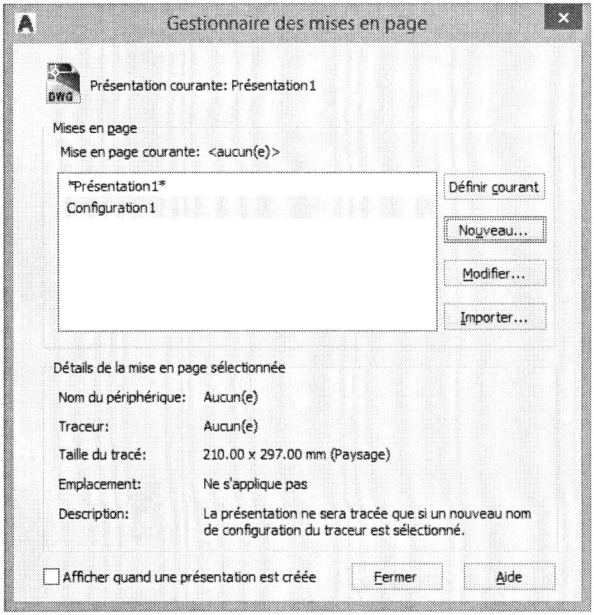

- Sélectionnez la nouvelle mise en page dans la liste, et cliquez sur le bouton **Définir courant** pour attribuer la mise en page et ses paramètres à la présentation courante.

  Vous pouvez procéder de façon identique pour créer plusieurs mises en page. À tout moment dans le dessin, vous pourrez attribuer l'une ou l'autre de ces mises en page aux diverses présentations du dessin.

  Notez que le bouton **Modifier** permet d'apporter des modifications à tout moment sur les mises en page existantes.

- Confirmez par **Fermer** pour quitter les paramètres de mise en page.

  Les mises en page effectuées, les présentations sont prêtes à accueillir les cadres et cartouches, ainsi que les fenêtres de présentation (ou flottantes) affichant le dessin.

1.3 Les fenêtres de présentation

Vous disposez sur la Présentation au moins d'une fenêtre de présentation.

▶ Pour créer celle-ci, dans le groupe de fonctions **Fenêtres de présentation**, choisissez l'icône déroulante **Rectangulaire** 

.

AutoCAD LT vous demande de placer la diagonale de la fenêtre par deux points. Dans le cas d'une vue générale, n'hésitez pas à fixer une fenêtre suffisamment grande (en général, les fenêtres flottantes sont positionnées sur un calque non tracé).

Vous devez ensuite procéder à la mise à l'échelle du dessin dans la fenêtre.

▶ Sélectionnez la fenêtre flottante ; l'échelle correspondante (approximative à ce stade) est affichée en regard du libellé **Echelle personnalisée** dans la fenêtre **Propriétés rapides** (clic droit, **Propriétés rapides**).

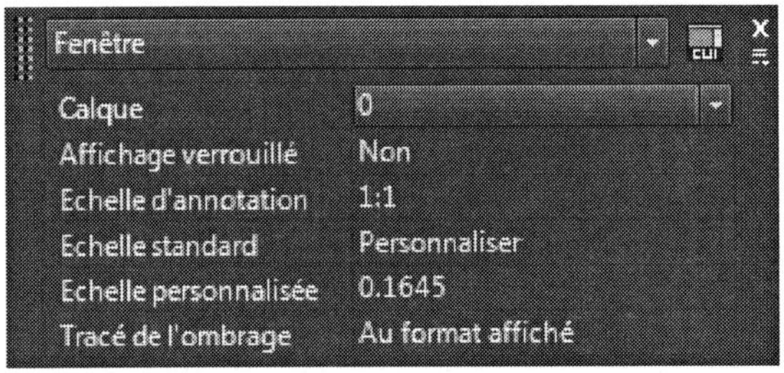

▶ Dans la liste **Echelle standard**, sélectionnez une échelle standard ou saisissez une valeur d'échelle dans la zone de texte **Echelle personnalisée**.

▶ Le cas échéant, recentrez le dessin (Panoramique) dans la fenêtre pour obtenir un affichage optimal.

Dans le groupe de fonctions **Fenêtres de présentation**, l'icône **Délimiter** 

permet de redéfinir les contours d'une fenêtre existante.

L'icône déroulante **Polygonal** 

du groupe de fonctions **Fenêtres de présentation** permet de créer une fenêtre en définissant une forme polygonale.

Dans le groupe de fonctions **Fenêtres de présentation**, l'icône déroulante **Objet** 

permet de créer une nouvelle fenêtre à partir d'un polygone existant (polyligne ou spline).

Dans le groupe de fonctions **Fenêtres de présentation**, le bouton **Nommé** 

permet de créer simultanément plusieurs fenêtres flottantes. L'utilisateur peut placer des configurations de fenêtres prédéfinies 2D ou 3D (avec visualisations pré-réglées). La visualisation est modifiable par fenêtre grâce à la liste déroulante **Changer de vue** de la boîte de dialogue **Fenêtres** (onglet **Nouvelles fenêtres**).

Si vous sélectionnez une fenêtre flottante, un clic droit affiche un menu contextuel vous proposant les options suivantes :

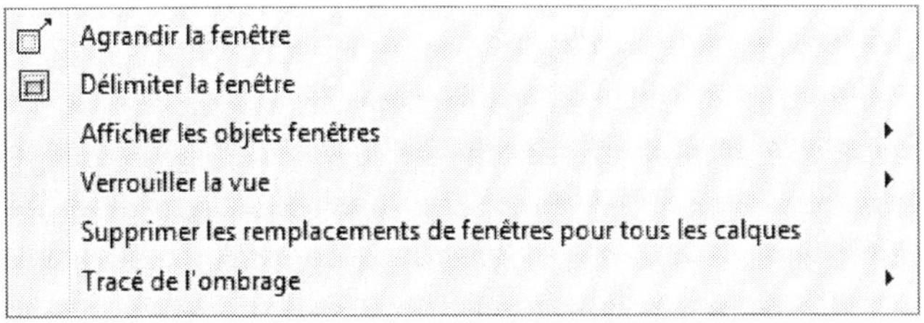

Le contenu des fenêtres peut être **affiché** ou non.

Vous pouvez **Verrouiller la vue** d'une fenêtre ; dans ce cas vous ne pouvez plus agir sur son échelle tant qu'elle n'est pas déverrouillée. Ceci apporte une sécurité supplémentaire.

Vous pouvez demander à AutoCAD LT d'affecter à une fenêtre les types d'affichage suivants : ombrage, filaire ou lignes cachées (option **Tracé de l'ombrage**).

Principe des échelles dans les fenêtres flottantes

Il est nécessaire de comprendre le principe des échelles et leur fonctionnement dans les fenêtres flottantes, notamment lorsque l'on travaille avec une unité différente du millimètre.

La liste **Echelle standard** (palette **Propriétés rapides**) de la barre d'outils **Fenêtres** donne accès à une liste d'échelles prédéfinies. Mais, celles-ci ne suffisent pas, notamment si vous utilisez les unités du mètre ou du millimètre.

Il faudra sélectionner la fenêtre pour procéder à la mise à l'échelle.

La liste **Echelle standard** (palette **Propriétés rapides**) est composée de valeurs d'échelles.

Mais attention, cette liste ne correspond pas forcément aux échelles du dessin à intégrer dans le cartouche, mais plutôt à des ratios ou facteurs qui tiennent compte des unités utilisées dans la partie Objet (mm, cm, m, km...) et de l'unité des présentations (toujours en mm pour le système métrique).

Dessins réalisés en millimètres

La valeur à affecter à la fenêtre flottante est directement donnée dans la liste **Echelle standard** (palette **Propriétés rapides**). Dans ce cas, elle correspond exactement à l'échelle du dessin.

Dessins réalisés en centimètres

La valeur à affecter à la fenêtre flottante correspond à l'échelle du dessin multipliée par 10. 10 correspond au rapport entre les parties Objet et Présentation (1cm = 10mm).

Dessins réalisés en mètres

La valeur à affecter à la fenêtre flottante correspond à l'échelle du dessin multipliée par 1000. 1000 correspond au rapport entre les parties Objet et Présentation (1 m = 1000 mm).

Voici un tableau qui affiche les valeurs à affecter aux fenêtres de présentation, selon une liste d'échelles de dessin. Il peut vous être utile pour vos premiers projets.

	Unités Objet		
Echelles Dessin (cartouche)	**mm**	**cm**	**m**
10	**10**	100	**10000**
5	**5**	50	**5000**
2	**2**	20	**2000**
1	**1**	10	**1000**
1/2	**1/2**	5	**500**
1/4	**1/4**	2.5 ou 10/4	**250**
1/10	**1/10**	1	**100**
1/25	**1/25**	0.4 ou 10/25	**40**
1/50	**1/50**	1/5	**20**
1/100	**1/100**	1/10	**10**
1/200	**1/200**	1/20	**5**
1/250	**1/250**	1/25	**4**

	Unités Objet		
Echelles Dessin (cartouche)	**mm**	**cm**	**m**
1/500	**1/500**	1/50	**2**
1/1000	**1/1000**	1/100	**1**

Les valeurs affichées en gras sont celles affectées aux fenêtres de présentation. Elles sont choisies dans la liste **Echelle standard** (palette **Propriétés rapides**), ou saisies dans la zone de texte **Echelle personnalisée** (palette **Propriétés rapides**).

Dans l'exemple affiché précédemment, vous avez dessiné en mètres dans la partie Objet. Imaginez que vous ayez dessiné un bâtiment de 15 mètres par 6 mètres. Vous souhaitez l'afficher à l'échelle 1/50ème. Vous voulez donc que 15 mètres en réalité correspondent à 300 millimètres.

300 mm = 15 m

ou 300 mm = 15000 mm

ou 3 = 150

ou 1 = 50 ou 1 / 50

L'échelle 1/50 correspond à celle du dessin que vous indiquez dans le cartouche. Mais pour l'affichage dans la fenêtre flottante, il faut préciser le rapport de 1000. Il suffit de multiplier 1/50 par 1000. Ce qui nous fait 1000/50. La valeur à affecter dans la liste **Echelle standard** (palette **Propriétés rapides**) est donc de 20.

Liste d'échelles

AutoCAD LT vous permet d'accéder à une liste d'échelles prédéfinies. Vous pouvez y supprimer celles dont vous ne vous servez pas et y ajouter des échelles personnalisées.

Ces échelles peuvent notamment être enregistrées dans un fichier gabarit de façon à ce que vous disposiez systématiquement des échelles usuelles.

- Effectuez un clic droit à l'écran et choisissez **Options** dans le menu contextuel.
- Dans la fenêtre **Options**, activez l'onglet **Préférences utilisateur** et cliquez sur le bouton **Liste d'échelles par défaut**.

Supprimer des échelles de la liste

▶ Pour supprimer les échelles indésirables, sélectionnez-les en maintenant la touche [Ctrl] et cliquez sur le bouton **Supprimer**.

Créer une nouvelle échelle

▶ Pour créer une nouvelle échelle, cliquez sur le bouton **Ajouter**. AutoCAD LT affiche la fenêtre suivante :

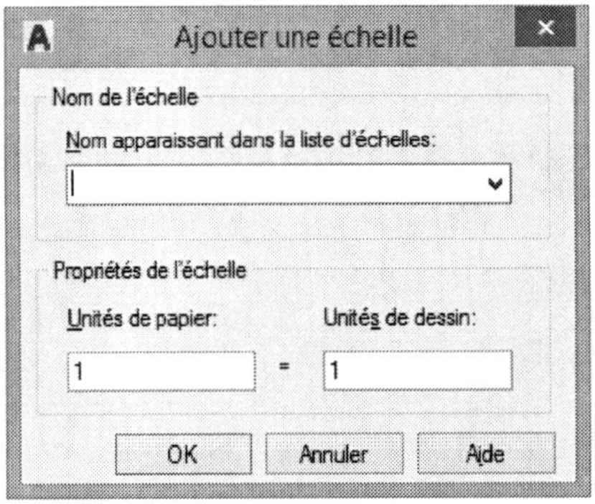

▶ Saisissez le nom qui sera affiché dans la liste d'échelles, puis saisissez les valeurs **Unités de papier** et **Unités de dessin** pour définir le rapport d'échelle souhaité.

Modifier une échelle dans la liste

▶ Pour modifier une échelle de la liste, sélectionnez-la puis cliquez sur le bouton **Redéfinir**.

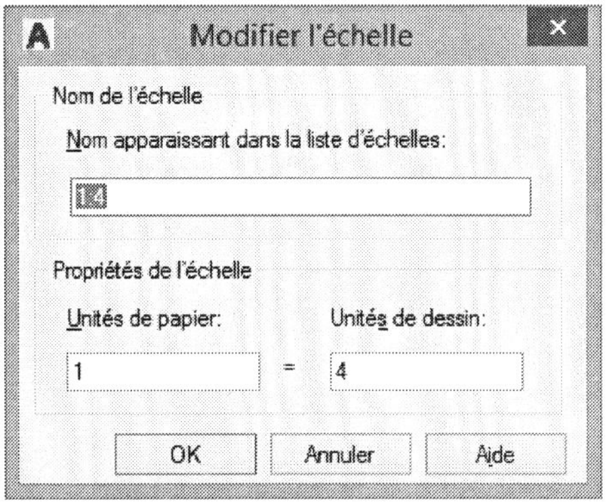

Effectuez les modifications de nom et unités, puis confirmez par **OK**.

Les boutons **Monter** et **Descendre** vous permettent d'organiser le positionnement des différentes échelles dans la liste.

2. L'impression

L'impression d'un dessin est possible sur de nombreux périphériques. Ceux-ci peuvent être des imprimantes et des traceurs acceptant de nombreux formats.

Dans le groupe de fonctions **Traceur** (onglet **Sortie**), choisissez le bouton **Traceur**

.

Étant donné le nombre de types d'impression possibles, certains paramètres sont à régler dans la boîte de dialogue **Tracer**. AutoCAD LT vous propose une aide au traçage.

La fenêtre suivante est affichée :

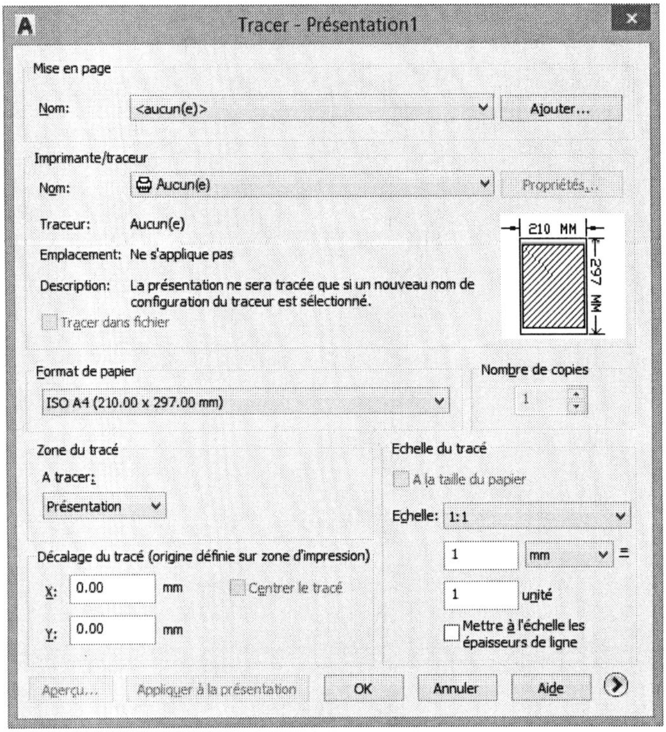

- Dans la zone **Table des styles de tracé** via le bouton **Plus d'options**, sélectionnez une table de styles de tracé dans la liste.
- Confirmez par **OK**.

Remarque

*Lorsque le choix de la table est effectué, le bouton **Modifier** situé à droite de la liste est accessible pour l'édition de la table de styles de tracé.*

Si vous utilisez le **Gestionnaire des mises en page**, l'ensemble des paramètres propres aux mises en page est répercuté dans la boîte de dialogue **Tracer**.

Il est donc plus logique d'utiliser en amont le **Gestionnaire des mises en page**, puis d'effectuer quelques simples vérifications ou modifications dans la boîte de dialogue **Tracer**.

Voir la gestion des mises en page (cf. dans ce chapitre La présentation du dessin - La partie Présentation).

Sept zones sont proposées par défaut :

Mise en page

Affiche le nom de la mise en page courante et autres mises en page du dessin courant.

Le bouton **Ajouter** vous permet de créer une nouvelle mise en page depuis les paramètres courants de la boîte de dialogue **Tracer**. Cette mise en page sera modifiable à l'aide du gestionnaire des mises en page.

Imprimante/traceur

Ces paramètres peuvent provenir directement de la mise en page courante.

Sélectionnez le périphérique d'impression dans la liste déroulante **Nom**. Ce choix effectué, sous la liste **Nom**, sont affichés le nom du traceur (**Traceur**), le port ou le chemin d'accès de réseau (**Emplacement**) et un commentaire éventuel associé au périphérique (**Description**). Le bouton **Propriétés** donne accès aux modifications de la configuration du traceur courant, des ports, des périphériques, des supports, des formats de papier personnalisés... via la boîte de dialogue **Editeur de configuration du traceur**.

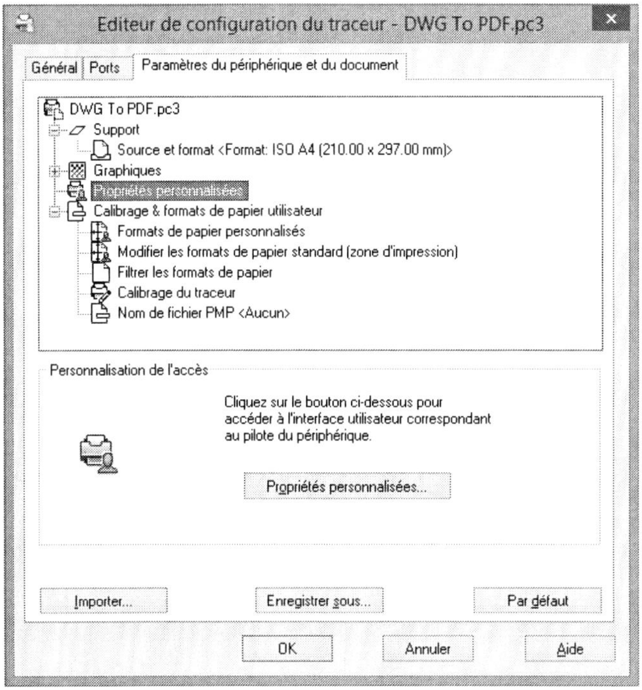

Un aperçu présente l'orientation du format du papier et ses dimensions.

La case à cocher **Tracer dans fichier** permet de générer un fichier d'impression (.PLT) plutôt qu'une impression vers une imprimante ou un traceur. AutoCAD LT vous demande dans ce cas lors de l'impression les nom et emplacement du fichier PLT. AutoCAD LT peut proposer un emplacement par défaut pour ce type de fichier. Choisissez **Outils - Options** puis activez l'onglet **Tracer et publier** puis la liste **Emp. par défaut pour opérations de tracé dans un fichier** dans la zone **Tracer dans fichier**.

Format de papier

Ces paramètres peuvent provenir directement de la mise en page courante.

Sélectionnez dans la liste l'un des formats standard.

Nombre de copies

Indiquez ici le nombre de copies à imprimer. Cette option est indisponible pour le traçage vers un fichier.

Aire du tracé

Ces paramètres peuvent provenir directement de la mise en page courante.

Dans la liste **A tracer**, définissez la partie du dessin qui sera imprimée. Choisissez la présentation courante (**Présentation**), l'affichage courant du dessin (**Affichage**), le dessin le plus grand possible (**Etendu**), ou **Fenêtre** pour déterminer à l'aide du périphérique de saisie deux points matérialisant la zone du dessin qui sera imprimée.

Décalage du tracé

Les zones de texte X et Y permettent de centrer l'impression sur la feuille de papier si nécessaire.

Echelle du tracé

Permet de définir l'échelle d'impression. La liste **Echelle** dispose d'une série d'échelles prédéfinies, mais vous pouvez personnaliser cette échelle. Ici, l'échelle ne correspond pas à l'échelle du dessin lui-même, mais à l'échelle d'impression de l'aire du tracé.

Les zones de texte **mm =** et **Unité** affichant 1 mm pour 2 mm précisent une impression à l'échelle.

Si vous présentez correctement vos dessins à l'aide des onglets présentations, les formats et cadres affichés en millimètres imposent logiquement une échelle de 1/1. Les zones **mm =** et **Unité** affichent 1.

La case à cocher **Mettre à l'échelle les épaisseurs de ligne** adapte les épaisseurs de ligne en fonction de l'échelle de tracé.

Choisissez le bouton **Plus d'options**  pour accéder à des paramètres supplémentaires ci-après, voire les modifier.

La boîte de dialogue **Tracer** affiche dans la partie droite les paramètres suivants :

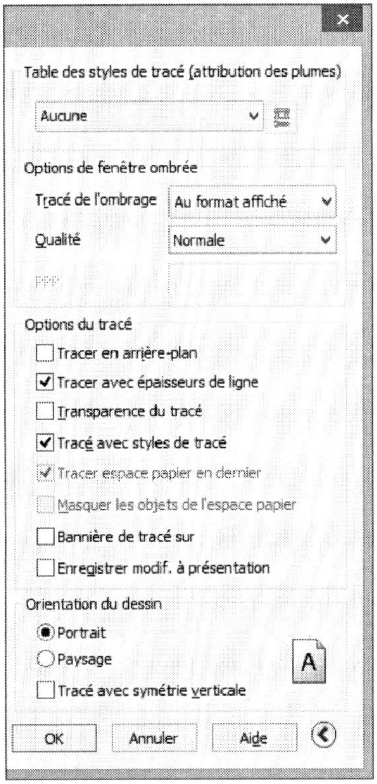

Table des styles de tracé

Ces paramètres peuvent provenir directement de la mise en page courante.

Choisissez, dans la liste, la table de styles de tracé pour l'affecter à la mise en page courante. Les styles de tracé sont des propriétés d'objet spécifiant des valeurs de remplacement à l'impression pour la couleur, le panachage, la gamme de gris, l'assignation des plumes, le filtrage, le type de ligne, l'épaisseur de ligne, les styles d'extrémité, les jointures, le remplissage. Les tables *Acadlt.ctb* et *Acadlt.stb* respectent par défaut les couleurs des objets lors de l'impression alors que les tables *Monochrome.ctb* et *Monochrome.stb* imposent une impression dite en noir et blanc. Voir aussi Les styles de tracé dans ce même chapitre.

Remarque

*Lorsque le choix de la table est effectué, le bouton **Modifier** situé à droite de la liste est accessible pour l'édition de la table de styles de tracé.*

Options de fenêtre ombrée

Ces paramètres peuvent provenir directement de la mise en page courante.

La liste **Tracé de l'ombrage** précise la façon dont les vues sont tracées. Pour que ce paramètre soit effectif, vous devez sélectionner chaque fenêtre de la présentation et lui attribuer le type de tracé (**Filaire**, **Caché** ou **Rendu**) à l'aide la fenêtre **Propriétés** (**Outils - Propriétés**).

La liste **Qualité** agit sur la résolution d'impression des fenêtres en mode filaire, caché et rendu. Les choix sont **Brouillon**, **Aperçu** (75 Points Par Pouce), **Normale** (150 PPP), **Présentation** (300 PPP), **Maximale** (300 PPP), **Personnalisée** (résolution à définir en fonction des possibilités du périphérique d'impression).

Options du tracé

Ces paramètres peuvent provenir directement de la mise en page courante.

Tracer en arrière-plan permet le traitement de l'impression en arrière-plan.

Ainsi, vous pouvez revenir immédiatement à votre dessin. Vous pouvez vérifier l'état de votre tâche en positionnant le curseur sur l'icône du traceur dans la barre d'état.

Tracer avec épaisseurs de ligne permet le respect des épaisseurs de ligne affectées aux objets ou aux calques lors de l'impression.

Transparence du tracé permet de définir le niveau de transparence des objets ou calques lors de l'impression.

Tracer avec styles de tracé permet le respect des styles de tracé attribués aux objets ou aux calques lors de l'impression.

Tracer espace papier en dernier impose l'impression des objets (internes aux fenêtres de présentation) avant l'impression des objets de présentation.

Masquer les objets de l'espace papier détermine si l'élimination des lignes cachées s'applique aux objets de la fenêtre de présentation (espace papier). Cette option n'est disponible qu'à partir d'un onglet de présentation.

Bannière de tracé sur permet d'ajouter les annotations suivantes dans un coin de la feuille :

- Date et heure.
- Nom de fichier.
- Nom de la présentation imprimée.
- Code d'accès Windows.
- Nom du périphérique d'impression.
- Format du papier.
- Echelle de tracé.
- Annotations personnalisées...

Pour accéder à la bannière de tracé, activez la case **Bannière de tracé sur** puis cliquez sur le bouton **Paramètres de la bannière du tracé** .
La fenêtre suivante s'affiche :

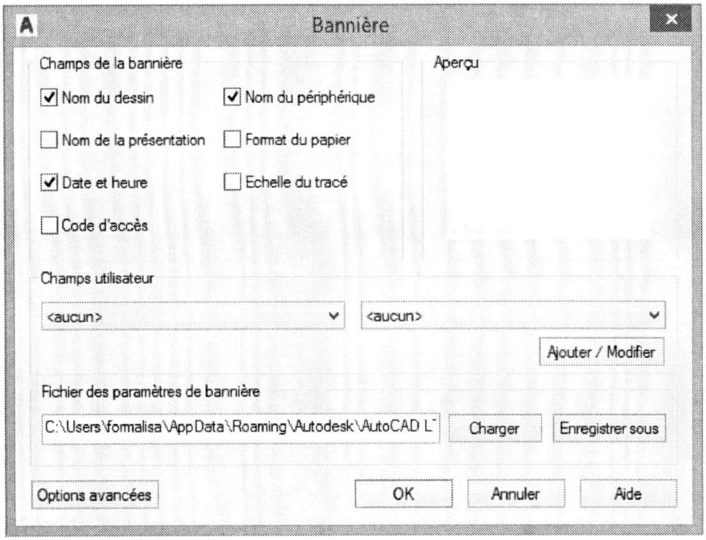

Vous pouvez enregistrer l'ensemble de ces annotations dans un fichier .pss et ainsi créer une bannière de tracé complètement personnalisée.

Enregistrer modif. à présentation permet la sauvegarde des modifications que vous avez apportées à la présentation dans la boîte de dialogue **Tracer**.

Remarque

Les annotations de la bannière ne sont pas visibles à l'aperçu avant impression.

Orientation du dessin

Cette rubrique définit l'orientation du dessin **Portrait** (verticale) ou **Paysage** (horizontale) ainsi qu'un **Tracé avec symétrie verticale** (orientation du dessin renversée).

Vérifiez la configuration d'impression grâce au bouton **Aperçu** avant de confirmer par **Appliquer à la présentation** et **OK** pour procéder à l'impression.

3. Les styles de tracé

3.1 Présentation

Il existe deux types de tables de styles de tracé :

– La table de styles de tracé dépendant des couleurs AutoCAD (*.CTB*).

– La table de styles de tracé nommés (*.STB*).

Les styles de tracé ne sont pas liés au périphérique sélectionné. Lors de la gestion des mises en page ou du traçage, vous choisissez la table des styles de tracé à associer (cf. dans ce chapitre, L'impression).

Les styles de tracé définissent les paramètres d'impression suivants :

– L'épaisseur de ligne.

– La couleur.

– Les nuances de gris.

– Le panachage.

– Le type de ligne.

– Les terminaisons de ligne (lignes avec épaisseur).

– Les styles de jointure (lignes avec épaisseur).

– Le motif de remplissage.

– Le numéro de plume.

Pour la table de styles de tracé dépendant des couleurs AutoCAD (*.CTB*), à chaque couleur AutoCAD (256 couleurs), l'utilisateur affecte les paramètres d'impression de son choix (liste ci-dessus).

Pour les tables de styles de tracé nommés (*.STB*), un nom de style de tracé contient les paramètres d'impression voulus. Vous pouvez créer plusieurs styles de tracé dans la table (non limité). Cette méthode est plus riche.

En effet, vous affectez soit à un objet, soit à un calque, le style de tracé adapté.

Remarque

C'est à la création d'un nouveau dessin que vous définissez, grâce à l'utilisation du gabarit, l'utilisation de l'une ou l'autre des tables de styles de tracé.

3.2 Création d'une table de styles de tracé

▶ Dans le navigateur, choisissez **Imprimer** puis **Gérer les styles de tracé**.

L'explorateur Windows présente le contenu suivant du dossier **Plot Styles** :

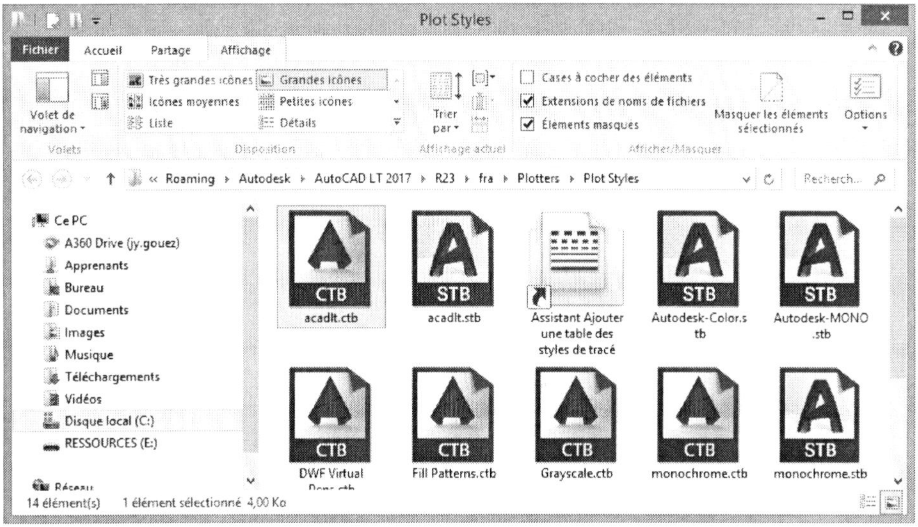

▶ Choisissez l'icône **Assistant Ajouter une table des styles de tracé**.

Suivez la procédure pour générer une table de styles à partir d'un fichier .PCP ou PC2, d'une configuration de traceur AutoCAD 14, ou d'une table de styles existante, ou encore à partir d'un brouillon.

▶ Cliquez sur le bouton **Suivant**.

▶ Choisissez ici **Commencer avec un brouillon** puis cliquez sur le bouton **Suivant**.

▶ Vous choisissez ensuite la table des styles de tracé nommés ou dépendant des couleurs.

Ici, choisissez **Table des styles dépendant des couleurs** et cliquez sur le bouton **Suivant**.

▶ Précisez le nom de la table (CTB) et cliquez sur le bouton **Suivant**.

La table est créée et peut être affectée aux nouveaux dessins ainsi qu'aux dessins de versions antérieures.

▶ Choisissez le bouton **Editeur de la table des styles de tracé** pour agir sur les différents paramètres d'impression. Vous pouvez aussi venir l'éditer ultérieurement (voir ci-après l'éditeur de la table des styles de tracé).

Confirmez par **Terminer**.

3.3 L'éditeur de la table des styles de tracé

Si vous souhaitez modifier une table des styles de tracé existante, procédez de la façon suivante :

Dans le navigateur, choisissez **Imprimer** puis **Gérer les styles de tracé**.

La boîte de dialogue affiche toutes les tables de styles de tracé disponibles.

Effectuez un double clic sur la table voulue (acadlt.ctb dans l'exemple). Vous obtenez la fenêtre suivante :

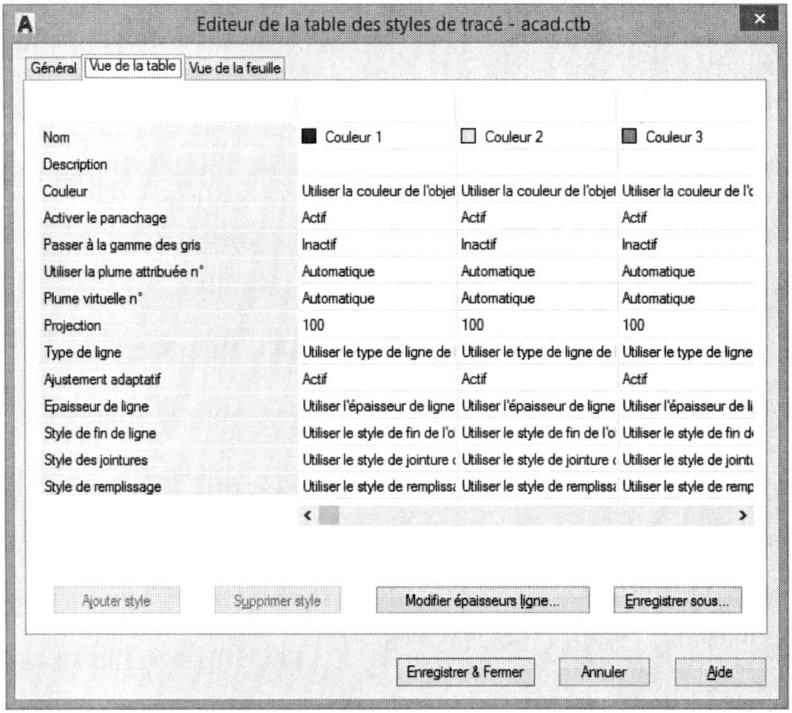

L'onglet **Vue de la table** est activé et affiche l'ensemble des paramètres d'impression par défaut des couleurs AutoCAD, par colonne.

Modifiez le paramètre d'impression pour les couleurs voulues dans les colonnes correspondantes. Ainsi, la couleur rouge (n°1) peut être imprimée d'une couleur, d'une épaisseur... différentes de celles qui sont affichées. Voir ci-après le détail des options.

Le bouton **Enregistrer sous** permet la création d'une nouvelle table de styles à partir de la table de styles courante.

Choisissez le bouton **Enregistrer & Fermer** pour quitter en sauvegardant les modifications.

Les options suivantes sont disponibles :

Description

Permet d'associer un commentaire explicite au style de tracé.

Couleur

Laisse la couleur logique de l'objet ou impose une couleur d'impression. Tous les objets des calques (ou objets indépendants) auxquels le style de tracé sera associé sont tracés avec cette couleur.

Activer le panachage

Le panachage simule un tracé à plusieurs couleurs. Le tracé est plus ou moins soutenu (nuages de points) et donne l'impression de tracés plus ou moins épais selon les couleurs initiales. Si le traceur ne prend pas en charge le panachage, ce paramètre est désactivé.

Passer à la gamme des gris

Les couleurs sont transformées en nuances de gris si le traceur les prend en charge.

Utiliser la plume attribuée n°

Cette option est disponible pour les traceurs à plumes uniquement. Indique la plume à utiliser pour tracer des objets utilisant ce style de tracé.

Plume virtuelle n°

Indique un numéro de plume virtuelle compris entre 1 et 255. Certains traceurs sans plumes utilisent des plumes virtuelles (ceci impose une configuration spécifique dans Configuration du traceur). Entrez **0** ou **Automatique** pour indiquer que les plumes virtuelles sont affectées à partir de l'index des couleurs d'AutoCAD.

Projection

Détermine l'intensité (0 à 100) de couleur pour la quantité d'encre projetée lors de l'impression. La valeur 0 correspond à une couleur blanche, la valeur 100 fixe l'intensité maximale.

Type de ligne

Accède à la liste des types de ligne. Le type de ligne par défaut est **Utiliser le type de ligne de l'objet**. Si vous affectez un autre type de ligne, les objets utilisant ce style de tracé respecteront le type de ligne choisi lors du traçage.

Ajustement adaptatif

Ajuste l'échelle du type de ligne pour un meilleur affichage aux intersections.

Epaisseur de ligne

Accède à la liste des épaisseurs de ligne. L'épaisseur de ligne par défaut est **Utiliser l'épaisseur de ligne de l'objet**. Si vous affectez une autre épaisseur, les objets utilisant ce style de tracé respecteront l'épaisseur de ligne choisie lors du traçage.

Style de fin de ligne

Accède à une liste des types d'extrémité de ligne possibles (objets avec une épaisseur). Les fins de ligne suivantes sont possibles : Bouton, Carré, Arrondi et Losange. Si vous attribuez un type d'extrémité de ligne au style de tracé, ce type d'extrémité remplace celui de l'objet pour le tracé.

Style des jointures

Accède à une liste de jointures possibles (intersections d'objets avec épaisseur). Les jointures suivantes sont possibles : Mitre, Biseau, Arrondi et Losange. Le type de jointure sélectionné remplace celui de l'objet pour le tracé.

Style de remplissage

Accède aux différents types de remplissage possibles (aplats). Les remplissages suivants sont possibles : Solide, Damier, Hachures, Losanges, Barres horizontales, Inclinaison à gauche, Inclinaison à droite, Points carrés et Barres verticales. Le style de remplissage sélectionné remplace celui de l'objet pour le tracé.

Remarque

Dans cette nouvelle colonne, un clic droit dans l'une ou l'autre des lignes affiche un menu contextuel. Vous pouvez créer ou supprimer un style de tracé, copier des valeurs dans un ou tous les styles.

3.4 Affectation d'une table de styles de tracé

Une table de styles peut contenir de nombreux styles de tracé. Elle est associée à l'onglet **Objet** ou aux **Présentations**. Procédez de la façon suivante :

- Activez une présentation.
- Effectuez un clic droit sur l'onglet de présentation, puis choisissez **Gestionnaire des mises en page** dans le menu contextuel.

La fenêtre ci-dessous apparaît :

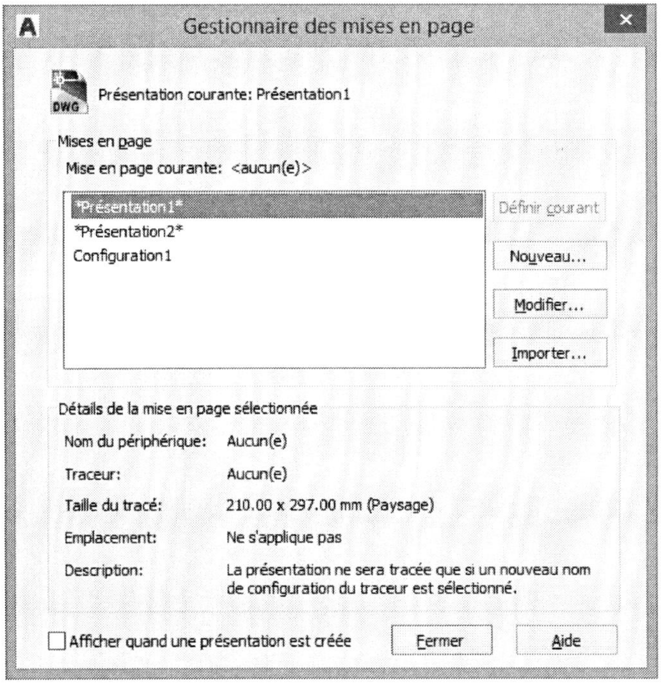

La mise en page courante (idéalement prédéfinie, voir La partie Présentation - Gestion des mises en page) est sélectionnée, choisissez le bouton **Modifier** pour accéder aux paramètres de mise en page.

La fenêtre suivante est affichée :

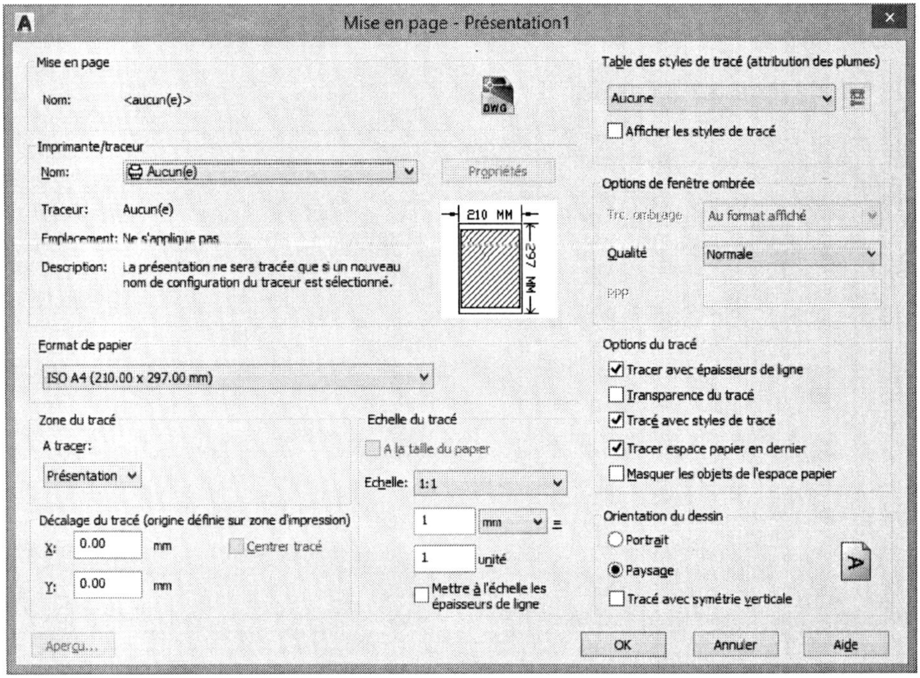

■ Sélectionnez une table dans la zone **Table des styles de tracé**.

■ Confirmez par **OK**.

Remarque

*Lorsque le choix de la table est effectué, le bouton **Modifier** situé à droite de la liste est accessible pour l'édition de la table de styles de tracé.*

Exercice 9
Mettre en page le plan

Notre plan étant maintenant terminé, nous allons dans cet exercice préparer notre fichier à l'impression en configurant ses paramètres de mise en page et d'impression et en y apposant un cadre et un cartouche.

1. Étape 1 : Accéder à l'espace Présentation

▶ Téléchargez et ouvrez le fichier ressource **Mise_en_page.dwg**.

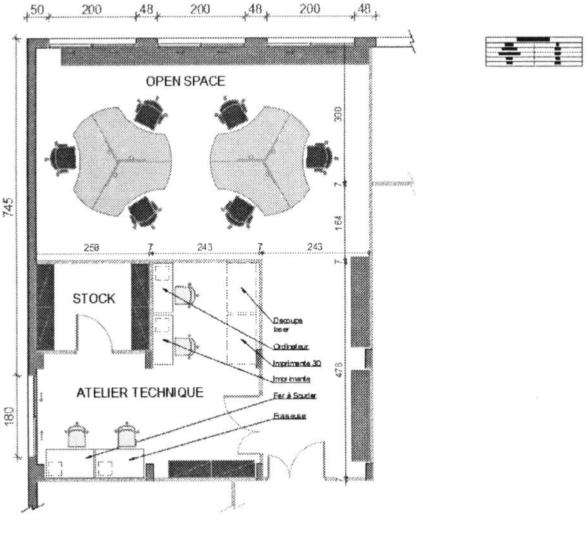

Chaque onglet de présentation sert à préparer l'impression du travail final sur un plan. Pour chaque onglet de présentation, on peut paramétrer une mise en page différente.

- Pour accéder à l'espace de présentation, cliquez sur l'onglet **Présentation1** situé en bas à gauche de la zone graphique.

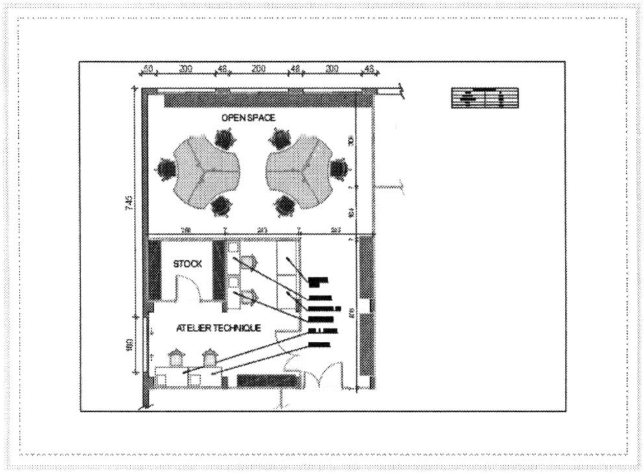

- Double cliquez sur l'onglet **Présentation1**, saisissez **Aménagement** et validez par [Entrée] pour renommer la présentation.
- Sélectionnez la fenêtre de présentation indiquée dans la figure ci-dessous et appuyez sur la touche [Suppr] pour l'effacer.

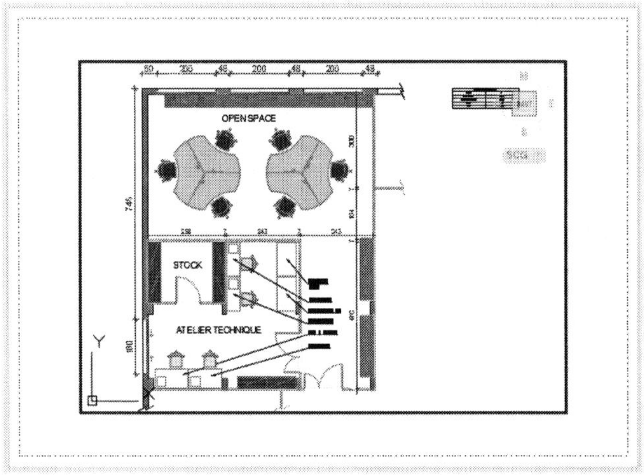

2. Étape 2 : Paramétrer la mise en page

Commençons par configurer la mise en page de notre document.

- Effectuez un clic droit sur l'onglet de présentation **Aménagement**, et dans le menu contextuel choisissez **Gestionnaire des mises en page**.

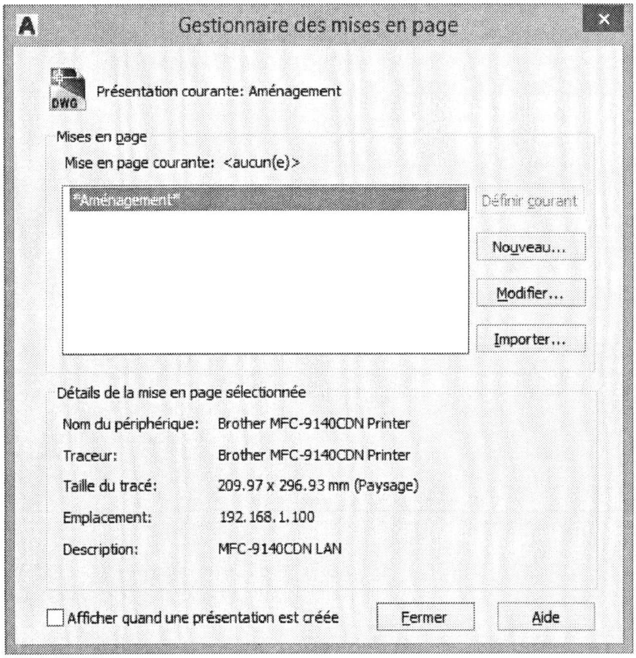

- Dans le **Gestionnaire des mises en page**, cliquez sur le bouton **Modifier** pour accéder aux paramètres de mise en page de la présentation **Aménagement**.
- Dans la fenêtre **Mise en page - Aménagement**, procédez aux paramétrages suivants :
  - Dans la rubrique **Imprimante/traceur**, déroulez la liste **Nom** et sélectionnez l'imprimante virtuelle **DWG to PDF**.
  - Dans la rubrique **Format de papier**, déroulez la liste et sélectionnez le format **ISO full bleed A4 (210.00 x 297.00 mm)**.
  - Dans la rubrique **Zone du tracé**, vérifiez que la liste **A tracer** affiche le choix **Présentation**.
  - Dans la rubrique **Décalage du tracé**, vérifiez la valeur **0** dans les zones de texte **X** et **Y**.

- Dans la rubrique **Echelle du tracé**, sélectionnez **10:1** dans la liste déroulante **Echelle**.
- Dans la rubrique **Table des styles de tracé (attribution des plumes)**, déroulez la liste des styles de tracé et sélectionnez **monochrome.ctb**.
- Dans la rubrique **Options de fenêtre ombrée**, vérifiez que la liste **Qualité** affiche le choix **Normale**.
- Dans la rubrique **Options du tracé**, vérifiez que les cases **Tracer avec épaisseurs de ligne**, **Tracer avec styles de tracé** et **Tracer espace papier en dernier** sont cochées.
- Dans la rubrique **Orientation du dessin**, activez le bouton radio **Portrait**.

La figure ci-dessous affiche l'ensemble des paramètres à renseigner.

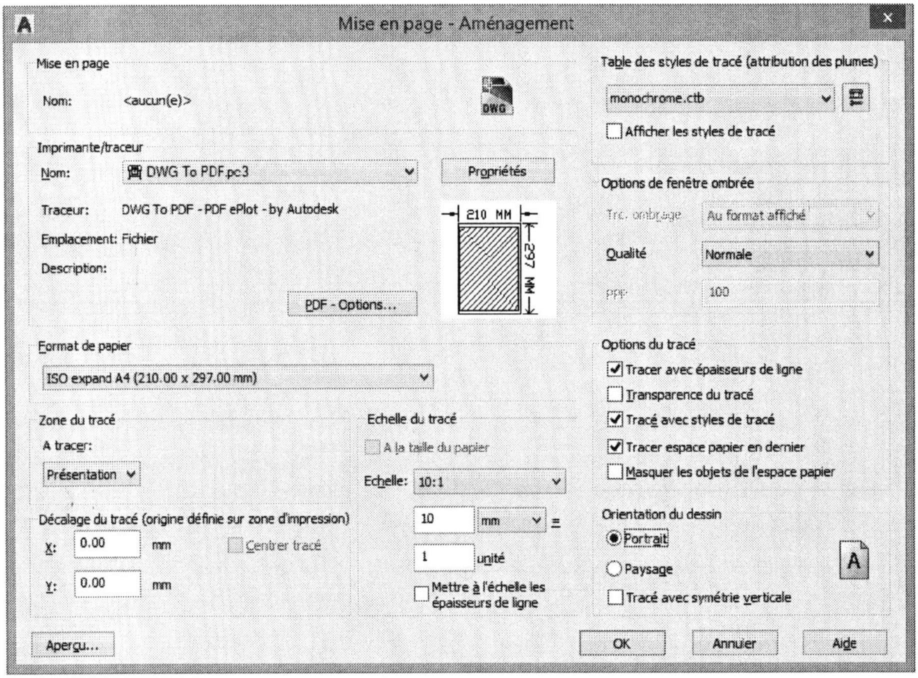

▶ Cliquez sur **OK** pour confirmer les paramètres de la fenêtre **Mise en page**, et cliquez sur **Fermer** pour fermer le **Gestionnaire de mise en page**.

3. Étape 3 : Créer un cadre de présentation et insérer le cartouche

Pour une présentation professionnelle de notre document, nous allons définir un cadre et insérer un cartouche contenant diverses informations relatives au projet.

- Dans le groupe de fonctions **Dessin** (onglet **Début**), cliquez sur l'icône **Rectangle** .

  La fenêtre de commande affiche :

```
RECTANG Spécifiez le premier coin ou [Chanfrein Elévation Raccord Hauteur Largeur]:
```

- Saisissez **0.4,0.4** et appuyez sur [Entrée] pour spécifier la position du premier coin du rectangle.

  La fenêtre de commande affiche :

```
RECTANG Spécifiez un autre coin ou [Aire Cotes rOtation]:
```

- Saisissez **20,28.7** et appuyez sur [Entrée] pour spécifier le coin opposé du rectangle.
- Dans le groupe de fonctions **Bloc** (onglet **Insertion**), déroulez l'icône **Insérer** 

  et choisissez **Plus d'options...**.
- Dans la fenêtre **Insérer**, cliquez sur le bouton **Parcourir**.
- Dans la fenêtre **Sélectionner le fichier de dessin**, accédez au dossier contenant les fichiers ressources, sélectionnez le fichier **Cartouche.dwg** et cliquez sur **Ouvrir**.
- Dans la fenêtre **Insérer**, dans la rubrique **Point d'insertion**, vérifiez que la case à cocher **Spécifier à l'écran** est activée.
- Dans la rubrique **Echelle**, vérifiez que la case à cocher **Spécifier à l'écran** est désactivée, et que les valeurs pour **X**, **Y** et **Z** sont égales à **1**.
- Dans la rubrique **Rotation**, vérifiez la valeur **0** dans la zone de texte **Angle**, et confirmez par **OK**.

La figure ci-dessous résume les paramètres à renseigner.

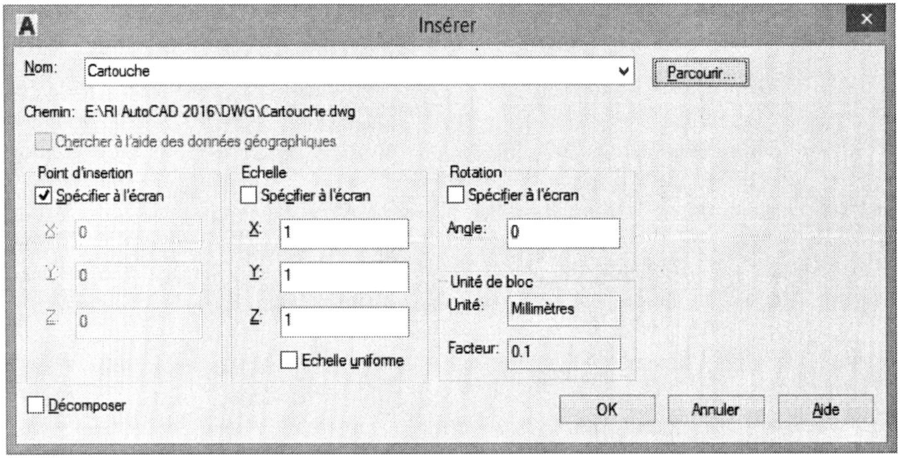

La fenêtre de commande affiche le message suivant.

```
-INSERER Spécifiez le point d'insertion ou [Pointdebase
Echelle X Y Z rOtation]:
```

▶ Dans la zone graphique, cliquez sur le coin en bas à droite du rectangle pour spécifier la positon du point d'insertion du bloc, comme indiqué dans la figure ci-dessous.

La fenêtre **Modifier attributs** apparaît :

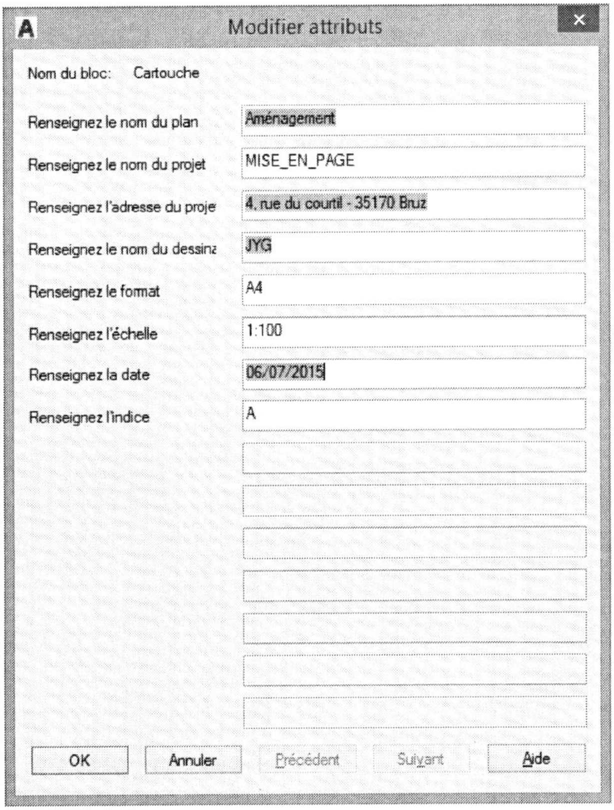

Le bloc **cartouche** contient des attributs. Lors de l'insertion d'un bloc contenant des attributs, la fenêtre **Modifier attributs** apparaît. Les attributs permettent d'ajouter des zones de texte éditables en dehors de l'éditeur de bloc. Ces informations texte seront indépendantes pour chaque bloc. Ici, ces informations sont relatives au cartouche et sont prédéfinies (renseignées automatiquement) pour la plupart.

- Dans la fenêtre **Modifier attributs**, saisissez **1:50** dans la zone de texte **Renseignez l'échelle**.
- Cliquez sur **OK** pour confirmer les nouvelles valeurs données aux attributs du bloc et confirmer l'insertion.

La figure ci-dessous illustre le résultat obtenu :

4. Étape 4 : Créer une fenêtre de présentation

Dans le groupe de fonctions **Fenêtres de présentation** (onglet **Présentation**), cliquez sur l'icône **Rectangulaire** .
La fenêtre de commande affiche :

```
-FENETRES Spécifiez le coin de la fenêtre ou [Actif Inactif Zonegraph Tracombr
Verrou Objet Polygonal Restaurer Calque 2 3 4] <Zonegraph>:
```

Dans la zone graphique, cliquez sur le point indiqué dans la figure ci-après pour spécifier la position du premier coin du rectangle de la fenêtre de présentation.

La fenêtre de commande affiche :

```
-FENETRES Spécifiez le coin opposé:
```

▶ Cliquez sur le point indiqué dans la figure ci-dessous pour spécifier la position du coin opposé.

La fenêtre de présentation affiche une vue étendue de l'ensemble des éléments dessinés dans l'espace objet.

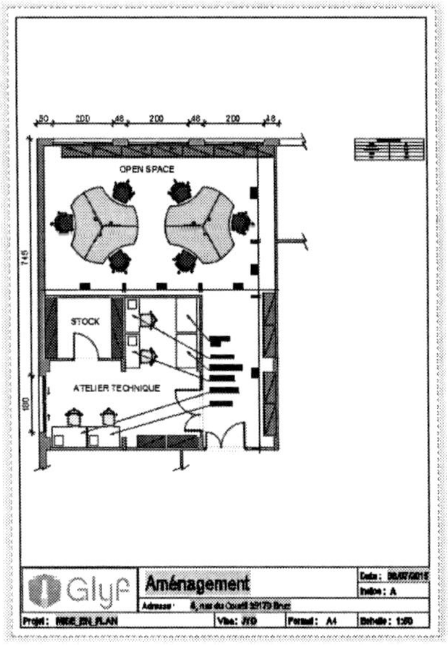

5. Étape 5 : Définir la zone à afficher

▶ Double cliquez dans la fenêtre de présentation pour l'activer.

Les contours de la fenêtre de présentation apparaissent en traits forts pour indiquer que la fenêtre est active.

▶ Centrez sur la zone à afficher pour obtenir l'affichage ci-après.

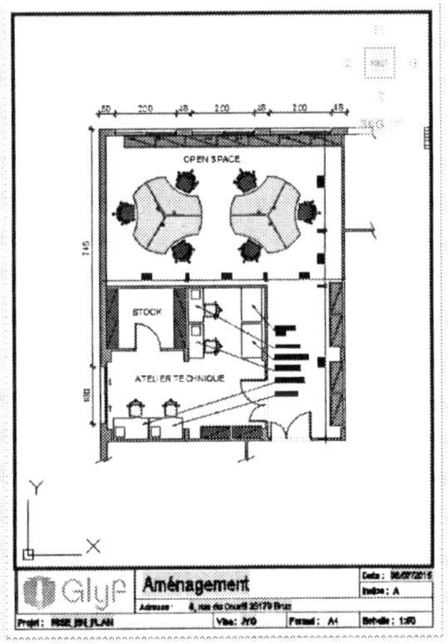

▶ Dans la zone d'état, déroulez la liste **Echelle de la fenêtre** et sélectionnez l'échelle **1:50**.

L'affichage s'ajuste pour obtenir une échelle du dessin au 1:50ème.

▶ Double cliquez en dehors de la fenêtre de présentation pour désactiver la fenêtre de présentation.

La figure ci-dessous affiche le résultat obtenu.

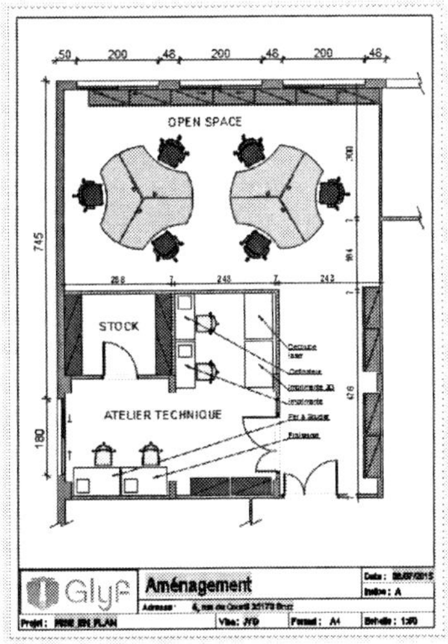

6. Étape 6 : Lancer l'impression

Nous allons ici réaliser une impression numérique (PDF).

- Déroulez le menu du **Navigateur**  et cliquez sur **Imprimer** 
.

La fenêtre **Tracer - Aménagement** suivante apparaît :

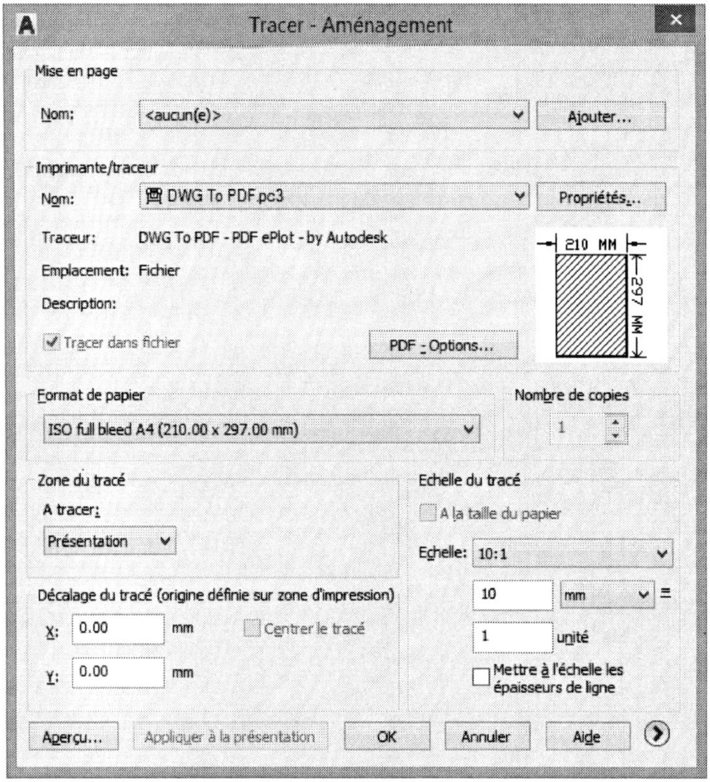

La fenêtre **Tracer - Aménagement** reprend l'ensemble des paramètres de mise en page définis précédemment.

- Cliquez sur **OK** pour lancer l'impression.

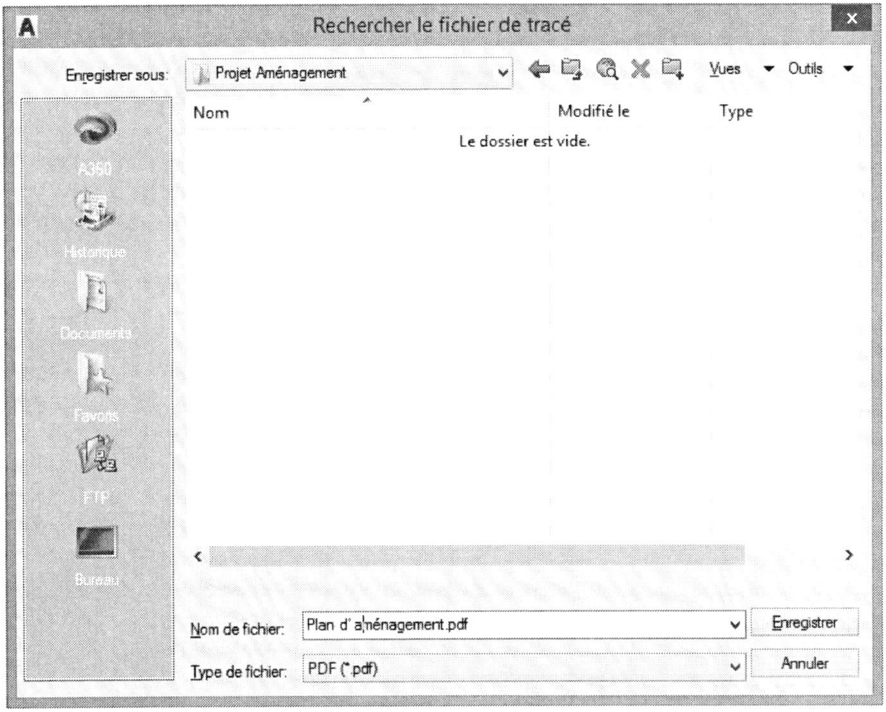

▶ Dans la fenêtre **Rechercher le fichier de tracé**, accédez au dossier voulu et renseignez le nom du fichier PDF dans la zone de texte **Nom de fichier**.

▶ Cliquez sur **Enregistrer** pour générer le fichier PDF.

La figure ci-dessous affiche le résultat final.

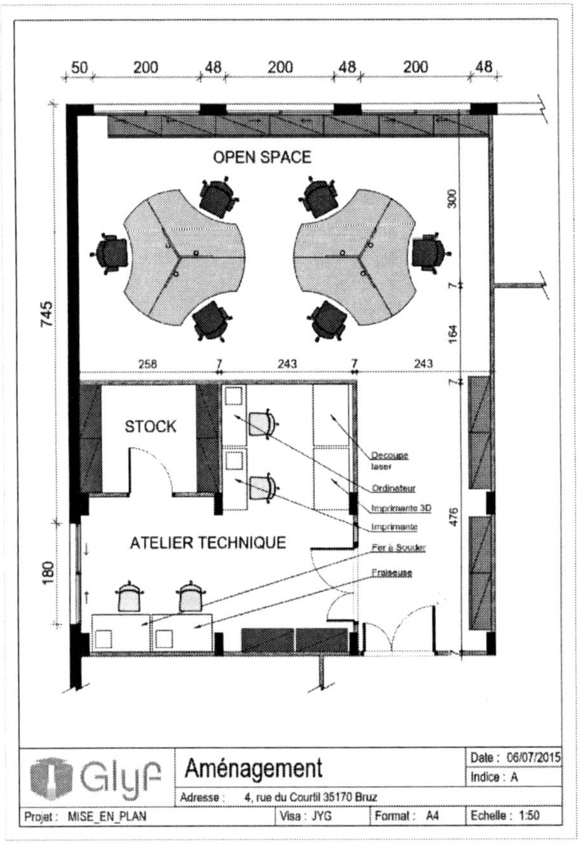

Exercice 10
Mettre en page le plateau

Dans cet exercice, nous allons apposer un cartouche correspondant aux informations de notre projet.

1. Étape 1 : Accéder à l'espace Présentation

▶ Téléchargez et ouvrez le fichier ressource **Mise_en_plan_plateau.dwg**.

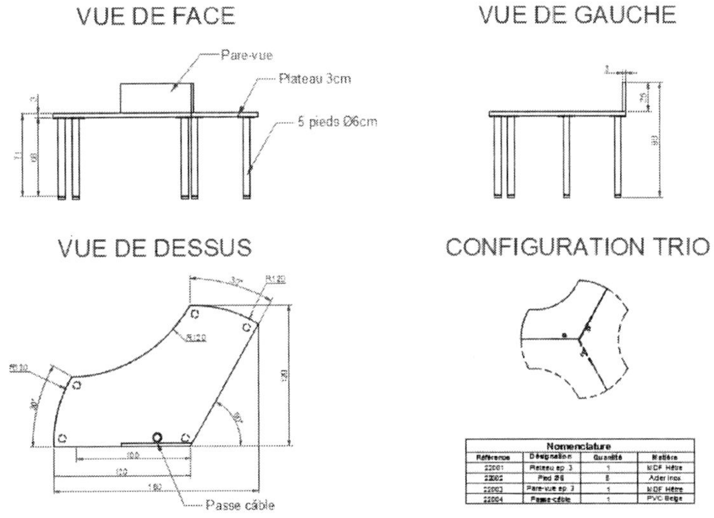

Nomenclature			
Référence	Désignation	Quantité	Matière
22001	Plateau ep. 3	1	MDF Hêtre
22002	Pied Ø6	5	Acier inox
22003	Pare-vue ep. 3	1	MDF Hêtre
22004	Passe-câble	1	PVC Beige

Chaque onglet de présentation sert à préparer l'impression du travail final sur un plan. Pour chaque onglet de présentation, on peut paramétrer une mise en page différente.

- Pour accéder à l'espace de présentation, cliquez sur l'onglet **Présentation1** situé en bas à gauche de la zone graphique.

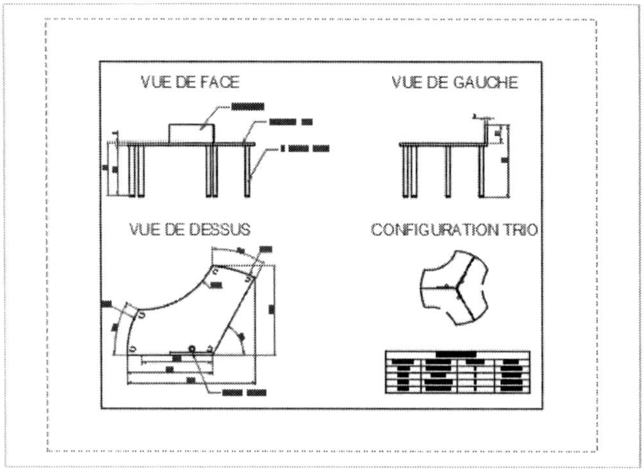

- Double cliquez sur l'onglet **Présentation1** pour sélectionner le nom de la présentation, saisissez **Plateau de bureau** et validez par [Entrée] pour renommer la présentation.
- Sélectionnez la fenêtre de présentation indiquée dans la figure ci-dessous et appuyez sur la touche [Suppr] pour l'effacer.

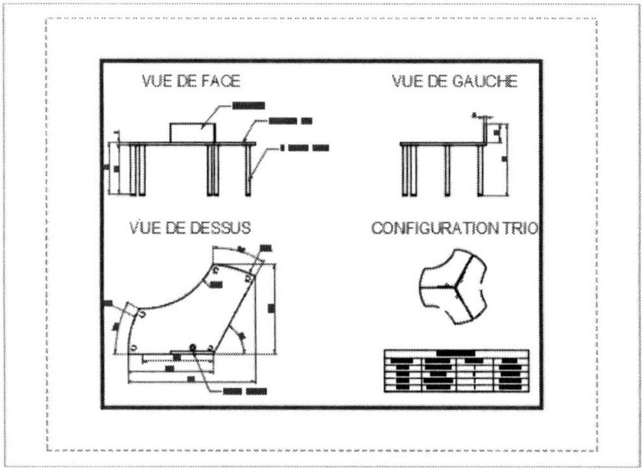

2. Étape 2 : Paramétrer la mise en page

Commençons par configurer la mise en page.

- Effectuez un clic droit sur l'onglet de présentation **Plateau de bureau**, et dans le menu contextuel choisissez **Gestionnaire des mises en page**.

  La fenêtre ci-dessous est affichée.

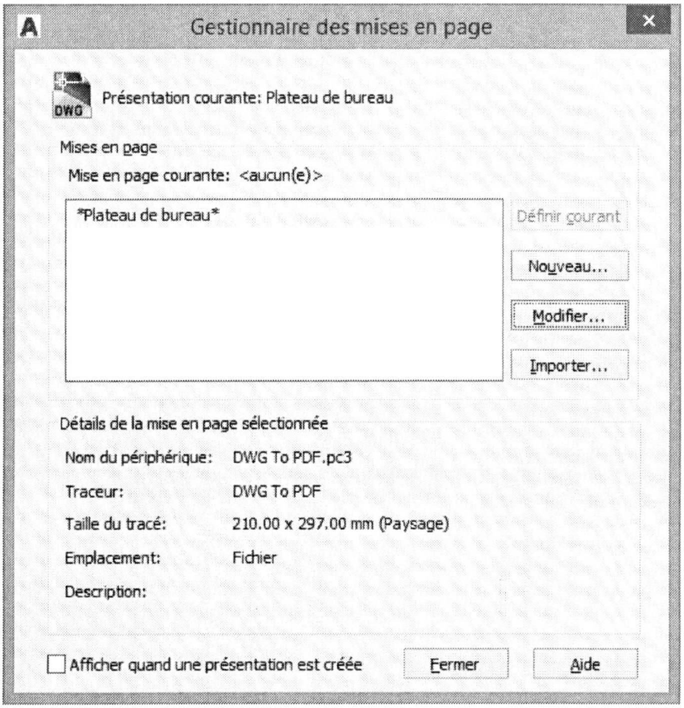

- Dans le **Gestionnaire des mises en page**, cliquez sur le bouton **Modifier** pour accéder aux paramètres de mise en page de la présentation **Plateau de bureau**.
- Dans la fenêtre **Mise en page - Plateau de bureau**, procédez aux paramétrages suivants :
  - Dans la rubrique **Imprimante/traceur**, déroulez la liste **Nom** et sélectionnez l'imprimante virtuelle **DWG to PDF**.
  - Dans la rubrique **Format de papier**, déroulez la liste et sélectionnez le format **ISO full bleed A4 (210.00 x 297.00 mm)**.

- Dans la rubrique **Zone du tracé**, vérifiez que la liste **A tracer** affiche le choix **Présentation**.
- Dans la rubrique **Décalage du tracé**, vérifiez la valeur **0** dans les zones de texte **X** et **Y**.
- Dans la rubrique **Echelle du tracé**, sélectionnez **10:1** dans la liste déroulante **Echelle**.
- Dans la rubrique **Table des styles de tracé (attribution des plumes)**, déroulez la liste des styles de tracé et sélectionnez **monochrome.ctb**.
- Dans la rubrique **Options de fenêtre ombrée**, vérifiez que la liste **Qualité** affiche le choix **Normale**.
- Dans la rubrique **Options du tracé**, vérifiez que les cases **Tracer avec épaisseurs de ligne**, **Tracer avec styles de tracé** et **Tracer espace papier en dernier** sont cochées.
- Dans la rubrique **Orientation du dessin**, activez le bouton radio **Paysage**.

La fenêtre ci-dessous affiche l'ensemble des paramètres à renseigner.

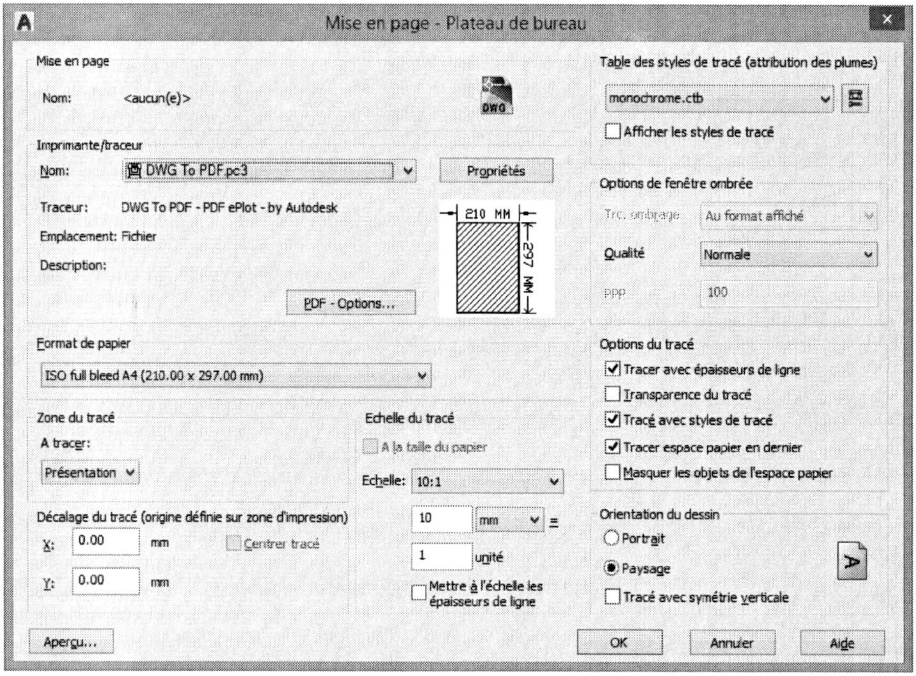

▶ Cliquez sur **OK** pour confirmer les paramètres de la fenêtre **Mise en page**, et cliquez sur **Fermer** pour fermer le **Gestionnaire des mises en page**.

3. Étape 3 : Créer un cadre de présentation et insérer le cartouche

- Dans le groupe de fonctions **Dessin** (onglet **Début**), cliquez sur l'icône **Rectangle** 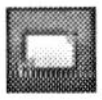.

  La fenêtre de commande affiche :

```
RECTANG Spécifiez le premier coin ou [Chanfrein Elévation Raccord Hauteur Largeur]:
```

- Saisissez **0.4,0.4** et appuyez sur [Entrée] pour spécifier la position du premier coin du rectangle.

  La fenêtre de commande affiche :

```
RECTANG Spécifiez un autre coin ou [Aire Cotes rOtation]:
```

- Saisissez **28.7,20** et appuyez sur [Entrée] pour spécifier le coin opposé du rectangle.

  La figure ci-dessous affiche le résultat obtenu :

- Dans le groupe de fonctions **Bloc** (onglet **Insertion**), déroulez l'icône **Insérer**

  et choisissez **Plus d'options...**.
- Dans la fenêtre **Insérer**, cliquez sur le bouton **Parcourir**.
- Dans la fenêtre **Sélectionner le fichier de dessin**, accédez au dossier contenant les fichiers ressources, sélectionnez le fichier **Cartouche.dwg** et cliquez sur **Ouvrir**.

- Dans la fenêtre **Insérer**, dans la rubrique **Point d'insertion**, vérifiez que la case à cocher **Spécifier à l'écran** est activée.
- Dans la rubrique **Echelle**, vérifiez que la case à cocher **Spécifier à l'écran** est désactivée et que les valeurs pour **X**, **Y** et **Z** sont égales à **1**.
- Dans la rubrique **Rotation**, vérifiez la valeur **0** dans la zone de texte **Angle**, et confirmez par **OK**.

La fenêtre ci-dessous présente les paramètres à renseigner.

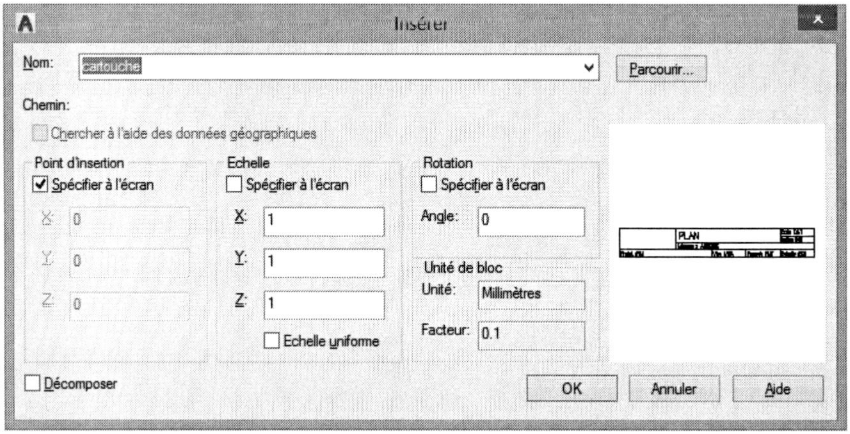

La fenêtre de commande affiche le message suivant.

```
-INSERER Spécifiez le point d'insertion ou [Pointdebase
Echelle X Y Z rOtation]:
```

- Dans la zone graphique, cliquez sur le coin en bas à droite du rectangle pour spécifier le point d'insertion du bloc, comme indiqué dans la figure ci-dessus.

La fenêtre **Modifier attributs** ci-dessous apparaît :

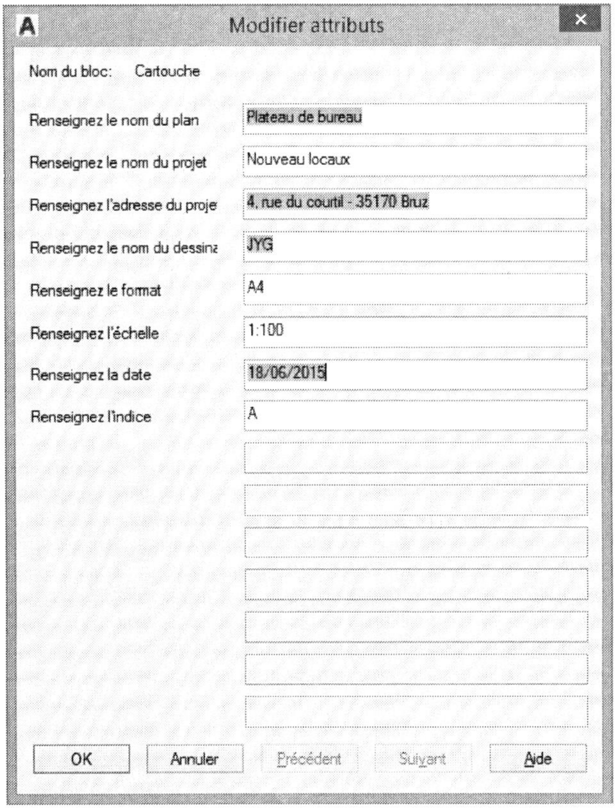

Le bloc cartouche contient des attributs. Lors de l'insertion d'un bloc contenant des attributs, la fenêtre **Modifier attributs** apparaît. Les attributs permettent d'ajouter des zones de texte éditables en dehors de l'éditeur de bloc. Ces informations textes seront indépendantes pour chaque bloc. Ici, ces informations sont relatives au cartouche et sont prédéfinies (renseignées automatiquement) pour la plupart.

- Dans la fenêtre **Modifier attributs**, saisissez **1:30** dans la zone de texte **Renseigner l'échelle**.
- Cliquez sur **OK** pour confirmer les nouvelles valeurs données aux attributs du bloc et valider l'insertion.

4. Étape 4 : Créer une fenêtre de présentation

▶ Dans le groupe de fonctions **Fenêtres de présentation** (onglet **Présentation**), déroulez l'icône **Fenêtres** et choisissez **Polygonal** 

.
La fenêtre de commande affiche :

```
-FENETRES Spécifiez le point de départ:
```

▶ Dans la zone graphique, cliquez sur le point **P1** indiqué dans la figure ci-dessous pour spécifier la position du point de départ de la fenêtre de présentation.

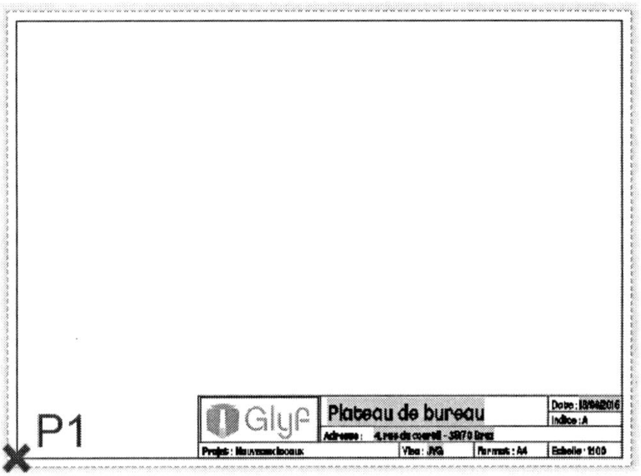

La fenêtre de commande affiche :

```
-FENETRES Spécifiez le point suivant ou [Arc LOngueur annUler]:
```

▶ Cliquez sur les points **P2**, **P3**, **P4**, **P5** et **P6** indiqués dans la figure ci-après pour spécifier la position des points suivants et appuyez sur [Entrée] pour valider la création de la nouvelle fenêtre de présentation.

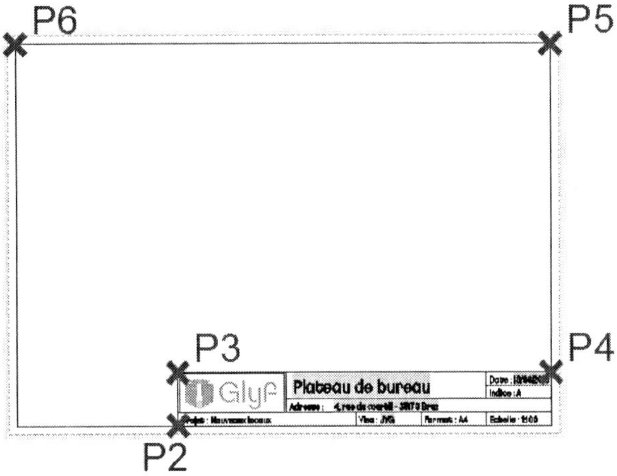

La fenêtre de présentation affiche une vue étendue de l'ensemble des éléments dessinés dans l'espace objet.

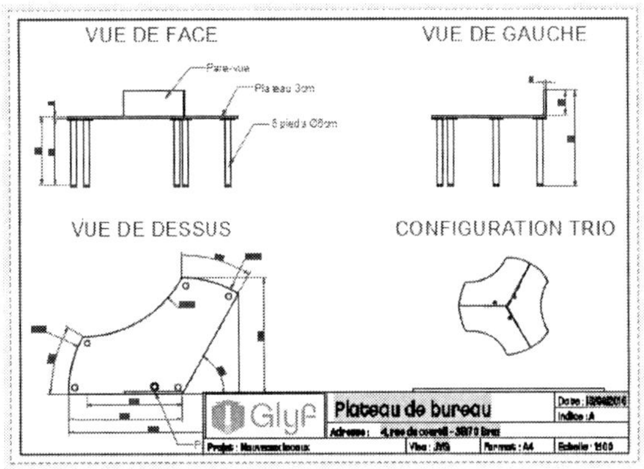

5. Étape 5 : Définir la zone à afficher

- Double cliquez dans la fenêtre de présentation pour l'activer.

Les contours de la fenêtre de présentation apparaissent en traits forts pour indiquer que la fenêtre est active.

- Centrez sur la zone à afficher à l'aide des outils **Panoramique** ou/et **Zoom** pour obtenir l'affichage suivant.

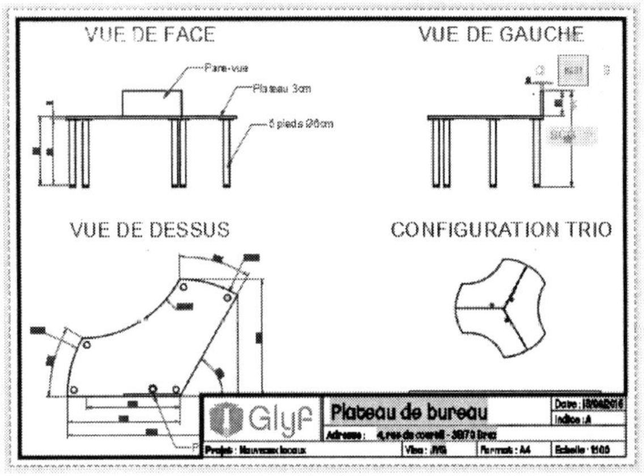

- Double cliquez en dehors de la fenêtre de présentation pour la désactiver.
- Cliquez sur le contour de la fenêtre de présentation pour la sélectionner.
- Dans la zone d'état, déroulez la liste **Echelle de la fenêtre** et sélectionnez l'échelle **1:30**.

  L'affichage s'ajuste pour obtenir un dessin à l'échelle 1:30ème.

- Cliquez sur l'icône **Verrouiller la fenêtre** pour verrouiller la fenêtre de présentation.

  La figure ci-dessous affiche le résultat obtenu.

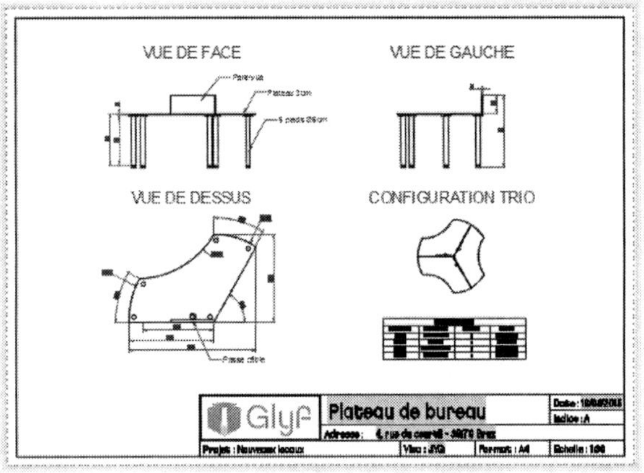

6. Étape 6 : Lancer l'impression

▶ Déroulez le menu du **Navigateur**  et cliquez sur **Imprimer** 

.

La fenêtre **Tracer - Plateau de bureau** apparaît.

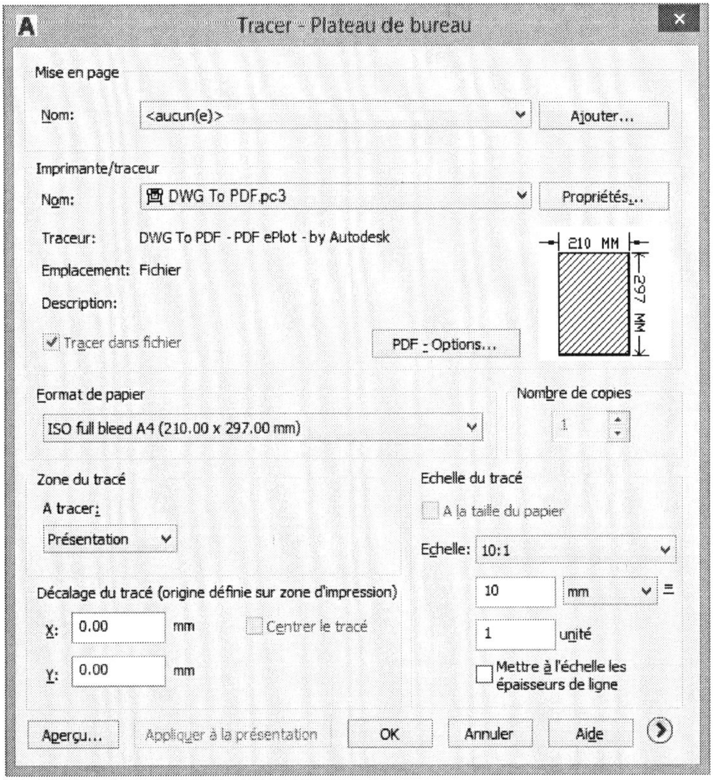

La fenêtre **Tracer - Plateau de bureau** reprend l'ensemble des paramètres de mise en page définis précédemment.

▶ Cliquez sur **OK** pour lancer l'impression.

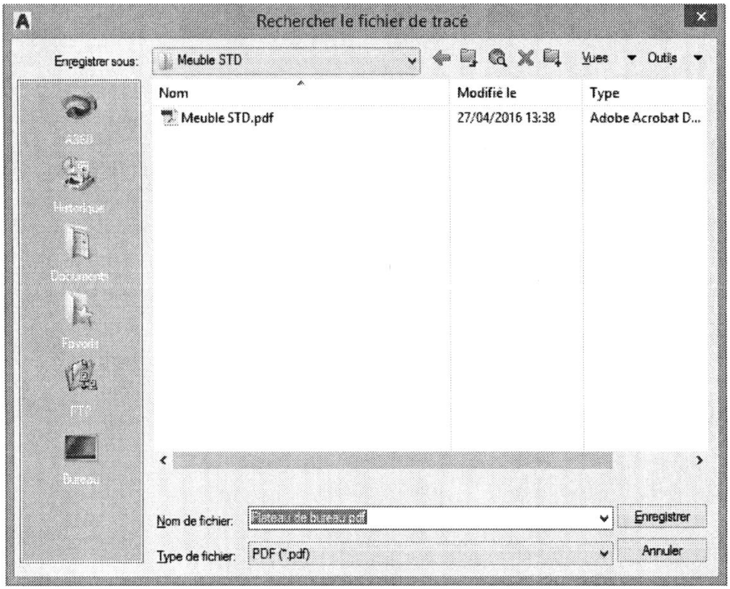

- Dans la fenêtre **Rechercher le fichier de tracé**, accédez au dossier voulu et renseignez le nom du fichier PDF dans la zone de texte **Nom de fichier**.
- Cliquez sur **Enregistrer** pour générer le fichier PDF.

La figure ci-dessous affiche le résultat final.

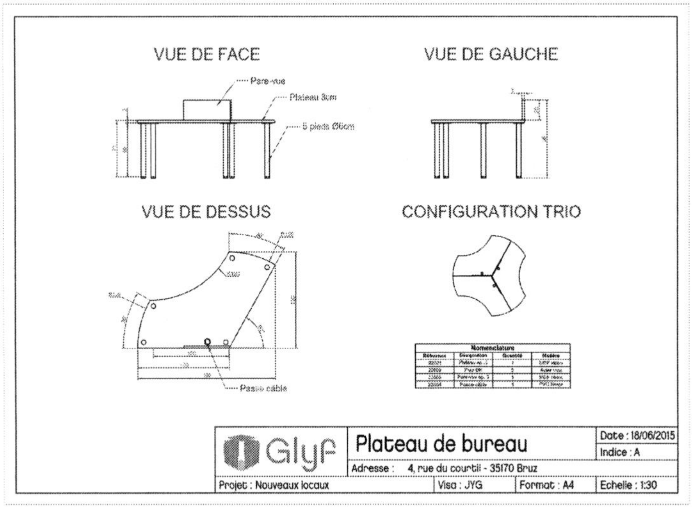

Chapitre 20
Objets annotatifs et échelle d'annotation

1. Objets annotatifs

La propriété annotative peut être activée pour les objets suivants :

- Hachures
- Texte
- Cotes
- Tolérances
- Lignes de repère multiples
- Blocs
- Attributs

Cette propriété permet d'automatiser le processus de mise à l'échelle des annotations.

Les objets annotatifs sont mis à l'échelle en fonction du paramètre d'échelle d'annotation courant et sont affichés automatiquement à la taille appropriée (voir Échelle d'annotation dans ce même chapitre).

Plusieurs boîtes de dialogue contiennent une case à cocher (ou un sélecteur) **Annotatif** qui vous permet d'activer la propriété annotative, telle que la palette **Propriétés** :

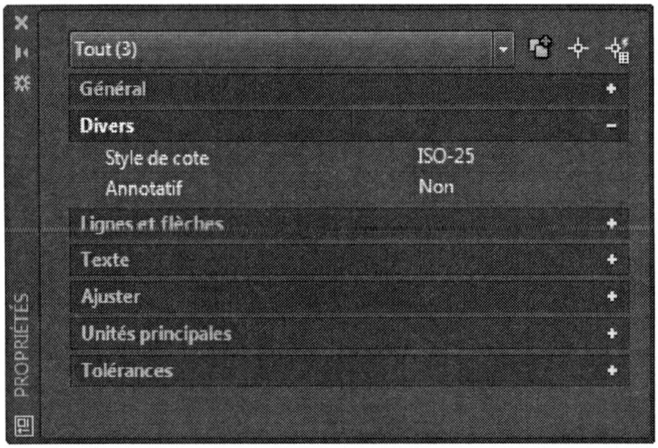

Lorsque l'objet est annotatif, passez le curseur sur celui-ci pour constater l'icône qui indique la prise en charge de l'échelle d'annotation. Lorsque l'objet prend en charge plusieurs échelles d'annotation, le curseur affiche l'icône .

Remarque

*La propriété **Annotatif** peut être activée par objet ou par style.*

2. Échelle d'annotation

La propriété annotative permet d'automatiser le processus de mise à l'échelle, de façon à ce que les annotations (objets annotatifs) soient automatiquement affichées et imprimées à la taille appropriée.

La propriété **Annotatif** est activée par objet ou par style, et vous définissez l'échelle d'annotation pour les fenêtres de présentation ou l'espace objet. Ainsi, l'échelle d'annotation détermine la taille des objets annotatifs, en fonction de la géométrie de l'objet dans le dessin. Ceci évite de créer plusieurs annotations de différentes tailles sur des calques distincts.

La propriété annotative activée, vous pouvez attribuer une échelle d'annotation aux objets annotatifs. Cette échelle est définie pour les fenêtres de présentation ou l'espace objet, et détermine la taille des objets annotatifs.

3. Création d'un style de cote annotatif

- Déroulez le groupe de fonctions **Annotation** (onglet **Début**), et choisissez l'icône **Style de cote** .
- Dans la boîte de dialogue **Gestionnaire des styles de cote**, cliquez sur le bouton **Nouveau** pour créer un nouveau style de cote.
- Dans la boîte de dialogue **Nouveau style de cote**, entrez un nom de style. Cochez la case **Annotatif**.
- Cliquez sur le bouton **Continuer**.
- Dans la boîte de dialogue **Nouveau style de cote**, choisissez l'onglet approprié et apportez les modifications nécessaires pour le style de cote.
- Cliquez sur **OK**.
- Cliquez sur **Fermer** pour quitter le **Gestionnaire des styles de cote**.

L'icône est affichée dans la liste **Styles** et indique que le style de cote est annotatif.

4. Création d'un style de texte annotatif

- Déroulez le groupe de fonctions **Annotation** (onglet **Début**), et choisissez l'icône **Style de texte** .
- Dans la boîte de dialogue **Styles de texte**, cliquez sur le bouton **Nouveau** pour créer un nouveau style de texte.
- Dans la boîte de dialogue **Style de texte**, entrez un nom de style.
- Dans la boîte de dialogue **Style de texte**, cochez la case **Annotatif** dans la rubrique **Taille**, et fixez la taille de texte dans la zone **Hauteur du texte sur le papier**. Cette hauteur sera celle respectée dans les présentations.
- Cliquez sur **Appliquer** puis sur **Fermer** pour quitter la boîte de dialogue **Style de texte**.

L'icône est affichée dans la liste **Styles** et indique que le style de texte est annotatif.

5. Création d'un style de ligne de repère annotatif

- Déroulez le groupe de fonctions **Annotation**, et choisissez l'icône **Style de ligne de repère multiple** .
- Dans la boîte de dialogue **Gestionnaire des styles de lignes de repère multiples**, cliquez sur **Nouveau** pour créer un nouveau style de texte.
- Dans la boîte de dialogue **Créer un style de ligne de repère multiple**, saisissez le nom du style, puis cochez la case à cocher **Annotatif**.
- Cliquez sur le bouton **Continuer**.
- Dans la boîte de dialogue **Modifier le style de ligne de repère multiple**, choisissez l'onglet approprié et effectuez les modifications nécessaires pour définir le style de repère multiple.
- Cliquez sur **OK**.
- Cliquez sur **Fermer** pour quitter la boîte de dialogue **Gestionnaire des styles de lignes de repère multiples**.

L'icône  est affichée dans la liste **Styles** et indique que le style de ligne de repère est annotatif.

6. Définir l'échelle d'annotation courante dans l'espace Objet

- Dans la partie droite de la barre d'état, déroulez le bouton-liste **Échelle d'annotation** de la vue courante 

.
- Sélectionnez une échelle dans la liste.

7. Créer une échelle d'annotation personnalisée

Le bouton-liste **Échelle d'annotation** propose une liste d'échelles d'annotation. Si toutefois, cela ne vous suffit pas, vous pouvez créer des échelles d'annotation personnalisées. Procédez de la façon suivante :

- Dans la partie droite de la barre d'état, déroulez le bouton-liste **Échelle d'annotation** de la vue courante 

, et choisissez **Personnalisé**.

- Dans la boîte de dialogue **Modifier les échelles dessin** ci-dessus, cliquez sur le bouton **Ajouter**.

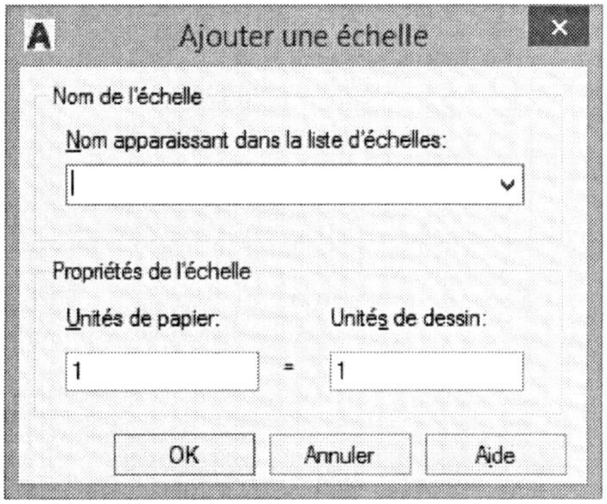

- Sélectionnez une échelle dans la zone **Nom apparaissant dans la liste d'échelles**, puis les unités correspondantes dans les zones de texte de la rubrique **Propriétés de l'échelle**.
- Confirmez par **OK** pour quitter la boîte de dialogue **Ajouter une échelle**.
- Confirmez par **OK** pour quitter la boîte de dialogue **Modifier la liste d'échelle**.

8. Activer la propriété annotative d'un ou de plusieurs objets

- Sélectionnez le ou les objets.
- Effectuez un clic droit et choisissez **Propriétés** dans le menu contextuel.
- Dans la palette **Propriétés**, dans la rubrique concernée (varie selon le type d'objet sélectionné), choisissez **Oui** au regard du libellé **Annotatif** dans la liste déroulante.

9. Afficher et masquer les objets annotatifs

- Dans la partie droite de la barre d'état, cliquez sur l'icône **Les objets d'annotation**  pour modifier l'affichage des objets annotatifs.

L'icône **activé** affiche tous les objets annotatifs pour toutes les échelles.

L'icône **désactivé** affiche les objets annotatifs pour l'échelle annotative courante.

10. Définir l'échelle d'annotation pour une fenêtre de présentation

Prenons l'exemple d'une présentation composée de deux fenêtres (de présentation). L'une affiche la globalité du dessin à l'échelle 1:2 et l'autre affiche un détail à l'échelle 1:1 (paramètre **Échelle Standard** de la palette **Propriétés par exemple**).

Dans l'espace Objet, une série de cotations annotatives utilise l'échelle d'annotation 1:2 concernant le dessin global ; une seconde série de cotations annotatives utilise l'échelle de 1:1 concernant un détail.

Dans l'espace Objet, les deux séries de cotation sont donc affichées de tailles différentes.

L'objectif est ici de faire en sorte que, dans les espaces de présentation, seules les cotations concernant une fenêtre soient affichées dans cette fenêtre, et que les cotations des différentes fenêtres aient une taille uniforme.

Respectez la procédure suivante pour chaque fenêtre de présentation :

- Dans la présentation concernée, sélectionnez la fenêtre de présentation.
- Dans la partie droite de la barre d'état, déroulez le bouton-liste **Échelle d'annotation** de la vue courante 

, et sélectionnez l'échelle d'annotation adaptée à la fenêtre.
- Appuyez sur la touche [Echap] pour désélectionner la fenêtre et constatez l'échelle uniforme des objets d'annotation.

11. Ajouter une échelle d'annotation à un objet annotatif

Lorsque vous créez un objet annotatif dans votre dessin, il prend en charge une échelle d'annotation, c'est-à-dire l'échelle d'annotation courante au moment où l'objet est créé. Vous pouvez ajouter une échelle d'annotation à un objet annotatif afin de permettre à celui-ci la prise en charge d'autres échelles d'annotation.

- Sélectionnez un ou plusieurs objets annotatifs.
- Effectuez un clic droit et choisissez **Échelle des objets d'annotation**, puis **Ajouter/Supprimer échelles**.
- Dans la boîte de dialogue **Échelle des objets d'annotation**, cliquez sur le bouton **Ajouter**.
- Dans la boîte dialogue **Ajouter des échelles à l'objet**, sélectionnez l'échelle à ajouter à l'objet.
- Confirmez par **OK** pour quitter la boîte de dialogue **Ajouter des échelles à l'objet**.
- Confirmez par **OK** pour quitter la boîte de dialogue **Échelle des objets d'annotation**.

Chapitre 21
Les fichiers d'échange

1. Introduction

Il est indispensable de communiquer entre logiciels de CAO/DAO. Le format *.dwg* est très répandu, mais n'est pas utilisable directement par tous les autres logiciels. Chaque logiciel CAO/DAO utilise son propre format de fichier. Aussi, il existe des formats d'échange standard comme le format DXF (*Drawing Interchange Format*). Ce format est reconnu par toutes les applications CAO/DAO, et prend en compte les géométries 2D et 3D.

2. Exportation/importation de fichiers DXF

Exportation de fichiers DXF

- Dans le Navigateur de menus, choisissez **Enregistrer sous**, puis **Autres formats**.
- Choisissez le format *.dxf* (DXF AutoCAD LT 2013) dans la liste déroulante **Type de fichier**.
- Précisez ensuite le répertoire dans lequel sera enregistré le fichier.
- Indiquez le nom du fichier dans la zone de texte **Nom de fichier** et cliquez sur le bouton **Enregistrer**.

AutoCAD LT crée un fichier .dxf à partir de tous les objets de l'espace Objet.

Si vous souhaitez exporter une partie du dessin, dans la fenêtre **Enregistrer le dessin sous**, choisissez le menu **Outils** puis **Options** avant de confirmer par **Enregistrer**. Dans l'onglet **Options DXF**, la case à cocher **Sélectionner les objets** permet de limiter la génération du fichier DXF à une sélection d'objets.

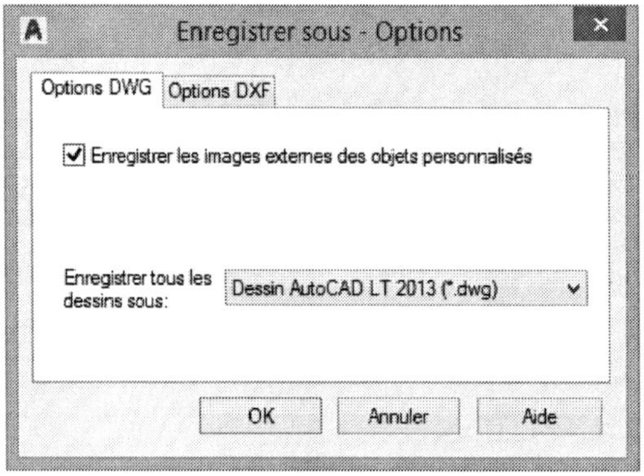

Remarque

Choisissez le format DXF AutoCAD 2010/LT 2010, DXF AutoCAD 2007/LT 2007, DXF AutoCAD 2004/LT 2004, DXF AutoCAD 2000/LT 2000 ou DXF AutoCAD R12/LT2 pour générer un fichier DXF exploitable par des solutions logicielles ne reconnaissant pas le format DXF AutoCAD 2013, plus récent.

Le format DXF AutoCAD 2013/LT 2013 est commun aux versions AutoCAD 2013/LT 2013, AutoCAD 2014/LT 2014, AutoCAD 2015/LT 2015 et AutoCAD 2016/LT 2016.

Le format DXF AutoCAD 2010/LT 2010 est commun aux versions AutoCAD 2010/LT 2010, 2011/LT 2011 et 2012/LT 2012.

Le format DXF AutoCAD 2007/LT 2007 est commun aux versions AutoCAD 2009, 2008 et 2007. Le format DXF AutoCAD LT 2004/2004 est commun aux versions AutoCAD LT 2004/2004, AutoCAD LT 2005/2005 et AutoCAD LT 2006/2006.

Importation de fichiers DXF

- Dans la barre d'outils **d'accès rapide**, cliquez sur l'outil **Ouvrir** .
- Dans la boîte de dialogue, choisissez dans la liste déroulante **Type de fichier** le format *.dxf*.
- Ouvrez le répertoire adéquat et sélectionnez le fichier voulu.
- Confirmez par **Ouvrir**.

3. Importer des fichiers PDF

Le format PDF est utilisé comme un format d'échange. Il est possible d'insérer des fichiers PDF et d'extraire les géométries ou les textes de celui-ci.

- Dans le menu du **Navigateur**, choisissez **Importer**  et cliquez sur **PDF** .

La fenêtre de commande affiche le message suivant.

```
IMPORTPDF Sélectionnez le calque sous-jacent PDF ou [Fichier] <Fichier>:
```

- Dans la ligne de commande, choisissez l'option **Fichier**.
- Dans la boîte de dialogue **Sélectionner un fichier PDF**, accédez au dossier voulu et sélectionnez le fichier à insérer, puis cliquez sur **Ouvrir**.

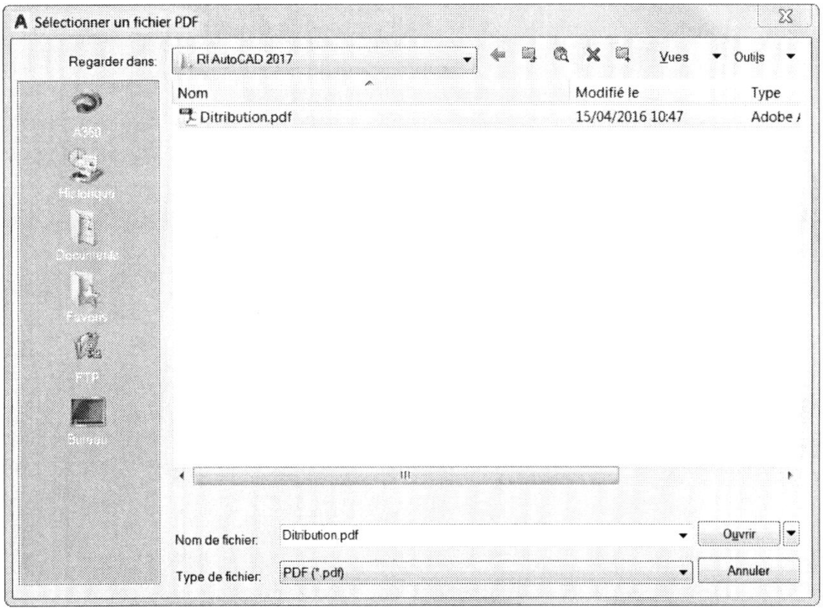

Dans la boîte de dialogue **Importer un PDF**, les différentes options suivantes sont disponibles :

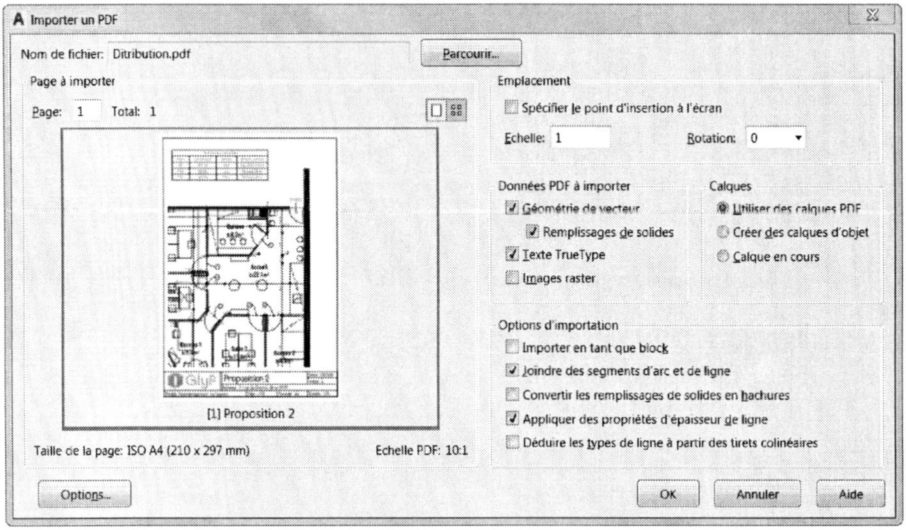

- Dans la rubrique **Emplacement**, cochez la case **Spécifier le point d'insertion à l'écran** pour définir manuellement le point d'insertion du fichier PDF. La zone de texte **Échelle** et la zone de texte **Rotation** permettent respectivement de définir la proportion de l'objet inséré ainsi que son orientation.
- Dans la rubrique **Données PDF à importer**, cochez les cases correspondant aux types d'objet à insérer (par exemple, cochez la case **Géométrie de vecteur** pour importer les lignes et arcs de cercle du fichier).
- Dans la rubrique **Calques**, activez l'option **Utiliser des calques PDF** pour utiliser les calques issus du fichier PDF.
- Dans la rubrique **Options d'importation**, cochez les cases nécessaires (exemple : cochez la case **Joindre des segments d'arc et de ligne** pour générer des polylignes à partir de segments connectés).
- Cliquez sur **OK** pour valider les options d'importation.

La fenêtre de commande indique le message suivant.

```
INSERER Spécifiez un point d'insertion ou [Pointdebase Echelle rOtation]:
```

- Cliquez dans la zone graphique pour spécifier le point d'insertion.

Les géométries issues du fichier PDF sont accessibles.

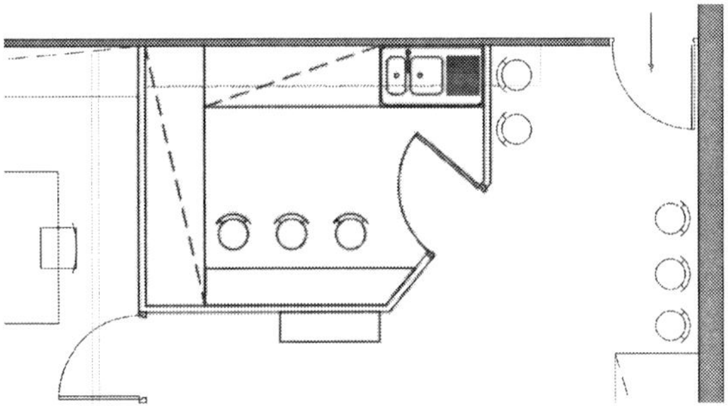

4. Exportation/importation de fichiers DGN (MicroStation)

Exportation de fichiers DGN

- Dans le Navigateur de menus, choisissez **Exporter**, puis **DGN**.
- Choisissez le format **V8 DGN** dans la liste déroulante **Type de fichier**.
- Précisez ensuite le répertoire dans lequel sera enregistré le fichier.
- Indiquez ensuite le nom du fichier dans la zone de texte **Nom de fichier** et cliquez sur le bouton **Enregistrer**.

AutoCAD affiche la boîte de dialogue suivante :

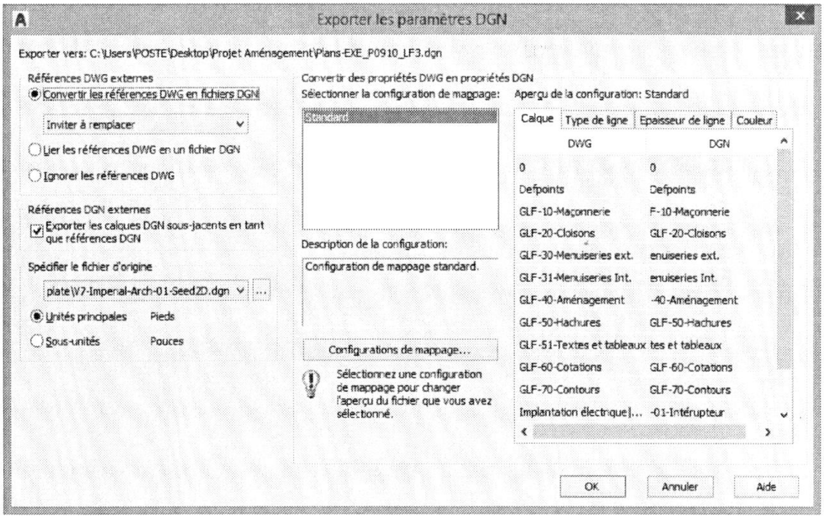

Cette boîte de dialogue détermine la façon dont les données DWG ainsi que les références externes sont traitées.

Références DWG externes : permet de **Convertir les références DWG** (y compris les références imbriquées) en plusieurs **fichiers DGN**, ou de **Lier les références DWG en un fichier DGN**. L'option **Ignorer les références DWG** ne prendra pas en compte les références externes.

Références DGN externes : permet d'exporter les calques sous-jacents DGN du fichier DWG en tant que références DGN du fichier DGN résultant.

Spécifier le fichier d'origine : permet de régler les unités d'exportation. Le bouton [...] permet d'accéder aux fichiers unitaires spécifiques au format DGN.

Convertir des propriétés DWG en propriété DGN : permet de structurer la conversion des données DWG en données DGN (calque, type de ligne, épaisseur et couleur). Le bouton **Configurations de mappage** accède à la création de configuration de mappage, et vous permet de définir des correspondances de calques, types de ligne, épaisseurs, et couleurs.

Importation de fichiers DGN

- Dans le Navigateur, choisissez **Ouvrir** puis **DGN**.
- Choisissez le format **MicroStation DGN** dans la liste déroulante **Type de fichier**.
- Choisissez le répertoire contenant le fichier DGN.
- Sélectionnez le fichier DGN à importer, et cliquez sur **Ouvrir**.
- Dans la boîte de dialogue **Importer les paramètres DGN**, sélectionnez un modèle de conception dans la liste et spécifiez les options d'importation voulues.
- Cliquez sur **OK**.

5. Publication de fichiers DWF ou PDF

Le format DWF (*Design Web Format*) est destiné aux échanges électroniques (Internet, Intranet). Il ne s'agit pas d'un format d'exportation classique, mais de traçage électronique. Il s'agit d'un format vectoriel compressé qui peut être ouvert, affiché et imprimé à l'aide du visualiseur Autodesk Design Review 2012 (le nouveau format DWFx peut être lu avec Internet Explorer 7).

Autodesk Design Review vous permet également d'apposer des annotations et symboles, des repères, de réaliser des croquis, de prendre des mesures de distance et d'angle, etc. Vous pouvez trier l'affichage en désactivant les calques du dessin initial AutoCAD LT, accéder aux vues enregistrées...

Notez aussi que Autodesk Design Review permet de faire pivoter des modèles 3D, de masquer les composants, de les rendre transparents, de réaliser des coupes, des rotations et des déplacements de composants.

Le format PDF (*Portable Document Format*), créé par Adobe Systems, est un format de diffusion des documents électroniques, de visualisation et surtout d'impression. La spécificité du PDF est de préserver la mise en forme (polices d'écritures, images, objets graphiques...) telle qu'elle a été définie par son auteur. Le PDF s'est imposé comme format d'échange (consultation écran, impression, etc.) et d'archivage de documents électroniques, il est devenu un « standard international ». Vous consultez les fichiers PDF dans une fenêtre de votre navigateur ou depuis Acrobat Reader.

AutoCAD LT permet la publication automatisée d'un jeu de dessins, avec pour chacun la sélection des présentations à publier.

◘ Dans le groupe de fonctions **Traceur** (onglet **Sortie**), choisissez l'icône **Tracé en différé** 

.

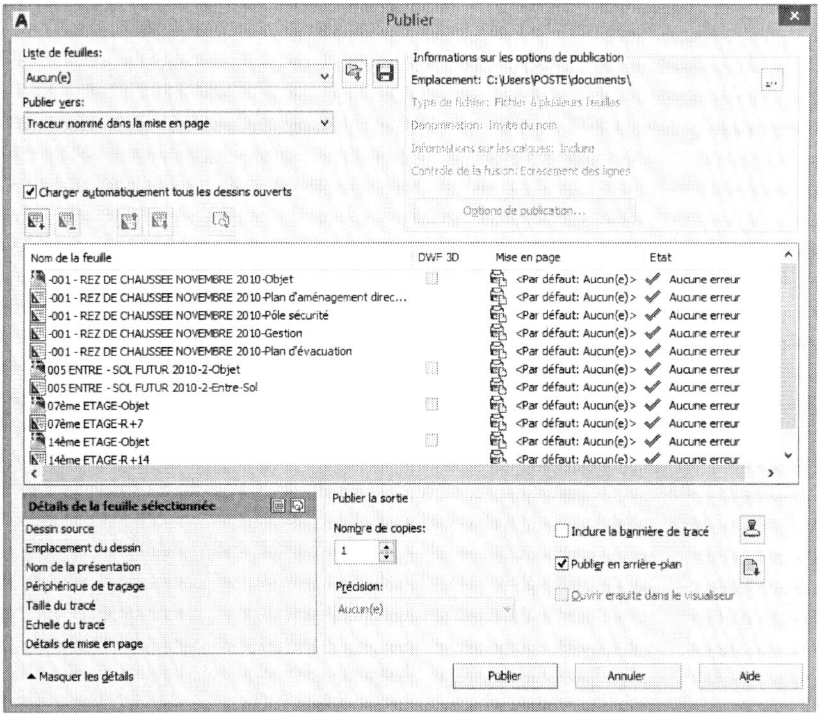

La boîte de dialogue **Publier** affiche la **Liste des feuilles du dessin courant**. Les boutons **Monter** et **Descendre** permettent la réorganisation des feuilles dans la liste (à sélectionner).

- Utilisez, si besoin, le bouton **Ajouter des feuilles** pour sélectionner les feuilles d'un ou de plusieurs autres fichiers dessin.
- Afin de limiter la publication à certaines présentations de dessin (ou feuilles), sélectionnez à l'aide de la touche [Ctrl] les feuilles que vous ne souhaitez pas conserver et cliquez sur le bouton **Supprimer les feuilles** .

Remarque

*Le bouton **Enregistrer la liste des feuilles** permet la sauvegarde d'une liste exploitable ultérieurement. Le bouton **Charger la liste des feuilles** permet l'accès à une liste enregistrée.*

- Dans la liste **Publier vers**, choisissez le format DWF, DWFx ou PDF.
- Choisissez le bouton **Options de publication**.

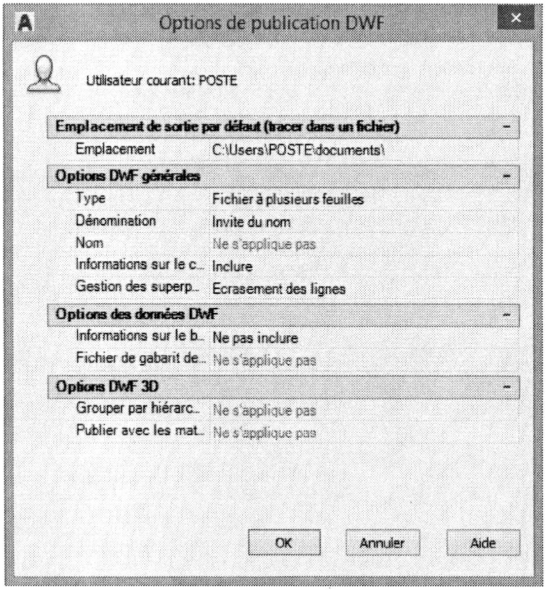

Emplacement de sortie par défaut (tracer dans un fichier)

- Dans la zone **Emplacement**, spécifiez l'emplacement ou le dossier dans lequel sont enregistrés les fichiers DWF/PDF, DWFx ou PDF.

Options DWF/PDF générales

Type

Spécifie la génération d'un fichier DWF, DWFx ou PDF à une feuille ou à plusieurs feuilles.

Dénomination

L'option **Invite du nom** permet de spécifier un nom et un emplacement lors de la publication ; l'option **Spécifiez le nom** permet de spécifier le nom et l'emplacement au regard de l'option **Nom** située en dessous.

Informations sur le calque

Détermine si les données du calque sont incluses dans le fichier DWF publié.

Gestion des superpositions

L'option **Fusion des lignes** implique la fusion des lignes qui se chevauchent (les couleurs des lignes se fondent en une troisième couleur) ; l'option **Ecrasement des lignes** implique que les lignes qui se chevauchent s'écrasent (la dernière ligne tracée obscurcit la ligne située en dessous).

Options des données DWF

Protection du mot de passe

Indique les options de protection des fichiers DWF et DWFx par mot de passe. Le destinataire d'un fichier DWF, auquel est appliqué un mot de passe, doit disposer de ce mot de passe pour ouvrir le fichier DWF.

L'option **Désactivée** n'indique aucun mot de passe : l'option **Invite du mot de passe** affiche la boîte de dialogue **Mot de passe du fichier DWF**, lorsque vous cliquez sur **Publier**, pour appliquer un mot de passe aux fichiers publiés. L'option **Spécifier le mot de passe** vous invite à saisir le mot de passe appliqué aux fichiers DWF dans la zone de texte **Mot de passe** située en dessous.

Informations sur le bloc

Détermine si les informations sur les blocs et attributs sont incluses dans le fichier DWF publié. Dans le cas du choix **Inclure**, vous pouvez spécifier un gabarit (*.BLK) d'extractions d'attributs, en regard de l'option **Fichier de gabarit de bloc** située juste en dessous.

Fichier de gabarit de bloc

Fournit des options permettant de créer un fichier de gabarit de bloc (*.DXE), de modifier un fichier de gabarit de bloc existant ou d'utiliser les paramètres d'un fichier de gabarit de bloc précédemment créé (valable si le choix **Inclure** est activé dans l'option **Informations sur le bloc**).

▶ Confirmez par **OK** pour valider les options de publication DWF.

▶ Cliquez sur le bouton **Afficher détails** pour :

- Obtenir des précisions sur la feuille sélectionnée dans la liste : source, emplacement, nom de la présentation, périphérique de traçage, taille du tracé, échelle du tracé, détails de mise en page...
- Préciser le nombre de copie à publier.
- Inclure une bannière de tracé précisant des champs divers tels que le nom du dessin, le format, l'échelle de tracé, la date et l'heure, ainsi que des champs utilisateur.
- Activer la publication en arrière-plan.
- Activer l'ouverture directe dans le visualiseur Autodesk Design Review.

▶ Cliquez sur **Publier**.

AutoCAD LT peut vous proposer d'enregistrer la liste des feuilles si vous ne l'avez pas fait précédemment.

La publication du ou des fichiers DWF s'effectue en arrière-plan.

L'information suivante apparaît en fin de publication :

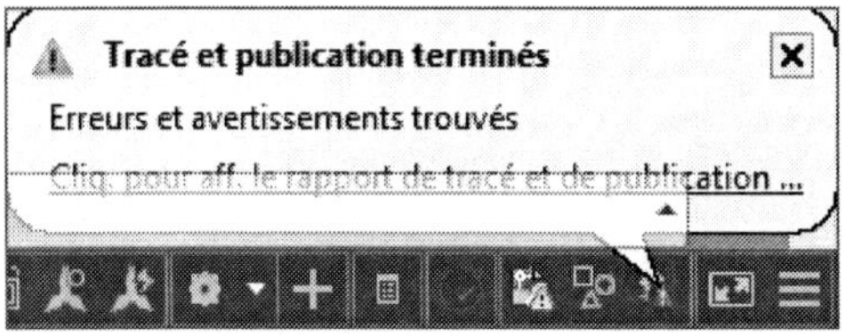

Vous accédez à un rapport de publication en cliquant sur le bouton **Afficher les détails** 

dans le groupe de fonctions **Traceur**.

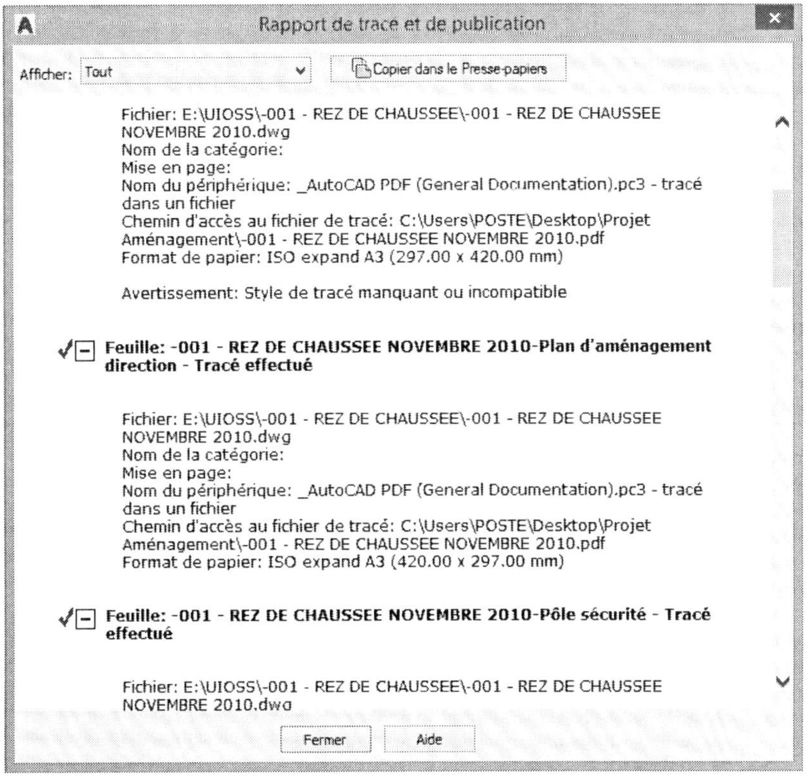

▶ Effectuez un clic droit sur l'icône **Rapport sur les détails du tracé/de la publication**  de la barre d'état. Le menu contextuel suivant est affiché :

▶ Choisissez **Afficher le fichier de tracé**.

Remarque

Depuis l'explorateur Windows, un double clic sur le fichier DWF lance le visualiseur Autodesk Design Review.

La fenêtre Autodesk Design Review suivante apparaît et permet la visualisation des feuilles du fichier DWF créé :

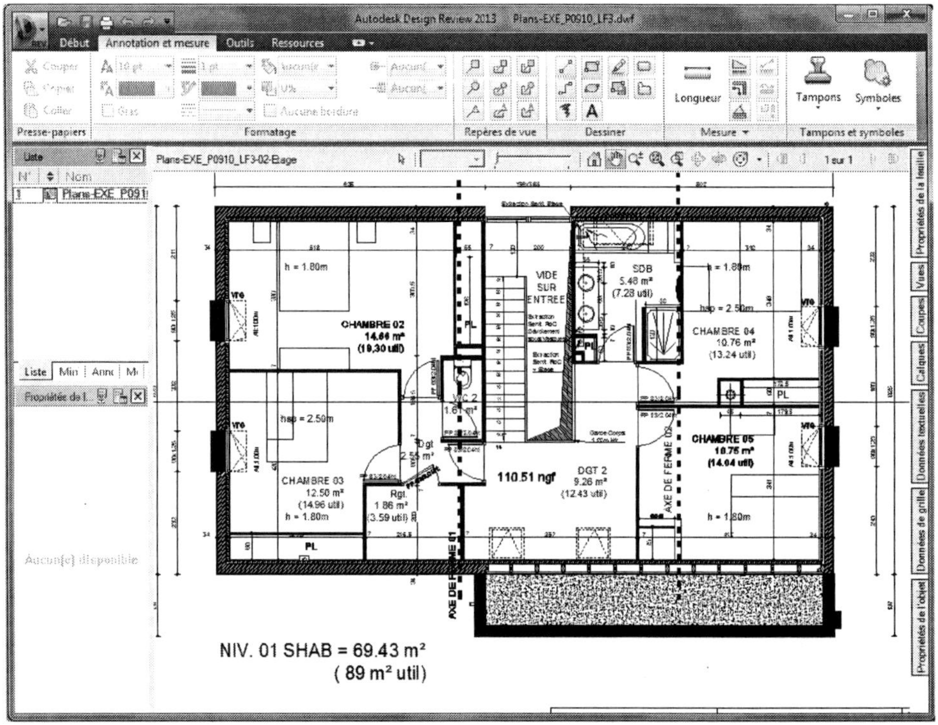

■ Utilisez les boutons **Feuille précédente** et **Feuille suivante** pour accéder à la feuille désirée, ou cliquez sur les images miniatures proposées sur la partie gauche du visualiseur Autodesk Design Review.

▶ Effectuez un clic droit sur l'image pour accéder aux options du menu contextuel suivant :

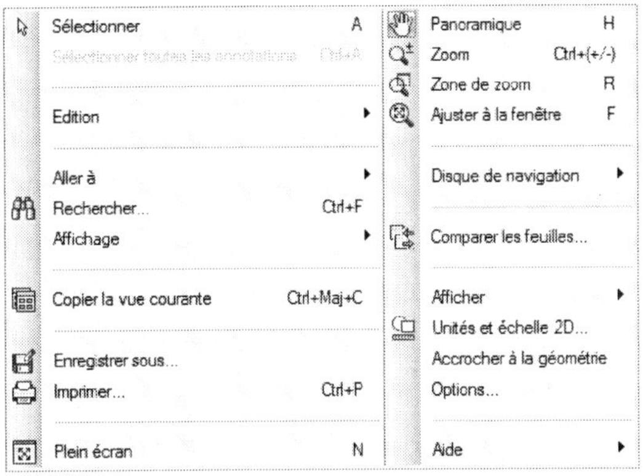

Grâce à ce menu, vous pouvez effectuer des agrandissements ou des réductions de l'affichage (Zoom et Panoramique). Vous accédez aussi aux vues préenregistrées dans AutoCAD LT, ainsi qu'à la visibilité ou l'invisibilité des calques du dessin initial, à l'impression des feuilles...

Autodesk Design Review vous permet également d'apposer des annotations et symboles, des repères, de réaliser des croquis, de prendre des mesures de distance et d'angle, etc. Dans Autodesk Design Review, activez l'onglet **Annotation et mesure** pour accéder à ces outils.

6. Publier un fichier DWF, DWFx ou PDF feuille par feuille

Contrairement à la publication de jeux de dessins vue dans le titre précédent, vous pouvez, grâce à la fonction suivante, publier la feuille courante (onglet **Objet** ou **Présentation**), et générer ainsi très rapidement un fichier DWF, DWFx ou PDF.

▶ Dans le groupe de fonctions **Exporter au format DWF/PDF**, déroulez l'icône déroulante **Exporter** et choisissez l'option voulue.

La fenêtre suivante est affichée :

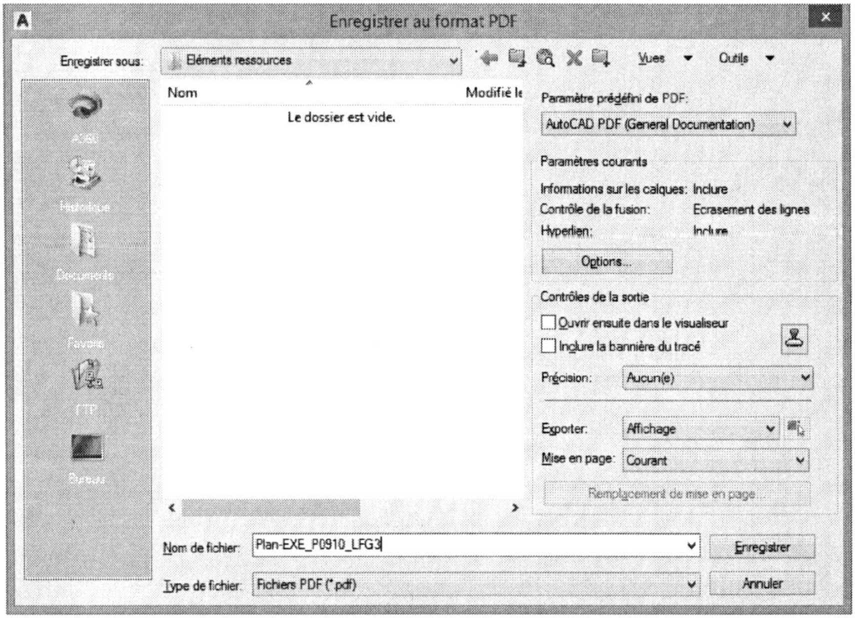

Rubrique **Paramètre prédéfini de PDF**

- Déroulez la liste pour sélectionner des paramètres de fichier PDF prédéfinis.

Rubrique **Paramètres courants**

- Accédez aux options de publication grâce au bouton **Options** (détaillées dans le titre précédent).

Rubrique **Contrôles de la sortie**

- Activez la case à cocher **Ouvrir ensuite dans le visualiseur** pour accéder à Autodesk Design Review immédiatement après la publication.

La case à cocher **Inclure la bannière du tracé** permet d'inclure les champs et paramètres (nom du dessin, date, heure et échelle de tracé, par exemple) définis dans la fenêtre **Bannière** via le bouton **Paramètres de la bannière de tracé** .

La liste **Exporter** permet de définir la partie du dessin à exporter. Lorsqu'un onglet de présentation est actif, vous pouvez sélectionner la présentation courante ou toutes les présentations. Lorsque l'onglet **Objet** est actif, vous pouvez sélectionner l'affichage courant, l'étendue du dessin ou une zone (ou fenêtre) à définir (via le bouton **Fenêtre d'impression**).

La liste **Mise en page** permet d'exporter le fichier selon les paramètres courants du Gestionnaire des mises en page ou de remplacer ces paramètres. Choisissez **Remplacer** pour accéder au bouton **Remplacement de mise en page** et aux paramètres suivants Format de papier, table des styles de tracé, échelle du tracé, orientation du dessin.

- Dans la liste **Nom de fichier**, saisissez le nom du fichier publié.
- Confirmez par **Enregistrer** pour publier le fichier.

7. Publier sur le Web

AutoCAD LT dispose d'un assistant facilitant la création de page Web intégrant des “images” DWF et JPEG d'AutoCAD LT. La page Web créée est un document HTML et est donc utilisable sur un site Internet ou intranet.

- Dans le menu déroulant **Fichier**, choisissez **Publier sur le Web**.

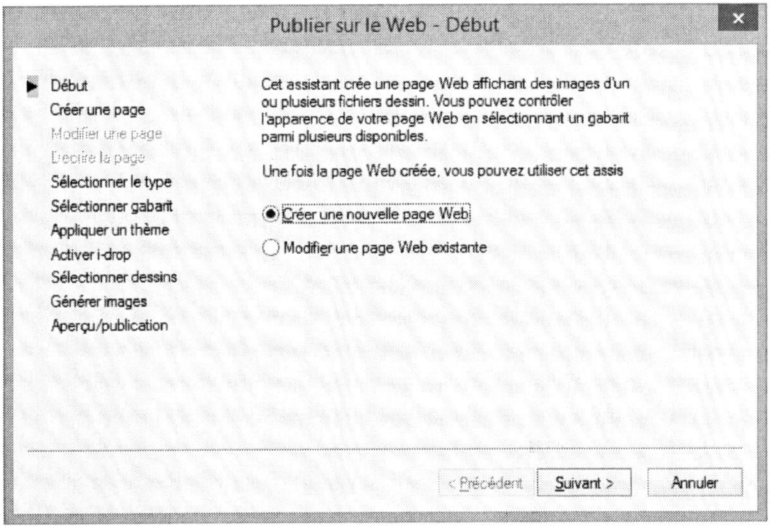

- Choisissez le bouton radio **Créer une nouvelle page Web**. Notez que l'assistant permet aussi la modification d'une page Web existante. Cliquez sur **Suivant**.
- Vous devez ensuite donner un **nom** (ou titre) à votre page (le nom précisé apparaîtra en haut de page sur la page Web), puis un **emplacement** sur votre disque ou réseau local. Saisissez une **description** dans la zone correspondante. Celle-ci est destinée à être affichée sur la page Web (sous le nom par exemple). Cliquez sur **Suivant**.
- Choisissez le format d'image pour l'intégration des images et dessins AutoCAD.

La liste propose les formats DWFx, DWF, JPEG et PNG. Le format DWFx est un format vectoriel, qui peut être visualisé par Audodesk Design Review et Internet Explorer 7.

Les formats JPEG et PNG sont des formats bitmap dédiés surtout à l'image numérique (photos) ; le format JPEG est très utilisé sur le Web (le taux de compression est élevé), mais le format PNG peut permettre un retraitement de l'image si nécessaire. Choisissez le format **DWFx** puis cliquez sur **Suivant**.

- Sélectionnez un gabarit parmi les présentations proposées. Un aperçu est affiché à droite. Sélectionnez par exemple **Liste plus résumé** puis cliquez sur **Suivant**.
- Choisissez un **thème** parmi la liste proposée. Chaque thème est composé de couleurs et polices spécifiques. Cliquez sur **Suivant**.
- La case à cocher **I-drop** permet la mise à disposition d'une copie de vos dessins à partir d'une page Web. Ceux-ci sont simplement glissés-déposés par le visiteur de votre site Web. Cochez la case si nécessaire, puis cliquez sur **Suivant**.
- Dans la zone **Paramètres de l'image**, sélectionnez le ou les fichiers dessins DWG dans la zone **Dessin** et précisez la **Présentation** concernée par la future génération de DWF. Fixez un **Libellé** et une **Description** (par défaut, AutoCAD LT propose le dessin courant). Cliquez sur **Ajouter** pour chaque présentation. Cliquez sur **Suivant**.
- Choisissez **Régénérer les images des dessins modifiés** pour procéder à la création de la page Web. Cliquez sur **Suivant**.
- Choisissez le bouton **Aperçu** pour visualiser la page Web créée avec votre navigateur Internet. Les nom, description, libellé et commentaires sont affichés. Les libellés permettent l'accès aux divers DWF. Le menu contextuel sur le dessin donne accès aux zooms, panoramiques, vues et calques du dessin initial.

  Quittez votre navigateur pour revenir à la publication de la page Web. Notez qu'il est possible de revenir aux étapes précédentes pour effectuer des modifications.
- Choisissez le bouton **Publier maintenant** pour valider la création de la page (il est possible qu'AutoCAD LT demande une confirmation de remplacement de fichiers, notamment si vous avez demandé les aperçus).
- Confirmez par **Terminer**.

AutoCAD LT stocke les fichiers créés nécessaires à la page Web à l'emplacement précisé dans la procédure précédente. Des fichiers HTML, DWF, JPEG et PNG sont générés.

Un double clic sur le fichier personnalisé HTML lance votre navigateur et donne accès au(x) fichier(s) et images.

8. Créer un hyperlien

Association

AutoCAD LT permet d'associer à un ou plusieurs objets du dessin courant tout type de fichier extérieur.

Vous pouvez bien sûr associer un autre dessin DWG avec le choix d'une vue de dessin enregistrée, mais aussi un fichier DWF, une image, une vidéo, un document Word, une feuille Excel...

Le dessin courant doit être enregistré, sinon AutoCAD LT vous invite à le faire avant d'afficher la boîte de dialogue suivante.

- Dans le groupe de fonctions **Données** (onglet **Insertion**), choisissez l'icône **Hyperlien** 

.
- Sélectionnez le ou les objets auxquels vous souhaitez associer l'hyperlien.

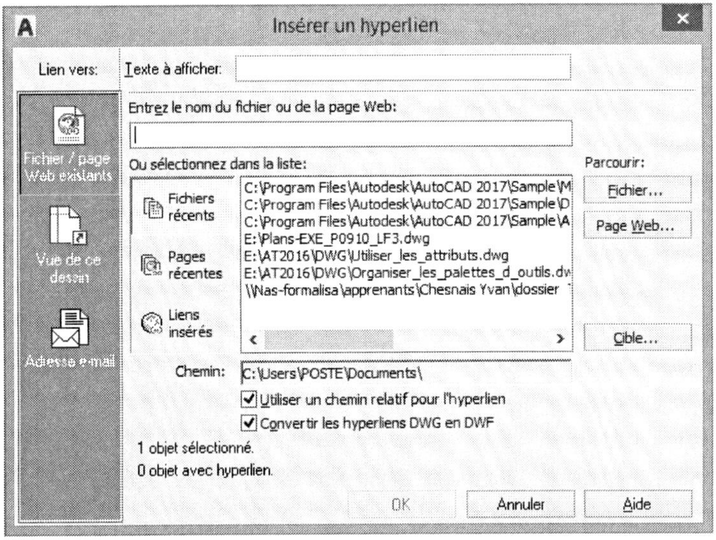

Texte à afficher accueille le commentaire affiché en info-bulle lorsque vous déplacerez le pointeur sur l'objet auquel vous associez un hyperlien.

La zone **Entrez le nom du fichier ou de la page Web** accueille le chemin de la page Web ou du fichier à associer à l'objet sélectionné. Choisissez les boutons **Fichier** ou **Page Web** pour parcourir les chemins ou pages Web concernés.

Le bouton **Cible** est intéressant lorsqu'un fichier DWG est associé. Les onglets **Objet** et **Présentations** listent les vues du dessin enregistrées. Choisissez la vue de la présentation souhaitée et le dessin associé sera ouvert et la vue restaurée.

La zone **Ou sélectionnez dans la liste** affiche les fichiers DWG, les pages Web et les liens Internet utilisés récemment.

L'option **Utiliser un chemin relatif pour l'hyperlien** permet de définir un chemin relatif pour les hyperliens. Si cette option est activée, le chemin d'accès complet au fichier lié n'est pas stocké avec l'hyperlien. Le chemin d'accès relatif est défini sur la valeur spécifiée par la variable système HYPERLINKBASE ; si aucune valeur n'est spécifiée pour HYPERLINKBASE, le chemin d'accès est associé au dessin courant. Si vous ne sélectionnez pas cette option, le chemin d'accès complet au fichier associé est stocké avec l'hyperlien.

L'option **Convertir les hyperliens DWG en DWF** précise que l'hyperlien DWG sera converti en hyperlien de fichier DWF lors de la publication ou du traçage du dessin dans un fichier DWF.

La rubrique **Liens insérés** affiche les liens ou page Web existants, donne accès aux vues d'un dessin (identique au bouton **Cible**), ou affiche une fenêtre avec le nom du dessin ou de la page Web choisie et permet d'y associer un sujet, une adresse e-mail.

Accès

Constatez le changement d'aspect du pointeur de la souris lorsque celui-ci est positionné sur l'objet auquel vous avez associé l'hyperlien. Une info-bulle affiche le commentaire ou le fichier associé.

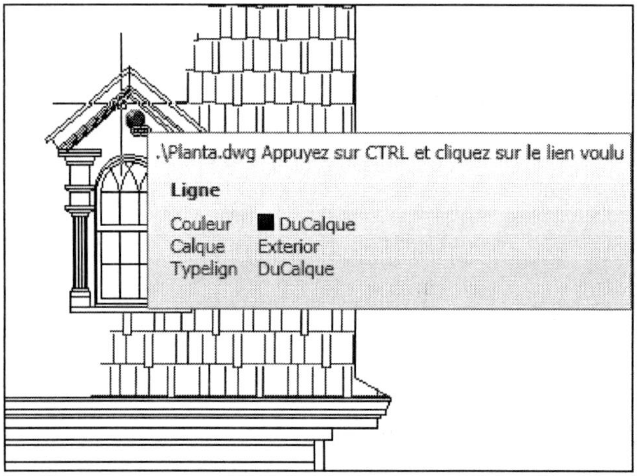

▶ Pour accéder à l'hyperlien, sélectionnez l'objet, effectuez un clic droit pour visualiser le menu contextuel ci-après :

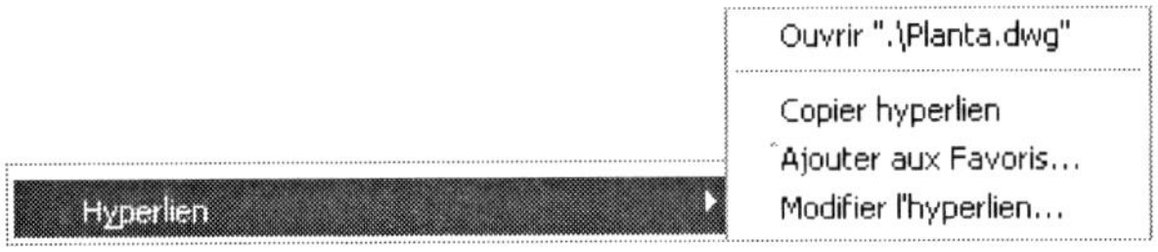

▶ Choisissez **Hyperlien** et **Ouvrir « *nomdufichier* »** pour accéder à l'hyperlien.

9. Transfert électronique (eTransmit)

AutoCAD LT propose le transfert compacté du fichier dessin courant avec tous les éléments associés tels que les références externes, images, table de styles de tracé, polices de caractères, fichier de mappage de polices (substitution de polices) et fichier de configuration de tracé.

Ainsi, le destinataire reçoit un fichier auto-extractible, lui restituant le fichier dessin DWG mais aussi tous les éléments associés, respectant ainsi l'environnement complet et initial du dessin.

▶ Dans le **Navigateur**, choisissez **Publier** puis **eTransmit**.

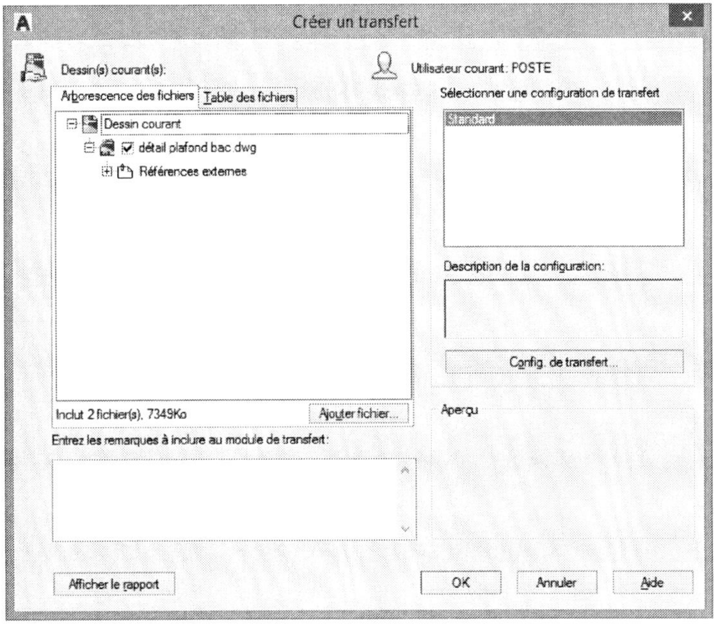

▶ Choisissez le bouton **Config. de transfert...**. La boîte de dialogue suivante est affichée :

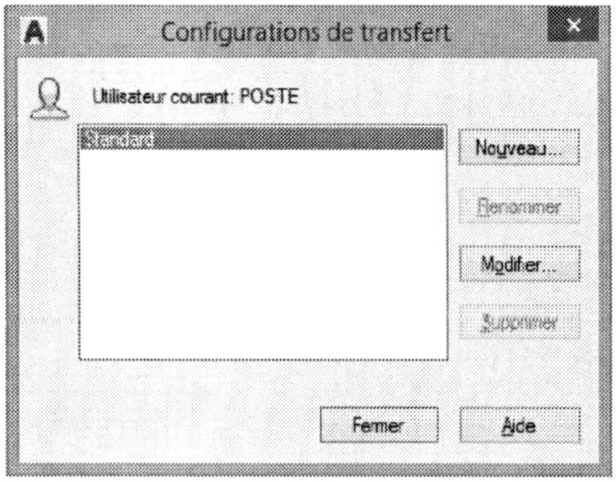

▶ Choisissez le bouton **Modifier** pour apporter des modifications à la configuration courante. La boîte ci-après apparaît.

Remarque

*Notez que le bouton **Nouveau** peut vous permettre de créer de nouvelles configurations de transfert.*

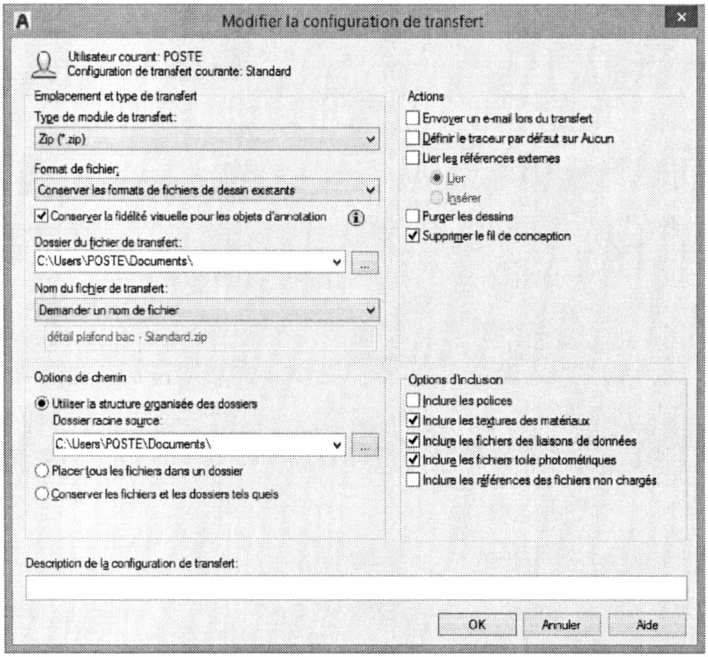

Emplacement et type de transfert

Dans la liste **Type de module de transfert**, choisissez :

- **Zip (*.zip)** pour une compression du jeu de transfert au format ZIP. Le destinataire utilisera un utilitaire de décompression tel que Winzip pour l'extraction des fichiers.
- **Dossier (jeu de fichiers)** pour une compression du jeu de transfert dans le dossier de votre choix.
- **Exécutable auto-extractible (*.exe)** génère un fichier EXE auto-extractible compressé. Le destinataire effectuera un double clic sur ce fichier et précisera l'emplacement de l'extraction.

Dans la liste **Format de fichier**, choisissez le format des fichiers AutoCAD à transférer. AutoCAD propose les formats **AutoCAD 2013/LT 2013**, **AutoCAD 2010/LT 2010**, **AutoCAD 2007/LT 2007**, **AutoCAD 2004/LT 2004** et **AutoCAD 2000/LT 2000**. Cette option peut être intéressante lorsque le destinataire possède une version antérieure du logiciel AutoCAD.

La case à cocher **Conserver la fidélité visuelle pour les objets d'annotation** permet de préserver la fidélité visuelle des objets annotatifs lorsque ceux-ci sont affichés dans des versions antérieures d'AutoCAD LT.

Précisez l'emplacement du jeu de transfert dans la zone de texte **Dossier du fichier de transfert** ou à l'aide du bouton **Parcourir**.

Dans la liste **Nom du fichier de transfert**, précisez la méthode utilisée pour nommer le module de transfert. L'option **Demander un nom de fichier** requiert un nom de fichier à la création du jeu de transfert. L'option **Ecraser si nécessaire** utilise par défaut le nom saisi dans la zone de texte située juste en dessous, et permet son écrasement lors du prochain jeu de transfert. L'option **Incrémenter le nom du fichier si nécessaire** utilise par défaut le nom saisi dans la zone de texte située juste en dessous et l'incrémente en ajoutant une numérotation 1, 2, 3 pour les prochains jeux de transfert.

Options de chemin

L'option **Utiliser la structure organisée des dossiers** permet de définir le dossier racine source pour les chemins relatifs des fichiers dépendant de dessins, tels que les fichiers Xréf.

L'option **Placer tous les fichiers dans un dossier** permet le positionnement de tous les fichiers dans un dossier unique et spécifié lorsque le module de transfert est installé.

L'option **Conserver les fichiers et les dossiers tels quels** préserve la structure initiale de dossier propre à tous les fichiers dans le module de transfert.

Actions

La case à cocher **Envoyer un e-mail lors du transfert** permet la création d'un mail lors de la création du module de transfert.

La case à cocher **Définir le traceur par défaut sur Aucun** évite d'affecter le module de transfert par des paramètres qui ne sont pas ceux du destinataire.

La case à cocher **Lier les références externes** permet l'ajout de toutes les références externes associées.

La case à cocher **Purger les dessins** permet une purge complète des dessins inclus dans le transfert.

La case à cocher **Supprimer le fil de conception** supprime le lien avec les données du fil de conception.

Options d'inclusion

La case à cocher **Inclure les polices** inclut tout fichier de police associé au dessin dans le module de transfert. À la différence des polices AutoCAD TXT et SHX, pour les polices TrueType le destinataire devra vérifier au préalable s'il possède les polices.

La case à cocher **Inclure les textures des matériaux** permet l'ajout des textures avec matériaux attribués aux objets 3D et faces d' AutoCAD.

La case à cocher **Inclure les fichiers des liaisons de données** permet l'ajout des données externes liées au dessin.

La case à cocher **Inclure les fichiers toile photométriques** permet de conserver les paramètres de distribution lumineuse du dessin.

L'option **Inclure les références des fichiers non chargés** permet d'inclure tous les calques sous-jacents, les images et les références externes déchargés. Les références aux fichiers déchargés sont répertoriées dans la table des fichiers et l'arborescence des fichiers sous la catégorie appropriée.

- Utilisez la zone de texte **Description de la configuration de transfert** pour commenter les spécificités de vos configurations de transfert.
- Confirmez par **OK** pour valider les modifications de la configuration de transfert, puis cliquez sur **Fermer** pour quitter la boîte de dialogue **Configurations de transfert**.

Dans la fenêtre **Créer un transfert**, l'onglet **Arborescence des fichiers** propose l'affichage des fichiers à inclure dans le jeu de transfert sous forme d'arborescence, alors que l'onglet **Table des fichiers** propose l'affichage sous forme de liste.

Les éléments du dessin associés sont les références externes, images, tables de styles de tracé, fichier de polices de caractères, fichier de mappage de polices (FMP), les fichiers de configuration de tracé (PC3).

Cochez ou décochez les éléments ou fichiers à joindre ou non au jeu de transfert.

Le bouton **Ajouter fichier...** permet de joindre tout type de fichier au jeu de transfert.

Choisissez le bouton **Afficher le rapport** pour visualiser les renseignements suivants sur le fichier et sur les éléments transférés :

- Fichier, date et heure du transfert.
- Remarques associées au transfert.
- Emplacement des éléments liés au fichier.
- Renseignements concernant les conversions de fichiers DWG.
- Renseignements spécifiques aux éléments liés au fichier dessin (rôles et emplacements).

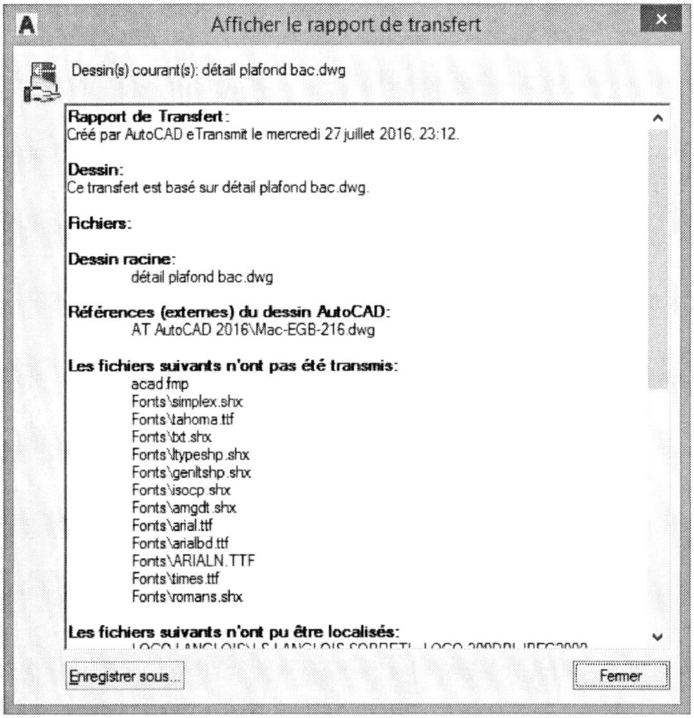

◘ Choisissez le bouton **Enregistrer sous** pour enregistrer le rapport au format TXT.

Chapitre 22
A360 DRIVE

1. Introduction

A360 DRIVE est une plate-forme basée sur le cloud qui vous permet d'accéder à des espaces de stockage et de collaboration ainsi qu'à des services Cloud pour améliorer considérablement votre façon de concevoir, visualiser, simuler et partager votre travail à distance avec d'autres utilisateurs partout et à tout moment.

Rappelons que le cloud ou cloud computing est un concept qui consiste à déporter, sur des serveurs distants, des stockages et des traitements informatiques traditionnellement localisés sur des serveurs locaux ou sur le poste de l'utilisateur. Plus précisément selon le *National Institute of Standards and Technology* (NIST), le *cloud computing* est l'accès via le réseau, à la demande et en libre-service, à des ressources informatiques virtualisées et mutualisées.

Autodesk met à disposition immédiate 5 Go d'espace de stockage, un espace de collaboration et d'autres fonctions, à partir du moment où vous créez simplement un compte A360 DRIVE. Un espace de stockage supplémentaire et l'accès aux services et aux produits Cloud d'Autodesk® A360 sont disponibles avec un abonnement.

À partir de ce compte, Autodesk offre un accès sécurisé aux fichiers de conception, pour permettre aux utilisateurs de travailler et de partager leurs conceptions en toute confidentialité et en toute sécurité.

2. Créer un compte A360 DRIVE

▶ Dans l'InfoCenter, cliquez sur le bouton-liste **Autodesk A360** et choisissez **A propos d'A360**.

Le navigateur affiche la fenêtre suivante :

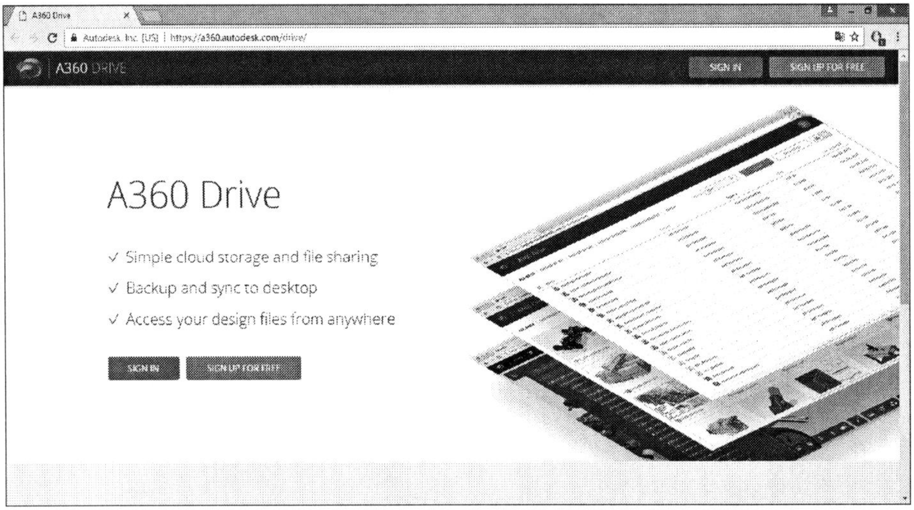

Cette fenêtre vous fournit des informations complémentaires relatives à A360 DRIVE et les services Autodesk associés.

▶ Cliquez sur le bouton **SIGN UP FOR FREE**.

La fenêtre suivante est affichée.

- Saisissez les informations personnelles de votre compte telles que **Prénom**, **Nom**, **E-mail** et **Mot de passe**.
- Acceptez les conditions d'utilisation d'A360 en cochant la case.
- Confirmez la création du compte en choisissant **CRÉER UN COMPTE**.

Autodesk vous confirme la création de votre compte par mail.

3. Se connecter à Autodesk A360

▶ Dans l'InfoCenter, cliquez sur le bouton-liste **Autodesk A360** 

et choisissez **Se connecter au compte Autodesk**.

Le navigateur affiche la fenêtre suivante :

▶ Saisissez votre adresse électronique dans la zone de texte, puis cliquez sur **Suivant**.

▶ Saisissez votre mot de passe et cliquez sur **Se connecter**.

Vous êtes connecté et prêt à accéder aux services A360.

La fenêtre ci-dessous est affichée :

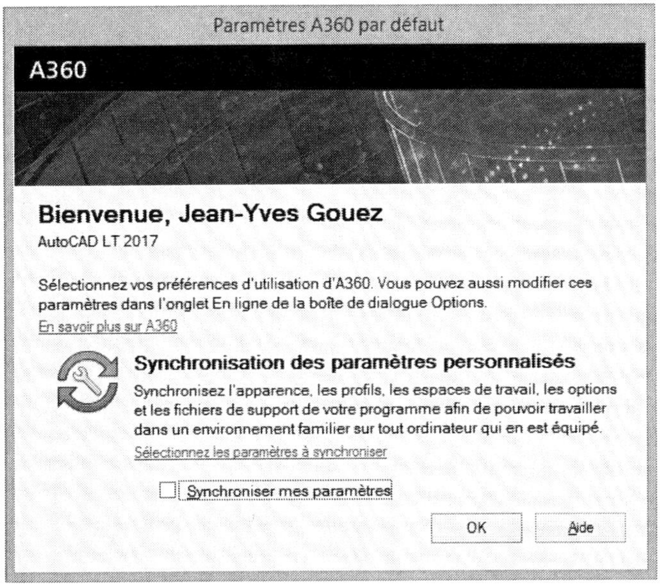

▶ Activez la case à cocher **Synchroniser mes paramètres** et confirmez par **OK**.

Remarque

La synchronisation des paramètres est détaillée dans ce chapitre (cf. Paramétrer les options pour une utilisation d'A360 DRIVE).

4. Accéder aux services Autodesk A360

▶ Dans l'InfoCenter, cliquez sur le bouton-liste Autodesk A360 

et choisissez **A360**.

Le navigateur Internet affiche la fenêtre suivante.

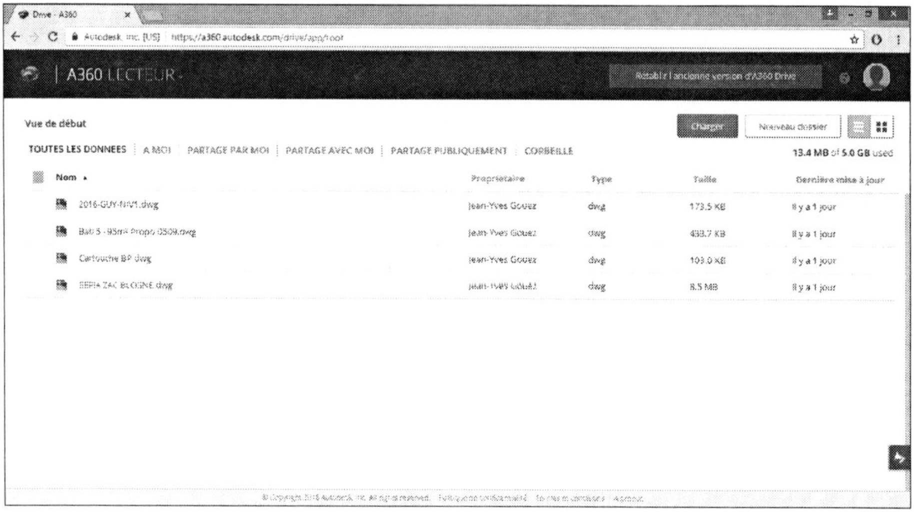

Dans le bandeau supérieur, déroulez la liste **LECTEUR** pour accéder aux services d'Autodesk A360 affichés ci-dessous :

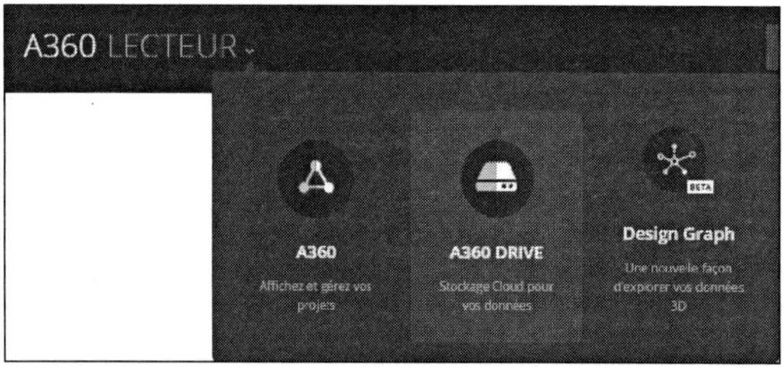

A360 permet de collaborer en équipe sur un ou plusieurs projets.

A360 DRIVE correspond au stockage Cloud pour vos données. A360 DRIVE est détaillé dans ce chapitre.

Design Graph vous permet d'accéder à vos modèles 3D de A360 DRIVE, afin de faire une recherche sur des critères tels que les noms des objets, les types, les catalogues, les blocs, etc.

Dans l'espace **A360 DRIVE** la liste de vos projets disponibles peut être classée et filtrée selon différentes catégories ci-après :

Dans chacune de ces catégories, on classe les fichiers selon les critères suivants :

Le bouton **Charger** permet de télécharger des documents dans votre espace A360 DRIVE.

Le bouton **Nouveau dossier** crée un nouveau dossier dans votre espace A360 DRIVE.

L'icône de sélection d'affichage permet de basculer d'un affichage sous forme de liste à un affichage par vignette d'aperçu.

Les documents disponibles dans le drive possèdent une case à cocher (affichée lorsque le pointeur est positionné sur le nom du fichier) qui permet de les sélectionner.

Différentes actions sont ensuite disponibles à partir des icônes situées devant le nom du document ou du dossier.

▶ Déroulez l'icône **Actions** pour afficher le menu déroulant ci-dessous.

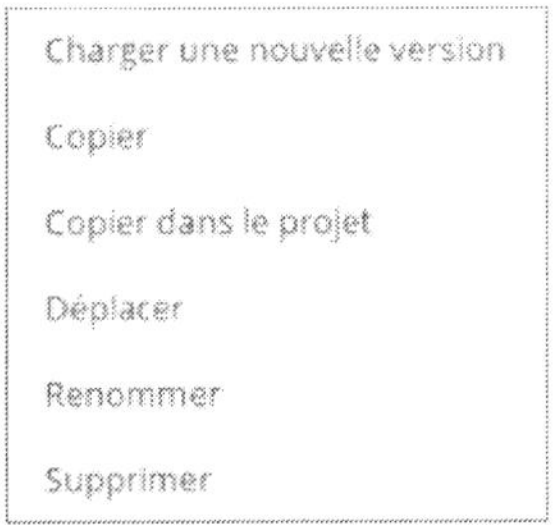

5. Charger un document sur A360 DRIVE

Cette technique permet de déposer un document depuis votre poste de travail ou réseau local sur votre espace Cloud.

▶ Dans la fenêtre **Drive - A360**, cliquez sur le bouton **Charger** pour télécharger un nouveau document.

La fenêtre suivante est affichée :

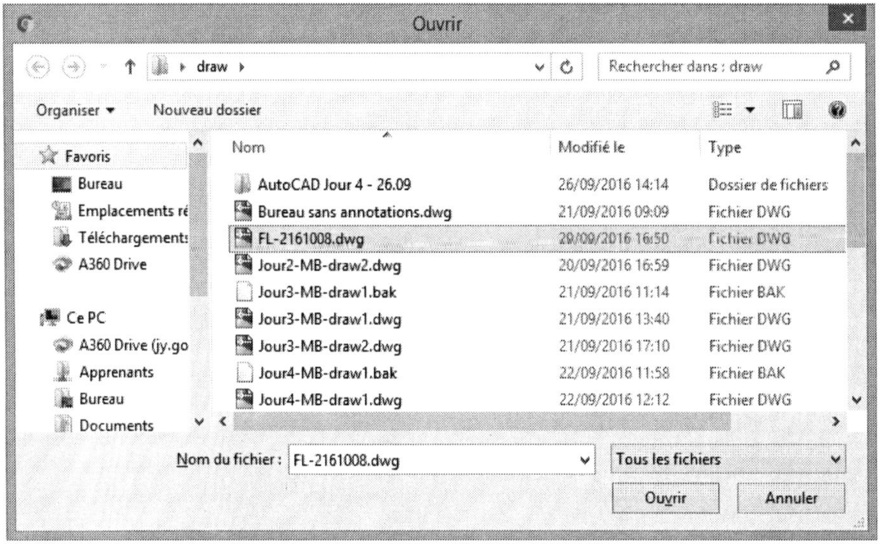

▶ Depuis cette boîte de dialogue, accédez au dossier voulu de votre poste de travail ou du réseau local, sélectionnez le (ou les) fichier(s) et confirmez par **Ouvrir**.

Lorsque le téléchargement est terminé, l'espace des documents intègre le ou les nouveaux fichiers :

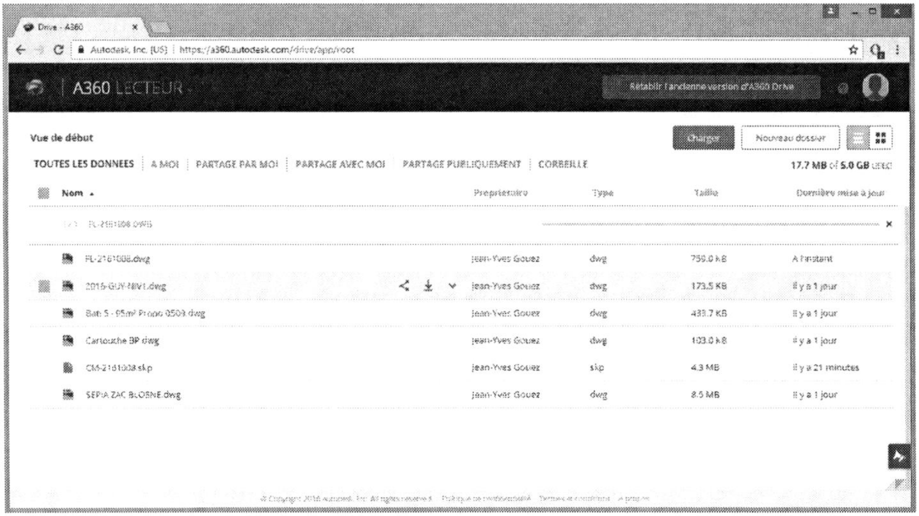

L'aperçu est ensuite généré pour permettre la prévisualisation du document, comme le montre la figure ci-dessous :

6. Créer un dossier

Un dossier correspond à un répertoire physique de stockage, pouvant contenir des sous-dossiers et des documents. Ainsi, les dossiers créés dans votre espace Cloud seront accessibles depuis AutoCAD, pour l'enregistrement d'un dessin par exemple.

Tout comme les documents, les dossiers peuvent être affectés à une catégorie. Ainsi, une catégorie affiche des documents et des dossiers.

Chaque dossier est accessible depuis **Mes documents Cloud** ainsi qu'au niveau de la catégorie à laquelle il est éventuellement affecté.

- Dans la fenêtre **Drive - A360**, cliquez sur le bouton **Nouveau dossier** 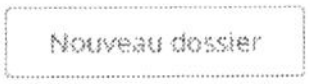

pour créer un nouveau dossier.
- Dans la fenêtre ci-dessous, saisissez le nom du nouveau dossier et cliquez sur **Créer**.

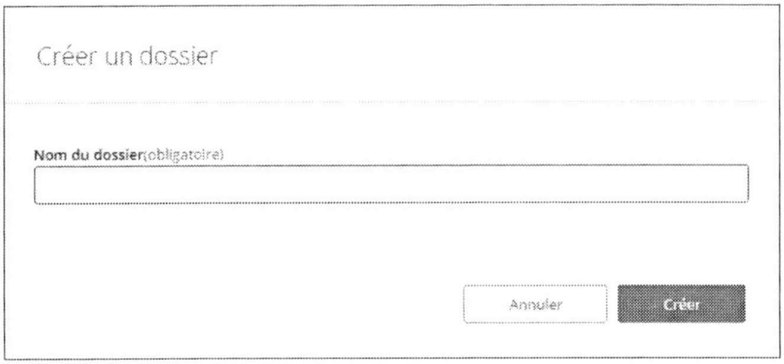

Le nouveau dossier est créé et l'affichage est actualisé. Dans l'exemple suivant, le nouveau dossier **ECOLF SCI** est désormais présent et vient s'ajouter à la liste de documents et dossiers.

7. Déplacer un document ou un dossier

Vous pouvez modifier l'emplacement d'un document ou d'un dossier vers le dossier racine ou vers un dossier particulier.

- Dans la fenêtre **Drive - A360**, activez la case à cocher du document ou dossier à déplacer.
- Devant le nom du dossier ou du document à déplacer, développez le menu des actions et choisissez **Déplacer**.

La fenêtre suivante affiche le dossier racine, les dossiers et les sous-dossiers existant dans votre espace Cloud.

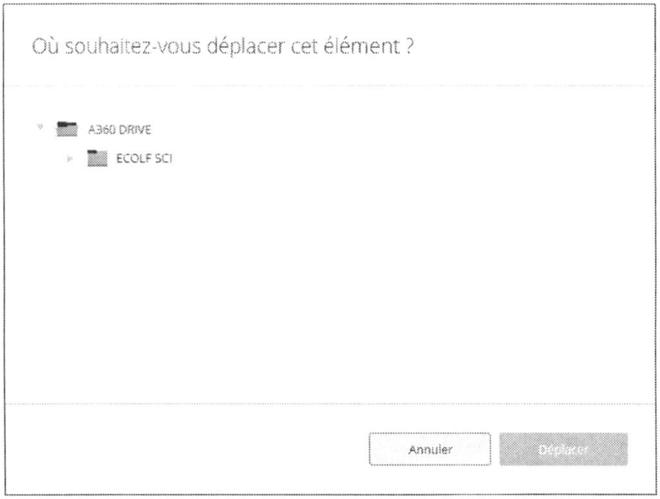

- Sélectionnez le nouvel emplacement du document.
- Cliquez sur le bouton **Déplacer** pour confirmer le déplacement.

8. Copier un document

Vous pouvez dupliquer un document. La copie du document est située au même emplacement. La copie d'un document ***Plateau.dwg*** se nomme ***Copie de Plateau.dwg***.

- Dans la fenêtre **Drive - A360**, activez la case à cocher du document à copier.
- Devant le nom du document, développez le menu des actions et choisissez **Copier**.

La copie du document est réalisée et peut être renommée si nécessaire.

9. Renommer un document, un dossier ou une catégorie

- Dans la fenêtre **Drive - A360**, activez la case à cocher du document, du dossier ou de la catégorie à renommer.
- Au regard du nom du document, développez le menu des actions et choisissez **Renommer** puis renommez le document.

10. Charger une nouvelle version d'un document

- Dans la fenêtre **Drive - A360**, activez la case à cocher du document dont vous souhaitez charger la nouvelle version.
- Au regard du nom du document, développez le menu des actions et choisissez **Charger une nouvelle version**.

Dans la fenêtre **Ouvrir**, sélectionnez le document et cliquez sur **Ouvrir** comme affiché ci-après.

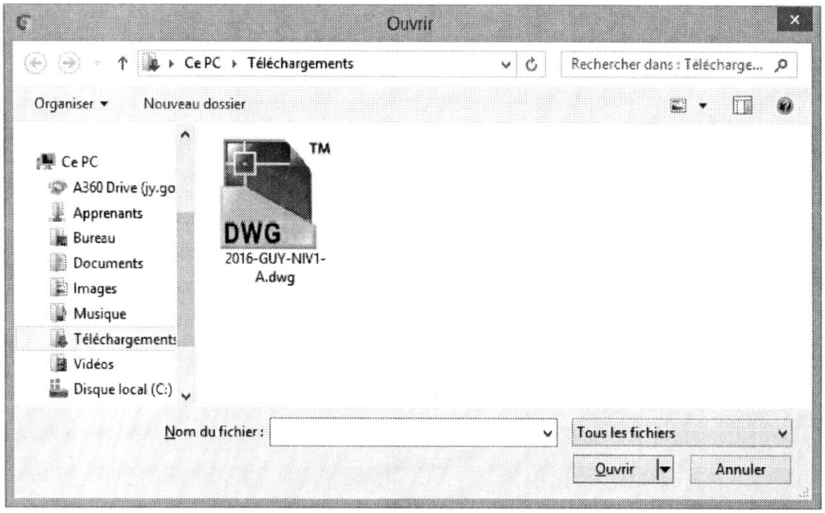

11. Supprimer un document ou un dossier

- Dans la fenêtre **Drive - A360**, activez la case à cocher du document ou dossier à supprimer.
- Au regard du nom du document ou du dossier, développez le menu des actions et choisissez **Supprimer**.

12. Afficher un document

Grâce à votre connexion Autodesk A360, vous accédez à vos documents n'importe où, n'importe quand. Autodesk A360 vous permet de charger, de partager et d'afficher des documents en ligne. Vous pouvez visualiser de nombreux formats de fichiers tels que DWF, DWG, PDF, MP4, les présentations de l'application Autodesk Showcase et les types d'images standard. Ces fichiers sont affichés directement dans votre navigateur, sans avoir à les télécharger au préalable.

12.1 Visualiser les éléments graphiques du document

Dans la fenêtre **Drive - A360**, cliquez sur le document à visualiser.

Après quelques instants de chargement, le navigateur propose l'affichage ci-après :

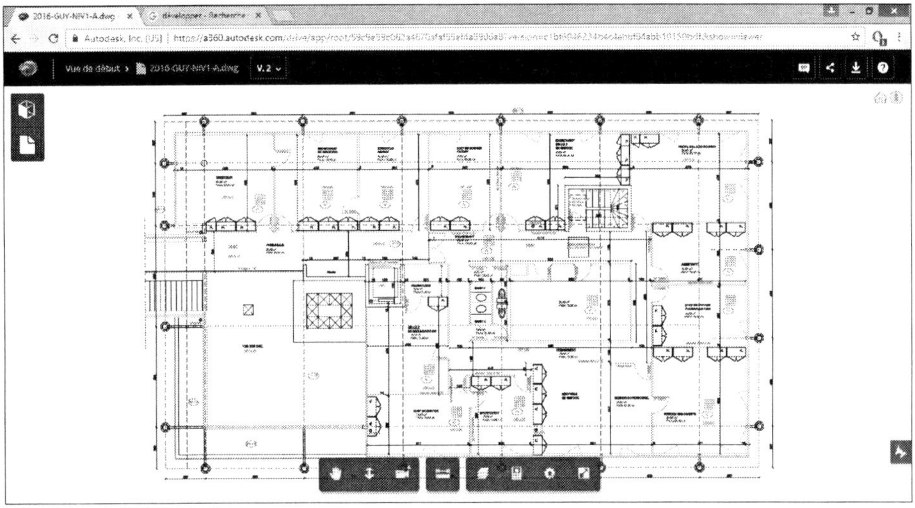

Dans le cas d'une fichier DWG, l'espace **Objet** est affiché par défaut. Autour de l'aperçu, différentes icônes pemettent d'accéder aux outils de visualisation, aux filtres de calques ou à l'ajout de commentaires.

12.2 Agrandir ou réduire une partie du dessin ou document

Utilisez la molette de la souris pour effectuer un zoom ou un panoramique, ou depuis la barre de navigation ci-dessous, cliquez sur les outils **Panoramique**, **Zoom** ou **Interactions de caméra** :

Remarque

La barre de navigation peut présenter des outils différents selon le type de fichier affiché. Dans l'exemple ci-après qui concerne un fichier DWF 3D, un bouton ***Orbite 3D*** *permet la rotation du modèle, et une flèche de sélection permet de sélectionner des composants particuliers du modèle.*

- Pour retrouver la vue initiale, cliquez sur le bouton **Réinitialiser la vue**.
- Pour agrandir au maximum la fenêtre graphique dans le navigateur, cliquez sur le bouton.

12.3 Accéder aux présentations ou feuilles

- Pour afficher les différentes présentations d'un document DWG ou DWF, cliquez sur le bouton **SHEETS**.

La fenêtre ci-dessous liste les différentes feuilles présentes dans le document.

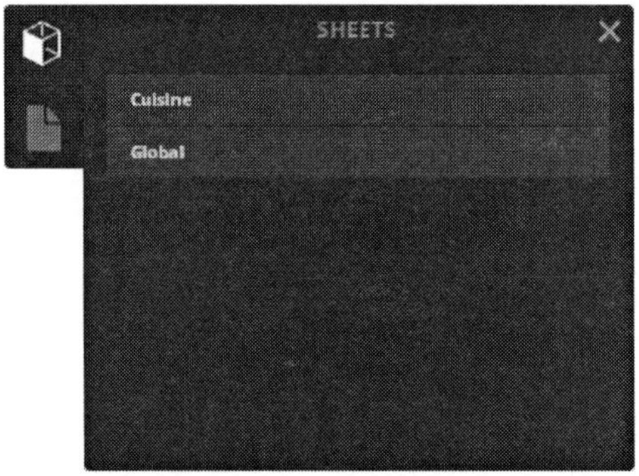

12.4 Accéder aux propriétés du document

- Pour accéder aux propriétés du document, cliquez sur le bouton **Propriétés**.

La fenêtre suivante liste les propriétés selon la sélection courante.

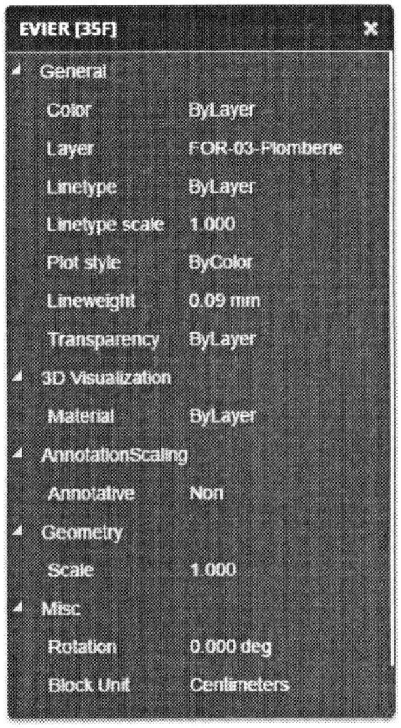

12.5 Accéder aux calques du document

▶ Pour accéder aux calques du document, cliquez sur le bouton **Calques**.

La fenêtre ci-dessous liste les calques de la présentation courante :

- Décochez les calques pour désactiver leur affichage.
- Cliquez sur un calque pour l'isoler.
- Cliquez sur l'icône **Afficher/masquer ce calque** pour gérer l'affichage du calque.
- Cliquez sur l'icône **Afficher/masquer tous les calques** pour afficher ou masquer tous les calques.

12.6 Ajouter un commentaire

Un commentaire est associé à un document et fait partie des activités au même titre que le chargement d'une nouvelle version de document. Le commentaire ne peut être supprimé.

- Dans la fenêtre **Drive - A360**, cliquez sur le document pour visualiser celui-ci.
- Dans la partie supérieure, cliquez sur l'icône **Commentaires** . Dans la rubrique **Commentaires**, dans la zone des commentaires ci-dessous, saisissez le commentaire et cliquez sur le bouton **Comm** Comm.

Remarque

Les touches [Shift][Entrée] permettent de générer des sauts de ligne dans le commentaire.

Le commentaire est pris en compte et est affiché dans la rubrique **Commentaires** du document, comme dans l'exemple ci-dessous.

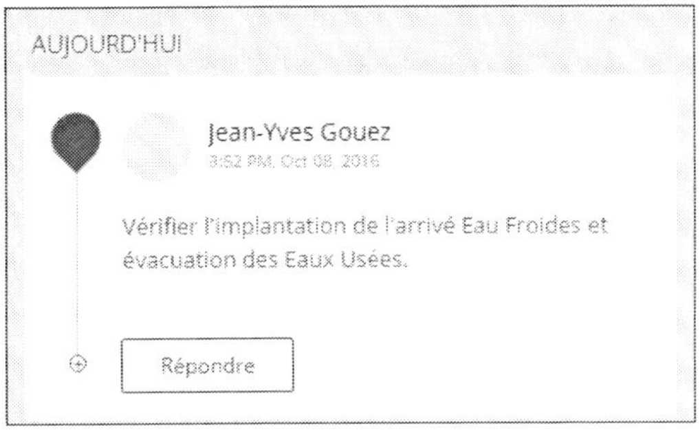

12.7 Accéder aux commentaires du document

▶ Pour accéder à l'historique des commentaires du document, cliquez sur le bouton **Commentaires** .

L'affichage ci-dessous liste les commentaires existants et permet l'ajout de nouveaux commentaires.

13. Version du document

▶ Cliquez sur l'icône des **Versions** 

pour afficher la fenêtre suivante :

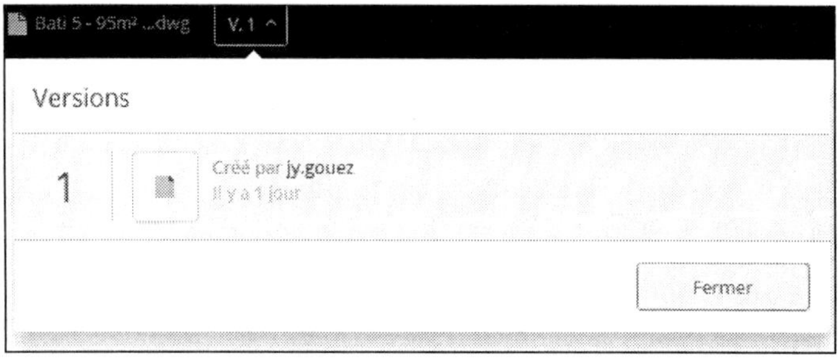

La fenêtre **Versions** liste les différentes versions du document, en précisant la date et l'heure de chaque version et l'auteur du chargement, et permet de charger une version précédente du document. Cliquer sur une version permet de charger une nouvelle version du document.

14. Partager un document

Autodesk A360 permet deux types de partage : le partage privé et le partage public.

Le **partage privé** est utile pour contrôler les personnes disposant d'un accès à vos documents et dossiers Autodesk 360, ainsi que leur niveau d'accès.

Le **partage public** donne accès à toute personne disposant de l'URL du document.

Vous pouvez partager un document ou un dossier (uniquement en partage privé). En partageant un dossier, vous partagez tout le contenu de ce dossier, y compris tous les sous-dossiers et leurs documents.

Les privilèges du dossier parent régissent les privilèges de tous les sous-dossiers. Tout ce qui est téléchargé vers un dossier partagé appartient au propriétaire de ce dossier.

14.1 Partager un document ou un dossier de manière privée

Vous pouvez partager un document ou un dossier de manière privée, de façon à ce que les utilisateurs disposant d'un accès Autodesk A360 puissent y accéder.

Vous mentionnez l'adresse électronique de chaque utilisateur. Chaque utilisateur reçoit un mail avec le lien vers la page **Détails du document** pour le document partagé.

Vous réglez le niveau d'accès pour chaque collaborateur.

Seul un dossier racine peut être partagé.

Pour partager des documents de manière privée, utilisez la méthode suivante :

▶ Dans la fenêtre **Drive - A360**, cliquez sur le document à partager.

▶ Dans la partie supérieure de l'aperçu, cliquez sur l'icône **Partager** .

La fenêtre ci-dessous est affichée :

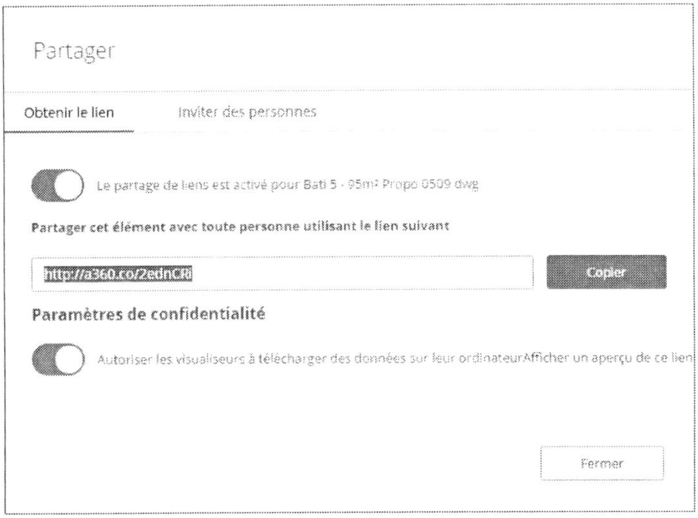

▶ Dans la rubrique **Inviter des personnes**, saisissez l'adresse ou les adresses mail du ou des contacts séparées par un point-virgule et cliquez sur **Inviter**.

L'affichage de la fenêtre devient le suivant :

- Déroulez la liste déroulante pour définir le niveau d'accès pour chaque collaborateur parmi les choix présentés dans la fenêtre ci-dessous.

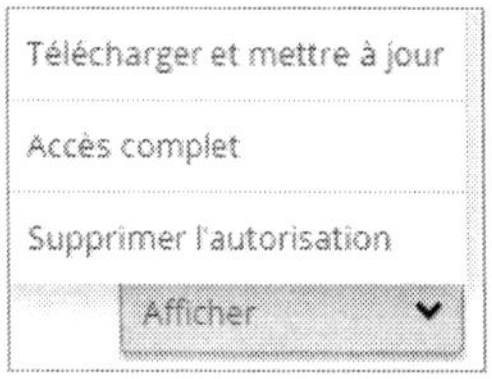

Télécharger et mettre à jour : les collaborateurs peuvent afficher le dessin en ligne, modifier le dessin en ligne avec AutoCAD WS, télécharger le document DWG, charger une nouvelle version et voir l'activité du document. Les collaborateurs ne peuvent pas le partager avec d'autres utilisateurs.

Accès complet : les collaborateurs peuvent partager le dessin avec d'autres utilisateurs, modifier le dessin en ligne, afficher le dessin en ligne, télécharger le document DWG, charger une nouvelle version et voir l'activité du document.

Supprimer l'autorisation : les collaborateurs n'ont plus accès au document.

Remarque

Pour le partage d'un dossier, les options d'accès varient pour proposer les accès suivants : ***Télécharger uniquement, Télécharger mettre à jour*** *et* ***Accès complet****.*

14.2 Partager un document de manière publique

Vous pouvez partager un document de manière publique, mais pas un dossier.

Un document public est accessible à tous les utilisateurs depuis un lien (adresse URL).

Les personnes consultant un document public peuvent afficher, télécharger ou copier le document dans leur compte Autodesk A360. En revanche, ils ne peuvent voir ni les activités, ni les noms des autres collaborateurs.

L'affichage d'un document public ne requiert pas d'ID Autodesk.

Pour partager des documents de manière publique, utilisez la méthode suivante :

- Dans votre espace **Drive - A360**, cliquez sur le document à partager.
- Dans la partie supérieure de l'affichage, cliquez sur l'icône **Partager** .
- Dans la boîte de dialogue **Partager**, activez le partage de lien.

Un lien est automatiquement généré.

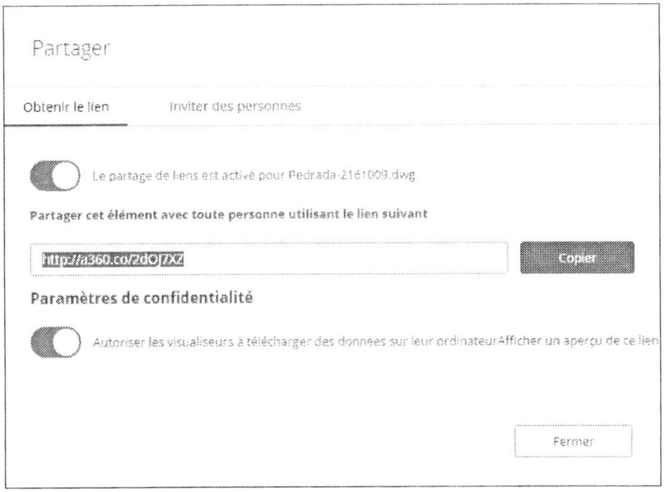

▶ Cliquez sur le bouton **Copier** pour copier l'URL et l'insérer dans un mail ultérieur.

▶ Cliquez sur **Fermer**.

Le partage est activé et le document est accessible pour les utilisateurs disposant du lien (URL).

15. Télécharger un document à partir d'Autodesk A360

▶ Dans la fenêtre **Drive - A360**, activez la case à cocher du document à télécharger.

▶ Devant le nom du document, cliquez sur l'icône **Charger** .

Le fichier est directement téléchargé et enregistré dans le dossier **Téléchargement** disponible dans l'explorateur Windows.

16. Modifier son profil Autodesk A360

▶ Dans l'InfoCenter, cliquez sur le bouton-liste **Autodesk A360** 

et choisissez **Détails du compte**.

Le navigateur affiche la fenêtre suivante :

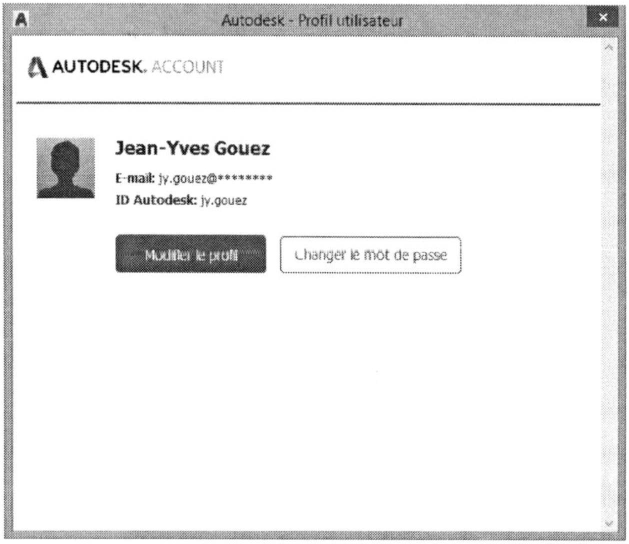

Cette fenêtre affiche le niveau d'utilisation de votre espace cloud et vous fournit des informations sur des services complémentaires.

▶ Cliquez sur **Modifier le profil** pour modifier vos informations personnelles.

▶ Saisissez les modifications de votre profil et confirmez par **Enregistrer**.

17. Changer son mot de passe

▶ Dans la fenêtre précédente **Autodesk - Profil utilisateur**, cliquez sur **Changer le mot de passe**.

La fenêtre suivante est affichée :

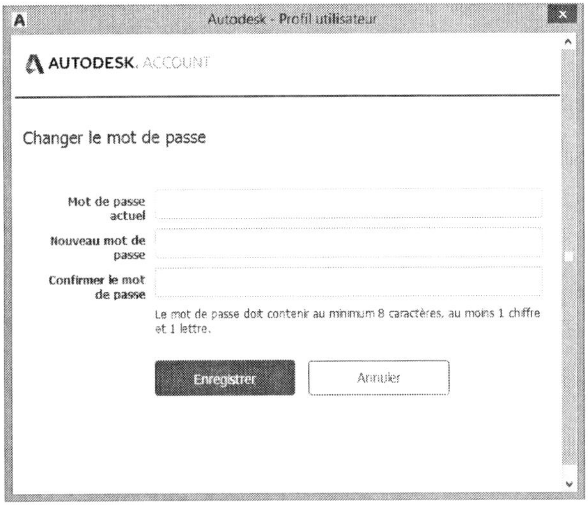

▶ Saisissez l'ancien mot de passe.

▶ Saisissez le nouveau mot de passe en respectant 8 à 12 caractères avec au moins un chiffre et une lettre.

▶ Saisissez à nouveau le mot de passe dans la zone **Confirmer le mot de passe**.

▶ Confirmez le changement en cliquant sur le bouton **Enregistrer**.

18. Paramétrer les options pour une utilisation d'A360 DRIVE

L'onglet **En ligne** de la boîte de dialogue **Options** permet de définir les options de travail en ligne avec A360 DRIVE et donne accès aux documents de conception que vous avez stockés dans votre compte Cloud.

▶ Déroulez le navigateur et choisissez le bouton **Options**.

▶ Dans la boîte de dialogue **Options**, activez l'onglet **En ligne**.

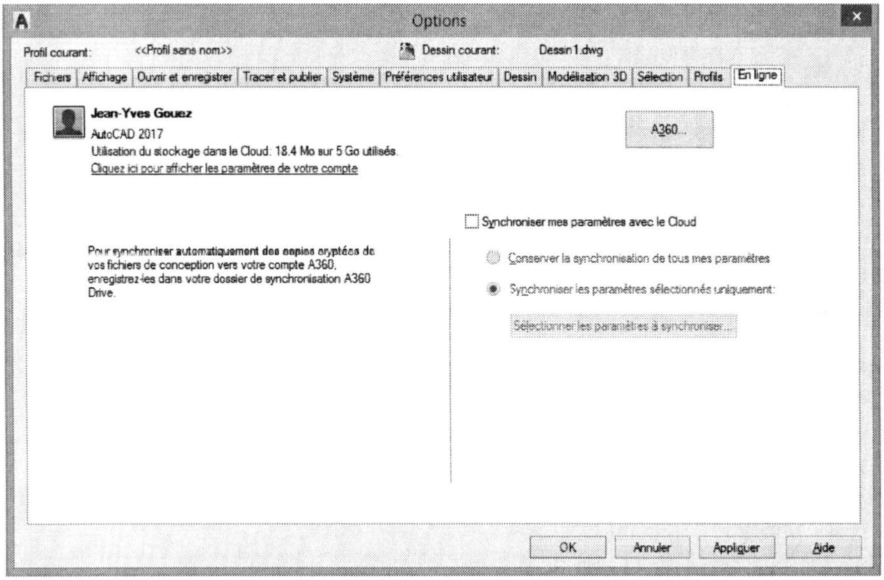

Dans la partie supérieure gauche, l'auteur du compte A360 DRIVE est affiché, le nom de l'application ainsi que l'espace de stockage utilisé.

Le lien **Cliquez ici pour afficher les paramètres de votre compte** permet de vous connecter à votre compte A360 DRIVE.

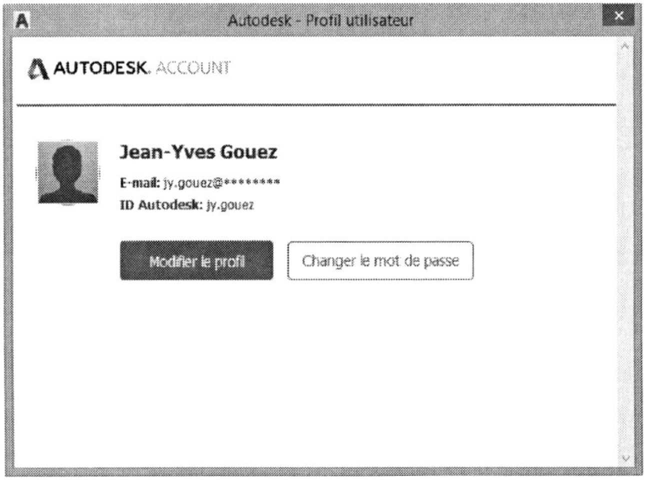

La case à cocher **Synchroniser mes paramètres avec le Cloud** permet d'activer ou de désactiver la synchronisation de vos paramètres d'application personnalisés avec votre compte A360 DRIVE.

Conserver la synchronisation de tous mes paramètres : permet de synchroniser tous les paramètres d'application personnalisés pris en charge avec votre compte A360 DRIVE.

Synchroniser les paramètres sélectionnés uniquement : permet de synchroniser uniquement les paramètres d'application que vous spécifiez avec votre compte A360 DRIVE.

Le bouton **Sélectionner les paramètres à synchroniser** précise les paramètres d'application personnalisés ci-dessous qui sont synchronisés avec votre compte A360 DRIVE.

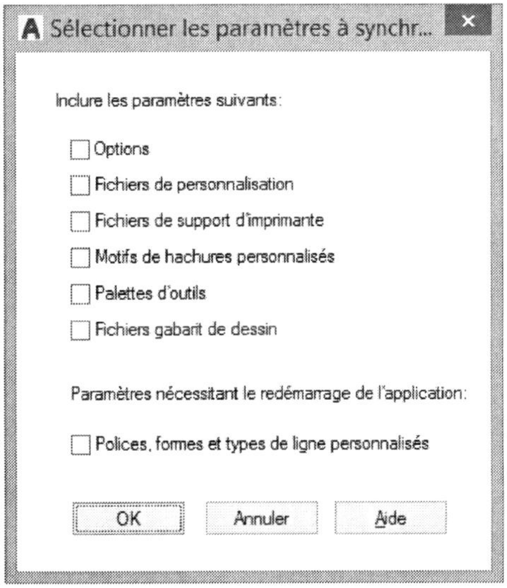

Chapitre 23
La personnalisation

1. Modification des options d'AutoCAD LT

▶Effectuez un clic droit dans la zone graphique et choisissez **Options**.

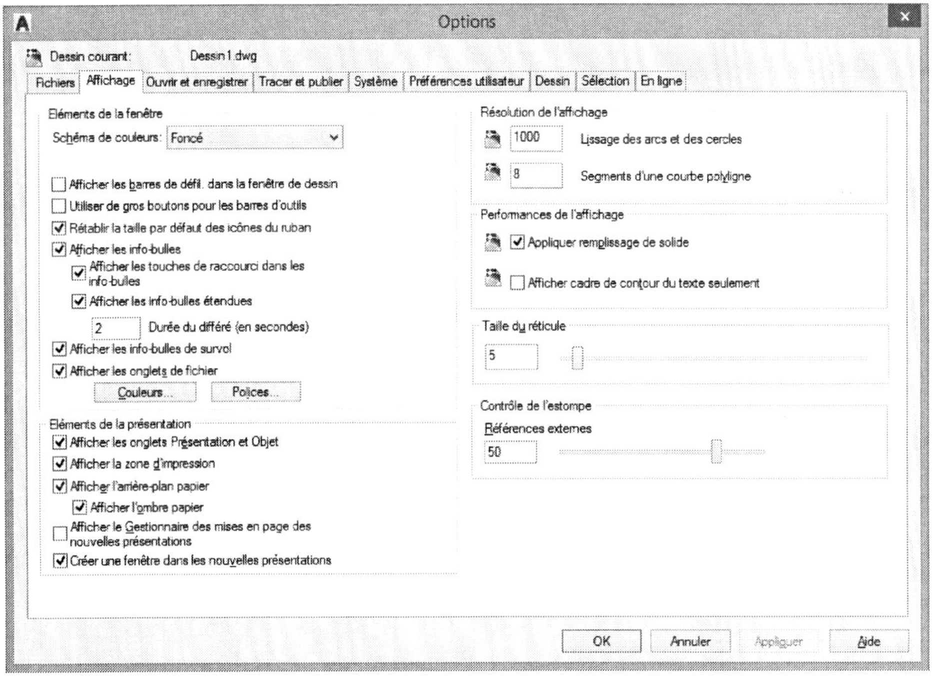

Cette boîte de dialogue propose neuf onglets affichant chacun une catégorie de paramètres. Certains concernent le dessin en cours, d'autres concernent tous les futurs dessins. Ils sont spécifiques aux préférences de chaque utilisateur (aides au dessin) ou concernent l'affichage ; d'autres encore sont propres à l'impression.

Dans ces divers onglets, vous trouverez des paramètres valables uniquement pour le dessin AutoCAD LT en cours. Ceux-ci sont accompagnés d'une icône AutoCAD LT.

Onglet Fichiers

Cliquez sur le signe ⊞ placé devant chaque rubrique pour afficher son contenu.

Vous pouvez ici ajouter des chemins de recherche de fichiers de support (ou programmes).

Vous ajoutez des chemins de recherche de fichiers pilotes pour vos périphériques.

Vous ajoutez ou modifiez des emplacements de fichiers menus, des fichiers d'aide, de configuration...

Vous modifiez l'éditeur de texte, le dictionnaire, les polices de mappage...

Vous précisez le nom de fichiers d'impression, ou l'utilitaire d'impression différée.

Vous modifiez l'emplacement du fichier d'impression différée, ainsi que celui des fichiers de support de l'imprimante.

Vous modifiez l'emplacement du fichier de sauvegarde automatique.

Vous modifiez l'emplacement des fichiers gabarits, des fichiers temporaires.

Onglet Affichage

Eléments de la fenêtre

Vous pouvez ici changer la police de caractères qu'utilise AutoCAD LT, ainsi que la couleur et les propriétés des différents éléments (présentation, arrière-plan, réticule, info-bulles, etc.) et les paramètres propres à l'affichage.

Vous pouvez afficher les barres de défilement horizontale et verticale dans la zone graphique.

Vous activez l'affichage de gros boutons pour les barres d'outils.

Vous redimensionnez les icônes du ruban.

Vous activez l'affichage des info-bulles et paramétrez les informations (raccourcis et infos étendues) et la durée d'affichage.

Vous activez les info-bulles de survol.

Résolution de l'affichage

Les options de **Résolution de l'affichage** concernent le dessin courant (icône AutoCAD LT) :

Lissage des arcs et des cercles

Agit sur l'affichage des arcs et des cercles. La valeur (de 1 à 20000) définit le lissage des arcs et cercles. Plus cette valeur est importante, plus la régénération graphique est longue.

Segments d'une courbe polyligne

Agit sur l'affichage des courbes polylignes. La valeur définit le nombre de segments des polylignes. Plus cette valeur est importante, plus la régénération graphique est longue.

Eléments de la présentation

Vous modifiez ici les propriétés des présentations nouvelles et existantes.

Vous activez l'affichage des onglets **Objet** et **Présentation**.

Vous affichez les marges (zone d'impression) dans chaque présentation.

Vous affichez l'arrière-plan correspondant au format pour la présentation.

Vous affichez l'ombre matérialisant l'ombre papier pour chaque arrière-plan (seulement si arrière-plan activé).

Vous agissez sur l'affichage de la boîte de dialogue **Gestionnaire des mises en page** pour chaque nouvelle présentation.

Vous demandez ou pas la création d'une fenêtre flottante pour chaque nouvelle présentation.

Performances de l'affichage

Appliquer remplissage de solide

Active ou désactive le remplissage des solides. La variable REMPLIR agit également sur le remplissage des solides.

Afficher cadre de contour du texte seulement

Active ou pas l'affichage d'un cadre à la place de chaque texte du dessin. Cette règle est respectée pour les textes, cotations et attributs.

Taille du réticule

Agit sur la taille du curseur dans la zone graphique. Une taille de 100 fixe la taille maximum de la croix du curseur aux bords de la fenêtre graphique.

Contrôle de l'estompe

Agit sur l'affichage atténué (estompe) des blocs ou références externes à l'affichage et lors de l'édition dans le dessin (cf. chapitre Les références externes - Éditer des blocs et des références externes).

Onglet Ouvrir et enregistrer

Enregistrement des fichiers

Permet l'enregistrement désiré par défaut (ex. : si vous souhaitez un enregistrement systématique en version AutoCAD 2007).

Conserver fidélité visuelle objets annotatifs

Permet de préserver la fidélité visuelle des objets annotatifs lorsqu'ils sont affichés dans des versions antérieures d'AutoCAD LT.

La valeur **Pourcentage d'enregistrement incrémentiel**

Définit le pourcentage d'espace inutilisé potentiel dans un fichier de dessin. Lorsque le pourcentage indiqué est atteint, AutoCAD LT effectue un enregistrement complet au lieu d'un enregistrement incrémentiel. Pour optimiser les performances, entrez la valeur 50. Si l'espace disque est insuffisant, entrez 25. Si vous attribuez à cette option une valeur inférieure à 20, la rapidité d'exécution des commandes **Enregistrer** et **Enregistrer sous** diminuent considérablement.

Paramètres d'aperçu miniature

Permet la génération d'un aperçu lors de l'enregistrement et définit les paramètres d'aperçu.

Ouvrir fichier

Fixe le nombre des fichiers récemment ouverts dans le menu **Fichier** ou dans la fenêtre **Actualités** (valeur de 0 à 9).

Active ou masque le chemin complet du fichier ouvert dans la barre de titre.

Menu d'application

Fixe le nombre de fichiers récemment utilisés qui sont affichés dans le menu Documents récents du Navigateur de menus (entre 0 et 50) ; fixe le nombre d'actions classées dans le menu **Actions récentes** du Navigateur de menus (entre 0 et 50).

Références externes

Contrôle le chargement des références externes. Peut être désactivé, activé ou activé avec copie selon la demande.

Sécurité des fichiers

Active l'enregistrement automatique et fixe l'intervalle des enregistrements. Permet aussi la génération de fichiers de sauvegarde (.BAK).

Options de sécurité

Contrôle les options de signature numérique et de mot de passe liées à l'enregistrement des fichiers. La case à cocher **Afficher les informations de signature numérique** permet l'affichage d'informations sur la signature numérique lors de l'ouverture d'un fichier comportant une signature numérique.

Onglet Tracer et publier

Paramètres par défaut du tracé des nouveaux dessins

Permet d'accéder à la liste des périphériques configurés et de choisir le périphérique par défaut.

Le bouton **Ajouter ou configurer traceurs** permet d'accéder à la configuration ou à la modification de nouveaux traceurs.

Options générales du tracé

Permet de conserver si possible le format de papier de la présentation lors d'un changement de périphérique de traçage, ou d'affecter le format du périphérique.

Permet également un avertissement lors de l'impression différée.

Règle la qualité d'impression des objets OLE.

Cacher les imprimantes permet de masquer les imprimantes système (imprimantes Windows) dans la liste des périphériques (boîtes de dialogue **Tracer** et **Gestionnaire des mises en page**).

Définir le décalage du tracé par rapport à

Permet d'indiquer si le décalage de l'aire du tracé provient du coin inférieur gauche de la zone d'impression ou du bord du papier.

Tracer dans fichier

Indique l'emplacement par défaut des opérations de tracé dans un fichier.

Options de traitement en arrière-plan

Active le traitement de l'impression en arrière-plan pour le traçage et/ou la publication.

Fichier journal de tracé et de publication

Permet la création d'un fichier journal contenant des informations relatives à toutes les tâches de traçage et de publication enregistré automatiquement.

Publier automatiquement

Permet la publication automatique des dessins et définit les paramètres de publication automatique via la boîte de dialogue **Options de publication**.

Paramètres de la bannière du tracé

Permet l'accès à la boîte de dialogue **Bannière**, dans laquelle vous pouvez spécifier les paramètres des bannières (voir chapitre La présentation - L'impression).

Paramètres table des styles de tracé

Permet de préciser les paramètres des tables des styles de tracé dans la boîte de dialogue Paramètres de la table des styles de tracé.

Onglet Système

Performance

Permet d'ajuster les performances matérielles de la carte graphique et de vérifier les mises à jour disponibles pour la carte graphique.

Périphérique de pointage courant

Liste les périphériques configurés pour AutoCAD LT.

Options générales

Afficher boîte de dialogue Propriétés OLE

Permet l'accès à la boîte de dialogue spécifique aux objets OLE présents dans AutoCAD LT.

Autorise ou pas les noms longs (jusqu'à 255 caractères) pour les éléments suivants : calques, styles de texte, de cote, types de ligne, vues, présentations, blocs, SCU.

Aide et écran de Bienvenue

Définit la source de l'aide en ligne ou locale.

Infocenter

Fournit des options contrôlant le contenu et la durée d'affichage des notifications de bulles dans l'angle supérieur droit de la fenêtre de l'application.

Onglet Préférences utilisateur

Fonctions Windows standard

Permet d'activer ou de désactiver l'édition, par double clic.

Les menus contextuels sont activés ou non dans la zone de dessin.

Signification du bouton droit

Permet de personnaliser l'utilisation du bouton droit de la souris dans les différents contextes d'utilisation (modes par défaut, d'édition ou de commande).

Priorité lors de la saisie des coordonnées

Fixe la priorité :

- à l'accrochage aux objets (lorsque celui-ci est actif, et quelle que soit la saisie au clavier) option dangereuse.
- à la saisie au clavier même si l'accrochage est activé.
- à la saisie au clavier, scripts exceptés, même si l'accrochage est activé à l'exception des scripts (fichier programme).

Echelle d'insertion

Permet de régler les unités source et destination lors de l'insertion de blocs ou références externes depuis AutoCAD DesignCenter.

Champs

Permet l'affichage des champs avec un arrière-plan gris clair non imprimable.

Paramètres de mise à jour des champs

Configure la mise à jour des champs avec les actions suivantes : Ouvrir, Enregistrer, Tracer, E-transmit, Regen.

Hyperlien

Permet l'affichage du curseur, du menu contextuel d'hyperlien, ainsi que les infos-bulles spécifiques aux hyperliens.

Annulation/rétablissement

Permet de regrouper plusieurs commandes de Zoom et de Panoramique en une seule action pour les opérations d'annulation et de rétablissement. Permet de regrouper les opérations de changement de propriétés des calques par annulation et rétablissement.

Cotation associative

Permet, dans le dessin courant, d'activer l'associativité des cotes aux objets. Ces cotes associatives s'adaptent automatiquement lorsque les objets cotés sont modifiés.

Paramètres d'épaisseur des lignes

Permet de choisir l'épaisseur de ligne par défaut.

Liste d'échelles par défaut

Permet l'accès à la boîte de dialogue Modifier la liste d'échelles pour gérer la liste des échelles associées aux fenêtres de présentation et au traçage.

Paramètres de l'éditeur de blocs

Contrôle les paramètres d'environnement de l'éditeur de blocs.

Onglet Dessin

Paramètres Autosnap

- Définit les paramètres d'affichage de l'accrochage aux objets.
- Affiche ou pas une marque par type d'accrochage aux objets.
- Active ou pas le magnétisme du curseur.
- Affiche ou pas le texte info propre au type d'accrochage aux objets.
- Affiche ou pas un curseur carré lors de l'activation de l'accrochage aux objets.

Couleurs

Permet de gérer les couleurs de la fenêtre de dessin. Les éléments d'interface tels que l'arrière-plan, le réticule, le vecteur Autotrack, le marqueur Autosnap, Les info-bulles de dessin et l'arrière-plan des infos-bulles de dessin sont modifiables selon le contexte.

Paramètres Autotrack

- Affiche ou masque le vecteur de repérage polaire.
- Affiche ou masque le vecteur de repérage polaire plein écran.
- Affiche ou masque le texte Info propre au repérage polaire.

Acquisition du point d'alignement

Permet le repérage du point d'extension automatique ou à l'aide de la touche [Shift].

Taille des marqueurs Autosnap

Définit la taille des marques d'accrochage.

Taille du curseur carré

Définit la taille du curseur carré si celui-ci est activé (désactivé par défaut).

Options d'accrochage aux objets

Permet d'éviter l'accrochage aux objets sur les motifs de hachures lorsque l'accrochage d'objet est activé.

Paramètres des info-bulles de dessin

Définit l'apparence des info-bulles tels que la couleur, la taille et la transparence.

Onglet Sélection

Taille de la cible de sélection

Définit la taille du réticule de sélection (au message Choix des objets par exemple).

Taille des poignées

Définit la taille des poignées.

Modes de sélection

Sélection Nom/verbe

Permet la sélection d'objets avant d'exécuter une opération.

Utiliser MAJ pour ajouter à la sélection

Restreint la sélection d'objets à la sélection d'objets avec la touche [Shift]. Si cette option est activée, un clic sélectionne un objet, un second clic sélectionne un autre objet et désélectionne le premier sauf si vous utilisez la touche [Shift].

Autoriser les actions appuyer et faire glisser sur l'objet

Permet de définir une fenêtre ou une capture en effectuant un cliqué-glissé (et non pas deux clics classiques).

Fenêtrage virtuel

Permet une fenêtre ou capture automatique lorsque vous effectuez le premier clic dans une zone dégagée.

Groupements d'objets

Permet la sélection directe d'un groupe en sélectionnant l'un des composants du groupe.

Hachures associatives

Permet la sélection de la hachure avec les objets délimitant le contour hachuré (désactivé par défaut).

Poignées

Activer les poignées

Active l'utilisation des poignées.

Activer les poignées dans les blocs

Active les poignées dans les éléments composant un bloc. Vous pouvez ainsi vous en servir dans les manipulations avec les poignées.

Activer les conseils sur les poignées

Affiche les astuces propres à un objet personnalisé lorsque le curseur pointe sur une poignée.

Couleur de poignée

Couleur des poignées non-sélectionnées

Permet de choisir la couleur des poignées s'affichant lors d'une sélection d'objets (sans commande en cours).

Couleur des poignées sélectionnées

Permet de choisir la couleur des poignées sélectionnées (permettant la manipulation avec les poignées).

Couleur des poignées dynamiques

Permet de choisir la couleur lorsque le curseur pointe sur la poignée.

Afficher le menu de poignée dynamique

Définit l'affichage du menu dynamique présent lorsque le pointeur est placé sur une poignée multifonctions.

Autoriser la navigation à l'aide la touche [Ctrl]

Permet la navigation à l'aide de la touche [Ctrl] pour les poignées multifonctions.

Afficher une seule poignée pour les groupes

Permet la manipulation d'une poignée unique pour un groupe d'objets. Dans ce cas, une zone de contour peut être affichée, via la case à cocher **Afficher une zone de contour pour les groupes**.

Aperçu de la sélection

Définit la surbrillance des objets lorsque le curseur de la cible de sélection passe dessus, selon si une commande est active ou lorsqu'aucune commande est active.

Paramètres de l'effet visuel

Gère l'effet d'aperçu de la sélection d'objets, la couleur des aires de sélection Fenêtre et Capture, ainsi que son opacité.

Options du ruban

Permet de définir les paramètres de sélection d'objets pour l'affichage des onglets contextuels du ruban.

Onglet En ligne

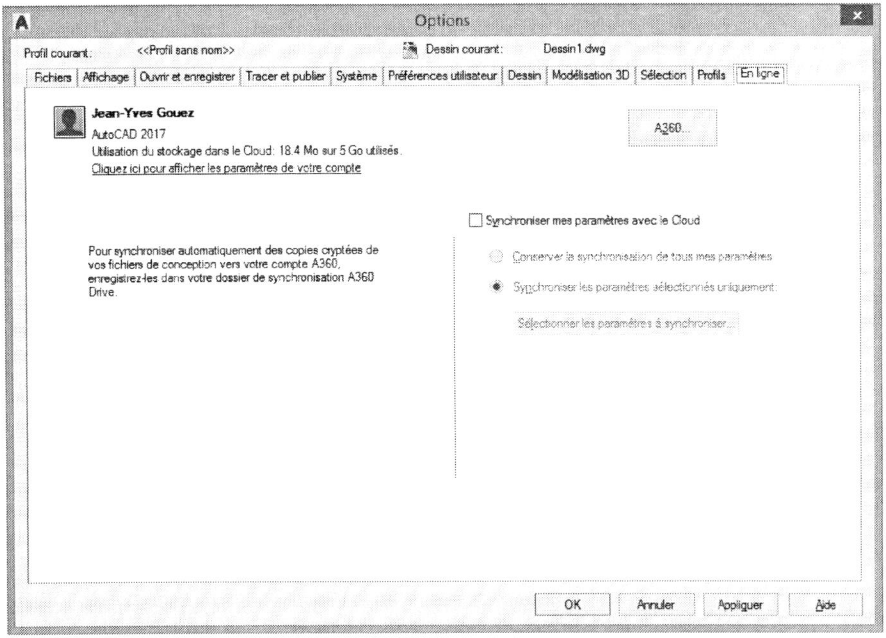

Accède au réglage des options permettant de travailler en ligne avec Autodesk A360 et donne accès aux documents de conception archivés dans votre compte Cloud.

Cliquez ici pour afficher les paramètres de votre compte

Permet la connexion à votre compte Autodesk A360. Donne accès aux produits et services Autodesk A360. Affiche la quantité de ressources que vous utilisez dans votre compte.

A360

Ouvre vos dossiers et votre liste de documents Autodesk A360 dans un navigateur.

Synchroniser mes paramètres avec le Cloud

Active ou désactive la synchronisation de vos paramètres d'application personnalisés avec votre compte Autodesk 360.

Conserver la synchronisation de tous mes paramètres synchronise tous les paramètres d'application personnalisés pris en charge avec votre compte Autodesk 360.

Synchroniser les paramètres sélectionnés uniquement synchronise uniquement les paramètres d'application que vous spécifiez avec votre compte Autodesk 360. Ces paramètres sont définis à l'aide du bouton **Sélectionner les paramètres à synchroniser**.

2. Les palettes d'outils

Elles permettent d'organiser les blocs et hachures dans les onglets des palettes d'outils. Elles vous permettent également la création d'outils personnalisés comme des cotes, du texte multiligne, des gradients, des tableaux, des xrefs à partir d'objets existants par simple glissement depuis la zone de dessin vers les palettes d'outils. Vous classez dans ces onglets un ensemble d'éléments personnalisés, que vous insérez facilement dans le dessin (cf. Introduction - Interface graphique).

AutoCAD LT vous permet de créer très rapidement vos propres palettes d'outils à partir :

- D'un bloc unique ou d'un ensemble de blocs.
- D'un ou plusieurs motifs de hachures.
- D'objets personnalisés comme des cotes, du texte multiligne, des hachures, des tableaux, des xrefs.
- D'un fichier dessin (le dessin sera inséré comme un bloc).
- d'un dossier contenant des fichiers dessins (chaque dessin sera inséré comme un bloc).
- D'un fichier de motif de hachures.

2.1 Personnaliser une palette d'outils

Dans le groupe de fonctions **Palettes** (onglet **Vue**), cliquez sur l'icône **Palettes d'outils** 
.

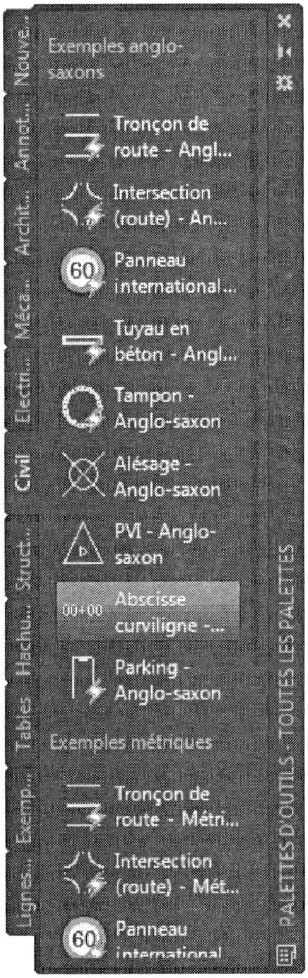

Déplacer un outil vers une autre palette

▶ Effectuez un clic droit sur l'outil à déplacer et choisissez **Couper**.

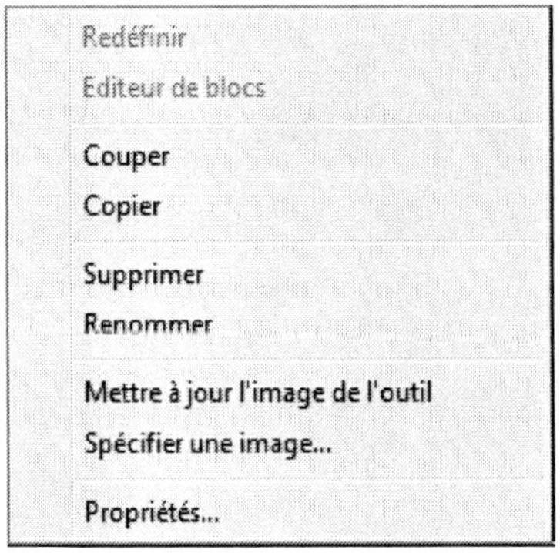

▶ Activez la palette vers laquelle vous souhaitez déplacer l'outil en cliquant sur l'onglet désiré.

▶ Effectuez un clic droit et choisissez **Coller**.

Dupliquer un outil vers une autre palette

▶ Effectuez un clic droit sur l'outil à dupliquer et choisissez **Copier**.

▶ Activez la palette vers laquelle vous souhaitez copier l'outil en cliquant sur l'onglet désiré.

▶ Effectuez un clic droit et choisissez **Coller**.

Supprimer un outil

▶ Dans la palette désirée, déplacez le pointeur sur l'outil à supprimer.

▶ Effectuez un clic droit et choisissez **Supprimer**.

Renommer un outil

▶ Dans la palette désirée, déplacez le pointeur sur l'outil à renommer.

▶ Effectuez un clic droit et choisissez **Renommer**.

Modifier les propriétés d'un bloc

▶ Dans la palette désirée, déplacez le pointeur sur l'outil à modifier.

▶ Effectuez un clic droit et choisissez **Propriétés**.

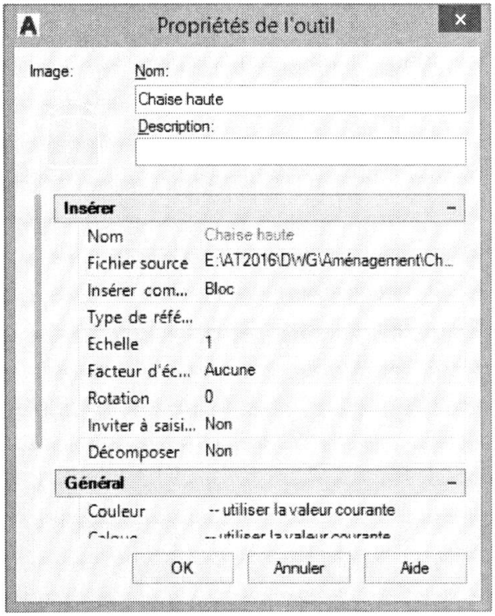

Dans la boîte de dialogue **Propriétés de l'outil**, vous pouvez modifier les **Nom** et **Description** du bloc.

La rubrique **Insérer** vous permet de modifier les propriétés d'insertion du bloc : nom, emplacement du fichier dessin, échelle d'insertion, angle de rotation, décomposition lors de l'insertion.

La rubrique **Général** vous permet de modifier les propriétés générales du bloc : couleur, calque, type de ligne, style de tracé, épaisseur de ligne.

Modifier les propriétés d'un motif de hachures

- Dans la palette désirée, déplacez le pointeur sur l'outil à modifier.
- Effectuez un clic droit et choisissez **Propriétés**.

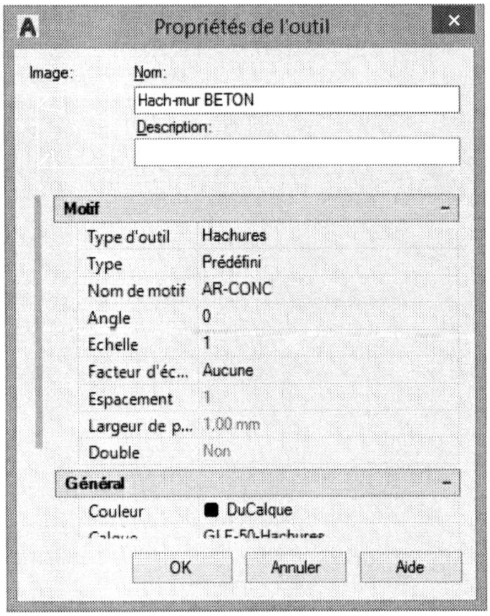

Dans la boîte de dialogue **Propriétés de l'outil**, vous pouvez modifier les **Nom** et **Description** du motif de hachure.

La rubrique **Motif** vous permet de modifier les propriétés d'application du motif de hachure : type, nom, angle, échelle, espacement, largeur de plume, croisement des hachures (double).

La rubrique **Général** vous permet de modifier les propriétés générales du motif de hachure : couleur, calque, type de ligne, style de tracé, épaisseur de ligne.

2.2 Créer une nouvelle palette d'outils

- Effectuez un clic droit sur le nom d'une palette d'outils existante (onglet).

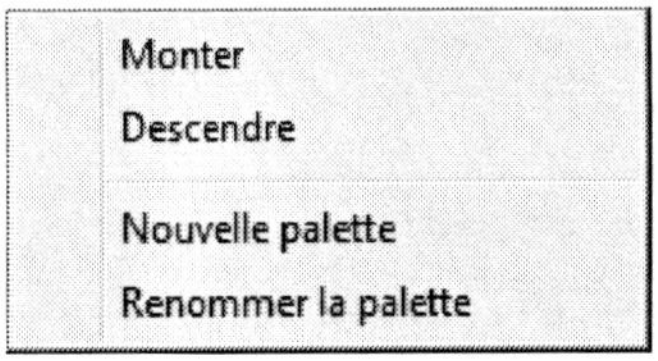

- Choisissez **Nouvelle palette**.

  L'affichage suivant permet de saisir le nom de la nouvelle palette d'outils.

- Appuyez sur [Entrée] après avoir saisi le nom.

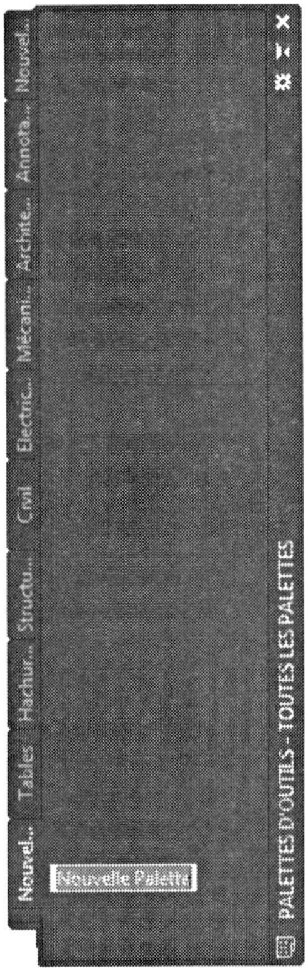

La nouvelle palette est créée, elle ne contient pas pour l'instant d'outils.

Pour placer des outils dans la nouvelle palette, vous pouvez effectuer des déplacements ou copies depuis d'autres palettes d'outils (comme vu précédemment).

2.3 Ajouter des blocs et motifs de hachure dans une palette d'outils depuis le DesignCenter

La technique suivante est valable pour :

- Un bloc unique, ou un ensemble de blocs sélectionnés.
- Un motif de hachure, un ensemble de motifs de hachure sélectionnés.
- Un fichier dessin (le dessin sera inséré comme un bloc).

▶ Dans le groupe de fonctions **Palettes**, cliquez sur l'icône **DesignCenter** .

▶ Dans le DesignCenter, sélectionnez le ou les outils (blocs ou motifs de hachure), et déposez-les dans la palette d'outils à l'aide d'un cliqué-glissé.

2.4 Ajouter des outils dans une palette d'outils par glissement d'objets

Vous pouvez créer un outil en faisant glisser la plupart des objets (cotes, texte, tableau, blocs, hachures, polylignes, etc.) directement depuis la zone graphique vers une palette d'outils.

L'outil créé depuis un objet comporte les mêmes propriétés que l'objet d'origine. Lorsque vous créez un outil à l'aide de cotes ou d'objets géométriques (lignes, cercles, polylignes...), l'outil contient par défaut une icône déroulante (un jeu d'outils imbriqués).

- Vérifiez les propriétés de l'objet à glisser dans la palette d'outils.
- Sélectionnez l'objet dans la zone graphique.
- Placez le pointeur sur l'objet et effectuez un cliqué-glissé vers la palette d'outils voulue.
- Cliquez enfin sur l'outil dans la palette pour exécuter la commande et suivez les instructions dans la fenêtre de commande.

Dans le cas d'un objet géométrique ou d'une cote, AutoCAD LT affiche automatiquement une icône déroulante comme ci-dessous. La flèche noire située à droite de l'icône donne accès aux autres icônes.

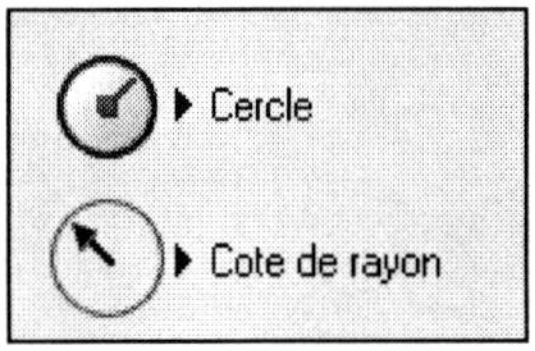

Dans les autres cas, AutoCAD LT affiche des icônes simples comme ci-dessous :

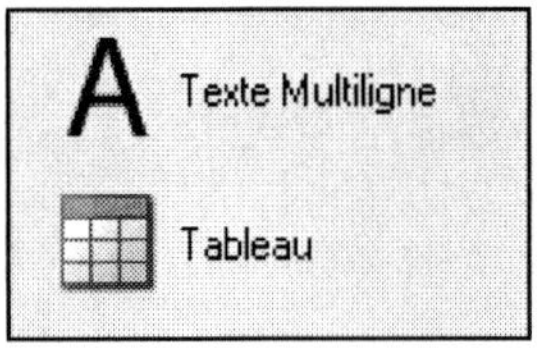

2.5 Personnaliser un outil dans une palette d'outils

- Dans la palette d'outils, déplacez le pointeur sur l'outil à personnaliser.
- Effectuez un clic droit et choisissez **Propriétés**.

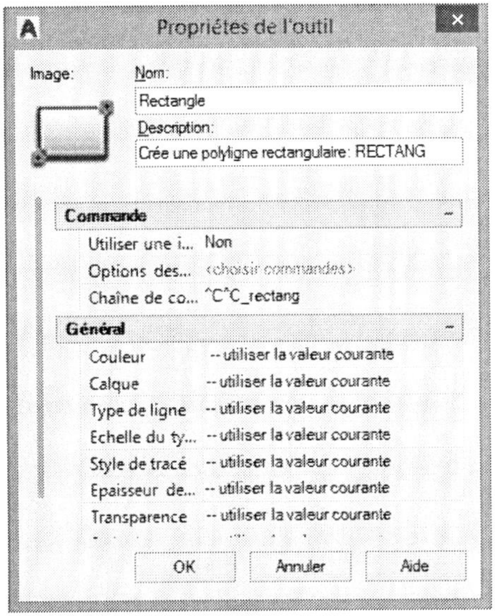

- Définissez les **Nom** et **Description** dans les zones de texte correspondantes.
- Effectuez un clic droit dans la zone rectangulaire située sous le nom **Image** et choisissez **Spécifier une image** pour attribuer une nouvelle image à l'icône. Vous pouvez sélectionner les formats BMP, JPEG, TIF, PNG ou TIF.
- Dans la rubrique **Commande**, saisissez la commande, liste de commandes ou une macro personnalisée à attribuer à l'outil personnalisé au regard de la ligne **Chaîne de commande** (voir le détail de la syntaxe autorisée dans ce même chapitre Les palettes d'outils - Personnaliser une palette d'outils).
- Dans la rubrique **Général**, attribuez si nécessaire les propriétés générales de l'outil telles que la couleur, le calque, le type de ligne, l'échelle du type de ligne, le style de tracé, l'épaisseur de ligne, le style de texte et le style de cote. Notez que la valeur par défaut est **Utiliser la valeur courante** respectant les propriétés courantes du dessin.
- Confirmez par **OK** pour confirmer les paramètres de la boîte de dialogue **Propriétés de l'outil**.
- Confirmez par **Fermer** pour quitter la boîte de dialogue **Personnaliser**.

2.6 Créer automatiquement des palettes d'outils à partir du DesignCenter

AutoCAD LT propose une technique très rapide pour constituer un ensemble d'outils personnalisés.

2.6.1 À partir d'un fichier de motifs de hachures

- Dans le groupe de fonctions **Palettes**, cliquez sur l'icône **DesignCenter** .
- Dans le DesignCenter, sélectionnez le fichier de motif de hachures (*.PAT).
- Effectuez un clic droit et choisissez **Créer une palette d'outils de motifs de hachure**.

AutoCAD LT génère automatiquement une palette d'outils (nom identique au fichier), et l'ensemble des motifs est utilisable depuis la palette d'outils.

2.6.2 À partir d'un fichier dessin

- Dans le groupe de fonctions **Palettes**, cliquez sur l'icône **DesignCenter** .
- Dans le DesignCenter, sélectionnez le fichier dessin (*.DWG).
- Effectuez un clic droit et choisissez **Créer une palette d'outils**.

AutoCAD LT génère automatiquement une palette d'outils (nom identique au fichier), et l'ensemble des blocs est utilisable depuis la palette d'outils.

2.6.3 À partir d'un dossier contenant des fichiers dessin

- Dans le groupe de fonctions **Palettes**, cliquez sur l'icône **DesignCenter** .
- Dans le DesignCenter, sélectionnez le dossier contenant les fichiers dessin (*.DWG).
- Effectuez un clic droit et choisissez **Créer une palette d'outils de blocs**.

AutoCAD LT génère automatiquement une palette d'outils (nom identique au dossier), et l'ensemble des dessins est utilisable depuis la palette d'outils. Ils seront insérés comme des blocs dans le dessin courant.

2.7 Grouper les palettes d'outils

Le groupement de palettes d'outils est judicieux pour l'organisation des palettes d'outils en ensembles logiques. À l'aide des groupes de palettes, vous pouvez créer des catégories de palettes et économiser de l'espace à l'écran.

Création de groupe de palettes

- Positionnez le pointeur dans une zone dégagée de la palette d'outils.
- Effectuez un clic droit et choisissez **Personnaliser les palettes**.

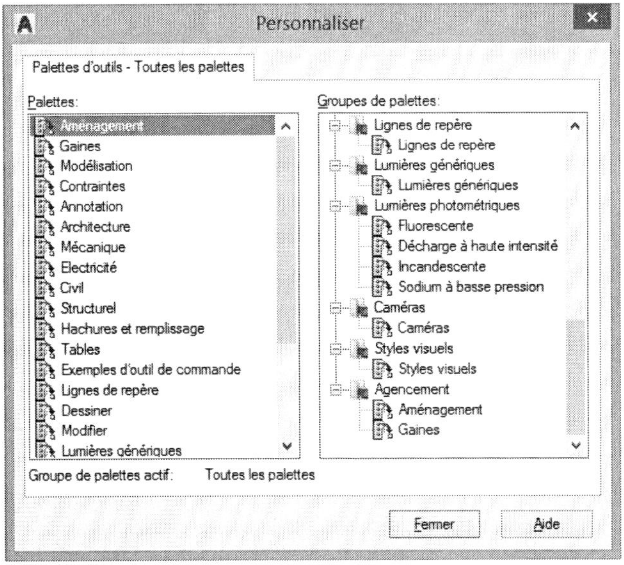

- Dans l'onglet **Palettes d'outils**, effectuez un clic droit dans la zone **Groupes de palettes**, et choisissez **Nouveau groupe**.

Remarque

*Un clic droit permet également de **Renommer** ou **Supprimer** un groupe de palettes.*

- Saisissez le nom du groupe de palettes et validez par [Entrée].
- Procédez de la même façon pour créer plusieurs groupes de palettes d'outils.
- Depuis la liste de palettes d'outils, glissez chacune des palettes d'outils vers le groupe concerné.
- Confirmez par **Fermer**.

Affichage d'un groupe de palettes

▶ Dans la barre de titre de la palettes d'outils, effectuez un clic droit et sélectionnez le groupe de votre choix. Seules les palettes d'outils appartenant au groupe sont alors affichées.

Dans l'exemple ci-dessous, huit groupes sont affichés :

- **Annotation et conception**
- **Architecture**
- **Civil**
- **Structurel**
- **Fabrication**
- **Electrotechnique**
- **Tableaux**
- **Lignes de repère**

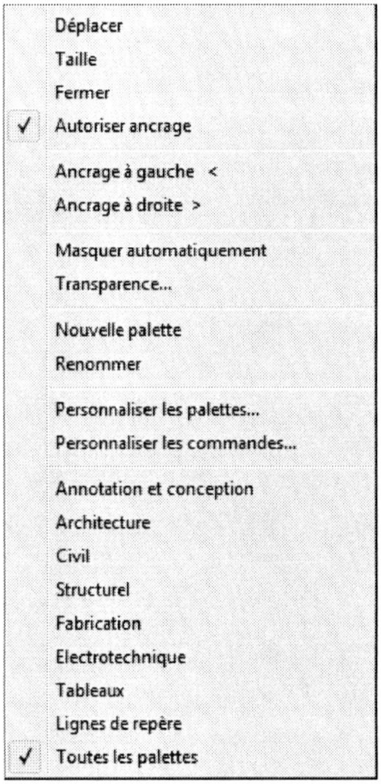

L'option **Toutes les palettes** permet de réafficher l'ensemble des palettes d'outils.

2.8 Importer et exporter des palettes d'outils

AutoCAD LT permet l'enregistrement et le partage d'une palette d'outils en l'exportant et en l'important en tant que fichier de palette d'outils (*.XTP).

- Effectuez un clic droit dans la palette d'outils et choisissez **Personnaliser les palettes**.
- Dans la liste **Palettes**, sélectionnez la palette à exporter.
- Effectuez un clic droit pour afficher le menu contextuel suivant :

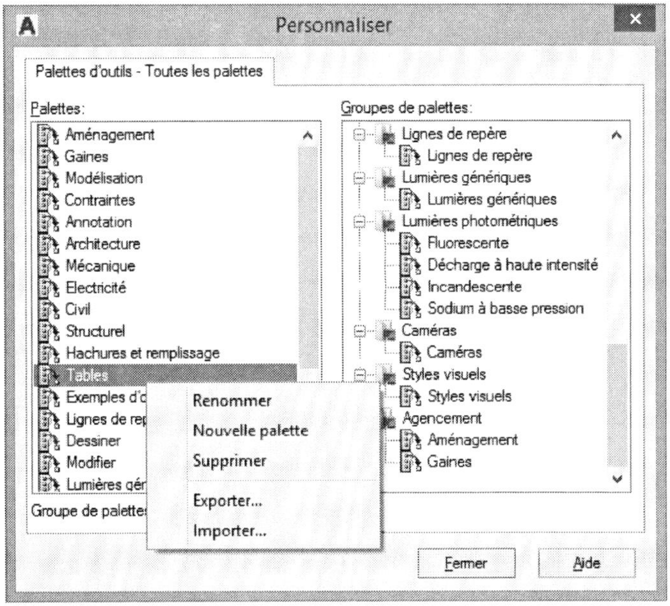

- Choisissez **Exporter** pour créer un fichier d'exportation (*.XTP) à partir de la palette d'outils sélectionnée dans la liste.

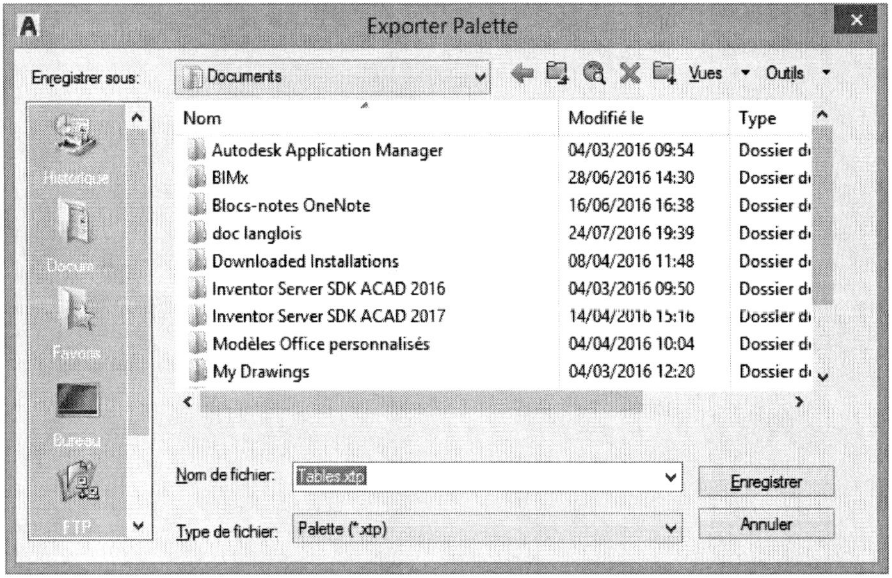

- Choisissez l'emplacement sur votre disque ou sur le réseau local dans la liste **Enregistrer sous**. Saisissez le nom du fichier d'exportation dans la liste **Nom de fichier** et cliquez sur **Enregistrer**.

Importer de la boîte de dialogue **Personnaliser** permet la restauration d'un fichier de palettes d'outils (*.XTP).

Remarque

Ce même menu contextuel permet aussi de créer, supprimer et renommer des palettes d'outils.

3. Personnalisation du ruban

Les **onglets du ruban** sont composés de groupes de fonctions. Il est possible de modifier le contenu de chaque onglet, d'ajouter des groupes de fonction, de les réorganiser, etc.

Les **groupes de fonctions** se composent de lignes contenant des boutons et des contrôles. Il est possible de créer et de modifier les groupes de fonctions. Chaque groupe de fonctions peut être divisé en deux zones. Les lignes supérieures sont automatiquement affichées, alors que les lignes inférieures n'apparaissent que si le groupe est développé.

AutoCAD LT vous permet de créer et de modifier les onglets du ruban et les groupes de fonctions. Vous pouvez afficher ou masquer les onglets du ruban et les groupes de fonctions. Vous pouvez associer une palette d'outils à un groupe de fonctions, et copier un groupe de fonctions d'un groupe vers un autre.

Vous pouvez ainsi optimiser l'utilisation des groupes de fonction, en accédant plus facilement aux commandes et en limitant le nombre d'éléments de l'interface utilisateur affichés.

Créer, modifier et organiser des groupes de fonctions du ruban

- Dans le groupe de fonctions **Personnalisation** (onglet **Gérer**), choisissez l'icône **Interface utilisateur**.

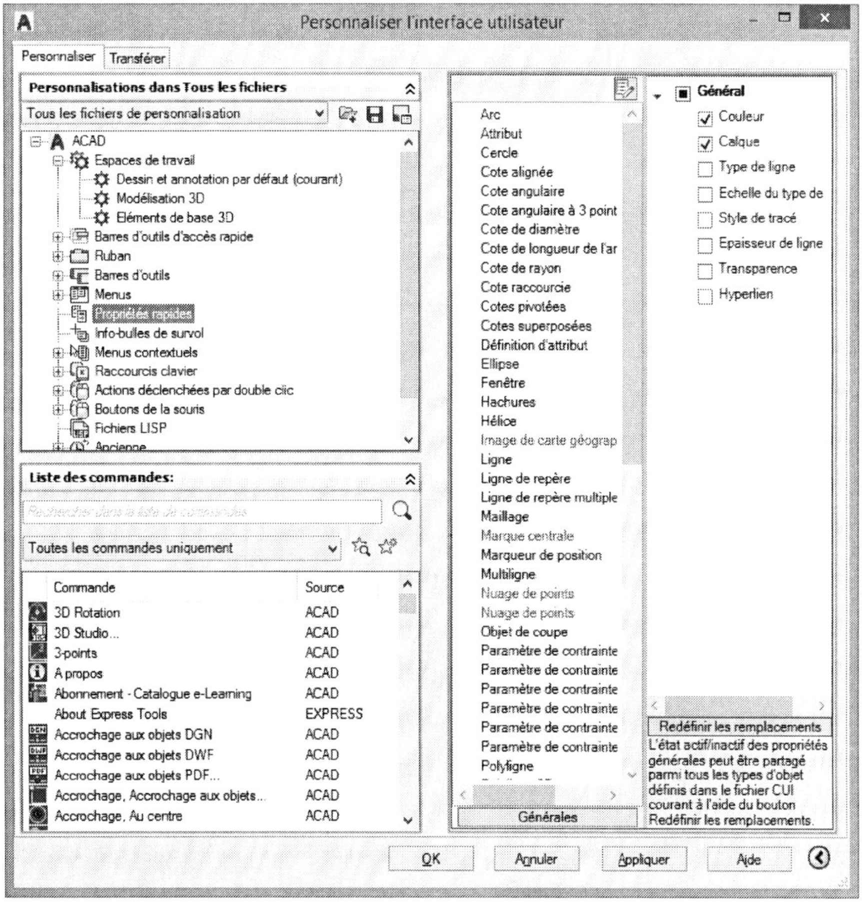

- Dans la fenêtre **Personnaliser l'interface utilisateur**, dans la rubrique **Personnalisations dans Tous les fichiers**, accédez au contenu **Ruban** et effectuez un clic droit sur **Groupes de fonctions**. Choisissez **Nouveau groupe de fonctions**.

La fenêtre **Personnaliser l'interface utilisateur** propose l'affichage suivant :

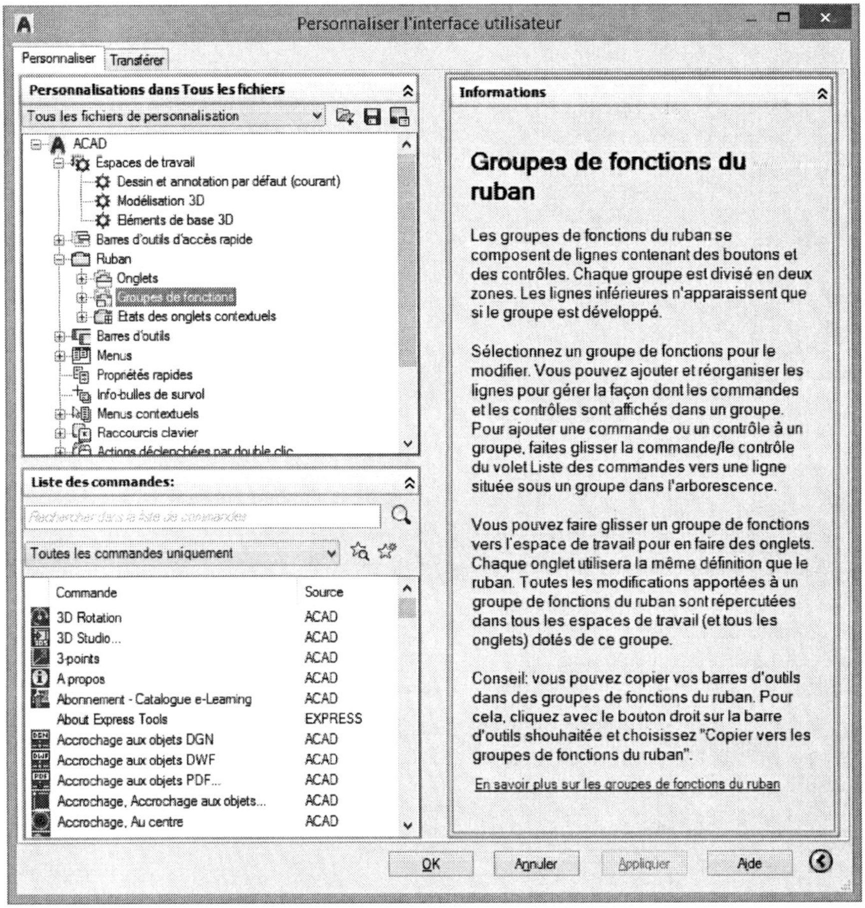

- Dans la rubrique **Propriétés** située à droite, au regard du libellé **Nom** (section **Générales**), saisissez le nom du groupe de fonctions du ruban (*Perso* dans l'exemple ci-après). Ce nom figurera dans la liste des noms de groupes de fonctions existant dans la fenêtre **Personnalisations dans Tous les fichiers** (il ne s'agit pas du texte affiché à l'écran sur le groupe de fonctions).

- En regard du libellé **Afficher le texte**, saisissez le titre du groupe de fonctions du ruban, tel que vous souhaitez le voir affiché à l'écran (*Lignes diverses* dans l'exemple ci-après).

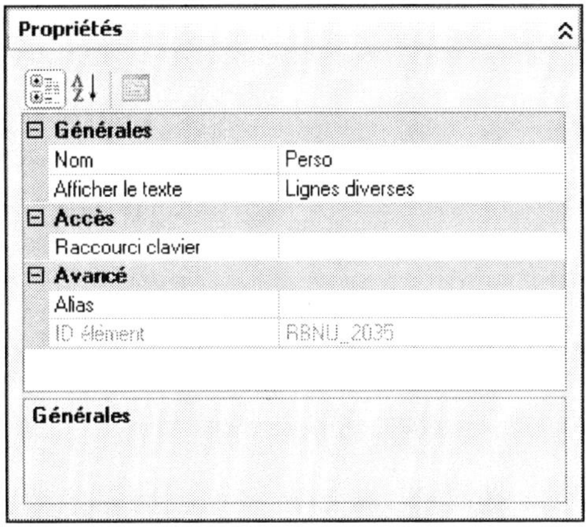

Dans la liste de groupes de fonctions, le nouveau groupe est affiché de la façon suivante :

Cet affichage contient la structuration minimum du groupe de fonctions :

Ligne 1

Indique la présence d'une ligne de fonctions unique.

<ANNEXE>

Sépare la ou les lignes de fonctions affichées dans la partie fixe du groupe de fonctions de la partie déroulante du même groupe de fonctions.

Le nouveau groupe de fonctions (*Perso* dans l'exemple), à ce stade, ne contient pas de fonctions ou commandes. Procédez comme suit pour y intégrer des fonctions :

- Dans la rubrique **Liste de commandes**, sélectionnez la commande à insérer dans le nouveau groupe (par exemple la commande *Ligne*).

- Effectuez un cliqué glissé de la commande vers le nom **Ligne1** du nouveau groupe (dans la rubrique **Personnalisations dans Tous les fichiers**) pour obtenir le résultat suivant :

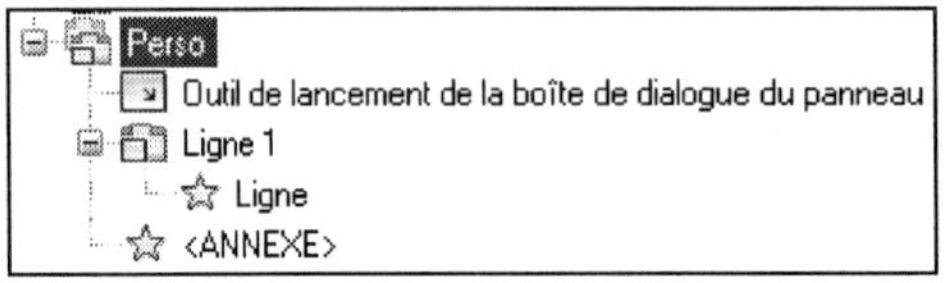

Remarque

*Les commandes sont classées dans l'ordre alphanumérique. Vous pouvez également accéder aux catégories de commandes grâce à la liste déroulante **Toutes les commandes**.*

- Procédez de la même façon pour insérer les autres commandes dans le groupe de fonctions. Utilisez si nécessaire la touche [Ctrl] pour procéder à une sélection discontinue de commandes multiples ou la touche [Shift] pour une sélection continue.

Dans l'exemple ci-dessous, les commandes *Droite*, *Demi-droite*, *Polyligne*, *Rectangle* et *Spline* ont été insérées dans la première ligne du nouveau groupe de fonctions.

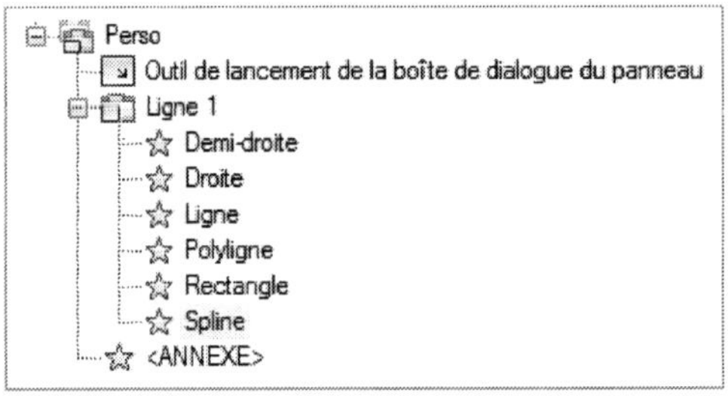

La rubrique **Aperçu du panneau** affiche :

Remarque

Vous pouvez réorganiser l'ordre des commandes à l'aide d'un cliqué-glissé depuis la commande à glisser vers l'emplacement désiré.

- Pour afficher une seconde rangée de commandes, effectuez un clic droit sur le nom du groupe de fonctions et choisissez **Nouvelle rangée** dans le menu contextuel.

Le libellé **Ligne 2** annonce la création de la seconde rangée :

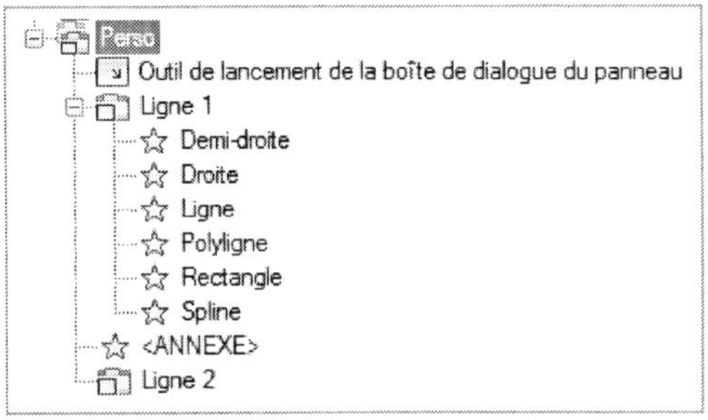

À ce stade, le libellé **Ligne 2** situé sous le séparateur permettrait l'accès des commandes (intégrées à cette ligne) en développant le groupe de fonctions.

- Pour placer la seconde rangée au-dessus du séparateur, effectuez un cliqué-glissé depuis **Ligne 2** au-dessus du séparateur :

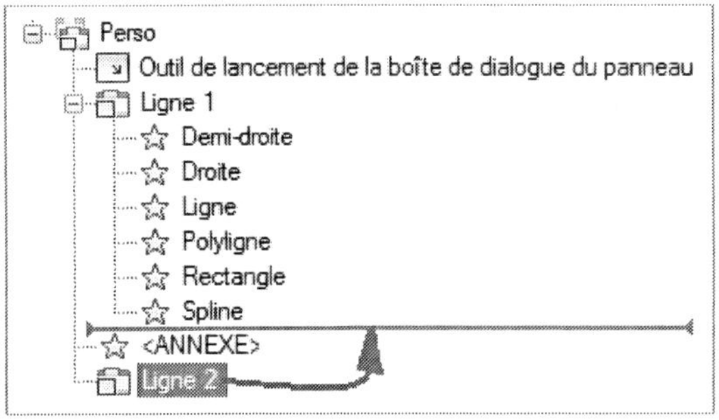

- Procédez comme pour la première rangée pour glisser les fonctions ou commandes dans la seconde rangée.

Dans l'exemple ci-dessous, les commandes *Nuage de révision*, *Contour* et *Polygone* constituent la seconde rangée :

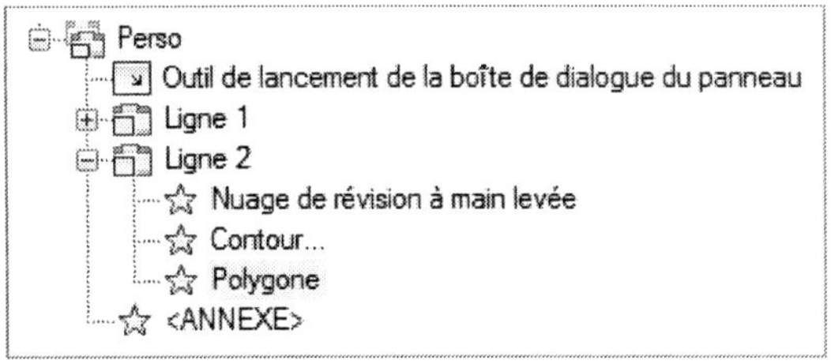

La rubrique **Aperçu du panneau** affiche :

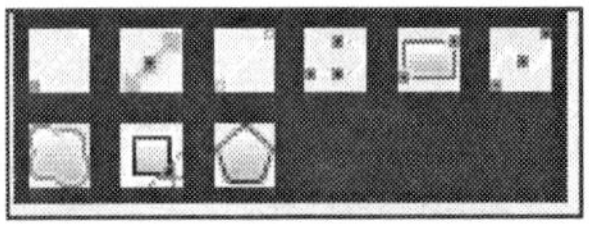

▶ Pour accéder aux commandes en développant le groupe de fonctions, effectuez un clic droit sur le nom du groupe de fonctions et choisissez **Nouvelle rangée** dans le menu contextuel.

Le libellé **Ligne 3** est positionné sous le séparateur et indique l'accès aux commandes de cette rangée en développant le groupe de fonctions.

▶ Glissez les commandes voulues vers la troisième rangée (dans l'exemple, *Polyligne 3D* et *Région*) :

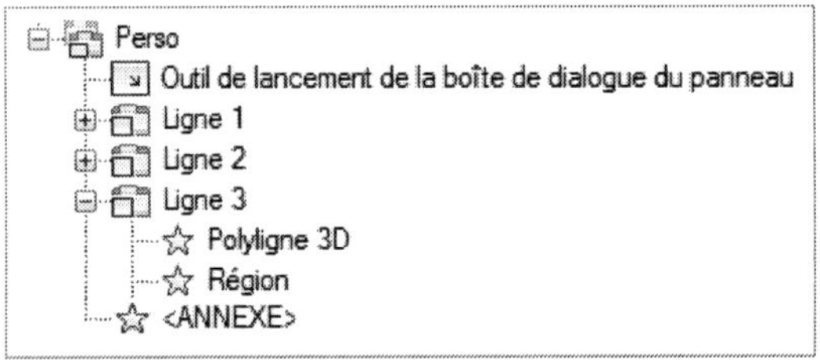

La rubrique **Aperçu du panneau** affiche :

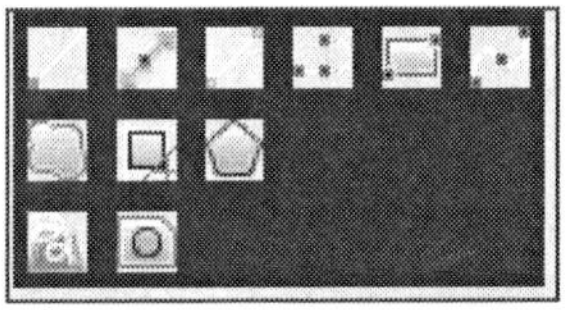

Le nouveau groupe de fonctions est conçu et doit être maintenant associé à un onglet de ruban pour être utilisable.

▶ Dans la fenêtre **Personnaliser l'interface utilisateur**, dans la rubrique **Personnalisations dans Tous les fichiers**, effectuez un clic droit sur le nouveau groupe de fonctions et choisissez **Copier** dans le menu contextuel.

▶ Déroulez la liste des onglets de ruban, effectuez un clic droit sur le nom de l'onglet auquel vous voulez associer le nouveau groupe de fonctions (onglet **Début-2** dans l'exemple) et choisissez **Coller** dans le menu contextuel.

Le groupe de fonctions prend place dans la liste des groupes de fonctions de l'onglet choisi :

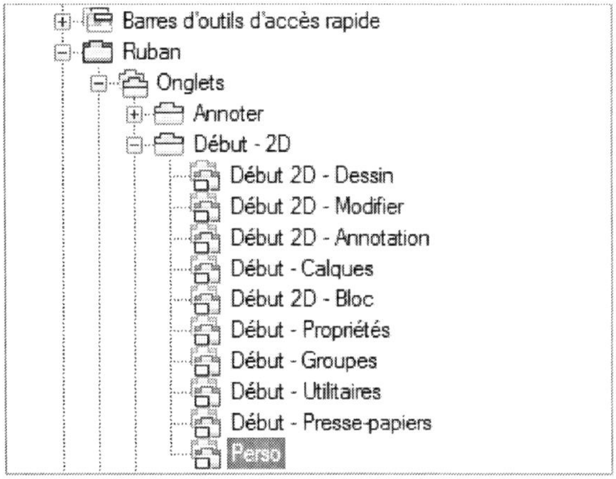

▶ Confirmez par **Appliquer** pour valider la personnalisation et sur **OK** pour quitter la fenêtre **Personnaliser l'interface utilisateur**.

▶ Activez l'onglet auquel vous avez associé le groupe de fonctions personnalisé (**Début** dans l'exemple) et constatez la présence du nouveau groupe de fonctions :

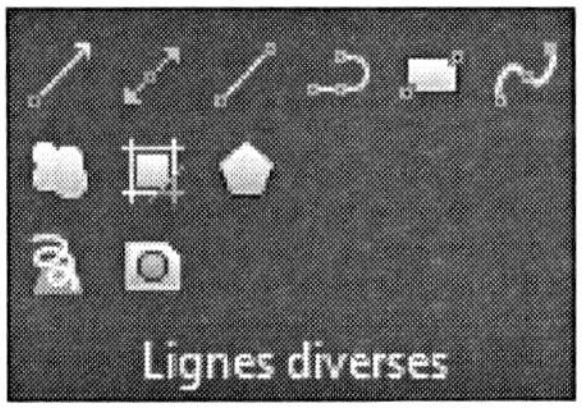

Renommer des groupes de fonctions du ruban ou des onglets du ruban

▶ Dans la fenêtre **Personnaliser l'interface utilisateur**, dans la rubrique **Personnalisations dans Tous les fichiers**, effectuez un clic droit sur le groupe de fonctions du ruban ou sur l'onglet du ruban, et choisissez **Renommer** dans le menu contextuel.

▶ Saisissez le nouveau nom et appuyez sur la touche [Entrée].

Copier un groupe de fonctions d'un onglet de ruban à un autre

- Dans la fenêtre **Personnaliser l'interface utilisateur**, dans la rubrique **Personnalisations dans Tous les fichiers**, dans la liste des onglets de ruban, développez l'onglet de ruban qui contient le groupe de fonctions à copier.
- Effectuez un cliqué-glissé depuis le groupe de fonctions à copier vers l'onglet de ruban destinataire.

Convertir les barres d'outils en groupes de fonctions de ruban

- Dans la fenêtre **Personnaliser l'interface utilisateur**, dans la rubrique **Personnalisations dans Tous les fichiers**, dans la liste des barres d'outils, effectuez un clic droit sur la barre d'outils à convertir et choisissez **Copier dans les groupes de fonctions du ruban**.

AutoCAD LT vous demande confirmation :

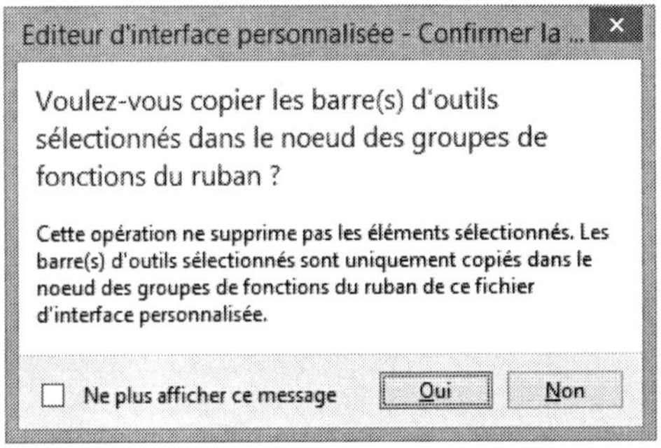

Remarque

Le groupe de fonctions est dupliqué dans la liste des groupes de fonctions et vous pouvez le modifier ou le réorganiser dans les onglets de ruban.

Supprimer un groupe de fonctions

- Dans la fenêtre **Personnaliser l'interface utilisateur**, dans la rubrique **Personnalisations dans Tous les fichiers**, développez la liste des groupes de fonction.
- Effectuez un clic droit sur le groupe de fonctions à supprimer et choisissez **Supprimer**.

AutoCAD LT vous demande confirmation :

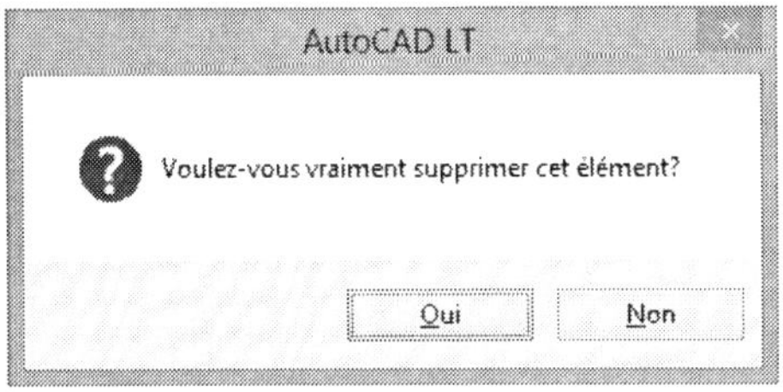

Renommer un groupe de fonctions

- Dans la fenêtre **Personnaliser l'interface utilisateur**, dans la rubrique **Personnalisations dans Tous les fichiers**, développez la liste des groupes de fonction.
- Effectuez un clic droit sur le groupe de fonctions à renommer et choisissez **Renommer**.
- Saisissez le nouveau nom et appuyez sur la touche [Entrée].

Créer et modifier des onglets du ruban

- Dans la fenêtre **Personnaliser l'interface utilisateur**, dans la rubrique **Personnalisations dans Tous les fichiers,** effectuez un clic droit sur le nom **Onglets** et choisissez **Nouvel onglet**.

Le nom provisoire du nouvel onglet est **Nouvel onglet** et ses propriétés apparaissent dans la rubrique de droite **Propriétés** :

- Dans la rubrique **Propriétés** située à droite, en regard du libellé **Nom** (**Générales**), saisissez le nom de l'onglet du ruban. Ce nom figurera dans la liste des onglets du ruban existant dans la fenêtre **Personnalisations dans Tous les fichiers** (il ne s'agit pas du texte affiché à l'écran sur l'onglet).
- En regard du libellé **Afficher le texte**, saisissez le titre de l'onglet du ruban, tel que vous souhaitez le voir affiché à l'écran. Ainsi, un onglet dont le nom est **Début-2D** affiche un titre **Début** tel que vous le visualisez à l'écran.
- Lorsque l'onglet est créé, développez la liste des groupes de fonctions.
- Sélectionnez le ou les groupes de fonctions (à l'aide de la touche [Ctrl]), et effectuez un cliqué-glissé vers le nouvel onglet.
  Ainsi, le nouvel onglet contient les groupes de fonctions désirés.
- Confirmez par **Appliquer** pour valider les modifications et cliquez sur **OK** pour quitter la fenêtre **Personnaliser l'interface utilisateur**.

Supprimer un onglet du ruban

- Dans la fenêtre **Personnaliser l'interface utilisateur**, dans la rubrique **Personnalisations dans Tous les fichiers**, développez la liste des groupes de fonction.
- Effectuez un clic droit sur l'onglet du ruban à supprimer et choisissez **Supprimer**.

AutoCAD LT vous demande confirmation :

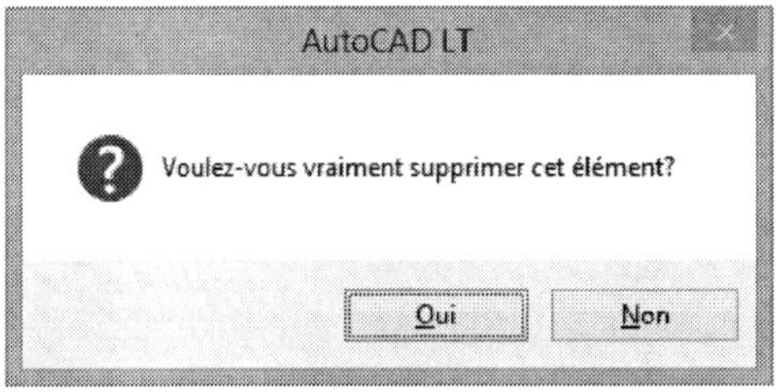

Renommer un onglet du ruban

- Dans la fenêtre **Personnaliser l'interface utilisateur**, dans la rubrique **Personnalisations dans Tous les fichiers**, développez la liste des onglets du ruban.
- Effectuez un clic droit sur l'onglet du ruban à renommer et choisissez **Renommer**.
- Saisissez le nouveau nom et appuyez sur la touche [Entrée].

4. Personnaliser les info-bulles de survol

Les info-bulles de survol affichent les valeurs des propriétés, lorsque le pointeur de la souris est positionné sur l'objet.

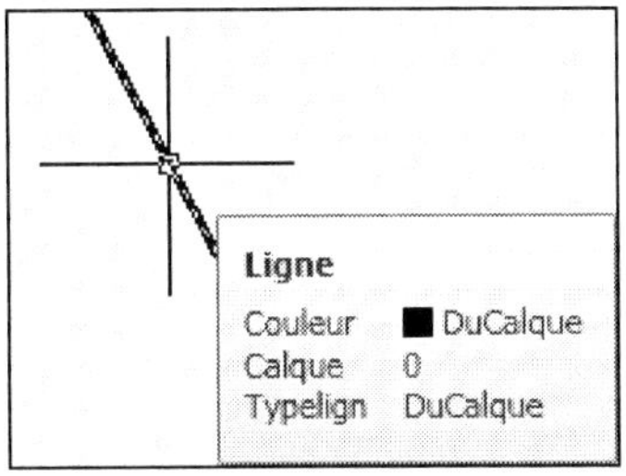

Par défaut, les propriétés de **Couleur**, de **Calque** et de **Type de ligne** peuvent être affichées comme dans l'exemple ci-dessus.

Mais ces propriétés et ces valeurs affichées peuvent être modifiées selon le type d'objet. Lorsque vous personnalisez l'affichage des propriétés pour une info-bulle de survol, vous pouvez afficher de nombreuses propriétés plus pertinentes selon vos propres préférences.

AutoCAD LT vous permet de définir le type d'objet pour lequel vous personnalisez les propriétés d'affichage des infos de survol.

- Dans le groupe de fonctions **Personnalisation** (onglet **Gérer**), choisissez le bouton **Interface utilisateur**.
- Dans la fenêtre **Personnaliser l'interface utilisateur**, dans la rubrique **Personnalisations dans Tous les fichiers**, sélectionnez le nom **Info-bulles de survol**.

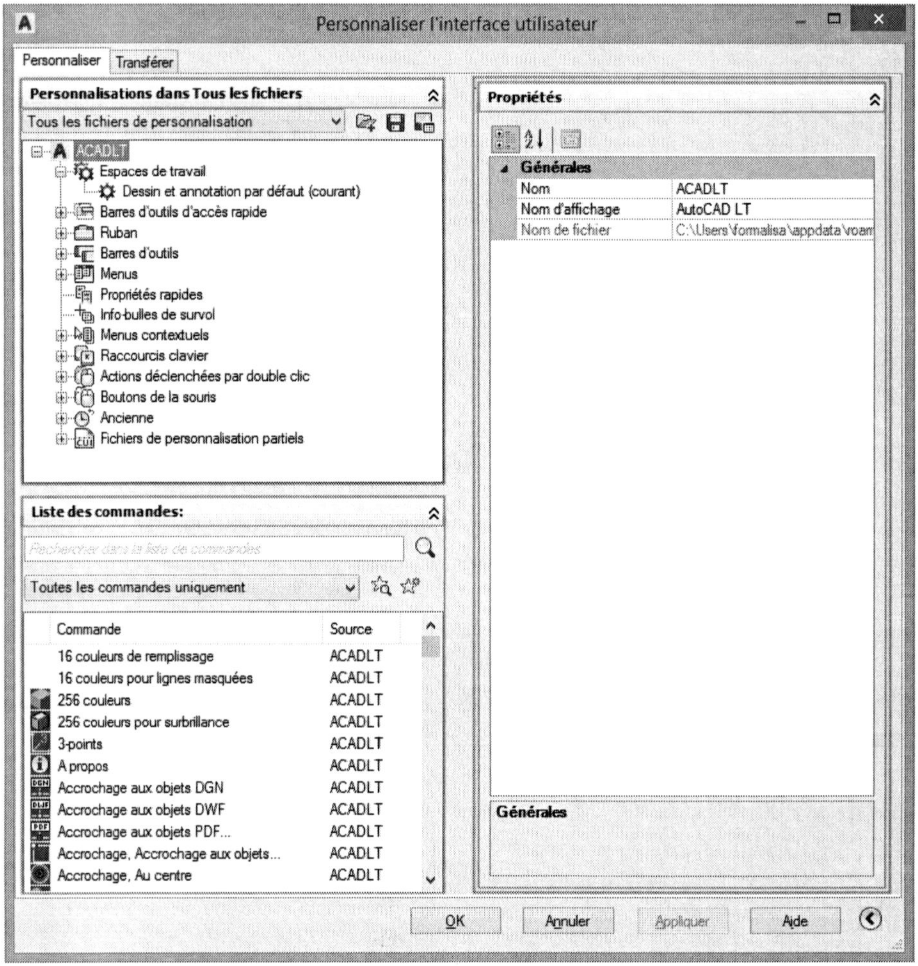

La fenêtre **Personnaliser l'interface utilisateur** affiche dans la partie droite une liste d'objets, ainsi que les propriétés qui sont affichées dans les infos de survol.

- Dans la liste d'objets, sélectionnez l'objet pour lequel vous souhaitez personnaliser l'affichage des info-bulles de survol (dans l'exemple ci-après **Polyligne**).

Cette liste d'objets est modifiable à l'aide du bouton **Modifier la liste de types d'objet** . La fenêtre **Modifier la liste de types d'objets** vous invite à sélectionner des objets et actions AutoCAD LT supplémentaires que vous souhaitez afficher dans la nouvelle liste d'objets pour lesquels vous modifiez l'affichage des infos de survol :

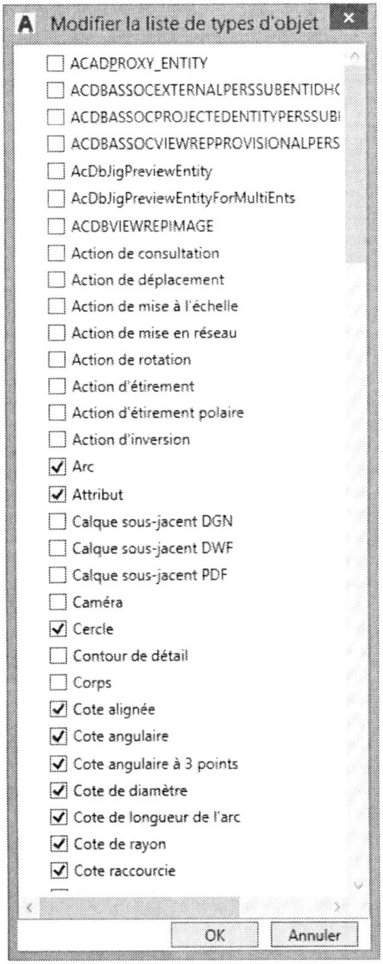

Remarque

L'affichage des propriétés varie bien sûr selon le type d'objet sélectionné.

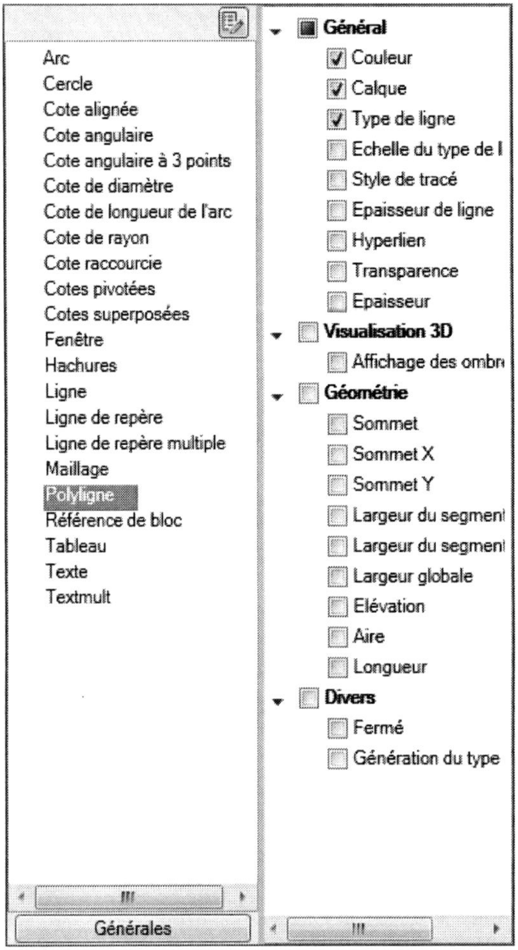

Dans l'exemple ci-dessus, les propriétés de l'objet **Polyligne** sont classées par catégorie (**Général**, **Visualisation 3D**, **Géométrie** et **Divers**).

- Dans la catégorie **Géométrie**, activez les cases **Aire** et **Longueur**.
- Confirmez par **Appliquer** pour valider les modifications et cliquez sur **OK** pour quitter la fenêtre **Personnaliser l'interface utilisateur**.

▶ Dans la zone graphique, déplacez le pointeur sur une polyligne pour constater les modifications des info-bulles de survol :

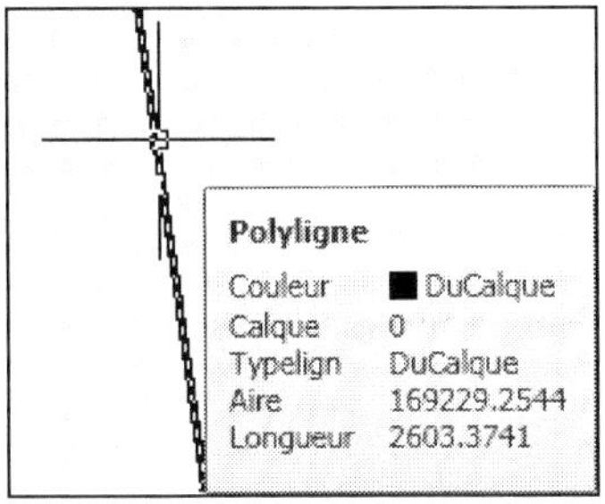

5. Personnaliser les propriétés rapides

Les propriétés rapides sont affichables lorsqu'un ou plusieurs objets sont sélectionnés (clic droit, **Propriétés rapides**).

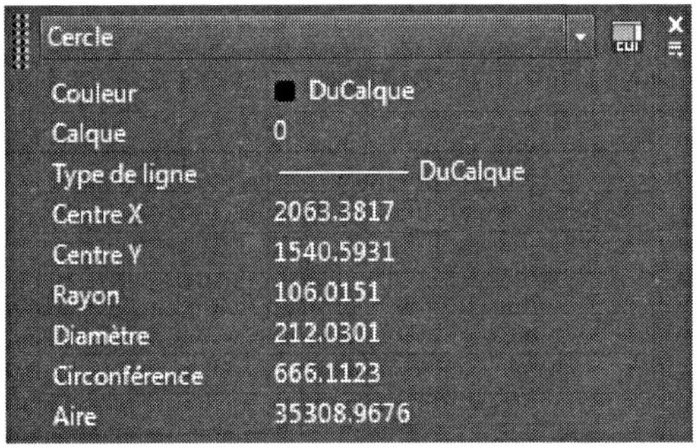

Elles permettent d'accéder et de modifier les propriétés d'un ou de plusieurs objets.

À la différence de la palette **Propriétés** qui contient l'ensemble des propriétés des objets, la palette **Propriétés rapides** est personnalisable et vous permet de réduire l'affichage et le nombre de propriétés modifiables selon vos propres préférences.

▶ Sélectionnez un objet pour lequel vous souhaitez modifier les propriétés rapides.

▶ Dans la palette **Propriétés rapides**, cliquez sur le bouton **Personnaliser** .

La fenêtre **Personnaliser l'interface utilisateur** est affichée :

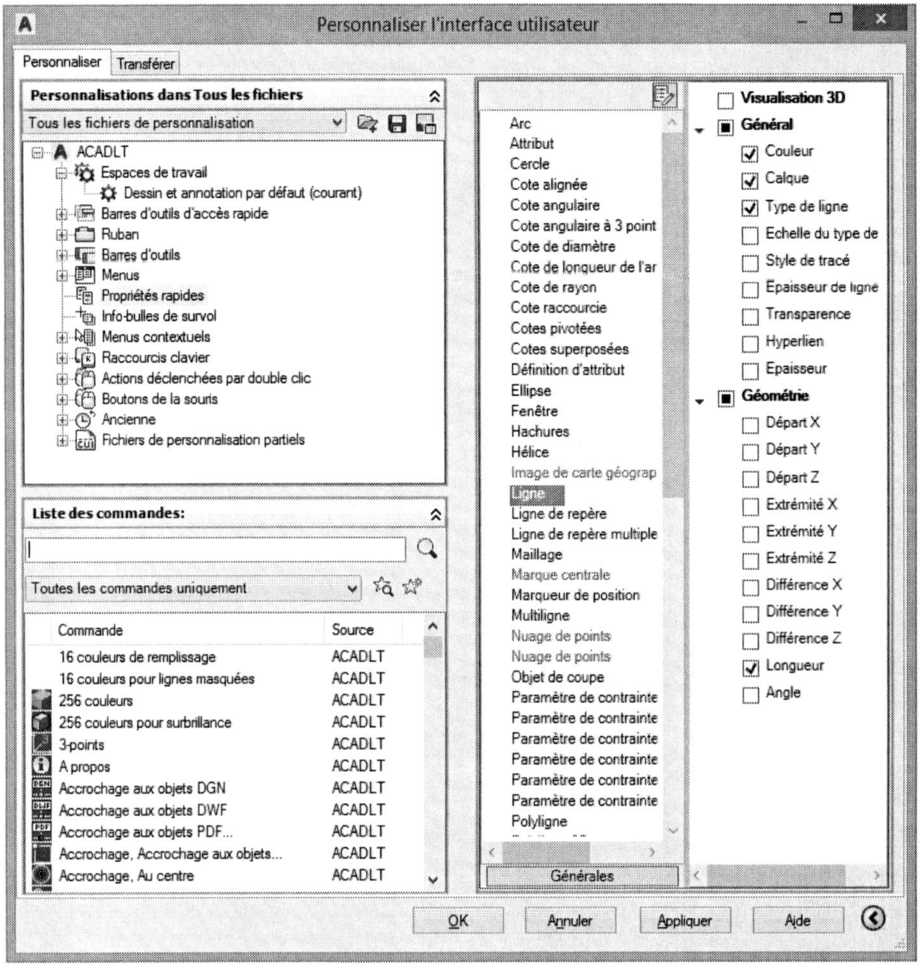

La fenêtre **Personnaliser l'interface utilisateur** affiche dans la partie droite une liste d'objets, ainsi que les propriétés qui sont affichées dans la palette **Propriétés rapides**.

- Dans la liste d'objets, sélectionnez l'objet pour lequel vous souhaitez modifier les propriétés via la palette **Propriétés rapides** (dans l'exemple ci-après **Cercle**).

Cette liste d'objets est modifiable à l'aide du bouton **Modifier la liste de types d'objet** . La fenêtre **Modifier la liste de types d'objet** vous invite à sélectionner des objets et actions AutoCAD supplémentaires que vous souhaitez afficher dans la nouvelle liste d'objets pour lesquels vous modifiez les propriétés rapides :

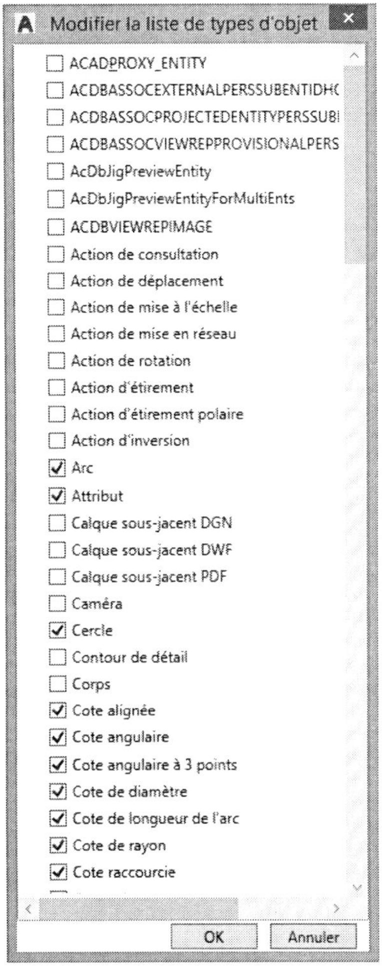

Remarque

L'affichage des propriétés varie bien sûr selon le type d'objet sélectionné.

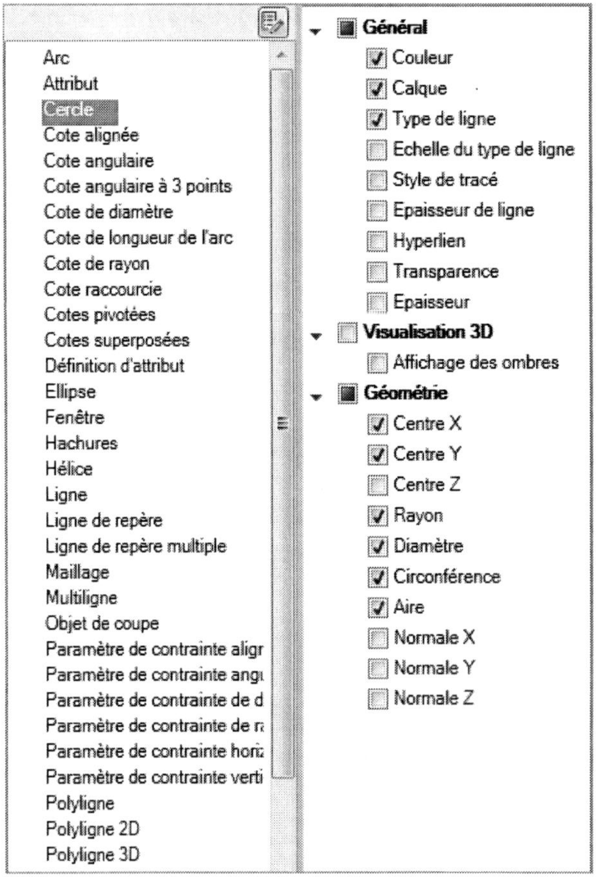

Dans l'exemple ci-dessus, les propriétés de l'objet **Cercle** sont classées par catégorie (**Général**, **Visualisation 3D** et **Géométrie**).

- Dans la catégorie **Géométrie**, désactivez les cases **Circonférence** et **Aire**.
- Confirmez par **Appliquer** pour valider les modifications et cliquez sur **OK** pour quitter la fenêtre **Personnaliser l'interface utilisateur**.

- Dans la zone graphique, sélectionnez un cercle pour constater les modifications dans la palette **Propriétés rapides** :

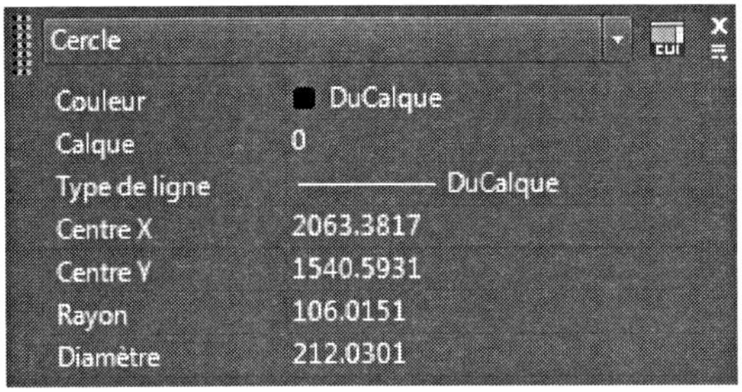

Les propriétés **Circonférence** et **Aire** n'apparaissent plus. Vous pouvez modifier toutes les autres propriétés disponibles.

6. Les espaces de travail

AutoCAD LT vous permet d'enregistrer des configurations d'interface personnalisées. Ces configurations sont constituées des groupes de fonctions, palettes d'outils et menus que vous utilisez le plus souvent ou lors d'opérations spécifiques.

À chaque configuration d'interface correspond un espace de travail personnalisé et vous basculez d'un espace à un autre selon les tâches à réaliser.

Créer un nouvel espace de travail

- Organisez les barres d'outils, groupes de fonctions, palettes d'outils et menus selon vos préférences.
- Dans la **barre d'état**, cliquez sur la liste déroulante **Passage d'un espace de travail à un autre**  pour afficher le menu suivant :

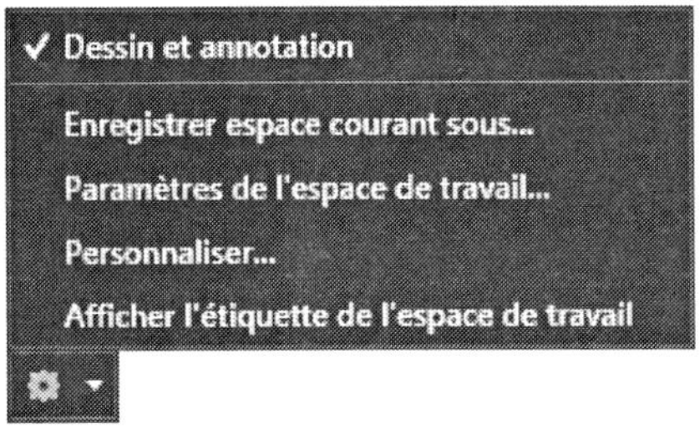

- Choisissez **Enregistrer espace courant sous**.

La fenêtre ci-dessous vous invite à saisir le nom du nouvel espace de travail puis à cliquer sur **Enregistrer**.

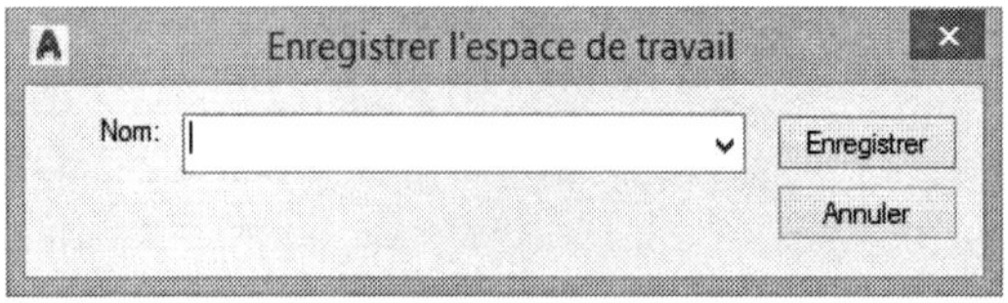

▶ Répétez la procédure pour la création d'autres espaces de travail personnalisés.

Restaurer un espace de travail

▶ Dans la **barre d'état**, cliquez sur l'icône déroulante **Passage d'un espace de travail à un autre**  pour afficher le menu suivant :

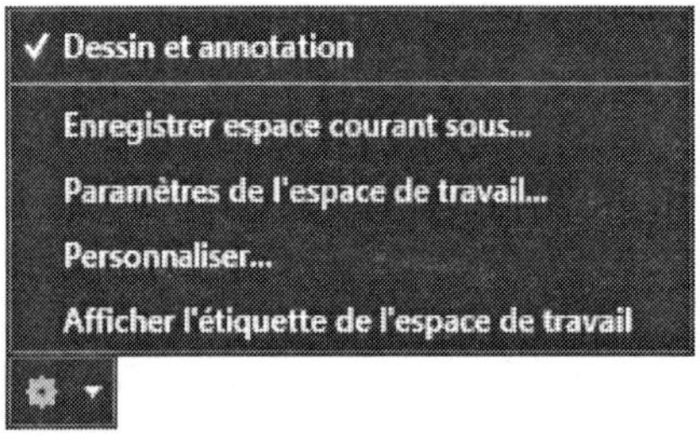

▶ Cliquez sur le nom de l'espace de travail à restaurer.

Remarque

Les éventuels espaces de travail personnalisés sont affichés au-dessus de la ligne de séparation.

Modifier l'ordre et l'affichage des espaces de travail

▶ Dans la **barre d'état**, cliquez sur l'icône déroulante **Passage d'un espace de travail à un autre** .

▶Dans le menu, choisissez **Paramètres de l'espace de travail** pour afficher la fenêtre suivante :

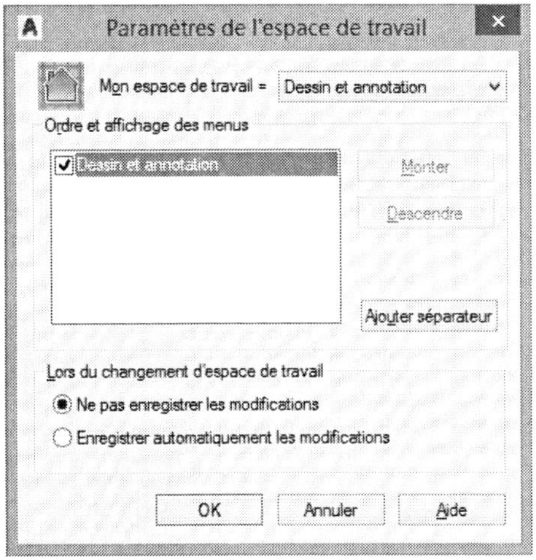

Ordre et affichage des menus

Sélectionnez l'espace de travail dans la liste et sélectionnez **Monter** ou **Descendre** pour modifier l'ordre d'affichage de l'espace de travail.

Ajouter séparateur

Sélectionnez l'espace de travail au-dessus duquel vous souhaitez afficher un séparateur (ligne horizontale) et cliquez sur **Ajouter séparateur**.

Supprimer un espace de travail

▶Dans la **barre d'état**, cliquez sur l'icône déroulante **Passage d'un espace de travail à un autre** .

◘ Dans le menu, choisissez **Personnaliser** pour afficher la fenêtre suivante :

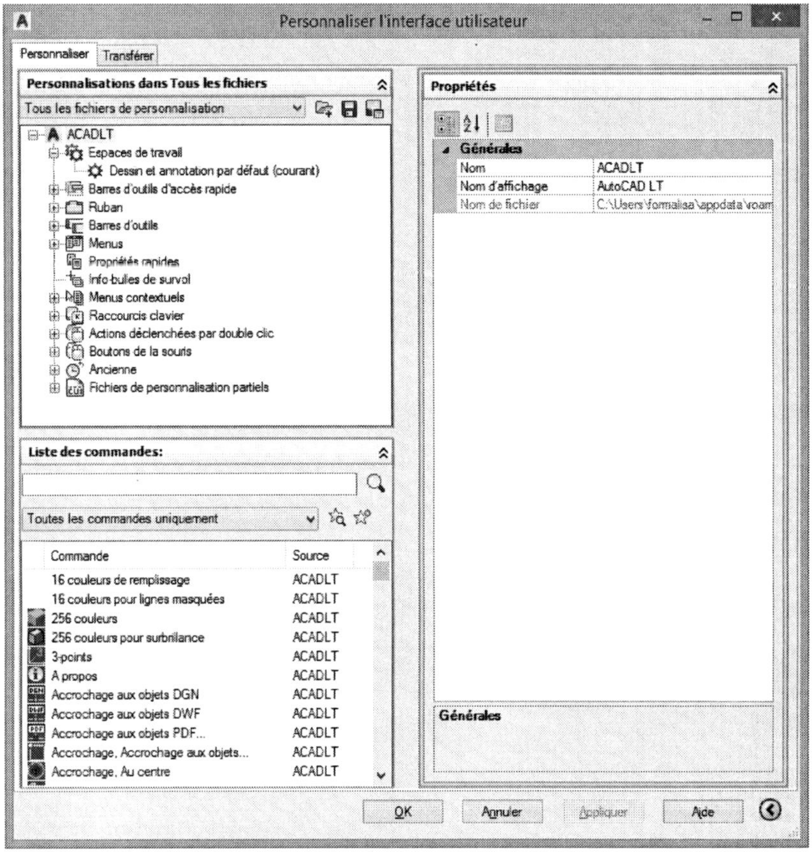

◘ Dans la fenêtre **Personnaliser l'interface utilisateur**, déroulez si nécessaire la rubrique **Personnalisations dans Tous les fichiers** pour accéder aux espaces de travail comme dans la figure ci-dessous :

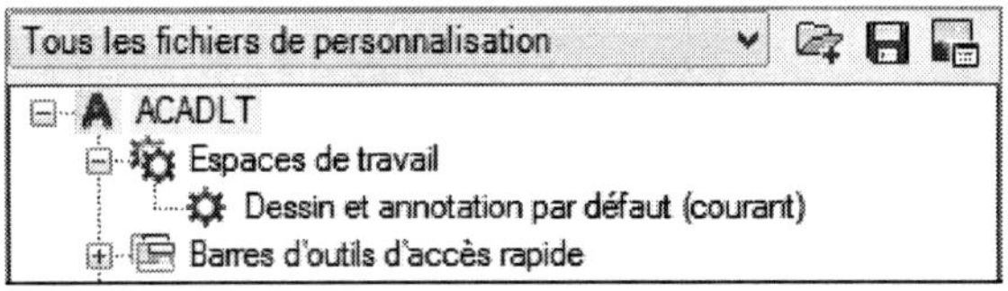

◘ Effectuez un clic droit sur l'espace de travail à supprimer, puis choisissez **Supprimer**.

◘ Confirmez par **Oui** lors du message suivant pour confirmer la suppression.

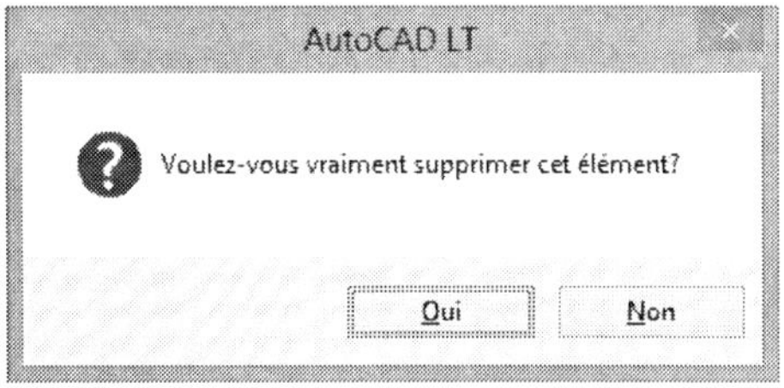

Conserver ou non les modifications apportées à l'espace de travail

- Dans la **barre d'état**, cliquez sur l'icône déroulante **Passage d'un espace de travail à un autre**  et choisissez **Paramètres de l'espace de travail** dans le menu.

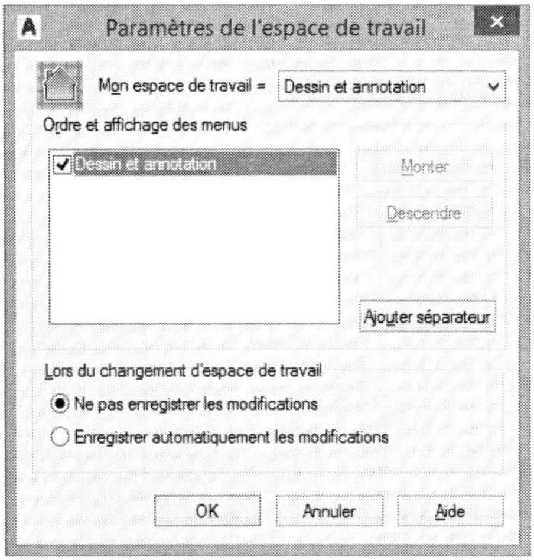

- Dans la rubrique **Lors du changement d'espace de travail**, agissez sur l'option **Ne pas enregistrer les modifications** ou **Enregistrer automatiquement les modifications** pour permettre ou non de conserver les modifications apportées à un espace de travail lorsque vous basculez d'un environnement de travail à un autre.

Personnaliser les espaces de travail

Vous pouvez, pour chaque espace de travail, agir sur l'affichage des groupes de fonctions du ruban, des boutons, des menus ou les éléments de menus, ainsi que sur les palettes.

Vous pouvez renommer ou supprimer des espaces de travail.

Vous pouvez complètement personnaliser l'espace de travail en ôtant les groupes de fonctions du ruban, menus déroulants et palettes de l'espace de travail choisi.

Vous pouvez également modifier les propriétés de chaque groupe de fonctions ou palette. Ainsi, vous modifiez l'orientation, la position et l'apparence d'une barre d'outils ou l'affichage/le masquage, l'orientation, l'ancrage, la transparence ou les dimensions d'une palette.

▶ Dans la **barre d'état**, cliquez sur l'icône déroulante **Passage d'un espace de travail à un autre**  et choisissez **Personnaliser** dans le menu.

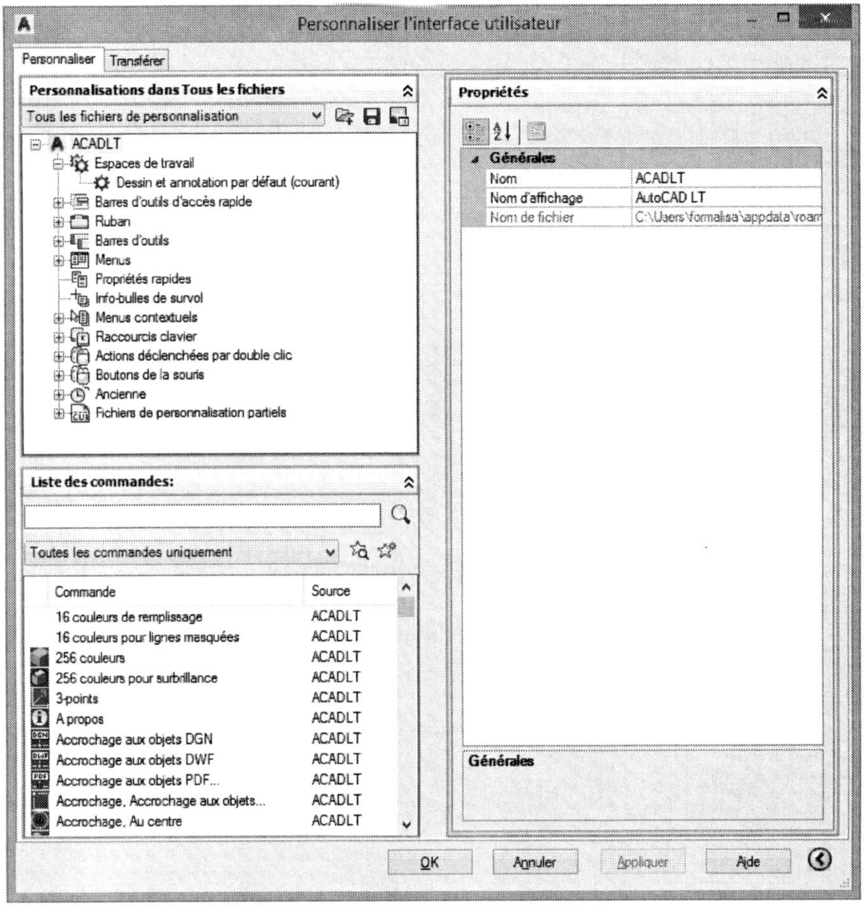

- Dans l'arborescence de gauche, sélectionnez **Espaces de travail**. Vous obtenez alors l'affichage suivant :

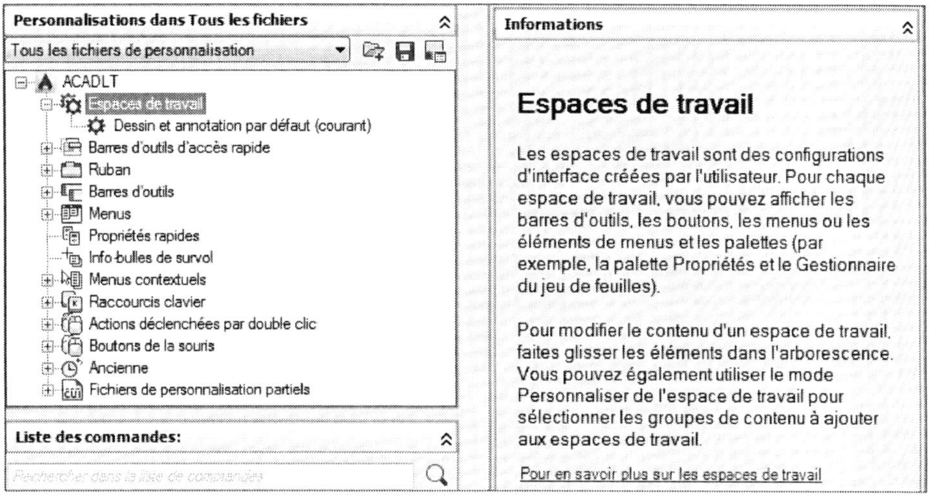

L'arborescence **Espaces de travail** est constituée des espaces de travail personnalisés (ici, 1 espace **Dessin et annotation par défaut**).

Renommer un espace de travail

- Effectuez un clic droit sur le nom de l'espace de travail à renommer et choisissez **Renommer**.
- Saisissez le nouveau nom et appuyez sur la touche [Entrée].

Supprimer un espace de travail

- Effectuez un clic droit sur le nom de l'espace de travail à supprimer et choisissez **Supprimer**.

  AutoCAD LT vous demande de confirmer la suppression.

Dupliquer un espace de travail

- Effectuez un clic droit sur le nom de l'espace de travail à dupliquer et choisissez **Dupliquer l'espace de travail**.

  AutoCAD LT affiche dans la liste des espaces de travail, le nom de la duplication ("Copie de Agencement 1" pour "Agencement 1").
- Saisissez le nouveau nom et validez par [Entrée].

Ôter des barres d'outils, menus déroulants ou onglets de ruban de l'espace de travail

▶ Sélectionnez l'espace de travail à modifier dans l'arborescence.

L'affichage suivant apparaît :

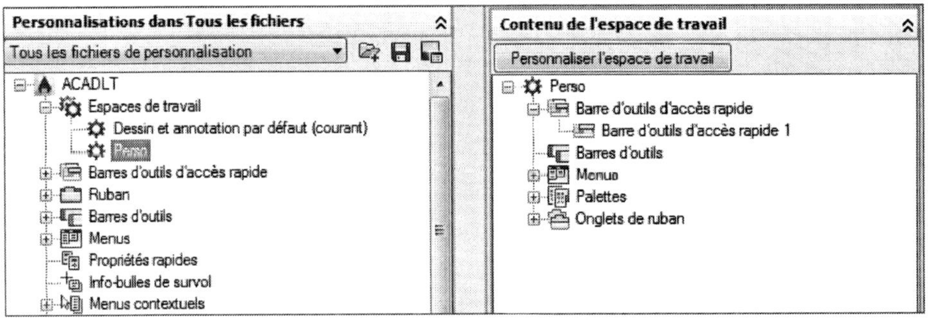

▶ Dans la rubrique **Contenu de l'espace de travail** située à droite, déroulez l'arborescence des barres d'outils, menus ou onglets de ruban.

▶ Effectuez un clic droit sur un onglet de ruban, le menu ou la fenêtre ancrable, puis choisissez **Supprimer de l'espace de travail**.

De cette façon, vous agissez sur le masquage des divers éléments constituant l'interface de l'espace de travail.

Modifier les propriétés des palettes de l'espace de travail

▶ Sélectionnez l'espace de travail à modifier dans l'arborescence de gauche.

▶ Dans la rubrique **Contenu de l'espace de travail**, déroulez l'arborescence **Palettes** et sélectionnez la palette à modifier dans la liste.

La rubrique **Propriétés** propose l'un des deux affichages suivants selon la fenêtre ancrable sélectionnée :

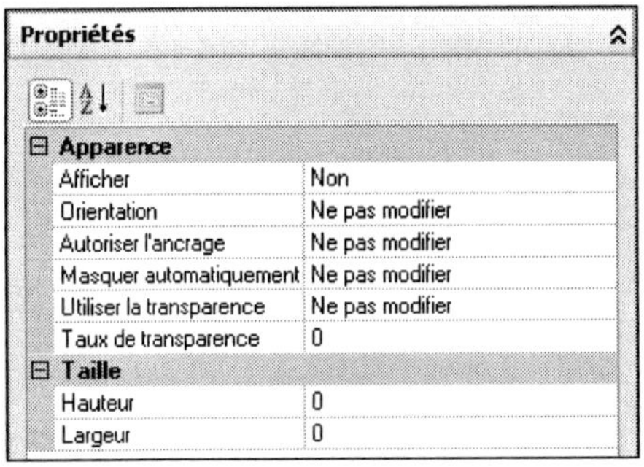

▶ Modifiez les propriétés de la palette sélectionnée.

Dans la rubrique **Propriétés**, le classement **Apparence** vous permet d'agir sur les choix suivants :

- **Afficher** : définit l'affichage ou le masquage de la fenêtre, ou conserve les paramètres lors de l'ouverture de l'espace de travail.
- **Orientation** : définit le positionnement de la fenêtre **flottant**, à **gauche** ou à **droite** de la zone graphique d'AutoCAD LT.
- **Autoriser l'ancrage** : définit si l'arrimage de la fenêtre est autorisé ou non.
- **Masquer automatiquement** : définit si l'option **Masquer automatiquement** est active ou non pour la fenêtre.
- **Utiliser la transparence** : définit si la transparence est autorisée ou non pour la fenêtre.

Remarque

*Pour les cinq choix ci-dessus, l'option **Ne pas modifier** définit si les paramètres courants doivent être conservés.*

- **Taux de transparence** : définit le degré de transparence, pour la fenêtre dont la transparence est autorisée.

Dans la rubrique **Propriétés**, le classement **Taille** vous permet d'agir sur les **hauteur** et **largeur** d'une fenêtre flottante.

▶ Confirmez par **Appliquer** pour visualiser les modifications.

▶ Confirmez par **OK** si vous désirez quitter la personnalisation des espaces de travail.

Exporter les éléments de l'interface

Vous pouvez transférer des éléments de l'interface utilisateur vers ou à partir d'un fichier d'interface de personnalisation principale ou partielle (CUI), où vos données d'élément d'interface sont stockées. Vous ouvrez un fichier CUI, MNS ou MNU pour importer ou exporter des données d'interface utilisateur. Lorsque vous ouvrez des fichiers MNU ou MNS (versions précédentes d'AutoCAD), ils sont automatiquement convertis en fichier CUI.

▶ Dans la **barre d'état**, cliquez sur l'icône déroulante **Passage d'un espace de travail à un autre**  et choisissez **Personnaliser** dans le menu contextuel.

▶ Activez l'onglet **Transférer** dans la fenêtre ci-dessous.

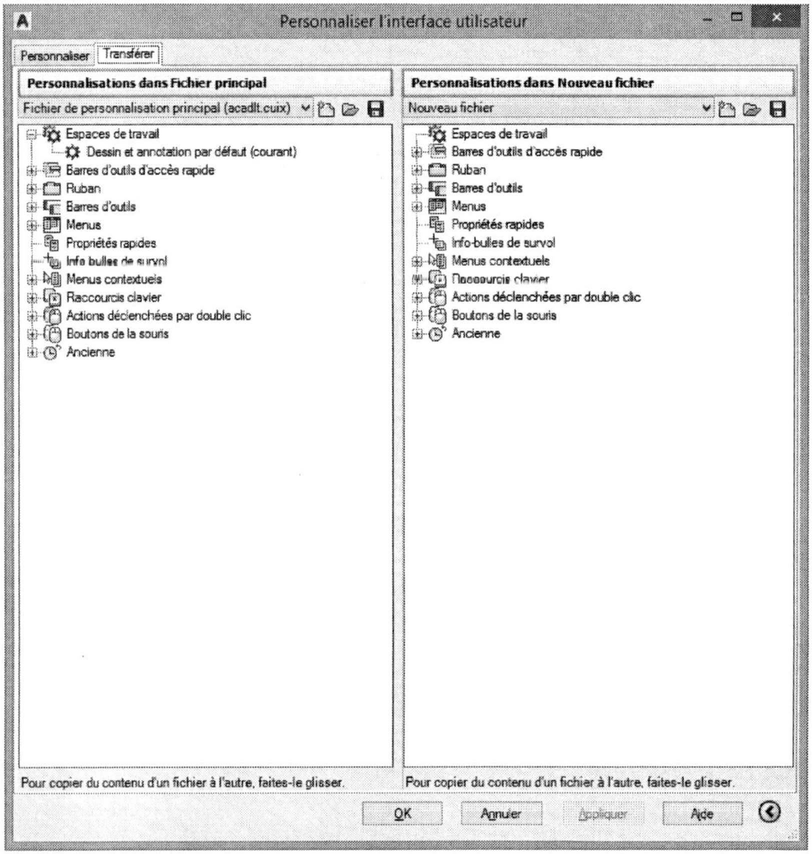

La rubrique **Personnalisations dans Fichier principal** affiche les éléments de l'interface courante.

Exporter les éléments de l'interface courante

▶ Dans la rubrique **Personnalisations dans Fichier principal**, déroulez la liste et choisissez **Enregistrer sous**.

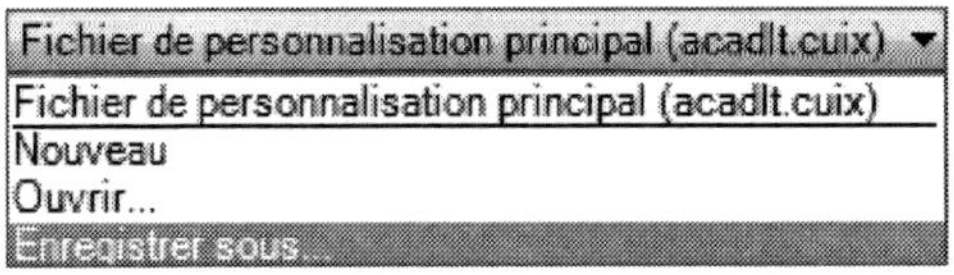

La fenêtre ci-dessous est affichée :

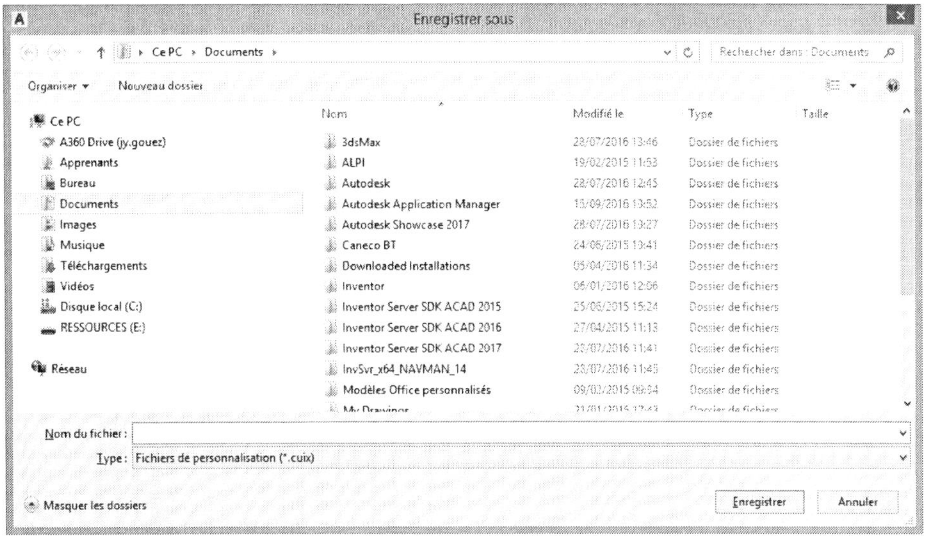

■ Choisissez l'emplacement, puis saisissez le nom de l'interface dans la zone **Nom du fichier**. L'extension du fichier est .cuix. Confirmez par **Ouvrir**.

La rubrique **Personnalisations dans Nouveau fichier** peut afficher une nouvelle interface capable d'accueillir par glissement les éléments de l'interface courante situés dans la rubrique **Personnalisations dans Fichier principal**.

Ainsi, la rubrique **Personnalisations dans Nouveau fichier** peut afficher une nouvelle interface obtenue en choisissant **Nouveau** dans la liste déroulante. Cette nouvelle interface est vierge et ne contient pas d'espaces de travail, de barres d'outils, de menus... Vous pouvez aussi ouvrir une interface existante pour afficher ses éléments (utilisez dans ce cas **Ouvrir** dans la liste déroulante).

■ À partir de la rubrique **Personnalisations dans Fichier principal**, glissez les éléments à transférer dans la nouvelle interface.

Exporter les éléments de la nouvelle interface

■ Dans la rubrique **Personnalisations dans Nouveau fichier**, déroulez la liste et choisissez **Enregistrer sous**.

La fenêtre précédente est affichée.

■ Choisissez l'emplacement, puis saisissez le nom de l'interface dans la zone **Nom du fichier**. L'extension du fichier est .CUI. Confirmez par **Enregistrer**.

Exporter la présentation en objet

AutoCAD LT vous permet d'exporter l'ensemble des entités affichées (visibles) d'une présentation (cadre, cartouche, annotations, fenêtres de présentation et l'ensemble du dessin inclus dans la fenêtre de présentation) vers un nouveau fichier. Le fichier destinataire intègrera l'ensemble de ces éléments dans le seul espace objet.

- Dans la barre d'état, cliquez sur l'onglet de présentation à exporter.
- Effectuez un clic droit et choisissez **Exporter présentation en objet**.

AutoCAD LT affiche la boîte de dialogue **Exporter la présentation vers un dessin de l'espace objet** :

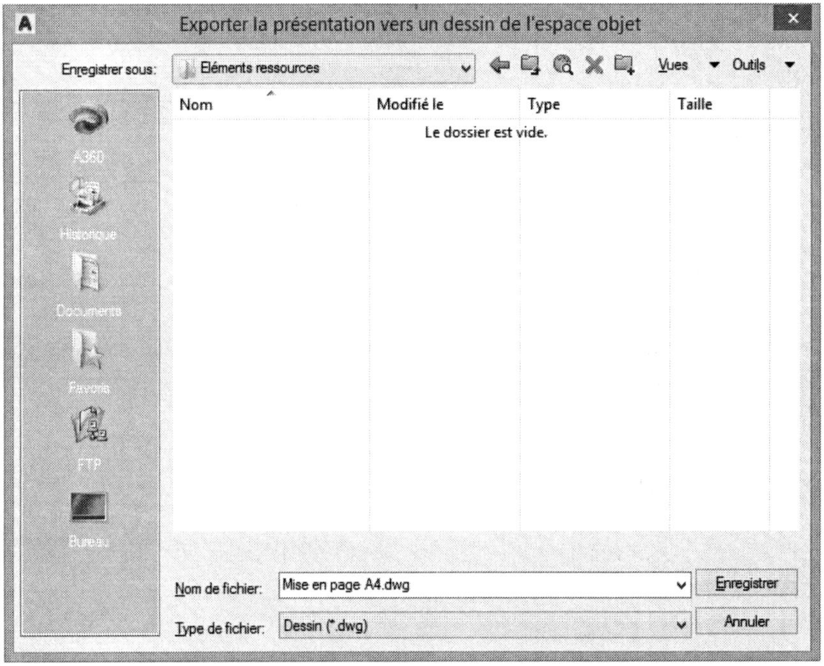

- Sélectionnez le répertoire, saisissez le nom du fichier de destination et cliquez sur **Enregistrer** pour valider l'exportation.

!

A

B

C

D

E

F

G

H

I

J

L

M

N

O

P

R

S

T

W

Z